資章

順治 — 嘉慶朝

清實錄經濟史資料

農業編·貳

《〈清實錄〉經濟史資料》課題組成員：

陳振漢　熊正文　蕭國亮

李　湛　殷漢章　葉明勇

武玉梅　羅熙寧

北京大學出版社
PEKING UNIVERSITY PRESS

第三章 農業生產
第一節 清政府的重農方針

(順治一、七、己亥) 户科給事中郝傑，條陳四事，一、勸農桑以植根本；一、撫逃亡以實户口；一、禁耗贖以除苛政；一、嚴奢侈以正風俗。攝政和碩睿親王以其言有裨新政，令該部院即飭行。(世祖六、七)

(順治二、二、戊辰) 貴州道監察御史劉明俟奏言：比年以來，烽烟不靖，赤地千里，由畿南以及山東，比比皆然。請敕天下有司，止詞訟，省刑罰，躬歷郊原，率民力作，更令撫按察核，以所屬境内無荒土者註上考，如此，則農事興而貢賦裕矣。下所司酌議。(世祖一四、一三)

(康熙一○、一二、乙未) 罷民間養馬及用馬駕車之禁。(聖祖三七、一六)

(康熙二○、三、癸酉) 諭内大臣等：今當田禾發生之候，駐扎車馬，應擇荒野之地，以避田禾，可令户部司官。隨後稽察，犯者嚴加議處。回鑾時，仍即從原路行，朕將親察之。(聖祖九五、九)

(康熙二三、七、乙亥) 奉差福建、廣東展界内閣學士席柱復命。……上又問沿途田禾若何。席柱奏曰：福建田禾甚盛，江南、浙江田禾亦好，山東雨水調順，彼處百姓皆謂豐收之年，但德州至真定雨水不足，田禾稍旱，自此至京師又覺好矣。上曰：農事實為國之本，儉用乃居家之道，是以朕聽政時，必以此二者為先務。凡親民之官能仰體朕意，在在竭力，何慮不家給人足乎。(聖祖一一六、三)

(康熙二三、一○、己未) 上幸虎邱。顧謂侍臣曰：向聞吳閶繁盛，今觀其風土，大略尚虛華，安佚樂，逐末者衆，力田者寡，遂致家鮮蓋藏，人情澆薄。為政者當使之去奢反樸，事事務本，庶幾家給人足，可挽頹風，漸摩既久，自有熙皞氣象。(聖祖一一七、二)

(康熙二九、一、甲辰) 諭户部：朕惟阜民之道，端在重農，必東作功勤，然後西成有賴。畿輔地方，去歲遭罹荒歉，已經蠲免錢糧，特發帑金兼支倉粟賑濟，雖小民餬口有資，其籽粒牛具恐多匱乏。今時届首春，田功肇始，若弗經營措給，將俟俶載之期，播種不齊，倉箱何望。直隸被災州縣衛所窮民，有不能自備牛種等項者，該撫督率有司勸諭捐輸，及時分行助給，務令田疇徧得耕耨，毋致稍有荒蕪。八旗官兵，皆倚屯莊收穫用以資生，若有被災貧乏耕作無力者，該都統等通行各該佐領，酌量歛助牛種，所有莊田勿致播種後時，以副朕教本勸農愛養兵民至意。爾部即遵諭通行。（聖祖一四四、四）

（康熙三一、四、辛丑）上御瀛臺內豐澤園澄懷堂，召尚書庫勒納、馬齊等入。上曰：頃爾等進來時，曾見朕所種稻田耶？諸臣奏曰：曾見過。稻苗已長尺許矣。此時如此茂盛實未有也。上曰：朕初種稻時，見有於六月時即成熟者，命取收藏作種，歷年播種，亦皆至六月成熟，故此時若此茂盛。若尋常成熟之稻，未有能如此茂盛者。朕巡省南方時，將江南香稻暨菱角帶來此處栽種，北方地寒，未能結實，一遇霜降，遂至不收。南方雖有霜雪，然地氣溫暖，無損於田苗。諺云：清明霜，穀雨雪，言不足為害也。總之南北地氣不同，節候各異，寒暑之遲早，全視太陽之遠近。所以赤道度數最宜詳審，欲定南北之向，惟以太陽正午所到之處為準，即指南針，亦不能無偏，設有鐵器在旁，則針為所引，亦復不準。此是一定之理。今將一片石以繩懸之使之旋轉，俟其既定，刻記所向南北，復動如前，其所向南北仍復不變。即此可思其理。所以凡物皆有自然一定之理。庫勒納奏曰：聞黑龍江日長夜短，雖晚日落，不至甚暗，不知何故。上曰：黑龍江極東北之地，日出日入，皆近東北方，所以黑龍江夜短，日落亦不甚暗。又命看澄懷堂後院所栽修竹、前院盆內所栽人參及各種花卉。上指示曰：北方地寒風高，無如此大竹，此係朕親視栽植，每年培養得法，所以如許長大。由此觀之，天下無不可養成之物也。（聖祖一五五、五）

（康熙三五、六、己丑）諭大學士伊桑阿：朕進獨石口，見今年麥禾俱盛，恐大兵陸續歸時，或致踐踏，或偷盜喂馬，今將獨石口至懷來縣交侍郎多奇，自懷來縣至京城交侍郎馬爾漢及隨行部院官等率地方官沿途巡察，如有踐踏田禾、偷取喂馬者，立拏參奏。如有縱徇，必以軍法從事。（聖祖一七四、三）

（康熙三九、七、丙辰）諭戶部：國家要務，莫如貴粟重農。朕宵旰圖治，念切民生，惟期年穀順成，積貯饒裕，於以休養黎元，咸登樂利。今聞直隸各省雨澤以時，秋成大熟，當此豐收之時，正當以饑饉為念，誠恐歲稔穀賤，小民罔知愛惜，粒米狼戾，以致家無儲蓄，一遇歲歉，遂致仳離。著該督撫嚴飭地方有司勸諭民間撙節煩費，加意積貯，務使蓋藏有餘，閭閻充

裕，以副朕重農敦本愛養元元至意。爾部即遵諭行。(聖祖二〇〇、一〇)

（康熙三九、九、庚戌）福建道御史劉珩疏言：直隸永平、真定等府田地，應令巡撫李光地視其近河之處引水入田耕種。上諭大學士等曰：水田之利，朕所洞悉，已交李光地見令引水耕種。水利一興，田苗不憂旱潦，歲必有秋，其利無窮。但不可太驟耳。今若竟定一例，諸處剋期齊舉，該部復行催查，則事必致於難行矣。亦惟興作之後，百姓知其有益，自然鼓勸，各相效法，於是因地製宜設法行之，事必有成。觀今此處亦不必開池，惟如寧夏水田，開濬溝渠，潦則撤田中之水自渠出之，旱則放渠之水引入田中，災荒總可無虞矣。策妄阿喇布坦處盡是水出，所以全無水旱之災。惟或一年穀米變蚊而飛，或穀熟時穗內全然成血，此則彼處之災也。此事太僕寺卿喇錫、侍郎常綬知之，朕亦見之書籍。又盛京有一種螞札，名曰泖蟲，更甚於此處蝗蟲。此處蝗蟲食苗後尚飛去，盛京田內一有泖蟲，必將田禾之穗連根及葉罄食無遺方止。此皆朕所親見，非得之傳聞也。(聖祖二〇一、一二)

（雍正二、二、癸丑）諭直隸各省督撫等：朕惟撫養元元之道，足用爲先。朕自臨御以來，無刻不厪念民依，重農務本。但我國家休養生息數十年來，戶口日繁，而土田止有此數，非率天下農民竭力耕耘，兼收倍穫，欲家室盈寧，必不可得。周官所載，巡稼之官，保介田畯，皆爲課農設也。今課農雖無專官，然自督撫以下，孰不兼此任。其各督率有司悉心相勸，並不時諮訪疾苦，有絲毫妨於農業者，必爲除去，仍於每鄉中擇一二老農之勤勞作苦者，優其獎賞，以示鼓勵。如此則農民知勸，而惰者可化爲勤矣。再舍旁田畔以及荒山曠野，度量土宜種植樹木，桑柘可以飼蠶，棗栗可以佐食，柏桐可以資用，即榛楛雜木，亦足以供炊爨。其令有司督率指畫，課令種植，仍嚴禁非時之斧斤，牛羊之踐踏，奸徒之盜竊，亦爲民利不小。至摯養牲畜，如北方之羊、南方之豕，牧養如法，乳字以時，於生計咸有裨益。總之小民至愚，經營衣食非不迫切，而於目前自然之利，反多忽略，所賴親民之官，委曲周詳，多方勸導，庶使踴躍爭先，人力無遺，而地利始盡。不惟民生可厚，風俗亦可還淳。爾督撫等官，各體朕惓惓愛民之意，實心奉行。倘視爲具文，苟且塗飾，或反以擾民，則尤爲不可也。(世宗一六、一四)

（雍正二、二、甲子）諭直隸各省督撫等：朕惟四民以士爲首，農次之，工商其下也。漢有孝弟力田之科，而市井子孫不得仕宦，重農抑末之意，庶爲近古。今士子讀書砥行，學成用世，國家榮之以爵祿；而農民勤勞作苦，手胼足胝以供租賦，養父母，育妻子，其敦龐醇樸之行，雖寵榮非其所慕，而獎賞要當有加。其令州縣有司擇老農之勤勞儉樸，身無過舉者，歲舉一

人，給以八品頂帶榮身，以示鼓勵。（世宗一六、二五）

（雍正五、三、庚寅） 諭内閣：自古帝王致治誠民，莫不以重農爲先務。書陳無逸，先知稼穡之艱難；詩載豳風，備敘田家之力作。論語云，百姓足，君孰與不足。孟子云，民事不可緩也。蓋國以民爲本，民以食爲天；農事者，帝王所以承天養人、久安長治之本也。我國家撫綏寰宇，聖祖仁皇帝臨御六十餘年，深仁厚澤，休養生息，戶口日增，生齒益繁；而直省之内，地不加廣。近年以來，各處皆有收成，其被水歉收者，不過州縣數處耳。而米價遂覺漸貴。閩廣之間，頗有不敷之慮，望濟於鄰省。良由地土之所産如舊，而民間之食指愈多，所入不足以供所出，是以米少而價昂，此亦理勢之必然者也。夫米穀爲養命之寶，人既賴之以生，則當加意愛惜，而不可萌輕棄之心；且資之者衆，尤當隨時撙節，而不可縱口腹之欲。每人能省一勺，在我不覺其少，而積少成多，便可多養數人；若人人如此，則所積豈不更多，所養豈不更衆乎。養生家以食少爲要訣，固所以頤神養和，亦所以節用惜福也。況脾主於信，習慣便成自然，每見食少之人，其精神氣體未嘗不壯，此顯而可見者。至於各省地土，其不可以種植五穀之處，則不妨種他物以取利；其可以種植五穀之處，則當視之如寶，勤加墾治，樹藝菽粟。安可舍本而逐末，棄膏腴之沃壤，而變爲果木之場；廢饔飧之恒産，以倖圖贏餘之利乎。至於菸葉一種，於生人日用毫無裨益，而種植必擇肥饒善地，尤爲妨農之甚者也。小民較量錙銖，但顧目前，而不爲久遠之計，故當圖利之時，若令其舍多取寡、棄重就輕，必非其情之所願；而地方官遽繩之以法，則勢有所難行，轉滋紛擾。惟在良有司，勤勤懇懇諄切勸諭，俾小民豁然醒悟，知稼穡爲身命之所關，非此不能生活，而其他皆不足恃，則群情踴躍，不待督課而皆盡力於南畝矣。朕聞江南、江西、湖廣、粤東數省，有一歲再熟之稻。風土如此，而仍至於乏食者，是地土之力有餘，而播植之功不足；豈非小民習於怠惰，而有司之化導者有未至邪？或者曰，米穀太多，則價賤而難於糶賣。昔人有穀賤傷農之説，諺語所謂熟荒者。此則不必過慮，假若小民勤於耕作，收穫豐盈，至於價賤而難於出糶，朕必多發官價以糶買之，使重農務本之良民獲利而有餘資也。朕生平愛惜米穀，每食之時，雖顆粒不肯抛棄；以朕玉食萬方，豈慮天庾之不給。而所以如此撙節愛惜者，實出於天性自然之敬慎，並不由於勉强。且以米穀乃上天所賜、以生養萬民者，朕爲天下生民主，惟有敬謹寶重，仰冀天心默佑，雨暘時若，歲獲有秋，俾小民家有蓋藏，人歌樂土。朕既爲億萬生民計，不敢輕忽天貺，爾等紳衿百姓，獨不自爲一身一家之計乎。朝夕生養之需，既受上天之賜，若果加意愛惜、隨時撙節，則天必頻加錫賚，長享盈寧之福；若恣情縱欲，暴殄天物，則必上干天怒，不蒙眷賚，而水旱災祲之事，皆所不免。其理豈或爽哉。又聞江西、廣西地方，竟有以米穀飼養豚豕者。試思穀食之與肉食，孰重孰輕、孰緩孰急，而乃以上天之所賜、小民終歲勤苦之所獲者，爲豢養物類之用，豈不干天和而輕民命乎？朕所以惓惓訓諭者，惟期天下之人專務本業，以杜浮靡，愛惜物力，以圖久遠。共體朕敬迓天庥、勤恤民隱之意，則爾等家室必益至其豐饒，爾等子孫必永綿其福澤。思之思之，毋忽朕言。著將此曉諭內外官民人等，並通行遠鄉僻壤，咸使聞之。（世宗五四、二）

（雍正五、五、己未） 諭內閣：……朕觀四民之業，士之外，農爲最貴。凡士工商賈，皆賴食於農，以故農爲天下之本務，而工賈皆其末也。今若於器用服玩爭尚華巧，必將多用工匠，市肆中多一工作之人，則田畝中少一耕稼之人。且愚民見工匠之利多於力田，必群趨而爲工，群趨爲工，則物之製造者必多，物多則售賣不易，必至壅滯而價賤。是逐末之人多，不但有害於農，而並有害於工也。小民舍輕利而趨重利，故逐末易，而務本難。苟遽然繩之以法，必非其情之所願，而勢有所難行。惟在平日留心勸導，使民知本業之爲貴，崇尚樸實，不爲華巧。如此日積月累，遂成風俗，雖不必使爲工者盡歸於農，然可免爲農者相率而趨於工矣。至於士人所業，在乎讀書明理，以爲世用，故居四民之首。然父兄之教子弟，亦當觀其才質如何，若果穎悟恂謹，可望有成，則當使之就學而爲士；若愚濁中下之資，讀書難通，即當早令改業，使盡力於南畝，誠恐讀書不成，而又粗識數字，曠廢閒遊，必致非分妄爲，越禮犯法。是浮慕讀書之名，而不得其道，其傷農而害本者，爲尤甚也。朕深揆人情物理之源，知奢儉一端，關係民生風俗者至大，故欲中外臣民黜奢賤末，專力於本，人人自厚其生，自正其德，則天下共享太平之樂矣。朕自身體力行，爲天下先，諸王、內外大臣、文武官弁與鄉紳、富戶當深體朕心，欽遵朕諭，期共勉之。（世宗五七、一）

（雍正七、二、甲午） 諭戶部：農事爲國家首務，督率貴有專司。前有人條奏，請於各省設立農官，以司勸課，或設巡農御史，令其巡行郡邑，勸勗農人及時力作，亦足敦本業而防游惰等語。朕思各省耕作之情形不同，未可一例通行。現今畿輔之地，營種水田以來，收穫甚多，行之已有成效，設立巡農御史之事，當先行於直隸。每年特差御史一員，於二月田功初起之時，巡歷州縣，察農民之勤惰、地畝之修廢，以定州縣考成，其有因循推諉，以致荒廢農田者，即行參處。該御史亦勤加勸課，督令耕耘，九、十月間稼穡納場之後，回京覆旨。至明年二月，照例另派一員前往。其該御史出巡一應供給車馬，俱照現今巡察御史之例，按日給發。務使農業興修，田功畢舉，游手之人，咸歸南畝，以副朕重農務本之至意。（世宗七八、二二）

（雍正七、五、丙午）諭內閣：屢年以來，朕以天人相感之理，諄諄曉諭內外臣工，蓋朕實切敬天勤民之念於寤寐之中，而確見其感應之不爽，尤願各省督撫有封疆之重任者，體朕此心至誠至敬，各盡其道，以為感格上天之本，惠我烝民，共登袵席。朕並非以年穀之順成，有意歸美於大吏，亦非以雨暘之差忒，強欲卸責於臣工也。假使為督撫者，因朕有地方豐歉，由於吏治得失之諭旨，而欲自彰其善，自護其短，於奏報秋成，或有溢美之詞，於奏報歉收，或有諱災之意，則事天為不誠，事君為不忠，臨民待下為不仁不信，有此數端，而欲荷上天嘉祐，錫福凝禧，有是理乎？況粉飾一己之聲名，而不顧民生之休戚，其何以對所屬之官民而無愧怍乎。朕留心體察，覺近來督撫等之奏報年穀，間有此弊，不得不通行曉諭，以防其漸。在爾督撫等返躬自思，有則改之，無則加勉。況朕之見聞甚廣，訪察維勤，倘掩飾於此，而敗露於彼，豈不自取朕之輕視乎？人臣事君之道，惟以誠實無欺為本，爾督撫等，其共勖之。（世宗八一、四）

（雍正七、六、丙申）諭刑部等衙門：聞得外間訛傳，六月二十四五，將開屠宰耕牛之禁，回子等俱欲齊來謝恩等語；又聞民間竟有私宰耕牛之事，此必奸人造為訛言，誘人犯法，以撓禁令也。凡朕所降旨禁約者，事事皆欲濟民之用厚民之生，無一事為朕之私心便用而設也。如禁用黃銅，所以裨益鼓鑄流通國寶，朕豈別有需用黃銅之處乎；如禁賭博，所以端人心而厚風俗，賭博之為害於人心風俗，朕已屢降諭旨，甚詳且悉，非愚頑不移之輩，無一人不以禁約為當也。至於禁宰耕牛，以耕牛為農田所必需，墾田播穀，實藉其力，世間可食之物甚多，何苦宰牛以妨稼事乎。今朝廷所需，除祭祀照例供用，其餘亦一概不用牛肉矣；年來自禁用黃銅之後，而錢價漸平，民用頗利矣；自禁賭博之後，而開塲聚衆者，亦略知畏懼斂跡矣；自禁宰耕牛之後，而農家向日數金難得一牛者，今已購買易而畜牧蕃矣。可見利益民生之事，亦既行之有效，為良民者，必皆知朕大公愛民之心；為良有司者，必能實心遵朕愛民之政。惟百姓中有回子一類，以宰牛為業，試思貿遷有無，百工技藝，何業不可營生，而必欲為此犯禁傷農之事；國家亦豈肯因一、二游手回民無理之營生，而令妨天下萬民之生計。夫朕所禁之事，必審度再四，灼見其必應禁止，然後見諸施行，豈有旋禁旋開，朝三暮四之理乎。今訛傳宰牛開禁之語，必係為匪奸徒造作言語，煽誘愚民，使之犯法，而於中取利，甚屬可惡。著該部、步軍統領、順天府府尹、五城御史等通行曉諭京城直省，並嚴行查訪，如有違禁私宰耕牛，及造為種種訛言希圖煽誘者，立即鎖拏，按律盡法究治。如該管官不實力嚴查，致有干犯者，定行從重議處。（世宗八二、二二）

（**雍正七、閏七、丙申**）諭内閣：朕耕耤之初，雍正二年三年，耤田所產嘉禾，一莖四五穗者，實係瑞穀。後來府尹等所進十餘穗及今所進二十四穗者，乃本來多穗之穀，名曰龍爪穀。當日播種時，不應將此穀種攙入其中。著該府尹等知之，嗣後不可被小人愚詐。（世宗八四、二一）

（**雍正一三、一一、辛丑**）命甄別僧道。諭曰：四民之中，惟農夫作苦，自食其力，最為無愧，飭厎八材，以利民用，非百工莫備；士則學大人之學，故錄其賢者能者。至於商賈，阜通財賄，亦未嘗無益於人。而古昔聖王，尚慮逐末者多，令不得衣絲乘車，推擇為吏，以重抑之。今僧之中，有號為應付者，各分房頭，世守田宅，飲酒食肉，並無顧忌，甚者且畜妻子，道士之火居者，亦然。夫一夫不耕，或受之饑，一女不織，或受之寒。多一僧道，即少一農民，乃若輩不惟不耕而食，且食必精良，不惟不織而衣，且衣必細美，室廬器用，玩好百物，爭取華靡。計上農夫三人，肉袒深耕，尚不足以給僧道一人，不亦悖乎。朕於二氏之學皆洞悉其源流，今降此旨，並非博不尚佛老之名也。蓋現今之學佛人，豈特如佛祖者無有，即如近代高僧，實能外形骸清淨超悟者亦稀；今之道士，豈特如老莊者無有，即如前世山澤之癯，實能凝神氣、養怡壽命者亦稀。然苟能遵守戒律，焚修於山林寂寞之區，布衣粗食，獨善其身，猶於民無害也。今則不事作業，甘食美衣，十百為群，農工商賈，終歲竭蹶以奉之，而蕩檢踰閑，於其師之說亦毫不能守，是不獨在國家為游民，即繩以佛老之教，亦為敗類，而可聽其耗民財、溷民俗乎。著直省督撫飭各州縣按籍稽查，除名山古剎收接十方叢林，及雖在城市而願受度牒，遵守戒律，閉戶清修者不問外，其餘房頭應付僧，火居道士，皆集眾面問，願還俗者聽之，願守寺院者亦聽之，但身領度牒，不得招受生徒。所有貲產，如何量給還俗，及守寺院者為衣食計，其餘歸公，留為地方養濟窮民之用，並道士亦給度牒之法，該部詳細妥議具奏。（高宗六、九）

（**雍正一三、一一、丙辰**）嚴禁賭博、鬭狠、屠牛。諭曰：民間惡習，無過於博戲。有或陷溺於其中，則子弟欺其父兄，奴僕背其家主，逃亡盜賊之源，鮮不由此。又有市井奸兇，十五為群，聚黨鬭狠，為患於鄉閭。或強爭市肆，或凌挾富人，朝罹官法，夕復逞兇，其惡不減於劫盜。至於牛為農事之本，民賴以生，故惟郊壇、宗廟、社、稷、嶽瀆之重，乃用太牢；而愚民妄肆宰屠，價賤於羊豕，悖莫甚焉。是以皇考蒞政之初，即用爲大禁。嚴飭百吏，訪緝奸兇；造賭具者有刑，屠耕牛者有罰，執法不移。由是齦狠兇博之莠民，屛息而不敢出。内則五城衢巷，草竊之賊日稀；外則商旅恬安。宵行野宿，少逢劫盜。田疇益治，井里晏眠；摩以歲月，乃克致此。朕承百度肅清之後，故庶政皆從寬大，欲中外吏民，蒸然向化，遷善遠罪而不自知。然所宥者眚災，所恤者良善，非謂怙終而不悛者，舉可縱釋也。近聞奸民，倡爲流言，以惑衆志。詭云，步軍統領，緝獲賭博，已經奏聞，朕置而不問。又云，屠牛之禁亦開。昔周公立造言之刑，重罷民之罰，謂非此不足以定民志而成道化也。勅下步軍統領，暨五城御史，密訪嚴緝，造爲此言者，以正典刑。各直省州縣，有不能治其境内，而犯此三禁者，該督撫即時參究。其或失察，朕亦不能爲大吏寬。昔皇考立法之初，多方鼓舞，故告發賭博，隸民加賞，有司議敘。而奉行失宜，間或有生事以自爲功者，自今以往，其各實心查禁。若不能禁賭及造賭具者，必以不職罪之。打降及屠牛亦然。惡萌復生，將墮皇考已成之治化，朕滋懼焉。爾諸臣其共凜之。（高宗七、一六）

（乾隆一、七、辛酉）[廣西右江總兵官潘紹周]又奏：請禁土苗祭賽宰牛。得旨：奏内所言，多有紛更不妥之處。至土苗宰牛，乃其習俗，尤不當與民人一體嚴禁。此摺著發與鄂彌達，令其議奏。（高宗二三、三〇）

（乾隆二、五、庚子）又諭：農桑爲致治之本，我皇祖聖祖仁皇帝嘗繪耕織圖，以示勸農德意；皇考世宗憲皇帝，屢下勸農之詔，親耕耤田，率先天下，所以敦本計而卽田功，意至厚也。朕思爲耒耜、教樹藝，皆始於上古之聖人。其播種之方、耕耨之節，與夫備旱驅蝗之術，散見經籍，至詳且備。後世農家者流，其說亦各有可取，所當薈萃成書，頒佈中外，庶三農九穀，各得其宜，望杏瞻蒲，無失其候。著南書房翰林同武英殿翰林，編纂進呈。（高宗四二、二〇）

（乾隆二、六、己未）九卿議奏：明農教稼，所以務本也。我皇上軫恤民瘼，恩膏疊沛，洞悉久安長治之道，先籌家給人足之源，特頒諭旨，首重農桑，以力田爲小民之切務，以勸課爲官吏之責成，誠禹貢王制之良經，無逸豳風之深旨也。聖慮周詳，無微不至，復命臣等詳悉定議。竊惟我國家重熙累洽，百年於茲，生息愛養，日繁且庶。小民目覩乎殷阜之盛，而或忘乎本富之源，奢靡相尚，逐末營生，誠有如聖諭者。夫地之肥磽，固有不同，而有秋之厚薄，究視其勤惰，時之旱澇，固所難必，而民間需食，全憑乎積儲，惟在親民之官，身先化導，使民有所觀感，然後務本者多，而逐末者少。積蓄知勸,奢糜知戒。宣上諭:勸農桑,舉皆實力奉行,務使務農積穀之成教,家諭而戶曉,則爭先恐後,家給而人足矣;第五方之土宜不同,南北之民情不一,其教導之法,應令大吏董率所屬,隨地制宜,因民勸導。黍高稻下,勿違其性;水耨火耕,各當其宜。或飭老農之勤敏者,以勸戒之;或延訪南人之習農者,以教導之;或開渠築埝,以備蓄洩灌溉;或樹桑養蠶,以資民生利用,務使農桑之業,曲盡地之所宜,逐末之民,咸盡力於南畝。至遇豐稔之年,地方官尤宜加意董率,廣爲儲蓄,毋使粒米狼戾,庶幾俗返醇樸,家有蓋藏。設有歉收,亦藉有備。以仰體我皇上惠保無疆,愛民如子之至意。惟是勸課農桑,其責又在牧令;但地方遼闊,事務殷繁,勢難一身遍爲曉諭。臣等酌議,仿周禮遂師之制,於鄉民之中,擇其熟諳農務、素行勤儉、爲閭閻之所信服者,每一州縣量設數人,董率而勸戒之。至地方官,必須久於其任,與民相親,方能區畫盡善,已蒙聖明睿鑒。其考績之法,亦必寬以歲月,庶幾久道化成,而無欲速不達之弊。如該地方官勸戒有方,著有成效,果其境内地闢民勤,穀豐物阜,平時積貯,如茨如梁,該督撫於三年之後,據實題報。官則交部議敘;其教導無方,強勒滋擾,以及希圖獎賞,捏詞妄報者,該督撫亦即指名題參,交部議處。如此則吏民皆知所勸,而耕九餘三之效可收,將見無一夫之不獲其所,而萬世享豐裕之福矣。俟命下之日,通行直隸各省督撫一體遵行,從之。(高宗四四、五)

(乾隆二、六、辛巳) 戶部議奏:原任營田觀察使陳時夏進有區田書三册,並疏稱,農政全書内,有營治區田之法,並云始自伊尹教民糞種,每田一畝可收穀六十六石;又見山東聊城縣知縣蔣尚思所刊教民區田法,並直隸清河同知方鳴夏所刊區田錄要。細加詢問,俱有成效,惟虞冰雹蟲災,不慮水潦亢旱,於北五省更爲有益。古稱每畝可得穀六十六石,今斗可得二十石,少亦可得十三四石,是收穫之廣,無有甚於此者。又於區田四面,鑿井澆灌,是備旱之法,未有善於此者。但每田一畝,約費工本銀三兩,百姓無此力量,所以不能舉行。臣請遴選賢員,暫租民地,官種官收;借給工本,秋收之後,仍即歸還。先行試種,俟著有成效,然後推廣通行。查周制,田有一易再易之別,漢趙過有歇田之法,而區田載在農政全書,皆所以節地力、盡人事,誠爲有益。現今欽奉諭旨,勸民稼穡,並令纂輯農書,廣爲教導。此法若得舉行,雖未必如陳時夏所云每畝可收十二三石之多,然工本既多,收穫自廣;且鑿井備旱,於北地尤宜,似於耕種之事不無裨益。但法久不行,事經創始,必從容辦理,毋遽毋擾,使小民有趣事之樂,而官吏無督促之煩,然後可垂永久。臣等酌議,請於直隸地方,先試舉行;令總督李衛酌量何地最爲相宜，遴委賢員，暫租民地，官種官收，借給工本，秋成還項，不得干涉民間。如果地方官實心辦理，斟酌合宜，將來行有成效，再爲通行各省，民必樂從。從之。（高宗四五、七）

（**乾隆二、閏九、癸亥**）户部等部議覆：河南按察使隋人鵬奏言，各州縣地方所有藉田、普濟、義學等地畝，令該州縣躬親督率。如有應行鑿井區田之處，即視土地所宜，酌量區畫。倘有奉行不力者，督撫指名題參。……應如所請。從之。（高宗五二、九）

（**乾隆二、一一、丁卯**）户部等衙門議覆：雲南巡撫張允隨條奏，内稱州縣牧令，熟諳農功者少，請定十則規條。一曰筋力勤健，二曰婦子協力，三曰耕牛肥壯，四曰農器充鋭，五曰籽種精良，六曰相土植宜，七曰灌溉深透，八曰耘耨以時，九曰糞壅寬裕，十曰場圃潔治。以十得八九者爲上農，即於上農内選老成謹厚之人，專司教導。又稱，獎賞老農之例，於每歲秋成後，州縣查所管鄉村，如果地闢民勤，穀豐物阜，觴以酒醴，給以花紅，導以鼓樂，以示獎勸。又稱，播種時，或有籽粒缺乏工本艱難，請於常平倉穀存七數内，酌借籽種。應如所奏，通行直省。從之。（高宗五六、一五）

（**乾隆五、一一、癸酉**）大學士九卿會議：貴州總督張廣泗將署貴州布政使陳德榮奏黔省開墾田土、飼蠶紡績、栽植樹木一摺，酌議應行各款。一、水田宜勸修渠堰。查黔地多山，泉源皆由引注，必善爲經理，斯沃壤不至坐棄。應如所議，凡貧民不能修渠築堰及有渠堰而久廢者，令各業主通力合作，計灌田之多寡，分別獎賞；如渠堰甚大，准借司庫銀修築。其水源稍遠，必由鄰人及鄰邑地内開渠者，官爲斷價置買，無許挾勒。至請仿江楚龍骨車灌田，並雇匠教造之處，應於借給工本款内另議。一、山土宜廣行墾闢、增種雜糧。查黔省山土即多未闢，收穫惟恃稻田。應如所議。凡有可墾山土，俱報官勘驗，或令業主自墾、或招佃共墾，按其勤惰，分別勸懲；其無業主之官山，一概招人認墾，官爲立界，給照管業。至勸民隨時播種雜糧之處，應令地方官酌借穀種。一、樹木宜多行栽種。查黔地山多樹廣，小民取用日繁。應如所議，令民各視土宜，逐年栽植，每户自數十株至數百株不等，種多者量加鼓勵。一、蠶桑宜勸民興舉。查黔地多桑，惟清鎮、婺川二邑，能習蠶織，應如所議，各屬素未飼蠶者，令雇人於城市設局飼養，民人有率先遵奉者酌賞，或織成絲絹，准令赴局收買。至請募山左善山繭人等之處，統於後款另議。一、勸民種棉織布。查棉性喜煖，黔省除威寧、大定等處，山高氣寒，其餘可種棉者甚多，應如所議，令民如法試種。其苗寨素知種棉者，勸令廣種；有率先遵奉者酌賞。至請募楚粤織葛機匠之處，亦於後款另議。一、種植既廣，宜勸民以時保護。查種植在山，非稼穡在田者可比，應如所議，嗣後民間牲畜，如有肆行縱放、致傷種植，及秋深燒山、不將四圍草萊剪除、以致廷燒者，均令照數追賠。一、工本宜酌量借給。查現議各項事宜，莫不各需工本，今該督請將籌辦各款，分別動支。臣等酌議，如開渠築堰所需工料價值，於司庫公費內借給，分限二年繳還；酌借穀種，於各州縣捐輸穀內撥給，俟秋成後繳還，又設局收絲，即可變價抵項，該價若干，仍聽該督酌定。至養蠶、繅絲、織繭、織葛等匠，不必通省紛紛雇募，應於省城酌定名數，給以工食，使教導本地匠作，漸次遍及。即製造龍骨水車，亦止可各府州縣分給一架，勸民照式成造。一、考課宜分別勸懲。查黔省現行各款，全在地方官實力奉行，應如所議，令各道等飭屬善爲經理，歲底將境內開築、墾種、繅織等項舉行成效各數目，册送該道查勘。仍令布政使彙送督撫查覈，列爲上、中、下三等，分別議敘處分。如遇陞調卓薦，查有勸課實蹟者，方准保題。又，刑部左侍郎張照疏稱，此案條奏各款，內請興水利、開墾升科二條，臣前目覩黔省形勢，覺與所題不合，未便隨同議准。查興修水利一條，聞黔地古諺有之，天無三日晴，地無三尺平。蓋黔省自平溪、清浪以下，無地非山，間有四山不相連接、曠而且平，若四五里，或五六里，即建縣治；若止一里、半里，即是村鎮。房屋城池遍滿，無隙可耕。若田則多在山上，凡渠堰之設，必係平地。今黔省在在皆山，高者嶺、低者箐，何處可以開築。然山田無水灌溉，而百穀亦生者，以天無三日晴之故。其常有雨而不潦者，以地無三尺平之故。是不特無地可以開渠築堰，亦無所用其開渠築堰也。又開墾升科一條，查黔省有軍田、苗田，皆以承平日久，無土不墾。惟平越府以下，曾遭苗害，或有絕產荒田，應官爲料理者；但其地仍在歷來魚鱗舊册內，並非未經開墾而須另報升科也。今若令開墾報科，嚴立勸懲，必有抑勒虛報等弊，至苗地，益所不宜。既有勸墾，必有丈量，胥役等肆行紛擾，百弊叢生。又如添種雜糧及一年兩種，豈不甚利。但黔省雖屬僻遠，而承平已八十餘年，豈至今尚不知種植。則其天時地利，必有異於他省者，此理甚明。雖加勸導，竊恐徒滋擾累。以上二條，均毋庸議。再，黔省無蠶桑木棉之利者，似不盡由民愚婦惰。蠶喜晴，而黔多雨；木棉喜暑，而黔六月如秋。竊恐職此之故。然未經歷試，不敢異議。得旨：此本兩議具奏，朕觀張照所議，若果如所言，則必不可行之事也。張廣泗身爲總督，久任黔省，於地方情形，自應熟悉，而爲此奏者何耶？著交與署督張允隨再行秉公詳悉查明具奏。若仍含糊兩可，以致有行之之名、而無行之之實，日後發露，朕惟張允隨是問。（高宗一三〇、一五）

(乾隆六、三)〔是月〕署貴州布政使陳德榮奏：黔省入春以來，雨澤調勻，二麥暢茂；省城士庶，相習飼蠶；省之上游，舊無杉木，臣捐募楚匠，包栽杉樹六萬株於城外各山。又，附郭貴築縣之乾堰塘、麥穰寨、宋家壩三處，俱可引水開渠，約墾田二三千畝，現在捐貲委員辦理。得旨：欣悅覽之。至蠶桑樹藝，尤為政之本，所當時時留心，而教民務本足用之道，均不外此也。（高宗一三九、四〇）

(乾隆六、七、丁亥)〔大學士〕又遵旨議准：雲南巡撫署貴州總督張廣泗奏稱，黔省開墾田土、飼蠶紡織、栽植樹木一摺。一、黔中山稠嶺複，絕少平原，凡有水道，亦皆潤泉山溪，並無廣川巨浸可以灌溉。故各屬田畝，導泉引水，備極人勞；其未開之田，多因泉源遠隔，無力疏引之故。自官為督勸後，各屬請借工本開修水田者，如貴築、施秉、餘慶、仁懷、丹江廳等處，或現在開修，或已經工竣；凡有宜用龍骨車，工匠多能製造，毋庸赴江楚雇募。一、開山墾土，乃黔民資生長策，凡陂頭嶺側有可播種雜糧者，無不刀耕火種，然不過就近增開，其離村稍遠之官山，則不敢過問。應勸諭農民，盡力播種。一、黔中無地非山，儘可儲種材木，乃愚苗知伐而不知種，以致樹木稀少。應勸諭民苗，廣行種植。一、黔省自勸民養蠶以來，已經試有成效，應飭各府州廳縣，酌量地方氣候，從容勸導；不願者不必勉強督責。一、黔省惟思南府屬皆種棉花，其餘地方，或種而不生，或花而不實。皆因黔地晝熱夜涼，與棉性不宜之故。未可以一二處相宜，概之全省。一、種植既廣，勸民以時保護並借給工本、考課勸懲等事，所當從容不迫，不得抑勒粉飾擾累。從之。（高宗一四七、一六）

(乾隆六、一一)〔是月〕河南巡撫雅爾圖奏：豫省平川曠野，地土廣多，所以未能如江廣積貯，由糞種未勤，地力不盡，習廣種薄收之說，以為固然。查乾隆二年定議，各州縣於鄉民中，擇其熟諳農務、素行儉樸、為閭閻信服者，量設數人，董率農事。然百餘里間，所謂老農者，不過三四人，以之勸率，勢有不及。臣今現行保甲規條，設立村長，管牌民一百戶，年來各村長多能勤慎奉公。伊等皆諳練農務，擬將勸農一事，即責專管。行令地方官，於每歲首春，傳集各村長，將勸農規條詳加指示，並捐給紙筆，先令將所管百戶各田土肥瘠、向收若干，造冊存縣，歲底核其功過。若該村民所管地方人工果勤，收成較勝，即獎以酒醴花紅，三年無倦，給與扁額，永免本戶差徭，以示優異；其化導無術、擾累居民者，即行責革。庶官民交奮，而豫省土產，可日望充裕。得旨：此等事皆當詳籌熟酌而為之。若存欲速之心，則利民之舉，反為害民之端矣。（高宗一五五、二六）

（**乾隆七、六**）［是月］署貴州布政使陳德榮奏：貴陽、貴築、仁懷、施秉、普安、安南、開州、鎮寧、荔波、餘慶等府州縣之各堡坪，皆可引水墾田四五千畝不等。現親履查勘，給本興工。至栽桑育蠶，惟大定、威寧地氣寒冷不宜，其餘各屬，均設官局試養，並於省會收繭，雇匠繅織。又，黔山櫟樹，今年飼養春蠶，亦已結繭有效，似較樹桑爲便。得旨：此事論之似迂，行之甚難，而若果妥協辦理，則實有益於農民者也。（高宗一六九、二八）

（**乾隆八、四、辛卯**）大學士覆奏：御史徐以升所進經史摺內，請行區田之法。查區田一畝，約費工本銀三兩，雖不能如古六十石三十石之數，大約每畝必可得十餘石；收穫之廣，無逾此者。再，查區田之法，本以備旱，北地尤宜。應令北省督撫飭地方官，暫租地畝，按法施行。得旨：此摺不必交與督撫，著交與奉宸苑，令其依法試種。（高宗一八八、一三）

（**乾隆八、五**）［是月，安徽巡撫范璨］又奏：盜宰耕牛例有嚴禁，嗣後拏獲私開圈店之案，必須究明房主、保隣及包庇之兵捕，分別懲究。得旨：好。在此際應如此辦，而又須實力稽查。（高宗一九三、一七）

（**乾隆八、六、壬申**）訓督撫率屬重農。諭曰：朕惟養民之本，莫要於務農。州縣考成，固應用是爲殿最；而向來功令，不專以此課吏者，因其事甚樸，無可炫長。其迹似迂，驟難見效。又或上官之查勘難周，有司之條教易飾，不似催科，聽斷、捕盜等事之顯而有據也。督撫察吏，每於此等本計，轉視爲老生常談，漠然不甚加意。以致州縣之吏，趨承風旨，專以簿書期會爲先，而農事反居其後。職司民牧之謂何。不知爲治之道，本舉而末自隨之。如果南畝西疇，人無餘力，於耜舉趾，日無暇時，則心志自多淳樸，風俗自鮮囂陵。人知急公，而閭閻無待追呼矣。人知畏法，而盜賊因以浸息矣。本計既端，末事亦次第就理。如此則州縣之考成，似疏而實密。即督撫之察核，可簡而不繁。日計不足，月計有餘，民生大有裨益，即治道亦漸致郅隆。若夫朝令夕申，意非不美，束縛馳驟，適以擾民。爲督撫者，當善體朕意，毋視爲具文，毋事於塗飾。誠以實心化導其屬，俾屬吏亦以實力勸課其民，庶幾野無游惰之風，家有蓋藏之樂。朕以此訓示督撫，業已至再至三，不啻耳提面命。今復降此諭，實願與天下共敦本計，故不厭其言之重而詞之複也。各省督撫，其共勉之。（高宗一九五、一一）

（**乾隆八、一一、癸卯**）［雲南總督張允隨］又奏：遵旨條對教養事宜。今就滇省現行實事，逐一陳奏。如各府州縣境內，水泉可資灌溉者，通飭及時疏濬，共計一百餘處。現在灌注民田，變瘠壤爲膏腴。滇省向無蠶桑之利，布疋亦取給外省，通飭各屬製造機軸，教令紡織。十餘年來，漢夷婦女，皆能習熟。鹽井所需柴薪無算，飭屬勸諭百姓，廣爲種植。現俱暢茂成林，材木不可勝用。滇民性耽麴糵，多糜米穀，好奉神會，每費貲財，通飭實力查禁。此養民各條之實事也。滇省蠻夷之性，雖云獷野，而樸直無欺，結以恩信，咸知感格，時時勉勵各屬，躬行倡導。現在夷方猓族，亦解好施，爨女蠻媛，漸知守志，並增建義學三百七十餘所。捐置田畝，以充館穀，選擇師儒，以司訓課。現在肄業諸生中，不乏篤學好修之士，此教民各條之實事也。得旨：所奏俱悉。教養二端，固不可偏廢，然亦須因地制宜也。（高宗二二九、二二）

（**乾隆一一、三、己丑**）協辦大學士署直隸河道總督劉於義奏：天津府屬之慶雲、鹽山兩縣災民，應行補救事宜。一、慶、鹽兩邑，雖有鹹池及苦水之處，而甜水可以澆灌之地甚多，但百姓無力砌井。查每砌磚井一，須物料銀八兩，每井一，可灌地五畝。若廣爲穿井，小旱之年，百姓竟可不餒。可否於水利節省項下，慶雲縣賞給銀一萬兩，可砌磚井一千二百五十；鹽山縣賞給銀八千兩，可砌磚井一千。再令百姓每年多開土井，以助澆灌。一、慶雲縣百姓牛少。查直隸布政司庫貯商捐銀十萬兩，原議留爲水利城工之用。可否於此內賞銀三千兩，交天津府知府胡文伯委員赴張家口買牛，趕至慶雲縣，令該縣知縣散給無力貧民。田多者戶給一隻，田少者兩三戶共給一隻。庶藉牛力以廣播種。一、慶雲縣土宜棗杏，每年百姓採取，以助饔飧不足。近因積荒，斫伐稀少。查天津縣庫，現貯商人牛兆泰捐賑項下存剩銀二千兩，可否於此內賞銀九百兩，以三分一株計算，可栽樹三萬株；不論棗杏榆柳，令百姓看管成活。數年後，棗杏可食，榆柳可備材用。得旨：著照所請速行。並諭軍機大臣等：協辦大學士尚書劉於義查辦水利，回奏慶雲、鹽山兩縣，土瘠民貧，積歉之後，種種困苦情形，朕心深爲軫惻。其陳奏穿井、買牛、種樹三條，俱有關於耕作，朕已降旨照所請速行矣。惟是立法固欲其利民，而經理當籌其盡善。其種樹一事，尚易辦理。如穿井一事，有苦水、甜水之分，惟甜水可資灌溉。官爲穿井，分給於民，其地之遠近，何以均霑；民之貧富，何以分別；誰應給以官井，誰應令其自開土井；隨時修葺，何以保無傾圮，永遠爲業，何以不起爭端。又如買牛以助其耕種，其自有耕牛者，固不必散給，其無牛力之戶，如何分別給與。至一切餧養收管之法，亦應豫爲籌及。以上二事，其辦理之初，固須經理得宜，奉行之後，亦須永垂利益。此時正當東作緊急之時，不可稍有遲緩。著總督那蘇圖率同地方官悉心籌度，派委幹員，作速辦理。一切實心行之，勿視爲民間瑣屑之事，可以苟且塞責。務使良法美意，歷久無弊，庶於瘠土民生漸復元氣。可即傳諭知之。有應速辦者，一面辦理，一面奏聞。尋據那蘇圖奏覆：籌辦鹽山、慶雲二縣穿井、給牛、種樹各事宜，並親赴天津查看情形。得旨：覽奏俱悉。卿親身查察甚當，一切妥協爲之。（高宗二六一、一七）

（乾隆一三、九、癸丑） 刑部等衙門議覆：原任湖廣總督塞楞額奏稱，地方私宰耕牛，保甲牌鄰知情容隱，請分別擬杖等語。查保甲牌頭容隱盜宰，例有治罪之條，若鄰佑本無相涉，所奏無庸議。至所稱地方官不行查拏，照失察例，按隻數多寡，分別罰俸降留；若能查拏究治者免。應如所請。從之。（高宗三二四、八）

（乾隆五八、一一、戊午） 諭：朕恭閱聖祖仁皇帝實錄，康熙四十九年民數二千三百三十一萬二千二百餘名口，因查上年各省奏報民數，共三萬七百四十六萬七千二百餘名口，較之康熙年間，計增十五倍有奇。我國家承天眷佑，百餘年太平天下，化澤涵濡，休養生息，承平日久，版籍益增，天下户口之數，視昔多至十餘倍。以一人耕種而供十數人之食，蓋藏已不能如前充裕，且民户既日益繁多，則廬舍所占田土，不啻倍蓰。生之者寡，食之者衆，於閭閻生計，誠有關係。若再因歲事屢豐，粒米狼戾，民情游惰，田畝荒蕪，勢必至日食不繼，益形拮据。朕甚憂之。猶幸朕臨御以來，闢土開疆，幅員日廓，小民皆得開墾邊外地土，藉以暫謀口食。然爲之計及久遠，總須野無曠土，家有贏糧，方可户慶盈寧，收耕九餘三之效。各省督撫及有牧民之責者，務當隨時勸諭，剴切化導，俾皆儉樸成風，服勤稼穡，惜物力而盡地利，共享昇平之福。毋得相競奢靡，習於怠惰，用副朕愛養黎元，諄諄教誡至意。將此通諭知之。（高宗一四四一、一四）

（嘉慶一、一、戊申） 是日，……太上皇帝傳位詔書頒行天下，詔曰：……所有合行事宜，條列於左：……一、天下之本農爲重，各府州縣衛果有勤於耕種、務本力作者，地方官不時加獎，以示鼓勵。（高宗一四九四、二）

（嘉慶一〇、一二、丙戌） 諭內閣：據御史花良阿奏，西城居住回民甚多，販賣牛肉爲生者不少。查入口牛隻，在京師無耕用之處，與素習耕犁者有間。請嗣後將口外販賣牛隻，令各該坊官驗明，准令回民宰賣，等語。花良阿又非回教中人，矢口亂言，荒謬已極。牛爲太牢，非尋常牲獸可比，每年恭遇圜丘大祀，太廟時享，用以享帝享祖。況東郊力作，全賴耕犁，於農民利益甚廣，即老病殘廢，亦當念其筋力向盡，優予飼養，不忍遽行宰殺，定例查禁特嚴，非徒陰騭之説，爲士民所宜持戒也。今該御史乃稱定例指宰殺耕牛而言，現在入口牛隻，係蒙古回民交易行販來京，與素習耕犁者有聞，不便一概嚴禁。試思耕牛菜牛憑何分別，一經開禁，宰剝紛然，坊官等又何從一一驗明，辨其能耕與不能耕、當宰與不當宰。若謂兩翼牛稅日漸減少，係由禁止宰殺，牛販不敢進城之故，尤屬見小。國家稅課出入，亦豈繫此區區。向來私宰牛隻，地方官雖出示嚴禁，尚恐視爲具文，該御史簡派巡城，正當實力禁止，今乃倡爲開禁之説，欲使回民等人人宰殺自便，其意何居。其中或竟有受託別情，亦未可定。花良阿不可復任御史，著降用爲六部員外郎，仍著交部議處，以示懲儆。嗣後著地方官遵照定例，通行查禁，凡有私宰牛隻者，均著即予懲辦。倘地方官失於查察，亦著照例議處。（仁宗一五四、一六）

第二節 墾荒

一、概述

（順治一、一二、庚申）真定巡按衛周允疏言：巡行各處，極目荒涼，舊額錢糧，肖難敷數。況地畝荒蕪，百姓流亡十居六七，若照額責徵，是令見在之丁，代逃亡者重出，墾熟之田，爲荒蕪者包賠也。臣以爲欲清荒田，法在丈量，欲清亡丁，法在編審。果能徹底清楚，則錢糧自有實數，官吏無巧矇之弊，百姓免代賠之累矣。疏入。下所司議。（世祖一二、三）

（順治四、四、甲戌）户部議覆：河南道御史盛復選請差屯田御史疏言，屯田一差，原兼印烙馬匹。今屯田較少，養馬全無，屯田御史不必復設，宜將屯田事務令本省巡按兼管。報可。（世祖三一、一二）

（順治四、四、丙戌）户科左給事中梁維本奏請開荒田、興水利，言：農務者，安民弭盜之根本，水利者，節宣旱潦之先圖也。近聞秦豫及廬鳳等府，荒地尚多，而畿内泉源儘饒，水利未興，請行令各該撫按督率所屬開墾荒蕪，疏導泉源，每歲終詳列畝數奏聞，據爲勸懲。倘有豪惡阻撓，治以重罪。則地無遺利，人有生資，旱潦不能災，盜賊無自起矣。然倡率百姓，全由守令。如郡守能巡行阡陌，爲吏民信愛者，宜久任，以竟其施，庶農功吏治兩有攸賴。疏下所司。（世祖三一、一八）

（順治五、一一、辛未）以奉太祖武皇帝配天及追尊四祖考妣帝后尊號禮成，諸王群臣上表稱賀。是日，大赦天下。詔曰：……謹於順治五年十一月朔八日冬至，恭祀天於南郊，……典禮綦隆，覃恩宜廣，特大赦天下，以慰臣民。應行事宜，條列於後：……一、各處無主荒地，該地方官察明呈報，撫按再加察勘，果無虛捏，即與題免錢糧；其地仍招民開墾。……（世祖四一、八）

（順治六、四、壬子）諭内三院：自兵興以來，地多荒蕪，民多逃亡，流離無告，深可憫惻。著户部都察院傳諭各撫按，轉行道府州縣有司，凡各處逃亡民人，不論原籍別籍，必廣加招徠，編入保甲，俾之安居樂業。察本地方無主荒田，州縣官給以印信執照，開墾耕種，永准爲業。俟耕至六年之後，有司官親察成熟畝數，撫按勘實，奏請奉旨，方議徵收錢糧。其六年以前，不許開徵，不許分毫斂派差徭。如縱容衙官、衙役、鄉約、甲長借端科害，州縣印官無所辭罪。務使逃民復業，田地墾闢漸多。各州縣以招民勸耕之多寡爲優劣；道府以責成催督之勤惰爲殿最，每歲終撫按分別具奏，載入考成。該部院速頒示遵行。（世祖四三、一七）

（順治九、八、戊午）禮科給事中劉餘謨奏言：國家錢糧，每歲大半皆措兵餉，今年直省水旱異常，處處請蠲請賑，大兵直取滇黔，遠則萬里，久必經年，即旦晚克平，亦須留兵鎮守。兵飢則叛，民窮則盜，關係非小。臣思湖南、四川、兩廣初定，地方荒土極多，伏祈敕諭統兵諸將及地方官，凡遇降寇流民，擇其强壯者爲兵，其餘老弱悉令屯田。湖南、川、廣駐防官兵，亦擇其强壯者講武，其餘老弱給與荒棄空地耕種，但不許侵占有主熟田。至川、廣部選各官，未有地方人民者，應行裁併，俟地熟人多，再復舊制，其俸祿工食，可爲牛種諸費。得旨：此所奏是。著户、兵二部確議速奏。（世祖六七、六）

（順治九、一〇、戊辰）大學士范文程等奏言：各直省錢糧，每年缺額至四百餘萬。賦絀餉詘，急宜籌畫。謹陳興屯四事。一、興屯宜選舉得人；一、開墾宜收穫如法；一、積貯宜轉運有方；一、責成宜賞罰必信。得旨：此所奏甚是。著議政諸王及大臣等會議具奏。（世祖六九、一九）

（順治一〇、閏六、丙子）兵部議覆：巡視中城監察御史王秉乾疏言，凡自首投誠者，悉隸興屯道，授以無主荒田，聽其挈家耕種爲業。報可。（世祖七六、二三）

（順治一一、六、庚辰）以加上皇太后徽號禮成，諸王、文武群臣上表行慶賀禮。是日，頒詔天下。詔曰：……所有恩赦事宜，開列於後：……一、兵火之後，田土荒蕪，須令民間盡力開墾，不許豪强占隱，以致窮民失業。違者重懲；有司不行覺察，以溺職論。（世祖八四、一六）

（順治一二、一二、癸丑）刑部議覆：江西興屯道翟鳳翥疏言，嗣後徒

犯，請發遣屯田。酌其年分，開墾荒田多寡，事完釋放。其願留者，即永爲己業，以沛皇仁。從之。（世祖九六、三）

（**順治一三、七、癸丑**）以乾清宮成，頒詔天下。詔曰：……今乾清坤寧宮告成，祗告天地、宗廟、社稷，於順治十三年七月初六日臨御新官，懋圖治理。念臣民之勞瘁，宜恩赦之廣頒，所有事款，條列於後：……一、各省屯田荒地，已行歸併有司，即照三年起科事例，廣行招墾；如有殷實人户能開至二千畝以上者，照遼陽招民事例，量爲録用。（世祖一〇二、二三）

（**順治一四、四、壬午**）户部議准：户科給事中粘本盛疏奏，督墾荒地，應定勸懲則例。督、撫、按，一年内墾至二千頃以上者紀録，六千頃以上者加陞一級；道府墾至一千頃以上者紀録，二千頃以上者加陞一級；州縣墾至一百頃以上者紀録，三百頃以上者加陞一級；衛所官員墾至五十頃以上者紀録，一百頃以上者加陞一級；文武鄉紳墾五十頃以上者，現任者紀録，致仕者給扁旌獎。其貢監生民人有主荒地，仍聽本主開墾，如本主不能開墾者，該地方官招民給與印照開墾，永爲己業。若開墾不實，及開過復荒，新舊官員俱分別治罪。從之。（世祖一〇九、六）

（**順治一五、一〇、癸巳**）貴州道御史李秀奏言：邇來田土荒蕪，財賦日絀，臣以爲勸墾荒田之典，不可不隆。其州縣士民暨見任文武各官并閒廢縉紳，有能捐資開墾者，請敕部從優分別授職陞用，則不煩帑金之費，而坐收額課之盈。疏下户部。（世祖一二一、一五）

（**康熙六、閏四、丁亥**）［山東道御史］王伯勉又言：有司捏墾，妄希議敘，百姓包荒，不堪賠累。雖鼓勸不可盡廢，而優議必有實績。請照完糧例，俟三年起科完解，取具無包賠荒地甘結，報部核明，始將各官議敘，以杜冒功虐民之弊。下部議行。（聖祖二二、三）

（**康熙六、閏四、戊子**）湖廣道御史蕭震疏言：屯田之制，爲古帝王養兵裕國之本。臣愚以爲，兵屯縱不可即行，而投誠開荒之策，未有不可立行者。查投誠之衆，所攜家口，數倍正兵，若予以荒地，給以牛種，俾無失所，以爲招徠之勸，一便也。再查綠旗兵有防禦之任，投誠兵無汛地之責，是綠旗之屯田難，投誠之屯田易，二便也。近例投誠兵隨標者，月給餉銀，歲費金錢八十餘萬。將來臺灣平後，尚有繼至之人，與其糜費養兵之資，何如使開荒蕪之地，每投誠若干兵，應給荒田若干畝，歲省餉銀若干兩。行之三年，照田起科，是既省餉而又增賦，三便也。查各省荒田，尚有四百餘萬頃。若將此地分給投誠兵丁，使之耕種，則軍儲日實，户口漸繁，是力田即以阜生，四便也。疏入。命户部、兵部行令各省督撫，確查墾荒事宜遵行。

(聖祖二二、三)

（**康熙六、八、己卯**）令河南、山東、山西、江南、浙江見駐投誠官兵開墾荒地。自康熙七年始，每名給五十畝，預支本年俸餉，以爲牛種，次年停給，三年後照例起科。(聖祖二三、二四)

（**康熙七、四、辛卯**）雲南道御史徐旭齡疏言：國家生財之道，墾荒爲要。乃行之二十餘年而無效者，其患有三。一則科差太急，而富民以有田爲累；一則招徠無資，而貧民以受田爲苦；一則考成太寬而有司不以墾田爲職。此三患者，今日墾荒之通病也。朝廷誠講富國之效，則向議一例三年起科者，非也。田有高下不等，必新荒者三年起科，積荒者五年起科，極荒者永不起科，則民力寬而佃墾者衆矣。向議聽民自佃者，非也。民有貧富不等，必流移者給以官莊，匱乏者貸以官牛，陂塘溝洫，修以官帑，則民財裕而力墾者多矣。向議停止五年墾限者，非也。官有勤惰不等，必限以幾年招復戶口，幾年修舉水利，幾年墾完地土，有田功者陞，無田功者黜，則懲勸實而督墾者勤矣。下部確議具奏。(聖祖二五、二七)

（**康熙一二、一一、庚午**）諭戶部：自古國家久安長治之謨，莫不以足民爲首務，必使田野開闢，蓋藏有餘，而又取之不盡其力，然後民氣和樂，聿成豐亨豫大之休。見行墾荒定例俱限六年起科，朕思小民拮据開荒，物力艱難，恐催科期迫，反致失業，朕心深爲軫念。嗣後各省開墾荒地，俱再加寬限，通計十年方行起科。其所司官員，原有議敘定例，如新任官自圖紀敘、掩襲前功，紛更擾民者，各督撫嚴行稽察，題參治罪。(聖祖四四、二)

（**康熙二二、一〇、丙辰**）廣東廣西總督吳興祚疏言：廣州七府沿海地畝，請招民耕種。上諭大學士等曰：前因海寇未靖，故令遷界；今若展界，令民耕種採捕，甚有益於沿海之民。其浙閩等處地方，亦有此等事。爾衙門所貯本章，關係海島事宜甚多。此等事不可稽遲，著遣大臣一員，前往展立界限。應於何處起止、何地設兵防守，著詳閱確議，勿誤來春耕種之期。(聖祖一一二、二三)

（**康熙二七、一、丁酉**）上御乾清門，衣青色布衣聽政。江南道御史郭琇疏參靳輔治河無功，聽信幕賓陳潢阻撓下河開濬，宜加懲處。又戶部尚書王日藻等議：靳輔疏請屯田一事，有累於民，請行停止。至高家堰之外再築一隄，應如靳輔所請。上曰：河道必親歷其地，然後可議其事。爾九卿等俱未親歷，徒然懸揣，安有定論。隨令郭琇跪近御前，顧九卿等曰：朕南巡時，往勘河道。高家堰南北及清口以南、高郵等處，朕俱沿隄步行，親加詳覽，河上情形，頗深悉之。今欲築重隄，使水由清口入海，若果有裨益，則當日何以不早築耶。高郵等七州縣百姓苦累異常，此朕目擊而心傷者。今於隄外又築一隄，是重困小民矣。至於屯田有利於廷臣，而害民實甚。陳璜本一介小人，通國盡知，屯田之說，江南人莫不嗟怨，爾等寧不聞耶。兵部尚書梁清標奏曰：屯田實有害於百姓，斷不宜行。上以郭琇參本令九卿一併會同察議具奏。（聖祖一三三、一一）

（康熙二七、二、戊申）漕運總督慕天顏疏言：前臣等會勘河工，河臣靳輔議築高家堰重隄，臣等議修高家堰舊隄。後，尚書佛倫等，奉命再行會勘，皆從靳輔臆說，臣不敢附會。且河臣倡舉屯田一事，屯官丈占民田，百姓苦累，臣據實奏聞。得旨：本內事情，著九卿詹事科道察議具奏。（聖祖一三三、一六）

（康熙二七、二、癸丑）山東道御史陸祖修疏言：河工、屯田二事，奉有九卿會議之旨。臣見總河靳輔，身雖外任，與九卿呼吸甚靈，會議之時，吏部尚書科爾坤、戶部尚書佛倫、工部侍郎傅拉塔、左都御史葛思泰等，不顧公議，左袒河臣。竊思河屯利害，惟直撫于成龍首倡其說，或暫停九卿之議，俟于成龍等到京，面奏明確，加之乾斷，則國足定而邪謀破矣。疏入，得旨：河工、屯田，著暫停會議。俟董訥、于成龍來京日，將本內事情一併嚴察，會議具奏。（聖祖一三三、二二）

（康熙二七、三、辛巳）上御乾清門，召大學士、學士、九卿、詹事、科道及總督董訥、總河靳輔、巡撫于成龍，原任尚書佛倫、熊一瀟，原任給事中達奇納、趙吉士等入奏河工事宜。靳輔奏曰：臣專管上河，再四籌度，惟有高家堰外再築重隄，水不歸下河，庶有裨於淮揚七州縣。至開濬下河，臣恐有海水倒注之患。上曰：朕不忍淮揚百姓遭罹水患，故令爾等公同詳議。海水倒注，無有是理。郭琇奏曰：靳輔於上河派民之事甚多，即如派車、派驢，在在騷動。況屯田之事，明係奪民產業。江南田畝原有二畝算一畝者，因地勢窪下、坍長不常，若計畝重課，實為累民。上曰：屯田害民，靳輔縱百口亦不能辨。開海口乃必然應行之事，爾等但論下河之當挑與否、及重隄之築與不築耳。（聖祖一三四、四）

（康熙二七、三、壬午）上御乾清門，召大學士、九卿等入奏河工事宜。工部尚書李天馥奏曰：臣等遵旨問靳輔、于成龍，皆堅執前說，與昨日所奏無異。臣等公同酌議，下河當開，重隄宜停止修築。上諭九卿曰：靳輔舉行屯田之事，因取民餘田，小民實皆嗟怨，此在靳輔當亦無可置辨。靳輔奏曰：向者河道大壞、處處衝決，民田盡被水淹，臣任總河，將決口堵閉，兩旁築隄，仰賴皇上如天之福，比年以來，河流故道，無有衝決之患。是以數年水淹之田盡皆涸出。臣意將民間原納租稅之額田，給與本主，而以餘出之田，作爲屯田，抵補河工所用錢糧。因屬吏奉行不善，民怨是實，此處臣無可辨，惟候處分。……又諭九卿曰：屯田害民，朕已洞悉，各省民田未有不溢於納糧之額數，若以餘田作屯、按畝定額，豈不大擾民乎。屯田不行，無可復議。(聖祖一三四、六)

(康熙二七、三、庚寅) 戶部議覆：原任戶部尚書佛倫疏言，河工屯田累民，業蒙皇上洞悉，永行停止。請敕該督撫逐一清查，有丈出民間之田，悉令給還原主；其暫設屯田同知縣丞等官，應行裁汰，使赴部候補。應如所請。從之。(聖祖一三四、一二)

(康熙五三、六、丙子) 又諭[大學士等]曰：條奏官員，每以墾田積穀爲言，伊等俱不識時務。令人民蕃庶，食衆田寡，山地盡行耕種，此外更有何應墾之田爲積穀之計耶。(聖祖二五九、六)

(康熙五五、閏三、壬午) 諭大學士等曰：……今太平已久，生齒甚繁，而田土未增。且士、商、僧、道等，不耕而食者甚多，或有言開墾者，不知內地實無閒處。今在口外種地度日者甚多，朕意養民之道，亦在相地區處而已。陝西臨洮、鞏昌等地方，雖不可耕種，若於有水草之地，效蒙古牧養，則民盡可度日。而百姓但狃於種地，不能行此。昔年去山東賑濟人員曾云，或有人在牛傍不知取乳而食，竟坐以待斃。此皆不習之故耳。(聖祖二六八、五)

(雍正一、四、乙亥) 諭戶部：朕臨御以來，宵旰憂勤，凡有益於民生者，無不廣爲籌度。因念國家承平日久，生齒殷繁，地土所出，僅可贍給，偶遇荒歉，民食維艱，將來戶口日滋，何以爲業，惟開墾一事，於百姓最有裨益。但向來開墾之弊，自州縣以至督撫，俱需索陋規，致墾荒之費，浮於買值，百姓畏縮不前，往往膏腴荒棄，豈不可惜。嗣後各省凡有可墾之處，聽民相度地宜，自墾自報，地方官不得勒索，胥吏亦不得阻撓。至升科之例，水田仍以六年起科，旱田以十年起科，著著爲定例。其府州縣官能勸諭百姓開墾地畝多者，准令議敍，督撫大吏能督率各屬開墾地畝多者，亦准議敍。務使野無曠土，家給人足，以副朕富民阜俗之意。該部即遵諭行。(世宗六、二五)

(雍正七、四、戊子) 諭戶部：國家承平日久，戶口日繁，凡屬閒曠未耕之地，皆宜及時開墾，以裕養育萬民之計。是以屢頒諭旨，勸民墾種，而川省安插之民，又令給與牛種口糧，使之有所資藉，以盡其力。今思各省皆有未墾之土，即各省皆有願墾之人，或以日用無資，力量不及，遂不能趨事赴功，徘徊中止，亦事勢之所有者。著各省督撫各就本地情形，轉飭有司細加籌畫，其情願開墾而貧寒無力者，酌動存公銀穀，確查借給，以爲牛種口糧，俾得努力於南畝。俟成熟之後，分限三年，照數還項；五、六年後，按則起科。總在該督撫等董率州縣，因地制宜，實心經理，務使田疇日闢，耕鑿維勤，以副朕愛養元元之至意。（世宗八〇、一三）

（雍正一二、六、壬申）戶部議覆：內閣學士凌如煥條奏，臣伏查報墾地畝，升科定例，水田限六年，旱田限十年，積以歲月，緩其徵輸，無非利民爲心。而地方有司奉行不實，或墾少報多，希圖增課，以邀議敘。及至升科之年，按冊有餘，按畝不足，報墾之官，已經濫邀敘典，而接任之官，於報部定額，既難詳免，豈甘賠墊，勢必於里甲之中，勻派飛洒，以求足額，殊非勸墾之本意。臣請冊報開墾，應照委查倉穀之例，該督撫另調隔屬賢員，履畝加勘實數，與所報之數相符，取具印結送部，然後准其議敘。倘稍有捏造情弊，督撫將原報官及出結之員，一併參處。臣又復查各處地畝，有浮鹵淺沙之區，即或不宜黍稻，尚可耕種雜糧、廣植樹木，固不宜任其荒蕪，以棄地利。但又有本來似田，而難必其成熟者，如山田則泥面而石骨，土氣本薄，初種一二年尚可收穫，數年之後，雖種籽粒，難以發生。且山形高峻之處，驟雨瀑流，衝去田中浮土，僅存石骨。其濱江濱河之田，水涸之日，一望膏腴，及至水漲，又復淹爲巨浸。此皆似田而難於成熟者也。臣請令該督撫按年委員覆核，其間有無坍塌更改，抑係實在成熟，詳確勘報，然後分別升科。如互相狥隱，一併揭參。均應如所請。再，從前各省所報開墾升科田地，或墾少報多，濫邀議敘，及升科入冊之後，田去糧存，虛額賠累，俱未可定。應令各該督撫覆加查核，如有濫邀議敘者，即行指參，實在衝坍者，即予開除，造冊報部。從之。（世宗一四四、一三）

（雍正一三、一〇、乙亥）禁虛報開墾。諭曰：各直省勸令開闢荒地，以廣種作，以資食用，俾無曠土游民，原係良法美意，然必該督撫董率所屬官吏實力奉行，毫無粉飾，俾地方實有墾闢之田，民間實受耕穫之利；以此造報升科，方於國計民生有所裨益。乃朕見各直省督撫題報開墾者，紛紛不一，至於河南一省，所報畝數尤多，而閩省繼之。經朕訪察，其中多有未實，或由督撫欲以廣墾見長，或由地方有司官欲以升科之多迎合上司之意，而其實並未開墾，不過將升科錢糧飛灑於現在地畝之中。名爲開荒，而實則加賦。非徒無益於地方，而並貽害於百姓也。嗣後各該督撫宜仰體皇考愛民至意，誠心辦理。凡造報開墾畝數，務必詳加查核，實係墾荒，然後具奏。不得絲毫假飾，以滋閭閻之擾累。若不痛洗積弊，仍蹈前轍，經朕訪聞，必

從重處分，不稍姑貸。（高宗四、三七）

（**雍正一三、一〇**）［是月，福建布政使張廷枚］又奏：閩省内地之林麓、埔塘、港汊、洲渚，俱應查勘報墾。其臺灣地方及沿海各島嶼，不便潛弛禁令，使奸民乘機聚集生事，以致海洋不靖。並請照舊禁止沿海各省及邊省有苗民聯界之處，停其報墾。得旨：各省奏報開墾者，多屬有名無實，竟成累民之舉，而河南尤甚，前此已頒發諭旨矣。閩省海洋之地，尤不可生事滋擾，並傳諭爾督撫知之。（高宗五、五二）

（**雍正一三、一一、丙辰**）諭：河南地方，自田文鏡爲巡撫總督以來，苛刻搜求，以嚴厲相尚，而屬員又復承其意指，剥削成風，豫民重受其困。即如前年匿災不報，百姓至於流離，蒙皇考降旨嚴飭，遣官賑恤，始得安全，此中外所共知者。乃王士俊接任河東，不能加意惠養，且擾亂紛更，以爲幹濟，借墾地之虛名，而成累民之實害。彼地民風淳樸，竭蹶以從，罔敢或後，甚屬可嘉，然先後遭督臣之苛政，其情亦可憫矣。王士俊著解任，來京候旨。河南仍照舊例，止設巡撫。即著工部侍郎傅德補授，並將朕旨宣示豫民，咸使聞知。（高宗七、一八）

（**乾隆一、一、乙卯**）［總理事務王大臣］又議：富德請免豫省報墾荒田一疏查報墾原不盡實，然十分中豈無一、二。現在豫省之府州縣，多係從前報墾之員，應請寬其捏報處分，各令自行出首。從前認墾花户，亦令該撫曉諭，據實首報開除。如有實可墾種者，仍聽民便，照例起科。得旨：允行。（高宗一一、一三）

（**乾隆一、二**）［是月，河南巡撫富德］又奏參前任督臣王士俊報墾多罔、捐輸累民。得旨：諭富德，前因豫省開墾一事辦理不妥，民多怨言，是以朕令王士俊解任來京，於稱人之中特簡用爾爲巡撫，以繼其後，實望汝竭力殫心，秉公據實，除從前之弊端，收後來之利益，俾豫民永永受福也。今覽汝奏第一摺内，則稱王士俊虛報開荒，種種欺罔。而第二摺内，又稱豫省地畝隱匿者甚多，除十二、十三兩年首報之外，猶有欺隱，與其恩施於查隱既明之後，不若恩施於查隱未明之前。可否特降諭旨，概行豁免，等語。是汝同時兩奏，而自相矛盾如是，朕竟不解汝意之所在也。夫無田有糧，固爲民累，而有田無糧，亦豈國體。汝果能公平寬厚，辦理妥協，自有以服百姓之心、爲地方久遠之計。今乃束手無策，不能辨其爲熟爲荒、應留應去，而巧爲陳奏，欲朕下一諭、而免汝之查察，以圖苟且了事。人臣以忠誠事君者固如是乎。且果係實在欺隱，王士俊已經查出者，朕方當獎賞士俊，以爲汝等無能庸碌督撫之勸，舉而委棄之，可乎？所謂公平之政，非汝等婦寺之仁、碔砆之才所能勉强也。夫無才尚可，無才而加之以詐，將何底止。此事汝不能辦理又兼胸有成見，無怪乎措置失宜，敷陳巧偽也。爲今之計，可將老荒及鹽鹻河灘之地、確無可疑者，悉行開除，以慰民望。至於夾荒田地、介在疑似者，從容查訪，不必急遽即欲定局。俟布政使徐士林到任時，汝與伊熟商經理之，或不至於大誤。至豫省捐輸銀兩既屬勉强，可停其催交。（高宗一三、三一）

（**乾隆二、六**）〔是月〕兩廣總督鄂彌達奏覆廣西捐墾案情。據雲南布政使陳宏謀，以原任廣西巡撫金鉷捏墾報捐、欺公累民具奏。時臣陛見回粤，道經廣西，與新任巡撫楊超曾面商，粤西額荒甚多，紳民欺隱不少，其報墾之田，如果屬實，自有應完賦稅，並非額外加糧。今以紳民欺隱之田，准予從寬借墾，得回工本，又免治罪，原無貽累於民，即謂粤西地土磽瘠，而借墾之田原係分別老荒、舊荒，有三畝折算一畝者，有二畝折算一畝者，未嘗一例概施。且原任大學士朱軾條奏，亦止謂查係虛捏者開除，未聞以實有之田盡應豁免也。今撫臣已早定豁除之成見於胸中，既不公同覆奏於前，又復往返爭持於後，何能辦理得宜。伏思臣歷任督撫，凡於地方公事，但求事理之當，不存疑貳之心，即辦理墾荒一案，總期上不病國，下不累民。假若金鉷果有加派累民之實據、侵肥工本之劣蹟，詎肯扶同瞻徇，竟不早爲參奏。陳宏謀偏信鄉里不實之言，瀆陳天聽，蒙交臣等議辦；因撫臣楊超曾初經外任，去年臣從粤西來，將此案原委並辦理之法，肫切言之，撫臣深以爲然。但此事礙難辦理，計惟有仰懇特簡大臣一員，前赴粤西，秉公查辦，庶有無加派累民、是否應行豁免，方有定論，而墾案可以澄清矣。再，陳宏謀前奏金鉷捏捐二十餘萬畝、並未開成一畝之處，查借捐止有一十二萬，並無二十餘萬，各屬查報新墾成熟者，即鬱林一州已有八千餘畝，其餘州縣，新墾甚多，陳宏謀所奏不確，一並聲明。得旨：此事所奏甚屬公當。楊超曾到粤西，諸事皆從嚴厲，而獨此事從寬者，並非其本心；乃與金鉷不合，而又瞻徇陳宏謀情面耳。朕亦不必另遣人前往，卿即往西省辦理此事，應參奏者即行參奏。（高宗四五、一八）

（**乾隆五、七、甲午**）命開墾閒曠地土。諭：從來野無曠土，則民食益裕。即使地屬畸零，亦物產所資。民間多闢尺寸之地，即多收升斗之儲。乃往往任其閒曠，不肯致力者，或因報墾則必升科，或因承種易滋爭訟，以致愚民退縮不前。前有臣工條奏及此者，部臣以國家惟正之供，無不賦之土，不得概免升科，未議准行。朕思則壤成賦，固有常經，但各省生齒日繁，地不加廣，窮民資生無策，亦當籌畫變通之計。向聞邊省山多田少之區，其山頭地角，閒土尚多，或宜禾稼，或宜雜植，即使科糧納賦，亦屬甚微，而民夷隨所得之多寡，皆足以資口食。即內地各省，似此未耕之土，不成坵段者，亦頗有之，皆聽其閒棄，殊爲可惜。用是特降諭旨，凡邊省內地零星地土可以開墾者，嗣後悉聽該地民夷墾種，免其升科。並嚴禁豪強首告爭奪，俾民有鼓舞之心，而野無荒蕪之壤。其在何等以上仍令照例升科，何等以下永免升科之處，各省督撫悉心定議具奏。務令民霑實惠，吏鮮阻撓，以副朕子惠元元之至意。（高宗一二三、二二）

（乾隆一一、二、乙巳） 户部議覆：湖南巡撫楊錫紱奏稱，湖南地濱洞庭，民間築隄墾田，與水爭地，常有衝決漫溢之憂。先經大學士議准浙江布政使潘思榘條奏，凡湖蕩蓄水之處，禁民開墾。第從前止指湖蕩官地，未及民業塘池，應請一併飭禁。查塘池雖小民自有之業，然其中或爲蓄水之溝，或爲通水之徑，若皆培土爲田，一遇旱潦，水無蓄洩，既無益於己業，轉爲害於鄰田。應如所請。除已經開墾之田，毋庸清釐滋擾外，嗣後無論官地民業，凡有關水道蓄洩者，概禁報墾。從之。（高宗二五八、九）

（乾隆二五、一、庚申） 又諭：據周人驥奏各省流寓民人入川者甚多，請設法限制等因一摺。此所謂知其一，不知其二也。國家承平日久，生齒繁庶，小民自量本籍生計難以自資，不得不就他處營生餬口。此乃情理之常，豈有自舍其鄉里田廬而樂爲遠徙者。地方官本無庸強爲限制。若其中遇有生事爲匪之人，則在隨時嚴行查禁，不得以一二敗類潛蹤，遂爾因噎廢食。今日戶口日增，而各省田土不過如此，不能增益，正宜思所以流通，以養無藉貧民。即如現在古北口外，內地民人前往耕種者，不下數十萬戶，此孰非去其故土者。然口外種地者，衣食漸多饒裕，固難執一而論也。西陲平定，疆宇式廓，闢展、烏魯木齊等處，在在屯田，而客民之力作貿易於彼者，日漸加增。將來地利愈開，各省之人，將不招自集，其於惠養生民甚爲有益。若如周人驥所奏，有司設法禁止，不但有拂人性，且恐轉滋事端。否則徒爲增設科條，而日久又成故事。封疆大吏當通達大體，順民情所便安，隨宜體察。倘有流爲盜賊，如川省嘓匪之類，則實力懲治，毋使養奸貽累。既不絕小民覓食之路，又可清閭閻盜賊之源，斯兩得之。著將此傳諭湖廣、江西、四川各督撫，令其妥協辦理。（高宗六〇四、一五）

（乾隆二五、八、戊戌） 工部議覆：江西道御史吳鵬南奏請督飭司牧修舉山林之政一摺，經大學士九卿會議，令該督撫各就地方情形，妥議具題。茲據先後題覆。除福建、浙江、廣西三省巡撫等聲稱，所屬境內，栽種無遺，無事再爲勸墾；貴州巡撫奏明，現在試種桑麻，俟有成效，再行酌辦外，至直隸等一十五省，各該督撫疏稱，立法各自不同，應令各省凡官山官地民間情願認種者，官給印照，聽其樹藝。長成後，旁枝准其砍伐，十年後照則升科。至官種之法，應令各該督撫轉飭地方官，有能自出己資在官地栽種，三年後培植長成，該督撫委員查驗，照栽柳之例，分別議敘。至紳士、商賈捐資栽種，先將成活數目呈報地方官，三年後，亦咨部分別議敘。如數目有限，不及議敘之例者，酌給花紅扁額。應如所請。從之。（高宗六一九、一一）

（**乾隆三〇、一〇、戊午**）又諭：據阿爾泰奏新墾地畝分別升科、及續墾荒地現在飭令地方官招集墾户妥協安置、並查明承業認糧確數以資清理一摺。朕因阿爾泰於地方本計水利農田諸務，向能留心經理，此事諒非虛飾，是以聽其舉行。其實墾地升科，本係良法，但辦理不善，轉致累民。即如當日田文鏡查辦墾荒一事，將升科銀兩灑派花户，徒務開墾虛名，小民無授產之益，而受加賦之累，前車深足爲戒。今阿爾泰現在籌畫招墾，不可不慎之於始。如果實有曠土可耕，能化荒蕪爲腴壤，固於惠養黎元之實政有裨，但恐有司辦理不善，或迎合邀功，以無報有，勢必貽累閭閻，所關正復不小。著傳諭該督，務須加意查辦，覈其藝闢收穫之實據，計畝起科，使小民永享耕田鑿井之利，切勿爲屬員所朦蔽，以致有名無實，徒滋擾累。此事利弊所係，惟責成該督悉心體察耳。（高宗七四七、二）

（**乾隆三八、一二、戊子**）諭：今年七月間，據陳輝祖奏請將該省民屯新墾丁銀隨年攤徵一摺，批交該部議奏。旋經户部即照陳輝祖所奏覆准，並請行查各督撫，就本省情形，酌籌妥議具奏。朕彼時駐蹕熱河，正值籌辦軍營事多，未及詳加審覈，且以部議通准各省，必其事屬應行，遂爾依議。據直隸等省陸續議奏，大概請仍舊制者居多，則陳輝祖所奏及該部所議，皆未爲得當。國家承平休養，百有餘年，閭閻生齒日繁，歲有增益，向來編審人丁，按丁科則。自康熙五十四年，我皇祖聖祖仁皇帝特頒恩詔，盛世之民，永不加賦，即以是年丁糧之數，作爲定額。仰見皇祖惠愛黎元、厚澤深仁、法良意美，實我萬世子孫臣庶所當遵守不易者。蓋民爲邦本，庶富相因，但令小民於正供之外，留一分贏餘，即多一分蓄積，所謂藏富於民。百姓足，君孰與不足者，此也。朕臨御以來，仰承天佑祖德，際兹累洽重熙，無時不以愛養斯民爲念，是以兩次降旨，普蠲天下錢糧，並輪蠲各省漕米爲數不啻數千百萬，而因災蠲賑及隨時恩免者，尚不在內。所冀群黎益慶盈寧，共享昇平之福，豈肯於丁糧區區毫末之賦稍存計較乎。現今海寓户口繁滋，難以數計，如各省糧價有增無減，即可爲滋生繁庶之徵。況人數既多，自地無遺利，安得復有未闢之曠土，廣爲墾種升科。若求可墾之地，則惟新疆烏魯木齊等處，地土沃衍，尚可招徠屯墾。至於內地開墾一説，則斷無其事，各省督撫，亦斷不得以此爲言。即或瀕河沿海之區間有東坍西漲，其數甚微，祇須地方官查明，照例妥辦。若以新墾民屯地畝，復將丁銀隨年攤納，是與小民較及錙銖，尤非惠下恤民之道。陳輝祖原奏固屬瑣碎見小，而户部議覆亦復未識大體。所有各省辦理丁糧一事，無論已未覆奏，俱著悉仍其舊，毋庸另議更張。其湖北、長蘆二處已經該部覆准者，亦不必行，仍令照舊辦理。並將此通諭中外知之。（高宗九四八、六）

（**嘉慶二〇、一〇、辛未**）又諭：御史孫升長奏清釐漏賦匿税田地、分別報墾升科、酌追花息一摺。直隸、湖北、廣東，屢有墾荒田畝，其餘各省或亦有之。但漏報税課，小民多誤於不知，若概令入官，貧民未免失業。著各督撫飭知所屬州縣，查有此等田地，俱分別勘丈，按則升科，酌追花息，免其入官。期於國課民生，均有裨益。（仁宗三一一、一四）

（**嘉慶二二、二、庚寅**）諭內閣：御史蕭鎮奏清釐賦税以裕國課一摺。直隸順天府所屬州縣內，沙壓地畝並入官抵帑、退差、退耕各地，均應招佃報墾。乃延擱多年，廢置不辦，一任奸胥蠹役隱匿欺占，間有小民呈請認種，輒往返駁查，多方勒掯，以致國課日久虛懸。著直隸總督、順天府尹即將前項地畝，分飭各該地方官趕緊清釐，照例招佃報墾。如有胥役影射把持情弊，立即查明，從嚴懲辦，以除積蠹而清田賦。至酒税一項，應如何稽察以杜包攬偷漏之弊，著崇文門監督妥議章程具奏。（仁宗三二七、一二）

二、屯墾

（一）東三省

（**康熙二三、一二、癸卯**）議政王大臣等會議：黑龍江地方將士，應遣大臣一員統轄。又，彼處田地，應遣户部大臣一員監督耕種。上曰：軍機關係緊要，非熟練戎行者不可。公瓦山素諳行師，以之遣往，必能勝任。護軍統領佟寶、佛可託皆堪效力之人。可令公瓦山爲首統轄，佟寶、佛可託爲參贊遣往。其監督耕種，著侍郎薩海去。（聖祖一一八、六）

（**康熙二四、一、丁亥**）户部題：黑龍江佐領鄂色等咨稱，耕牛盡斃，農器損壞，今時近東作，應遣理藩院官一員，同馬喇如數購買耕牛送往，農器令薩布素等營造預備。得旨：薩布素等故毀農器、盡斃耕牛，其意在多方遲延，冀撤離黑龍江耳。凡受事者，各宜殫心預籌，以期有濟，詎可諉之於上，賴朕一切留意、悉加區畫，不致廢弛。倘謂責有攸歸，竟倚任之，定誤軍機。宜即嚴治，念見同大兵進剿，姑暫停處分，俟回自雅克薩日再議。（聖祖一一九、一〇）

（**康熙二五、一一、丙辰**）諭大學士等：日者遣部員自吉林烏喇至黑龍江，以蒙古、席北、打虎兒、索倫等人力耕種，田穀大穫。夫民食所關至重，來歲仍遣前種田官員，以蒙古、席北、打虎兒、索倫等人力耕種。郎中博奇所監種田地，較諸處收穫爲多，足供驛站人役之口糧，又積貯其餘穀。博奇效力，視衆爲優，其令註册。此遣去諸員，可互易其地，監視耕種，博奇又復大穫，則加議敘。（聖祖一二八、一二）

（**雍正一〇、九、乙巳**）諭辦理軍機大臣等：據索倫總管博爾本察等奏稱，呼倫貝爾等處，今歲所種地畝因旱歉收，俟明年多爲種植等語。朕思種地一事，如交與伊等，則訓練兵丁，必致貽誤。著行文將軍卓爾海，於齊齊哈爾、愛琿、墨爾根三處臺丁及水手屯丁內，撥派五百名，動用彼處存貯正項錢糧，酌量給與盤費，並置辦犂具籽種等項，令其前往呼倫貝爾地方，於明年春間，及時耕種，至秋後，著卓爾海將如何收穫之處，據實奏聞。其動用銀兩，仍著報部照數解還。（世宗一二三、一九）

（**雍正一〇、一一、癸卯**）辦理軍機大臣等遵旨議奏：發遣黑龍江罪犯，蒙恩旨仍前改發北路軍營屯種，予以自新之路。請嗣後此等人犯改發於軍營附近之處，一切衣食，照康熙五十八年酌定條例，著該處給發，由京城派弁兵遞送軍前。該犯在途有妄行不法、迯逃拒捕者，即於本處立斬。至臺站所裁車輛牛隻，應仍前添設，以備沿途需用。從之。（世宗一二五、一六）

（**雍正一〇、一二、丁丑**）辦理軍機大臣等遵旨議奏：黑龍江將軍卓爾海等請以該處水手及驛站閒散壯丁三百有四名，再於呼倫貝爾餘丁內揀選一百九十六名，共五百名，令往伊敏河、各尼河等處耕種地畝。查呼倫貝爾處兵丁，蒙恩賞給畜産，每日操演技藝，牧放牲畜，並無閒暇；應止於水手壯丁內遣一百有四名往伊敏河，二百人往各尼河，已足敷種地之用。現今博第前往呼倫貝爾，此項種地之人，即交博第等管轄；並令派員經理，俟秋收後，該將軍奏聞。從之。（世宗一二六、二一）

（**乾隆六、一〇**）是月，大學士查郎阿、侍郎阿里袞奏，臣等奉命往盛京相度地勢，先往吉林烏喇、黑龍江等處查勘。自威遠堡邊門以東，看得和爾蘇站之東南四家子處，有地一段，寬十里至三十里不等，約長五、六十里；和爾蘇站至一統河道北，有地一段，寬七、八里至四十里不等，約長百里；剗烟站之西南，有地一段，寬十五里至三十里不等，約長五、六十里；

刷烟站之東北，有地一段，寬二十里至四十里不等，約長六、七十里。此四段地內，稍有旗民開墾成熟之處。細詢土人，除棉花外，凡穀麥雜糧，俱可耕種，洵稱上地。報聞。（高宗一五三、二二）

（乾隆六、一二）是月，大學士查郎阿、侍郎阿里袞奏：臣等於吉林烏喇所屬地方查看，三姓等處，竟無成段荒田，兼地寒霜早，五穀難以全種，不宜屯墾。拉林阿勒楚喀地方，有地一段，周八百餘里；斐克圖地方，有地一段，周二百五十餘里，皆係上地。現在稍有旗民已墾之處，五穀俱獲收成。又於黑龍江所屬之呼蘭地方，看地一段，周五百餘里；佛忒喜素素地方，看地一段，周二百餘里，亦屬可墾。其齊齊哈爾等處，雖有荒甸，亦無成段上地。報聞。（高宗一五七、二五）

（乾隆七、五、乙丑）議政大臣裕親王廣禄等議覆：大學士查郎阿等奏，前往寧古塔一帶相度，可墾之地甚多，惟拉林、阿勒楚喀去船廠甚近，平疇沃壤，五穀皆宜，請先移駐滿洲一千名屯墾耕種。豫籌各事宜：一、揀選派往。查屯墾人丁，必須勤儉安分之人，方爲妥協。應令八旗滿洲都統等，於各佐領下，不論兵丁閒散，擇有妻室之單户，令其攜眷前往。一、定邊界，置莊屯。查該處周八百餘里，地方遼闊，今派往之人，不過千户，非駐防官兵可比，若不聯絡相通，亦於耕種不便。請給每户屋三間、地三頃，按旗分爲八區，查丈應給地畝，立界報部。其住房即隨地畝分置建造，並設總統之副都統衙署於八旗適中之所，以資彈壓。一、籌畫積貯。查該處向無存儲米石，自不便雇船廠等處民人代爲開荒，應於閒散餘丁及臺站壯丁內酌量派往，給與開荒所需牛具籽種，將來滿洲移駐時，即以此項撥給。一、設員管轄。查該處總統之副都統，已派巴靈阿外，其村莊分置處所，尤需稽察之人，請每旗設立屯莊二處，每莊內選授一人爲鄉長，給七品頂帶，令管理一莊，每旗內選授一人爲虛銜驍騎校，給六品頂帶，令管理一旗二莊。其虛銜驍騎校缺出，由鄉長內挑補，鄉長缺出，由閒散內挑補，並添給伊等地畝，以示優異。再，該處有原隸將軍統轄之協領一員，佐領、驍騎校各八員、兵五百名，今應就近歸副都統管轄，仍屬將軍統轄，其派往之滿洲，即按旗分屬八佐領，作爲各該佐領下人。惟該處原止設協領一員，不特查察難周，且於體制不符，應再添一員，分翼管轄。以上各款，統令副都統巴靈阿等會同將軍鄂彌達詳籌辦理。從之。（高宗一六六、九）

（乾隆七、一一、辛酉）王大臣等議奏：前議撥滿洲兵一千名，往拉林、阿勒楚喀耕種，所有辦理起程、建造房屋、倉廩、墾荒、積穀、設立虛職驍騎校、鄉長管轄，已酌定六款，交欽派之侍郎三和、副都統巴靈阿等前往辦理。今三和、巴靈阿會同該將軍鄂彌達酌議，應辦事件，二年內可結。所有移駐之滿洲等，俟九年秋季令其起程，並臚列七條具奏。一、請將此一千滿洲分爲左右十六村，就各莊分給地畝。每村鑿井四眼，再共建官署二十一間，副都統住房三十六間、地十二頃，協領住房十八間、地八頃，滿兵住房五千間，即撥白[伯?]都訥、三姓二處兵三百名營造，派協領一員、章京九員監修。其匠役工食銀，照伊屯地方兵房之例，每間銀三兩三錢。一、建造之木料，即令派出之白[伯?]都訥、三姓兵丁等，於本年十月間，在拉林河源處砍伐，明年河冰融化，即順流運致。茅草，亦於拉林河口附近處割取。至伐木及建造各員弁，每人月給鹽菜銀二兩，兵丁等日給鹽菜銀三分。一、給與滿洲地畝。前經王大臣議，遣吉林閒散余丁與驛站壯丁等開墾。吉林等處餘丁，多年幼不能耕種，驛站壯丁，各有差使，請派吉林烏拉兵八百名、阿勒楚喀兵二百名、驛站夫五百名開墾，日給口糧鹽菜銀四分；並擇熟悉耕作之吉林官五員、領催三十名，官員月給鹽菜銀二兩，領催日給鹽菜銀三分。一、墾地兵丁、站夫等一千五百名：應採買耕牛一千五百頭，額外採買一百頭，疲病補給。請自本年十二月初一日買起，至明年正月三十日止，照例每頭價銀七兩、日飼草二捆、料一升，用時加料三升，俱照時值採買。每牛三頭爲一具，共計五百具，初年可開田一千二百頃，次年仍耕成熟地畝，每具止用牛二頭，計剩牛六百頭，再派六百人加墾，約得五百頃。俟移駐之滿洲到時，每人按所墾地畝勻給，並與耕牛。其餘地畝，隨力開墾。一、移駐之滿洲，既歸入阿勒楚喀八旗，每旗補委虛職驍騎校一員，每莊補放七品鄉長一員。請給虛職驍騎校地各五頃、鄉長地各四頃，過三年後，遇有本旗驍騎校缺出，將虛職驍騎校與本處領催等一體補放。虛職驍騎校缺出，於七品鄉長內揀放。鄉長缺出，於移駐之滿洲內揀放。此一千人內，如有情願當差者，亦過三年後，俟各佐領下披甲人缺出，與彼處閒散幼丁一體挑取。一、養牛五百具，初年可得穀四、五萬石，下年耕種熟田，又可得穀八、九萬石；再六百人加墾，約可得穀二萬石。請照吉林烏拉永寧倉例，建倉一百二十六間。一、移駐之滿洲，如遇紅白事，未免拮据，請動吉林庫銀一萬兩，交殷實才能官員，每月生息一分五釐，俟移駐滿洲到時，本利並交副都統生息，照吉林等處例賞給。其賞餘銀，遇年穀豐登，一時不能糶賣，即照時價糴穀貯倉，以備荒歉。均應如所請。從之。（高宗一七八、一一）

（**乾隆七、一二、壬辰**）王大臣等議奏：前據寧古塔將軍鄂彌達奏稱，吉林等處設義倉，撥兵耕種以來，毫無裨益，兵丁反有苦累；且現存之穀，大半霉變。經臣等以設倉貯穀，原備緩急之需，若輒行停止，歉收無由接濟。今黑龍江等處，既有兵丁耕種公田，交納穀石之例，應令照此例，將未墾蕩田，酌量墾種等因議准在案。今據該將軍鄂彌達查奏，吉林各屬義倉，向係就近分設，並非設於一處。若照黑龍江之例，歸於一處，使數百里外之人，移來墾種，多有未便。且吉林城二百里外，始有蕩田可耕，收穫穀石，運送至倉，亦屬艱難。請於吉林八旗四十八佐領下，每佐領各置牛一具，水手牛六具；烏拉九臺津渡，水手牛十具；四邊邊門各牛五具；金州、鄂佛囉等十七臺，牛十具。每具三人，各於本處墾田耕種；每人徵倉斛穀十六石，交納本處之倉收貯。倘遇籽粒不穫，或值歉收，散給貧苦兵丁，秋收照數歸還；每石加收五升。其置買牛隻農器，請於庫貯盈餘銀內動支，等語，應如所請。每年收穫穀石，令三分糶二存一。至該將軍復稱三姓、寧古塔、阿勒楚喀、琿春各等處之義倉，一體辦理。但各處現在應如何耕種，倉內有無存貯穀石，何處應牛若干具，置買牛隻農器，動支何項銀兩之處，均未聲明，應令該將軍核議具奏。從之。（高宗一八〇、九）

（**乾隆八、閏四、丁丑**）户部議准寧古塔將軍鄂彌達疏報：寧古塔、伯都訥、阿勒楚喀、三姓、琿春等處開墾事宜，應按照各該處佐領若干員，每一佐領編立農器一具，每農器一具，派三人墾種。查寧古塔義倉，現存糧五千五百四十六石零、銀七百二兩零；伯都訥義倉，現存糧六千一百一石零、銀三百五十三兩零；阿勒楚喀義倉，現存糧二千八百四十二石零、銀一百八十七兩零；三姓義倉，現存糧四千四百四十四石零、銀一千二百八十兩零；琿春義倉，現存糧一千六百三十二石、銀三百一十二兩零。寧古塔佐領十，阿勒楚喀佐領八，三姓佐領二十，琿春佐領三，每佐領編立農器一具。伯都訥佐領滿洲十，各編一具；蒙古二，共編一具。每具派出三人墾種，需牛共四十八隻。其置立犁鏵等件，於賣糧銀內動用。從之。（高宗一九一、八）

（**乾隆九、三、丙申**）諭：去歲拉林、阿勒楚喀地方墾田，所穫菽麥七千七百餘石，皆係存公備用之項。朕思墾田蓋房兵丁，雖經賞給鹽菜口糧銀兩；但伊等因身赴拉林、阿勒楚喀種地蓋房，其原籍私田，不獲耕種，恐養贍家口，或致拮据，此所存菽麥，著施恩賞給種地蓋房兵丁，俾伊等養贍家口，得以寬裕。（高宗二一三、四）

（**乾隆一〇、六、癸卯**）[大學士等] 文議覆：巡察黑龍江户部郎中福明安條奏內，一稱黑龍江等處兵丁，生齒日繁，現在各城壯年閒散，計有五千餘名，若不早謀生計，將來必至窮乏。呼蘭有地可耕，請照雍正十三年將奉天開户旗人移屯呼蘭設立官莊之例，酌借賣米銀兩，令往耕種，分年交米還項等語。查乾隆六年酌派在京旗人移屯奉天等處一案，經大學士查郎阿查勘，除寧古塔所屬拉林、阿勒楚喀等處可種地畝外，黑龍江所屬齊齊哈爾之東南六百餘里呼蘭地方，有地徑五百餘里，列爲上等；呼蘭之東佛忒喜蘇蘇地方，有地徑二百餘里，列爲次等。經議政王大臣議，以拉林、阿勒楚喀距船廠甚近，請先於此處移駐滿洲一千名屯墾，俟有成效，由近而遠，漸次舉行。今該巡察郎中所請，亦屬代謀生計之意。但聞丁五千餘名，較在京旗人滋生之繁，不啻霄壤；況各處可墾地畝，俟拉林等處由京移駐者，屯種有效，均須次第舉行，自應將呼蘭地方，留爲在京旗人墾種外，其佛忒喜蘇蘇地方，雖列次等，而距該處旗人尚不甚遠，以之移駐屯墾，亦足資生。應請交該將軍等查酌撥往，並應否仿照官莊之例借給遷移盤費，詳議具奏。一稱黑龍江屯莊三十、墨爾根屯莊十一、齊齊哈爾屯莊二十，每屯屯丁十名，每名歲交租細糧三十倉石，是三城已有成效。請每年查其所得屯丁人數，漸次酌立官莊。且呼蘭千里膏腴，可以大興屯田，請以奉天開檔之人，每年酌立屯莊十餘座，將見積貯充盈，不但接濟黑龍江等三城，遠而奉天，近而寧古塔，俱可接濟。即將來京城八旗生齒日繁，拉林移駐充滿之日，並可照例移駐。應如所奏，行令該將軍等，將黑龍江等三城，如何漸次添立官莊，並呼蘭每年酌立之處，詳細確查定議。至稱各城各屯，向乏樹木，應於設立城池屯莊之處栽種，以供薪木梁柱之用。應如所請，令該將軍等一併酌議具奏。一稱黑龍江等處發遣人犯，到配三年安分悔過、及年已七十者，俱奉恩詔查辦，准回旗籍。但從前查辦時，未滿年限、未及年歲，雖經查辦，旋奉部駁者有之；或本身在配具呈，或子姪親族在京具呈，屢經部奏准回旗籍，俱在案。至在京無親族、在配或染病、或戍城、不能具呈者，俱未一體邀恩，情殊可憫。請將原犯情罪，造冊咨部，分別奏聞，等語。查三年悔過人犯，雖有恩旨查辦，但係一時特恩，並非定例，應以乾隆二年四月十六日奉到在配軍流亦准查奏之恩詔日期爲定。至年已七十，雖情罪較重，亦准奏請回籍之恩詔，事在乾隆二年五月初七日，本犯年歲，應以此日爲斷。請敕該將軍，將乾隆二年四月十六日以前，在配三年安靜悔過、及乾隆二年五月初七日以前，在配年逾七十各犯，未經查奏及曾經部駁者，遵照諭旨，除按例發遣、並強竊行兇等重罪、及免死減等、實係兇惡棍徒外，餘俱查明情罪，分別應否釋回，咨部請旨。其未滿年限未及年歲者，概不准入。至欽奉諭旨時，有年逾七十、從前因案情較重、不准回籍、而現今已年逾八十者，與年逾八十以上、除殺人應死餘皆不論之例有合，似應矜恤，亦請敕該將軍開明請旨，量與恩施。從之。（高宗二四二、二）

（**乾隆一〇、一二、丁巳**）軍機大臣等奏：遵旨詢問阿勒楚喀副都統巴爾品拉林移駐滿洲情形。據稱孤寡、年老及十五、六歲以下不能力作者百餘戶，年力雖强、耕耘未諳、不能盡地利者十六、七，力勝耕耘、兼有協助之人者十二、三。大約以五口計之，種一頃者，日用外，所餘不過三四十石；種五六十、六七十畝者，所餘不過一二十石；再下，僅堪餬口。緣初學耕種且無協助之人，安家銀兩，漸次用完，不能多種；牛隻等項斃壞，無力置買，不免拮据。查移駐滿洲，每户原議給地三項，因甫經移駐，一時未能全種，先給成熟地一頃，餘俟量力漸次開墾。此内有子弟偕往、或帶有奴僕者，均可協助耕種；其無子弟奴僕者，上年曾議令於附近民人内置買爲僕。至孤寡及老幼不能力作者，生計艱難；餘或勉力耕作，而尚未諳習，或農具牛隻損斃，不能置立，均應量爲補助。請每年賞銀五千兩，交該副都統，查實係無力之人，隨時隨事，酌量補助；如一年内所用尚有餘剩，令存爲下年添補之用。每年總以五千兩爲率。俟居處已定，無須補助時，奏明停給。從之。（高宗二五五、一二）

（**乾隆一二、四、丙戌**）又諭：據將軍阿蘭泰奏，所給拉林居住滿洲等牛二千隻，今僅存五百餘隻，且俱疲瘦。其所住房屋，圮壞及被火災燒者，三分内幾及一分。至所給地一千頃，去年只耕種六百三十餘頃，其餘俱已荒蕪，等語。從前補放巴爾品爲拉林副都統時，原因初移駐滿洲，令伊竭盡心力加謹管理。今該將軍阿蘭泰所奏，則巴爾品在拉林時，並未以此爲事盡心辦理，惟曲徇所屬，博取好人之稱。且伊立心，只欲回京，諸事俱因循苟且，以致如許牛隻倒斃，房屋塌毁，地畝荒蕪。巴爾品，著交部嚴察議奏。（高宗二八九、三五）

（**乾隆一七、九、丁卯**）諭曰：八旗發往拉林、阿勒楚喀種地人等，多未攜家同行，恐不能在彼安心，或私自逃回，或逃往他處，皆未可定。著傳諭八旗大臣等，嗣後咨送拉林、阿勒楚喀種地人等，將家屬一併咨送，不准留京。（高宗四二二、一五）

（**乾隆一七、一一、乙酉**）諭：本年八旗查得發往拉林、阿爾［勒？］楚哈［喀？］屯田人内，有攜帶家口者、有單身前往者，辦理殊不畫一。經副都統滿泰條奏，朕已降旨令八旗都統等，將各旗所有派往屯田之人、未曾攜帶妻子者，查明，官爲治裝送往，以示體恤。但思程途遼遠，伊等家屬又皆婦女，官爲差送，諸多未便；此内如有願往者，聽其自囑親戚伴送，毋庸官爲簽差。嗣後八旗派往屯田之人，俱著攜帶家口。（高宗四二七、一三）

（**乾隆一九、一〇、辛未**）軍機大臣等議覆：吉林將軍傅森等奏稱，前移駐拉林滿洲一千名，近年生計漸裕；現在阿勒楚喀附近肥饒地畝，可鑿井者，共荒地六處，計三千餘頃，可設村落四十八處，足容三千戶。請於現駐一千名外，再派駐三千名，等語。查東三省山澤地利饒裕，應如所請揀派遣駐。但一切墾荒、建房、掘井等項，有需時日。所派三千滿洲，請分六起，自丙子年起至辛巳年止，次第安置。令八旗大臣擇其族衆、有眷屬者揀派；應派年分，該將軍咨到辦理。其自京起程及到彼安置，悉照前例。再，原議賞銀一項，因初設並無恒產，每年賞銀五千兩，添補農具，俟數年後裁。今派往每起五百名，未便照舊。請每年賞銀二千五百兩，十年後減半，又十年停支。此内孀婦殘廢不能耕種者，令該副都統查明，行文將軍，將發遣人内，揀派代耕。陸續遣派五起，照此辦理。至前次派往一千名賞銀，並無年限，其孀居殘廢俱賴糧餉度日，一時礙難裁汰。臣等酌議，自今年起限，五年後減半，十年後停支，均照新例辦理。再，從前移駐一千名時，並阿勒楚喀兵五百十二名，編設八佐領，均匀分隸。今增三千名，若仍附舊佐領，人衆地遠，管轄難週，且無兵額，新派之人，亦無報效之途，請合舊有兵額，共添足一千五百名。應添兵，請於三姓、打牲烏拉兵内撥充。再三姓地方，除撥出外，尚有兵一千五百餘名，仍留協領管理；其佐領五員、防禦四員、驍騎校五員，隨兵移駐。至打牲烏拉地方，除撥出外，僅存兵五百名，請於該處二協領内，令一員隨兵移駐，併派往佐領五員、防禦四員、驍騎校五員，合拉林、阿勒楚喀舊協領二員、佐領八員、防禦二員、驍騎校八員，將新舊兵匀派管轄。但協領三員，難以分隸，請添協領一員。再，新舊兵較前增多，舊副都統一員，不足以資彈壓；請添設副都統一員。每起遣往時，調一員來京帶領，沿途約束。其新添副都統員缺，請交兵部於明冬奏請補放，即令帶領丙子年頭起前往。得旨：依議。俟挑選遣往滿洲時，該部請旨，朕另派王大臣挑選。（高宗四七五、一二）

（**乾隆二〇、一〇、癸卯**）吉林將軍傅森奏：乾隆十八年奏准瓦渾、姚吉二處，應於二十一年移五百戶，各立四莊。瓦渾取材近，姚吉距十六里，木料遠，造房墾地難兼顧。查瓦渾東四里，有阿卜齊溝，請將姚吉四莊移建。得旨：嘉獎。（高宗四九八、七）

（**乾隆二一、一、甲戌**）諭：……現在京中滿洲，生齒日繁，額缺有定，恃一人錢糧供贍多口，終恐拮据。是以於拉林開墾地畝、建造房屋，挑取八旗滿洲前往屯種。此欲我滿洲世僕，仍歸故土，生計充裕至意。非如不肖犯法、發往拉林者可比。即如此次前往人等，由京起身之先，每戶賞給治裝銀兩，沿途復給與車輛草束，到彼又賞給立產銀並官房田地以及牛具籽種等項，計一戶需銀百餘兩，則所遣三千滿洲，用銀不下數萬餘兩。朕所以不惜此費者，蓋欲伊等永遠得所，曲爲體恤。伊等至彼，各宜感戴朕恩、撙節用度，以墾屯爲務；稍有餘暇，勤習騎射技勇。設所學有成，在彼處又可挑取馬甲差使，未嘗無出身之地。著傳諭該將軍、副都統等，詳悉曉諭。但此次遣往人數甚多。良莠不一，設有不肖匪類，恣意橫行，或不願彼處安生、潛逃來京者，該將軍等一經拏獲，即行奏聞，於彼處正法示衆，決不姑息。將此亦並傳諭知之。（高宗五〇四、一二）

（**乾隆二二、一一、丙辰**）又諭：拉林地方派遣兵丁種地，原因滿洲生齒日繁，與其在京閒住，不如給田耕種，俾各謀生。所出之缺，亦可使在京閒散餘丁挑補食餉。故朕悉心籌畫，派往駐防官兵，賞給官車路費、安家銀兩，令其移駐，曲加恩施。但京城不肖之徒，犯罪亦發拉林，恐莠良雜處，不惟彼處風俗漸染日壞，亦於兵丁生計大有攸關，殊非朕體恤旗人，使從善務本之意。且恐無知之徒，將加恩派往，指爲發遣。嗣後由京發遣人犯，應如何酌奪地方改遣之處，著交滿大學士會同九卿該部核議具奏。尋奏：嗣後民人犯罪，不必發遣吉林等處，俱照舊例，發遣雲南等省，旗下不肖匪徒，不必發往拉林、阿勒楚喀，俱發遣黑龍江、三姓等處。並將從前發遣拉林人犯，交該副都統嚴查，如有不安分生事者，聲明報部，即照新例改發雲南等省。從之。（高宗五五一、二六）

（**乾隆二四、一一、庚申**）諭：朕因滿洲生齒日繁，酌量撥往拉林種地，自京起程時，賞給整裝銀兩。復令在拉林建蓋房屋，又賞給牛具等項，原爲伊等生計充裕起見，伊等自應感戴朕恩，安靜循分。乃年來逃回者甚衆，情殊可惡。是以拏獲者，俱經解回正法示衆。今六雅圖又經逃回，實屬目無法紀。若仍發回拉林正法，徒覺紛煩；六雅圖，著即行正法。並傳諭八旗人等知之。（高宗六〇〇、三三）

（**乾隆二五、八、壬辰**）軍機大臣等議奏：據副都統瑚爾起奏稱，呼倫貝爾地方，連年亢旱，牲畜虧損，兵丁生計蕭條，游牧處水泉甚多，請於新降之塔哩雅沁回人內，約派百餘名前往，指導兵丁引水灌田，等語。查呼倫貝爾在黑龍江極邊，俱以畋牧爲業，比年被災缺乏，若賞給牲畜，孳生數年，即可寬裕。如謂伊等貧苦已甚，必需耕作，現在解往肅州賞給官兵爲奴之塔哩雅沁回子甚衆，擇其善灌田者百餘人，派往指導，亦屬可行。其應如何辦理之處，請交將軍綽勒多，體察彼處情形妥議，到日再行議奏。得旨：著照瑚爾起所請行。尋奏：查解往肅州回子甚多，應令陝甘總督揀派一百名，約五、六人給車一輛送京，兵部亦照此辦給，送往呼倫貝爾。但回子百名，併家口即有二百名，一時遣往，恐米貴難以支持，請將其妻子暫留齊齊哈爾，支給口糧，俟秋穫後陸續遣發。先將男丁送往，每人給耔種官牛及冬裘氊具等物，與索倫、巴爾虎等通力耕作。至分莊授田、按則升科之處，交該將軍會同副都統妥議具奏。從之。（高宗六一九、四）

（乾隆二八、八、戊申）軍機大臣等議奏：據瑚爾起從前奏請，將塔里雅沁回子百餘人，遣往呼倫貝爾，教習索倫人等挖溝種田。伏思索倫原以打牲爲業，若使伊等專習耕種，恐日久本業俱忘，於邊境無益。請將遣去回子徹回，仍令伊等肄習打牲。再，所遣回子皆係獲罪人犯，請免罪徹回，遣往伊犁種地，令國多歡量給路費，就近遣至烏里雅蘇臺，交成衮扎布遇解送牛羊之便，遣往伊犁，與種地回子一併安插。從之。（高宗六九三、七）

（乾隆四四、五、庚寅）軍機大臣等議准：黑龍江將軍傅玉等奏，請將撥派發遣人犯及放出旗奴，另行設立官屯，令其交納糧石一摺。內稱黑龍江地方，屢經奉諭，禁止流民棲止，除往來貿易者，並無攜帶家口居住之人。惟節年奉部發遣人犯及放出旗奴，所帶子女，漸俱長成，相聯姻戚，在各城居住，已有數百名之多。查邊陲之地，積貯糧穀，最爲緊要。應於齊齊哈爾地方，增添官屯數處，領催一名，其餘丁口，俱載入各城官屯册內，以備挑補。至所需農器，無庸官爲撥給；所用牛具，俱於各城庫貯糧價內撥給；初種之年，免其交納，次年交一半，第三年全交。從之。（高宗一〇八二、一四）

（乾隆四八、四、癸亥）黑龍江將軍宗室恒秀奏：臣抵任後，查看臺站官屯，各丁風氣尚屬儉樸，惟新設十莊屯丁，除旗人家生奴僕，原係土著，俱能耐勞，亦各安分，其餘屯丁，係遣犯隨來之子及來歷不明之民人，游惰者多，納糧時往往拮据。臣查其情形，亦多願回籍者。黑龍江等處，旗人風氣尚好，若容留此不肖之徒，恐旗人轉爲習俗所染。但此時若盡行驅逐，則本年額交穀石必致缺乏，且人數過多，亦難驟辦。請先將閒散餘丁陸續遣回，年終報部存案。再，齊齊哈爾等處，絕嗣旗人之家生奴僕及開户家奴，雖各立產業，安分度日，但亦不可無專管之人，請入於官屯，將年壯者選爲額丁，以補遣回民人之數。得旨：嘉獎。（高宗一一七八、六）

（乾隆五四、二、己酉）諭軍機大臣等：東三省耕種度日者多，貧人無力置辦牛具，恐田畝多有荒蕪不治。黑龍江既有借支牛具銀兩，吉林亦動銀數萬兩，借給兵丁，置辦牛具，似屬可行。但實係置辦牛具方可，否則所借銀兩，入手浪費，借時雖若有益，將來陸續坐扣，於生計未免拮据。此項銀兩，必食餉有地之人不能置辦牛具者，方准借給。至盛京地方，如亦需借給，應用銀若干，著傳諭都爾嘉，查明據實具奏。俟奏到時，再降諭旨。

(高宗一三二三、一四)

（**乾隆五四、四、乙未**）諭：東三省以種地為生計者多，但無力貧人無貲置辦牛具，不免委棄田地，竟致荒蕪。黑龍江既有借給牛具銀兩之例，著賞借盛京銀六萬兩，吉林銀四萬兩，以資兵丁等置立牛具之備。至借給時，該將軍等務須詳查，實係有田地而無力置牛具食餉之人，方准借給。不然，所借銀兩，一經到手，不過隨便花費，得時似雖有益，及至陸續坐扣之際，於伊等生計不無拮据。著交該將軍等妥協辦理。(高宗一三二六、一五)

（**嘉慶一七、四、甲辰**）諭軍機大臣等：八旗生齒日繁，京城各佐領下戶口日增，生計拮据，雖經添設養育兵額，而養贍仍未能周普。朕宵旰籌思，無時或釋。前日舉行大閱典禮，各旗營隊伍整齊；在南苑先期訓練，祗遵約束。朕嘉旗人服習教令，更念養先於教，為之謀衣食者，益不可不周。國家經費有常，舊設甲額，現已無可復增，各旗閒散人等為額缺所限，不獲挑食名糧，其中年輕可造之材，或閒居坐廢，甚或血氣方剛，游蕩滋事，尤為可惜。因思東三省原係國家根本之地，而吉林土膏沃衍、地廣人稀，聞近來柳條邊外採蔘山場，日漸移遠，其間空曠之地，不下千有餘里，悉屬膏腴之壤。內地流民並有私侵耕植者。從前乾隆年間，我皇考高宗純皇帝，軫念八旗人眾，分撥拉林地方給與田畝，俾資墾種，迄今該旗人等甚享其利；今若仰循成憲，斟酌辦理，將在京閒散旗人，陸續資送前往吉林，以閒曠地畝撥給管業，或自行耕種、或招佃取租，均足以資養贍。將來地利日興、家計日裕。該旗人等在彼儘可練習騎射，其材藝優嫻者，仍可備挑京中差使；於教養之道，實為兩得。著傳諭賽沖阿、松寧，即查明吉林地方自柳條邊外至採蔘山場，其間道里共有若干，可將蔘場界址移近若干里，悉數開墾；自此以外，所有閒曠之地，計可分贍旗人若干戶；並相度地勢，如何酌蓋土銼草房，俾藉棲止；其應用牛具籽種，每戶約需若干：再，該處現有閒散官員，是否足資統束，抑或須增設佐領、驍騎校之處，一併詳細妥議章程，並繪圖貼說具奏，候朕酌度。或先派旗人數百戶前往試行，俟辦有成效，將來即可永資樂利。此事經營伊始，該將軍等毋得畏難觀望，盡心籌畫，以副委任。將此諭令知之。(仁宗二五六、二)

（**嘉慶一七、一一、丙申**）諭軍機大臣等：賽沖阿等奏踏勘拉林可墾閒荒地畝一摺。據稱，勘得拉林東北，有閒荒一處，可墾五千餘晌；又有東南夾信子溝一處，可懇〔墾〕二萬餘晌。該兩處距阿勒楚喀城四、五十里不等，恐新駐旗人，該副都統難以約束。並稱近來吉林各處收成不豐，請俟三、五年後從容籌辦等語。又據另摺奏，請將三道卡薩里閒荒地畝，撥補吉林官莊壯丁，除撥給外，其餘閒荒不許旗民侵占，每年秋收後，請令該管官親往查勘，以杜私墾，等語。移駐閒散旗人，以裕生計。今既勘明拉林附近有可墾地二萬五千餘晌，而三道卡薩里地方除撥補官莊之外，仍有閒荒可墾，是該省未經墾種曠土甚多。與其每年派人查管，何如一併籌畫，使旗人前往耕種，俾收地利而成恒產。至拉林荒地，離城雖有四、五十里，移駐旗人耕作，與按期演習騎射者不同，亦不必專在近郊如從前拉林專設副都統稽察，旋即裁汰。至今該處旗人久安生業，亦無庸專設大員就近約束。若謂該處近年收成不豐，此時原不能即將旗人移駐，其一切墾荒計畝章程，則須豫爲籌辦，不必延至三、五年後，推諉時日。著該將軍等即檢查乾隆年間移駐舊案，將先期試墾備辦各事宜，詳細酌覈，先行籌議章程具奏，候旨遵行。其請撥補瑪埏官莊欠地三千餘晌，即著照所請辦理。將此諭令知之。(仁宗二六三、三二)

（嘉慶二〇、五、戊戌）諭軍機大臣等：富俊等奏詣勘分荒試墾事竣一摺。拉林西北雙城子一帶，地土沃衍，經富俊親往查勘，派員履丈，現擬每旗設立五屯，共屯丁一千名，一切農具耕牛等項，已分別採買，於本年備齊，明春一律開墾，並據繪圖進呈。朕詳加披覽，所擬闢屯試墾章程，尚爲周妥，著照所奏辦理。該將軍等惟當隨時督察，以期漸有成效。至前奏稱，自試墾之第四年交糧起，七年交穀十四萬石，每石約價銀五錢，可得銀七萬兩；除十年用項外，餘銀二萬九千餘兩，十餘年後即可移駐京旗閒散，等語。著於試墾收糧辦有成效後，察看可以移駐京旗之時，酌定起數，如移駐一千戶，分爲數年，陸續前往，庶辦理較有次第，資遣亦易爲力也。將此諭令知之。(仁宗三〇六、九)

（嘉慶二一、九、丙寅）諭軍機大臣等：富俊等奏雙城堡開墾地畝被霜一摺，已明降諭旨，照所請施恩矣。雙城堡地方，本係生荒，經富俊奏請開墾，本年適被霜災，業已量爲調劑。但該將軍摺內，有屯兵報逃、另行補派之語。該處初經開墾，氣候早寒，屯兵等一切俱未熟悉，若試種二、三年，歲有收穫，自可以漸墾闢，倘其地實不宜於種植，徒勞無益，富俊即當據實奏明，另行籌畫，不可固執己見，以奏准在前意存迴護也。將此諭令知之。(仁宗三二二、一〇)

（嘉慶二三、一一、庚子）諭軍機大臣等：前據富俊奏，籌議開墾屯田，並請查明伯都訥圍場荒地備墾，當降旨交松寧詳查妥議，俟定議後再行會同富俊辦理。茲據松寧將議開雙城堡屯田章程，開單具奏，並以試墾伯都訥圍場地畝經費不敷，請俟雙城堡屯地陸續升科後接辦。富俊現已調任吉林將軍，著將松寧所議章程，再交富俊覆加覈議。松寧所定銀數，是否豐儉合宜？屯丁是否即可養贍家口？盡力開墾，務期國帑不致多糜，而於旗民生計，亦實有裨益，方爲經久良策。其伯都訥地畝，應否酌分緩急、次第辦理？該將軍議定，即行覆奏。（仁宗三四九、九）

（嘉慶二五、五、壬申）諭內閣：富俊奏，雙城堡三屯應增各條款。雙城堡中、左、右三屯，移駐屯丁三千户，兼有眷口幇丁，已成繁庶，所有前議未備之處，自應增定章程，以利耕屯，而安生聚。著照所請，每屯添濬井一口，仍按前估銀一千八百兩，准其在薣餘項下動用支給。（仁宗三七一、二）

（嘉慶二五、五、壬申）又諭：富俊於吉林開墾屯田一事，銳意辦理，今雙城堡所墾地畝，已有成效，盛京閒散旗丁，視爲樂土，紛紛呈請願往耕種；其續行籌議條款，亦俱周妥，洵屬實心任事。富俊，著交部議敘。（仁宗三七一、三）

（二）直隸

（順治二、三、丁亥）順天巡撫宋權奏言：農事方興，屯政宜講。欲革弊興利，惟有按兵授田之法。計三協屯田舊額，不下十八萬餘畝，今確查可耕之田，除戰兵外，每守兵給地十畝，兑作本兵五月糧餉。目前牛具籽種，各兵有未領月餉者，即作餉給之。下户部議。（世祖一五、三）

（雍正一、六、辛酉）諭內閣：邊外地方遼闊，開墾田畝甚多，將京城無產業兵丁移駐於彼，殊爲有益，著直隸古北口提督董象緯定議，再著總理事務王大臣等會同兵部詳議具奏。尋議：於熱河、喀喇和屯、樺榆溝三處駐兵，請派京城兵八百名，於熱河駐四百名。喀喇和屯、樺榆溝二處各駐二百名，以五十名爲一佐領，每佐領設佐領一員、驍騎校一員，於派出兵丁內，設領催四名，再設總管一員、翼長二員，令其統理管轄；其總管駐劄熱河，翼長二員，分駐喀喇和屯、樺榆溝二處。此移駐兵丁，令滿洲蒙古都統等，於馬甲內，擇其無產業、情願前去，併席北、烏拉齊、新滿洲內熟諳農務者派往；其總管、翼長，著兵部引見補授；佐領、驍騎校，著各旗引見補授；其官員缺出，照依各省駐防官員例，其兵丁缺出，即於彼處餘丁內挑補，如無餘丁，仍於京城原佐領內挑取，派往頂補；俸餉米石，俱照京城例支給，所住房屋，派部院堂官一員，查明彼處官房撥給，如其不敷，買房添補。其總管關防，著禮部鑄給，隨關防之筆帖式，令吏部題補。從之。（世宗八、七）

（雍正一〇、四、庚寅）大學士等遵旨議覆：據內務府總管鄂善奏稱，臣遵旨於喜峰口、冷口、古北口沿邊內外，所有打牲壯丁并村莊園圃等額丁內，揀選情願充兵漢仗壯健者，共得一千名。伊等俱係熱河附近之人，請於熱河地方，操演鳥鎗弓箭，揀選弁員教習。至所選丁壯，於五十名內，委充領催一名，十名內，補放隊長一名，督率操演。再於內務府廢員內，揀選引見，委充首領二名、副首領四名，令其約束。給與拜唐阿糧餉，所需火藥、弓箭、旗幟等項，於該部支取。再，查此項丁壯，俱無地土，應於丈出羨餘地畝內，每名撥給九十畝，養贍家口，並將熱河現有空房，每三名共撥房一間居住，每月給餉銀二兩、米一斛，等語。臣等查兵丁一千名，不可無專管大臣，請派漢軍副都統一員，令其管理訓練，參領二員，令其協同管理。至所選丁壯三名共給空房一間，甚屬窄狹。查伊等有攜帶妻子者，給與兩間，如未曾攜帶者，給與一間，其京城派往副都統、參領各給官房一所，首領、教習等，每人各給官房三間；每月行糧，副都統十兩，參領八兩，首領、副首領各五兩，教習等各四兩；餘俱應如鄂善所請。得旨：此項兵丁，著內務府郎中佛標，加副都統職銜，在熱河地方管理訓練。餘依議。（世宗一一七、二）

（乾隆一、五、丙午）總理事務王大臣議：尚書通智奏稱，清水河右衛，地方寬大，可以開墾千頃；殺虎口外有賞給右衛兵丁徵租之地，招民耕種，甚爲有益。初次駐兵，糧食必不敷用，穀賤之年，口外運送，腳價較省，修城之時，如遇穀價賤，動支庫存各項錢糧買穀數萬石，奏存倉內。應如道智所奏，於修城之時，乘穀石價賤，買糧數萬石收貯，將所買穀石數目，及用過錢糧數目奏聞，報部題銷。從之。（高宗一八、二七）

（乾隆六、二）[是月直隸總督孫嘉淦]又奏：近聞獨石口外七、八十里，有紅城子，乃元中都舊基，溝渠井邑，尚有遺蹤；又百餘里有開平城，乃元上都舊基，城郭猶存，控扼張家、獨石二口，爲形勝地，若駐劄重兵，能助神京右臂之勢。且土肥地闊，滿兵據爲世業，耕田牧馬，可以富彊。此實久遠之計，必須身親相度，乃敢建議。現擬徧閱邊關，自保定前往宣化，經過京城，入覲請訓。得旨：卿回道亦必由京師。彼時再來陛見，則此次巡視辦理情形，皆得面陳，亦可就近廷議。此去可無庸來京也。（高宗一三七、一二）

（三）蒙古

（康熙三九、二、辛卯）右衛將軍宗室費揚固題請開墾山代地方田地。

上曰：山代地方，田既甚饒，且逼近二河之間，只引河灌溉，無不豐穫，所以西邊回子，引水入田而耕之。除蟲食之外，總無虞於旱潦，必獲豐登。朕前諭費揚固可於此處開種，費揚固頗有難色。朕因云，爾若以爲難，朕則命諸皇子及諸王耕種矣。費揚固始題請開種，今允其所請，待收穫時奏聞。（聖祖一九七、一九）

（康熙五四、七、辛酉）議政大臣等議奏：奉旨屯田事，令右衞將軍宗室費揚固等確議。今據費揚固等疏言，臣等以屯田事詢喀爾喀土謝圖汗等。據稱，蘇勒圖哈拉烏蘇、拜達拉克河、明愛、察罕格爾、庫爾奇勒、扎布罕河、察罕搜爾、布拉罕口、烏蘭古木等處，俱可種地。再，臣等所統兵丁，現駐扎察罕托輝扎布罕河、特斯河一帶地方，應派善種地之土默特兵一千名，每旗派台吉、塔布囊各一員，前往耕種，遣大臣一員監管。應如所請。再，哈密地方，亦可耕種。應行文將軍席柱、尚書富寧安，將西吉木、布隆吉爾等處勘明具奏。得旨：依議。公傅爾丹情願前往效力，即交伊辦理；再，著原任都統宗室愛音圖、護軍統領連米納、侍郎能泰、鐵圖同往。（聖祖二六四、一九）

（康熙五五、二、乙丑）諭議政大臣等：巴爾庫爾、科布多、烏蘭古木等處種地之事，甚屬緊要。若種地得收，則諸事俱易。著會議具奏。尋議：開墾田地，見今公傅爾丹等帶領土默特人一千，前往烏蘭古木等處耕種，所需牛種田器，應交都統穆賽等動支正項錢糧，購買發往。至軍前贖罪人員內，有願耕種者，亦准其耕種。俟收成後，將米數奏聞議敘。再，先經尚書富寧安奏稱，哈密所屬布魯爾、圖呼魯克接壤之處，並巴爾庫爾、杜爾博爾金地方、哈喇烏蘇及西吉木、達里圖、布隆吉爾附近之上浦下浦等處，俱可耕種，應各令派人耕種，給與口糧牛種。再，兵丁內，有願耕種者，亦令耕種，俟收成後，將米數奏聞議敘。至尚書富寧安，見駐扎肅州，應將肅州附近之西吉木、達里圖布隆吉爾等處，交與富寧安酌量耕種。圖呼魯克、杜爾博爾金、哈喇烏蘇等處耕種之事，派大臣一員管理。得旨：依議。著副都統蘇爾德前往管理。（聖祖二六七、六）

（康熙五五、閏三、庚辰）［議政大臣等］又議覆，都統穆賽等疏言，烏蘭古木地方，在新設汛界之外，俱係山坡山溝，不便耕種；其和布多、布延土郭兒等處，耕種收穫甚多，應豫備籽粒田器，交與公傅爾丹帶領土默特人一千及出兵歸化城之土默特兵一千名前往耕種。應如所請。從之。（聖祖二六八、六）

（康熙五五、一〇、丁未）議政大臣等奏：據副都統蘇爾德報稱，杜爾博爾金、圖呼魯克、哈喇烏蘇等處所種之地，俱已收穫，應令蘇爾德預備牲畜、器械、籽種，明年仍行耕種。從之。(聖祖二七〇、一三)

(康熙五六、一、壬申) 議政大臣等議覆：領侍衛內大臣公傅爾丹等疏言，臣等帶來開墾耕種器具，查已經用敝者，有三分之二，請補行購買，於本年未種地之前，即行運送軍前。除見在開墾人員，臣等督令竭力耕種外，再請添派効力之人前來種地，於事務有益。應如所請。添買農具，令山西地方官運送軍前。其增發種地人員，於八旗廢官內，有願往効力者，准其具呈發往。從之。(聖祖二七一、四)

(康熙五七、七、壬戌) 諭大學士等：發往黑龍江三姓地方之人，俱因兇惡發遣，人亦日多，若發在一處，必致生事行兇，此後停其發往，著發喀爾喀、和卜多、烏蘭古木地方。彼處水土甚好，著築城安插，令其開墾耕種。八旗每佐領派護軍、披甲各一名，於八月內馬匹肥壯時前去，駐扎彼處看守，二年一換。其沿途驛站，甚屬緊要，每站應預備車輛，毋致犯人勞苦。著交與議政大臣會同九卿議奏。(聖祖二八〇、四)

(康熙五八、一、戊戌) 議政大臣等議覆，振武將軍傅爾丹等疏言，鄂爾齋圖呆爾地方，田地肥饒，四時寒暑與內地相同，宜於此處築城駐兵。其設立驛站之地，員外郎保住已自殺虎口至鄂爾齋圖呆爾地方，一路詳視，水草甚佳，宜設三十六站。應如所奏。得旨：鄂爾齋圖呆爾居喀爾喀遊牧地方之中，與大兵駐扎處相隔千里，今欲衛護喀爾喀，應於阿爾泰、和布多等處築城，遠立哨兵方是。伊等既奏鄂爾齋圖呆爾之田地肥饒，寒暑與內地相同，應築城以貯糧餉，或於和布多地方另築一城駐兵，看管充發人等耕種。其應否築城之處，著問保住及喀爾喀王、貝勒、員子、公等，會議具奏。尋議：臣等遵旨詢問保住及軍前回來之喀爾喀王等，據稱，和布多地方隔有大河，水漲時難行，且木料難得，不便修築。有與和布多相近、莫代察罕搜爾地方，水草甚佳，木料易購，宜於此處築城。此地與鄂爾齋圖呆爾相隔千里，與喀爾喀接壤，果於此地築城屯兵，衛護喀爾喀，甚爲有益。應於莫代察罕搜爾另築一城。其間宜設幾站，及充發人等如何居住耕種之處，應行令將軍傅爾丹等，詳視地方形勢，確議具奏。從之。(聖祖二八三、四)

(康熙六〇、一〇、乙亥) 議政大臣等議覆：征西將軍祁里德疏言，臣於今春三月間，遣官兵在烏蘭古木之特里河邊耕種籽粒，每麥種一斗，收麥二石有餘。烏蘭古木，地煖土肥，請於來年多行耕種，可望大收。將所收糧石，自特里地方，以駱駝運至烏巴薩池，再以渡水小船運過特

思河至營,不至勞費,而於兵餉大有裨益。應如所請。從之。(聖祖二九五、九)

　　(康熙六一、七、丁酉)議政大臣等議覆：征西將軍祁里德疏言,臣先經移咨都統圖拉等,令其速諭總理屯種事務之蘇永祖,赴烏蘭古木等處平治田畝,開濬溝渠,乘時速行播種；又派委署前鋒統領卜柱及扎薩克台吉根敦等,統兵一千名,前赴烏蘭古木一帶,驗看形勢,設立營伍,以便防守。隨據蘇永祖呈稱,烏蘭古木一帶,地土肥饒,水泉雖少,儘可引溉。今農事已畢,若撤軍回入大營過冬,俟來春再往,或致遲滯,不如將此屯種五百名之官兵,即於烏蘭古木等處,堅立營伍屯扎,加謹防守,乘農事既畢,引水地中結凍,俟來春凍開,及時播種,可以加增地畝。又據扎薩克台吉根敦等回稱,自喀爾奇喇之巴晏鄂博處起,至搭拉托羅海止,共二百五十餘里,已設哨汛七處等語。臣與都統圖拉等一同酌議,照蘇永祖所請,將屯種之官兵,冬季停其撤回,即於烏蘭古木等處駐扎,牧放馬畜。惟是屯種之處俱在哨汛之外。賊人聞知,乘隙侵擾,亦未可定。請再派滿洲官兵及烏喇、索倫、科爾沁、喀喇沁喀爾喀之官兵五百名,亦於烏蘭古木等處屯扎,堅立營伍,彼此應援。此二營,各撥子母礮四位,派大臣一員,管轄官兵,不時巡查。見有散秩大臣殷扎那具呈願往,應令伊前往効力。俱應如所請。得旨：殷扎那不堪。著都統圖拉前往屯守。(聖祖二九八、九)

　　(康熙六一、一〇、辛未)征西將軍祁里德疏言：據總理種地事務蘇永祖呈稱,和布多、烏蘭古木、特里等處可種地畝,乘時和暖,俱已開墾。其坤都倫河等處可種地畝,亦俱開墾。今年所種麥子,得有數倍,明年可以添種地畝,惟是農器恐不敷用,乞早行發給等語。除將所得麥子磨麪、差侍讀學士阿禮等謹齎呈覽外,其不敷所用之農器,請交與大同府知府預備。得旨：據所奏在和布多、烏蘭古木等處開墾耕種,因土沃水裕,今年所得麥子,一倍收有六倍,爰請明年添種千石。及詢問齎呈麥麪之阿禮等,據云,和布多、烏蘭古木地方廣闊,開墾之處頗多,原係厄魯特等耕種好地。今應將歉收之毛岱察罕叟爾等處耕種人力,移至和布多、烏蘭古木耕種,可以多收。再,種地所用犁、鋤、鏵子、鍬、鐝等器,每年給發不少,何以一年之間即俱損壞。鏵、鋤、鍬、鐝俱係鐵器,軍前或難於備辦；犁係木器,何地蔑有。若隨伊所請,概行給發,路途遙遠,著人送往,頗費錢粮。再,軍前種地人員,稟報所收糧數一倍得有數倍等語,甚不明晰。應照內地,或一畝一晌收得米石若干,如此稟報,方得明晰。其和布多、烏蘭古木地方,添種田畝,所給犁、鋤、鍬、鐝等物之處,著議政大臣詳加議奏。尋議覆：軍前糧米，甚屬緊要，多種地畝，則多得積貯。今將軍祁里德奏稱，今年麥子多收，應令明年於和布多、烏蘭古木並坤都倫河等處，可以耕種之地，將今年所收糧米作爲籽粒，多加耕種；倘有不敷，令將鄂爾齋圖杲爾等處所收糧米，給與增種。其毛岱察罕叟爾所種地畝歉收，應將所需耕種人力器具，俱移至和布多、烏蘭古木地方耕種。其毛岱察罕叟爾之地，分給充發罪人，令其開墾。至於鏵、鋤、鍬、鐝，俱係鐵器，該部行文山西巡撫，速令製造，僱覓駝隻，交侍讀學士阿禮等帶往。秋收之後，加謹收存。所用之犁，軍前有木可造，令伊等自行辦用。再，行文將軍傅爾丹等，將此開墾田地，俱令丈量頃畝，計算給過之籽粒、秋收之米石，開明詳報。見今和布多、烏蘭古木地方有種地兵丁及駐扎兵丁五百名，值農務暇時，應令多伐木料聚積，以便修理大城及房屋倉廩。從之。（聖祖二九九、一六）

（**康熙六一、一二、辛酉**）振武將軍傅爾丹奏報：鄂爾齋圖果爾等處地方，屯田收穫糜子、青稞、麥子共一萬二百石有奇。下部知之。（世宗二、一六）

（**雍正一、一二、己酉**）征西將軍祁里德奏報：烏蘭古木地方屯田收穫青稞、糜子四千四百二十石有奇。下部知之。（世宗一四、四）

（**雍正二、二、戊午**）諭總理事務王大臣等：青海之事，不日告竣，而策妄阿喇布坦亦屬恭順。其撤回各路之兵，及固守地方之事，應預行定議。額駙策凌、貝勒博貝，俱在阿爾泰駐劄年久，地方情形，皆所悉知，現皆在京。可詳詢阿爾泰一路兵丁如何撤回，及駐防兵丁應於何處安設之處，確議具奏。尋議：策妄阿喇布坦，於伊使垂納木喀去後，中心悅服，遣使誠懇前來，甚屬恭順，然永固邊陲之策，宜預爲籌畫。查阿爾泰一路，振武將軍傅爾丹軍前，現在兵丁共三千八十二名；征西將軍祁里德軍前，現在兵丁共六千九十八名；俱應撤回各本處。查先奉聖祖仁皇帝諭旨，喀爾喀邊疆係與策妄阿喇布坦及鄂羅斯接壤，交將軍及喀爾喀王等會議。茂岱察罕叟爾、扎克拜達里克兩處，俱係緊要形勢地方，相應駐兵，已經蓋造城二座。後以烏蘭古木地方廣闊豐腴，可以屯田，於是又遣哨兵，於彼種地修城屯駐。但烏蘭古木直抵阿爾泰山前，與茂岱察罕叟爾、扎克拜達里克及喀爾喀遊牧處，相隔千里，應停其在烏蘭古木駐兵。仍於茂岱察罕叟爾、扎克拜達里克兩處，派京城滿洲兵二千名防守，四年一換；蒙古兵二千名，永遠屯駐。……至茂岱察罕叟爾、扎克拜達里克兩處，地畝豐腴，應俟將軍到彼，派兵耕種，並令官商范毓馪等輓運米石，備支給口糧之用。其屯種事務，奏派大臣一員，鑄給辦理茂岱察罕叟爾、扎克拜達里克兩處兵餉關防，俟四年與將軍一同更換。再，阿爾泰兩路兵內，令傅爾丹挑留五千名，暫行駐劄，其餘今歲七、八月間，令征西將軍祁里德統領撤回，並將征西將軍印敕帶繳。至阿爾泰現在所設軍臺，俱係僻路，且瀚海遼闊，水草不佳。查張家口抵朱爾輝、翁機、推河甚近，水草亦佳，應遣大臣一員，將臺站那移安設，庶於驛站人員牲畜，俱有裨益矣。得旨：爾等所議，令傅爾丹處暫留兵五千名，阿爾泰既有喀爾喀之兵，著留四千名。餘依議。並行文大將軍年羹堯知之。（世宗一六、一八）

（**雍正二、九、甲子**）振武將軍傅爾丹疏報：鄂爾齋圖果爾等處屯田。收穫青稞、麥、蘪共一萬一千石有奇。下部知之。（世宗二四、一八）

（**雍正二、一〇、辛卯**）振武將軍傅爾丹疏報：烏蘭古木等處屯田收穫麥子四千一百七十石有奇。下部知之。（世宗二五、一三）

（**雍正三、四、戊子**）諭振武將軍穆克登：喀爾喀地方駐兵年久，每年由京城運送軍糧，路途遙遠，一時不及，恐兵丁至於乏食。鄂爾昆、圖拉一帶甚為寬闊，若開墾屯田，實為永遠之計。爾會同喀爾喀副將軍等確議具奏。（世宗三一、二七）

（**雍正三、八、己卯**）議政王大臣等議覆：振武將軍穆克登奏稱，鄂爾昆一帶，尚有昔人耕種及灌水溝渠舊跡，圖拉等處，現有大麥小麥，並非不可開墾之所，但霜降遲早不一，米穀宜否不齊，請於屯長內酌派十餘人，於明年三月內，遣往耕種試看，俟秋收後具奏。應如所請。從之。（世宗三五、一三）

（**雍正四、四、丁卯**）諭議政王大臣等：前議於鄂爾昆、圖拉地方種地時，曾有人奏稱喀爾喀人等，未必情願，朕思喀爾喀地方，原被噶爾丹抄掠，窮困已極，我皇考聖祖施恩收養，各按伊等品級，封為汗、王、貝勒、貝子、公、扎薩克，加以重恩，令食俸禄，數年間遂致充裕，安居原遊牧地方。今復安插戍兵、令其種地，亦係特為喀爾喀護庇久遠之計，伊等聞之，定各欣喜，有何不願之處。朕曾降此諭旨，今土謝圖汗汪扎爾多爾濟、副將軍王丹津多爾濟等，感戴為伊等安插兵丁之恩，復因先於厄爾得尼招地方，開種地畝，穀不甚長，遣人從鄂羅斯處，尋得與伊地方相宜之穀實，請令按時耕種，又情願幫助耕種人之口糧等因具奏，與朕前旨相符。喀爾喀汗汪扎爾多爾濟、王丹津多爾濟等，實係感激深恩，為國家竭誠効力之人，殊屬可嘉，著交與理藩院議敘。（世宗四三、三）

（**雍正四、五、壬辰**）[刑部] 又議：管理察罕叟爾等處糧餉兼理屯田巴泰奏言，種地贖罪郭三瞎等二十人，年老病廢，無以資生，請令種地官員養贍，以示矜恤。應如所請。得旨：伊等雖係重罪發遣之犯，但在彼地方並無不法及逃回等事，若果年老殘廢不能耕種，情有可憫。著行文巴泰，詢問伊等，有願留彼處者，即給與種地官員分養，有願回故里者遣人送部，令其回籍。（世宗四四、二）

（**雍正四、一〇、庚午**）振武將軍宗室公巴賽疏報：鄂爾昆等處屯田收穫麥、穈、青稞一百十石。下部知之。（世宗四九、一四）

（**雍正五、閏三、乙酉**）辦理阿爾泰軍營糧餉事務巴泰等疏報：察罕叟爾、特里、庫爾奇勒、扎克拜達里克四處，屯田收穫大麥、小麥、青稞共二千六百一十八石有奇，下部知之。（世宗五五、四一）

（**雍正五、一二、壬午**）振武將軍宗室公巴賽疏報：鄂爾昆、圖拉等處屯田收穫青稞、麥、穈共二千六百五十石有奇。下部知之。（世宗六四、二）

（**雍正六、一二、辛巳**）振武將軍宗室公巴賽疏報：鄂爾昆、集爾麻泰、圖拉等處屯田，收穫青稞、麥、穈共二千八百四十石有奇。下部知之。（世宗七六、二）

（**雍正七、一二、己酉**）振武將軍順承郡王錫保奏報：鄂爾昆、集爾麻泰、圖拉三處屯田，收穫大麥、小麥、穈子共七千五百五十石有奇。下部知之。（世宗八九、二〇）

（**雍正八、一一、丙子**）振武將軍順承郡王錫保奏報：鄂爾昆、圖拉、集爾麻泰等處屯田收穫大麥、小麥、穈子共六千六百五十石有奇。下部知之。（世宗一〇〇、一〇）

（**雍正九、一二、戊戌**）靖邊大將軍順承親王錫保奏報：鄂爾昆、圖拉、集爾麻泰等處屯田，收穫大麥、小麥、穈子共一萬六百三十石有奇。下部知之。（世宗一一三、五）

（**雍正一〇、一二、癸亥**）靖邊大將軍順承親王錫保奏報：鄂爾昆、扎克拜達里克等處屯田，收穫大麥、小麥、穈子共九千四百石有奇。下部知之。（世宗一二六、七）

（**雍正一一、一二、壬申**）定邊大將軍平郡王福彭奏報：鄂爾昆、集爾麻泰等處屯田，收穫大麥、小麥、穈子共八千六百石有奇；扎克拜達里克、推河等處屯田，收穫大麥、小麥共二千一百石有奇。下部知之。（世宗一三八、一四）

（**雍正一二、一二、辛酉**）定邊大將軍平郡王福彭奏報：鄂爾昆、集爾麻泰等處屯田，收穫大麥、小麥、穈子共一萬九千七百石有奇。下部知之。

(世宗一五〇、一三)

（**雍正一三、一二、甲戌**）總理事務王大臣議覆：定邊大將軍慶復疏言，鄂爾昆地雖寬平，然近山高下不一，雖二河環繞，其去水遠者，亦不能徧溉，必須引水試看，方可定議。擬俟明年撥兵五百名，自胡克新至濟爾瑪台，擇水土佳處開墾。所需耕牛農具並各種籽粒，分別辦理；試種一年有效，再據實詳議具奏。應如所請。從之。（高宗八、一七）

（**乾隆一、一、甲寅**）命都統王常、侍郎柏修往鄂爾昆履勘屯田。（高宗一一、九）

（**乾隆一、一二、戊寅**）總理事務王大臣遵旨議覆：果親王等各疏內……戍兵口糧，必當充裕，屯田最要。鄂爾昆地界寬廣，大可耕種，若撥兵三千人，人各種二十五畝，計可墾田七百五十頃；以畝收五、六斗計算，可得數萬餘石，少亦二、三萬石。現在軍營所貯，尚支數年之用，至數年後所需，自當豫計。平郡王、慶復所奏相同，請交軍營將軍、參贊大臣等詳悉辦理。從之。（高宗三三、五）

（**乾隆二、四、甲申**）總理事務王大臣議准：額駙策凌奏發遣鄂爾昆屯田人犯，納穀有限，費用繁多，偶遇歉收之年，每多犯竊之案，久留軍營無益。應如所奏。所遣人犯，五年內應交穀石如數納完、並無過犯以及病廢者，送部各令回籍，交地方官管束；如有拖欠穀數、別犯科條者，即交額駙策凌照例治罪。奏入。報聞。（高宗四一、二九）

（**乾隆二、一一、戊午**）定邊副將軍額駙策凌奏報：鄂爾昆等處，秋成收糧共五千四百四十五石有奇。下部知之。（高宗五六、六）

（**乾隆三、一〇、丙申**）額駙策凌奏報：鄂爾昆等處，秋成收糧共八千七百五十三石有奇。下部知之。（高宗七九、二）

（**乾隆五、一一、己丑**）定邊副將軍額駙策凌奏報：鄂爾昆屯田收穫麥、黍各糧七千九百四石有奇。下部知之。（高宗一三一、九）

（**乾隆一九、一一、癸巳**）軍機大臣等奏：從前鄂爾坤等處屯田，皆派綠旗兵，今額爾齊斯地方屯田，軍營現有綠旗兵三百名，再於喀爾喀兵內，擇通曉耕種者七百名，共爲一千，令其屯田。應令恒文、富昌，撥大麥等項籽種五百石，務於正月內送到，並行文班第，將現有農具查出，令其領用。從之。（高宗四七七、七）

（**乾隆一九、一一、丁酉**）又諭：據班第等奏，將烏梁海人衆編設旗分佐領。著照所奏，……庫克新瑪木特等請令扎哈沁等在扎布堪等處屯田。適據阿睦爾撒納奏定，明年二月進兵，即在額爾齊斯等處屯田。著瑪木特等即

往額爾齊斯耕種。應需籽種，著加恩賞給。(高宗四七七、一四)

（乾隆一九、一二、癸酉）又諭曰：班第奏，據阿睦爾撒納稱，額爾齊斯等處地方，原係杜爾伯特、巴玉特人等耕種之地，取用何處水泉，伊等深知。請令車凌、車凌孟克屬下派宰桑一員，種地人各五十名，將兵丁一同帶往，教以耕種等語。著寄知納木扎勒轉諭車凌等，照班第所奏派往。如車凌等業經起身，納木扎勒即可辦理。將此亦寄與阿睦爾撒納、色布騰巴勒珠爾等知之。(高宗四七九、二一)

（乾隆二〇、一、乙未）又諭：……額爾齊斯屯田兵，前命努三帶往，今努三已解任，著以塔勒瑪善代之。親王成衮扎布，向請效力軍前，朕原派往額爾齊斯屯田，著仍派伊前往辦理。原定屯田兵丁，僅派車凌等數十人及喀爾喀綠旗兵數百名，尚未敷用。著阿睦爾撒納酌留厄魯特兵一、二百名，於屯田處展放卡倫防守。又，前哨大隊兵俱進，烏里雅蘇台不可無人鎮守，著留莫爾渾駐劄辦事。此際辦理糧餉馬匹，亦屬需人，著舒赫德以章京銜協辦事務，奏事一體列名。著傳諭班第、阿睦爾撒納等知之。(高宗四八一、一二)

（乾隆二〇、二、丁巳）定北將軍班第等奏覆：準夷平後，額爾齊斯亦需駐兵，撫綏新收人衆。現既派備兵丁牛種器械，應仍屯田。諭軍機大臣等：據班第等奏，額爾齊斯仍須屯田之處，即著照所請行。其耕種所得穀石，以備接濟往來兵丁口糧，亦屬有益。若欲撫綏新收人衆。於額爾齊斯駐兵，則大功告成後，伊犂已留重兵，兼有大臣駐劄，額爾齊斯去阿爾台甚近，又何必更設兵駐防。著傳諭班第等知之。(高宗四八二、二〇)

（乾隆二一、一、丙戌）又諭：據納木扎勒奏稱，厄魯特等屯田所需籽種，由色楞額處購得二百七石五斗，每石價銀二兩六錢；由塔密爾、鄂爾昆二處購得五十石五斗，每石價銀三兩六錢。現在二麥籽種，足敷厄魯特等耕種，較由歸化城運解，甚爲儉省。價銀應否向厄魯特等名下扣還，請旨遵行等語。厄魯特等自慕化歸附以來，伊等一切生計，俱施恩養贍。今屯田所需籽種價銀，不必在伊等名下坐扣，即加恩於正項錢糧內動支。著寄信納木扎勒，明白曉諭厄魯特等，現在大皇帝施恩，復賞給籽種價銀，爾等務宜各安生業，及時耕種，以期永遠安居，仰副天朝柔遠至意。(高宗五〇五、一)

（乾隆二七、六、癸巳）諭軍機大臣等：科布多新開屯田，特派扎拉豐阿前往。伊至彼處，即應將一切情形，一面報知將軍，一面具奏。迄今數月，雖將墾田二十頃之處呈報一次，此時地土肥磽、雨澤應時與否，及禾苗若何滋長，並未奏及。伊係參贊大臣副都統，又專辦軍屯，有事自應入告。著成袞扎布等傳諭扎拉豐阿，令將前項情形，明白具奏。（高宗六六四、二）

（**乾隆二七、九、乙丑**）諭軍機大臣等：扎拉豐阿奏稱，科布多屯田約計大、小麥收穫在七分以上，惟所種之粟，因氣寒霜早，秀而不實等語。杜爾伯特人等在烏蘭固木耕種，烏梁海人等在布拉罕察罕托輝耕種，俱穫豐收，科布多相距不遠，從前扎哈沁等亦曾開墾，收成尚好；看來此次或播種稍遲、或霜雪早降，又或土性不宜種粟。著傳諭扎拉豐阿，詳詢該處舊日居人，酌量辦理。其青稞一種，既係蒙古地方所宜，來年自當廣爲播種，毋致失時。（高宗六七〇、一二）

（**乾隆二七、一〇、乙巳**）諭軍機大臣等：扎拉豐阿奏稱，科布多屯田需用青稞籽種一百石，尚可向蒙古游牧貿易之商民等購買，不須運送等語。科布多既有內地商民行走，將來生聚必繁，今伊犁等處俱建造城堡，若照例興工，甚屬有益。科布多所有舊城基址，既稱地形卑濕，著傳諭扎拉豐阿，伊現在安營於科布多之南哈勒巴山，即於該處擇高燥之地，計可容兵民若干，不必過爲寬大，派屯田綠旗兵從容興築。其如何辦理工程之處，會同成袞扎布酌議具奏。（高宗六七三、一）

（**乾隆二八、九、戊辰**）軍機大臣等議覆：定邊左副將軍成袞扎布等奏稱，科布多地方田畝膏腴，水草豐美，本年所添之喀爾喀等有不諳耕種者，悉令綠旗兵指引。是添派蒙古，不若添派綠旗兵。請再撥善於耕種之綠旗兵一百名，並選派木匠、石匠、鐵匠數人前來，於修理農具及建築城垣、倉庫諸務，頗爲有益。再，科布多地畝，俱係未經開墾者，內地運來農具易壞，應籌辦生鐵，交新添匠人等折熟鑄造農具等語。應如所奏辦理。但此項添派綠旗兵，若由京撥往，不但煩費，抑且有誤明年耕期。請由烏里雅蘇台現有綠旗兵二百內，選派一百名前往，頗爲近便；餘兵一百名，於看守倉庫差委稍有不敷，儘可挑用喀爾喀兵。應交成袞扎布於喀爾喀兵內，挑選誠實妥當者一百名，抵補綠旗兵之缺。至所用匠役，即於二百名內儘數挑選，共湊一百之數；若仍有不敷，即酌量由烏里雅蘇台現有匠人內招募撥往。從之。（高宗六九四、一六）

（**乾隆二九、九、辛未**）又諭曰：雅郎阿奏稱，科布多屯田，計各項籽種一千二百石，共收穫四千二百石等語。看來所收分數僅三分以上。即使土性寒冷，耕種已經數載，何以歉收若此。著將實在情形及上年分數若干，查明具奏。（高宗七一九、七）

（四）新疆

1. 駐防兵丁屯田

（1）概述

（康熙五七、九、己亥） 議政大臣等議覆：侍郎海壽疏言，臣與將軍富寧安新舊開墾都爾白爾津、土呼魯克地方，以及回子扎薩克額敏所種之塔爾那沁地方，種過籽粒所餘青稞，各令本處修理舊倉，加謹收貯看守，已行文巡撫噶什圖、綽奇，令充兵糧。其郎中蘇赫等，急公耕種，請約計所交穀石之多寡，量予議敘。應如所請。從之。（聖祖二八一、一三）

（康熙六一、二、己卯） 議政大臣等遵旨會議：將軍阿喇衲、祁里德所奏，隨圍諸王大臣所議，俱已詳盡。見今吐魯番駐兵種地，多積米糧，甚屬緊要。蒙聖恩賞給吐魯番種地人等牛羊，又令哈密回人等一並墾種，於軍務愈有裨益。惟是種地之處，或恐策妄阿喇布坦潛來侵犯，不可不嚴行防守，應行令將軍阿喇衲等，酌留馬兵，在彼看守地畝，兼備擒剿賊衆。但軍務關係重大，聖主睿算悉合機宜，伏乞指訓。上諭議政大臣等：今年大兵前進，駐扎烏魯木齊地方，爾等僉慮米糧不能接濟，或致遲誤，彼時撤兵不可，駐兵不可，似有煩難之處，朕亦慮及。但我兵預備數載，去年曾議進兵，而竟不果。今年若再駐劄不進，則策妄阿喇布坦得以休息一年，從此或生他志；不如乘此預備之兵，仍照從前，令阿爾泰、巴爾庫爾兩路兵丁照常襲擊，前進至烏魯木齊地方，兩兵會合。如策妄阿喇布坦果有兵來，正可剿滅；若畏懼不敢前來，即將我兵收回，各往本處駐扎。如此每年襲擊，驚擾賊衆，彼或生內變，亦未可定。爾等會同酌議具奏。尋議覆：巴爾庫爾一路之兵，由烏魯木齊進擊，路近易於往返。阿爾泰一路之兵，亦進擊至烏魯木齊，其間沙漠間隔共有二千七、八百里，路途遙遠，往回或有遲滯之虞。況賊衆偵知我兵克取吐魯番，俱已竄匿伊里地方，俟伊內變，統兵前進，尤爲易取。至於馬匹口糧等項，見在行文將軍富寧安等，俟查明定議具奏之日再議。得旨：我兵連年預備，若今年進兵，甚屬從容；今爾等既稱口糧可慮，著依議行。（聖祖二九六、一七）

（康熙六一、七、戊子） 議政大臣等議覆：靖逆將軍富寧安疏言，先經臣將青稞、糜米籽種運送吐魯番處，分給兵丁播種。今據大定總兵官張弘印呈稱，回人之田，俱於正月栽種，青稞糜子已得滋長，我兵種植，既已逾期，見今苗禾又復被旱。又據協理將軍阿喇衲呈稱，籽種到日已遲，未及播種，俱充作官兵口糧支給等語。臣思回人所種之糧成熟，可催令刈割，借給我官兵，俟糧米運到償還，但須至八月方能收穫，未收以前不可不預爲給與。吐魯番所有官兵應給糧米六分，青稞麥子四分，今運到者盡屬糧米，除照常運送六分外，其青稞麥子四分，應交與潼商道王全臣購買麥麪配給。應如所奏，令將軍富寧安速行料理。再，四川陝西總督年羹堯、甘肅巡撫綽奇疏稱，吐魯番之兵駐扎甚遠，不比巴爾庫爾之尚近，請乘此炎熱草盛之時，將糧米多爲起運，廣行積貯。應速行文總督年羹堯等，將伊等起運之糧，星夜催趲，無致貽誤。從之。（聖祖二九八、六）

（**雍正三、五、己未**）又諭：策妄阿喇布坦遣使具奏，言辭敬順，巴爾庫爾等處兵丁，在外年久，將吐魯番等處駐劄兵丁，俱撤到巴爾庫爾，會合一處，著照吐魯番、鄂龍吉、闊舍圖等處撤兵之數撤回。再，吐魯番地方，揀選能員一人，令其駐劄，候我使臣歸國，著行文將軍富寧安撤兵時，吐魯番回人未免怯懼，將策妄阿喇布坦敬謹遣使及命使臣前去、不必用兵緣由，曉諭回人，俟使臣來時，其回衆移居之處。照從前所降諭旨行。著議奏。尋議：巴爾庫爾、吐魯番、闊舍圖、鄂龍吉四處兵，共計九千八百七十四名，吐魯番兵內，將種地兵一千名，暫留彼處，交與副都統克什圖管轄，其餘兵丁，照巴爾庫爾原有兵數，暫留巴爾庫爾駐劄，所餘兵丁，俱行撤回。得旨：克什圖一人年老，著留穆森一同管轄，其留在巴爾庫爾之大臣及統領撤兵之大臣，著將軍富寧安酌量派出，奏聞。（世宗三二、一九）

（**雍正一一、一二、庚申**）署寧遠大將軍查郎阿奏報：巴爾庫爾、塔爾那沁、圖呼魯克等處屯田。收穫青稞共四萬六千一百石有奇；哈密等處屯田，收穫青稞共四千五百石有奇。下部知之。（世宗一三八、一〇）

（**雍正一三、六、丙子**）辦理軍機大臣等議覆：署寧遠大將軍查郎阿等，摺奏西路駐兵事宜。一、邊地定界之後，廷議酌定巴爾庫爾留兵二千名，哈密留兵二千名，輪班駐防在案。查巴爾庫爾隘口一至下雪之後處處可行。若留兵二千，即全數派防，實不敷用。至哈密留兵二千名，屯田既屬不敷，巡防更難分辦。且巴爾庫爾之與哈密，中隔南山大坂，聲息不能驟通。若秋冬下雪之後，更難通信。臣等酌議，與其分駐兩處，不若合駐於山南。應將留駐巴爾庫爾之二千兵，俱駐哈密。其哈密原議二千名，應再添一千，共計五千名。則兵力不分，巡查易遍。即屯田經牧，均可辦理。此五千兵丁，應駐哈密三千名；其西之三堡、沙棗泉，東北之塔爾那沁，俱現有城堡，應各駐一千名。三處分駐，聲勢聯絡，呼吸相通，方得嚴密。一、軍營馬駝，附近哈密一帶，夏天炎熱，可牧之處甚少。應於播種之後，山北草肥，撥哈密兵一千，塔爾那沁、沙棗泉兵各五百，合共二千名，令統領大員帶領至山北招莫多、胡吉爾太、沙山子、鹿心山等處經牧，至深秋仍回山南過冬。其過夏牧馬之時，須添設斥堠。應於吳爾圖哈達、伊克恩度爾、敖什希三處地方，各設斥堠。周圍望遠，防守牧廠。俟交冬過山。將斥堠全行撤回。一、哈密等處，既分駐兵丁，則西北一帶，俱應安設斥堠，瞭望四遠，乃有備無患。查南山大坂，爲哈密北面屏藩，應於駐兵內，撥二百名，分駐於南山大坂盤道上小堡。於鹿心山、松樹塘、烏蘭特爾木斯、畢留大坂等四處，各設斥堠，派兵瞭望。至於無克克嶺，爲三堡、沙棗泉要隘，應於駐兵內，派撥二百名，安設無克克嶺上小堡。於搜大坂、白楊溝、羊卜納錫喇腦兒等三處，各設斥堠，派兵瞭望。其塔爾那沁河源，爲塔爾那沁要口，應於駐兵內，撥二百名，安設河源小堡。於莫艾、舒魯孫大坂等二處，各設斥堠，派兵瞭望。一、大兵撤後，哈密存貯之糧，甚屬充裕。又有蔡巴什湖屯種地畝，可以供支三處兵丁口糧，無庸輓運。一、留駐巴爾庫爾兵丁，塞外勤勞，已歷七載。邊界定議之後，應令全數撤回。查安西鎮標，及瓜州兵，共七千餘名。除現在哈密駐防一千名外，存營尚有六千餘名，應即於安西兵內，挑派四千名預備。俟巴爾庫爾官兵應撤之時，即令大員統領，前赴哈密駐防，以均勞逸。俱應如所請，從之。（世宗一五七、七）

（乾隆二〇、一、辛巳）軍機大臣議奏平定準噶爾善後事宜：一、查四衛拉特台吉戶口，如何給爵、授扎薩克及編列旗分佐領設官，俟班第等議奏。其四衛拉特之人，原係散處，應安置各原駐附近地方，不必將一姓聚處。一、回人俱有地畝，歲納貢賦於準噶爾。今準夷底定，回人內屬，除歲供喇嘛外，餘賦悉蠲，貢額亦應議減。內如吐魯番原係內地，應將其回目查出，俾管所屬。瓜州居住之額敏和卓屬下回人，亦仍移吐魯番安置。一、現收之烏梁海，既編列旗分佐領，有續收者，應照辦，同移置各原地方。其管轄人，令班第選奏。一、扎哈沁人衆應移於喀爾喀游牧之外，厄魯特台吉等所住之內，則阿爾台內藩籬愈固，包沁與扎哈沁相近，應俱令瑪木特掌管。一、大兵徹回，應於滿洲、蒙古兵內，留五百名，隨班第等駐剳伊犁。各盟回部烏梁海，咨報伊犁文移，應設臺站，令班第等酌辦。一、伊犁既駐大臣，應擇形勝地駐兵爲聲援，西路吐魯番，魯布沁地方膏腴可耕，請駐兵一千。再，瓜州、烏魯木齊俱可屯田駐兵，則伊犁、魯布沁聲息相通，亦展疆土。一、準夷既平，喀爾喀游牧，應加恩展寬。喀爾喀厄魯特游牧，即以阿爾台山梁爲界，其間烏梁海所居游牧不動外，所有陰坡，令喀爾喀游牧居住，陽坡，令厄魯特游牧居住。喀爾喀西界，既經展遠，其東陲鄂爾坤、塔密爾、推河等處俱闐。喀爾喀北界俄羅斯，西界厄魯特。請派京師滿蒙兵數千，前往間處屯田，一如蒙古授產安插，以靖邊境。從之。（高宗四八〇、五）

（**乾隆二一、九、己巳**）定邊右副將軍兆惠等奏：前奉旨令於伊犁附近地方，酌量派遣綠旗兵丁屯種。查自巴里坤至濟爾瑪台、濟木薩、烏魯木齊、羅克倫、瑪納斯、安濟海、晶等處，俱有地畝可資耕種。伊犁附近地方，約有萬人耕種地畝；崆吉斯、珠勒都斯等處，可種之地亦多。但須豫為籌辦，方不誤來春耕種之期。現在伊犁有回人三十餘名，擬酌增至百人。請敕巴里坤辦事大臣及甘肅撫臣派出綠旗兵一百名，委員酌帶籽種、農具、耕牛，於明年正月內前來，臣等按地分給耕種。俟試看一年，再行辦理。報聞。（高宗五二〇、七）

（**乾隆二一、閏九、丙午**）定邊右副將軍兆惠等奏：籌辦伊犁屯種事宜，明春先令回人一百名、綠旗兵一百名，指定地方耕種，已奉諭旨准行。俟秋收後再添派綠旗兵丁，廣為墾種，約可派兵一千名。至防守地方，應派索倫、巴爾虎兵一千名、吉林兵五百名、察哈爾兵三百名、滿洲兵二百名，即將綠旗兵所穫及各部回人輸納貢賦，給為糧餉。諭軍機大臣等：兆惠等籌辦屯種事宜及派各處兵丁駐剳伊犁，俱屬妥協。第念索倫兵丁，連歲在軍營行走，未便多留。前降旨令伊等於大兵徹回時，由北路回至游牧，今未知已抵何處。即著兆惠咨詢達勒當阿等，索倫兵丁如尚未過額爾齊斯，著揀選三百名前往伊犁，俟明年另行派出更替。再，哈寧阿已帶領滿洲兵前往，合計伊犁已有兵丁若干，俟兆惠查明奏到，再由吉林、察哈爾等兵丁內揀選派往。（高宗五二二、一五）

（**乾隆二二、三、丙午**）諭軍機大臣等：現在大兵前進，賊衆諒無不知。厄魯特等勢窮力竭，必竄入哈薩克境內，惟是大兵撤回後，伊等仍復占據巢穴，終非一勞永逸之計。著即於進兵時，召募回人墾種地畝，並將帶往綠旗兵丁派令耕種，不特秋成之後可資軍食，且使賊人無可歸之路。哈薩克勢不能久資養贍，必至自相戕賊，庶可以永絕根株。著傳諭成衮扎布、兆惠、舒赫德等，將作何派令耕種及防守額林哈畢爾噶一帶地方、堵禦賊人之處，公同酌議，一面奏聞，一面即領兵前往。（高宗五三四、一八）

（**乾隆二二、一〇、丙寅**）又諭曰：兆惠等奏稱，烏魯木齊地方可以耕種，又與吐魯番相近，若哈薩克往來交易，亦屬甚便；今陝甘馬匹仍須多備，請於明年哈薩克馬匹到日，前往交易等語。著黃廷桂於綠旗兵內，多選善於耕種之人，發往烏魯木齊，明春即令試種地畝，量力授田，愈多愈善。即遵諭速行。仍將選派官兵人數及督率員弁、指交地畝，陸續奏聞。其送至巴里坤豫備交易之緞布，亦著即速起運。(高宗五四八、二一)

（乾隆二二、一二、丙寅） 又諭：前因成袞扎布等以屯田事宜奏請，已命雅爾哈善等相度可耕地畝，支給籽種，出派兵丁。今又於屯田兵內抽調三千續進。可傳諭黃廷桂、雅爾哈善所派屯田兵丁，務與地畝相稱；既使可耕之土不致荒閒，亦於進勦有益。其悉心經理，條晰具奏。(高宗五五二、二一)

（乾隆二二、一二、丁卯） 又諭：昨命黃廷桂、雅爾哈善查勘屯田處所，廣為播種，勿致荒閒，添派兵丁，以資耕作。來年我兵進勦，自應立奏膚功；即使未盡翦除，必蓄積有餘，始可次第辦理。可傳諭兆惠、富德等留心經畫，務使地無遺利。至哈薩克約於來年貿易，所到馬匹亦須多為購買。馬蕃糧足，共樂飽騰，於軍務甚有裨益。此二事宜與黃廷桂、雅爾哈善等同心商辦。再，努三從哈薩克初回，自悉彼處情形。軍營現亦無事，著來京以備詢問。(高宗五五二、二二)

（乾隆二三、一、壬子） 參贊大臣雅爾哈善等奏：屯田事宜，按地派兵墾種。哈喇沙爾，應派二千四百名；烏魯木齊，原派五百名，應增五百名；托克三，派五百名；闢展，原派四百名，無庸增派。除現有兵外，移咨陝甘總督黃廷桂派兵三千，携牛具口糧，趕三月前到魯克察克。籽種，動用闢展貯糧，不敷，移文巴里坤大臣運送。報聞。(高宗五五五、二三)

（乾隆二三、三、己亥） 又諭：索倫兵效力軍前，屢年未獲休息，今賊眾漸次勦滅，大功將竣，自可不日徹回。現議在烏魯木齊、魯克察克等處屯田，令綠旗兵駐劄，雖嫺於耕作，而鎮守巡防之用，不及索倫，若令索倫兵同駐，似為有益。伊等每年進納貂皮，今移往駐防，既免其納賦；又有錢糧養贍，射獵資生，自當更覺饒裕。可傳諭綽勒多等，於索倫兵丁內，揀選一千名，明白曉示，以駐防之外，並無別項差遣，且於伊等生計有益。或今年先遣兵丁前往，來年再將伊等眷屬移去，料伊等自必情願。至揀選兵丁時，若戶口多者，恐其親屬相離，毋庸派往。惟小戶單丁為善，其作何選派，及攜眷駐防，果否與伊等有益，著綽勒多等定議具奏。(高宗五五八、一六)

（乾隆二三、四、己未） 諭軍機大臣等：昨命兆惠擒勦厄魯特賊眾後，即著來京，原為商辦屯田事務。看來厄魯特餘賊既除，則回部亦易於平定，惟明歲駐兵屯田，最關緊要。雖烏魯木齊等處現在耕種，而伊犁尚屬荒閒，倘被布魯特等侵占，又須經理。朕意於伊犁等處，駐劄索倫兵及健銳營兵

二、三千名，合之綠旗屯田兵丁，聲威自壯。此事須黃廷桂同來商辦。著將兆惠等追賊奏摺錄寄黃廷桂閱看，黃廷桂亦不必趨行，可詢問兆惠起程信息，先期來京。其屯田事宜，即留意區畫爲要。（高宗五六〇、七）

（乾隆二三、四、癸未）軍機大臣議覆：大學士管陝甘總督黃廷桂奏，伊犁一帶，屯墾要需，請先期爲備辦。查臣等原議，請由巴里坤以西伊勒巴爾和碩等七處，以次建堡屯田，派兵駐劄，各以就近餘糧陸續辦理，直達伊犁。所有籽種、農具等項，自應豫爲備辦。但如該督所奏，籽種七、八千石，農具五、六千副，陸續轉運，尚易爲力。至口糧一萬五千石，駝一萬五千隻，每駝運米一石，一年一次。毋論直隸、山西一時難購，即使足數，於商民有礙。請俟將軍兆惠等相度定議後，再爲措置。又查準噶爾舊例，係回人耕種交租。請俟回部蕩平，將葉爾羌等處回人量移耕種，查明回人原納租糧，足敷屯田兵丁若干人之食，其不足者，以貨物交易。若尚不足，或仍照原議，由近及遠，以次經理。得旨：黃廷桂所奏豫備伊犁屯田事宜，頗似欲速，徒滋紛擾。著將原奏及爾等所議，俱錄寄雅爾哈善等，令其酌量情形，詳悉具奏。（高宗五六一、二四）

（乾隆二三、五、庚寅）又諭：永貴等奏稱，前與雅爾哈善會商，無分進勦、屯田兵丁，隨到即令開墾地畝；續因耕牛、農器不能全到，先就闢展等處所有畚鍤，令其開溝築隄。又，哈喇沙爾之海都河，水勢湍急，必須渠深岸固，方免衝齧等語。看來今年播種之期似稍遲誤，但將進勦兵丁後隊截留，人力有餘，或可將烏魯木齊等處俱行墾種。可傳諭永貴等，現在籌議屯田處所，交秋以後成熟穀石若干；來年伊犁等處屯田，能以次興作否。並將伊等奏摺，錄寄黃廷桂閱看，俾得酌量豫備。（高宗五六二、九）

（乾隆二三、五）〔是月〕大學士管陝甘總督黃廷桂奏覆：軍流情重人犯，發往巴里坤等處屯田，經臣咨商辦理屯務大臣安置編管。茲據永貴等咨稱，吐魯番以東，俱有回民耕種，回民之外，又派兵一千四百名，盡力開墾，已無餘地；吐魯番以西，烏魯木齊、托克三、哈喇沙爾等處俱無回民，河大水寬，土地亦廣，俟料理屯兵起程後，親往踏勘。今奉諭將發遣人犯，入於綠營兵丁內屯田，如何嚴加管束之處，令臣等會同詳議。除行文阿里袞併移會永貴，即速踏勘情形，遵旨就近定議。咨覆到日，臣再參以己見，合一具奏。得旨：知道了。辦此等事若拘泥成例，畏首畏尾，則一步不可行矣。（高宗五六三、二二）

（乾隆二三、八、己未）又諭：據努三察勘，穆壘至烏魯木齊屯田，約需兵丁六千有奇，繪圖呈覽。屯田爲軍食所關，必由近及遠、以次增墾，方可省饋餉而豐積貯。此時雖距耕作之期尚早，自當先事籌畫。可傳諭黃廷桂，於内地綠旗兵内，挑選七千名，調赴烏魯木齊等處。其農器，即於肅州辦給，交兵丁帶往；或併給以工作器具，令兵丁就近伐木造屋。俱宜酌量辦理。至派往回部之綠旗兵，現在軍營仍需調遣，不必徹往屯田處所。並傳諭永貴等知之。（高宗五六八、八）

（**乾隆二三、八、乙丑**）又諭曰：努三前奏請查勘烏魯木齊屯田時，朕即謂為期雖早，亦當先事籌備。隨諭黃廷桂，來年穆壘、烏魯木齊屯田，派兵七千名及辦給農工器具。今奏，昌吉等處又可駐兵三千。可傳諭黃廷桂，照數添派兵丁，合之前派七千，即得萬人。為數雖多，但屯田兵惟取習於耕作，不必盡皆精壯，黃廷桂宜酌量辦理。如有不便，即停其添派亦可。仍與努三、永貴等會商定擬具奏。尋黃廷桂奏：穆壘一帶派兵七千往墾，業豫辦農具籽種，咨詢永貴定期起程。今昌吉等處堪種地畝，又需派兵三千，臣統計陝甘督撫提鎮標營兵，量地衝僻、存營多寡，均勻抽撥。所需籽種，現購粟穀、蘪穀、青稞、豆、麥共八千石，除穆壘一帶需用外，尚恐不敷。查烏魯木齊、托克三等處，俱有新收穀稞，已移咨永貴、努三就近湊足，所需牛具，俟軍營大局定後，再行酌辦。報聞。（高宗五六八、一六）

（**乾隆二三、九、戊戌**）又諭：覽黃廷桂奏摺，有將來平定回部，仍應駐兵之語。於回地情形，尚未深悉。回部與伊犁不同，伊犁入我版圖，控制遼闊，不得不駐兵彈壓。至回部平定後，不過揀選頭目，統轄城堡，總歸伊犁軍營節制，即從前準噶爾之於回人，亦祇如此。可傳諭兆惠，將來辦理回部，惟於歸順人内，擇其有功而可信者，授以職任，管理貢賦等事，具奏請旨。至伊犁則必需大兵駐防，現在作何籌畫，且由近及遠，以次屯田，俱著於平定後，一併詳悉妥議具奏。其駐防伊犁大臣，即兼理回部事務。（高宗五七〇、二六）

（**乾隆二三、九、壬子**）諭軍機大臣等：從前因辦理回部，將伊犁屯田事務暫行停止。今回部各城迎降相繼，大功計日可成，來年駐[駐]防伊犁之兵，亦已豫為分派，則屯田以省轉餉之勞，自不可緩。軍營綠旗兵丁駐防各城，所用無幾，應行派往伊犁，並酌派回人等，令納木扎勒、三泰等辦理屯田；或將魯克察克、哈喇沙爾、烏魯木齊等處屯田兵丁移至伊犁，再於内地派出兵丁補缺。可傳諭兆惠、納木扎勒、永貴、定長、黃廷桂等咨商，定議具奏，一面將應辦之事先時豫備。（高宗五七一、二五）

（**乾隆二三、一〇、甲子**）又諭：現在派往烏魯木齊等處屯田兵丁，已至一萬數千，所墾地，亦必廣闊。目今軍營事務俱有就緒，此項屯田，如有情願攜帶家口者，即行准其帶往。伊等既有家口，則分地墾種，各安其業，而生聚畜牧，漸與內地村莊無異；其不願攜帶者，亦不必抑勒勉強，聽其自便可耳。如何酌給盤費，俾兵丁不致拮据，著傳諭該督黃廷桂酌量妥辦。（高宗五七二、二〇）

（**乾隆二三、一〇、己巳**）諭軍機大臣等：黃廷桂所奏伊犁屯田事務一摺，已交軍機大臣議奏矣。但閱該督摺內，未免有竭蹶之意。辦理回子事竣，明年既於伊犁駐兵，則屯田之事自不可不亟為籌畫，但亦不必過於張皇。總以靜鎮妥速、因時制宜、盡地利而足兵食，斯為允協。若明年二月內可以趕辦屯務，不誤春耕，於駐防軍需更為有益；如實有不能趕辦之勢，則隨宜酌量舉行，朕亦必不以從事稍緩，遽為督責，但不得因此遂生作輟之意耳。現在烏魯木齊既有屯田官兵，墾種廣闊，將所穫糧石，酌量運往伊犁，以資接濟，可省甘肅、哈密等處轉運之繁，較烏里雅蘇台運送糧石至北路軍營，道里亦不甚相遠。況從回部凱旋、綠營兵丁徹回時，兼可留在伊犁屯種，此外或就回民中量行調派應用。則人不煩而事易就，墾得一畝，即可得一畝之用。總之辦理屯務，在該管大臣等相度事勢，次第通融籌辦。如烏魯木齊等處人力有餘，不妨量為挑派，移赴伊犁開墾；如其不能，亦不必勉強。前降諭旨由近及遠、接次頂補，意正如此，固不必豫事過為周章也。（高宗五七三、一）

（**乾隆二三、一〇、壬申**）又諭：黃廷桂奏籌辦伊犁屯田事宜一摺。此事前據該督奏到，並鈔錄移咨兆惠、永貴原文進呈，當交軍機大臣議奏；並降旨傳諭兆惠，令其將伊犁屯田之事，酌量情形，或於帶往之綠營兵內派撥墾種，或於附近回民內調派屯墾。因其所有之籽種、牛具以資屯田耕作之用，該督黃廷桂祇應專力於烏魯木齊等處應墾之田，以收地利，而足兵食，庶可不致辦理竭蹶、顧此失彼。該督諒尚未經接到，故所奏籌辦籽種、農具、口糧等事，未免甚費周章。著再傳諭黃廷桂，查照軍機大臣遵旨議覆原文，惟於烏魯木齊等處屯務悉心經理，毋致貽誤。其伊犁屯田之事，當以餘力為之，專聽兆惠等遵旨籌辦；如或不能，即緩至明年，儘可從容辦理，不必更費周折也。（高宗五七三、八）

（**乾隆二五、三、丁未**）又諭曰：安泰等奏，屯田以漸開擴，直通伊犁，自烏嚕木齊至羅克倫，擇水土饒裕之地，立四村莊，每莊屯兵八百餘名，委遊擊一員，都司一員，分派雜職等督課耕種，等語。所見甚是，可即勉力善為經理。至設立村莊，尤宜防範盜賊，不可輕忽。（高宗六〇八、二）

（**乾隆二五、一一、戊辰**）軍機大臣議覆：定長奏，闢展等處屯田收穫，較上屆多一萬餘斛,將管轄官員分別議敘,兵丁酌量獎賞。應如所請。但從前進勦回部,闢展等處,俱係衝要之地,故屯田以資口糧。今軍務告竣,屯田兵節次奉旨發往伊犁,並遣歸營伍。應交舒赫德、阿桂、定長等,詳查闢展等處,何處係屬要地,仍應存留官兵外,其年久老疾之人,遣歸原營,餘俱陸續發往伊犁屯田。將從前所墾地畝,酌留給兵丁耕種,餘俱賞本處回人。至現收糧,足敷臺站數年之食,請照數貯備。從之。(高宗六二五、一七)

（乾隆二六、二、丁丑）諭軍機大臣等：據五吉等奏稱,巴里坤支給官兵口糧,由肅州等處運送,殊多煩費。請將闢展等處出糶糧石及烏嚕木齊等處餘糧,俱就近雇商人牲隻,運送巴里坤,以備支給,等語。所奏甚是。年來官兵口糧,由內地不時運送者,亦因巴里坤等處無可接濟耳。今屯田收穫,既有贏餘,即照五吉等所奏辦理。仍傳諭闢展、烏嚕木齊辦事大臣,於商駝回空之便,酌量雇覓起運。(高宗六三〇、八)

（乾隆二六、四、庚寅）又諭曰：楊應琚請停運闢展等處餘糧一事,並未計及哈密、巴里坤等處官兵口食及將來接濟之法,僅援引安西駐防一處。折價與駝運腳費,較短絜長,辦理全未中窾,軍機大臣已經議駁。今又據納世通奏,哈喇沙爾一年收穫米穀九千餘石,除支用外,可餘四千餘石。請照烏嚕木齊例,雇覓回空商駝,運送巴里坤,等語。是裒屯田之糧,節內地之費,實為一舉兩得;而楊應琚所奏,則援綠旗兵折價二兩二錢之例,欲議概行停運。試問哈密等處辦事大臣官兵,豈可盡照綠旗兵例,專給折色乎？將來安西官兵移駐巴里坤,若從內地裏帶前往,此二兩二錢之數,是否半本半折,抑係全給折價,並合之借給購辦孳生牲隻,每石合價若干。且向據地方官奏報糧價,肅州、安西等處,每石不下五、六兩有奇。今折給之數,不及三之一。此數年來,官兵等但恃此不足糴食之折價,亦豈能支,此處朕殊不解。且與其令伊等向內地糴買拮据,何若就便於闢展等處轉運之為得乎。楊應琚所奏,全未明晰；著再行傳諭,令其詳悉確覈具奏。(高宗六三五、一四)

（乾隆二八、九、癸未）烏嚕木齊辦事副都統侍郎旌額理等奏：臣於上年十月,奏派兵二百名,在特訥格爾伐木,備造房屋一千二百間,本年七月告竣。合計六堡所造兵房四千八百間,僅敷兵二千四百餘名居住。其陸續挈眷兵,約六百名,仍需造房一千二百間。查羅克倫以西,地名呼圖畢,田畝廣闊,河水充裕,木植亦多,約可駐兵二千名。相其形勢,東至寧邊城七十一里,西至瑪納斯一百三十五里,為哈薩克往來要路。臣等酌於本年冬季,砍伐木植，計足工料，運至造房處所，將羅克倫換班兵六百名，移於呼圖畢屯田。所需農具籽種口糧，亦請於冬間運往。俟房屋工成，即趲築城垣，庶屯田兵三千名，聲勢聯絡。且多留地畝，備給召募民人，不致兵民參雜，似屬有益。得旨：如所請行。（高宗六九五、二四）

（乾隆三二、七）［是月，陝甘總督吳達善等］又奏：查巴里坤向止播種青稞，而哈密、塔勒納沁，惟植麥豆細糧，兩處供支，原宜以有易無，互相接濟。但近年以來，巴里坤地氣和暖，屯種小麥，連獲豐登，民戶墾種，亦俱有收。彼地麥價，較之哈密轉賤，而哈密青稞，較之巴里坤亦不甚昂；若彼此互撥，不惟無益於倉貯，抑且徒糜押運往返之費。請將哈密、巴里坤互運麥稞，概行停止。如兩處供支需用不敷，各於就近採買備供。報聞。（高宗七八九、一四）

（乾隆三二、閏七、戊申）軍機大臣等議覆：伊犁將軍阿桂等奏稱，伊犁地方遼闊，陸續添派駐防滿洲、錫伯、索倫、察哈爾、厄魯特攜眷官兵，及屯田回民，將及二萬戶，屯田修城之綠營兵，効力贖罪及發遣人犯，亦有數千名。惠遠、綏定二城，商民漸多，此皆由各處湊集，良善者少。（高宗七九一、一）

（乾隆三五、一一、戊辰）軍機大臣等奏：伊犁將軍伊勒圖奏，請停止內地派往伊犁屯田兵，由瑪納斯或塔爾巴哈台裁撥二三百名移駐伊犁，等語。查前調內地兵，想此時各營選派妥協，又令停止，反覺煩擾；若謂伊犁尚可無須添兵，則二處亦不必調。況塔爾巴哈台係換班兵，不久仍須調回伊犁，此時更改，均屬無益；瑪納斯每年收穀甚多，伊犁等處所需穀石，儘可酌量撥運，若裁減屯兵，必致將耕熟田荒廢，誠為可惜。得旨：所駁甚是，依議。新疆地方開墾地畝，以備積穀，甚屬緊要。積穀雖多，不患無用；且多墾田地自必多需兵丁，即稍有費用，亦屬無幾。今伊勒圖如此奏請，甚屬煩瑣。伊從前尚不致如此糊塗，此時辦事竟錯謬若此，是存何意。著傳旨嚴行申飭。（高宗八七三、一三）

（乾隆三七、一、癸丑）軍機大臣等議准：伊犁將軍舒赫德等奏，前因瑪納斯地處烏嚕木齊、伊犁適中，擬將派駐烏嚕木齊兵移駐。嗣因距巴里坤遠，奏請駐庫爾喀喇烏蘇、濟爾哈朗、布勒噶齊等処。茲勘明該處情形，雖可建城，但地不產煤，多兵難久駐。請將西安滿兵二千，移駐巴里坤；現派涼州莊浪滿兵三千，全駐烏嚕木齊，隨時派往瑪納斯等處巡查。所需城垣、倉庫、兵房等項，酌定派內地綠營兵一千五百，春間趕赴烏嚕木齊修造；工竣，分撥屯田，歲收穀，支放兵糧。其應移烏嚕木齊兵，今秋移一半，餘俟

來秋再移。從之。(高宗九〇一、二)

（**乾隆三八、九、丙子**）又諭曰：索諾木策凌奏稱，烏嚕木齊各屯所種之糧，分放各項，所餘米石，不敷明年一年放給。請暫撥帑項，購買米五萬石以備支放外，併請由內地派綠營兵二千前往耕田一摺。朕隨詢舒赫德，據稱，伊犁、烏什、巴里坤等處所種之糧，每年收成有二十分、十八、九分不等，惟烏嚕木齊僅收成十分及十一、二分。此向來辦理烏嚕木齊屯田之積習，適經過烏嚕木齊時，亦曾向索諾木策凌等言及，等語。看來烏嚕木齊每年所收糧食分數，與伊犁等處懸殊，實由起初辦理屯田不善之故。該處屯田與伊犁等處，自應一律耕種、一例收成。今索諾木策凌等既稱不敷明年支放，姑如所奏，暫爲購備。再，伊犁現有與哈薩克易換牛羊之事，亦可以此作爲口糧接濟。著索諾木策凌與伊勒圖相商，應如何運至烏嚕木齊、折變接濟，一面酌辦，一面奏聞。至駐防兵丁，日漸增添，如每年不敷，買穀備放，亦非久遠之道；若由內地添派綠營兵前往耕田，則陝甘兵現調四川軍營，據勒爾謹奏尚且不足，又豈能再派二千往烏嚕木齊種地。總兵俞金鰲，在伊犁辦理屯田事務甚妥，今已補授提督，前往烏嚕木齊；伊至烏嚕木齊，屯田事務，即其專責，亦應如前在伊犁時，帶領烏嚕木齊弁兵，妥爲悉心指示，令其耕種。仍諭知索諾木策凌等，俟俞金鰲至烏嚕木齊時，公同商議。酌調伊犁精通耕田事務官二、三員，訓示烏嚕木齊官兵，學習耕種。如是二、三年間，諒必自得準則，彼時應行如何辦理，再爲酌定。並諭令伊勒圖知之。(高宗九四三、一九)

（**乾隆四九、一一、甲寅**）又諭：前據長清奏宜禾縣採買糧石一摺，因思新疆既有收穫糧石，何以仍需採買。據軍機大臣查奏，伊犁、塔爾巴哈台等處，所穫糧石，俱足敷供支，並無採買；惟烏嚕木齊、巴里坤、吐魯番、哈密四處，供支尚有不敷，向係動支採買糧石。又或因秋收豐稔，平糶貯倉，豫備借給籽種，等語。採買最易滋弊，非浮冒開銷，即短價勒買。從前經方等穫罪，皆由乎此。如果供支不敷，則烏嚕木齊各處隙地甚多，與其聽內地民人前往開墾，迨收穫糧石，地方官又用重價向買，殊屬非計；何不派兵耕種，俾每年糧石，多爲收穫。既可備供支之用，無須採買滋弊，兼可使兵丁等習勞耕作，豈不一舉兩得。著傳諭長清、永安、尚安、巴延三、穆和藺即公同籌畫，將烏嚕木齊等處除現在屯田外，尚有地若干、作何派兵耕種、每歲再得糧石若干、嗣後即可永遠停止採買之處，詳晰妥議，據實會摺覆奏。將此由四百里傳諭長清等，並諭伊勒圖，令其轉行新疆向無採買各處駐劄大臣知之。(高宗一二一八、四)

（**乾隆四九、一二、己丑**）諭軍機大臣等：據福康安奏新疆各處屯田，固頻年收成分數加增，致兵力頗形竭蹶，究與邊屯實政無裨，請交伊犁將軍、烏什參贊大臣、烏嚕木齊都統將各該處屯田分數，據實查議一摺。所奏甚是。新疆耕屯日闢，歲穫豐登，原定賞罰章程，伊犁每兵收穫細糧至十八石、烏嚕木齊每兵收穫細糧至十五石者，官員議敘，兵丁加賞。嗣經海祿奏准，古城、吉布庫二處，須報至二十四分，濟木薩報至二十分，如再能加增，方准從優敘賞。其意雖為裨益倉儲、多收糧石、急於見長起見，但地土有肥磽，水泉有盈絀，在地肥水足之處，或可足額豐收；而地瘠水少之區，鮮能及額。以致屯員顧慮處分，虛報分數；兵丁懼干責處，賠累多端。著交伊犁將軍及新疆各處辦事大臣，查明各該處每年支放兵餉口糧等項，共應需糧石若干；每年兵民耕種地畝，實收糧石若干，通盤籌畫，各按該處實在情形，酌定屯田收成分數，另行妥議具奏，期於足敷兵食而止。庶可永遠遵行，不致拖累。至本年烏嚕木齊所屬屯田收成，有不及分數者，屯員兵丁，均毋庸照新增之例議處責懲。將此由五百里諭令伊勒圖等，並諭福康安知之。（高宗一二二○、一五）

（**乾隆五○、三、甲子**）軍機大臣議覆：據烏嚕木齊都統長清覆奏烏嚕木齊等處加屯撥運、酌停採買各事宜。查該處屯田隙地無多，且缺水灌溉，自難加兵屯種。即如所議，粟穀糜穀抵作麥石供支，可敷四年之用；四年之外，仍須採買，徒滋紛更抵撥之煩。再，查迪化州不敷糧石，為數較多，向於昌吉、阜康、綏來、濟木薩等處僱腳撥運，本不採買；今若由瑪納斯、哈喇巴爾噶遜抽兵前往屯種，每歲所收，尚有不敷，仍須照舊撥運，又何必添此數百名兵丁。再，所稱改種豌豆一節，查哈密地方歲穫麥穀，存餘無多，若將地畝劃出，改種豌豆，設麥穀不敷，仍須採買，於事實屬無益。均應令再行詳查酌議。從之。（高宗一二二六、一七）

（**乾隆五○、三、乙丑**）諭軍機大臣等：前因新疆採買糧石，易於滋弊，因思該處俱有隙地，何不加兵屯種，多為收穫，既可以備供支，兼可以停採買。隨經降旨令長清，會同永安、尚安、巴延三等，將烏嚕木齊等處實在情形，詳查妥議具奏。茲據長清奏到，所稱加屯撥運及改種豌豆各情節，不免意存遷就遵旨，並未覈實籌辦，業經軍機大臣逐條議駁具奏矣。伊勒圖在新疆辦理有年，於各該處情形較為熟諳，著傳諭該將軍於陛見進京之便，經過烏嚕木齊時，會同長清等，悉心講求，覈實籌辦。各該處所有隙地，是否實堪開墾，採買一事，可否酌量停止。如添兵屯種，需費浩繁，所入不償所出，於經費仍屬無益。且新疆地畝，官田與回民俱係分水佈種，必須渠水充盈、足資灌溉,庶添兵屯種,可期有收,而回民亦得永安生業;若辦理不善,或致有礙回民水泉地畝,尤非所以示體恤。又戶民承種之地,雖據報明畝數、按戶撥給,但開墾日久,如有未盡升科、隱匿不報者,亦應一併丈量辦理;此內或有多餘地畝,可以有濟兵食之處,均著伊勒圖詳晰商酌,按照議駁各情節,通盤籌畫,據實具奏。務令邊疆屯種,得以日就充盈,而回民屯戶,亦不致擾累侵占爲妥。將此由五百里諭令知之。(高宗一二二七、二)

(**乾隆五八、六、甲子**)軍機大臣等議覆:烏嚕木齊都統尚安疏稱,屯田差操兵丁,向由陝甘綠營派撥,嗣念換防往返之勞,改爲攜眷常住,其隻身應募者,准其呈明搬取。自奉行日久,凡移來兵丁眷口及攜眷出口戶民、僉妻發配之遣犯人等,互爲婚姻,地廣生繁,與內地綠營無異,自足供挑取差防之用。此後各營,遇有名糧缺出,應先儘該處兵丁子弟挑驗拔補。至官爲搬眷之例,竟行停止。應如該都統所請。臣等因思伊犁地方向設營屯兵丁,亦屬攜眷常住,與烏嚕木齊事同一例。數十年來,生齒日繁,情形當亦相同。所有該處搬眷出口之例,亦應令該將軍仿照辦理。至回疆各城駐防兵丁,定例五年更換,原恐其攜眷常住,與回戶爭占地畝。但歷年既久,習俗相安,可否因時變通,遵照烏嚕木齊等處屯丁攜眷之處,令喀什噶爾參贊大臣會同各回城駐劄大臣酌看情形,妥議具奏。如隔礙難行,即毋庸拘泥更張。從之。(高宗一四三〇、二)

(2) 巴里坤地區

(**康熙五六、一〇、乙酉**)命戶部左侍郎梁世勳、盛京兵部侍郎海壽,督理巴爾庫爾屯田。(聖祖二七四、一三)

(**康熙六一、一一、辛亥**)靖逆將軍富寧安奏報:巴爾庫爾等處地方屯田,收穫青稞一萬五百七十石有奇。下部知之。(世宗一、三二)

(**雍正一、一二、己酉**)靖逆將軍富寧安奏報:巴爾庫爾地方屯田收穫青稞二萬一千六十石有奇。下部知之。(世宗一四、四)

(**雍正二、九、戊辰**)靖逆將軍富寧安疏報:巴爾庫爾等處屯田收穫青稞一萬二千二百九十石有奇。下部知之。(世宗二四、二一)

(**雍正八、一〇、己亥**)寧遠大將軍岳鍾琪奏報:巴爾庫爾、圖呼魯克等處屯田,收穫青稞共一萬一千六百石有奇。下部知之。(世宗九九、二)

(**雍正九、一二、壬辰**)寧遠大將軍岳鍾琪奏報:巴爾庫爾、圖呼魯克等處屯田,收穫青稞三萬六百八十石有奇。下部知之。(世宗一一三、三)

(**雍正一〇、一二、庚午**)署寧遠大將軍查郎阿奏報:巴爾庫爾、圖呼

魯克等處屯田，收穫青稞一萬二千六百石有奇；魯谷慶屯田，收穫穈子、麥子共三千六百石有奇。下部知之。（世宗一二六、一五）

（乾隆二二、一○、庚午） 大學士管理陝甘總督黃廷桂奏：查雍正年間，巴里坤駐劄大臣時，奎素、石人子、巴里坤至尖山一帶地畝，俱經開墾，尚有溝塍形述。臣於上年冬月，奏請派撥綠旗官兵五百名前往墾試。嗣因逆賊巴雅爾等叛逃，派調軍前，旋議徹回；臣復札知巴里坤大臣，派現存綠旗兵將渠道先行開濬，並踏勘各處水泉可溉地畝若干。旋據覆稱，委總兵丑達勘得尖山子起至奎素一帶百餘里內，從前地畝舊迹俱存，係取用南山之水，共有正渠九道，自山口以外多滲入沙磧，必須木槽接引，方可暢流；其三道河以北，自鏡兒泉、三墩起至奎素止，亦有正渠三道及支渠形迹，蕪久湮塞。現在工多人少，且工料必須撥運，等語。臣查善後事宜案內，巴里坤駐劄滿兵三千名、綠旗屯田兵一千五百名，今駐防滿兵尚需時日，而開墾地畝似宜早計。請於甘、涼、肅三處先派種地官兵一千名，於來年正月前往濬泉引渠；需用工匠、物料、田器、牛隻等項，均由內地辦運。至二、三月間，土膏萌動，即分佈各兵於可墾之地，翻犁試種。查巴里坤一帶氣寒霜早，惟宜青稞。應令各兵於青稞外，如穈穀之類少爲試種，有收再增。其官兵整裝銀兩，照例給發。諭軍機大臣等：黃廷桂奏派兵一千名，於來春前往巴里坤等處屯田等語，自應及時籌辦。但此尚在近地，其烏嚕木齊等處，亦須漸次屯種，接濟兵食。其如何相度水利、測驗土脈及派兵前往、一切口糧、牛具、籽種等項豫爲料理之處，著傳諭黃廷桂詳悉具奏。（高宗五四八、二八）

（乾隆二六、八、辛巳） 軍機大臣等議覆：侍郎五吉奏稱，巴里坤有屯田綠旗兵一千名，雖經墾種，而地寒霜早，僅收青稞，該屯兵仍須給鹽菜銀及粟麥，所費頗多；安西兵三千餘名，計日遷移，止折給糧價，不需支食青稞。是此項屯田兵竟可徹回，將安西兵派出屯田，以節冗食，等語。又，陝甘總督楊應琚奏稱，巴里坤原設之屯田兵徹回，派安西兵五百名及巴里坤遣犯四百八十餘名，給與口糧，同往屯田，儘足敷用。該處地氣雖寒，試種豌豆亦皆成熟，加以人力糞治，並可種麥，等語。臣等酌議，巴里坤屯田所收青稞，不敷官兵等支食，今安西兵又移往該處，所支銀米尤多；即云試種豌豆有收，亦未必常年如是。查烏嚕木齊現設有駐防兵，該處屯田收穫，極爲豐稔，且相距不遠。若於巴里坤留兵千餘人，餘俱移駐烏嚕木齊，情形尤便。應行建屋整裝各事宜，請交楊應琚、五吉等會商，妥議具奏。其巴里坤酌留安西兵及遣犯屯田之處，應如所奏辦理。從之。（高宗六四二、三七）

（乾隆二七、一〇、己亥）諭：據永寧等奏，巴里坤、奎素等處，向來地氣較寒，一切細糧均難成熟。今屯田試種以來，該遊擊王紹、守備李執中、叢天祝、焦燝等，俱能盡心出力，督率兵丁，多方培溉，是以初次試種小麥，收成已及五分，其餘豌豆等項，亦俱有收；再，革職副將楊景達，到屯効力三載，經理一切，勤慎奮勉，並無貽誤，於屯務實多裨益，等語。所有王紹、李執中、叢天祝、焦燝等，俱著交部議敘，其革職副將楊景達，著加恩以都司用，以示鼓勵。（高宗六七二、一四）

（乾隆二九、三）[是月]陝甘總督楊應琚奏：巴里坤自添種豌豆、小麥等項細糧，遞年成熟有收。其提標三營兵糧，向以該處止種青稞，是以歲支青稞二千石外，餘盡支折色。今請添撥小麥一千石、豌豆二千石，計本年可減運折價銀一萬一千兩。此後屯田益豐，邊儲日益，更可多給本色。得旨：好。（高宗七〇七、二五）

（乾隆三〇、一一）[是月]大學士管陝甘總督楊應琚奏：巴里坤額支兵丁本色糧石，向以該處不種細糧，止支青稞二千石，餘每石折給銀二兩二錢。長途撥運，需費浩繁。後奏請試種豌豆、小麥，均已成熟，因視每年屯穫盈縮，改支本色，折價遞減。今歲更爲豐稔，邊儲充裕，因就該處鎮標兵糧內撥小麥三千石、豌豆二千石，既免兵丁折買之難，更省折價銀一萬五千四百兩。得旨：嘉獎。（高宗七四九、二〇）

（乾隆三一、一一、丁卯）陝甘總督吳達善奏報：巴里坤屯種官田，本年共收小麥六千七百六十五石、豌豆一千九百八十石、青稞四千五百四石。下部知之。（高宗七七二、二）

（乾隆五〇、四、己丑）又諭：據福康安奏：巴里坤屯田加種地畝，渠水不敷澆灌；鎮屬各營兵少差多；暨該處磨夫工價、屯車修費等項，經前任都統海祿奏請裁汰之後，兵丁苦累；又上年短收糧七千餘石，係武員借墊典當衣物賠償；種種情形，據該署總兵和倫列款具稟，應請飭交奎林親赴巴里坤處所，詳加確勘，妥議籌辦等語。已批交軍機大臣議奏矣。巴里坤等處既屬有地短水，兵少差多，不能加種地畝，及裁汰磨夫工價銀糧等項之後，兵丁種種苦累，既據該鎮等紛紛具稟，自應確勘情形，妥協籌辦，方於新疆屯務永有裨益。但奎林歷練未久，辦事亦不能如福康安之精細，福康安現因玉門縣所屬惠回堡等處地震，此時自己親往查勘撫卹。該處距巴里坤不遠，著傳諭福康安即行前往，會同新任都統奎林詳加確勘，酌定章程，自能仰體朕懷，妥協辦理，俾可永遠遵行。……將此由四百里傳諭知之。（高宗一二二八、一九）

(3) 哈密地區

（**雍正二、九、丙寅**）靖逆將軍富寧安疏報：哈密、塔爾那沁地方屯田，收穫青稞一千七百四十六石有奇。下部知之。（世宗二四、二〇）

（**雍正三、九、壬子**）靖逆將軍富寧安疏報：塔爾那沁等處屯田，收穫青稞八千九百三十二石有奇。下部知之。（世宗三六、一〇）

（**雍正四、一、壬子**）靖逆將軍富寧安疏奏：哈密、塔爾那沁等處屯田，收穫青稞二千一百石有奇。下部知之。（世宗四〇、二四）

（**雍正八、一〇、乙巳**）寧遠大將軍岳鍾琪奏報：哈密、塔爾那沁等處屯田，收穫青稞、麥子共四千六百石。下部知之。（世宗九九、一〇）

（**雍正九、一二、癸丑**）寧遠大將軍岳鍾琪奏報：哈密、塔爾那沁等處屯田，收穫青稞、麥子共五千石。下部知之。（世宗一一三、二〇）

（**雍正一二、一二、丁巳**）署寧遠大將軍查郎阿奏報：哈密、塔爾那沁等處屯田，收穫青稞共四千五百石有奇，圖呼魯克屯田收穫小麥一千四百石有奇。下部知之。（世宗一五〇、九）

（**雍正一三、一二、丙戌**）總理事務王大臣等奏言：……哈密回子等，歸順已久，亦應駐兵防護。今哈密貯米二十萬餘石。其賽巴什達里雅墾種田，每年可得米一萬餘石，不需內地運送。現在令查郎阿等，酌議安西駐兵事宜。若安西增駐兵五千，可即其中撥二千赴哈密駐守，不必議增。再，哈密、安西守邊綠旗兵，向隸提督總兵官管轄，可以無庸更遣滿洲將軍大臣等。從之。（高宗九、二二）

（**乾隆二、一〇、丙午**）諭總理事務王大臣：據駐防哈密提督樊廷奏稱，本年蔡巴什湖屯種地畝，經管之官弁兵丁等，人人黽勉，不敢少懈，天時人事，兩收其效，計算收成分數，自十一分，以至五十三分不等，均稱豐稔等語。口外駐防兵丁等，於屯墾事務，加意經理，收穫豐足，甚屬可嘉。其各官弁兵丁人等，俱著交部照例議敘，以示獎勵。（高宗五五、八）

（**乾隆一一、七、乙巳**）戶部議准：川陝總督公慶復奏稱，哈密徹防後，留兵二千，軍屯糧食，尚存十三萬石零。且客民與回民交易，詞訟繁多，兼之回民屯田，四六分糧，碾打收割，務須專員稽查。其防兵口糧錢糧，經官收支，事務尚繁。該處管糧文員，若裁減僅留一員，定難兼顧，應照原議酌派更換。從之。（高宗二七〇、一八）

（**乾隆一五、一〇、壬申**）戶部議覆：陝甘總督尹繼善奏稱，哈密現貯小麥一萬九千餘石，以每年應需糧五千三百餘石計算，尚不敷四年之用。其蔡湖回屯每年徵收之糧，十年始敷一年之用。應豫籌積貯。請今歲秋收後，在哈密買貯，糧價在哈密估變口袋銀內按年動支。應如所請。從之。（高宗三七四、五）

（**乾隆二二、三**）[是月，大學士管陝甘總督黃廷桂]又奏：附近哈密之塔勒納沁，前經奏准，派兵開墾屯種。查該處兵屯，原有三千餘畝，自乾隆七年停種後，渠道淤塞，開挖修築，在在需費人工；今止可種地一千五、六百畝，餘至明歲再逐漸墾種。其籽種於糧員處領用，牛力、農具於防所通融。此項廢地，種藝既已開端，一、二年內可次第修復。得旨：好。（高宗五三五、二八）

（**乾隆二六、四、戊寅**）又諭曰：永寧等奏稱，遵旨將安插移往塔勒納沁屯田兵丁添蓋房間，雇覓回人工作。傳諭玉素布，據稱，情願派伊所屬供役，不敢領受工價，等語。玉素布年來甚屬奮勉，此次急公趨事，尤見悃誠，深可嘉尚。著加恩賞大緞四端、大荷包一對、小荷包二對。至修造兵房，回人即不領工價，亦當加給口糧。著永寧等，從優酌辦。（高宗六三四、一四）

（**乾隆二六、九、癸卯**）陝甘總督楊應琚奏：哈密附近之蔡把什湖，有地一萬三千餘畝，除一萬畝給回民種穫外，其三千畝，曩撥給哈密防兵耕種。今哈密防兵陸續徹回，該協移駐兵少，難再分屯，應於安西提標步兵內酌撥一百名，歸入哈密協，令往蔡把什湖屯種，仍於哈密協兵內，每年輪流更換。如再不敷，即於哈密遣犯內，酌撥年力精壯者，令隨耕作。得旨：如所議行。（高宗六四四、一二）

（**乾隆三〇、九、己亥**）大學士管陝甘總督楊應琚奏：巴里坤鎮屬哈密協兵糧，因艱於籌辦，每石折色二兩二錢，赴安西採買；兵丁既多往返之勞，折價亦有運送之費。查該協所屬塔勒納沁等處屯田，小麥、豌豆豐稔，來歲兵糧，請即撥屯田豆麥，較折價節省實多。得旨：嘉獎。（高宗七四五、一七）

（**乾隆三二、五、壬辰**）陝甘總督吳達善等奏：哈密所屬蔡把什湖額田三千畝，分爲三工，設有把總經管；又牛毛湖新墾地二百五畝，亦歸兼管。查該弁已管有蔡把什湖三工，誠恐顧此失彼。應令哈密副將，於春秋之際，酌派千把一員督辦；並令哈密營都司前赴該屯，查其籽種是否照例播種，成熟後親試碾打，實報收成分數。該副將仍不時親往稽察。至塔勒納沁額地六千畝，分二十二工，設有都司一員總理，千總一員、外委三員分工經管，工段畸零，其間相距數十里不等，雖有都司管理，恐難遍及。應令該副將派遊

擊一員，赴屯與該都司分地督耕，收割時該副將即由蔡把什湖前往，一律稽查。得旨：如所議行。（高宗七八五、一八）

(4) 吐魯番地區

（**康熙六〇、一二、癸未**）諭議政大臣等：吐魯番見駐官兵，其可種之地甚多。總督鄂海、按察使永太，在大將軍處無甚事務，著前往吐魯番地方，種地効力。（聖祖二九五、二一）

（**雍正一、一一、丁亥**）靖逆將軍富寧安奏報：吐魯番等處地方屯田，收穫麥子、穄子共九千三百三十石有奇。下部知之。（世宗一三、一〇）

（**雍正二、一〇、癸酉**）靖逆將軍富寧安疏報：吐魯番等處屯田，收穫麥、穄五千五百四十石有奇。下部知之。（世宗二五、四）

（**雍正三、一〇、庚寅**）靖逆將軍富寧安疏報：吐魯番等處屯田，收穫麥子、穄子六千九十石有奇。下部知之。（世宗三七、一四）

（**乾隆二二、一一、丙辰**）又諭：著寄信雅爾哈善帶兵往魯克沁屯田處所，留心查看可屯之地共有幾許。一面酌咨黃廷桂，令豫備兵丁、辦理籽種，以備明年屯田；一面奏聞。多多益善。至雅爾哈善應行帶兵前往之時，屯田事務，著交永貴接辦。（高宗五五一、二五）

（**乾隆二三、一、甲午**）又諭：據舒赫德等奏稱，闢展秋收豐稔，已行文黃廷桂，派綠旗兵四百名，今歲廣爲墾種，等語。所辦尚是。（高宗五五四、一八）

（**乾隆二四、二、戊辰**）又諭曰：定長奏稱，新派綠旗兵丁五千名，駐吐魯番聽候調遣；已會同總兵楊寧將老弱者徹回，其名糧於屯田兵丁內充補，仍飭該管官嚴加約束，等語。此次派出綠旗兵，前諭聽候兆惠行文，或調令進剿、或留派屯田。今時值春耕，與其坐糜糧餉，莫若先事耕作。可傳諭定長，即將兵丁五千名，分發吐魯番附近屯田處所，令其開墾，庶伊等不致閒住滋事，於屯務亦有裨益。（高宗五八一、五）

（**乾隆二四、四、庚申**）辦理屯田副都統定長等奏：上年闢展等五處屯田，所穫共三萬七千三百餘石，今全數碾出。通計奏過數目，喀喇和卓、托克三、哈喇沙爾三處與原數同；惟烏嚕木齊遊擊金梁多收三十四石，闢展都司瑪呼，地畝本多，較他處多四百一十石，照數存貯。諭軍機大臣等：屯田糧石關係軍需，定長等所報碾出數目，有較上年加增者，皆承辦之員實心經理所致。著加恩將都司瑪呼等交部議敘。嗣後各處屯田，除收穫較多者，准其奏請議敘外，如較原報之數虧缺無多，著暫行登記，准以下次盈餘抵補；

倘再有虧缺，即照所缺之數，分別議處。庶承辦各員，知所勸懲。可傳諭令其遵照辦理。（高宗五八四、一八）

（**乾隆二六、七、己亥**）諭軍機大臣等：納世通奏，本年五月，哈喇沙爾河水忽長三尺，流至城下，已將屯田處所築隄二千四百餘丈，親赴督率防護，幸保無虞，等語。隄工爲屯田要務，辦事大臣等自應親往查勘，以時修築。今派達桑阿往代納世通。伊初至新疆，恐未能熟諳情形。著傳諭納世通將屯田水利事宜，細爲達桑阿指授。此次被水田畝，或係官地、抑係回人產業，俱著勘明具奏。（高宗六四○、二）

（**乾隆二七、四、乙丑**）諭軍機大臣等：據楊應琚奏，請將闢展上年種穫菜子、胡麻，分借回民種植，收穫後扣還籽種，其餘准其量爲交官，以抵應輸額賦，等語。上年屯兵所種菜子、胡麻，雖已試有成效，但回地向來種植未嘗有此，恐非回民所素習，若必強令分種，轉非隨俗從宜之道。著傳諭德爾格，酌量回民之能種與否，如果伊等樂於承種固善，否則不必拘泥該督來咨，責令勉強從事。再，烏嚕木齊地方廣闊，現在開墾三屯，或即於該處播種菜子、胡麻以濟用，亦無不可。傳諭德爾格，並令楊應琚知之。（高宗六五八、一）

（**乾隆四四、六、己卯**）軍機大臣等議准：烏嚕木齊都統索諾木策凌奏稱滿洲官兵移駐吐魯番各事宜。一、哈喇和卓迤東九百餘户、羅布諾爾二百餘户，令額敏和卓之子管束；吐魯番迤西七百餘户，令原有之伯克管束；雅木什所居七百餘户，令原有之扎齊魯克齊等管束；其滋生之七百餘户，令伊斯堪達爾管束。均歸領隊大臣總統。其户口清册，仍由烏嚕木齊都統報部，以備查覈。一、闢展等處，可耕之田二萬一千畝，較回人田地俱遠，應即作爲屯田。將修城之七百兵丁，分編七屯，令其耕種。……從之。（高宗一○八五、二五）

(5) 烏嚕木齊地區

（**乾隆二六、二、己卯**）諭：烏嚕木齊等處屯田兵丁，不比尋常當差之人，僅照例支給口糧，恐其不敷食用。著加恩於春種秋收之時，照例給口糧外，每人按日加賞米麪五合，以示體卹。（高宗六三○、一○）

（**乾隆二六、二、己卯**）又諭曰：定長等奏，去年昌吉、羅克倫等處屯田兵三千五百名，每二人給馬一匹。因哈薩克馬匹不習耕作，倒斃將半，復以三人給馬二匹爲額。俟巴里坤解送牛驢至日，仍將馬匹撥回牧群，等語。哈薩克馬匹，除屯田外，無他差遣，就令驟難服習，亦何至倒斃如許。恐有私宰情弊，定長等并未查覈，甚屬疏忽。除馬匹額數，照所奏補給外，前次倒斃馬匹，仍行查覈。倘有別項情節，即從重治罪。嗣後仍宜加意辦理，毋致傷損。（高宗六三〇、一一）

（乾隆二六、八、壬申）軍機大臣等議覆：欽差副都統安泰奏稱，烏嚕木齊穀石極豐，折給官兵願領者少。查該處屯田有綠旗兵三千名，請以二千差操，一千屯田，互相更換，等語。烏嚕木齊穀石贏餘，不量加變通，久貯必致紅腐。但如安泰所奏，僅以一千兵屯田，則已經墾熟地畝致使荒蕪，亦屬可惜。查該處兵，俱係三年一換，并不挈眷。若聽兵丁等移家居住，或募內地流民遷往，給地耕種則生計益裕，穀石亦可變通。除招募內地流民，已奉旨交楊應琚辦理外，其烏嚕木齊兵，請令安泰查明有願携家遷駐者，移咨楊應琚辦送。俱酌量官爲料理前往。到彼時，兵丁給鹽菜口糧，其內地糧餉奏裁。無業流民，將屯種不盡之田，撥給作產，閒地任其墾種。至賞給籽種農具及分別納糧事宜，交安泰等酌量情形，定議具奏。從之。（高宗六四二、一三）

（乾隆二六、九、甲辰）駐劄烏嚕木齊副都統安泰等奏：烏嚕木齊五村屯田，大小麥收成約四萬五千九百石有奇。（高宗六四四、一三）

（乾隆二六、一〇、丁卯）副都統安泰等奏：巴里坤地寒霜早，若將屯田兵移於烏嚕木齊，實爲有益。其現駐兵，詢據稱，請俟收穫後，回籍挈眷。現咨會陝甘督臣楊應琚，從安西等處，按程給車輛口糧，於明年三、四月前來。報聞。（高宗六四六、六）

（乾隆二九、一一、癸丑）塔爾巴哈台參贊大臣綽克托等奏：上年九月，臣旌額理等請將羅克倫屯田兵，移駐瑚圖畢，先蓋營房一千二百間，即趕築城垣。隨派參將吳士勝於十一月砍伐蘆葦木植，輓運口糧籽種，本年三月興工，蓋造營房。臣等續奏，請將吳士勝派往塔爾巴哈台辦理城工。又派出原任主事伏魔保，協辦瑚圖畢城工。至九月二十九日，瑚圖畢城垣、門樓、倉庫及哈薩克貿易舘舍、公署、營房，俱已告竣。得旨：吳士勝、伏魔保俱著交部議敘。（高宗七二二、八）

（乾隆五〇、三、癸酉）軍機大臣議覆：據烏嚕木齊都統長清奏稱，烏嚕木齊各處地方，每年支放兵餉口糧各項，約需糧十五萬四千餘石，遇閏加增。現在升科戶民額徵地糧，與屯田官兵所交糧石二項統計，每年可得糧十七萬二千餘石。除應用支銷外，尚有盈餘。自應仍照舊定章程，屯田功過相抵、議敘加賞成例，俾兵丁等不致有虛報分數買糧賠交之累。應如所議辦理。仍令新任都統奎林暨各該處管理屯務駐劄大臣提鎮等，隨時留心，查察

每年所收糧石，儘收儘報，無任虛隱滋弊。從之。（高宗一二二七、一三）

（乾隆五六、七、戊寅） 諭軍機大臣曰：尚安奏，烏嚕木齊地方，倉貯充盈，請將濟木薩一處暫停屯兵耕作，歸營操演，等語。濟木薩舊貯新收糧石，共有二十萬石，該處每歲支銷，不過一千七、八百石，而缺糧需撥之迪化州等處，又距濟木薩程途較遠，腳費繁多，不能運往，以致該處糧石日積日多，存貯年久，不無黴變損耗，自應量爲變通調劑。……著尚安酌量該處情形，悉心妥議具奏。……尋議：烏嚕木齊提標各營，並無換班之兵，惟巴里坤鎮標古城營，有換班之屯兵一百五十名，係由内地肅州鎮標各營派撥出口，五年更換一次。濟木薩距古城僅七十里，請即於濟木薩屯兵内，輪流派撥古城營屯田，一年更換一次，毋庸移住，亦毋庸添建兵房。所有肅州之兵，即令回營，此後不必再向内地調撥。其餘兵丁，仍歸濟木薩原營操練，於舊制無增。既可免有眷兵丁之遷移改撥，又可省換班兵丁之行糧盤費；且在營之兵數稍多，該處遇有修城建倉，儘可撥兵修建，更可免人工價值之開銷。得旨：允行。（高宗一三八二、九）

(6) 伊犁地區

（乾隆二四、一〇、癸卯） 又諭曰：舒赫德奏稱，駐防伊犁應派出滿洲、索倫兵四千名。建築城堡，亦派綠旗兵四千名。所需口糧，由水路造船運送。第一年派回人三千户前往屯田，或馬匹或牛驢，亦購辦二、三千，豫備調用，等語。伊犁駐兵屯田一事，原議以來年爲始，由近及遠。若一時齊集滿、漢兵丁及回人踰萬，殊覺張皇，頗露作難之意。豈謂若此遂可停其辦理乎？伊從前與成衮扎布同勦厄魯特時，拘泥招降之策，將沙喇斯、瑪呼斯等疏脱，以致投入逆回，抗拒大兵。伊係効力贖罪之人，因在阿克蘇辦事，頗屬盡心，故加恩復用。看來舊習全未悛改，著傳旨申飭。至於屯田伊始，或派兵五百名防守，回人五百户耕作，計所穫之糧，足敷食用，再議開擴。其原議駐防官兵四千名，亦擬分駐葉爾羌、喀什噶爾、阿克蘇等城，就回人交納糧石，以資養贍。況回部不便久駐我兵，前次亦曾諭及。舒赫德既如此陳奏，著傳諭兆惠、富德、楊應琚等詳悉妥議具奏。（高宗五九九、四四）

（乾隆二四、一一、己巳） 諭軍機大臣等：據德文奏稱，准舒赫德咨查沙雅爾河道，通葉爾羌、喀什噶爾，可否造船試運及堆貯糧石之處，查沙雅爾距庫車百四十餘里，中間有衛林河之奇塔特地方，可貯留糧石，等語。從前舒赫德以此具奏，已降諭旨謂伊犁駐兵屯田，於來年次第辦理，不必多派官兵、回衆一時安插。並傳諭兆惠、富德、楊應琚等會商妥議。即如糧運一事，自葉爾羌等處，由阿克蘇、穆素爾嶺前至伊犁，乃正路也。若謂山嶺難行，由庫車運往，則其路更遠，豈此間別有捷徑乎？計兆惠等，此時已與楊應琚會議，若業經派出回人數百户，行裝亦辦，來年四月，尚能耕作，即遣往亦可。或不能速辦，可酌量派兵一千，俟來年草生時，由穆素爾嶺前往伊犁巡查，仍回阿克蘇駐劄。俟辦理屯田就緒，於後年發往。兆惠、富德若已起程，舒赫德即於［與］楊應琚會議具奏。（高宗六〇一、二〇）

（乾隆二四、一二、癸未）諭軍機大臣等：同德等奏，大功告成，巴里坤所駐綠旗兵二千二百餘名，應酌量裁減九百餘名。經軍機處議，以伊犁現議屯田，與其徹回，不若候議定，就近發往；即伊犁辦理需時，亦可先往昌吉、羅克倫等處，以漸遷移，等語。業經允行。可傳諭舒赫德、楊應琚等，此時曾否會議，伊犁屯田定在何時？即先往昌吉等處，而農具秄種，亦須豫備。若來年可以增墾，當令兵丁在巴里坤守候；其或不能，則駐兵守候，與徹回後再行派往，孰爲便益，即行酌議奏聞。至屯田以足軍食，自當籌其實濟。以内地農民計之，一人可食數人，而生穀祇有此數，終未見匱乏；若行之邊方，即僅敷屯兵口食，無所留餘，便屬有名無實矣。今已耕之土收穫無多，其故安在？併傳諭舒赫德、楊應琚等與屯田大臣熟計覆奏。（高宗六〇二、一一）

（乾隆二五、一、辛酉）又諭曰：阿桂奏伊犁駐防屯田，皆必須辦理之事，若酌派回人先往屯田，再添駐官兵，增派回衆，即易爲力，請早爲調撥起程，等語。具見勇往任事。適據兆惠、富德、楊應琚等會議，本年屯田，恐已踰期，但可遣兵巡查。已行文各駐劄大臣訖。阿桂若業經准咨停止，則奉到此旨，亦未必能猝辦。或伊現在辦理有緒，且確見必須屯田，即酌量帶兵前往。併傳諭舒赫德、楊應琚知之。（高宗六〇四、二〇）

（乾隆二五、二、癸未）諭軍機大臣等：阿桂等奏稱，伊犁屯田，原議今歲派兵五百名、回人三百户前往。今與楊應琚相見，始知將軍等酌議派兵四、五千名、回人一千户。但阿克蘇回人業經豫備，而庫爾勒等處所派，尚未辦理，仍俟楊應琚到葉爾羌時，與舒赫德定議等語。伊犁向爲準夷腹地，加意經畫，故稽事頗修。今歸我版圖，若不駐兵屯田，則相近之哈薩克、布嚕特等乘機游牧，又煩驅逐。大臣等自當辦理妥協，不可苟且塞責，以圖早歸。看來駐兵屯田，惟當漸次擴充，今歲且照原議，派兵五百名、回人三百户，或並此俱行停止，來年再爲舉行。則我兵既得休息，而回人生計亦稍寬裕，又可量爲添派，以漸增多。此事朕惟責之舒赫德，伊不過於用兵時退縮，至於辦事心細，朕所深知。若果盡心，自能辦理。今雖命新柱前往協辦，究未熟悉，舒赫德惟視若己事，辦理妥協，方准其更換。此時應作何辦理，伊前奏多派兵丁、回人及河船糧運，經朕訓飭，何以尚未覆奏，俱著傳諭知之。（高宗六〇六、一七）

（乾隆二五、三、丁未）諭軍機大臣等：阿桂奏稱，伊犁河以南，有地名海努克，與固勒扎相隔一日程途，水土沃衍，請於此處先行屯種，相其形勢，分立村莊等語。所辦甚是。俱依議行。果能實心奮勉，次第辦理，則屯田一事，當録伊經始之功也。至村莊居住回人，需兵防護，非尋常屯田處所可比，必固其堡寨，勤其瞭望，庶藏匿之瑪哈沁及哈薩克等，不敢滋事。至所奏起程以前，派回人修理穆素爾嶺道路，及將來安設臺站，行知舒赫德酌辦等語。從前準噶爾與回人往來，俱由穆素爾嶺一路，今既屯田伊犁，自應時加修理。其酌派回人及安設臺站，俱傳諭舒赫德知之。（高宗六〇八、一）

（乾隆二五、三、癸亥）諭軍機大臣等：據舒赫德、楊應琚等奏稱，明歲前往伊犁種地，馱載口糧，共需駝三千餘隻。除現在哈密、闢展等處備有駝一千餘隻外，再於口外商駝內，購買一、二千隻，共成三千，方可足用，等語。伊犁地方屯田駐兵，雖俱係應辦之事，但當隨時酌量辦理，豈可豫期拘泥定議，遽將數千兵丁回衆一時發往。況阿桂今歲始行前往酌辦，亦宜俟阿桂等今歲辦有頭緒，約略收穫糧若干，足敷若干人食用之處，逐一計算，或可給五百人，或一千人，明歲即可照數遣往，此時豈能豫定。至商人駝隻，亦不應強行採買，設遇急切軍務需用，商人力量有餘，即官價購取何妨。若此際並無必應急需之事，輒將商人駝隻抑令交買，必致心存畏懼，裹足不前，脫有緩急資用時，駝隻從何購覓耶？著即傳諭楊應琚等，將議買商人駝隻之處，速行停止。總俟阿桂等今歲試辦後，約計屯種所收若干，再將明歲墾種之處，酌定辦理，亦不爲遲。先行傳諭伊等知之。（高宗六〇九、七）

（乾隆二七、閏五、己卯）諭軍機大臣等：阿桂等奏稱，新來伊犁換班之滿洲、察哈爾侍衛官兵等，自本年八月起，一年內應支食羊三個月，共需一萬三千餘隻。除牧放及孳生羊隻外，仍需羊七千五百餘隻。可否交巴里坤大臣辦送，等語。著照所請。傳諭該大臣等，將喀爾喀等往巴里坤所售羊隻，照數採買；選派官兵，沿途加意牧放，送往伊犁。（高宗六六三、六）

（乾隆二七、九、己巳）諭軍機大臣等：阿桂、明瑞等奏稱，現在安插伊犁之察哈爾、厄魯特兵丁，編設佐領，給與孳息牲隻，仍先給口糧，以資接濟，等語。此項察哈爾、厄魯特兵丁，除牧養牲隻外，尤當以耕種爲業，今既遷移安插，自應代伊等籌畫生計，所有新到各户口，俱令其實力開墾。

餘俱如所護行。(高宗六七〇、一八)

（乾隆二七、一一、辛酉）諭軍機大臣等：阿桂奏，本年伊犁屯田綠營官員所種禾苗，爲田鼠損傷，較去年收成分數稍爲歉薄，計一夫所獲尚有二十餘石等語。屯田稍被災傷，而收穫尚未甚歉薄，所有承辦官員，頗能勸課，著加恩交部議敘。(高宗六七四、三)

（乾隆二八、一、辛酉）諭軍機大臣等：新疆平定有年，伊犁應多駐官兵，以籌久遠。昨諭將涼州、莊浪等處官兵攜眷遷移，交軍機大臣詳悉妥議。因念官兵三、四千名，合之家口，不下萬人，所有營房糧餉，俱當豫爲備辦，著傳諭明瑞等，將此項移駐官兵作何建造城垣廬舍，及給與糧餉之處先行籌畫，一面辦理，即行具奏。尋奏：察哈爾、厄魯特兵，游牧爲生，應仍其舊，索倫亦然。過冬自備棚房，產業再行議給。惟涼州、莊浪官兵房屋，需七千餘間，烏哈爾里克新城僅敷現在官兵駐劄。查伊犁河岸高阜，地土堅凝，可築大城。在新城及固勒扎回城之間糧運亦便，所產煤薪皆足用。計明春調兵起造，至乙酉年，城屋均可竣。現派伊犁兵游牧至阿布喇勒山伐木，咨遣內地工匠製器應用。至糧餉以伊犁收穫及回人所交糧計之，至丁亥年麥收，可支新舊兵三年食，更請以來年爲始，陸續增屯田兵一千五百名，耕穫自有盈餘，孳生牛羊在外，將來塔爾巴哈台駐兵，亦可源源接濟。從之。(高宗六七八、四)

（乾隆二八、二、丙申）[軍機大臣等] 又議奏：現在伊犁屯田，歲入三萬五千餘石，除給該處官兵外，尚有贏餘。但本年所派索倫、察哈爾及移駐涼州、莊浪兵，不止萬人，仍需糧三萬石，應請再派屯田兵一千五百名。前據舒赫德等奏，回城願遷伊犁人甚多，應令明瑞等議，以一千五百人爲率，不足，以綠旗兵補。其蓋造伊犁城署營房，請派綠旗兵一千，限三年竣工。至添駐之索倫、察哈爾等，應給孳生羊隻，請交都統巴爾品等，揀選牧群，牛四千隻、羊二萬隻，令其陸續帶往，或酌派官兵協助。作何分給孳生，並交明瑞辦理。再，塔爾巴哈台等處駐兵，應俟移駐伊犁兵事竣再辦。從之。(高宗六八〇、二〇)

（乾隆二八、三、丁丑）軍機大臣等議准：伊犁將軍明瑞等奏索倫、察哈爾兵挈眷移駐伊犁事宜：一、除所帶馬駝准存留外，應給孳生牲隻，請按現在牛羊數目，每户派給羊二十五隻，二、三户合給牛一隻。羊十隻，歲交孳生羊三隻；牛十隻，交孳生牛二隻。除伊犁現存羊隻外，已議令巴爾品於牧群辦送四萬隻。又，成袞扎布奏：現有牛五百八十隻，喀爾喀折抵應交馬匹，計牛四千隻。一、鹽菜銀一年內准支。開墾賞籽種，收穫前准給口糧，大口日八合三勺，小口半之。一、伊犂新遷察哈爾、厄魯特兵一千八百名，應分爲二昂吉。舊有厄魯特兵千餘名，應作爲一昂吉。各設總管、副總管、佐領、驍騎校等官。每佐領下，領催四名，所轄以二百人爲率。實授官不敷，以領催署。總管、佐領應給關防鈐記。一、厄魯特兵千餘名，食餉僅一百二十名。伊等有前隨將軍等効力者，有自布嚕特、哈薩克來投者，請增食餉兵八十名。從之。（高宗六八三、六）

（乾隆二八、三、丙戌）諭軍機大臣等：明瑞等奏稱，伊犂屯田之厄魯特等已給與籽種二百三十石，請覈計來歲收穫以前食用需糧若干；若所餘足敷本年籽種即停其官給，等語。厄魯特等甫經安插，生計未裕，不便停給籽種。著傳諭明瑞等，來年播種之時，照常官爲給發。（高宗六八三、一六）

（乾隆二九、一一、乙卯）又諭曰：明瑞奏，本年綠旗兵丁屯田，較去年多收糧四百餘石，等語。官員著加恩交部議敘，兵丁等分別賞給鹽菜銀兩。（高宗七二二、一〇）

（乾隆三〇、一二、丙辰）又諭：據明瑞等奏，本年伊犂綠營兵丁所種田禾，收穫比去歲較多，可否照上年之例，綠營官員交部議敘，兵丁賞一月鹽菜銀兩之處，請旨，等語。著照所請，將承辦官員俱交部議敘，兵丁等，每名賞給一月鹽菜銀兩。（高宗七五〇、一一）

（乾隆三一、一、庚寅）軍機大臣等議覆：將軍明瑞等奏，伊犂攜眷之滿洲、錫伯、索倫、察哈爾、厄魯特、綠旗兵共萬餘名，又有屯田回人，此內有在城駐防者，有在外遊牧者，亦有隨所耕田地居住者，遠近不 ，非內地可比。（高宗七五三、一一）

（乾隆三一、七、丁亥）［軍機大臣等］又議覆：伊犂將軍阿桂奏稱，伊犂屯田官兵，收穫十一石以上者給予議敘。今各處官兵俱已駐久，非初次屯田之時可比，請嗣後官兵收穫十一石以上者，毋庸議敘；其收穫十八石及二十八石者，給予議敘。應如所請。從之。（高宗七六五、四）

（乾隆三一、九、丙申）諭：伊犂屯田，今年偶被蝗災，收成歉薄，糧價必昂。彼處駐防兵丁，俱係甫經移駐，尚未服習，生計不無竭蹶。著明瑞等於伊犂兵丁內，除錢糧口糧一併支領之兵丁不計外，其已裁口糧惟支領錢糧兵丁等，均著賞給一月錢糧。其納糧回子等，著照兵丁減半賞給。何等兵丁應賞給，何等兵丁不應賞給之處，著明瑞等查明奏聞。（高宗七六九、二一）

（乾隆三五、一一、癸丑）諭曰：伊勒圖等奏，本年種地綠營兵二千二百名，每人收穫米二十八石有餘，等語。伊犂種地兵丁，每人收穫米至二十

八石有餘，較往年尤屬奮勉，著加恩將管屯官員，交部加倍議敘，兵丁等賞給兩月鹽菜銀。（高宗八七二、一五）

（乾隆三六、一二、辛巳）諭：據舒赫德奏，領隊大臣伯鄂津，膽敢派伊隨甲人等種地，又分取衆兵所種地畝中水澤，灌漑其田，那借牲隻籽種使用，并將盛貯交納糧石口袋收留，甚屬不堪，請將鄂津交該部嚴加議處，等語。此事殊堪駭異。朕以鄂津身係世家，尚堪造就，是以加恩予以奮勉之路，令其在伊犁學習行走。鄂津自應感激朕恩，辦理一切事宜，當知大體，乃如此貪圖小利，甚屬卑污，不顧顏面。且領隊大臣等各有養廉銀兩，養贍身家，頗爲寬裕，何事窘迫至於此極。鄂津如此行事，實出意想之外，不惟深負朕恩，亦有玷伊祖父顏面。鄂津，著革職，在彼枷號，俾衆共知炯戒。伊勒圖身任將軍，在伊犁有年，乃鄂津如此行事，並未查明參奏，殊屬非是。伊勒圖，著交部嚴察議奏。伊昌阿係鄂津屬員，因畏懼鄂津，不敢揭報，其咎亦難辭。伊昌阿，著交部察議。（高宗八九八、三三）

（乾隆三八、一一、甲戌）諭：據伊勒圖奏稱，伊犁種地綠營兵丁，今歲每人收穫糧米二十八石有奇，請照例將官員從優議敘，兵丁等賞給兩月鹽菜銀兩等語。著照所請，官員交部從優議敘，兵丁著賞給兩月鹽菜銀兩。（高宗九四七、一一）

（乾隆三八、一一、甲申）諭軍機大臣等：伊勒圖奏稱，伊犁博囉塔拉、塔爾巴哈台種地養贍之土爾扈特等，俟明年秋收後，撥歸渥巴錫，等語。前以渥巴錫所屬貧戶甚多，不能養贍，特加恩分撥伊犁等處，賞給籽種口糧，令其耕種，俟生計豐足，再歸渥巴錫。今已二年，較前稍裕，固應歸回，但究恐此等貧戶，復令歸回，伊等不能照料，仍增其累。著傳諭伊勒圖、達色詢問渥巴錫，伊如能養贍，明年秋收後，即令伊等歸回，如尚不能，可再多種一年，俟後年撥歸亦可。（高宗九四七、二六）

（乾隆四三、五、戊辰）軍機大臣等議覆：伊犁將軍伊勒圖奏，伊犁屯田綠營兵，俱由陝、甘各營派往，五年一換，徒滋繁擾。查伊犁滿洲、蒙古兵，俱係眷兵，請將綠營兵亦改爲眷兵，其管理之官員等，合兵數出派。應如所請。從之。（高宗一〇五六、一九）

（乾隆四三、一〇、甲子）軍機大臣議覆：西安將軍伍彌泰、陝甘總督勒爾謹、陝西巡撫畢沅奏覆，伊犁屯田換班兵，請改爲眷兵三千名，於陝甘兩省綠營派撥，其移駐之缺，以漢軍與綠營曾經出征者間補。至現在西安存營兵丁，不敷防守，除將漢軍全數改補外，另於滿洲兵丁內挑補馬兵二百、步兵一百。應如所請。惟查伊犁換回兵，俱有本缺，其所稱漢軍與綠營撥補

之處，應令該將軍等分晰議奏。從之。(高宗一〇六八、二八)

（**乾隆四五、一一、己丑**）諭：據伊勒圖等奏，今年屯田綠營兵丁，每人收穫細糧各二十八石餘。請賞給兵丁鹽菜銀兩，官員等，交部從優議敘，等語。著照所請。(高宗一一一八、二一)

（**乾隆四七、四、丙申**）伊犁將軍伊勒圖奏：伊犁地方向無積穀，於屯田綠營兵三千名內，撥出五百名，充補各項匠役並看守倉庫外，每年留二千五百名屯田納糧。乾隆四十三年經臣奏准，將三千換班單身綠營兵，改由內地出派三千攜眷綠營兵，常川駐防；伊等到伊犁時，照舊撥出五百名充當雜差，餘二千五百名，仍令屯田。但伊犁地處極邊，此項兵丁常川駐守，與換班兵丁不同，練習弓馬技藝，亦甚緊要。每年二月屯田、至十月收穫，雖乘時演習武備，亦不過塞責而已。查該處積穀，因連年成熟，現貯至五十餘萬石。伊犁每年共應放穀十六萬石，此項存貯之穀，足可備放三年有餘；而綠營兵民、回民等，每年應交米穀十八萬餘石，除本年應放外，仍餘二萬餘石。歷年積貯太多，易致黴爛，且兵丁不能習練技藝。請於二千五百名屯田兵內，徹出一千，教演技藝；仍餘一千五百名屯田，每年一半差操，一半耕作。則駐防兵丁既可使弓馬嫻熟，而屯田所穫之米，足供一年支放，雖遇歉收，亦敷接濟。得旨：嘉獎。(高宗一一五五、三〇)

（**嘉慶八、一、丁丑**）諭內閣：松筠等奏請賞借伊犁駐防滿兵耕種器具牛隻一摺，所辦甚是。伊犁土田肥潤，可耕之地甚廣，向因灌溉乏水，未經籌辦；今該將軍設法疏渠引泉，以資汲沃，上年墾種，業經試有成效，自應廣益耕屯，俾滿兵生計日臻充裕。所需器具等項，准其於公設官鋪息銀內動用製備，按限歸款。其應用牛隻，即照所請，於官廠內，賞借惠遠城八旗每旗牛八十隻，惠寧城八旗每旗牛四十隻。該將軍等即責成各該協領督率駐防官兵，盡心耕作，以收兵農並習、屯守兼資之效。(仁宗一〇七、六)

（**嘉慶九、一二、庚午**）諭內閣：本日軍機大臣會同大學士保寧議奏，松筠陳請酌定分給八旗滿洲田畝自行耕種、永為世產章程一摺。伊犁駐防滿洲兵丁，生齒日繁，松筠相度屯地，疏濬泉源，設法製備器具，借給牛隻耕種，兩年以來，試有成效。茲該將軍猶恐滿洲兵丁公同夥種，久而生懈，請照伊犁錫伯營屯種之例，按名分給地畝，各令自耕，永為世業，係為旗人生計起見，其事本屬可行。惟是新疆重地，設兵駐防，武備最為緊要，此項田畝，即分給官兵，祇可令其轉交閒散餘丁代為耕種，不當令官兵親身力作，有妨操練，轉致技藝日就生疏。至閒散餘丁內老弱殘病者，豈能令其耕作，勢必仍需壯丁幫助。其漢仗強健者，一概驅之南畝，自必不能專心練習武藝，即充數入伍，亦難資得力，殊非慎重邊陲之道。此事惟在該將軍妥協經理，既使旗人有田可耕，永資養贍，而於新疆重鎮設兵防守事宜無少窒礙，始爲盡善。至該官兵等將來生計寬裕，家有儲蓄，即不便照錫伯之例停止口糧，亦當將供支款項量爲撙節。著該將軍於三、五年後，體察情形，再爲詳酌具奏。（仁宗一三八、一〇）

（嘉慶一〇、九、丁卯）又諭：前據松筠奏酌裁水磨加增屯糧一摺，因保寧前在伊犁年久，熟悉該處情形，發交覈議。茲據保寧詳議覆奏，伊犁塔爾奇地方，向設水磨，派撥弁兵輪流磨運麥麪，以給各項應差兵役口食。今因麥麪陳積黴變，該官兵等情願領麥易麪。自係實在情形。且徹出此項兵丁，仍可分屯耕種，增交麥石，於倉儲亦有裨益。著即照松筠所奏行。其請令綠營屯工交納糧石時，與回户一律加交斛面三升、並補足斤稱之處，綠營兵丁派撥屯田，仍須兼習操防，原與回户專事種藝者有別，所交糧石，但應令其照原定斛額交足斤數，若責令加交斛面三升，恐丁力不免拮据；且倉員等或藉辭勒索浮收，尤易滋弊。松筠所奏不可行。至惠遠城滿營添設鳥鎗步甲，每年支放口糧，現於存貯正項倉糧内動用，恐致日久短絀。據保寧奏稱，伊前任將軍時，因倉貯過多，曾經奏准，於屯田兵丁二千二百名内，徹出四百名，輪流操演，原擬於數年後察看糧石盈絀，再行酌辦；今舊存餘糧既已全數支放，莫若於原徹屯兵内，再量爲派撥，分屯耕種。每年所收糧石，逐漸加增，不惟官兵口食足敷支給，倉貯亦可日臻饒裕等語。保寧所議。較爲妥協，著即照所議行。（仁宗一五〇、二一）

（嘉慶一七、二、丙寅）諭內閣：慶桂等會同松筠，議覆伊犁將軍晉昌酌定屯田事宜一摺。該處從前八旗公種之田，若仍令其通力合作，伊等視公產不如私業，勤惰不齊，不足以專責成，自應將此項田二萬餘畝，分給八旗，俾各專心耕種，永資樂利。其原奏所稱，如有人力不敷，准其佃人耕種，計畝收租一節，日久恐滋流弊，應如慶桂等所議，責令八旗閒散餘丁自行耕種。既敷養贍，又免游惰，於駐防旗人教養之道大有裨益。至松筠另片所奏，伊前在伊犁將軍任內，曾於伊犁河北岸附近地方築堡造屋，移駐閒散壯丁，按堡授田，教之樹畜，並令三時務農，冬時操演，所辦已將次第舉行，費用亦有款可支，無須另給。松筠在彼年久，熟悉情形，現在該處自有原派承辦員弁，著晉昌遵照所定章程，認真妥辦，以收實效。（仁宗二五四、二三）

(7) 其他地區

(乾隆二二、一一、丁巳) 軍機大臣等奏：臣等查將軍成衮扎布等奏稱，來年派兵二千，自魯克察克起程，前往哈喇沙爾、伊拉里克等處。請將吐魯番屯田綠旗兵八百名，攜帶秄種同往，即在哈喇沙爾等處耕種，等語。吐魯番今歲耕種，已有成效，非特不可空閒，更當增墾。臣等酌議，吐魯番現在耕種之綠旗兵，准其移往哈喇沙爾等處。應請旨交雅爾哈善查明吐魯番現種熟地若干頃，此外有無可墾、共需兵若干，移咨黃廷桂派兵辦給秄種器具，遣往吐魯番接種。報聞。（高宗五五一、二八）

(乾隆二四、八、辛丑) 又諭曰：德舒奏稱，庫車、沙雅爾兩處回衆，從前被厄魯特搶掠，霍集占擾害，所餘戶口無多，除糧石外，絕無什物，但地土頗肥。回人等不善耕種，若以兵丁參雜，可望豐收。將來接濟伊犁，較內地實為省便，等語。甚屬留心辦理。昨諭德舒往阿克蘇辦事，德文接辦庫車事務。德舒與德文交代時，務將辦理情形，詳悉告知，庶有裨益。（高宗五九五、九）

(乾隆二六、四、戊子) 諭軍機大臣等：據書山等奏，庫車、沙雅爾每年交納官糧及官借秄種所收糧數，共三千一百四十餘石，除支給官兵口糧、飼秣臺站馬駝外，尚餘一千餘石，以備接濟往來官兵，等語。庫車既有餘糧，諒各城自不少。往來官兵，未必需用如許，與其存貯虛耗，或酌量減價折給官兵鹽菜銀兩。既於伊等日用有益，而官糧亦不致陳積。朕意伊犁回部各駐劄大臣，俱當照此辦理。若該處情形不便，亦即據實陳奏。著傳諭舒赫德通籌各處情形，是否可行，酌議具奏。（高宗六三五、七）

(乾隆二六、七、庚申) 軍機大臣等議覆：參贊大臣阿桂等奏稱，伊犁、烏嚕木齊之間，有瑪納斯、庫爾喀喇烏蘇、晶河三處，安設村莊，駐兵屯田，原以省額林哈畢爾噶一路臺站輓運口糧之力。瑪納斯酌派屯田兵二百名，庫爾喀喇烏蘇、晶河，每村派兵三百名，人各墾地十五畝。所需秄種農具駝隻，由烏嚕木齊、巴里坤取用。其分駐馬兵五百名，請以范時綬總管。又烏嚕木齊至伊犁，共設二十一臺，每臺馬兵五名，人給馬二匹；綠旗兵十五名，人給馬一匹；每臺駝四隻。晶河以西歸伊犁管轄，托多克以東歸烏嚕木齊管轄。應如所奏。從之。（高宗六四一、一一）

(乾隆二六、一一、壬子) 軍機大臣等議覆：副都統安泰等奏稱，瑪納斯、庫爾喀喇烏蘇、晶河三處屯田，需綠旗兵八百名。請派駐防都司、守備各一員、千總三員、把總六員。查瑪納斯距羅克倫較近，堪令該處巡檢兼管糧務。晶河等處派員辦理。仍令范時綬駐劄三屯中，往來巡察。官兵鹽菜銀兩，瑪納斯等處，由烏嚕木齊支領；晶河，由伊犁支領。需用馬駝，按照情形支給。均應如所奏。從之。（高宗六四九、五）

（乾隆二七、二）[是月]哈喇沙爾辦事大臣達桑阿奏：哈喇沙爾逼近凱都河，地勢窐下，河水皆與岸等，至伏汛盛漲，田畝多被淹浸。查現在壩座，因上年水溢，倉卒搶修，未能如式，應加築高廣各二、三尺。其險溜之處，亦照內地河工下埽。又沿河溝渠淺狹，并有平地疊土爲岸，尤易衝漫，應開寬二丈及一丈五尺，并挑深五尺。加修閘座，亦照內地式設木板，以便啟閉。現屯田亟須水利，應飭先濬渠，次築壩，於四月上旬工竣。得旨：嘉獎。（高宗六五五、一九）

（乾隆三〇、五、壬午）塔爾巴哈台參贊大臣綽克托奏：臣至塔爾巴哈台，會同參贊大臣愛隆阿，以將軍明瑞所定築城屯田事宜，逐一指出。查現領綠旗兵六百名，即派五百四十名掘渠引水，開墾荒地。其餘六十名，以十名入山，採取碾磨之石，餘同滿洲索倫兵砍取柳條，於營外周圍播護。營內各分院落，苫蓋窩鋪。暫收糧餉緞疋等物，設立堆撥看守。計自駐劄月餘以來，時雨數降，地畝開墾，次第播種。隨於三月二十六日令參將吳士勝、原任主事伏魔保，領綠旗聽差兵興工，伐木刈葦，合土築城。仍於屯田兵內勻出協助，照明瑞所定玉爾、雅爾兩處築城，計周圍城垣二里四分，高一丈五尺，足敷兵一千五百名駐劄。所建官署、倉庫共六百餘間，仍有餘地以備添建。謹繪圖貼說，恭呈禦覽。報聞。（高宗七三六、九）

（乾隆三〇、一一、己亥）又諭：據安泰等奏稱，雅爾地方，今歲豐收，統計兵丁每名各得細糧一十一石有奇，與從前議敘賞賚之例相符。請將副將吳士勝及管屯之員交部議敘，兵丁各賞一月鹽菜銀兩，等語。雅爾地方，今歲甫行墾種地畝，而兵丁每名即各收穫細糧一十一石有奇。副將吳士勝及管屯各官，俱著交部議敘；兵丁等，每名各賞給一月鹽菜銀兩。（高宗七四九、一三）

（乾隆三三、一〇、癸亥）軍機大臣等議覆：塔爾巴哈台參贊大臣巴爾品奏稱，楚呼楚地廣田多，請於烏嚕木齊撥綠營兵四百，前往耕種，以裕儲積，而備歉收。著照所奏。其應行移駐員弁，即酌派遣往。（高宗八二〇、二一）

（乾隆四三、八、戊辰）又諭曰：伊勒圖奏，據和碩特德勒克烏巴什稟稱，伊等屯田數年，業經諳習，請照別處游牧例，自行耕種；又稱，所收糧石，經觀音保每月差人分放等語。回疆各游牧，均無辦事大臣，共和碩特一處游牧，亦可無庸派人管理。遇有事件，即著各盟長呈報烏什參贊大臣及伊犁將軍等辦理。觀音保前經貝子恭坦等列款控告，今又經德勒克烏巴什訴控差人分放糧石，是觀音保不獨措置失宜，且有擾累伊等之處，著革職。令惠齡暫住該處，辦理回人事務；其土爾扈特、和碩特游牧，無庸兼管。（高宗一○六四、二○）

（嘉慶一三、六、丁酉）諭內閣：松筠奏酌籌塔爾巴哈台撥兵加屯一摺。塔爾巴哈台屯兵，每年收穫糧石，既不敷支放，而烏嚕木齊一帶官兵為數尚多，且距該處較近，自應量為調撥。著照所請，准其於烏嚕木齊提屬各營徹屯歸操兵內，調撥二百名，赴塔爾巴哈台屯種。其如何詳立章程、定期調撥之處，著松筠會同和寧、祥保，悉心妥議具奏。尋議：此項調撥屯兵二百名，擬酌派守備一員，千總、經制外委各一員，額外外委四名，三年更換一次；先借給該官兵治裝銀兩，於應領俸餉內分年扣還；其口糧由倉支領，每月鹽菜銀由鎮迪道庫經費項下解支；農具耕牛官為給用。定於來年春暖起程赴屯，白露前後趕種秋麥，至十五年方可普行耕種。至農隙操演所需軍伙器械、號衣號帽等項，亦照例撥給備用。從之。（仁宗一九七、一）

2. 回民屯田

（乾隆二一、閏九、戊午）諭軍機大臣等：回人伯克噶岱默特之子阿布都喇瑞來京，詢知各處回人情形。著即遣回游牧。並著密諭兆惠，回人與厄魯特等素如敵仇，若令回人屯種伊犁，或受厄魯特等欺凌，轉恐滋事；不若仍令回人各歸原處，令其輸納貢賦，似較妥協。伊犁等處，可種之地既多，酌量遣派內地兵民，前往屯糧，照安西地方之例辦理。既可支給屯兵糧餉，而於鎮守地方，更屬有益。著兆惠詳悉妥議辦理。（高宗五二三、一一）

（乾隆二三、四、癸未）軍機大臣議覆：大學士管陝甘總督黃廷桂奏，伊犁一帶屯墾要需，請先期為備辦。……查準噶爾舊例，係回人耕種交租。請俟回部蕩平，將葉爾羌等處回人量移耕種，查明回人原納租糧，足敷屯田兵丁若干人之食，其不足者，以貨物交易。若尚不足，或仍照原議，由近及遠，以次經理。得旨：黃廷桂所奏豫備伊犁屯田事宜，頗似欲速，徒滋紛擾。著將原奏及爾等所議，俱錄寄雅爾哈善等，令其酌量情形，詳悉具奏。（高宗五六一、二四）

（乾隆二四、一二、乙巳）諭軍機大臣等：阿桂奏稱，兆惠等經過阿克蘇，會議伊犁駐兵及遷移回人屯田事宜。從阿克蘇、烏什、賽哩木、拜、庫車、沙雅爾等城酌派回人二、三百戶,於來年二月間,先遣丁壯前往屯田,以官兵五百名護送起程,俟青草發生,再將回人家口遷移,等語。所議尚屬可行。兆惠此時雖未具奏,即應如此辦理。至屯田回人需兵彈壓,自阿克蘇至伊犂,安臺傳事,聲息相通,最關緊要。著傳諭舒赫德、阿桂,今大功告成,巴達克山、霍罕等部落悉皆歸附,則葉爾羌自可安靜無事,且有額敏和卓在彼,海明又已前往,舒赫德候其到時,即回阿克蘇駐劄辦理。阿桂、伊柱即領駐防兵丁,護送回人往伊犂,管理屯田事務。至官兵等居止,自必相度地勢,安營立寨,土木之工,以漸興作,期於堅固久遠。所請備造帳房,原非可以常用,不過自阿克蘇至伊犂,沿途住宿,及初到時不致露處耳。所有應行事宜,俱著伊等會商辦理。(高宗六〇三、二〇)

(乾隆二五、六、丙申) 參贊大臣舒赫德等奏:伊犂屯田,初次遣回人三百名,小麥等種未及播種,來年自應多為遣往。而海努克、固勒扎兩處,俱派官兵屯駐,亦屬有益。現因各城伯克來阿克蘇之便,會議派出回人五百戶,計阿克蘇一百六十一戶、烏什一百二十戶、賽哩木十三戶、拜城十三戶、庫車三十戶、沙雅爾十三戶、多倫一百五十戶,於來年二月,辦給籽種、器具,攜眷前往。其行走口糧及收穫以前食用,按期接濟。……報聞。(高宗六一五、一二)

(乾隆二五、九、辛未) 參贊大臣阿桂等奏伊犂耕牧、城守各事宜。一、增派回人屯田。查伊犂收穫,可敷屯田回人一千戶之食,本年現有屯田回人三百名,近經舒赫德增派五百名,已照例整裝,於來年春起程;仍有應派回人二百名,請俟伊犂麥熟後遣發。一、增派官兵駐防屯田。查伊犂收穫,通來年增派回人五百名計之,可敷官兵二千五百人之食。現有駐防滿洲、索倫、察哈爾兵八百餘名,應增兵六百餘名;屯田綠旗兵一百名,應增九百名。以上增兵一千五百名,應陸續遣發。一、增派官兵,請隨時酌量定數。查屯田回人一千,計其收穫,則壬午年即敷官兵三千人之食;加以綠旗兵一千,則所收又倍。應酌量定額,以多駐馬兵,於邊防有益。如駐兵五千,則馬三步二;駐兵四千,則減步兵一千。一、次第建置城邑。查伊犂要地,河北則固勒扎,河南則海努克,其地土肥饒之處,則察罕烏蘇。應於海努克築城,以回人三百名屯田,用兵數百名駐防,西通哈薩克、布嚕特及回地諸路;察罕烏蘇築城,以綠旗兵一千名屯田,並駐防伊犂河北一路;固勒扎須築大城,凡駐劄大臣公署倉庫咸在,以為總匯。其馬兵於草青時分路巡查,霜降後各回汛地。擬於壬午年夏季派綠旗兵一千名辦理,令回人協助,一年內竣事。一、豫備屯田兵馬駝。現議增派綠旗屯田兵一千,必須馬匹。查烏嚕木齊所易哈薩克馬六百匹，尚不敷用，應將陸續市易之馬，令安泰等辦理千餘匹，及查明哈密、巴里坤有無馬匹應用。其行裝駝隻，查烏嚕木齊尚有七百，應揀選五百解送，即於伊犁牧放，從容往來轉運。得旨：軍機大臣議奏。尋議：伊犁屯田，原屬次第辦理，除現在回人三百名外，舒赫德又派回人五百名，於來春起程。其續派之二百名，仍令酌量，若能一起前往，甚善；如不能，則竟於秋收後發往。庶回人不致竭蹶，而伊犁糧石亦可節省。至本年所收糧石，既足官兵一千人之食，則來年增墾，可以類推。應如阿桂所奏，此項官兵於春秋二季，分起調往，其官兵額數，酌以四、五千名爲率；但必隨時出派，始不煩內地之力。應俟來年秋收後再行酌定。其駐防年限，照從前成議更換。又所奏，建置城邑，實爲邊防長久；不獨地當衝要，亦當相其形勢物產。查固勒扎地居曠野，薪炭無資，應於烏哈爾里克、察罕烏蘇、哈什、崆吉斯、伯勒齊爾等木植多處，或近山產煤之地，築城駐兵。仍令阿桂等再行勘定。其海努克、察罕烏蘇二城，俱應如所奏辦理。但另派綠旗兵一千築城，未免張大其事，且多浮費。應令屯田綠旗兵，於農隙次第興築，不必定以年限。又所奏，屯田馬駝。查所易哈薩克馬匹，現議陸續解送，烏嚕木齊有駝七百隻，即可選出五百，俾運送一千人屯田器具。至兵丁糧餉，春初照初次遣兵例，從阿克蘇辦給米麨羊隻，麥熟後，則但給以程途口糧。並請嗣後添駐官兵，總於烏嚕木齊、阿克蘇調撥。從之。（高宗六二一、一三）

（乾隆二五、一一、辛酉）又諭曰：阿桂等奏，本年屯田回人三百戶，所收穀石，接濟前後駐剳官兵及厄魯特回人二千餘口，可至來年五月；來年再增加開墾，則建置城堡、公署、兵房等事，亦可次第舉行，不必更需阿克蘇糧石，等語。今年伊犁屯田稍覺逾時，尚能如此豐收，皆阿桂等盡心辦理所致，著加恩從優議敘。協辦之伊柱、常亮，亦屬奮勉，著交部議敘；舒赫德，善於籌辦接濟糧餉，亦著一體交部議敘。阿桂等又奏稱，副前鋒章京富勒琿、都司陳聖謨，承辦稽查田穀、催督回人耕穫，亦屬黽勉，等語。著交部於應陞之處列名。其屯田回人三百名，亦應加恩。著各賞銀二兩，以示鼓勵。（高宗六二五、一一）

（乾隆二五、一一、甲子）諭軍機大臣等：書山奏伊犁屯田回人所需口糧，經阿奇木伯克鄂斯璊等辦理，從庫車、沙雅爾、賽哩木、拜四城共派出四萬八千七百餘觔，陸續送往等語。此項口糧，俱係各該伯克回人等捐助，急公可嘉，著舒赫德等酌量獎賞。（高宗六二五、一五）

（乾隆二六、三、乙卯）又諭：據納世通奏稱，派往伊犁屯田之多倫回人等，因玉古爾至穆素爾嶺，地多戈壁，牲隻疲乏，將籽種口糧，借供飼秣，旋准和其衷咨，已向阿克蘇回人通融辦解。今准阿桂咨，仍少籽種三十五石，暫將口糧內大麥抵補，再行辦送，等語。納世通初次辦理，殊未妥協。至多倫回人，係甫經招撫，安插庫爾勒，非各城回眾之馴服者可比。嗣後宜留心約束，固不當苦累，亦不得過於姑息。著傳諭知之。（高宗六三三、一）

（**乾隆二六、四、戊寅**）諭軍機大臣等：阿桂奏稱，葉爾羌、喀什噶爾、阿克蘇、烏什等城，有舊在伊犁耕種回人二、三千名。今聞開設屯田，願來效力者甚多；若添駐回人，即可裁減綠旗兵丁。但該伯克等，或以錢糧缺額為詞，惟停止協助之費。並照派出回人戶口，減其糧額，則眾皆樂從，等語。所奏甚是。伊犁再增回人千餘，生齒更覺繁盛，亦於伊犁生計有益。且裁減綠旗兵丁，既省內地之力，而回人田作，亦較勝綠旗兵。可將阿桂奏摺，錄寄舒赫德等閱看。定議具奏。（高宗六三四、一三）

（**乾隆二六、五、壬寅**）又諭曰：舒赫德奏稱，阿桂咨送奏稿，請派舊居伊犁回人一千戶，可減綠旗兵丁一千名。查從前所派回人，雖已陸續起程，尚未完畢，若再行增加，恐不無勉強從事者，轉啟新附人等猜疑。請飭各城阿奇木等，隨其所願，不必定以年限，等語。所奏甚是。昨據阿桂請添派回人，朕意伊等既願來伊犁屯田，自可省內地兵力，命舒赫德酌定。今按奏內情形，知回人等甫經安集，不盡情願遷移，阿桂亦未能深悉。著將奏派回人，停其前往。仍令該伯克等，查有願往屯田者，隨時遣發。其原派伊犁綠旗兵一千名，仍照舊辦理。（高宗六三六、七）

（**乾隆二六、八、丙子**）參贊大臣阿桂等奏：回人及官兵所種二麥收成，得二萬餘石，實屬豐收。得旨：欣慰覽之。（高宗六四二、二三）

（**乾隆二七、二、庚午**）葉爾羌阿奇木伯克等辦送回人一百三十戶，和闐伯克等辦送回人二十四戶，前往伊犁屯田，命賞如例。（高宗六五四、一〇）

（**乾隆二七、四、甲戌**）參贊大臣阿桂等奏：葉爾羌等城回人，續請移居伊犁者，二百十四戶，現交阿奇木伯克茂薩等安插。年力精壯者，給籽糧、牛具，令往屯田；老弱有疾者，暫交該伯克養贍；年幼者，俟其長成補屯田之缺。再，此項回人，若俱令在河北固勒扎等處屯田，亦尚可容，但不如兩岸俱有莊屯，於觀瞻既協，而接濟穆素爾嶺臺站，更為順便，因於霍濟格爾巴克、海努克兩處各編設一屯。報聞。（高宗六五八、一七）

（**乾隆二七、九、壬申**）參贊大臣阿桂等奏：伊犁屯田，用牛較馬為優，

請將官牧牛給回人，令其孳生，不准倒斃。得旨：如所請行。（高宗六七〇、二四）

（乾隆二八、八、壬子）又諭：據素誠奏稱，烏什派出伊犂屯田回人二百戶，其應給口糧牲隻，已向阿布都拉籌辦，來年二月可抵伊犂，等語。從前各城伯克頭目等，因協助屯田回人，俱加恩賞賚。此次派往伊犂回人頗衆，該伯克等，既照例協助，自應一體辦理，若每次必候旨遵行，頗覺繁瑣。著傳諭素誠，即照例分別賞給。仍通諭駐劄回部各大臣，嗣後有似此協助之舉，一面奏聞，一面賞給，不必仍前候旨。（高宗六九三、一二）

（乾隆二八、一一、己巳）伊犂將軍明瑞等奏：據阿奇木公茂薩回至伊犂呈稱，應派各城種地回人一千五百戶，派出阿克蘇二百七十戶，烏什二百戶，喀什噶爾三百戶，葉爾羌、和闐四百戶，賽哩木、拜一百三十戶，庫車、沙雅爾一百五十戶、哈喇沙爾、多倫五十戶，同員外郎挖穆齊圖按城分驗，俱年壯可効力之人，其家口册籍，並查覈收明。内匠役二十六戶，先行帶來製造器具，應照例給口糧。再，臣等准涼州將軍巴禄咨稱，涼州、莊浪兵三千二百名挈眷移駐伊犂，分作三年送往。此項官兵皆坐車輛，路途險易，務須豫爲酌定等因。臣查晶河至托和木圖臺站，尚可車行，惟呼蘇圖布拉克臺站中間，有一里不可行車。又自塔爾巴哈台伯勒齊爾臺站至闠勒奇阿璊，亦不可行車。臣等勸諭商賈，漸次修平，應再派官兵於中路崎嶇處加意平治，兵到時無卸車駄負之累。仍行知闢展、烏嚕木齊等處大臣。報聞。（高宗六九九、三）

（乾隆二九、四、庚子）伊犂將軍明瑞等奏：前臣等將遷來伊犂回人三千二十戶，交阿奇木公茂薩派往各處屯田，惟令於巴爾托輝築一小城，仍以伊犂河北固勒扎城爲總匯。因回人安插甫定，又事版築，是以姑緩籌畫。今據茂薩呈稱，詳詢回人，俱稱巴爾托輝地方泉甘土肥，情願出力築一大城，移往駐劄。臣等詳勘形勢，如回人所種之地，稍遷迤西，可空出摩垓圖、阿里瑪圖兩處水泉爲滿洲兵屯田之用，且伊犂、哈什二水之間，築一大城駐劄回衆，聲勢愈覺聯絡，於回人生計亦甚有益，嗣後即再添一、二千戶，亦自可容。請將伊犂河南海努克之二百戶、河北固勒扎一千九百戶內之八百戶仍駐劄，其河南和濟格爾之二百戶、河北固勒扎之一千一百戶、巴爾托輝之七百二十戶，並續派呼倫貝爾兵一百戶，共計二千一百二十戶，俱令駐劄巴爾托輝，於今年屯田之暇，先造住房，明年築城。報聞。（高宗七〇九、五）

（乾隆二九、四、丙午）諭軍機大臣等：額爾景額奏稱，明瑞等因派往伊犂屯田回人端索丕中途逃走，即將回人阿布都喇伊木補缺，以端索丕之妻配給，將端索丕發回葉爾羌，移咨前來。端索丕係私逃之人，今仍遣回葉爾羌，恐回人等相率效尤，不足示懲，請將端索丕賞給伊犂兵丁爲奴，等語。額爾景額所奏甚是。端索丕逃回本籍，一經拏獲，即應重加責處，或賞給兵丁，庶足以昭炯戒。乃遣歸故土，遂其本意，所辦殊出情理之外。著將端索丕發往伊犂給兵丁爲奴。如再有逃匿生事之處，即行正法。明瑞等辦理未協，著傳旨申飭。嗣後諸務，俱應加意妥辦。（高宗七○九、九）

（乾隆二九、六、壬辰）諭軍機大臣等：據明瑞等奏，現在涼州、莊浪、熱河移駐兵丁需用口糧，除所存餘糧及本年秋收雖可多得二、三萬石，僅足補數年不敷之數，未可邃以爲羨餘。請於此二年內攜眷兵未曾全到之時，於各回城再派回人二千名，赴伊犂屯田，等語。著照所請，即行知各回城駐劄大臣，酌量派往。惟擇其情願赴屯者，不必勉強。至從前所派回人，該伯克等捐助資送，此次所派，俱著官辦起程，毋庸協助。併傳諭明瑞等知之。（高宗七一二、一二）

（乾隆二九、八、癸巳）又諭曰：額爾景額等奏稱，由葉爾羌、和闐派往伊犂回人五百戶，原議官辦資裝起程，而阿奇木伯克鄂對等，再三懇請照舊捐助。已曉示鄂對等，將回人現有零星什物，准其協助，至衣服路費，仍由官給，等語。各城資送回人，朕惟恐稍有擾累，諭令概從官辦。今額爾景額等，既據回衆情詞，感恩圖報，即照所請，量行協助。其衣服路費自應動支帑項。至協助之回人等，著查明照例給賞，以示體卹。（高宗七一六、二○）

（乾隆三○、二、丁酉）伊犂將軍明瑞等奏：各城遷移屯田回人，共一千七百九十六戶，俱陸續到齊。所需口糧，除五月以前照原奏給發外，尚需一月口糧，交吐魯番公茂薩通融辦理。其回人等所帶牲隻，即爲屯田之用，不足，再爲撥補。又據庫爾勒哈子伯克阿瑚稟稱，現有多倫回人三十戶，願自備資斧移屯，伊犂地畝寬廣，應准其一體安插。報聞。（高宗七二九、七）

（乾隆三○、六、甲子）諭軍機大臣等：明瑞等奏稱，賴和木圖拉中箭殞命，賊衆仍另立伯克，等語。逆賊久抗大兵，罪深惡極，未得生擒寸磔，已屬倖免，而賊衆仍一心死守，情罪可惡。惟當遵節次諭旨，盡行勦殺，拆毀其城，不必多留官兵，酌派能事員弁一、二人，領兵屯田。聞該處所產硝磺甚多，應廣爲採取，運解各城備用。俱著於事竣後悉心商辦。（高宗七三九、四）

（乾隆三三、三、乙未）諭：據阿桂奏稱，伊犂駐兵衆多，需糧甚殷，若多移回人數百名，於屯田甚有裨益。因商之鄂對，據稱葉爾羌、和闐回人精壯，請揀選三百五十戶，照前次遣往烏什之例辦理，於冬間遣往伊犁，等語。鄂對近來實心奮勉，殊屬可嘉，著加恩賞大緞四疋。(高宗八〇六、九)

(乾隆五九、一一、戊戌) 又諭：據保寧奏，伊犁西南達爾達木圖、厄莫根多羅圖等處空閒地畝，每歲東作時，遣回人前往耕種，秋成後仍遣回新建營房居住，等語。回人耕種地畝，必須常川駐守，始爲有益。若耕種時遣往，收穫復行遣回，不惟往返跋陟，且究與布嚕特、哈薩克邊界較近，恐回衆既還，布嚕特、哈薩克等乘間搶擄，雖邊境設有卡座，究未能周。保寧摺內惟酌辦屯田，而未嘗籌畫及此。著傳諭保寧，可否將回衆就近移駐耕田處所及卡上如何設防或另設回卡之處，查明具奏。尋奏：回人耕作時，派伯克二，兵四十，前往駐防，收穫後離田五十里內築小土城，令其移駐，防兵裁徹，年來並無偷盜。報聞。(高宗一四六四、一七)

3. 遣犯屯田

(乾隆二四、一〇、丁酉) 諭軍機大臣等：前軍機大臣會同刑部定議，將減死遠遣之犯，改發巴里坤一帶地方安插。原因此等人犯，情罪本重，國家特推法外之仁，俾得屏居寬閒，力耕自給；而內地糧莠擴清，物力亦不虞坐耗。乃定法伊始，該犯等尚敢悍然藐法，中路潛逃，其罪更何可逭。已勅總督楊應琚、巡撫鐘音等令其即行按律正法示衆，以昭懲創。第念此等遣犯，俱由各省改發，一時狡計免脫，未必不仍回原處；若僅令陝甘兩省官吏嚴行捕治，仍屬未周。著傳諭各督撫等通飭所屬，實力訪查。如有竄回木地者，一經緝獲，即慎選員役，押解赴甘，令其酌量原犯重輕，分別處治，俾共知警惕。各督撫等，身爲大臣，於國計民生，所見當存遠大，務宜破除一切姑息目前之陋習，使定制可以永久。試思國家承平百有餘年，民生不見兵革，休養滋息，於古罕有倫比；而天地生財，祇有此數，生齒漸繁，則食貨漸貴，比歲民數穀數，奏牘瞭然。朕宵旰勤求，每懷堯舜猶病之歎。今幸邊陲式廓，萬有餘里，地利方興，以新闢之土疆，佐中原之耕鑿，而又化兇頑之敗類，爲務本之良民，所謂一舉而數善備焉者，孰大於是。倘復不知大體，惟以縱釋有罪爲仁，是終使良法不行，而奸徒漏網益衆，豈朕期望封疆大吏之至意乎。著於各該省奏事之便，將此詳悉傳諭知之。(高宗五九九、一三)

(乾隆二四、一〇、戊戌) 諭軍機大臣等：據楊應琚回奏緝捕改發巴里坤逸犯，將已獲者審明正法，未獲者催飭查拏一摺。現在定制伊始，正當執法嚴懲，不得以事屬軍逃，稍存姑息之見。試思此等人犯，原係死罪減等，僅從改發，已屬格外之仁。且以萬餘里新闢邊疆，散處安插，則內地淳俗，既不爲稂莠漸移，而食貨亦無虞坐耗；且令匪惡之徒，困心衡慮，惟以力田自給，日久化爲愿樸良民，豈非美事。乃當中途解送時，復敢冥頑不靈，藐法潛竄，其罪更何可逭。夫國家承平百有餘年，人生不見兵革，每歲戶口孳息，千古罕儔；民間穀債有增而無減，實由於此。朕焦勞宵旰，每懷堯舜猶病之憂。今得此番經畫區處，於直省生計既多裨益，即罪人並知改過自新，實爲一舉兩得。督撫身任封疆，所見務宜遠大。楊應琚在督撫中，尤能以公正自處，一切自當明體朕意。現在暫議停止改發，特爲甘省邇來歲事稍歉，是以隨宜酌量辦理，嗣後仍當遵循定例舉行。況田屯墾闢日增，即由巴里坤推廣至伊犂一帶，豈有容納無地之患。俟將來法制大定，伊等果能各勤生業，奉法安居，遇有一、二免脫之人，尚可量爲區別。其原犯本重者，固屬法無可寬；如原犯稍輕，即倣古人郊寄遂棘之條，遞移遠處；倘仍不知改悔，再行正法示衆。若此時令在必行，斷不得曲爲寬貸。蓋執法不撓，則遠罪者多，而規制可垂永久；奉行不力，則人思狎玩，而抒網愈繁。所謂非以愛之，適以害之也。該督奉到此旨，將現在已獲各犯，即如例處決：其失察疏縱之地方文武各員，一併參處，用昭炯戒。除一面勅知各省督撫通飭所屬，密躧嚴查，遇有逃回原處人犯，立即解赴甘省，按律辦理外，將此詳悉傳諭楊應琚知之。(高宗五九九、一七)

　　(**乾隆二七、一、丙辰**) 諭軍機大臣等：旌額理等奏稱，發往烏嚕木齊屯田遣犯等，請先給屯地十二畝，與兵丁一體計畝納糧。伊等亦有攜眷者，酌給地五畝，自行開墾。其未收穫以前，官爲養贍家口，等語。著照所請行。伊等俱係免死減等之犯，理宜嚴加管束。果能知罪守分，盡力耕作，尚可姑容；若生事脫逃，自當於本處正法。即尋常鬭毆等事，亦不可照內地之例辦理。著即傳諭知之。(高宗六五三、七)

　　(**乾隆三一、四、庚申**) 軍機大臣等議奏：據雅爾辦事大臣阿桂奏，請將各遣犯攜眷者，盡改發烏嚕木齊屯田等語。烏嚕木齊地土肥美，招募民人，一時難以足數，且起程一切需費亦繁，不如將應遣人犯悉令攜眷遣發該處，其能改過者，擬定年限，給與地畝，准入民籍，不費帑項。地方漸至富庶，日久即可編成衛所。查例載發遣應攜眷屬者，准給官車口糧，不應攜眷而自願攜眷者不給。但烏嚕木齊地屬邊陲極遠，該犯有例不攜眷而情願攜眷，若非官爲料理，勢必無力攜往，請照阿桂所奏，不分例應攜眷與否，凡攜眷者，一併給與口糧車輛。至募民遣往之處，仍宜照舊以一千五百戶爲一所，三千戶爲一衛，令地方官管轄。又據稱，現在烏嚕木齊遣犯未曾攜眷者，皆以該處地廣田腴，易圖生理，自悔未曾攜眷。請令烏嚕木齊大臣等，曉諭伊等有情願在彼入籍者，即行文該省督撫，將伊等家眷，照送遣犯例，辦給口糧車輛送往。從之。（高宗七五九、八）

（**乾隆三一、六、乙巳**）署陝甘總督、刑部尚書舒赫德奏：現在發往新疆人犯，自各省解甘，由總督衙門查各省來文，或載伊犁、或載烏嚕木齊字樣，分別給牌解往。又有文載伊犁、烏嚕木齊等處者，即按文內所開地方，如伊犁在前即解伊犁，烏嚕木齊在前，即解烏嚕木齊，並未定有均撥成例。查伊犁地廣田多、屯墾耕作，在在需人，似較烏嚕木齊尤當多撥，請嗣後將遣犯解甘者，除來文指定地方仍照指定地方解往外，其擬發烏嚕木齊、伊犁等處者，由總督衙門以伊犁三人、烏嚕木齊一人週流派撥。得旨：允行。（高宗七六二、五）

（**乾隆三一、一二**）［是月，陝甘總督吳達善］又奏：巴里坤屯田，現派兵五百名、遣犯二百五十名合力耕作，每名額地二十二畝，共種地一萬六千五百畝。現在種植有效，宜廣爲添墾。查沙州等營分發遣犯內，其年力精壯者，可得一百五十名，請就近撥赴巴里坤，隨兵耕作。所需籽種、口糧、農具、牲畜等項，悉照現在該屯遣犯之例，一體辦給。得旨：好。如所議行。（高宗七七五、二七）

（**乾隆三二、四、乙巳**）更定停發新疆遣犯例。軍機大臣等議奏：伊犁、烏嚕木齊等處，前因新置屯田需人耕牧，是以於內地軍流人犯內，酌其情節較重者，奏准改發。定例以來，每年各省改發不下六、七百名，積而愈多。此等遣犯，多係頑梗性成，約束非易。臣等遵旨於舊定應發各款，酌按情節，其非積兇、尚易約束仍照例遣發者六條；其積匪猾賊及回人行竊等犯、應將向例停止發遣者十六條。請飭部分別行文各直省，凡未結及已結未解案犯，俱遵照新例辦理。從之。（高宗七八二、一九）

（**乾隆三二、閏七、辛酉**）軍機大臣等議准：烏嚕木齊辦事大臣溫福等奏稱，烏嚕木齊各項人犯，准其年滿爲民一案，臣等當即委安西提標城守營把總邵昌易前赴該屯管理。此等爲民之人，將來日漸增多，必須立法稽查，照內地戶民之例，編立保甲，即於各戶內，選擇勤慎練達之人充當，凡遇戶民一切事件，隨時呈報該把總查辦。但把總既令管民，應刊給管理昌吉頭屯戶民事務把總字樣條記。一切鬥毆細事責令把總就近稽查。遇有命盜重大情事，即照佐雜例，令把總呈報該管同知訊詳。再此等人犯，既已准其爲民，倘爲民之後，頓思故土，或攜眷潛逃，或隻身遠遁，自應嚴拏務獲。其承緝督緝各官，亦應照軍流人犯脫逃之例辦理。請以把總爲專管，同知爲兼轄，道員爲總轄。照例一百日限内拏獲，逾限不獲，即照例分別參處。至現今已准爲民之人，本年撥給地畝，明年即應升科。若令均赴迪化倉完納，往返一百餘里，輓運維艱。應照烏嚕木齊建蓋倉廒之例，無須動項，於本年農隙時，派人在昌吉附近砍取木植，即在頭屯蓋造倉廒，責成專管之把總經理，該同知不時查察。得旨：允行。(高宗七九一、一三)

(乾隆三三、一一、戊申) 又諭：伊犁等處種地兵，收穫糧石已至分數，俱經加恩將官員兵丁議敘賞賚。其烏嚕木齊民人遣犯等，雖非屯田可比，如果竭力耕作收糧至分數者，自應於多收糧石內，酌加賞給。該管官員亦應一體議敘。著温福等即行查奏，請旨辦理。嗣後新疆各處種地民人遣犯收糧，如至分數，俱照此例行。(高宗八二三、一二)

(乾隆三五、一、甲辰) 軍機大臣等議覆：署烏嚕木齊提督巴彥弼等奏稱，烏嚕木齊有眷遣犯，經奏准，酌定年限，編入民籍。仍有年滿無眷之犯數百名，能悔過安分當差者，或因無力娶妻，遂無復作良民之望。應如所請，凡有過及耕作懶惰者，雖有眷屬，不准爲民；實在悔過遷善，盡心屯種，照前定年限，與有眷者一體爲民；或匪念復萌，或乘間脫逃，交該處辦事大臣查辦懲治。爲民後，先儘烏嚕木齊安插，如不敷，即押赴瑪納斯，以官兵所遺屯地撥給。其退出官兵地，調柳樹溝、雙岔河二屯兵耕種納糧。二屯兵所遺地，另募耕種。從之。(高宗八五一、五)

(乾隆四一、九)[是月] 陝甘總督勒爾謹奏：巴里坤屯田遣犯，原額三百五十名，今有年久安靜、照例編入民籍者十四名，除將不種地遣犯四名補入，尚少十名。請於發遣烏嚕木齊人犯經過巴里坤時，照數截留撥補。嗣後照此辦理。報聞。(高宗一〇一七、二〇)

(乾隆四八、一二、壬午) 刑部議覆：伊犁將軍伊勒圖奏稱，伊犁遣犯積有三千數百餘名，類多頑梗不安本分之徒，最易滋事，將來日積日多，必致遣犯多於防兵，似非慎重邊防之意。請將擬發新疆二十二條内，除情節尚非兇惡棍徒，易於約束者六條仍照例發往，其積匪猾賊、竊盜拒捕等犯，酌量改發内地。應如所請。從之。(高宗一一九五、一四)

(乾隆五〇、八、庚子) 陝甘總督福康安、伊犁將軍奎林奏：巴里坤在屯種地遣犯歲得口糧，不敷生計，請於月支麪三十觔外，增給十觔，並歲給鞋腳等銀。其在工馬牛，每年每百例准倒八匹，嗣後馬每百准倒十五匹，牛每百准倒十二隻。下軍機大臣議行。(高宗一二三七、二〇)

(乾隆五五、一一、辛丑) 諭曰：伊犁屯田，每名收穫細糧九石零之花五等二十七名人犯，著每日各加賞麵半觔。該管官員及收穫十八石以上之綠營兵丁，各賞給一個月鹽菜銀兩。收穫二十八石以上之官員，著交部加倍議敘，兵丁等著各賞給兩個月鹽菜銀兩。總兵德光，著一併交部議敘。（高宗一三六七、二〇）

（乾隆五七、一〇、丁卯） 又諭：向來哈密地方所屬屯田，俱於發往伊犁、烏嚕木齊兩處遣犯內，截留種地，年滿後，再行分別送往原定配所爲民及當差爲奴。但該遣犯等原犯情罪輕重不同，若不定以區別，則情罪較重之犯，俱可就近截留，一經種地年滿，即可僥倖安插爲民，未免啓避重就輕之弊，不足以示懲儆。除此次塔琦等所奏各犯，查係照例辦理，如所請行外，嗣後該處應留種地遣犯，如原犯情罪本輕者，方准截留；其情罪較重者，概不得截留，以歸覈實，而杜弊混。（高宗一四一四、五）

（嘉慶一、一二、丁丑） 哈密辦事大臣僧保住疏稱：哈密所管塔爾納沁、蔡巴什湖兩屯種地遣犯，如有缺額，例於發往伊犁、烏嚕木齊遣犯內，擇其情輕年壯者，截留補額；情罪重者，不准。但近年發遣新疆，情輕者甚少，不敷耕作。請於情重人犯內，擇年力精壯，暫行截留，俟續到有情輕者，再更替發往原配，照原擬罪名辦理。下軍機大臣等議，除洋盜案內被脅服役、發往回疆爲奴者，仍不准截留外，餘如所請。從之。（仁宗一二、四）

（嘉慶九、七、甲寅） 諭內閣：松筠奏，伊犁採鍊銅鉛廠夫口食，總須哈什河南屯田收穫小麥二千石，方足一年之需。該屯向係派撥遣犯數十名前往耕種，不但不習耕作，致所收麥石不敷，且因毗連額魯特游牧，每多偷盜，於屯種有名無實，莫若撥給伊犁種地回子六千戶，俾應納官糧，盈餘即可養贍家口等語。著照所請，將哈什河南遣屯地畝，改撥伊犁種地之六千回戶耕種。仍將本年回子借種額魯特之地，一併撥給。其春稽地方有田二千餘畝，亦准回子耕種，每年交納小麥二千石，以供銅鉛廠夫口食。所有撥往種地之遣犯數十名，即著徹回歸廠當差。（仁宗一三二、二二）

（五）四川

（乾隆一三、二） ［是月］川陝總督張廣泗奏覆金川善後事宜。查大金川介衆土司之中，若照滇黔改土歸流，非多增兵不可；若仿古州招集漢民，安設屯衛，其地並無尺寸水田，所種青稞菽豆，僅供番民餬口。且山高溝深，陡嶺斜坡，漢民亦斷不能承種。所以請設喇嘛化導，及招內地番民領種此地。查賊衆不過五、六千戶，而人多貧窘，因地狹故。若招集內地番民，寬授以地，大約可供三千戶。逆酋歲收屬番田賦頗重，若令內地番種，量減其則，以供喇嘛香火，諒必有餘。查川西汶川、保縣一帶所屬番民，衣食性情無異，兼有勇於戰鬥者。若選精壯無田土者，分授以地；仿古州屯衛之意，設立屯長，約束訓練，必感激踴躍。較之招集漢民，風土相習，強弱迥異；校之現在所調土兵，其心之向背又各不同。此番屯勝於漢屯也。……得旨：候旨行。（高宗三〇九、四五）

（**乾隆三八、閏三、丙戌**）四川總督劉秉恬奏：屯兵一項，與各土司土兵不同。緣乾隆十七年，土司蒼旺不法，經前任總督策楞、提督岳鍾琪誅滅，於番衆內挑選精壯三千名，作爲屯兵，平時任其力田傭工，歲納雜糧六百餘石，並不支給糧餉，遇有徵調，最爲勇往。此次進勦金川，於額設三千外，已多派二百餘名，此內陣亡病故者，共有一千餘名。伊等改土歸流，自知本係番人，不敢與官兵相埒，衝鋒打仗、爬越山嶺，不讓土兵，而又不屑與土兵爲伍。歷來攻得碉卡，屯兵之力頗多。諭軍機大臣等：劉秉恬奏屯兵原委，看來竟爲軍營得力之人，各路將軍等自應另加愛惜。遇有奮勇者，隨時獎慰，如實有出衆功績，並當奏聞賞錄，以示鼓勵。（高宗九三一、一八）

（**乾隆四〇、八、癸卯**）諭軍機大臣等：……［大小金川］將來經久恒規，自當以屯田爲妥。兩金川地面，可耕之土甚多，而綠營兵衆，屯種又其所習。今新疆各處耕屯俱已收實效，阿桂向爲伊犁將軍，屯政乃所深悉，將來金川營務，自當酌仿而行。（高宗九八九、二三）

（**乾隆四一、一、丁丑**）命安插新降番衆。諭軍機大臣等：據明亮等奏，河西賊境全已蕩平，……覽奏均爲欣慰，已於摺內批示。……至各處降番，若移於他處編管，未免人多費事。伊等俱係嫻於耕作之人，兩金川又有可耕之地，現在凱旋後，兩金川地方立汛安營，添設提督總兵等官，足資彈壓。其應辦善後事宜內，原有隨處耕屯之議，莫若即用此等降番，就所在墾耕安業，盡力農功，各有將弁管束，久之亦可消其桀驁不馴之氣，而令其交糧，亦省川省運糧之勞。惟是編立營屯，必須安設頭目，當於隨營攻勦之他處土兵內，擇其出力者充當，既足以示獎勸，又令他處之人管理，更不慮其故智復萌。至此等降番餓乏已久，既欲令其耕種，自難以枵腹從事。著將軍等量爲賞給籽種口糧，俾口食有資，自更安心盡力。將軍等宜及此時早爲籌辦。將此由六百里加緊諭令知之。（高宗一〇〇〇、一二）

（**乾隆四一、三、癸未**）軍機大臣議覆：定西將軍協辦大學士尚書公阿桂等奏稱，……查儹拉地方就地屯田事宜，除美諾、底木達、布朗郭宗、大板昭及南路僧格宗、翁古爾壟、約咱、章谷等處，前議令所駐官兵授地墾種外，其改土爲屯之別斯滿一帶，應令雜穀腦屯弁阿忠保居住管理。其汗牛一處，於三十七年投降時，令明正頭人權爲管理，亦應派屯弁管束，改作屯兵。其帛噶爾角克及薩納木雅地方，本係侍衛木塔爾所管，即令管理此一帶降番屯種。其宅壟頭人安本，投順後久在南路出力，即令其管理宅壟屯墾，其所管降番，均照屯兵辦理。至促浸地方，除官兵耕種外，查有日爾底頭人丹比西拉布、章雜寨頭人得洛思達拉上年投誠，屢在前敵打仗，又達爾卓克寨頭人色木里雍中，率六寨番民同時投順，官兵因得直抵噶喇依。其在北路投降頭人霍爾甲等，打仗亦爲奮勉。此等所有家屬番衆，擬分安於促浸河東、河西，與官兵錯居，並一體酌給籽種牛具，俾及時種藝。再，降番多者三、四十户，少者不過一、二十户，日久無虞反側。此屯墾之初，仰懇免其租賦，俟三年後，照屯練納糧例交官，以佐兵儲。應如所議，交成都將軍揀派應放土弁及管理屯弁，照阿桂議定章程妥辦。從之。（高宗一〇〇四、三五）

（乾隆四一、三、丙戌）軍機大臣議覆：定西將軍協辦大學士尚書公阿桂等奏，會商兩金川設鎮安屯善後事宜。一、明正、木坪等土司，現令於本年冬季進京，統俟各土司入覲後，再照回疆例，定以年班。應令將軍明亮等妥爲酌派，以均體恤。一、原議將軍駐劄雅州，但將軍、總督兩地相懸，遇緊要番情，不獲立時商榷；並勘明雅州城地勢偏仄，滿兵難於挈眷，宜令將軍仍駐成都。一、原議提督移駐美諾，查美諾仍在各土司境地東界，其距夔州、川北、永寧均已窵遠，於專轄内地綠營事宜，多所未便。綠營兵散布居處，與滿營不同，應於雅州拓城建房，令提督移駐。即交桂林籌辦。一、泰寧協副將移駐打箭鑪，改阜和協，兵額照舊，分協標左右兩營；阜和營遊擊移駐花林坪，改泰寧營，兵額亦仍原數。一、原議增添滿兵一千，今將軍、副都統既同駐省城，兵額祇應仍舊。一、促浸共安兵三千名，於勒烏圍設總兵一、遊擊一、都司二、守備二，駐兵一千；噶喇依設副將一、都司二，駐兵七百；噶爾丹寺設遊擊一、守備一，駐兵三百；茹寨設參將一、守備一，駐兵四百；馬爾邦設遊擊一、守備一，駐兵三百；曾達設守備一，駐兵三百。儹拉共安兵三千名，於美諾設總兵一、遊擊一、都司二、守備三，駐兵一千；底木達設都司一，駐兵五百；大板昭設守備一，駐兵三百；僧格宗設參將一、守備一，駐兵五百；翁古爾壟設守備一，駐兵三百；約咱設都司一，駐兵三百；明正、章谷原設防兵，添足一百名，酌派千把一員駐防。應設小汛塘遞，均各於所安兵内撥設。至儹拉、促浸地土瘠薄，今授田伊始，應將兵三人給地畝一分，令兩人當差，一人耕種。建昌、松潘、維州等處兵，願挈眷來居者，官爲咨送；初至給鹽菜口糧，俟墾種已成，停止。再有餘地，於雜谷腦五寨屯兵内移駐，並於維州、保縣來營貿易番人内招墾，其家眷照例給貲遷徙。兵缺出，即於番人内募補，並一體酌給牛具籽種。再，番地房屋不能經久，應令分建碉寨居住。鹽茶布棉等項，每年官爲辦運，定價銷售。其屯種收糧等事，於同知佐雜内，派委分駐經理，三人更換；實心奮勉者，奏升。現在邊外各土司，係松茂、建昌道所屬，應即令該二員赴口外經理。一、應設官兵每年所需鹽菜銀，應照原議，於江浙等省酌裁名糧，以符其數，俟番民樂業後，再行酌減。均如所奏。諭曰：軍機大臣覆覆阿桂等議奏兩金川善後事宜摺内，所有番境應設綠營兵六千五百名，歲需屯墾鹽菜銀七、八萬兩，請於江蘇、安徽、浙江、江西、湖北、山東、河南、山西等腹内省分，酌減名糧抵補一款，尚未妥協。朕平定兩金川，不惜七千餘萬帑金，原爲綏靖邊圉、一勞永逸之計，何靳此七、八萬鹽菜之需；況江浙等省營分，雖居腹地，亦有差操防汛之事，若酌減名糧，於各該省兵丁生計，殊屬有礙，自可無庸裁減。所有川省歲需屯兵鹽菜之費，著該督文綬即於正項内動支。至番地初定，新設營汛，全資將軍控馭彈壓，自應令將軍每年至兩金川新設營分巡查兩次，副都統亦當每年巡查一次。將所有滿兵輪派隨往，庶駐防兵丁，嘗得演習勤勞，即綠營官兵，亦知所觀法。餘依議。（高宗一〇〇四、四六）

（乾隆四一、九、辛未）四川成都將軍明亮等奏：番地籽種，先經採買四十餘石，不敷散給，飭茂州、保縣於存倉内撥五百石，解往噶喇依、底木達等處，於内地採辦麥一千石，解赴美諾、勒烏圍等處。至牛隻，先經採買五百餘頭，隨飭於松潘所屬番地採買一千六百頭，内地附近各屬採買四百頭，陸續解往。各項農具，軍營存貯生鐵多，熟鐵少，除内地製解外，雇鐵匠十名赴屯打造。再，小金川納木覺爾宗一帶，土鹽味苦，内地兵夫不能食，現酌令兵丁遇換班等便，准其帶鹽前往接濟。報聞。（高宗一〇一六、五）

（乾隆四二、一、戊子）署成都將軍副都統舒常等奏：種地降番，上年賞給籽種口糧，奏明在案。茲查各番户收穫雜糧，或收石餘，或僅數斗。緣番境久荒，耕屯伊始，未能一律收成。所穫有限，又須留來年籽種，若將口糧概行停支，窮番口食無資，請將不敷口食之户分別酌借口糧，以資耕作，俟春收，准其以麥抵還。報聞。（高宗一〇二五、一三）

（乾隆四三、三）［是月］四川總督文綬、提督明亮奏：兩金川辦理屯務，應撥雜穀兵户赴屯墾種。其素有產業者，不免安土重遷，今查願往兵共一百五十户，計男婦大小三百六十五名。現擬分地安插，如小金川之大板昭、丹札寨，各五十户；金川之卡卡角、沈角溝，各二十户；卡爾金十户。責成分駐員弁管轄，並給口糧籽種牛具如例。報聞。（高宗一〇五三、二二）

(乾隆四四、一、丙申) 户部議准：成都將軍特成額奏，兩金川新收屯糧，請照打箭鑪至西藏一路臺站貯糧例，存倉及支放兵糧，每石准銷耗米五合，撥運別屯，每石准銷盤折一升。並令逐年册報部覈。從之。(高宗一〇七四、一五)

　　(乾隆四四、五)〔是月〕成都將軍特成額、四川總督文綬、提督明亮奏：兩金川屯務，前經奏明，酌存綠營兵四千名，並撥留屯練二百名，給地耕種。茲各屯透雨霑足，督飭各兵勤力耘耔；所有撥留種地屯練及調赴各屯之攜眷屯兵，及各降番民户，俱相率力作，以冀有秋。至屯練一項，原留差防兵五百名，除奏明撥出種地兵二百名外，尚餘三百名。今查各屯，既有種地屯練二百名，又有調往挈眷屯練一百五十户，共計五百餘人，且自裁減官兵後，又已半載，番地寧謐，差防無誤，前項單身屯練三百名，應一併徹回，以節糜費。得旨：欣慰覽之。(高宗一〇八三、二三)

　　(乾隆四四、一一、乙未) 軍機大臣議覆：四川成都將軍特成額等奏，再籌新疆駐兵事宜。一、新疆舊駐兵四千名，屯田四載，邊境安恬。請徹回一千名，餘兵於儻拉分設二營。……一、屯防兵，查按内地各營情形，均勻攤減，汛廣差繁者，減半覈裁。口外跂步皆山，馬不得力，應定爲馬　步九，足資差操。裁兵之餉，解新疆供支馬乾，省補經費。雜穀屯練二百名，除八户願留屯外，餘各有原籍產業，併徹。一、屯防兵，應令長駐，以省換班各費。以二兵合種地一分，自耕自食，免其交官，所有例給口糧，明歲秋收可停。其額餉内米折一項，照阜和協兵十兩八錢例給，鎮、將、備、弁鹽糧，與兵丁一體停支。惟文官員役、喇嘛人等，每歲需口糧千石，現在倉貯尚充，屯練降番所餘地畝，廣招屯種，陸續升科，足資接濟。一、新疆西路，由桃關出口，自大邑坪至巴朗拉共十五塘，係瓦寺土司境，無田可種，不便與長駐兵一例辦理。請撥松潘鎮維州協所屬各營兵安設。其南路自打箭鑪以外之三道橋，至章谷共十五塘，係明正土司境，請撥阜和協兵安設，應得鹽糧及換班分例仍舊。均應如所請。再，今冬正屆換班期，飭於現駐兵内，將願攜眷及單身願留者留駐，其内地應撥一千名，亦儘願攜眷及單身長駐兵撥往；如不敷，隨時募補，抽換足額。從之。(高宗一〇九四、一三)

　　(乾隆四九、一、壬寅) 成都將軍特成額、四川總督李世傑奏：新疆種地降番，數年來丁口漸增，飭委道員挨查，較初編户口原數實多一千一百六十餘名口；其中因叔姪兄弟親戚應分户者，計四百一十一户。今屆升科年分，人數滋多，以一户之糧供數家之食，自屬不敷。查山頭地角儘可墾耕，自應一律均分，請將應分各户每户再撥給地三十畝，賞給籽種二石，存屯空

倉房一間，不必折與銀兩，仍令自備牛具開墾，限年升科。得旨：好。依議行。（高宗一一九七、一）

（**乾隆五二、一〇**）［是月］四川總督保寧奏：定例種地民番每户撥給地三十畝，今新疆屯戶生齒日繁，請增撥地畝承墾，較之招募新戶事半功倍，仍照例升科。得旨：嘉獎。（高宗一二九一、四五）

（**乾隆五七、一二、庚午**）諭曰：福康安等奏，降番等平日耕種荒地，自食其力，因金川處處皆山，地土磽瘠，而地方官限定額數太少，並另招內地民人占墾，以致番民日食，每患不敷等語。金川屯番，遇有勦捕之事，屢經檄調，最爲出力。該處地畝，在在皆山，土地磽瘠，自應儘番民等墾種自食其力，俾生計有資。乃從前地方官限定額數既屬太少，而轉另招內地民人占墾，以致番民口食不敷。此係向來四川總督辦理錯謬，而歷任總督不加查察，遂仍其舊，實爲非是。姑念事經已往，且歷任總督人數衆多，從寬免其查究。惠齡現任總督，此奏即伊會銜，所有從前辦理錯誤之處，伊自深悉底裏，此項番地，即著惠齡於回任後，詳晰確查開墾地畝，酌定章程，按照撥給降番。嗣後不許地方官吏藉端擾累，遇有征調出兵之家，即應酌量免差，俟一、二年後，該降番等地畝較多，差徭又少，庶生計漸裕，元氣可復。惠齡務須妥爲經理，永除積弊，以副朕體恤屯番至意。（高宗一四一八、五）

（**乾隆五九、八、辛巳**）又諭曰：福康安奏酌給五寨屯練餘丁錢糧，於本省茶息閒款動支，並委員丈出兩金川閒空地畝，增給降番等因一摺。維州協所屬雜榖、乾堡等五寨屯練兵丁，自金川、蘭州、石峰堡、臺灣等處屢次調派，無不奮勉爭先。前年調赴廓爾喀軍營，往回萬數千里，登難涉險，尤爲分外出力。邊番素習勞苦，生計維艱，自應量加恩賚，著照福康安所請，將五寨餘丁一千五百名，每名每年照正額餉銀六兩之例，減半賞給銀三兩，即於川省茶息款項內動支，俾資衣食。至金川降番等，歷次調派，亦屬勇往出力，除該處正項地畝已經開墾外，其餘荒山瘠地，亦著照所請，准令該降番等，於附近處所，自行量加分段耕種，無庸交納錢糧，以示朕惠愛番民恩施格外至意。（高宗一四五九、四三）

（六）貴州

（**乾隆一、一一、辛亥**）諭總理事務王大臣：昨據貴州總督張廣泗陳奏苗疆善後事宜三條，朕已降旨交總理事務王大臣、議政大臣會同該部妥議。今朕思張廣泗所奏第一條請於新疆內地添設官兵駐劄彈壓，自應照所請行。但所添兵丁計一千三百餘名，以之分布各處，朕意似稍覺不敷。現在安設營汛,是否足敷巡防之用。目前斷不可以節省錢糧而爲遷就之舉。其第二條請設立郡縣,在目前似可不必,或因地方遼闊,所有同知通判等官難於統轄,酌設道員彈壓巡查,似尚可行。至第三條内奏請將内地新疆逆苗絶户田産酌量安插漢民領種,朕思苗性反覆靡常,經此番兵威大創之後,雖畏懼懾伏,而數十年後豈能豫料。若於新疆各處,將所有逆産招集漢民耕種,萬一苗人滋事蠢動,則是以内地之民人因耕種苗地而受其荼毒,朕心深爲不忍。此必不可行者。朕意逆苗因罪入官之地,自無復賞給逆苗之理,與其招集漢人,不若添設屯軍,即令兵丁耕種,俾無事則盡力南畝,萬一有警,就近即可抵禦。且收穫糧石又可少佐兵食,以省内地之輓運,較屬有益。其安設屯軍,於額設汛防兵丁之外,就地畝之多寡酌量添設,或專令屯種,或令與汛防兵丁更番屯種,則苗疆駐劄之兵數較多,而兵氣自奮,且省添兵之費。朕意如此,可先行寄信張廣泗知之。苗疆善後事宜關係重大,極宜詳慎籌畫,俾可永遠遵行。張廣泗切不可因從前原欲郡縣其地,目今仗此兵威遂欲迴護前議也。總之苗疆之事可省而不可繁,可拒却而不可招來,即今之添兵設防,亦不過因已經如此辦理,於國家顔面有關,難於全徹耳。尚須妥協計議,使地方永遠寧謐。(高宗三一、三)

（**乾隆二、七、丁亥**）又諭:據協辦吏部尚書事務顧琮條奏,貴州於深山邃谷招募屯田,盡奪生苗衣食之地,目今殘敗之餘,潛居巖穴,覓食維艱,待至秋成,必聚衆併命爲變,殘殺擄掠,不可不豫籌也。請勅下督臣,深思長慮,庶幾有備無患,等語。貴州情形,顧琮尚未熟悉,且張廣泗在彼,一切防範事宜自應籌畫妥協,但未雨綢繆,當無事之時而爲有事之備,乃封疆大臣之責。顧琮既有此奏,可寄信與張廣泗,令其留意。(高宗四六、二)

（**乾隆二、八**）[是月]貴州總督張廣泗奏:遵旨籌畫苗疆,業將叛苗絶户田産安設屯軍,並查餘苗現種之田,凡攙入絶田内者,令指明垞段,撥歸屯軍,另查閒田給還苗人。其有應遷移者,均飭令承辦官量給銀米,以資其費。前計算絶田約可安屯軍五、六千户,現據各具報清江可安屯軍二千六百餘户、古州三保可安一千一百餘户、八寨可安八百餘户、丹江可安九百餘户,其餘尚有古州山苗一帶暨臺拱、凱里、黄平、施秉、勝秉、清平等處,約計可安五、六千户。此皆清出叛苗絶産分布安屯。其應設屯堡一百餘處,亦皆形勢扼要。若去營汛稍遠,不宜安屯者,皆撥還苗人,並賞無業窮苗。並未嘗如尚書顧琮所奏,於深山邃谷招募屯田,盡奪生苗衣食之地也。現細察苗人,無不悔過自新,及時耕作,前經奏請添兵三千餘名,今查出田畝,又可安屯軍一萬餘戶，分布險要，於經久之計已屬萬全。得旨，苗疆經此一番料理，自必有數十年之安靜無事，然經久之計不可不圖，而用人之際，尤所當慎，不然法雖良而無人善爲經理，所謂徒法不能以自行也。（高宗四九、一八）

（**乾隆二、閏九、丁卯**）停貴州古州苗田屯軍。諭總理事務王大臣：貴州總督張廣泗奏稱，內地新疆逆苗絕產，請酌量安插漢民領種。彼時朕降諭旨，以苗性反覆靡常，若新疆招集漢民耕種，萬一苗人滋事蠢動，是內地之民人因耕種苗地而受其荼毒，此必不可行者。不得已而思及屯軍。乃指相近內地之處而言也。隨經王大臣議交張廣泗再行詳議具奏。復據張廣泗奏稱，逆苗絕戶叛產，俱命自行首舉。苗人等爭先首報，一無抗違，且歡忻踴躍，毫無疑忌。但此等叛產安設屯軍，以資分佈防維，必須接聯營汛以及糧運商旅經由水陸通衢處所。而叛苗絕產與餘苗現種田畝，多有攙雜，應將現戶之田，凡有攙入絕田內者，令其指明若干坵段，歸併屯內，即以絕田之在旁列不宜安屯之處，令該苗自行相度，按數撥還，寧使有餘，毋令不足，等語。又經王大臣議，照所請辦理在案。今尹繼善來京陛見，朕詢及苗疆事務，伊一一陳奏，大略以逆苗產業分佈屯軍之舉，尚未妥協。朕再四思維，數年以來，經理苗疆，原期寧輯地方，化導頑梗，並非利其一絲一粟。是以彼地應輸之正供，朕皆仰體皇考聖心永行革除，不使有輸將之累，豈肯收其田畝，以給內地之民人乎。從前屯田之意，原因該督等奏係無主之絕產，故有此議。今看來此等苗田，未盡係無主之產，或經理之人以爲逆苗，罪在當誅，今既宥其身命，即收其田產，亦法所宜然，故如此辦理。殊不知苗眾自有之業，一旦歸官，伊等目前雖慴於兵威，勉強遵奉，而非出於本心之願，安能保其久遠寧帖耶。至於撥換之舉，在田地有肥瘠之不同，而畝數又有多寡之各異，豈能銖兩悉合，饜服其心，使苗眾無絲毫較論之念乎。總之頑苗叛逆之罪，本屬重大，國家既施寬大之恩，待以不死，予以安全，而此區區之產業，反必欲收之於官，則輕重失宜，大非皇考與朕經理苗疆之本意矣。料此時張廣泗正在辦理屯軍之事，可速將朕旨馳寄，令其即行停止。查辦之官，應徹出者，即行徹出；其絕產實有幾何，如何佈置之處，必熟籌萬妥，請旨施行，不可固執前見。張廣泗，向有郡縣其地之請，今屯軍如此經營，伊意中尚不能不瞻顧前說也。（高宗五二、一四）

（**乾隆二、閏九、丁卯**）又諭古州等處苗人等：爾等苗眾，向來未歸王化，素性兇頑，每多自相仇殺，視人命如草菅，且時時出擾內地，戕害居民，劫奪行旅，爲黔楚數省之患久矣。後據該省督撫奏稱，爾等有向化之忱，是以我皇考世宗憲皇帝，天地爲心，不忍棄置骿幪之外，諭令督撫經理，收入版圖，使得均霑惠澤，共享昇平之福。乃爾等性多反覆，又復反叛，干犯城池，荼毒百姓。繩以國法，罪在必誅。朕又念叛亂必有爲首之人，特諭經略等分別勦撫，殲厥渠魁，脅從罔治，俾爾等得保首領，全其家室。又念從前所定糧額，雖至輕微，而官吏徵收不無擾累，特命將維正之供盡行革除。又以苗地風俗與内地百姓迥別，諭令苗衆一切自相争訟之事，俱照苗例完結，不治以官法。則所以加恩爾等者，可謂至矣。前者内外大臣等，請將苗地收爲郡縣，朕不允行。今督臣又奏稱，逆苗絶户叛產，令自行首出，分給屯軍。其中叛苗絶產，與餘苗現種田畝，彼此多有攙雜，應將現户之田攙入絶田内者，查明坵段，歸併屯内，即以絶田之在旁列者，按數撥還，衆苗無不懽欣樂從，等語。朕思此等田畝，未必盡係無主之產，不忍以爾等自有之業强令歸官。且撥換之舉，恐有以瘠易肥，以少易多之弊。況爾等叛逆之罪，最爲重大，國家既施浩蕩之恩，概行寬宥，予以安全，又豈肯將此區區之田產收之於官，致有虧爾等之故業乎。用是特頒諭旨，令經理大臣停止屯軍之事，另行熟籌萬妥，以乂安爾等苗衆。爾等受此重恩，當各思悔過遷善，安分守法，永爲天朝良民，以長享太平之福澤。爾等具有人心，其敬聽朕旨，無負諄諄訓諭之至意。（高宗五二、一七）

（乾隆三、四）[是月，兩廣總督鄂彌達]又奏：新闢苗疆，議設屯軍，將已故逆苗田產悉行歸官，如該苗曾與官兵對敵，即令屯丁召墾。現在殺虜之餘，苗民稀少，猶可支持生計。數年之後，生齒日繁，其相沿習俗，刀耕火種之外，非比内地民人別有營運，所賴從前地畝寬餘，始獲相生相養。迨後地少人多，不能仰事俯育，必致怨生，理勢然也。且現在苗田，屯丁不能自耕，仍須召苗耕種，此輩開地服疇，祖孫父子歷有年所，一旦以世代田產供他人之倍收，豈能安心無怨！況爲兵丁佃户，久之視同奴隸，苗民既衣食無賴，又兼役使鞭笞，既不樂生，又何畏死，恐不出十五年，古州之事復見矣。臣是以鰓鰓過計，前奏所陳佈置之法，總期杜兵丁之滋擾，嚴漢奸之播唆。徹兵於外，周圍防守，以鎮撫之。擇苗民之稍有知識者，設立頭人，約束其衆。所有苗田，儘其種植，即將來人口滋生，而現給頭人之絶田，仍屬苗民同類，可以通融。是田地既有寬餘，又無凌虐唆撥之慮，使其衣食豐足，知有生人之樂，皆可世爲良民，相安於無事。得旨：此奏識見甚正，即朕意亦然，舊年又因此特頒諭旨。但張廣泗持之甚力，伊係封疆大臣，又首尾承辦此事，不得不照彼所請。然朕則以爲終非長策也。今據此奏，復交軍機大臣等詳議矣。（高宗六七、三三）

(乾隆三、七)［是月］貴州總督張廣泗遵旨議奏：苗疆自奠定以後，各苗皆知畏服，而安設軍屯一事，實有必應如此辦理之勢。今兩廣督臣鄂彌達奏請量移營壘，安駐險要，擇苗民中為眾所信服者，設立巡檢頭目，以約束之。至苗民遺產盡行入官安屯，恐日後苗民生齒漸繁，地少人多，必至怨久亂生，且屯丁不能耕作，仍須召苗佃種，其役使凌虐勢所不免，等語。查該督臣從前請將古州鎮遷設丙妹，八寨協移駐爛土汛或荔波縣，清江協移駐天柱縣，各處均係彈丸之地，不能安駐鎮協大營，現在新疆以內所有營汛不甚聯絡之處，俱請添設汛防。又於天柱、荔波等處酌量增駐官兵，防維周密，苗人必不敢再滋事端。至苗蠻向無酋長，雖有本寨中之強有力者一、二人，亦不能約束其眾，況苗類眾多，統以文武，鎮以官兵，尚敢群起跳梁，又豈一、二巡檢頭目所能約束耶。再，屯軍之設，乃係逆苗內之絕戶田產始行入官，其未絕者，仍令各本戶照前耕種，並未一概歸屯。且新疆未墾之地甚多，雖此後苗民生齒日繁，亦不至無以資生，原不必以日後之地少人多為慮。其招墾屯戶，均係人才壯健可充屯軍者，令其承領不許倩人佃種，而所設屯田，已飭令與苗田標明界址，以免攙越侵佔，並無召苗耕作之事。惟所奏屯軍凌虐苗民，實為目前第一要事。查苗疆驟安，屯軍至八、九千戶之多，而苗民經懲創之後，其勢易於欺凌，現已嚴行查禁，並擬酌定章程，以為永遠遵守。得旨：既經卿詳悉敷陳，知道了。至新疆何處安設屯軍，何處仍係苗田，何處為聲勢相聯之鎮協，卿其明悉為圖以進，朕將覽焉。(高宗七三、二二)

(乾隆三、九)［是月］貴州總督張廣泗奏：新疆苗漢雜居，官弁兵役不無騷擾苗人之累，現已立定章程，嚴行禁革。至安屯絕田，有應撥與苗人者，量為撥賞；其乏食苗民，並開倉糶借，以資接濟。得旨：所奏俱悉。如能始終如是悉心料理，庶苗疆可保少事矣。(高宗七七、二三)

(乾隆三、一〇、甲申)大學士伯鄂爾泰等遵旨議覆：貴州總督兼管巡撫事張廣泗條奏，古州一帶苗疆，增添官兵、安設屯堡、應除積弊、併約束屯軍各事宜。一、苗疆兵役通事人等，下寨採買，宜嚴禁。應如所請，將薪蔬菽粟各項另立場市，豫定日期，令兵役等交易，併委妥練員弁彈壓。一、苗疆濫役之弊，宜請禁革。應如所請，嗣後雇募苗夫，陸路四十里為一站，給銀八分；苗船逆水三十里為一站，順水八十里為一站，給銀一錢五分；隨時僱募小工併長短夫役，日給銀三分、口糧米一升；文武衙門兵役人等，不得仍前濫派、短少欺凌。一、塘夫派累之弊，宜請革除。應如所請，嗣後巡查併遞送武職衙門公文，俱責塘兵，不得役使苗民；其值塘苗夫，永行裁革。一、苗疆通事，宜慎加遴選。應如所請，飭古州等八寨、丹江等各廳員，慎選承充。一、苗寨宜僉立頭人，以專責成。應如所請，飭令廳員將苗疆各寨擇良善者，令其公同舉報，酌量寨分大小，每寨或一、二人，或二、三人，僉爲寨頭，約束散苗。一、屯田界限，宜嚴區別。應如所請，嗣後屯戶人等，如敢越界侵佔苗人田土山場，照盜耕種他人田例，計畝論罪，強者加等。一、屯戶宜嚴稽察。應如所請，嗣後各軍戶內，不守屯規，小則枷責示衆，大則依法嚴處；至有緊事他往，回明限日給假，逾限究處。一、屯軍技藝，宜因時訓練。應如所請，每年十月至次年正月，按期操演，衛弁親赴各堡輪流教習，廳員親身巡歷，督率簡閱，古州兵備道不時遴員查驗，春夏秋三時農工稍暇，亦令演習。一、屯軍田畝，宜嚴禁典賣。應如所請，嗣後屯軍人等，典賣屯田，照盜賣他人田：一畝以下笞五十，五畝加一等，官田加二等，私行當買者同罪。一、屯糧宜酌定輸納，以充公費。應如所請，以乾隆己未年爲始，上田畝納米一斗、中田八升、下田六升，每斗加鼠耗三合，每年給百戶工食米十二石、總旗六石、小旗三石，其餘米石即留爲本屯製備火藥等項公用。一、苗疆地方宜分別屯堡，豫籌積貯。應如所請，按計每戶三石，俟秋收米價平減，動帑發交該管廳員，於附近水次，或隣近產米之處，照時價採買，運貯各屯堡，以備借賑平糶。一、苗疆衛弁，宜揀選酌增。應如所請，清江、凱里、黃平，各添設衛千總一員，缺出，於通省千總內揀選諳曉文義、熟悉苗情者，不拘武舉營兵出身，一體酌補；五年俸滿，著有成效，以營守備遇缺題補。從之。（高宗七八、一三）

（**乾隆三、一二、己丑**）戶部議覆：貴州總督兼管巡撫事張廣泗疏報，鎮沅等六府州縣，清出叛苗絕戶田四千七百七十三畝、山土三十三畝有奇，俱經撥歸屯軍，分給屯戶耕種。……應如所請。從之。（高宗八二、二五）

（**乾隆四、八**）［是月］貴州總督張廣泗奏：准戶部咨，廣東道監察御史包祚永奏，古州苗民，宜盡招復業，分配各寨。以漢人三分，苗民一分，俾漢苗雜處，強弱相制一條，令黔督確查妥議。伏查苗地向無漢人居住，自大兵勦撫之後，得因所遺絕戶田產添設屯軍。若令漢苗雜處，恐致欺凌生釁。且現在山箐之中，并無潛伏餘苗。該御史以本省人條奏本省之事，似乎確有所見。合將現在情形奏明。得旨：這所奏情形，知道了。至御史等言本省事，而因胸有成見，是非顛倒者，比比是也，豈徒包祚永一人乎。（高宗九九、三六）

（**乾隆四、一一**）［是月］貴州古州鎮總兵韓勳奏：軍苗田畝早晚稻豐收。向來新疆地方，小麥、高梁、小米、黃豆、脂麻、莜麥等種，素不出產，自安設屯軍之後，地方文武設法勸種雜糧，今歲俱有收穫。乘此農隙，操練技藝之外，山坡荒地，督令開挖，併令於堡內及山上空地多栽茶、桐、蠟、柏等樹。再，苗疆向無市廛，近令興立場市，各寨苗民商販俱按期交易稱便，並無強買強賣，軍苗實屬樂業。得旨：覽奏朕懷誠慰，若能行之以實，則將來永遠安謐矣。（高宗一〇五、二二）

（乾隆一四、八）［是月］貴州巡撫愛必達奏：遵查黔省屯丁案內，古州、八寨、台拱、丹江、清江等五廳，設立九衛，共一百二十堡，屯軍八千九百三十戶。乃清出逆苗絕產，招募安設新疆者，每戶給上田六畝，或中田八畝，或下田十畝。每年自十月初一日開操，至次年正月底止。設有衛千總九員，專司屯種訓練，應照舊辦理，無庸更改。查黔省係無漕之省分，舊設屯所三十有二，又於楚省改隸五衛，共三十七衛所。自裁改歸併州縣以後，現在屯丁，雖有子弟承田納糧，久經收入民籍，并無軍籍名目，亦無另行派管之處。報聞。（高宗三四七、二〇）

（乾隆一七、七、己未）諭軍機大臣等：碩色奏查閱黔省營伍摺內，古州屯軍一項，從前所給屯田不敷日用，查看山頭地角尚不無餘隙，已飭古州兵備道督勸屯軍，將附近山崗畸零隙地勤加開墾，等語。此事似近理，而必不可行。屯地與苗疆相錯，凡所謂山頭地角，附近屯田者，皆苗地也。既經分設屯糧，相安已久，一令開墾，將來越界占墾無已，必有借此侵占苗田生事起釁者。若謂屯軍生齒日衆，苗人又何獨不然。此時雖爲隙地，至開墾之後，必不甘心，爭奪之端，由此而起。是所補於屯軍者甚微，而關係苗疆者甚大，不可因屯軍一時之感激，而不爲苗疆久遠計也。該督身任封疆，何乃見不及此，一任屬弁等慫恿，遽爾准行！殊屬非是。已諭開泰令就近飭該道等即行停止。可即傳諭碩色知之。（高宗四一八、一）

（乾隆四四、一一、庚戌）貴州巡撫舒常奏：丹江營所屬之雞溝汛，向分駐守備、千總、把總各一，外委二，帶兵二百名防守。乾隆四十二年，經前撫臣裴宗錫奏准，開墾牛皮箐內雷公地等處，撥附近之震威等堡屯軍餘丁，赴箐認段試開。改雞溝汛千總一，帶兵五十名，分駐雷公地。今試墾三年，所種苦荍，多秀而不實，該地陰翳森寒，四時難逢晴日，四月方斷雪凌，八月即降霜霰，氣候迥殊，難以開荒成熟。請將原撥之千總一、兵五十撤回，其雷公地即責成雞溝守備千把，就近每月帶兵進山巡查一次，並令丹江營參將，每季親臨箐內查察。得旨：如所議行。（高宗一〇九五、一九）

（七）福建　臺灣

（**乾隆五二、一〇、癸丑**）諭軍機大臣等：臺灣地方，奸民糾衆械鬭，皆由該處多係漳、泉二郡及廣東民人在彼居住，里居田土互相錯處，往往紛爭搆釁，地方官並不實力查辦，將就完案，以致奸民無所儆畏。此次林爽文等倡亂不法，劫縣戕官，亦即因糾衆倡會而起。今福康安統領大兵鼓勇進勦，自可剋期蕆事。因思廣東、漳、泉三處民人互相搆釁，若能令其彼此分處，各不相涉，自屬甚善，但伊等居處多年，各有田產，安土重遷，一時概令離析，勢有所難。將來賊匪蕩平後，福康安應酌量情形，設法妥辦，如實在隨同官兵打仗殺賊者，既經奮勇出力，豈可轉令遷徙失其世業；若賊匪莊業，例應入官，當召募別處良善之民居處。至各近處村莊民人，雖無從逆實跡，而與賊匪同住一莊，心持兩端者，究不可信，或趁此兵威，將該處村莊民人酌爲遷徙；其籍貫分隸廣東、漳、泉者，令其各爲一莊，俾相離較遠，以杜爭端。至臺灣南北各處村莊，多被賊焚燬，民人俱遭戕害，並賊人頭目及被賊脅從之衆所遺田土房產，既未便仍撥給漳泉之民，令其徒享利益，且恐遊手無籍之徒從而聚處，又致滋事，自應將其田產查明入官，另行分撥。因念該處熟番向化日久，此次逆匪滋事，熟番並無從賊者；且淡水等處，現在招集鄉勇甚多，莫若將此項入官田產，如四川屯練之例，即給與熟番耕種，按則升科，令其安居管業，自爲守護，既可以示綏戢，又可招撫生番，豈不一舉兩得。（高宗一二九一、八）

（**乾隆五三、五、丁丑**）欽差協辦大學士陝甘總督辦理將軍事務公福康安、福建巡撫徐嗣曾奏：……熟番向化日久，請仿屯田之例，挑募壯丁，設立屯弁管束，將集集埔、水沙連等處荒廢埔地分撥耕種，即可無庸給餉。諭軍機大臣曰：……自應如此辦理。（高宗一三〇五、四）

（**乾隆五三、五、庚寅**）欽差協辦大學士陝甘總督辦理將軍事務公福康安奏熟番募補屯丁事宜：一、全郡熟番九十三社，約可挑壯丁四千名，請分爲大屯四處，每屯安設四百人，小屯八處，每屯安設三百人，作爲額缺，即令在本社防守。戶小之社，或數村歸併，或附入大社。其立屯之地，應酌量地勢，按照番社多寡，與營汛官兵聲息聯絡。一、屯弁照四川屯練之例，南北兩路，額設屯千總二員，統領番衆；屯把總四員，分管各屯；每屯設屯外委一員，即在番社頭目內，擇其曾經出力及素所信服者，由總兵揀選充補，詳明督撫，給與劄付，報部存案。一、番界內山，現有未墾及入官埔地八千八百餘甲，請將屯丁每名撥給二甲、外委每員三甲、把總每員五甲、千總每員十甲自行墾種，免其納賦。一、埔地民番界址混淆，現在丈出已墾一萬一千二百甲內，民買番地業經抽有番租，請照同安縣下沙科則按畝納銀，免其輸粟。其集集埔、虎仔坑、三貂、瑯𡿧等處民人私墾尤多，亦准一例升科。自此次清查後，立石定界，永禁偷越。一、屯丁習用器械，應呈報總兵逐加印烙，於每年巡查時點驗一次。一、番民既挑補兵丁，應將一切徭役概免承應。下軍機大臣議行。（高宗一三〇五、二八）

（**嘉慶一五、四、丙午**）諭軍機大臣等：臺灣屯務，前經福康安等定議，在南北二路分設各屯，將未墾番地撥給開墾；其民人已墾番地，勘丈收租，官爲經理。立法甚爲詳備。今據方維甸奏，體訪番情艱苦，皆由各屯未墾之地多被奸民社丁人等串通欺詐，誘令典賣，越界霸占，地方官全不經理所致，實屬廢弛。至應徵屯租，原係廳縣收發，乃前署臺灣府楊紹裘等輒議令屯弁自行徵收，散給各丁，不復官爲經理，以致刁民抗欠甚多，而屯弁又從而侵蝕，屯丁苦累益甚。該府等擅改章程，不奏不咨，是何意見。除現在臺灣一縣仍歸該縣徵收外，其餘一廳三縣，方維甸已派員查勘，分別清釐。著俟查報到時，將所有屯地屯租各事宜會同張師誠，查照舊定章程，悉心詳議奏聞，並將違例廢弛各員一併參奏。方維甸於該處一切辦竣後，起程內渡，前經有旨，准其陛見，該督順赴江寧看視伊母，即行來京瞻覲可也。將此諭令知之。（仁宗二二八、二〇）

三、民墾

（一）東三省

1. 清初墾殖

（**順治一一、六、庚辰**）以加上皇太后徽號禮成，諸王、文武群臣上表行慶賀禮。是日，頒詔天下，詔曰：…所有恩赦事宜，開列於後，……一、饑民有願赴遼東就食耕種者，山海關章京不得攔阻，所在章京及府州縣官，隨民願往處所，撥與田地，酌給種糧，安插撫養，毋致失所；仍將收過人數，詳開報部奏聞。……（世祖八四、一六）

（**順治一二、八、丁亥**）遼陽府知府張尚賢奏言：遼東舊民寄居登州海島者甚衆，臣示諭招徠，隨有廣鹿、長山等島民丁家口七百餘名，俱回金州衛原籍。但金州地荒人稀，倘准其任意開墾，則生聚漸多，亦可立縣治，而諸島皆聞風踵至矣。下所司議。（世祖九三、九）

（順治一五、二、己丑）戶部議覆：奉天府府尹張尚賢疏言，遼陽人民始集，輸納維難。應每畝止徵銀三分，以蘇窮黎。從之。（世祖一一五、九）

（順治一八、五、丁巳）奉天府府尹張尚賢疏言：盛京形勢，自興京至山海關，東西千餘里，開原至金州，南北亦千餘里，又有河東河西之分。以外而言，河東北起開原，由西南至黃泥窪、牛莊，乃明季昔日邊防。自牛莊由三岔河南至蓋州、復州、金州、旅順，轉而東至紅嘴、歸復、黃骨島、鳳凰城、鎮江、鴨綠江口，皆明季昔日海防。此河東邊海之大略也。河西自山海關以東，至中前所、前衛、後所、沙河、寧遠、連山、塔山、杏山、松山、錦州、大凌河，北面皆邊，南面皆海，所謂一條邊耳。獨廣寧一城，南至閭陽驛、拾山站、右屯衛海口，相去百餘里；北至我朝新插之邊，相去數十里，東至盤山驛、高平沙嶺，以至三岔河之馬圈。此河西邊海之大略也。合河東河西之邊海以觀之，黃沙滿目，一望荒涼。倘有奸賊暴發，海寇突至，猝難捍禦。此外患之可慮者。以內而言，河東城堡雖多，皆成荒土，獨奉天、遼陽、海城三處稍成府縣之規，而遼、海兩處仍無城池。如蓋州、鳳凰城、金州，不過數百人；鐵嶺、撫順惟有流徙諸人，不能耕種，又無生聚，隻身者，逃去大半，略有家口者，僅老死此地，實無益於地方。此河東腹裏之大略也。河西城堡更多，人民稀少，獨寧遠、錦州、廣寧人民湊集，僅有佐領一員，不知於地方如何料理。此河西腹裏之大略也。合河東河西之腹裏觀之，荒城廢堡，敗瓦頹垣，沃野千里，有土無人，全無可恃。此內憂之甚者。臣朝夕思維，欲弭外患，必當籌畫隄防，欲消內憂，必當充實根本，以圖久遠之策。下部議。（聖祖二、二五）

（順治一八、一二、甲寅）奉天府府尹張尚賢疏言：河西、錦州、廣寧、寧遠地方，有佐領一員協管，或屬永平，或屬奉天，其間流民甚多，入籍甚少，應改爲州縣，收募爲民。又近有流徙人犯修造工程贖罪之例，有力者已認工程，無力者應准招民贖罪，若得數千家立爲京縣，實萬年根本之圖。下部議。（聖祖五、一七）

（康熙二、一、壬午）盛京戶部侍郎吳瑪護等遵旨議覆：蓋州熊岳地方安插新民，查有附近荒地房基，酌量圈給，並令海城縣督率勸墾。從之。（聖祖八、二）

（康熙二、一、己丑）奉天府府尹徐繼煒疏言：海城牛莊等處安插新民，民多地少。查各蒙古頭目移居邊外，有遺下熟地，又馬廠地方官馬已經移養，棄地亦多，請分給新民。得旨；馬廠地准給民墾種。（聖祖八、四）

（康熙一九、七、甲辰）兵部議覆：奉天將軍安珠護疏言，招徠居住金州百姓五百七十六丁，內編五十副甲，令五丁幫一甲，各設馬一匹，給與弓箭；再編五十副甲，令四丁幫一甲，設立標鎗鳥鎗，不給月糧，但免其輸納錢糧。其金州巡檢應行裁去，改爲金州營，設立守備、千總等官。應如所請。從之。（聖祖九一、六）

（**康熙一九、八、壬戌**）户部議覆：盛京户部侍郎塞赫等疏言，察過未墾荒地荒甸一百五十四萬七千六百餘晌，內除皇莊喂馬打草地二萬二千四百餘晌，仍有一百五十二萬五千二百餘晌，應照侍郎塞赫等所題，將此地畝註冊。有民願開墾者，州縣申報府尹，給地耕種徵糧。若旗人有力願墾者，亦將人名地數呈部註冊。若自京城移住官兵當差及安莊人等，有將在京地畝退還交部願領盛京地畝者，將彼處旗人墾過餘地並未墾地畝之內，酌量撥給。得旨：盛京田地關係旗丁民人生計，最爲緊要，著爾部賢能司官二員，前往會同奉天將軍、副都統、侍郎等及府尹，將各處田地清丈明白，務令旗民咸利，設立邊界，永安生業。（聖祖九一、一二）

（**康熙二一、五、壬子**）上諭大學士等曰：流徙寧古塔烏喇人犯，朕向者未悉其苦，今謁陵至彼，目擊方知。此輩既無屋棲身，又無資力耕種，復重困於差徭，況南人脆弱，來此苦寒之地，風氣凜冽，必至顛踣溝壑，遠離鄉土，音信不通，殊可憫惻。雖若輩罪由自作，然發遼陽諸處安置，亦足以蔽其辜矣。彼地尚有田土可以資生，室廬可以安處，且此等罪人雖在烏喇等處，亦無用也。（聖祖一〇二、一二）

（**康熙二五、一、壬申**）差副都統馬喇等往黑龍江督理農務，因諭之曰：農事關係兵餉，須積貯充足。其在驛遞人夫，亦令合力播種屯田。爾等前往，務期農政修舉，收穫饒裕，年勝一年，懋著成效，以副朕意。（聖祖一二四、三）

（**康熙二五、一一、丙辰**）户部等衙門遵旨議覆：鳳凰城等八處耕種地畝，地方遼闊，請每處差派司官一員料理，遣部院堂官三員監督。得旨：鳳凰城等處，著遣賢能司官八員，令吏部侍郎薩海、户部侍郎賽弼漢、內閣學士齊穡，前往監督。（聖祖一二八、一三）

（**康熙二六、二、庚午**）理藩院議：嗣後凡食俸蒙古王、貝勒、貝子、公、官員等有罪，俱免罰牲九數，量罪革俸。至各省之民，無牌票私出邊口者，將妻子一併發往烏喇、寧古塔，與新披甲之人爲奴。得旨：百姓私出邊口，所議太過，著於山海關外遼陽等處安插。餘依議。（聖祖一二九、一五）

（**雍正六、一〇、壬午**）户部議覆：盛京户部侍郎王朝恩疏言，船廠等處，新設永吉、泰寧、長寧三州縣，民人入籍無多，丁口錢糧有限。請將從前安插各處流徙人等，及本身已故而子孫戚屬無力還鄉者，除係賞旗爲奴並當差之人仍聽將軍管轄外，其餘悉令撥給永、泰、長三州縣管轄。嗣後發到徙民，並令於五年之後一體完糧當丁。均應如所請。從之。(世宗七四、五)

（雍正一〇、六、辛未）諭辦理軍機大臣等：從前應行發遣黑龍江等處罪犯，曾改發扎克拜達里克等處，令其開墾耕種，後因伊等在彼甚不得力，是以停其改發。上年賊人窺伺扎克拜達里克，彼時所有罪人跟隨官兵，守護城垣，竭力捍禦，甚屬可憫，朕已加恩除其罪名，令充綠旗兵丁，入伍効力。續據順承親王等奏稱，伊等深知感戴朕恩，共思黽勉，可見有罪之人，予以自新之路，仍可望其改惡從善，若發往黑龍江、三姓諸處，不過終身爲人奴僕而已，朕意嗣後將應發黑龍江等處人犯，遣往北路軍營附近可耕之地，令其開墾効力，在伊身可以努力自新，而於屯種亦甚有益。其如何遣發安置之處，爾等詳議具奏。(世宗一二〇、一一)

（乾隆五五、五、己酉）又諭：據吉慶等奏稱，旺清、麟廠、鼗陽三邊外並無可以開墾荒地，皆有關礙，等語。吉慶出邊察看，見其並無可墾之地，竟不瞻徇將軍情面，即行據實奏聞，此奏甚是。嵩椿到任未久，彼處情形，尚未深悉，想必係聽信屬下旗員之言，或誤中民間教唆旗人之計，爲此奏請。不然即係欲資給旗人生産，意圖美名，但亦當斟酌查驗，實可辦理，始行奏聞。著諭嵩椿，令其將前此率行具奏係聽信何人唆使之處，據實明白回奏，毋得欺飾。(高宗一三五五、一九)

2. 限制漢民入境

（康熙二七、一一、辛未）兵部議覆：御史郭世隆疏言，山海關城守禦章京等官，職司稽察，每多懈弛，嗣後失察私參之例，請加嚴定處分。應無庸議。上曰：偷刨人參，禁絕甚易，但人參爲物，治病有益，且無甚關係，故朕於偷刨之人亦未曾有一正法者。著如部議，山海關守禦官兵，嗣後停止，令盛京將軍管轄，照張家口例，一切事件送部定奪。(聖祖一三七、二三)

（乾隆三、三、甲子）刑部議覆：黑龍江將軍額爾圖疏稱，盛京置買農器鐵貨，請給印票；置買後，將票呈繳盛京兵部，換給文票，該商等送臣衙門查核。此等商人，不准由別處邊門行走，惟令於齊齊哈爾相近法庫邊門出入。若無印票，照例治罪。再，蒙古喀爾喀人等，來赴齊齊哈爾城置買農器鐵貨，亦呈報該管扎薩克，給印文准買。嚴禁不准出鄂羅斯邊界。應如所請。從之。(高宗六四、一九)

（**乾隆四、一〇、丙戌**）兵部議覆：刑部右侍郎韓光基、工部右侍郎索柱等奏：山海關旗人出入，在守關章京處報名記檔放行。惟民人領臨榆縣印票，赴守關章京處放行。每票一紙，隻身者索錢三十三文，有車輛者五六十文、百十文不等。其錢係城守都司兵役與攬頭、店主、保人分肥。且出關皆各省人，彼此不識，何從悉其根由，但得錢文，即爲出保，該縣據保給票。其間即真有逃盜罪人，皆可持票遠颺，況進關之人，地方官漫無稽查，原票毀棄道旁，亦不追繳。請嗣後民人出關，不必令該縣給票，亦照旗人例，令該都司於所屬員弁，日派一員，在關門內設立檔房，訽明登記，照例放行，不許借端掯勒，等語。查兵役等需索，由地方官弁，不能遵例實力奉行。若如所奏，恐民人出入繁多，偶查察未周，匪類等轉得朦混。應將所奏毋庸議。惟所稱領票出關後，將票毀棄道旁，進關聽其自往，並不追繳，殊非設立稽查本意。應請嗣後民人領票出關時，該關員弁驗票記檔收貯，俟本人進關報查，符合者，放入。其兵役需索，請行該督，飭地方官嚴禁。店主兵役等包攬掯勒，被告或訪聞，計贓治罪，官弁失察，嚴參議處。再，所稱旗人出關，在守口章京處報名放行，往來稱便。查在京旗人出關，向由兵部給票驗放。今山海關附近居住旗人，樵採放馬等事，應仍聽照舊，報名出關。倘有假冒出入，飭該口章京嚴加查緝。從之。（高宗一〇二、一六）

（**乾隆五、四、甲午**）王大臣議覆：兵部左侍郎舒赫德奏稱，奉天地方，關繫甚重。旗人生齒日繁，又兼各省商民輻輳，良莠不齊，旗人爲流俗所染，生計風俗，不如從前。若不亟爲整飭，日久人煙益衆，風俗日下，則愈難挽回。臣等恭抒管見，列爲八款。一、山海關出入之人，必宜嚴禁。向例在奉天貿易，及孤身傭工者，由山海關官員給與照票，始行放出。其攜眷者概不放行。是以奉天聚集之人尚少。嗣因直省數州縣歉收，附近居民有願攜眷移出者，由直隸總督處交地方官，將所到之人驗放。因此他省民人，攜眷移居漸衆，糧價日益增，風俗日益頹。其攜本貿易者，尚有回轉之日，其傭工之人，一至彼處，依戀穀賤，羈留不歸。嗣後凡攜眷移居者，無論遠近，仍照舊例不准放出。若實係貿易之人，交山海關官員，將出口人數目姓名，並所居地名，現往奉天何處貿易，一一盤問清楚，給與照票，再行放出。及至貿易地方，令奉天官員查驗執照，再令貿易。俟回時仍將原票繳銷。再令山海關地方官，於年底將貿易人數姓名造具清冊，行令奉天將軍府尹，交該地方官查核。如無照票，並無正本買賣散行者，即解回原籍，永遠禁止出口。其在山海關附近三百里以內居住及出口耕田者，亦應一體給票，俟入口時繳銷。若至應入口之時並不進關者，由原給票之官員處行文奉天地方官催令歸還。若山海關官員，於出口之人並不給票，即行放出，而奉天官員將此無票散行之人隱匿容留者，照失察出口逃人律議處。關口各員屬下胥役，若有藉端勒索等事，從重治罪。將該地方官照失察胥役受賄律議處。應請預行直隸、山東、河南、山西各督撫，曉諭商民，過半年後，再照新例施行。一、嚴禁商船攜載多人。查奉天所屬地方海口，因通浙江、福建、山東、天津等處海界，其商船原無禁約，該地方官給與船票，經過各海口照例查驗，鈐加印記，始准開行。此内山東、天津之船，載人無數，每次回空，必攜載多人，若不禁止，則人知旱路難行，必致徑由水路。應請交直隸、山東各督撫，轉飭州縣，嗣後遇有前往奉天貿易商船，令其將正商船户人數，並所載貨物數目，逐一寫入照票，俟到海口，該地方官先將照票查明，再令卸載。若票載之外，攜帶多人，即訊明申報府尹，解回本地。若地方官明知隱匿，照失察漕船隱匿逃人律議處。……一、奉天空閒田地，宜專令旗人墾種。查奉天各處旗人，原藉地畝養贍家口，漁獵山水之利，比户豐裕。此數年來生齒日繁，又因游民聚集甚多，將曠園熟土，大半佔種。雍正五年，丈量地畝，雖經議定，將餘地令旗人墾種，至今旗人墾種者少，而民人開墾者多。究其緣由，百姓開墾地畝，不過呈報地方官，即得開墾，限年升科，三年至十年不等。旗人開墾田畝，必須呈明各該管官，轉行盛京户部查明，始准開墾，於本年即行升科。是以旗人開墾山廠者反少。又查從前丈出地畝，尚多隱匿，不即時禁止，百姓開墾日久，腴田皆被所據，滿洲本業，愈至廢弛。請將奉天旗地、民地交各地方官清查，將果園、果林、圍場、蘆廠於刈田後，再行明白丈量，若仍有餘田，俱歸旗人，百姓人等，禁其開墾。一、嚴禁鑿山以餘地利。查奉天所屬各地方山内，因出鉛觔、硫磺等物，曾經嚴禁偷鑿，但謀利之徒，總以出煤爲辭，就中偷取鉛觔、硫磺，希圖獲利。雍正十二年間，有民人田秀等，率衆私挖硫磺，曾經挐獲治罪。今請將奉天城東南白西湖地方供應陵寢煤觔，從前開過煤窯，不干例禁外，其餘雖有煤觔，永行嚴禁，不許挖取。一、重治偷挖人參，以清積弊。查威遠堡邊口外，至鳳凰城六口門外，皆産參之地。從前挐獲偷挖人等，未及十兩者，罪止枷號鞭責，此輩止趨重利，情甘犯法。嗣後除將會同百人以上，所得人參過五百兩者，照例擬絞，不足百人，所得人參不足五百兩者，亦照例杖徒外，其一二人私挖人參，不足十兩者，分別初犯、再犯、三犯治罪。……一、出關旗人，給與憑記，以便查察。奉天地方，五旗之王、貝勒、貝子、公等之莊頭及大臣官員之莊屯，地畝甚多，每年有自京遣人查比丁額、收取糧石者，雖帶有出關之票，然到關繳出，及至奉天，無憑查考，恐不肖之徒，冒稱自京遣來者，未免滋生事端。兵部於差往各省之人，有給與路引之例，嗣後京城王公等門下差往莊頭處人員，及大臣官員等差遣之人，由兵部給與口票外，仍給路引，以備查勘。以上各條，均應如所奏行，並請飭下該將軍、府尹妥行辦理。從之。（高宗一一五、一八）

（**乾隆六、二、乙丑**）是月，奉天府府尹吳應枚奏辦理流民條目。一、願入籍者，准取保結，給照編入。一、不願入籍、一時又未能回籍者，暫作另戶編甲，陸續給照回籍。一、游手好閒生事不法者，照例治罪外，遞解回籍。一、老弱孤苦疾病貧乏、原籍無親戚可投者，酌給資送；不願回籍者，添設孤貧口糧安插。一、商賈工匠，從前在奉寄居者，地方官給照，無照不許存留。一、旗人披甲當差者，雇人耕種，須家長雇主結報，門牌註明，去來隨時報明領催、鄉保。牌上無名者，不准存留。一、海船到奉，船長將路票呈驗，開船時，查點人數，毋許遺漏一名。如有暫留，須報明存案，附入另戶。一、關外佃種民人，照原編牌式，另給一牌，無牌，不得擅放進邊貿易。一、遼陽州刨煤人缺，募本地旗民補數，不得仍召流民。一、旗民熟地內，如有遺漏欺隱，一年內不自首者，治罪、追息。一、查辦事件，旗民各官須親會同清理，約束兵役滋擾。得旨，此亦不過其大端而已。至所以行之之道，則在汝因時制宜，嚴察胥吏之弊，則得矣。尋奏：奉旨清理流民，群黎感悅。得旨：覽。朕非博萬民之感悅也，亦只行其心之安，而求其事之當耳。（高宗一三七、一〇）

（**乾隆六、五、辛未**）[王大臣]又議覆：奉天副都統哲庫訥奏稱，……再，出產人參東珠之吉林江，及與長白山烏蘇里等處相通之水旱道路，向來不准行走，應令該將軍府尹等嚴行查禁。從之。（高宗一四二、八）

（**乾隆六、九、戊辰**）議政大臣裕親王廣祿遵旨議覆：寧古塔將軍鄂彌達奏稱，吉林、伯都納、寧古塔等處爲滿洲根本，毋許游民雜處，除將現在居民逐一查明，其已入永吉州籍貫、立有產業之人，按畝編爲保甲，設甲長、保正，書十家名牌，不時嚴查外，其餘未入籍之單丁等，嚴行禁止，不許於永吉州之山谷陬隅造房居住。仍查明本人原籍年貌，五人書一名牌互保。五人內如有一人偷挖人參、私買貂皮、擅墾地畝、隱匿熟田及賭博滋事者，將犯枷責遞解外，仍將連保四人一併遞解。地方官知情不行查拏，按溺職例議處。若連保人有願回籍者，給引回籍。並令地方官按季查明人數，陸續將回籍之人盡行裁汰。倘將牌內無名人容留者，甲長、保正從重治罪，仍將拏獲之人枷責，遞解回籍，於歲底造冊送部備查。應如所請。又疏稱，原定民人墾荒，十年後交租，如典種熟地，三年後交租。現今交納錢糧者，十無二、三，且奸徒將近交租時，以墾地典給他人，希圖指名展限。請嗣後永禁墾荒，將民人現有地畝盡行清丈，不拘年限，總以丈量之年爲始，照數納糧。如隱匿地畝及民地捏指旗人名姓、不交錢糧者，將隱匿人與代隱人一併治罪，地畝入官；本人自首，免其治罪，等語。請交該將軍辦理。至所請由京城各部院衙門派司員六人，會同知州勒限一年辦理。查吉林等處丈量地畝、徵收錢糧，事涉紛繁，司員又無總理之責、於事無益，請欽派大臣一員，會同該將軍辦理。又疏稱，游民多係山東、山西、直隸、河南等處人，其出山海關時，皆由臨楡縣領票；自去年侍郎舒赫德等奏請嚴肅山海關以後，帶領妻子出口者漸少、而隻身人仍不斷前往。請將給發路引之例停止，交守門官兵查驗，如有本處文票，方准放過，等語。應令嚴飭地方官遵照舒赫德原議，實力奉行。其臨楡縣停給路引、俱令於各該州縣領票之處，毋庸議。從之。（高宗一五〇、六）

（乾隆七、三、庚午）兵部議覆：議政大臣和碩裕親王廣禄等會議，黑龍江將軍博第等奏稱，黑龍江城內貿易民人，應分隸八旗查轄。初至詢明居址，令五人互結註冊，貿易畢促回，病故回籍除名，該管官月報。如犯法，將該管官查議。其久住有室及非貿易者，分別註冊，回者給票，不能，則量給限期。嗣後凡貿易人，娶旗女、家人女、典買旗屋、私墾租種旗地及散處城外村莊者，並禁。再，凡由奉天船廠等處，及出喜峰口、古北口前往黑龍江貿易者，俱呈地方官給票，至邊口關口查驗，方准前往。至黑龍江索倫等，交納官貂外，餘俱鈐給聽賣。未鈐者買賣均罪，買者呈驗，將數目及進何口之處註票，至口查對。得旨：回原籍之民人，著勒限三年。餘依議。（高宗一六二、一七）

（乾隆七、四、辛亥）大學士等議准：户部尚書陳悳華奏稱，近聞民人踵至山海關者，皆詘然而返，或該關地方官有意留難，不行給票，或管關官員故爲掯勒。請行令直隸總督，飭地方官遵例，查係近關三百里內居民出關種地者，即給印票，並行令該關副都統轉飭管口官驗明印票，立行放出。從之。（高宗一六五、一四）

（乾隆八、六、丁丑）諭：本年天津、河間等處較旱，聞得兩府所屬失業流民，聞知口外雨水調勻，均各前往就食，出喜峰口、古北口、山海關者頗多，各關口官弁等若仍照向例攔阻，不准出口，伊等既在原籍失業離家，邊口又不准放出，恐貧苦小民愈致狼狽。著行文密諭邊口官弁等，如有貧民出口者，門上不必攔阻，即時放出，但不可將遵奉諭旨不禁伊等出口情節令衆知之，最宜愼密。倘有聲言令衆得知，恐貧民成群結夥投往口外者，愈致

衆多矣。著詳悉曉諭各邊口官弁等知之。（高宗一九五、二一）

（乾隆八、七、辛丑）軍機大臣等議：御史王興吾奏請撫卹京師外來流民一摺。查此等流民，俱係直隸河間、天津、深、冀等處及山東武定、濟南、東昌等處民人，因本處秋成無望，或出外傭工，依親餬口，或本有家業，爲避荒計，挈家四出謀生。由京出口者甚多，而留住京師之人，亦十之二三，半月來日積日衆。現經提督、府尹查辦，老病羸弱無依者，即收普濟堂、養濟院留養，年力強壯可力作者，聽自謀生理。（高宗一九七、五）

（乾隆九、一、癸巳）又諭：近來流民漸多，皆山東、河南、天津被災窮民，前往口外八溝等處，耕種就食，並有出山海關者。山海關向經禁止，但目今流民，不比尋常，若稽查過嚴，若輩恐無生路矣。大學士等可即遵旨，寄字山海關一帶各口並奉天將軍，令其不必過嚴，稍爲變通，以救災黎，此亦無聊之極思耳。（高宗二〇八、一五）

（乾隆九、一、癸卯）諭大學士等：上年直隸河間、天津及河南、山東省，間有被災州縣，朕多方賑恤，令該督撫轉飭地方官加意安插，無致流移。此等被災窮民聞口外年歲豐稔，有挈眷前往八溝等處耕種就食，並有出山海關者。該關向例禁止。但目今流民，因迫於本地之荒歉，與平時不同，若稽察過嚴，恐阻窮民謀生之路。從前曾降旨密諭寬其稽察，朕念冬春雨雪未能霑足，年歲之豐歉尚在未定，近見流民漸多，大學士等可再密寄信山海關等各隘口，該管大臣官員並奉天將軍，令其稍爲變通，查明實係窮民，即行放出，不必過於盤詰，亦不必聲張。務須善爲辦理，以仰副朕軫念災黎多方體恤之至意。（高宗二〇九、一二）

（乾隆九、五、庚子）諭軍機大臣等：從前幾輔缺雨，內地貧民出口謀食者甚多。今直隸各處，已得透雨，秋田悉可佈種，所有出口民人，不若歸而謀食之爲是。著高斌轉飭熱河等處官弁，通行曉諭，若有情願回籍而力量不能者，即行資送，其在外可以傭工度日、不願回籍者，亦不必強。（高宗二一七、一五）

（乾隆九、六、丁未）欽差大臣尚書公訥親奏：直隸、山東荒旱，貧民不恤，轉徙他鄉，亦出於不得已，非盡輕去其鄉也。臣愚以爲似應密行該督撫，轉飭地方官，不必拘定資送之例，迫令回籍。但勿令聚處滋事。俟應行資送時，仍照定例資送。庶災黎謀生之道益寬。得旨：是。早已如是辦理。近因雨澤霑需後，密行各處，有願回籍耕種者，資送回籍，餘亦不強。（高宗二一八、一）

（乾隆一一、一、戊子）軍機大臣等奏：遵旨查辦奉天流寓民人一案。

前奉恩旨，令情願入籍之民，取保入籍，不願者，定限十年，陸續回籍。迄今五年有餘，該府尹霍備菧任數載，其各州縣流寓民人並未取保入籍，亦未令其回籍，漫無稽查。而定議後，出關人數續添四萬七千餘口，聚集益衆。是奉旨立限之案，該府尹既不實心辦理，又不將不辦緣由奏聞，實屬怠玩。請將霍備解任來京，交部議處。至將軍達勒當阿，同任地方，咎亦難辭，但到任未久，且旗人所居之地尚無流寓民人，應令該將軍回任後，作速委員，會同地方官實力查辦，毋得仍事因循。從之。（高宗二五七、五）

（乾隆一一、九、庚子）大學士等議覆：奉天將軍達勒當阿、奉天府尹蘇昌條奏清查流民事宜，内稱山海關至喜峰口，邊牆坍缺甚多，游民勢必冒越；請令直隸總督、古北口提督再加汛守巡查。又九關臺、松子嶺兩處邊壕外，與塔子溝地方相接，每多私越入境者；亦請令督提等，嚴飭巡查。又，關口稽察既嚴，其由海道隨赴奉天者，勢所必有；請無論商船人渡，俱著於有官兵處停泊，以便稽查，等語。均應如所請辦理。至所稱奉屬寓民，應入籍者，准其入籍；不願入籍者，令其依限還鄉。如有作奸犯科，斷難姑容。嗣後無論新報入籍，及商賈匠作傭工等，一經犯法，除例應題報者，候部覆遵行外，其餘細事雜犯，悉行遞回原籍安插，等語。查奉天乃根本之地，向來風俗淳厚，今流民雜處，恐其漸染澆漓，現在入籍，必循分守法者，方爲良民。其作奸犯科之徒，固難寬縱；但所犯科條，自有輕重。今該將軍所奏，無論細事雜犯，皆遞回原籍，未免竟無分別；押解亦不勝煩。應令按審情罪，分別辦理。從之。（高宗二七四、一三）

（乾隆一二、二、戊辰）諭軍機大臣等：山東流民出口覓食，前已傳諭巡撫阿里袞加意撫綏。近據索拜奏稱，古北口等處，流民四出，近日至二、三千人之多。上年東省州縣，雖被偏災，業經疊次加恩賑恤，今春復加展賑一月，地方官果能實力奉行，何至流移載道至於如此。此必因辦賑各員，因撫臣屢易其人，不加實力，奉行不善，或乘此有侵欺尅扣情弊，俱未可定。著傳諭阿里袞，或特派大員，詳悉查勘，或親身前往，查看實在情形。現有截留米石，其應行查辦之處，即另行妥辦，毋致災黎失所。（高宗二八四、一六）

（乾隆一二、二、己丑）諭軍機大臣等；前因東省被災州縣，上年喀爾吉善辦理賑務未妥，以致流民出口，並蘭山被災，未經查辦，曾傳諭巡撫阿里袞，或親身前往查勘，或特派大員往查。今阿里袞止援引從前已委道府大員，分頭查報，其不必另派大員及伊不必親往之處，俱未奏明。或者因伊甫經到任，事務繁多，或者爲豫辦東巡事宜，不能親身前往耳。不知豫辦東巡之事，甚輕於民瘼也。又奏稱，分委府佐攜帶存公銀兩，前往直隸古北口等處，招徠資送，等語。流民出外覓食，總因鄉里餬口無資，是以諭令截漕加賑，借糶兼行。果能一一遵旨辦理，安輯於本州縣，使無輕去其鄉者，上也；離鄉未遠，招徠於本省境內者，次也。及其已至直隸古北口一帶，往返數百里，遠者千里，其中或有父兄親族，向在口外，有所依倚，亦不妨任其前往。若一一資送回籍，不惟糜費不貲，且恐已誤耕作，而還鄉更無可倚賴，於災黎轉屬無益。（高宗二八五、一二）

（**乾隆一五、一、乙卯**）軍機大臣等議奏：乾隆五年大學士等奏定，奉天流民，准其情願入籍，不願者，定限十年，陸續各回本處。今查十年期滿，除工商傭作民人原許居住外，其未經飭令回籍者，應令地方官速行查辦。如有應予展限之處，該將軍聲明請旨。此外遊手之徒，亦應確查驅逐。嗣後內地流民，應令旗民地方官於奉天沿海一帶，嚴行稽查。並行文閩、廣、江、浙、山東各督撫，查禁商船攜帶閒人。再，［出］山海關、喜峰口等處及九處邊門，俱責該管章京及州縣嚴禁。……再，寧古塔及船廠工商傭作人等，不下三、四萬，有業可守，未免難遷，如果情願入籍，應分別納糧納丁，隨宜安插。又，寧古塔地方，因泰寧縣裁汰糧地分賞寧古塔官兵，口外餘地更多，流民多藉旗佃之名，額外開荒，希圖存身，旗人亦藉以廣取租利，巧為護庇。交新任將軍等徹底清釐。惟官兵原分地畝，聽其經管，其已裁泰寧糧地及官兵招佃開墾者，俱行查徹，令原佃承種納租，交新任將軍等再行查奏。從之。（高宗三五六、一三）

（**乾隆一五、八、甲午**）又諭：奉天辦理流民一案，前經降旨，從寬予限十年，令無資產者陸續回籍。如已在奉省置有產業，願編入奉籍者，即准入籍。今據將軍阿蘭泰等摺奏，流民內，竟有置有產業不欲回籍，而又不願編入奉籍者，該將軍等請以附籍之名，曲徇其意。辦理甚為不合。或因向來地方官辦理不善，未經愷切曉示，以致小民無知，遲疑觀望耳。著再加恩，展限十年，令該將軍並地方官等詳晰申明曉諭，其在奉省本無產業者，仍令陸續回籍外，若在奉省置有產業，何不即入奉籍。既不欲回原籍，而又不肯編入奉籍，則是目無法紀，怙惡不悛矣。限期一滿，定當嚴行治罪，決不姑貸。餘依議。（高宗三七一、一〇）

（**乾隆三九、一一、丙辰**）又諭曰：弘晌奏，海口拏獲高隆等男婦四十三名口，恐係王倫逆黨，解至盛京嚴審等語。東省民人，前往盛京種地貿易，此係常事，即如直隸、山西等處民人，往口外熱河等處耕種貿易者，亦往往有之。況高隆等俱籍隸登萊，距壽張千有餘里，賊匪逆黨，豈能成群行

至盛京。但既已拏獲，若審出實係流民，即照例辦理，不必再三研鞫，致屈良民。（高宗九七〇、一五）

（**乾隆四〇、一一、丙戌**）吏部議覆：盛京將軍弘晌奏稱，請將失察流民私行渡海之奉天、山東沿海州縣及巡查各員嚴行議處。嗣後如有失察流民私行渡海，別往發覺者，照臺灣流寓民人眷屬偷渡例，將沿海州縣及巡查文職官，失察一名至十名者，罰俸一年，十名以上降一級留任，二十名以上，降一級調用。至武職巡哨洋面，均有稽查之責。如有失察，亦照此例，按其偷渡名數，分別議處。其守口武弁，遇有疎縱，即照盤查不實例，降二級調用。從之。（高宗九九六、四〇）

（**乾隆四一、一二、丁巳**）諭軍機大臣等：盛京、吉林為本朝龍興之地，若聽流民雜處，殊於滿洲風俗攸關。但承平日久，盛京地方與山東、直隸接壤，流民漸集，若一旦驅逐，必致各失生計，是以設立州縣管理。至吉林，原不與漢地相連，不便令民居住，今聞流寓漸多，著傳諭傅森查明辦理，並永行禁止流民，毋許入境。（高宗一〇二三、八）

（**乾隆四二、三、己巳**）定嚴查隻身民人私赴奉天例。吏部等部議覆：山東布政使國泰奏稱，隻身流民積漸成夥，較攜眷就食者，更易作奸，請由地方官給票出口之處查禁。應如所請。嗣後如有藉稱尋親出口赴奉天並無確據者，不許給票。如濫給，滋事發覺，即將給票官降二級調用。至該布政使稱，偷越總由船户。亦應如所請。嗣後山東登萊等處有票船隻，如有夾帶無照流民私渡奉天者，杖九十，徒二年半，船隻入官。從之。（高宗一〇二八、四）

（**乾隆四二、六、乙卯**）諭：東三省乃滿洲根本地方，諸宜恪守滿洲淳樸舊俗，並力挽漸染漢人習氣。近見吉林風氣，亦似盛京，日趨於下，而流民日見加增，致失滿洲舊俗，此皆該將軍等平日不善於整頓之故。……若不亟為整頓，則黑龍江亦必漸染漢人習氣，所關甚鉅。富椿不勝吉林將軍之任，著調補杭州將軍；額爾德蒙額年已衰老，著來京。富椿所遺吉林將軍員缺，著福康安補授。俾令加意整頓彼處習氣。（高宗一〇三五、四）

（**乾隆四四、七、甲辰**）諭：盛京、吉林，均係國家根本之地，境壤毗連，盛京旗人，潛往吉林種地謀生，本無關礙，並非逃旗可比。從前弘晌奏請解回治罪之處，所辦原屬過當。伊等皆滿洲世僕，盛京、吉林有何區別。其正身旗人六户，即著入於吉林當差，無庸解回盛京辦理。（高宗一〇八七、一五）

（**乾隆四六、五**）[是月]吉林將軍和隆武奏：先經軍機大臣等議准，吉林地畝，照內地丈量，增定地丁錢糧。其花戶數目，查明存記，禁止流民偷越，以資生計。茲和爾蘇邊門章京，拏獲逃來流民三戶，共四十三名口，並引進民人三名。除照例逐回外，請勅令直隸、山東、陝西、山西各督撫申飭所屬，嚴禁偷越。再，此等流民，多由八溝等蒙古地方行走，請令直督一體飭禁。報聞。（高宗一一三一、二四）

（**乾隆五七、一一、癸丑**）諭軍機大臣等：據慶成奏，西北一帶關口，自九月下旬以來，攜眷外出之民，日漸稀少，惟出山海關者，依然絡繹；現在責成該關副都統及臨楡縣分別查驗，等語。京南、河南等府，偶被旱歉，曾經降旨，凡有出關覓食貧民，毋許攔阻，原爲軫恤災黎起見。山海關外盛京等處，雖旗民雜處，而地廣土肥，貧民攜眷出口者，自可藉資口食；即人數較多，斷不致滋生事端，又何必查驗禁止耶。即如該提督奏責成副都統及臨楡縣查驗，除實在貧民，方許出口，其別府州縣民人，概行禁止，亦屬有名無實。貧民出口者甚多，豈能一一查詢；即使向其盤詰，伊等亦何難自認爲災區之人，該副都統等又何從爲之辨別？是該提督所奏，不但無益，且恐轉滋擾累，況災民等早經出口，明春麥收有望，此時正思回籍，即欲設法飭禁，亦已無及。所奏斷不可行。將此傳諭知之。（高宗一四一七、七）

（**乾隆五八、一一、庚寅**）吉林將軍宗室恆秀奏：上年直隸歲歉，蒙恩聽求食流民出關，計到臣所屬地方者萬五千餘人。吉林屢豐，流民均獲生全，今年內地有秋，飭令回籍，咸云甫經全活，移回轉苦失業，路費亦難，察其情形屬實，似宜俯聽。但人數衆多，恐不肖雜處生事，請照例造入紅册，自來歲爲始交丁銀。除報部外，嗣有願回籍者，註明開除。從之。（高宗一四四〇、一）

（**嘉慶六、八、甲寅**）諭軍機大臣等：特清額奏，窮民出口分別驗放章程一摺。各處關口定例，稽查出口民人，自當一律給票驗放，何以祇山海關一處由臨楡縣給票，而古北口、張家口等處並不給票，辦理殊未周密。至所稱嗣後民人出口，如查係攜帶老幼妻子者，自係良民，應准放出，如無眷流民，年當少壯，無論隻身結伴，概不准出關一節，所議亦未妥協。本年直屬被水地方較多，窮民出口謀生者自必不少，並恐奸匪易於溷跡，若祇查其帶有眷屬放行，其年壯未帶眷屬者，或向守關兵役許給錢文，攙混出關，均屬事之所有。況口外即係蒙古地方，若內地窮民紛紛到彼覓食，竟似內地不能存活，而蒙古等又必以侵占伊等游牧爲詞，致生枝節，殊屬不成事體。總之中外之界，不可分，稽查關隘，寧嚴毋濫。其應如何立定章程給放驗票之處，著陳大文會同特清額具奏。尋覆奏；查例，凡出口旗民，俱係飭令給票驗放，日久奉行不力，遂致有名無實。惟該災民等若非流離失所，必不肯輕去其鄉，惟有諄諭府廳州縣，將大賑實心妥辦，廣爲出示曉諭，令其安心待賑，切勿擅離鄉井。仍通飭地方官，各遵定例，凡商民出口，給與印票，至口對驗相符，始准放行，造册報部。得旨：凡人莫不繫戀鄉井，若非萬不得已，孰肯輕去。實力辦賑，爲探本正辦。勉之。（仁宗八六、一五）

（嘉慶八、四、丙子）諭軍機大臣等：本日大理寺卿窩星額，由盛京差竣來京。召見時，據奏，伊於關外路上，見出關民人或係隻身，或攜帶眷屬，紛紛前往傭工貿易。緣關外地方傭趁工價比內地較多；若遇偏災年分，山東、直隸無業貧民，均赴該處種地爲生，漸次搭蓋草房居住，是以愈集愈衆。現在一應物價，因生齒日繁，未免增貴，惟米價較之內地尚爲平減。至該處旗人，近因無業貧民出口種地者多，究於生計不能充裕，等語。看來關外民人，聚積日多，物價較前昂貴，即所產米石有餘，食之者衆，其價亦必至增加，於旗人生計未免有礙。總由旗人等怠於耕作，將地畝租給民人，坐獲租息，該民人即借此牟利。著晉昌勸諭旗人，或將現有地畝自行耕種，或將未種荒地以次開墾，俾各自食其力，漸臻饒裕。斷不可圖得一時租息，將自有地畝盡租佃民人，轉致生計缺乏。至民人等出關後，定例不准私墾私典旗人地畝，並當出示查禁，勿得陽奉陰違，視爲具文。晉昌等務當公同商酌，將如何妥爲辦理之處，據實奏聞。（仁宗一一一、一九）

（嘉慶八、六、辛卯）諭內閣：前因山海關地方，多有內地民人攜眷出口，經兵部議定章程具奏。當即降旨飭令直隸、山東各督撫，出示曉諭居民，明定限期禁止出口。近聞內地民人前往山海關守候出關者，尚復不少，蓋緣前旨經督撫接奉後，刊刻宣布，一時間閻未及周知，貧民亟思移家謀食，相率赴關，係尚在未經定限以前。若令仍回原籍領票，該民人等力有不能，如任其擁擠關口，概不放行，則日聚日多，成何事體。著策拔克即馳驛前赴山海關，會同來儀，查點欲行出口之戶現有若干，逐一放行。仍著直隸、山東各督撫再行定限，出示曉諭該民人等，自此次定限之後，斷不得攜眷出口，致干例禁。仍各將如何出示定限緣由，先行具奏。（仁宗一一五、一八）

（嘉慶八、七、癸卯）諭內閣：策拔克、來儀奏，查閱攜眷出關民人各情形一摺。據稱六月初間，有攜眷出口民人十戶計三十七名口，因到關方知新例，均紛紛回籍。此外有貿易民人百有餘人，未經本籍給票，經來儀照舊放行。又，策拔克到後，適有出關民人五戶計十六名口，因不知新例不准出關，亦經策拔克等給票放行，等語。所辦尚是。各關口禁止民人等攜眷出口,前經兵部於五月初間奏定章程,朕特降諭旨,令直隸、山東各督撫等遍行出示曉諭,原欲使民人早知例禁,不致紛紛冒昧赴關,復被阻止,徒勞往返跋涉。此事已閱兩月,何以民人等尚未知悉。試思小民家居乏食,至遠涉數千里覓地傭工,其窮苦已可概見,因格於新例,到關後不能放行,復須回歸本籍,往來跋涉,徒費盤纏,豈不倍形拮据。若不早爲飭禁,大張示諭,實無以體卹貧民。著再傳諭直隸、山東各督撫等,於接奉此旨後,迅即將現定章程速行宣布,俾小民等共見共聞,家喻户曉,自不致冒干例禁。該督撫等於出示曉諭後,即一面知會來儀,互相照察,庶無歧誤。再,此次小民等因不知新例,紛紛到關,經朕施恩准放,但恐此外各處愚民聞知不持票引,仍可出關,未免心存希冀,相率前來,不可不明示限期。著定以本年十月初一日爲限,除限内到關者仍准放行外,如限外到關並無票據,即當遵例停止,毋許擅放。(仁宗一一六、二二)

　　(嘉慶八、一二、丁亥)諭内閣:兵部議駁來儀具奏出關民人就近給票一摺。所駁甚是。商民出口,既定有章程,各州縣早經出示曉諭,凡領有照票者,到關驗放;若無票據,不准放行;該商民等自行一體凜遵。乃該關前有載鐵鍋車九輛,車夫九名,行至關口並無商人持票呈驗。此項車輛,詢係由文安縣地方攬載,何以不在該縣請領印票,且商人以販貨爲生,豈有將貨車盡委之車夫,並不跟隨同行之理。乃來儀奏稱,將來如有載貨車輛,車夫未在原籍起票,商人亦未持票到關者,俱請由臨榆縣發給照票驗放。此端一開,各商民必致仍前混冒出口,與不起票何異。明係該關兵役受賄私放,來儀聽其慫恿,並未根究商人實在下落,率即放令出關,殊屬不合,著傳旨申飭。嗣後凡商民出關,仍須遵照奏定章程:或在原籍或在貿易處所起票驗放,即攬載車夫,亦應將其年貌姓名同商人總注一票,以憑查覈放行,毋得再任其冒干例禁,致滋弊混。(仁宗一二四、二六)

　　(嘉慶一一、六、甲申)又諭:刑部議駁,裘行簡奏審擬參革都司官祿藉端科斂出關客民錢文因公支用一摺。此案官祿於出關客民到營驗票掛號,每張索紙筆費東錢二百,覈制錢三十三文。雖據裘行簡奏稱,審係官祿以遞解人犯、修蓋官廳、並置備鳥鎗等項需費無措,藉端科斂,但營中幫貼公用,自有定例應行報銷之款,即或例不開銷,亦當詳明,籌款辦理,何得藉口公用,率意索取錢文?況官祿係於上年春間始令客民出錢幫貼,則前此營中公用之項,又從何支發。其爲需索入己,情弊顯然,何得故爲開脱,避重就輕,又蹈軟弱因循之惡習矣。再,定例因公科斂,係專指有司官吏科斂所屬財物、管軍官吏科斂軍人錢糧而言,今官祿係管軍之官,所斂錢文,俱係出關客民，並非營中所屬，袞行簡援照科斂例坐贓論罪，所辦殊未允協。著即查照部駁情節，提集案內人證，詳細研訊，另行定擬具奏。（仁宗一六二、一三）

（嘉慶一一、七、己未）又諭：富俊等奏邊外墾地農民出入邊門酌請定制一摺。據稱科爾沁該管旗界常突額勒克等處，自嘉慶七年奏准墾種閒荒地土，經今四載，流寓已有數萬。該民人等呈稱，日用農具等項，邊外並無市集，均須至開原縣購買，計由法庫邊門出入，往返四、五百里，由威遠堡邊門出入，更屬紆曲，實於農民不便。查該處徑對開原，有路可通，相距僅二十餘里，設有邊柵，恐農民避遠偷越，請於法庫、威遠堡兩邊門適中另設一門，以便出入，等語。所奏不可行。邊門申畫界限，定制已久，豈有因一、二處民人行走紆繞，即議請增設之理。若此例一開，各處相率效尤，又將如何辦理。其常突額勒克等處地界，距開原縣甚近，現在流寓民人已有數萬，一切命盜田產等事，自應設官經理，彈壓稽查。著富俊等詳悉會勘，或倣照吉林長春堡事例，妥議章程，另行具奏。至蒙古各部落，因有閒荒山場，懇請招民開墾，及墾種日久，民戶眾多，又懇請驅逐，案牘纍纍，殊非情理之平。應酌量定制，凡蒙古王公該管界內，有荒地先經奏明招民開墾者，係該王公情願招墾，即日久人數漸多，亦不得以侵占等情紛紛訐告。如仍前瀆擾，概不申理，惟原請之王公是問。其有從前未經懇奏私自招墾者，雖與奏明者有間，但既已招墾於前，亦不得於墾熟之後藉辭脅逐，以息訟端。且民人出口後，該主公等若不行招致給與地畝耕種，伊等無業可圖，必不能久留邊外，是流民出口之多，總由該王公等招墾所致。嗣後若再有私行招墾者，一經查出，定將該王公等一併議處。著理藩院即酌定處分，奏明，載入條例。其內地民人，均有土著版籍，設地方間遇災荒年歲，朕必優加撫卹，州縣官果能勤宣德意，勞來安集，小民又何肯輕去其鄉。至出口墾荒者，動輒以千萬計。嗣後著邊門章京留心稽查，遇農民相率出口者，查係何州縣人戶，詳細造冊，報明該管大員，據實入奏，將原籍官議處，交該部定議。以流亡之多寡，分處分之輕重，俾司牧者咸知盡心撫字，以安民為急務。若邊門官員容隱不報，並著該管大員查參，交部議處。（仁宗一六四、一七）

（嘉慶一一、七、乙丑）諭內閣：郭爾羅斯地方，從前因流民開墾地畝，設立長春廳管理，原議章程，除已墾熟地及現居民戶外，不准多墾一畝，增居一戶。今數年以來，流民續往墾荒，又增至七千餘口之眾，若此時概行驅逐，伊等均係無業貧民，一旦遽失生計，情亦可憫，著仍前准令在該處居住。但國家設立關隘，內外各有限制，該處流民七千餘人，非由一時聚集，總由各關口平日不行稽察，任意放行，遂至日積日多。今事隔數年，其經由各關口，亦難一一追查，所有失察各員，姑從寬免究。嗣後各邊門守卡官弁，務遵例嚴行查禁，遇有出口民人，均詢明來歷呈報，不得任聽成群結夥，相率流移。若仍前疏縱，定按例懲處不貸。至所墾地畝，均係蒙古地界，毋庸官徵丁賦，所出租銀，仍聽蒙古徵收，亦不必官爲經理。（仁宗一六四、三一）

（嘉慶一二、一二、丙戌）又諭：據秀林奏，查出伯都訥所屬拉林河西岸地方，流民私墾田地一千九百餘畝，聚集人一千餘戶，請將失察之副都統協領等，交部分別議處，等語。伯都訥之拉林河西岸等處地方，流民私墾田地至一千九百餘畝，聚集人一千餘戶之多。若一時全行逐回原籍，該流民不惟棲止失所，恐不免於饑寒。著加恩將此項查出私墾之田，分給流民，仍照前次辦過成案，入於紅冊，於明年起徵……（仁宗一九〇、一二）

（嘉慶一三、閏五、壬午）又諭：戶部奏，議覆吉林將軍秀林奏長春廳開墾地畝、流民仍准入於該處民冊一摺，所奏是。此次續經查出流民三千一十戶內，有關墾地畝者，亦有未經開墾者，若概行驅逐，未免失所。著再加恩准照前次諭旨，入於該處民冊安插。自此次清查之後，該將軍務遵照原議，除已墾之外，不准多墾一畝，增居一戶，如將來再有流民入境，定即從嚴辦理。（仁宗一九六、一六）

（嘉慶一三、九、壬辰）戶部議覆：盛京將軍富俊等奏嚴禁流民出口私墾章程。嗣後民人出山海關至奉天屬各處者，令由原籍起關照一張，填註姓名及前往處所，到關驗明放行。仍令在原籍起隨身護票一張，填註所往地方，繳官備查。如出山海關至威遠堡、法庫邊門外，令由原籍起關照二張，一照山海關存留，一照邊門存留。應如所請。至所稱自嘉慶十四年正月爲始，將該處現在民人戶口地畝，責成通判、巡檢、地保等分別立限詳報，以防續有流民前往藉戶詭添情弊，尚未周密，請飭令該將軍按季另派妥員，詳查結報，將有無增添之處，具結送部覈查。其前次出口民人衆多，該管章京等並不力爲阻遏，應令查取職名，送部覈議。得旨：戶部議覆盛京將軍富俊等奏邊外農民出入邊門酌請定制一摺，均著照所議行。盛京地方設立邊門，原所以稽查出入，用昭慎重，若任聽流民紛紛出口，並不力爲攔阻，殊非嚴密關禁之道。嗣後著照該部奏定章程，交該將軍等嚴飭守口員弁，實力巡查，並出示曉諭，各處無業貧民，毋得偷越出口私墾，致干例禁。其失察前項出口民人之該管章京，咎有應得，乃富俊等未經查明參奏，亦屬疏漏。著將應議各員查取職名，補行送部覈議具奏。（仁宗二〇一、三七）

（嘉慶一五、一一、壬子）又諭：賽沖阿等奏查辦吉林、長春兩廳流民一摺。據稱吉林廳查出新來流民一千四百五十九戶，長春廳查出新來流民六千九百五十三戶等語。流民出口，節經降旨查禁，各該管官總未實力奉行，以致每查辦一次，輒增出新來流民數千戶之多。總以該流民等業已聚族相安驟難驅逐爲詞，仍予入冊安插，再屆查辦復然。是查辦流民一節，竟成具文。試思此等流民，多至數千戶，豈一時所能聚集。該地方官果能於入境之始，認真稽察，何難即時驅逐，且各該流民經過關隘處所，若守口員弁果能嚴密稽查，何能挈族偷越。各該管官種種廢弛，於此可見。除此次吉林、長春兩廳查出流民，姑照所請入冊安置外，嗣後責成該將軍等，督率廳員實力查禁，毋許再增添流民一戶，如再有續至流民，訊係從何關口經過者，即將該守口官參處。至長春廳民人向係租種郭爾羅斯地畝，兼著理藩院飭知該盟長扎薩克等，將現經開墾地畝及租地民人查明確數報院存案，嗣後無許招致一人，增墾一畝，如有陽奉陰違，續招民人增墾地畝者，即交該將軍咨明理藩院參奏辦理。（仁宗二三六、二）

（嘉慶一六、三、壬子）諭軍機大臣等：來儀等會奏查禁民人私墾牧場一摺。據稱，嗣後私行出口民人，免其驅逐，倣照保甲之法，編列牌頭甲長保正，查令互相首報，等語。編查保甲，原係成法，但行之内地，藉以稽查盜賊，而地方官視爲具文，尚屬有名無實；該處係游牧之所，向未設立保甲，此等出口民人，原應於關隘處所豫爲嚴禁，毋令流民濫行偷越，則游牧地方自無慮聚集多人礙難驅逐，若專責成保甲稽察，恐日久奉行不力，仍屬空言。該將軍等既有此奏，即著妥爲經理，仍一面嚴飭地方官及守口弁兵遵照舊例，遇有出入民人，如係隻身，驗票放行，其移眷之戶概行禁止，庶偷越者少，私墾之源可冀漸除矣。將此諭令知之。（仁宗二四〇、五）

（嘉慶一六、一〇、丁巳）諭内閣：戶部議覆吉林將軍賽沖阿查奏伯都訥流民納丁入冊一摺，已依議行矣。其摺内稱，嗣後令該將軍嚴飭各邊門關隘，實力查禁，並飭該管官申明保甲之法，毋再容留滋弊等語。内地流民出口私墾，本干例禁，迨人數衆多，難以驅逐，每閲數年查辦，仍懇請編丁入戶，不過以此後申嚴禁令不得再有私墾爲詞，該將軍等亦視同具文，並不實力查辦，殊非清源節流之道。著通諭直隸、山東、山西各督撫，轉飭各關隘及登萊沿海一帶地方，嗣後内地民人有私行出口者，各關門務遵照定例，實力查禁，若有官吏互相容隱，私行縱放，一經查出，即據實參處。如此各省關禁一律申明，使出口之人漸少，則私墾之弊，當不禁而自除。該將軍仍督令該管官，隨時嚴查保甲，互相稽考，俾得各專責成，毋致日久生懈。（仁

宗二四九、九）

（嘉慶一七、四、丙午）諭軍機大臣等：據和寧等奏稱，奉天海口自開凍以來，山東民人攜眷乘船來岸者甚多，咸稱因本處年成荒歉，赴奉謀生。各貧民已渡至海口，人戶較多，勢難阻回，酌擬於省城飯廠加米煮賑散放。請飭令山東巡撫，嚴飭登萊各屬，毋准再放流民上船渡海，等語。山東省上年登萊等處地方歉收，節次降旨，令該撫督飭地方官妥為撫卹。昨同興前來陛見時，朕曾諄諄面諭，並慮及該處災民有渡海赴奉省謀食之事，茲和寧等具奏情形，果不出朕所料。總由山東地方官於撫卹事宜，全不認真經理，以至災黎流離遠徙。上年奉省收成本不豐稔，冬閒即有災民出邊，就食吉林，曾將觀明等懲辦。今山東災民又赴奉省，是奉省本境米糧尚不能自給，又益以外來就食之戶，豈不更形拮据。現在和寧等已設法調劑，著傳諭同興，即督率登萊各地方官，將該處窮民上緊賑卹，但令餬口有資。人情重去其鄉，亦孰肯遠涉海洋，自干例禁。並曉諭各海口，以東省現已多方賑卹，禁止該處民人再航海前赴奉省。該撫務即實心經理，毋再玩泄為要。至和寧等奏稱，現來奉省貧民，除有親友可依外，其窮苦者，擬加米煮賑，於省城飯廠散放，至四月十五日停止。屆期工作大興，兼值耕耘多需人夫，則災民儘可傭工度日，等語。著即照依所奏，妥協辦理，毋令失所。將此傳諭同興，並諭和寧等知之。（仁宗二五六、五）

（二）直隸　熱河

（康熙五一、五、壬寅）又諭曰：山東民人往來口外墾地者，多至十萬餘。伊等皆朕黎庶，既到口外種田生理，若不容留，令伊等何往。但不互相對閱查明，將來俱為蒙古矣。嗣後山東民人有到口外種田者，該撫查明年貌、姓名、籍貫，造冊移送稽察。由口外回山東去者，亦查明造冊，移送該撫對閱稽查，則百姓不得任意往返，而事亦得清釐矣。（聖祖二五〇、一七）

（雍正五、二、庚辰）諭內閣：敬覽聖祖仁皇帝實錄內，康熙五十一年五月二十日奉旨，山東人民出口種地者，多至十萬有餘，伊等皆朕黎庶，既到口外種田生理，若不容留，令伊等何往。但不互相對閱查明，將來俱為蒙古矣。嗣後山東民人，有到口外種地者，該撫查明年貌、籍貫，造冊移送稽查，由口外回山東去者，亦查明造冊，移送該撫覆閱稽查，則百姓不得任意往返，而事亦得清釐矣。朕披讀之下，仰見我皇考聖慮周詳、撫民懷遠之至意。此事今尚行否。其直隸、山西民人有往口外種地者，亦照此例行否。著大學士等查奏。尋奏：查康熙五十一年四月內，曾奉聖祖仁皇帝諭旨，古北口六路種地民人，酌設副將同知管理，嗣經九卿議停，未曾舉行。至雍正元年、二年、三年，陸續添設古北口、張家口、歸化城同知各一員，與聖祖當日諭旨早已符合。但口外地方遼闊，各該同知所轄，恐有遺漏之處，應令直隸、山西督撫查明，酌量分交管理。並嚴飭三路同知，各按所管地方，將見在寄居民人與種地民人，查明姓名、籍貫，造冊咨查各本籍。仍令各省州縣官，將所有出口種地民人記檔，以備日後查對。嗣後再有出口種地之人，俱著該同知一面安插，一面移咨本籍，查無過犯逃遁等情，准其居住耕種，年終造冊報部。從之。（世宗五三、二九）

（乾隆一、三、己酉） 直隸總督李衛疏請：遵化州屬羅文峪口外之西半壁山、薊州屬黃崖關之中營，各設巡檢一員，催收各關地糧賦。遵化所屬之牛圈子、大水泉二處，各添設撥汛，大安口汛額兵外，添馬兵三名、守兵三十名。遵、薊二屬各關口陸續開墾地畝，已熟者照遵、薊二屬下則納糧，荒地有認墾者，照旱田例十年升科。遵化所屬之廠溝、榆樹溝等處，另開地七十三頃有奇，前丈入承德州，今應仍歸遵化徵收。均下部議行。（高宗一四、三〇）

（乾隆六、七、庚辰） 戶部議覆：直隸總督孫嘉淦奏稱，直隸新墾之地，不足二畝，免其升科。凡官山官地，以具呈先後認墾，民地先儘業主報墾，如力不能墾，始許別人呈認，墾成之日，業主不得爭奪。應如所請。從之。（高宗一四七、四）

（乾隆六、八、丙辰） 調任直隸總督孫嘉淦疏報：丈出察漢陀羅海九垠牛地一十五頃七十五畝、布金三垠牛地七頃、布金一垠牛地二頃五十七畝、舊荒地一頃九十畝。（高宗一四九、九）

（乾隆一二、一二、己未） 軍機大臣等議覆：署直隸提督拉布敦奏八溝、塔子溝等處設兵屯田一摺。查巴溝以北及塔子溝通判所轄地方，皆係諸蒙古牧場，原不應听他處民人開墾，乃貧戶絡繹奔赴，墾地居住，至二、三十萬之多，在各蒙古既非所轄，而該同知、通判又復鞭長莫及，積久易於滋事。各蒙古因其耕種納租，一時不無微利，不知染習漸移，大有未便。今拉布敦恐生事端，欲添設官兵彈壓，而以開墾爲養兵之計，且稽查鈐束，於蒙古更爲有益。所見亦是。但查口外固多可耕之土，既係各蒙古牧場，未可輕議屯墾，而貧民雜處，查察管束，實不可少。理宜先爲相度，應交理藩院派賢能司官一員前往，會同該扎薩克等查勘，備悉現在情形，繪圖到日酌議。至此等民人聚集，於各蒙古未便之處，已遵旨傳諭羅卜藏。據稱，民人耕種蒙古地畝，雖似有微利，實已暗被侵占，且漸染伊等習氣。今若委員清查管束，皆有益於蒙古，等語。請飭令理藩院行知各扎薩克，令偏諭所屬，其間有租與民耕種，或交銀承種幾年，或被侵占及不可爲牧廠，將來仍須開墾之地，俱報出，以便辦理。得旨：此事著派尚書納延泰、貝勒羅卜藏，於明年春間，前往會同署提督拉布敦，率領地方官查勘辦理具奏。餘依議。（高宗三〇四、六）

（**乾隆一四、一二、甲辰**）是月，直隸總督方觀承奏：查鮎魚關、大安口、黃崖關、將軍關各口外開墾地畝，係在禁地石碣外，俱經報明升科，並無私墾。其大小黃崖二口外諸山雜色樹木，向由地方官給票樵採，殊未妥協，應請嗣後商民有於兩處出口採伐者，俱令赴部請領印票，始准守口員弁驗放。至遵、薊二州屬石碣以外，地多榛蕪，遇秋乾燥，逼近火道，恐有疎虞，是以向來聽民樵採，仍應照舊辦理。其千松背山，近喀喇河屯等處行宫，樹木應禁樵採。得旨：覽。交地方官時當查察，毋致日久怠玩可也。（高宗三五五、二一）

（**乾隆二二、一二**）[是月]直隸總督方觀承奏：查辦官地竣事。天津等十三州縣，實在荒熟官地共十萬一千一百二十四頃四十九畝零，除已升科地畝覈對節年奏册相符外，其已墾未升科及河淤改租徵糧地，共一萬五千六百五十二頃九十五畝零，各按地畝情形，分爲上、中、下三則，共應徵地丁正額銀二萬二千八百六十兩零。統於乾隆二十二年爲始，其未墾荒地六萬七千七百二十三頃六畝零，飭地方官於春融時募墾，分別升科。報聞。（高宗五五三、三九）

（**乾隆三八、四、丁酉**）諭：戶部奏荒地招民佃墾，定限起租一摺。所辦尚無實濟。前以荒蕪地畝及低窪之處，每易滋生蝻孽，曾令裘曰修親往履勘，並令會同英廉等酌量可墾者，令業主佃戶墾種成熟；其實係沮洳之區，即爲開掘水泡，以杜蟲孽而資潴蓄。數年以來，尚未辦及。現在裘曰修患病未愈，英廉承辦事務亦多，難於兼顧。此事於畿輔農田最有關係，著交周元理專派明幹妥員，逐加踏勘，將實可施工、民間樂於認墾者，聽從其便；其荒蕪低窪之區，即酌開水泡，以期日久利賴。並派道府大員督率稽查。該督仍親往悉心相度，董司其事。務即詳細籌畫，妥定章程，於朕啓鑾前，將如何辦理之處，即行覆奏。尋奏：現委霸昌、通永、天津、清河四道各按地段細勘。又，現因閱河之便，由永清、東安、固安、宛平、大興一帶將官荒旗荒地及流石莊等處察勘，其未經河占隄壓及沙城尚輕、可墾復者甚多，至沮洳積水處，若徧開泡子，水無去處，積久必生魚蝦，涸後遺子多化蝻孽。似不若就低窪荒地，開挖溝道，引水入河，較爲有濟。現札各道照此章程查辦。其可墾地若干，何處宜種樹果、宜種五穀，疏通舊溝、添設新溝及某溝應通某河之處，俱官爲經理。懇限兩月勘議妥辦。得旨：覽奏俱悉。（高宗九三二、一六）

（乾隆四一、五、甲午）諭軍機大臣等：……即如山東無業貧民，出口往八溝、喇嘛廟等處傭耕度日者，難以數計，蓋由此等流寓民人在彼耕作得利藉以成家業者甚多，遠近傳聞，趨之若鶩，皆不憚數千里挈眷而往。（高宗一〇〇九、八）

（乾隆五〇、七、乙卯）户部議覆：直隸總督劉峩奏稱，查勘直屬府廳州縣官旗民各項荒地。得旨：所有各州縣歷年報荒官旗各項地畝，經此次派員履勘查辦，即查出可墾地八百餘頃，分別年限，召墾輸租，於旗民均有裨益，足見從前荒廢地利，地方官不實力查辦所致。但恐此後地方官因循日久，又復視爲具文，日漸廢弛，仍屬有名無實。著交該督董率所屬，認真辦理，剴切勸諭，務令小民踴躍從事，以期沃壤日增。至地利轉移無定，或有此時可耕，而日後或致水衝沙壓者，或此時難墾，而日後漸成膏腴者，並著該督隨時察看，於此次查辦後，續有可耕者若干，續行報荒者若干，於每屆年終彙奏一次，以專責成。（高宗一二三四、一〇）

（嘉慶一五、二、己酉）諭内閣：本日朕恭閱世宗憲皇帝實錄，内載雍正五年二月二十三日諭旨，敬覽聖祖仁皇帝實錄内，康熙五十一年奉旨，山東民人出口種地者多至十萬有餘，伊等皆朕黎庶，既到口外種地生理，若不容留，令伊等何往。但不互相對閱查明，將來俱爲蒙古矣。嗣後山東民人有到口外種地者，該撫查明年貌、籍貫，造册移送稽查。由口外回山東去者，亦查明造册，移送該撫覆閱稽查等因。此事今尚行否，其直隸、山西民人，有往口外種地者，亦照此例行否。著大學士等查奏等因，欽此。嗣經廷臣查奏，以口外種地民人，於雍正元年、二年、三年，陸續設古北口、張家口、歸化城三同知管理。但地方遼闊，各該同知所轄，恐有遺漏，應令直隸、山西督撫查明，酌量分交管理，並飭三路同知，各按所轄地方，將寄居民人與種地民人，查明姓名、籍貫，造册咨查各本籍。仍令各省州縣，將所有出口種地民人記檔，以備日後查對。嗣後再有出口種地之人，俱著該同知一面安插，一面移咨本籍，查無過犯逃遁等情，准其居住耕種，年終造册報部，等語。當蒙允准施行。因思口外各蒙古部落種地民人，在聖祖仁皇帝、世宗憲皇帝時，已因其人數繁多，屢經降旨設官管理，立法稽查。迄今又將及百年，内地民人生齒日繁，出口謀生者益復加增，即原先出口之人，亦復滋息日多。其自雍正年間添設同知以後，現又增設官若干員；各寄居種地民人，現在作何稽查；遇有民人出口者，各該地方是否記檔；該口外官員等，是否將有無過犯等情咨查本籍再行安插；年終是否造冊報部；著該部查明覆奏。尋戶部奏：查古北口、張家口、歸化城，自雍正年間設立三同知管理以後，歸化城種地民人，由該同知通判各按所管地界，照編造保甲之例，每年將舊存新到及回籍病故人數各若干，註明係何州縣民人，造冊咨送臣部查覈。除嘉慶十四年人數尚未造報外，計十三年分實在民人四千九百餘名。古北口以外灤平、豐寧二縣，向係土著民人，按冊輸糧。熱河迤北一帶，係蒙古外藩游牧處所，自乾隆四十三年改設州縣以後，民人集聚漸多，山廠平原，盡行開墾，均向蒙古輸租。有家資稍裕搬移眷屬者，亦有偶值歉收投親覓食者。張家口地方偏僻，關外東西兩溝，雖有山坡，墾種地畝無多，數十里外即係游牧草地，並無可開墾，亦無村落，商販往來，俱由都統衙門給與照票。其餘隻身出入民人，亦俱取具關內鋪戶保狀，方准放行。此山西撫臣造報臣部，各關口造報兵部查覈之原委也。至古北口、張家口外寄居種地民人，現在作何稽查，未據咨報。口外官員等是否將有無過犯等情咨查原籍，再行安插之處，歸化城並古北、張家二口外，均未咨報。應請旨勅交直隸總督、山西巡撫查明，妥爲安置，按年造冊，報部查覈。從之。（仁宗二二六、一五）

（嘉慶一五、四、庚子）改設熱河統轄大員。諭內閣：口外沿邊地方，自康熙年間，已有內地民人在彼耕種居住。百餘年來，流寓漸多，生齒益衆。雍正元年以後，節次添設官員。現在吉林、盛京、直隸、山西口外毗連一帶，共設有一府一州五縣十二廳，此內各廳，有隸吉林將軍統轄者，有隸奉天府尹統轄者，有隸山西巡撫統轄者。至承德府所屬各州縣及宣化府口外三廳，皆屬直隸總督統轄。地方遼闊，於吏治察覈、刑名審轉，諸多不便。朕意當於熱河地方設一大員，將承德府等處附近各屬，專令統轄。應如何改隸統屬並建置各事宜，著大學士會同各該部妥議具奏。尋議：熱河原設副都統一員，應請裁汰，改設都統一員，除管轄駐防官兵外，所附近一帶蒙古事件，向屬稅員兼管者，俱改歸該都統專辦。惟查八溝、三座塔、烏蘭哈達三處，向派理藩院司官各一員收稅，塔子溝係八溝分口，向派理藩院筆帖式一員收稅，地方遼闊，應添派司員，將筆帖式徹回。此四處請照察哈爾游牧理事司員之例，俱改爲蒙古理事官，爲都統之屬。都統衙門應添設筆帖式二員。至民人租種蒙古地畝，向無存官冊檔，自應及時清釐，並交理藩院行文該盟長扎薩克等，諭以皇上軫念蒙古久遠生計，慮及開墾益多，有妨游牧，嗣後各部落內除先經開墾地畝外，不准再有私招民人開墾之事。現在該處聚集民人，既有十萬八千六百餘戶，應責成理事司員州縣等嚴查，勿令再添外來流民，庶可杜蒙古地畝日逐增墾，其窮苦者得以孳息牧産，流寓民人安居耕種，該扎薩克等亦長得租銀津貼辦公，一切均有裨益。從之。（仁宗二二八、九）

（嘉慶一六、六、壬子）又諭：毓秀、温承惠奏查辦圍場北柵外店鋪窩鋪一摺。所有北柵外舊有大道旁開設各店鋪，即著照所議，分別存留、拆挪辦理。其該處租種蒙古地畝民人，亦應定立章程，不得在距柵木三十里以内招認開墾，搭蓋窩鋪，以杜偷漏圍場鹿隻茸角。嗣後距柵木三十里以内，有開設店鋪及開墾地畝者，如何責成查禁，其查禁不力之該管地方，並招募民人開墾之蒙古扎薩克章京等，作何查參辦理，並著直隸總督會同熱河都統，妥議章程具奏。（仁宗二四四、五）

（嘉慶一六、一〇、丁卯）又諭：刑部奏酌定偷挖黄耆人犯罪名一摺，著依議行。黄耆爲藥植所需，附近貧民零星挖賣，在所不禁，若至聚集多人，並倚衆拒捕，則必應按律治罪。現將偷挖黄耆明定科條，稽察嚴密，小民自不敢干犯禁令。但近年口外游民衆多，伊等本係無業之徒，趨利若鶩。邊外所産，如鉛斤木植，不一而足，設奸民等舍此趨彼，聚集既衆，必仍滋事端。若逐案增定條例，亦屬繁瑣。此事總在沿邊關隘，於無業游民出口時，認真查禁，爲正本清源之道。出口之民既少，自不致群相糾集，牟利逗兇。從前所定守口文武員弁處分較輕，率多視爲具文，以致關禁廢弛。著吏、兵二部，會同覈議，將守口官弁賄縱及失察無票民人出口處分酌改加重，庶該員等自顧考成，實力稽查，不致仍前懈玩。（仁宗二四九、二〇）

（嘉慶一九、五、癸巳）諭内閣：文寧署理古北口提督，數月以來，未曾拏獲要犯，並從犯亦未拏獲一名，實屬無能。嗣簡放熱河都統來京陛見，先即力辭，並稱伊有管見條奏，如不蒙俞允，伊即不能辦理。本日伊具摺陳奏，朕詳加披閲，語多偏謬。如扈從官員人役，由本衙門給與印票以憑盤詰一條，朕每年巡幸熱河，扈從文武官員出口，所帶人役衆多，各該員均係職官，所帶之人皆當自行查驗，若必藉印票爲憑，徒滋紛擾，轉屬有名無實，況亦斷不能辦之事。去年宋家莊造逆，與此事毫無干涉，可鄙之極。又各省流民一概不准出口一條，國家生齒日繁，無業貧民出口傭趁謀食，勢難一概禁止，但於關口嚴設禁令，不過使貧民多罹於法，其繞道偷越者，仍所不免。既於民生有礙，亦於關政無益。又口外商民赴熱河生理及由此廳赴彼廳者，悉由各廳給票查驗一條，口外各廳境壤相連，若商民來往均須領票報查，是使胥吏日飽囊橐，商民被累，必群相裹足不前，其弊豈可勝言。此三條苛細淺陋，皆斷不可行之事，無庸再行置議。（仁宗二九〇、三）

（三）蒙古

（康熙三〇、七、丙午） 土謝圖汗奏言：皇上仁恩，臣與子及所屬人民，不勝歡忭。臣思得膏腴之地，竭力春耕，以資朝夕。得旨：來年春，著理藩院遣官一員，指授膏腴之地，令其種植。（聖祖一五二、一四）

（康熙三〇、一二、丙戌） 理藩院題：歸化城一帶地方耕牛，八旗內佐領兩人共助一牛，其耒耜等項，俱移文山西巡撫豫備。上諭曰：所用耕牛，不必令其幫助，即於御廠內牛取用。耒耜等項，若令巡撫製備，將仍委之屬吏，一委屬吏，必致累民。其鐵器，著支用庫銀製造，從驛遞運送。邊外木植甚多，其木器，即於彼處製用。夫農田者，人生之根本，朕凡所至之地，先察其土田。邊外耕種，必培護穀苗，使高其壠，此皆由土性寒而風又凜冽之故，不如此，則穀苗不能植立矣。內地之田，其壠不高。各處耕種不同者，皆隨其地土之宜也。（聖祖一五三、二四）

（康熙三七、四、甲寅） 理藩院議覆：烏朱穆秦親王色登敦多卜奏，墾將克勒和朔等地給伊屬下就食人耕種。應如所請。得旨：理藩院事每多稽滯，此耕種關係蒙古諸人生計，若不速遣，必致經霜失時，著速派司官即日行。（聖祖一八八、二）

（康熙三七、一二、丁巳） 原任內閣學士黃茂等，前往教養蒙古，請訓旨。上諭之曰：蒙古之性懶惰，田土播種後，即各處游牧，穀雖熟，不事刈穫，時至霜隕穗落，亦不收斂，反謂歲歉。又因盜賊眾多，將馬畜皆置之近側，夜則圈之宿處，以致馬畜瘦斃，生計窘乏。且蒙古王、貝勒、貝子、公等，俱各承襲父爵，年在童穉，率皆不能教養所屬、安輯民人。兼之族類性貪，見所屬有馬牛刀帶諸物，亦必索取，遂至困苦難存，四散餬口，不能禁止，亦不能收集，是以人皆窮乏。爾等至彼，查明實無生計者，賑給之。至於勸善懲惡，尤為要務，應會同蒙古王、扎薩克等，嚴禁盜賊。如拏獲係兩旗下者，爾等即會同取供，情實，立刻正法示懲。又必加意鞫訊，勿得枉殺無辜。蒙古地方多旱少雨，宜教之引河水灌田。朕巡幸所至，見張家口、保安、古北口及寧夏等地方，皆鑿溝洫，引水入田，水旱無虞。朕於寧夏等地方，取能引水者數人，遣至爾所。朕適北巡，見敖漢、奈曼等處田地甚佳，百穀可種。如種穀多穫，則興安等處不能耕之人，就近貿易販糴，均有裨益，不須入邊買內地糧米，而米價不至騰貴也。且蒙古地方既已耕種，不可牧馬，非數十年，草不復茂，爾等酌量耕種，其草佳者，應多留之。蒙古牲口，惟賴牧地而已，且敖漢、奈曼等處地方多魚，伊等捕魚為食，兼以貨賣，儘足度日，此故宜知之。凡有利益，朕不時指示，爾等當盡心勉勵，以副朕意。其王、貝勒等，爾等宜與和好，凡事相商而行，有訓誨之處，須服其心，馴致協睦。蒙古性情怠玩愚蠢者固多，然亦樸直，但董理教導得宜，此輩亦易從也。（聖祖一九一、二二）

（乾隆一、三、丁巳）總理事務王大臣議覆：延綏鎮總兵米國正奏，榆林、神木等處邊口，越種蒙古餘閒套地約三、四千頃，歲得糧十萬石，邊民獲糧，蒙古得租，彼此兩便，事屬可行。其强種勒索者，禁止。應如所請。從之。（高宗一五、一二）

（乾隆九、五）[是月]川陝總督公慶復……又奏：榆林口鄂爾多斯蒙古地方，今春內地佃民，初定章程，牛具出口，先因旱熯，佈種為憂。自四月下旬得雨，已獲徧種秋苗，貧民與蒙古，彼此相安，業照原議辦理。得旨：甚好之事，非卿不辦。覽奏曷勝欣慰。（高宗二一七、三六）

（乾隆一二、二、乙丑）大學士等議覆：太僕寺卿阿蘭泰等奏稱，阿魯西巴爾臺地方，未種地一百二十二頃，係從前議給正紅旗察哈爾官兵之項。據牧廠副總管呈稱，原係鑲藍旗牧地，且水草叢深，地多鹹鹵，墾留牧放馬匹。本翼賽爾馬克特卜克等處，有水草平常、不宜牧放之地，如數換給官兵墾種，實為兩便。應如所請。從之。（高宗二八四、七）

（乾隆一六、一、己酉）又諭：據直隸總督方觀承奏稱，土默特貝子哈木噶巴牙斯呼郎圖，不按原議年限，驅逐種地民人，及故縱屬人勒索科派各情節。著貝勒羅卜藏、侍郎劉綸、侍讀學士麒麟保馳驛前往，逐一查明具奏。其理藩院議奏該旗貝子勒取山租、禁止採取柴炭一摺，著即一併查辦。事竣之日，羅卜藏即回該旗。員外郎岱通，現在任滿來京，有應行詢問之處，並著該侍郎等帶往詢問。（高宗三八〇、一七）

（乾隆二二、六、丙戌）又諭：據納木扎勒等奏，車凌、車凌烏巴什等，請賞給明春籽種，前往烏蘭固木等處種地。比即曉諭伊等，烏蘭固木地方已指給察達克等，爾等可往科布多、布延圖、額克阿喇勒等處游牧。伊愛烏蘭固木地土沃饒，請離察達克等地方稍遠、可以耕種之處遣往，等語。納木扎勒等辦理甚好，烏蘭固木地方如果寬廣，離察達克相遠可以耕種，即令車凌、車凌烏巴什等在彼處種地居住。倘相隔雖遠，耕種後彼此滋擾，有所不便，即照朕前降諭旨，指與科布多、布延圖、額克阿喇勒等處可以漁獵耕種地方，令其耕種。納木扎勒親往驗看，指定地方，令其耕種方妥。再，明年應給籽種之處，朕交晉撫辦理。將此一併寄與納木扎勒等知之。（高宗五四一、二八）

（**乾隆二二、一〇、丙寅**）又諭曰：車布登扎布奏，達什達瓦屬人，及扎哈沁等，所種麥石，惟大麥有收，僅供食用，未餘籽種。可傳諭塔永寧照例辦給達什達瓦屬人籽種一百五十石、扎哈沁等籽種一百石、噶勒丹達爾扎等籽種五十石。伊等所種地畝，氣寒霜早，俱用大麥爲宜。速爲運送，毋誤農時。（高宗五四八、二二）

（**乾隆五二、二、癸卯**）諭，據尚安奏稱，喀喇沙爾之土爾扈特和碩特等，歸服年久，今既寬裕，馬匹牲畜滋繁，且能貿易者頗多，嗣後不必勒令耕種爲生，任從伊等自謀生理，等語。所奏尚是。著照尚安所奏，任從伊等自謀生理。（高宗一二七四、一四）

（四）山東

（**順治一、八、乙亥**）戶部議覆：山東巡撫方大猷條陳，州縣衛所荒地無主者，分給流民及官兵屯種，有主無力者，官給牛種，三年起科。應如所請，仍敕撫按率屬實力奉行。報可。（世祖七、二四）

（**順治一五、一二、乙酉**）吏部議覆：御史馮班疏言，山東巡撫耿焞縱所屬營弁肆虐地方，捏報開墾屯地及地畝錢糧，應革職。得旨：耿焞，著再降三級調用。（世祖一二二、一一）

（**康熙一〇、五、戊午**）山東巡撫袁懋功疏言：濟南等府屬章邱等五十六州縣衛，於康熙七、八兩年，報有開墾荒地，但七年報墾，三年而遇兩災，八年報墾，三年而遇一災，況小民開墾，資本皆其自辦，請照投誠官兵墾荒遇災之例，再寬限一年起科。部議不准。得旨：新墾之田被災，若仍照定例催徵，致民苦累，著寬限一年起科。（聖祖三六、二）

（**乾隆六、五、乙酉**）戶部議准。山東巡撫朱定元奏稱，東省歷年報墾水旱荒地，應按地土之高下、畝數之多寡，分別升科。請嗣後山頭地角、河濱溪畔等地，在中則以上一畝以外者，即令勸墾升科，其不足一畝之零星地畝及下則以下，地屬瘠薄，雖在一畝以外，亦免升科。從之。（高宗一四三、一〇）

（**乾隆一四、八、乙巳**）工部議准：山東巡撫準泰疏稱，會勘東平州安山湖地畝，給民領墾，分季收租。所有高阜地一百六十五頃有奇，照中則例，每畝徵租三分，次高可耕地四百三十七頃有奇，照下則例，每畝租二分。其專種一季夏麥者，於麥後徵收，兼種秋禾者，分作兩季，各半徵收，於乾隆十四年起租。其租銀解交運河道庫，以充河工應用。從之。（高宗三四七、一八）

（乾隆一七、五）［是月，山東巡撫鄂容安］奏：查東省從前原有老荒地畝，經前督臣王士俊清查後，節年詳報升科，不下十萬畝，除山頭地角下則地土不及一畝者，例免升科，餘俱隨墾隨報。但民間不勤農功，不特憚於墾荒，即成熟之地，偶值歉收，輒行廢棄，且慣輕去其鄉。現責成府州縣，因地制宜，逐漸勸墾。得旨：是。東省實有此習，去年經過沂州所目覩，曾降旨申飭準泰，想彼亦未辦理，汝宜留心者。（高宗四一五、二八）

（乾隆一七、六、庚寅）又諭：據巡撫鄂容安奏，東省各屬拋荒地畝，現飭召民墾復，而沂州一府，勸課尤爲緊要。新授知府李堂，遠在雲南，赴任尚須時日，候補同知劉元錫，爲人歷練，現在委署沂郡，將來李堂蒞任後，仍令劉元錫協同辦理，等語。劉元錫歷任東省有年，熟悉情形，即著以同知銜署理沂州府知府事務。俟三年之後，如果實力勸課，著有成效，該撫奏聞請旨。李堂著調補浙江湖州府知府，該部即行文沿途督撫，令該員速赴新任，以免往返稽延。（高宗四一六、二）

（乾隆一七、一二）［是月］署山東巡撫楊應琚奏：東省各屬地方勸諭開墾，貧乏之户，牛具籽種多無所出，應令各州縣按所墾地畝，借給賃牛製具銀。更有認墾無力者，並予酌借牛價，請於沂州府屬捐貯雜糧四千餘石糶價內借支。得旨：甚是。（高宗四二九、三〇）

（乾隆二三、一〇、甲子）山東巡撫阿爾泰奏：……至濱海地多砂鹻，登萊等府皆然，其瘠地堪種者，因民力不足，輒成荒棄。現今該府查明，民地，酌借倉穀，俾資墾種；官地，設法招墾；沿山、沿路，令民種樹，其餘飼蓋畜牧，並令地方官勸民盡力。得旨：此皆民生本計要務，汝能留心，實屬可嘉，但須實力行之，數年之後，自有效驗，朕將入疆課最而施恩也。勉之。（高宗五七二、二二）

（乾隆二四、一〇、丙午）山東巡撫阿爾泰奏：泰安、萊州、沂州、東昌四府共查出無糧可耕地，六百八十餘頃，詢之農民，知因地窪受水廢棄。今各處築埝挑河，水有去路，隨令耕墾，試種秋麥，俟來年夏秋收成，確勘升科。其不宜穀之處，廣栽柳榆，並飭濟、泰、兖三府屬購梓檿樹種，給民遍種，以期成樹畜蠶。得旨：此係本務，妥實爲之。所謂日計不足，月計有餘者也。（高宗五九九、五三）

（五）河南

（順治一八、六、庚子）户部議覆：巡按河南御史劉源澯疏言，南陽、汝寧荒地甚多，應急議開墾。但無人承種之荒地，耕熟後往往有人認業，興起訟端，官即斷明，而資產蕩然矣。三年起科，雖有定例，開種之初，雜項差役便不能免，此所以官雖勸耕，民終裹足不前也。嗣後請先給帖文，以杜爭端。開列姓名年月，並荒田四至坐落，每歲由縣申府，而道、而院，則刁訟自息。再，寬徭役以恤窮黎，除三年起科之外，如河工供兵等項差役，給復十年，以示寬大之政，則人尤鼓舞。再借常平倉穀，以資農本，分別地方官開墾之多寡，以示勸懲。應如所請。從之。（聖祖三、一〇）

（**康熙一、三、甲午**）河道總督朱之錫疏言：南、汝二府領墾荒田，一應雜差，請俟五年後起派。從之。（聖祖六、一六）

（**康熙二二、三、己未**）戶部議覆：河南巡撫王日藻條奏開墾豫省荒地事宜。一、宜借給牛種。請將義社倉積穀借與墾荒之民，免其生息，令秋成完倉。一、宜招集流移。凡外省民墾田者，如遇他處已往事發，罪止坐本人，勿得株連容隱。一、宜嚴禁阻撓。凡地土有數年無人耕種完糧者，即係拋荒，以後如已經墾熟，不許原主復問。一、新墾地畝，請暫就該縣下則承認完糧，俟三年後，仍照原定等則輸糧。均應如所奏。得旨：依議。這開墾荒田地方，仍著該管官員嚴行稽察，勿得借端招集逃盜奸頑匪類，致滋擾害。（聖祖一〇八、一一）

（**康熙二九、六、乙丑**）九卿遵旨議覆：原任太常寺少卿胡簡敬，一門濟惡，種種不法，胡簡敬應坐光棍爲首例立決。其倚勢作惡之胡旭、胡敷世應論絞。洪之傑身爲封疆大臣，不行參奏，奉旨審理，又不速結，徇情護庇，稽延時日，應革職。得旨：胡旭、胡敷世依擬應絞，令監候秋後處決。胡簡敬從寬免死，並伊子弟俱發河南安插，開墾荒地。洪之傑著革職。餘依議。（聖祖一四六、一〇）

（**乾隆三、五、庚申**）先是，戶部侍郎趙殿最疏言，豫省錢糧，有田一畝而輸一畝五分及二畝、三畝之糧者，有田三畝而輸三畝及二畝、一畝五分之糧者，名曰折中行糧法。請敕該省釐定上、中、下科則，不許復行此法。至是，河南巡撫尹會一奏：豫省錢糧，原不畫一。今通省下則之糧將近足額，而上則之賦猶多拋荒，皆由從前開墾之地，俱以下則報升，以致現今實在下則之地欲仍報下則，則原額已足，欲報升上則，則出產無多，每有將已墾之地復行拋荒，亦有將可墾之荒任其廢棄。即如許州長葛地畝，原分堪、稍、磽、山四則，堪爲上，稍次之，磽又次之，山爲下。自順治年間除荒之後，小民陸續開墾，多以下則報升。是以稍地額數已經全復，磽、山二色缺荒無多，惟上等堪地缺額尚多。前督臣王士俊查荒案內及首報隱地案內，除堪地報復本則外，其餘各色地畝均屬溢額。臣思下則報升相沿已久，難以清查，而現今續墾未墾之荒，若不按其土色概照上則輸賦，實於民生未便。請嗣後凡有報墾地畝，但查無避重就輕情弊，不必拘定原額盈虧，各就本等科則報納。下部議行。（高宗六八、九）

（**乾隆六、五、癸巳**）戶部議覆：河南巡撫雅爾圖奏稱，豫省濱河飛沙鹹鹻地畝，節經題豁，即成官荒，業戶不得過問，終成廢棄。請仍交業戶經管。其豁糧既久，業戶無存，聽附近居民墾種，不得禁止。應如所請。從之。（高宗一四三、二四）

（**乾隆六、一〇、壬子**）戶部議准：河南巡撫雅爾圖遵旨議，豫省地土平衍，凡有膏腴沃壤，歷經勸墾報升。唯從前未闢老荒及水衝新淤、深山平陸，不無荒蕪未墾之處，應聽附近居民隨便墾種報升，照本地方下則輸賦。其上等地一畝以上，中等地五畝以上，各依水旱田之例，限年報升。不足此數，俱爲零星地土，請遵諭旨，免其升科。從之。（高宗一五三、六）

（**乾隆三六、一〇、甲午**）戶部議准：河南巡撫何煟奏稱，裕州、內鄉二州縣勸墾民田，應照例水田於六年後起科，旱田於十年後起科。從之。（高宗八九五、二五）

（六）山西

（**乾隆三、一、癸亥**）又諭：山西自雍正五年至乾隆元年，共首報欺隱地畝八千頃有零，折徵銀二萬六千兩有零，俱經撫臣石麟題報升科在案。夫則壤成賦，國有常經，固不容奸民欺隱，此撫臣經理之本意。但朕近日聞得從前首報欺隱時，有果係畝數浮多情願報出升科者，亦有地方官奉行不善按照原額缺荒勒令灑派具詳者。即如豫省首報開墾，多屬子虛，經朕降旨豁除，以紓民力，恐晉省亦不免此等情弊。著巡撫石麟轉飭各該地方官，曉諭從前首報欺隱人等，如果畝數浮多應行升科者，再令據實首報，照數輸將。倘地畝並無欺隱浮多，而地方官按照原額缺荒勒令灑派者，亦著據實呈明，該州縣造冊詳報，該撫另委賢員確查，題請豁免。至地方官從前奉行不善之咎，已在恩赦以前，免其交議。在有司不必回護前非，而晉省小民，更應各矢天良，受朕恩澤，毋得因朕此旨，輒起背公貪利之心，而昧任土作貢之義。該撫一併宣諭知之。（高宗六〇、七）

（**乾隆六、三、丁丑**）戶部議准：山西巡撫喀爾吉善遵旨議奏，晉省開墾，如係膏腴上地、中地，無論畝數，均應照例升科。其瘠薄下地，開墾至十畝以上，成坵段者，分別水旱升科；如十畝以下，爲數畸零者，永免升科，將所墾地畝數目報官存案。從之。（高宗一三八、一七）

(乾隆三五、二、辛酉) 户部議覆：山西巡撫鄂寶疏稱，豐鎮廳招墾太僕寺牧廠地，僻處偏隅，氣候獨遲，應如所請，自乾隆三十四年爲始，九月開徵，次年年底報銷。從之。(高宗八五二、二一)

(乾隆五九、三、庚戌) 諭軍機大臣等：本日蔣兆奎來至行在陛見，據奏該省歸化城地方，有荒城地畝，户部議以所報恐有不實，請飭交該撫前往履勘。因來行在陛見。回任後又屆辦理秋審，未及往勘，請令藩司前往代勘，等語。此項地畝共有五百餘頃，豈有全行荒碱之理，部駁甚是。……著傳諭該司接奉此旨，即迅速前往口外，詳悉履勘。將該處地畝，是否實係荒城，抑或所報有不實之處，即遵照部駁逐一查明，據實覆奏，毋任弊混。(高宗一四四九、七)

(嘉慶一二、九、壬寅) 欽差察哈爾都統慶怡、通政使司副使文孚奏：遵旨查勘大青山馬廠，先後奏墾地六千餘頃，尚餘草地二萬餘頃，今若招墾數百頃，於遊牧尚無妨礙。惟恐招墾以後，無業遊民逐漸偷開，請交該將軍查明頃數四至，嚴禁偷開，庶兵糈足敷支放，而馬廠仍留有餘，俾資遊牧。下部議行。(仁宗一八五、三)

(七) 陝西

(雍正一三、一二、乙亥) 户部議覆：户部尚書、總理陝西巡撫事史貽直等奏，荒地難於報墾，請將永壽縣原報荒缺地二千五十四頃八十九畝，以四畝五畝折徵一畝，共折地四百五十七頃二十二畝，俱照五等地糧科徵。淳化縣原報缺荒可墾地一千四百九十一頃九十五畝，除雍正十年應墾限内已報墾地一百八十二頃三十九畝無庸折徵外，其餘荒地一千三百九頃五十六畝，以四畝五畝折徵一畝，共折地二百七十九頃三十一畝，俱照鐵地科徵。澄城縣原報缺荒可墾地七百一十二頃二畝，俱照下下地科糧。汧陽縣原報缺荒可墾地四千四百五十九頃一十九畝，内除雍正十年限墾地内已墾水田一頃三十八畝毋庸減等外，其餘各等旱地一千三百三十七頃五十四畝，以三等地減作五等，以五等地減作七等，以七等地減作八等，以八等地減作九等，俱照遞減等則升科。盩屋縣申報新墾南山五老洞山地一頃三十八畝，亦應三等折徵，共折地四十六畝，照山地科糧。均應如所請。從之。(高宗八、二〇)

(乾隆四、四) [是月，川陝總督鄂彌達]又奏：榆林府逼近邊城州縣，百姓每歲出口耕種，重貸厚償，剝耗殊甚，請飭交地方官確查，借給銀兩，秋收照時價納糧。得旨：如此辦理，亦籌備積貯之一道。知道了。(高宗九一、二三)

（乾隆六、五、己卯）户部議覆：川陝總督尹繼善奏稱，陝省凡繁庶之邑、平衍之區、易於耕種可爲常業者，俱已報墾復額。現尚有餘地，或因山深地僻，人力不足，或因沙石瘠薄，低窪淹沒，難爲常業，以致荒棄。請將山頭地角零星不成坵段之地，在五畝以下者，悉免升科。其地形平正，自成坵段，數在五畝以上不雜沙石者，照各州縣下則平地，按年升科。應如所請。從之。（高宗一四三、一）

（乾隆六、七、壬申）户部議覆：陝西巡撫張楷奏稱，陝省荒地，應行開墾，並酌議招墾事宜。一、商州及所屬地方，尚有未墾荒地三萬餘畝，現令地方官確查，開明畝數四至，官爲插標招墾，無主之地，即給墾户爲業，其有主而自認無力開墾者，定價招墾，給照爲業。一、隙地多在山石榛莽中，凡零星地土，在五畝以下不成坵段者，永免升科。一、本地人力無餘，其鄰近無業之人，亦聽開墾；應將認墾之人，著落土著識認，移關原籍鄰户保結到日，准其給照，即編入土著保甲之內，令該管保長等查察，如有賭竊爲匪，稟官究治。一、平衍易收之地，每一壯丁限以五十畝爲率；山岡沙石難收之地，每一壯丁限以百畝爲率；有父子兄弟俱係壯丁者，酌量加增。一、荒地全無土產者，應查出開墾，其有民人現在割漆砍竹及採取構皮、木耳等項者，聽民自便，地方官不得強令墾種，亦不得以現獲微利，勒報升科。一、此項地畝，實力招徠，漸次開闢，毋庸定以議敘議處之額限。應如所請。從之。（高宗一四六、二七）

（乾隆七、八、丁亥）户部議覆：署理陝西巡撫岱奇疏稱，商州並所屬地方，有隙地三萬餘畝，除無業主者官爲招墾，其有主而情願自墾者，不必勒以年限，祇令勸諭開墾；如欲留作墳塋房屋之用，亦聽民便。至有主而先願自墾後或力有不能，亦准續行呈官，出示招墾。有願承墾者，該鄉地同業主墾户查驗地畝，議定價值，官爲給照，其地即給墾户爲業。所議之價，除有力者現交外，其稍有力之家，以二年或三年清還，如期限已滿，墾户他去，既不墾地，又不清價，亦許地主呈明，移知原籍，追照送銷。如本人他去，無憑著追，即取原保之户鄰甘結存案，另爲招墾，仍聽地主議價交業，日後不得仍執前照復争。應如所請。從之。（高宗一七二、三）

（乾隆二四、一）[是月]陝西巡撫鐘音奏：上年延、榆等屬被災，時屆東作，應循例糶借。蒙恩准撥寧夏、山西糧石，現在分途搬運。邊郡連年災歉，不獨被災處倉貯空虛，即附近州縣，一經酌撥，存亦無多。查榆、延二府貧民，春月領照出口，往鄂爾多斯租地耕種。其牛具籽種，多向富户稱貸。農民既苦重利，官倉又無積貯。前經奏准，動撥藩庫銀，酌其種地多寡，借給免息，秋照時價還糧。行之數年，沿邊倉糧積有成效，復因倉貯已裕，請一體酌借糧石。今榆林、葭州、懷遠、神木、府谷、靖邊、定邊七州縣，先後被災，倉貯缺乏，除酌用鄰省運到糧石外，出口貧民，請酌借銀兩，秋後照時價收糧還倉。至延安、綏德二府州所屬，雖距口較遠，但倉額亦缺，應一體辦理，俾春耕有賴。得旨：因時制宜之法，可行也。（高宗五七九、二八）

（乾隆三二、六）〔是月〕陝西布政使程燾奏：洛川縣由鳳棲過仙姑河二十里，即入大山，山南北約徑百里，東西距亦相埒，宜君、中部、韓城、澄城、白水諸邑，皆環其外，山中有泉，土性饒沃，方圓百里之內，不下數千頃，洛川小邑，民力未能廣爲墾種。現飭該縣，於附近農民，廣爲招募，有認墾者，劃明界址，給以執照，以杜私墾之弊，於成熟後，咨報定則。得旨：嘉獎。（高宗七八七、二一）

（乾隆四四、七）〔是月，署陝甘總督陝西巡撫畢沅〕又奏：前赴漢南查閱營伍，道出秦棧，由褒汈折而東行，經過漢中、城固、洋縣、西鄉、石泉、漢陰，前抵興安，各該處濱臨漢江，西接隴蜀，東連荊襄，形勢險要。至興安一州，地約四千餘里，從前多屬荒山，後因兩湖、安徽、江西、四川、河南等省民人前來開墾，數年中，驟增戶口數十萬，棄地盡成膏腴。上年湖廣歉收，窮黎就食者甚衆，業飭地方官妥爲安插。又恐流徙貧民莠良不一，出示廣爲曉諭，俾知凜遵法紀。得旨：諸凡留心可嘉。（高宗一〇八七、二八）

（乾隆四七、九、壬寅）吏部議覆：陝甘總督李侍堯奏稱，陝省興安州，形勢險要，戶口較前增至數十倍，請改爲興安府，兼設撫民通判，並於縣屬分設佐雜等員。應如所請。從之。（高宗一一六四、二三）

（嘉慶五、四、己丑）諭軍機大臣等：陝西南山老林一帶，山徑僻雜，延袤廣遠，與其置之空閒，莫若酌爲經理，安置難民，務令得所。將山內老林量加砍伐，其地畝既可撥給流民，自行墾種，而所伐材木，即可爲建蓋營廨民廬。設良吏，行保甲，以實心經理，仿照前明原傑辦理鄖陽之制，其實在幽仄險峻人跡罕到之處，竟當查明封禁。如此分別辦理，則南山老林內，不致仍爲盜藪，而失業流民，日久即可作爲土著，既有恒產，必有恒心，於招徠安撫及因地制宜之道，兩有裨益。著長麟、台布歸入善後事宜內，認真妥辦。（仁宗六三、一〇）

（嘉慶一二、一一、丙辰）諭軍機大臣等：方維甸奏刁民訐告山內地畝，呈請丈量，查明實在情形，請旨辦理一摺。據稱，南山廣袤千餘里，漢南巴山界嶺亦綿亙千里有餘，若逐處丈量，吏胥勒索追呼，刁民訛詐訐告，勢所必至。懇請特頒諭旨，將南山、漢南各山內地畝，除現在例徵正賦之外，免其升科，俾刁徒無所藉口等語。方維甸此奏，固爲息事寧人起見，但陝省南山，各省貧民前往開種地畝，從前節經各省督撫奏報升科，相安已久，若如方維甸所奏，請朕特頒諭旨，將山內續墾地畝，概免升科，此端一開，將來各省貧民前往開墾者，聞風踵至，恐藏垢納污，日久滋生事端，不止於互相訐告，不可不籌及久遠。所有陝省南山、漢南各山內地畝，現除墾熟者仍照例徵納正賦外，著無庸再行丈量升科，不必特降諭旨，著該撫即曉諭山內居民，俾其各安生業而息訟端。至將來續墾地畝概免升科之議，無須提及，總在該撫飭令地方官隨時留心，妥協經理可也。（仁宗一八八、五）

（八）甘肅　青海　寧夏

（**康熙五三、一〇、壬申**）先是，差往甘肅察勘饑民工部右侍郎常泰等條奏安插失業窮民六款，上命九卿詳議具奏。至是，九卿遵旨議覆：一、無依窮民，宜加意安插，無致失所，並令該地方官講讀上諭十六條，教以禮義，嚴申保甲，約束百姓，則各有生路，各知自愛。一、荒棄地畝，招民開墾。將荒地查出，置立房屋，每戶二間，無業之民，給與口糧籽種牛具，令其開墾，即給與本人永遠爲業，照例六年後起科。其給房屋口糧等項，於現存庫銀內動用。一、甘屬水利，亟宜興行。令地方官相度地勢，有可以開渠引水者，募夫開浚；可以用水車者，僱匠製車；可以穿井造窖者，即行穿造；其應用銀兩，亦於存庫銀內動用。一、牛羊牧畜，令民孳生。甘屬不耕種之山場甚多，宜於牧畜牛羊，應令該督撫查明無業窮民，每戶給羊種十隻，每二戶給牛種一隻，俟六年之後，將孳生羊羔十隻、牛犢一隻交官變價。其買牛羊價值，將存庫銀內撥給。一、督理官員，宜加遴選。安插窮民等事，原係地方官專司，應行該督撫選才具優長賢能之員，具題調補，俟歷俸五年，有果能招徠開墾、興行水利、孳畜牛羊、教導百姓者，令督撫保題，照五年俸滿即陞之例，即行陞用。一、倒塌城垣，亟宜修理，於明年春和之時修築，令窮民傭工，得以養贍。從之。（聖祖二六〇、一一）

（**康熙五五、七、丁亥**）吏部尚書富寧安疏言：臣遵旨於達里圖等處耕種，田苗茂盛，豐收可期。但軍需莫要於糧米，臣復細訪，自嘉峪關至達里圖，可墾之地尚多，肅州之北口外金塔寺地方，亦可耕種。請於八月間，臣親往遍行踏勘，會同巡撫綽奇招民耕種外，再令甘肅、陝西文武大臣及地方官捐輸耕種，無論官民，有願以己力耕種者，亦令前往耕種。俟收穫之後，人民漸集，請設立衛所，於邊疆大有裨益。得旨：著議政大臣、九卿、詹事、科道會議具奏。尋議：相應令富寧安會同督撫等，同往踏勘，詳議具奏。上諭議政大臣等曰：踏勘墾種地方及設立衛所之事，令富寧安會同督撫踏勘之議不合。富寧安係駐紮肅州管理軍務之人，不宜派往。著巡撫綽奇將可以墾種地方，前往勘明，會同富寧安確議具奏。(聖祖二六九、一〇)

（康熙五五、一〇、丁酉）議政大臣等議覆：吏部尚書富寧安疏言，巡撫綽奇前往勘閱肅州迤北地方，可以開墾之處甚多，酌量河水灌溉，金塔寺地方可種二百石籽種，自嘉峪關至西吉木地方，可種一百三十石籽種；達里圖地方，可種一千一百餘石籽種；方成子等處地方，可種五百餘石籽種。臣查今歲西吉木、達里圖、布隆吉爾三處耕種，共收糧一萬四千餘石。布隆吉爾係沙土之地，明年應停其耕種。至西吉木、達里圖及金塔寺等處地方，請動正項錢糧，派官招民耕種。應如所請。從之。(聖祖二七〇、六)

（康熙六一、四、戊午）議政大臣議覆：靖逆將軍富寧安疏言，嘉峪關外布隆吉爾之西，古所謂瓜州、沙州、燉煌郡之處，而蒙古呼為庫庫沙克沙，昔曾建築城池，屯兵耕種，至今舊址尚存，田土廣闊，宜於牧放馬畜，兼有河水，若於此處屯田，駐紮綠旗兵三、四千名，設總兵官一員管轄，則通黨色爾騰之路既可控扼，而於諸處遣用，俱屬有益。應行文將軍富寧安，會同總督年羹堯、提督路振聲，將派往官兵造城屯田之處，確議奏聞。從之。(聖祖二九七、六)

（雍正二、五、戊辰）總理事務王大臣等遵旨議覆：撫遠大將軍年羹堯條奏青海善後事宜十三條。……一、奏稱陝西邊防，宜嚴界限也。查邊外自黃河入中國之處，至於河州、西寧、蘭州、中衛、寧夏、榆林、莊浪、甘州等，其間水草甚佳，林麓茂密，乃棄此不守，以致蒙古等佔據大草灘之地，將常寧湖為牧廠，是以各處相通，竟無阻礙。請於西寧之北川邊外上下白塔之處，自巴爾托海至扁都口一帶地方，創修邊牆，築建城堡，則西番人等肆行據攘之區，悉成內地。又肅州之西桃賚河、常馬爾鄂敦他拉等處，俱膏腴之地，應令民人耕種。布隆吉爾地方，修城駐兵之後，可漸至富饒。至寧夏險地，無過於賀蘭山，顧實汗之諸孫及額駙阿寶等，向俱在山後居住遊牧，今竟移至山前，請令阿寶等嚴飭所屬，仍照前在賀蘭山後居住遊牧，則山前營盤水、長流水等處，俱為內地。均應如所請。(世宗二〇、二六)

（雍正三、四、丙子）諭議政王大臣等：策妄阿喇布坦來求吐魯番之地，曾諭將從前內附為首者，令其遷入內地。今將軍穆克登奏言，吐魯番處，共有一萬餘人，若但遷首領數人，而不遷其所屬之人，則伊等生計必致艱難，且伊所屬之內，願移入內者不下四、五千人，等語。朕思瓜州、沙州地方甚寬，亦必用人耕種，若有願移者，即在此居住，給與一、二年養贍，令其耕種。羅卜腦兒地方，亦照吐魯番例，有願移來者，亦隨爲首之人一併移來，不願者仍留本處。著議奏。尋議：歸順之猡子，若再給與策妄阿喇布坦，恐致擾累，所以願移者甚衆，應令其在布隆吉爾地方、沙州、瓜州等處種地。其建立村莊養贍之處，行文將軍富寧安等詳議辦理。再，羅卜腦兒猡子，皆水居，打魚爲生，此內有願陸居爲生者，請照吐魯番例一併移來。從之。(世宗三一、六)

(**雍正三、七、壬子**) 命吏部尚書兼理藩院尚書隆科多往阿蘭善山等處，修理城池，開墾地畝。以果郡王允禮辦理理藩院事務。(世宗三四、一四)

(**雍正四、二、乙亥**) 議政王大臣等議覆：據公舅舅隆科多等奏稱，臣等驗看寧夏賀蘭山前插漢拖輝至石嘴子等處，寬闊一百里，曠野而平，其土肥潤，籽種俱皆發生，其地尚暖，易於引水。如西河、六羊河皆係古舊渠，大溝、黑龍口、倒流河、新河、黃泥河、董家河皆係引水分水之路，遺棄年久，雖有形迹，俱皆沙泥淤塞，若修造渠壩及放水之閘，兩岸可以耕種萬頃地畝，等語。又據甘肅巡撫石文焯等奏稱，寧夏東北五十里插漢拖輝地方，南北延袤百有餘里，東西廣四、五十里或二、三十里不等，東界黃河，西至西河，其地平衍，可以開墾，自鄂爾多斯遷移之後，十餘年來，小民亦有私墾者，必得開渠通水，築隄建閘，以時啓閉，以資灌漑，則曠土盡成膏壤。今相度地勢，自雙廟墩起，至六羊河地方，計長一百十餘里，倣漢、唐諸渠法，開渠一道，建正閘一座，攔水閘、稍閘各一座，迎水湃一道。又六羊河口與黃河相近之處，亦建正閘、攔水閘、稍閘各一座，以資蓄洩。再自上泗墩起，至六羊河岸，東距黃河五里許，築隄一道，約長一百里，可以永禦黃水，統計墾田六十餘萬畝，等語。查插漢拖輝爲漢、唐靈州之地，當時廣置屯田，元至元間，置屯田萬戶所，明時套夷渡河而西，侵占內地葫蘆河之東，居民不得耕種，遂致廢棄。我朝德洋恩溥，番夷臣服，鄂爾多斯移歸套內，以河爲界，插漢拖輝之地久屬版圖。今寧夏衛志、漢唐二渠之支流，有百家良田滿達剌等渠，向在插漢拖輝左近，若仿其遺跡開渠建閘，誠裕國利民之善政。但隆科多、石文焯等所奏建閘築隄等處，情形互異，事關久遠，臣等難以懸定。見今總督岳鍾琪親赴布隆吉爾查看地勢，應將隆科多、石文焯奏摺並地方畫圖，一併交與大理寺卿通智帶往，同岳鍾琪前至插漢拖輝等處，照圖驗看，核議具奏。從之。(世宗四一、一二)

(**雍正四、五、乙未**) 議政王大臣等議覆：川陝總督岳鍾琪等奏稱，臣遵旨同通智將隆科多、石文焯所奏插漢拖輝開渠建閘之事，按圖驗看，自插漢拖輝至石嘴子，築堤開渠，有地萬頃，可以招民耕種。請於插漢拖輝適中之地，建城一座，設知縣一員，典史一員；再將李綱堡把總一員，兵五十名，移防縣城；石嘴子地方，請撥平羅營守備一員、把總一員、兵二百名駐劄；中衛邊口，請撥寧夏鎮標守備一員、把總一員、兵一百名，分汛防守；自河西寨至石嘴子，築堤二百餘里，開渠一道，建攔水閘八座，請於七月間動工，即行招民開墾，以資灌溉。其新設縣名，恭候欽定，鑄給印信。均應如所請。得旨：依議。插漢拖輝之事，甚屬緊要，著通智留插漢拖輝地方辦事；單疇書，向官寧夏，亦著前往，同通智管理事務。尋定新設縣名曰：新渠。(世宗四四、一○)

(**雍正五、八、壬子**)戶部議覆：川陝總督岳鍾琪疏言，沙州招民墾種，臣檄甘肅布政使鍾保，轉飭平、慶、臨、鞏、甘、涼、西七府及肅州聽，各於所屬酌量補招，務足二千四百戶之數。但所招之民戶遠近不一，臣恐有誤春作，已令安西鎮派撥兵丁代種籽粒二千石。今所招之戶，至彼者，一千四百一十九戶，其未至彼者，七百二十九戶，已過播種之期，請補足二百五十二戶，俟明春一併發往，每戶各分地土百畝，給以籽種六石。應如所請。從之。(世宗六○、二九)

(**雍正六、一一、壬戌**)工部等衙門議覆：川陝總督岳鍾琪遵旨酌議督理插漢拖輝工程侍郎通智、單疇書摺奏事宜。一、插漢拖輝地方遼闊，開墾田地，可得二萬餘頃，止設新渠一縣，鞭長莫及，請沿賀蘭山一帶，直抵石嘴子為界，於省嵬營左近添立一縣，設知縣、典史各一員，欽定縣名，鑄給印信。一、漢唐二渠，向設水利同知一員，專司其責。今新開六羊渠等處，堤岸甚長，工完之後，皆宜歲修，請添設水利通判一員，專司渠務。一、招徠人民，雖有四千餘戶，讀書士子，尚屬有限，請學校教官暫停設立。一、石嘴子地方，向設營汛防守，今既設兩縣，宜分移二城，請將守備一員、把總一員、兵一百五十名，移駐添設縣治，把總一員、兵一百名，駐於新渠城內。一、鄂爾多斯向在閘門交易，今既開渠築堤，招集民人，請將市口移於石嘴子墩臺，按期貿易。仍令守備把總稽查彈壓，庶不致借端生事。均應如所請。得旨：建立學校一條，據奏招徠人民，已有四千餘戶，朕思其中亦多讀書之人，若必俟人文蔚起始行考取，恐遠方士子，目前阻其讀書上進之階；應將兩縣中現在讀書願就考試者，許其附入鄰近州縣內考試，酌量加額收錄入學；俟兩縣人文漸盛、建學設官之日，仍行撥入本學，庶為妥協。餘依議。尋定新設縣名曰：寶豐。(世宗七五、一二)

（**雍正六、一二、丁亥**）諭戶部：朕惟善政養民，利賴必資地力，而率作興事，倡先端藉縉紳。惟茲寧夏所屬之插漢拖輝，地廣土饒，水利充裕，朕特遣大臣會同該督撫等悉心經理，濬治渠道，設縣築城，募民墾種，次第修舉，行見人民樂業，饒沃殷阜，漸成西北蕃庶之區。此朕經國裕民之至計，欲使地無遺力，而亦寧夏一方人數千百年未興之樂利也。聞彼中得水可墾之地，計二萬餘頃，每戶以百畝授田，可安置二萬戶。朕已諭令廣行召募遠近人民，給以牛具、籽種、銀兩，俾得盡力開墾，給爲世業。惟是原議寧夏本籍現在出仕文武官員，俱令開墾授業，俾爲世享之利。今聞報墾者寥寥。記曰，貨惡其棄於地也，力惡其不出於身也。況乎上以急公而裕國，下以力本而厚生。縉紳者，小民之望也，果能身先倡率，則民間之趨事赴功者必衆。凡屬本籍之人，不論文武官員，或現任、或家居，均當踴躍從事，急先墾種，不可觀望因循，觖延善舉。凡茲所墾地畝，俱照原議給爲世業，三年起科；果能使沃土腴田有廣收之益，無閒曠之區，則不但於體國經野之謨，重有攸賴，而經營世產，伊等子孫亦蒙永遠之澤矣。（世宗七六、二）

（**雍正七、二、乙未**）川陝總督岳鍾琪疏言：沙州招徠戶民，所給牛騾，倒斃二百餘隻。據鄉約戶民等呈稱沐恩賞給衣糧田舍，安居樂業，此項倒斃牛騾，情願公幫買補。得旨：沙州招徠戶民，安集伊始，即知媚睦鄉里、有無共濟之義，甚屬可嘉。但此情願幫補之人，俱係無業窮民，甫經耕穫，未必即有餘力可以濟助鄉鄰。著動支甘省藩庫正項錢糧，每牛騾一頭，給銀八兩，令本戶照數買補。此因伊等敦睦尚義，朕心嘉悅，是以特加格外之恩。著該督即飭該管官按戶查明散給，俾得均霑實惠，並宣諭旨獎勵之。（世宗七八、二七）

（**雍正八、二、戊辰**）諭陝西督撫等：安西沙州等處招民屯墾，原爲惠養邊民之計，是以累年以來，備極籌畫經營，期其得所。今從雍正六年民戶到齊之日計算，至辛亥年，例當輸賦之期；但念小民甫經安插，公私兼顧爲難。著寬期二年，於癸丑年升科，俾民力寬裕，俯仰有資，以副朕格外加恩之至意。（世宗九一、二一）

（**雍正九、五、庚辰**）諭內閣：從前因準噶爾之肆虐吐魯番，回民畏其侵陵，有情願移居內地者，諭令地方有司，善爲安插撫綏，使之寬裕，從容得所。頃聞在肅州居住之回子等，田瘠水少，收成歉薄，而所有牲畜，亦不敷用，生計未免艱難，此皆經管之員辦理疏忽，而該省大臣失於覺察之所至也。著署總督查郎阿將從前辦理不善之員，查出題參。其有應行加恩撫恤之處，亦著查郎阿酌定請旨，即將此曉諭吐魯番移住內地之回民知之。（世宗

一〇六、一七）

（**雍正一〇、九、戊申**）大學士伯督巡陝甘經略軍務鄂爾泰，條奏邊地屯田事宜：一、總理屯務副都御史孔毓璞，請頒給關防，以昭信守。一、客民首報地畝，應分別給與工價，每籽種一石，上等地給銀二兩、中等一兩五錢、下等一兩二錢；其夫役人等，除每月給與工價口糧外，每年再加賞銀一兩、皮衣皮帽銀二兩；至所委監種人員暨跟役，每日［月？］給銀六錢，庶食用有資，而驅遣無誤。一、屯田所需夫役，俱在甘涼肅一帶僱募，令各地方官出具保結，以免逃逸；其口內口外沿途往返，給與口食，並築土堡一座，酌量可容夫役居住，牛畜亦即於此圈餧。一、屯田各處，一應僱募夫役、添補農具以及給散工價、收穫禾稼等事，俱著地方官協同稽查辦理，庶免遲延偷竊等弊。一、各項動用銀兩，應令總理屯務大臣奏報，在軍需銀內動支，另行報銷。從之。（世宗一二三、二〇）

（**雍正一〇、一〇、乙丑**）諭辦理軍機大臣等：吐魯番回民遷移近邊一事，據副將軍張廣泗等計議明晰。伊等身在軍營，自有確見，但不知此際有無賊人阻滯，所議遷移之事，曾否舉行，若果於冬月遷移，則天氣寒冷，深可軫念。雖張廣泗等奏稱，塔爾那沁向有城堡，儘可令回民暫住，令其耕種，朕思此地並無房屋，回民何以棲身。查哈密地方和暖，其城外五堡等處原係哈密回民居住之所，若將移來之回民分派此地，暫行安插過冬，令額敏和卓轉飭本地回民，就近照看，似爲有益。若哈密回民果能同心照看，使之得所，朕必將額敏和卓及回民等加以重賞。至於吐魯番新來之回民，著查郎阿等重加賞賜，派委幹員，加意撫綏，諸凡寬裕料理，務使伊等不知有遷移之苦。將來若令其在塔爾那沁居住，可早爲辦理物料，以便及時興造房屋，俾獲寧居。爾等可將此寄信前去，並令劉於義等知之。倘冬月不即遷移，可遲至春間再議舉行。（世宗一二四、一七）

（**雍正一〇、一二、庚午**）諭辦理軍機大臣等：從前署大將軍查郎阿摺奏，請將吐魯番回衆，在肅州所屬王子莊安插，經廷臣議令署總督劉於義等確勘詳查，妥協辦理。朕思回民等輸誠嚮化，自應選給水土饒衍、氣候和煦之地，俾得樂業安居。肅州之王子莊水泉甚少，可墾之地不敷回民耕種。查瓜州地土肥饒，水泉滋潤，氣候亦和，與回民原住地方風景相似，且現在開墾可種之地，甚爲寬闊，足資回民耕收。由塔爾那沁遷至瓜州，路不甚遠，可免跋涉之勞。著署總督劉於義、巡撫許容，將吐魯番回衆即於瓜州安插。其築堡造房，給與口糧牛種等項，亦即行估辦，交原任潼商道王全臣料理。再令查郎阿即於軍營派一武職大員先赴瓜州，會同王全臣悉心妥辦。回衆自

塔爾那沁遷移之時，著提督顏清如沿途照看。至瓜州，安插事畢，顏清如仍回軍營辦事。（世宗一二六、一三）

（**雍正一一、一、丁未**）户部議覆：左副都御史二格奏稱，自肅州以至哈密，計程一千五百餘里，其間沙州、安西等處向屬肅州道管轄，但該道駐劄肅州，事務甚繁，於口外地方鞭長莫及，且現在安西開墾屯種，又有吐魯番回民於瓜州安插，須有大員就近彈壓，撫綏教導，尤屬有益。應如所奏，添設安西兵備道一員，其原設之安西同知一員，移駐瓜州，辦理水利屯田，與原設之靖逆通判，以至四衛一所，俱令該道統轄。從之。（世宗一二七、一三）

（**雍正一一、八、戊辰**）諭辦理軍機大臣等：據署陝西總督劉於義等奏稱，吐魯番等處回民，已移至安西，男婦大小共八千一十三名口。朕查從前回民自吐魯番移至塔爾那沁時，共九千二百七十三名口，今其中既有病故，例應扣除口糧，但伊等甫到安西，寧使之食用寬裕。著仍照原數支給，以示朕格外之恩。至總管額敏和卓及伊親丁，著照官員例，支給粳米，以示優異。（世宗一三四、一〇）

（**雍正一二、一一、甲午**）又諭：朕聞涼州府鎮番縣屬柳林湖地方屯種地畝，經加銜侍郎蔣洞估計，開墾修築渠壩、置備農具等項，共銀七萬八千餘兩，而辦理此事率多營私作弊。蔣洞委用原任知縣潘治、州判石廷棟二人所修渠工岸壩，在在草率，俱經冬水衝塌；而蔣洞視同膜外，不問不究。又，今春下種之時，種少報多，隱匿籽種一千餘石。又，平地工價一項，共該銀七千八百兩，委官領去分發屯民，而潘治、石廷棟等，朋比分肥，短發工價銀四千餘兩。又，蔣洞將屯田下剩應存銀八千二百餘兩虧空無存。朕所訪聞如此，蔣洞受朕深恩，何以負恩溺職至於此極。非派員確查，難定虛實。著副都御史孫國璽前往涼州，將以上情節詳確查勘，無得絲毫瞻徇。（世宗一四九、一六）

（**乾隆一、一一**）［是月］署川陝總督兼甘肅巡撫劉於義奏言：瓜州回民，於雍正十三年借給籽種口糧共一萬二千石、腳價銀二千二百七十一兩，應自乾隆元年為始，分作六年清還。茲據額敏和卓以回子添製衣服、買補車騾等事，本年秋收所餘糧石，僅供諸項之用，呈懇寬限一年。可否允准之處，伏候訓示。得旨：著照所請行。該部知道。（高宗三一、一二）

（**乾隆三、七**）［是月，大學士管川陝總督事查郎何］又奏：土魯番回民，搬移瓜州，耕種小灣踏實之地，道里往返維艱。據扎薩克公額敏和卓呈請，在小灣地方，建築小堡，自行造屋居住。據情奏請。得旨：卿等具題可

也。(高宗七三、二〇)

（**乾隆三、一二、己丑**）免瓜州回民舊借糧銀。諭：乾隆元年，曾借給瓜州回民籽種糧八千石，口糧四千石，並腳價銀二千二百七十餘兩，原定議於豐收之時，分年交還。乾隆二年，大學士查郎阿奏稱，回民所收穀石，僅敷本年食用，所有應交公項，力量艱難，懇請寬期一年，再行交納，朕已降旨俞允。今聞本年口外收成仍非大稔，回民遷移未久，家鮮蓋藏，若責令完公，不無拮据之苦。朕撫恤回民，原欲令其安居樂業，永享昇平，此所欠籽種、口糧、腳價，若仍留爲分年帶完之項，伊等心中籌及每歲輸將，不免多所顧慮，非朕恩養邊民之本意。著將此項糧銀，全行豁免。大學士查郎阿等，可即遵旨出示曉諭，俾回民等永沾實惠。(高宗八二、二四)

（**乾隆五、五、丙辰**）户部議准：川陝總督鄂彌達等奏，寧夏、新寶二邑，縣治已裁，田地荒蕪，户口離散，招徠各户報墾。請照夏、朔、平三縣之例，每户借給牛具銀八兩，賞給口糧五斗，全支本色，夏秋籽種，無論舊存及新招，查明認墾田地，一並借給。所需銀於府庫下剩銀内給發，分作八年徵還；口糧籽種，於平羅縣倉動支，分作三年徵收。得旨：著照所請行。該部知道。(高宗一一七、三)

（**乾隆六、四、癸卯**）又議覆：甘肅巡撫元展成奏稱，甘省地處邊陲，凡山頭地角，欹斜逼窄砂磧，即試種雜植，所收甚微，應聽民自種，永免升科。其平原空地，或動帑興修水利，或民間自出工費，引灌認墾者，應照六年起科之例，按則起科。如開墾未及起科之年，地有砂鹻，許呈報勘免。應如所請。從之。(高宗一四〇、一二)

（**乾隆七、九、癸亥**）户部議覆：甘肅巡撫黃廷桂奏稱，奉發查議之刑部郎中樊天游條奏，一、寧夏府屬新渠、寶豐二縣，原係河灘。當日按户授田，地之肥瘠，尚未分晰，即照撫臣原題，每畝升科六升。至開墾之後，地多起鹻沙壓，以及低窪不堪耕種者，小民授地已定，竭蹷輸將。臣思地有肥瘠，起科應分輕重，懇恩飭令該撫臣查勘，於原授地内，除肥田照舊升科外，其實在瘠薄之地，量減正賦，及有類此續行報墾者，並請減額起科。倘係沙壓起鹻及水淹不可耕種之地，悉予開除，等語。查新、寶二縣新開地畝，乾隆三年正值勘定升科之期，適遭地震，新、寶縣治議裁，歸併寧夏、平羅二縣管轄。復因田地荒蕪，經前督臣鄂彌達奏明，開修惠農渠口，展長漢渠之尾，引水灌溉，以安新、寶無業窮民，試種另報升科。是新開地畝，應請俟渠工完畢，窮民按地安插後，將前項地畝試種有效，再加確勘。視地之肥磽，定其等次，立科額賦。……應如所議。從之。(高宗一七四、一八)

（乾隆八、五）［是月］甘肅巡撫黃廷桂奏：西寧府屬大通衛，水旱可耕田地，招民墾種。並稱擺羊戎地方，墾戶三百餘家，城中不敷居住，應准自出夫工，建築土堡。得旨：好。墾田務農，爲政之本也。（高宗一九三、二一）

（乾隆八、九）［是月］甘肅巡撫黃廷桂奏：寧夏府平羅縣四堆子地方二十二堡，因疊遭河患，棄置堤外，已屬廢土。自乾隆七、八兩年以來，戶民自備工本物料，築隄開墾，漸次成熟；人民已有一千五百餘戶，熟地已有二、三千頃。田廬莊舍，居然樂郊。臣現飭地方官確勘，分立疆界，定畝給照；其居民酌量每畝每年約輸租若干，歸之社倉，留爲該地方水旱偏災之用，有收則令照數輸租，無收仍免。凡徵收出入，官司經理，立有準則，情願多捐者，亦聽其便。至人丁既衆，應立保甲，編排烟戶，一切戶婚田土爭訟，歸平羅縣管理。令該縣將戶口土田另造一册，名爲埂外閒田，不在升科之內。此外再有可開者，聽民報官陸續墾種，給照輸租。有衝廢者，查明刪除，並於原給照內註明。其隄岸渠道，加築防護，悉聽民自理，官爲稽查。得旨：所奏俱悉。（高宗二〇一、三九）

（乾隆八、一〇、癸亥）戶部等部議覆：甘肅巡撫黃廷桂疏稱，西寧府屬西、碾二縣之南山一帶，地方遼闊，番漢雜處，內有擺羊戎溝、囊思多溝諸處，堪以開墾，惟距邑城甚遠。經前撫臣元展成奏請添設撫番通判，駐劄擺羊城內，董率墾種，管轄各番；又經臣請以鞏昌府通判改隸西寧府，移駐督墾。接准部覆，俟開墾有效，再行奏請定議。茲試種三載，已墾擺羊戎溝荒地二十四段、囊思多溝等處荒地二十四段，頻歲收成五、六分至七、八分不等，成效已著，請照原議將鞏昌府通判改爲西寧府撫番通判，移駐擺羊戎，添建衙署。其原管盤驗茶封之事，改令鞏昌府管理。所墾地畝，照番地例，籽種一石徵糧一斗，於十年後起科。應如所請。從之。（高宗二〇二、三一）

（乾隆八、一二）［是月］甘肅巡撫黃廷桂奏：寧朔縣迤南地名青龍灘，距縣城一百二十餘里，逼近唐渠正閘，土曠平衍，儘堪樹藝；祇以地高於渠，水不能入，廢棄已久。查閘西地勢微低，開乞渠口，以資灌漑，可得膏腴地六千餘畝，現已動工挑濬。又靈州城西羊馬湖地方，於乾隆六年查出可耕之地，兩年招墾，已獲成效田一萬三千餘畝。得旨：勸課農桑，爲政之本。知道了。（高宗二〇七、二九）

（乾隆一〇、一〇、辛丑）諭：雍正十一年，瓜州安插回民開墾地畝，募雇渠夫，借給牛價口糧，例應分年交納，因邊民寒苦，尚有未經還項銀一

千二百餘兩，歷年已久，貧民應當體卹。著照安西等處屯戶未完牛價口糧之例，開恩豁免。可即傳諭該督撫遵行。（高宗二五〇、七）

　　（**乾隆一一、九、壬寅**）戶部議覆：甘肅巡撫黃廷桂條陳寶豐埂外開墾，並移駐分理事宜。一、添築遙隄，展挖渠道。已飭令該府會同委員，於今歲春融，督率民夫，如式辦理。俟工竣日另報。一、寶豐復設縣治，既奉部議不准，應將埂外戶民，一切編排保甲稽查之處，暫令平羅縣管轄。已墾舊地，自地震水決後，田畝有高低，得水有難易多寡，必逐漸安置。至認墾戶內，恐有鄉愚貪得，或本一戶而分報兩戶、或本一分而虛占分半者。欲定科則，必須徹底清查。試種一、二年後，地畝肥磽可辨，科則上下可程，然後照水田例六年為期，升科輸納。一、土地民人，既議歸平羅縣管轄，但寧郡地逼黃河，渠岸繁多，所有疏濬水道、添設閘壩及一切春秋再濬、四季放水工程，水利同知一員斷難兼顧，必須設員分理。應請將隴西縣丞，移駐平羅城；其惠農、昌潤二渠，專責該員幹辦，仍屬水利同知管轄。一、該員新經移駐，事俱創始，較隴西需費尤多，原額養廉不敷。應請照皐蘭縣寬溝縣丞之例，每年加給養廉銀二百兩，即同平羅縣官役，隨餉支領報銷。一、原奏移駐弁兵，原為添設縣治，今縣治既不准設，平羅現有參將一員，石嘴子每月三市，即令該參將彈壓稽查，毋庸再議分駐。均應如所請。從之。（高宗二七四、一八）

　　（**乾隆一二、一〇、己巳**）諭軍機大臣等：前據黃廷桂奏金塔寺回民不敷養贍一事，經軍機大臣會同該部議以移駐哈密，統令該撫黃廷桂查明具奏辦理。茲據貝子玉素富奏稱，哈密耕種，全資雪水，如遇雪少之年，不足以資灌溉，朕現在批令定議，所有移駐回民之處，此時不必辦理，候旨遵行。至於此等回民，黃廷桂從前奏稱，丁口加增，生計艱難，多有不能餬口，且貪惰性成，不力於農務，則此半載之中，又何以資生度日。且行令查辦，何以遲滯不行具奏，著傳諭一併詢問之。（高宗三〇〇、一七）

　　（**乾隆一二、一一、辛卯**）大學士等會議：哈密扎薩克貝子玉素富奏稱，奉旨將金塔寺回民，歸入臣所屬旗分，撥給餘地。哈密地方少雨，俱賴山雪融化，流水灌溉，往往被旱歉收。若將金塔寺回民，移居此處，撥給之地增至一萬餘畝，恐渠水不足，等語。查該撫黃廷桂奏，金塔寺回民匱乏，臣等議令移居哈密。今該貝子所奏，種種不便，請仍敕該撫，於金塔寺原圈給回民地界內，查明可墾餘地，將無地回民，每戶撥給百畝，所需牛具耔種，照初次安插者，減半給與，仍嚴飭地方員弁，善為董率頭目老戶等，教導回眾盡力農功，毋得仍前怠惰。從之。（高宗三〇二、八）

（乾隆一二、一二、庚辰）軍機大臣等議覆：甘肅巡撫黃廷桂奏，新渠、寶豐二廢縣，近年陸續墾復，已有二千餘户，計口萬餘。請改城爲堡，令民移居。應如所奏，改爲新渠、寶豐二堡，除原設文武衙署及廟宇倉廠等官基，仍留備用外，餘准作民基；仍循舊制，二堡各以坍廢鼓樓爲界，樓南令回民居住，樓北令漢民居住。其分別回漢、丈給地基之處，亦應照所奏，每間出資三錢，地方官給印照管業，所收地資，即留爲本處修補城池等項之用。所有改設之縣丞衙署，准即於寶豐堡内建造。從之。（高宗三〇五、一九）

（乾隆一四、一〇）〔是月，陝甘總督尹繼善、西安巡撫陳宏謀〕又奏：前大學士等議覆侍郎蔣溥奏墾陝甘沿邊地方屯田一摺，奉旨交該督撫等查辦。臣查甘州所屬之聶貢川，約寬四、五里至七、八里不等，長約百里，兩邊皆山，可墾田二千餘頃，内有水三道，泉源細小，灌溉不足。此地向爲六族番民世居牧放之所，並非内地官荒，如議開墾，必須移内地民人前往屯種。番族不能安居，又無地可遷，且高寒止宜青稞，尤慮霜雪最早，收成難必。以墾地二千餘頃而計，一切牛具、人工並開渠雜費，均需銀十餘萬兩，況在二十四關以外，番族甚衆，移民耕種需兵彈壓，費更不貲。兼離河州二百餘里，經火裏藏龍腦等處險阻，輓運艱難，此地非惟不可開墾，即墾亦屬無益。又山丹縣屬之大草灘，除從前已墾之地，皆係沙漏地高，無渠水可溉，況近雪山，氣候早寒，米穀不能成熟。餘地實難收耕穫之利，並請毋庸屯墾。其餘口内口外並沿邊一帶，凡係可墾之地，節經招民開墾，並給兵屯糧，間有未開曠土，非無水可引，即沙石難耕，均未便輕墾。其柳林湖等處，收穫著有成效，自不敢漫無查察，致成廢棄。報聞。（高宗三五一、三六）

（乾隆二〇、八）〔是月〕協辦陝甘總督、尚書劉統勳奏：……瓜州回民仍歸舊處，甚爲合宜。臣前往查勘，田土平衍，可容千餘人，屯田約可下種九千石。其應如何遷移之處，再行具奏。……報聞。（高宗四九五、二〇）

（乾隆二二、九）〔是月〕大學士管陝甘總督黃廷桂奏：瓜州回民所遺熟地二萬四百餘畝，經臣奏明招佃承種，官民分收；隨令安西道就近於五衛地方陸續招佃六百八十餘户，每户先後撥地三十畝，借給籽種、口糧、牛具等項，今春督令及時耕種。嗣因夏間口外陡起熱風，苗稼不無吹損。現查收成多寡，照例辦理。此外尚有回民未種荒地一萬九千餘畝，自應次第經理墾闢；但屢招乏人，蓋因地瘠土堅，耕種匪易；且俱在熟地下游，去水甚遠，必須其年雪厚春暖，消化應時，渠流充暢，始能引水灌溉；否即難免歉薄。

似應將此項荒地照開墾例，招民認墾，官止借給籽種口糧，按年徵還。至所墾地，先令於熟地接水處開起，由近而遠，試種一年後，如水足有收，即照民地升科。查軍興以來，多有傭工謀食在外者，應先於此等民人內招墾，尚有餘地，再於內地設法招徠。得旨：諸凡甚妥。（高宗五四七、三二）

（乾隆二五、一一）是月，陝甘總督楊應琚奏：甘省肅州地方，界當邊塞，地多荒疇，自開闢新疆以來，肅地為內外總匯，現在商民輻輳。查該州北鄉一帶荒土，界在邊牆以內者，始則編戶畸零，未及墾開；遠在邊牆以外者，又以地有禁限，未許越耕。但際此拓疆萬里，中外一統，似不必區區以遠邊為限。請將肅州鄰邊荒土盡令開墾，並為相其流泉，開渠引灌，於軍需平餘項下借支工需，令承墾人戶分限繳還。得旨：甚好。（高宗六二五、二一）

（乾隆二六、三）[是月]陝甘總督楊應琚奏：甘省新疆展拓以來，於伊犁、烏嚕木齊等處分駐官兵，廣籌墾種，已有成效。至安西、肅州一帶，遙控新疆、界當總匯，昔為沿邊屏障，今成腹內要衝，生聚既繁，田疇宜闢。查肅州金塔寺等處可耕荒地一萬餘畝，業經奏明招墾，茲復查安西所屬淵泉縣之四道溝等處，玉門縣之頭道溝等處，可耕荒地一萬餘畝，勘係平衍之區，又有泉源引灌，現在招墾試種，酌借籽種，俟秋收後，分別糧則，另議升科。得旨，好。（高宗六三三、二〇）

（乾隆二七、五）[是月]陝甘總督楊應琚奏：肅州金塔協及附近之清水等六營堡，向年兵糧除折色外，約領本色倉斗三千餘石，俱遠赴高臺縣支領，需費繁多。查肅州金塔寺等處，近墾荒地一萬七千餘畝，又附近之威魯堡有新升科地一萬二千餘畝。請先將威魯堡應徵糧四百三十餘石，就近撥給兵糧，尚有不敷，又有毛目城九家窯每年運肅平分倉斗糧一千七百石，免其運肅，各就近改撥。並暫將肅州採買及收捐監糧估撥，將來金塔寺等處新墾地畝全數升科後，又可估撥，庶歸省便，從之。（高宗六六一、一九）

（乾隆三五、一）[是月]陝甘總督明山遵旨議奏：甘肅布政使蔡鴻業奏稱，民間領借籽糧，各就地土節氣，隨宜播植，收成後勢難全照原借糧色交納，應請通融抵交。除下色之穈、粟二穀，需碾米支發，仍照一米二穀報銷外，餘如上色之小麥、豌豆、粟米、黃米，下色之青稞、大豆、青豆、大麥等項，准其照領借原數，以上色抵交上色，下色抵交下色。其穈、粟二穀，願以小麥、粟米、豌豆一石抵交二石者，准。得旨：如所議行。（高宗八五一、一八）

（九）新疆

1. 概述

（**乾隆二七、二、庚寅**）烏魯木齊辦事副都統旌額理等奏：陝甘總督楊應琚送到人户，指給地畝開墾。應需馬力，現在市易哈薩克馬，約有三等，請將骨格小者，户給一匹，折銀八兩，同前奏明賞給蓋房銀折交米麪一石，分年完納。其兵五百名，原議照巴里坤造房例，每名日給米八合、麪四兩外，加鹽菜銀三分，但所給米麪尚覺不敷，請將鹽菜銀兩之半折給米麪，有益兵食，亦可稍節帑項。得旨：如所請行。（高宗六五五、一五）

（**乾隆二七、六、甲寅**）諭軍機大臣等：旌額理等奏稱，內地送到屯田民人四百餘户，俱知勉力耕作，因雨澤稍歉，又有野鼠食禾，被災自一、二分至七、八分，等語。內地民人頗知力作，偶值偏災，伊等俱係新遷，並無積蓄，若不加以接濟，則伊等拮据口食，不能盡力耕耘。現在烏魯木齊尚有餘糧，其作何加給升斗，俾無失所，著傳諭旌額理等一面辦理，即行具奏。（高宗六六五、一〇）

（**乾隆二七、八、庚戌**）又諭曰：旌額理等奏稱，本年由內地資送屯田民人四百餘名，到屯以後，所有接濟口糧籽種，俱係借給官項。請分別定議，俟伊等收穫有餘，將應還錢糧與從前資送之項，分年令其交納，等語。屯田民人從前所領官項，自應照原議分年交納，此次所借糧石，既因伊等甫經耕墾，全賴接濟，且又被災傷，若仍令償還，恐有妨伊等生計，著將續借之口糧籽種等項加恩賞給，以示體卹。（高宗六六九、四）

（**乾隆三六、一、戊辰**）諭軍機大臣等：據楊景素奏，甘省自乾隆二十三年至三十五年，民借籽種口糧牛本等項，除徵還外，尚未完京倉斗糧四百四萬餘石，折色一百三十二萬餘兩，等語。此等應還官項，爲時甫及十餘年，積欠已至數百餘萬之多，固由該處地瘠民貧所致，亦因前此辦理軍需時，遞年疊行蠲貸，民間習以爲常，及大功告成，軍需停辦，自不能如向來之格外邀恩，而愚氓不知饜足，奢望常懷，轉將本分應完借欠，輸納不前。似此日累月多，勢將何所底止。是舊逋固不可不及時清釐，致令積疲不振，惟是邊陲生計艱難，尤當急爲籌畫，以裕久長，庶幾積薄之區，得有起色。因思新疆底定以來，緣邊一帶，如安西、闢展、烏魯木齊等處，地多膏沃，屯政日豐，原議招募內地民人前往耕種，既可以實邊儲，並令腹地無業貧民，得資生養繁息，實爲一舉兩得。況邇來邊外商民輻輳，風景不殊內地，所有舊日瑪哈沁等，並已搜捕净盡，所至皆成樂土，更復何所畏避。乃願遷之户，雖官爲資送，而爲數仍屬無多，總緣民人等於新疆饒裕情形，未能知之甚悉，遂爾意存觀望耳。不知小民於利之所在，果灼見其安便易圖，自無不争先往赴。即如熱河及張家口外各處，凡有可耕之地，山東等省民人，俱不遠數千里，襁負相屬，以爲自求口食之計，何嘗官爲招集耶。況甘省密邇新疆，較之山東出口路程更爲近便。若能詳爲勸諭，俾知沃壤可耕，資生甚易，足以自圖寧宇，諒皆趨之如鶩，久而相安成習，必且邀朋攜侶，熙攘往來，各自適其謀生之樂，並無庸似舊時之官與經營。俟將來關外生聚滋蕃，兼可酌添郡縣。而此等待食之民，向外多移一人，即少耗内地一日之粟，可使蓋藏漸裕，化瘠爲腴，其裨益更非淺鮮。此皆明山所當時常留心者，而總未見其奏及。著將如何設法勸導，令民人踴躍樂從之處，即行詳晰妥議具奏。並將現有欠項，作何逐漸徵完，或另籌調劑之道，一併定議奏聞。（高宗八七七、七）．

（乾隆三六、三、庚申）又諭：據明山籌議，……至招募民人前往新疆耕種一事，實爲内地貧民久長生計。該督所議，仍屬空言無濟。關外屯政日豐，所在皆成樂土，且商賈懋遷往來甚便，並聞安西一帶，亦有向經墾熟之田，年來復有聽其曠廢者，小民趨利如鶩，何竟裹足不前。閭閻生計自謀，豈能官爲經理。其現辦招徠資送之事，勢難遍及，亦未便久遠長行。況利之所在，風聞自往，如口外熱河、張家口各處，山東等省民人輳集，日益月增，並未藉有司之招致。（高宗八八一、六）

（乾隆三六、六、辛巳）諭軍機大臣等：……至文綬摺内所稱，現在災民流移甚多，自宜妥爲安集。但此等待哺之衆，豈能盡禁其外出。惟是災地毗連處所，非盡豐饒，災民即挈伴前往，覓食亦殊不易，何如新疆一帶地方廣潤，田土沃饒，但能勤於耕作，非惟足資餬口，並可贍及身家。愚民昧於遠圖，又無人爲之勸諭，前已屢諭明山，令其悉心體貼，實力講求，俾得自貽樂利，尚未見其奏覆。此時謀食貧民，勢不能不聽其轉徙，則導之共就樂土，乃極可乘之機會，其説自易於聽從。著吳達善將原寄明山諭旨取閱，即爲設法勸導，使共知邊外謀生之實利，自必熙攘趨赴。不特目前之嗷嗷者不至飄泊無依，即將來或遇歉收，而瘠土貧民亦可免坐守困乏，實爲籌備邊氓生計之長策。仍將如何勸諭辦理情形，詳悉奏聞。（高宗八八六、一八）

（乾隆三七、五、戊午）軍機大臣等議覆：陝甘總督文綬疏稱，前於内地商民呈墾新疆地畝案内，經大學士九卿等議，以商賈往來無定，或一時貪利呈墾，旋漸抛棄，於屯務難期實濟，請飭下該督會同新疆辦事大臣議奏。

茲會同巴彥弼、明山等議定，嗣後凡有商賈呈墾者，每戶給地三十畝，並給與農具籽種馬匹，六年升科，如力能多墾，取結給照，永遠管業。至不具呈請墾者，亦不得稍有抑勒，等語。查臣等前議，誠恐商賈往來無定，地方官拘泥從事，或有抑勒之處，請令該督等妥議具奏。今據稱現在商民呈墾，具報成熟已十萬餘畝，是商民樂於承種，並分晰條例，嗣後未經呈墾者，概不勉強，洵於屯政有益。應如所奏辦理。從之。(高宗九○九、一六)

（乾隆四一、五、甲午）諭軍機大臣等：甘肅地土瘠薄，民間生計本艱，屢經傳諭該督等，以烏嚕木齊等處，沃野不啻千里，閒曠未闢者甚多，若貧民前往墾種贍養，較在內地窮苦度日，利且數倍，因令地方官勸民自往耕作餬口。勒爾謹陛見時，詢問及此，據稱數載以來，願往者尚覺寥寥。此固愚氓安土重遷，亦由未知新疆沃壤可耕，如果勤於力作，大可樂業，是以觀望不前。即如山東無業貧民，出口往八溝喇嘛廟等處備耕度日者，難以數計，蓋由此等流寓民人，在彼耕作得利，藉以成家業者甚多，遠近傳聞，趨之若鶩，皆不憚數千里，挈眷而往。若甘省百姓，得知新疆之可資樂利，亦何所憚而不往耶。著傳諭勒爾謹，飭令各屬，設法化導，務令邊地貧民，咸知口外墾種之利，自皆踴躍樂從，使其端一開，聞風而往者必衆。所謂民情難與圖始，大率如此，但須善爲勸化，若徒出示曉諭，轉似驅以所難，仍前裹足無益也。勒爾謹務善體朕意，妥協爲之。仍將籌辦情形若何，據實覆奏。(高宗一○○九、八)

（乾隆四一、六、壬子）諭軍機大臣等：昨據勒爾謹奏，……至甘省地瘠民貧，災歉幾無虛歲，惟將賑濟周給，賴以生全，年復一年，究非長策。在朕念切痌瘝，惟恐一夫失所，原不惜歲費帑金，而爲地方大吏者，目擊民艱，豈可不早爲悉心規畫，必待其既荒始藉賑恤以爲補救乎。即如烏嚕木齊一帶，地皆沃壤，可耕之土甚多，貧民果能往彼墾藝，不但可免於饑窘，並可贍及身家，此乃天地自然之美利，供民取攜。昔爲外夷地，固不可行，今幸入我版圖，近在邊地，百姓自當咸就樂土，共享豐饒。是以屢諭該督等，善爲勸導，俾其群往謀生，自求樂利。而歷任督臣總未有辦及者，大率以爲人情安土重遷，難以勉強。此固愚氓之昧於自計，亦由大吏之心存畏難。若云小民憚於遠涉，則山東之距塔子溝等處，較之甘肅至烏嚕木齊其道里約略相倣，何以每歲山東出口之人，扶老挈幼，不可數計，雖禁之亦不能止，而甘肅之人，獨不聞有赴新疆之事，甚且勸之，仍裹足不前乎。蓋百姓可與樂成，難與圖始，如知有利可圖，自皆趨之若鶩，直隸各口外即其明驗。甘肅督藩等何獨不能設法勸民，俾之聞風鼓舞，而徒聽其終歲嗷嗷待哺乎。從前招徠之民出邊曾有辦過之案，督臣等每因資送需費，不肯多辦。此在常時則然，若當被災之餘，撫恤賑濟每戶原不無所費，設以十年而計，每年每戶約須賑恤若干，若合五年之費爲資送之需，亦當足用。雖現在所費較多，而算至十年，則已省其半，且此時多送一人，往邊外耕作，將來邊內即少一待賑之人，如此遠籌，其省更不知凡幾。在國家爲一勞永逸之計，在閭閻爲去苦就樂之圖，而出邊戶口日多，家計日益饒裕，邊鄙窮黎，自皆聞風趨赴，並可不再煩官爲勸諭，一舉而兼數善，該督等又何所畏而不爲乎。著傳諭勒爾謹、王亶望，即照此旨實心熟籌，善體朕意，妥爲經理，毋負朕諄切委任之意。仍將作何酌定妥辦之處，迅速詳悉覆奏。將此由五百里傳諭知之。（高宗一〇一〇、二六）

（**乾隆四一、七、辛未**）諭軍機大臣等：據勒爾謹奏，甘省續得雨水情形一摺。……又據奏籌辦貧民出口墾種一事，尚未能得要領。因思易與樂成，難與圖始，本屬常情。總須令其自知新疆一帶有自然美利，到彼耕作，即可共享豐饒，如山東百姓之趨赴口外，雖禁之不止，方爲妥善。若如所稱，咨行新疆大臣，查明地畝若干、可以安插窮民若干，詳細咨覆，一面設法曉諭，再行陸續送往。小民見係官辦，尚似驅令遷移，即一時勉強相從，仍不能冀其源源樂赴。此時籌辦之始，止可詢問貧民，有願赴新疆墾種、而力量不給者，官爲資送，不露強迫情形；向後願往者多，可不煩資助，方爲經久良法。再傳諭勒爾謹等另行熟籌妥辦。仍將如何設法便民之處，據實覆奏。將此由五百里傳諭知之。（高宗一〇一二、一）

（**乾隆四一、一〇、壬戌**）陝甘總督勒爾謹奏：願往新疆種地者，共六百四十二戶，查係無業貧民，請官爲資送。得旨：嘉獎。（高宗一〇一九、一〇）

（**乾隆四二、一、甲午**）諭軍機大臣等：據索諾木策凌奏覆口外隻身傭耕民人搬取眷口事宜一摺。自當如此分別辦理。其張錦等三百四十六戶，據該都統稱，俱係傭趁餬口、赤貧無力之人，其搬移戶口，自應官爲資給。著勒爾謹即速照該都統咨送細冊，確查各原籍眷口，妥協經理。又，馮玠等二百七戶，雖據稱在烏嚕木齊年久，積漸小康，其力量尚能搬接眷口，無需官爲資送，等語。自係實在情形。但伊等因年來力作，屢獲豐收，頗堪自贍，究非富饒之戶可比，今欲接取眷口，道途所用車輛口糧等項，俱不無所費，亦宜格外加恩。著傳諭勒爾謹等，即行查明此二百餘戶，照資送赤貧戶口之例，資給一半，俾其行李裕如，用昭體恤。至孫世簪等九百八十七戶，雖據稱俟二、三年後生計寬餘，再行搬眷，此語未必出於戶民等本心。室家完聚，誰不樂從，愚民未必能見及於此，或地方官因人衆難辦，授之以意，亦未可定。朕惠愛邊氓，恩施稠疊，不惜多費帑金，今有力無力者，俱准搬移眷口，獨孫世簪等九百餘户，令其俟數年後再辦，未免向隅。亦著加恩，賞給一半資助，俾若輩咸皆感激歡欣，即遠近聞之，亦必鼓舞踴躍，動其趨赴樂土之心，較之勸諭招徠，尤爲有益。著傳諭勒爾謹，務飭屬將應賞之項，實力妥辦，使之均霑實惠，將此一併諭令知之。(高宗一○二五、三八)

　　(乾隆四二、七、丙戌) 諭軍機大臣等：據勒爾謹覆奏甘肅被災情形一摺，内稱附近省城地方，受旱與去歲相仿，其餘各處，俱比上年稍輕。……至今歲因烏嚕木齊一帶，地皆沃壤，可耕之土甚多，貧民果能往彼墾藝，不但可免於饑窘，並可贍及身家。曾傳諭勒爾謹，熟籌妥辦。嗣據勒爾謹、索諾木策凌節次奏稱；移往户民六百餘户，官爲資送，酌量分段安插，籌備農具籽種。並稱烏嚕木齊一帶，可安四千餘户，現在設法勸諭，俾各處貧民，互相招引，源源趨赴，等語。此項户民於何時移往及此後是否復有願去之人，該督作何籌辦，未據奏及。著傳諭勒爾謹即行查明，據實覆奏。至烏嚕木齊一帶所移户民，到後作何安插得所，民情是否樂於耕作、鼓舞歡欣、足使内地人民聞風趨赴之處，並著索諾木策凌查明具奏。尋奏：被災各處，現已分別題請賑卹，並酌借口糧，不致失所。至貧民出關，現據各屬報稱，願往者六百九十餘户，程途遥遠，實難攜眷前行，應請照上年資送之例，酌給一半。報聞。(高宗一○三七、一○)

　　(乾隆四三、閏六、壬午) 陝甘總督勒爾謹奏：張掖、武威、平番、鎮番、肅州、靖遠等州縣無業貧民，聞新疆樂土，咸願攜眷前往，請照上年辦送户民之例，賞給一半盤費，令其前往。報聞。(高宗一○六一、一五)

　　(乾隆四五、二、丙子) 諭軍機大臣曰：勒爾謹奏，鎮番縣户民，呈請願往新疆墾種者一百八十六户。又，平番、中衛、靜寧等州縣，願往户民一百三十一户。俱係無業貧民，懇請攜眷前往種地。查乾隆四十二、三等年，攜眷前往貧民，俱賞給一半盤費銀兩，請循照往例辦理，等語。所奏殊不知事體。從前初次移駐新疆户民，係官爲辦理，因念遠涉維艱，是以格外賞給盤費。今鎮番、平番户民等，因聞知新疆水土肥美，歲獲豐收，呈請攜眷前往墾種，自與前次官爲經理者有別，豈宜循照向例。即或念該户民等口食無資，亦止應照向給一半之數，再減一半賞給，已屬格外優卹。至將來四、五年後，此等聞風願往户民日多，即此再行減半之數，亦毋庸給發，不過官爲查照存案，聽其自行前往而已。若已經給發，不必拘泥追還。即如山東、直隸等處貧民，各攜眷屬出口種地謀生者甚多，俱係自行前往，又何嘗給與盤

費耶。勒爾謹何不曉事若此。可將此傳諭知之。(高宗一一〇一、一六)

(乾隆五三、四、辛亥) 諭曰：阿桂等議覆，尚安奏烏嚕木齊所屬，酌減新增地糧一摺，請將從前清丈餘地，增額徵糧。如何定議緣由，令永鐸會同尚安詳議，覆奏到日，再行覈議。固屬覈實辦理。第念烏嚕木齊所屬地方，遠在邊陲，惟在廣爲招墾。耕種地畝，日闢日廣，則交納糧石，自可日漸加增。若新增餘地，不准量爲酌減，一律按則徵糧，小民不能得有贏餘，或至裹足不前，憚於承種，則新疆地畝，轉致閒曠，亦非所以軫恤邊黎之意。且永鐸係原辦之人，今若令其再行會議，恐不免心存迴護。所有尚安奏烏嚕木齊前次查丈多墾餘地，應徵新糧，著照所請，准減一半，毋庸再行會議，俾民戶易於交納，以示朕加惠邊黎至意。(高宗一三〇三、一〇)

2. 哈密地區

(雍正五、二、丙寅) 封哈密扎薩克達爾漢白克額敏爲鎮國公，賞銀一千兩，其下種地回民四百人，各賞銀兩布疋。以口外開墾著有成效也。(世宗五三、二〇)

(乾隆七、四、戊申) 大學士等議覆：川陝總督尹繼善奏稱，蔡把什湖地畝，租與回民耕種，酌定章程九條。一、屯兵舊有堪用牛騾，并徹回防所挑下馬匹，應按數撥給，其價分作五年帶徵。一、各色籽種，回民力難自備，應於新收屯糧內給領。一、所借籽種，於秋收後扣還，下剩糧石，照安西之例，官四民六分收。一、回民既事耕作，自須接濟口糧，應照安西民屯之例，酌借哈密存貯白麪，秋收後交還小麥。一、蔡把什湖各處渠道，向因兵丁屯糧，修濬灌溉。今易回民，而兵獨任疏濬，未免偏枯。應令蔡把什湖守備仍督兵修防，並飭回民協助，交管糧文職稽查。一、回民所借麥石，原當按時扣還，但於所得六分之內，併令交納，恐力有不繼。應於未分時先扣籽種，既分後再交口糧，仍照一麥二穀例，糜、粟兼收。一、應還分數，應於每年收穫時，令哈密公移會糧員秉公辦理。一、前經提督李繩武奏明，令各營於蔡把什湖、塔爾納沁二處，種有餘地各三千畝，所收糧石，即以增給哈密防兵及牲畜餧料等項。今查塔爾納沁地寒土瘠，收穫無幾，應停耕種。其蔡把什湖餘地三千畝，既經墾種有效，不便棄爲曠土，仍令駐防兵丁承種，庶兵力不致多分，於駐防仍可無誤。均應如所請，行令該督會同永常等辦理。從之。(高宗一六五、一〇)

(乾隆一二、六、戊子) [軍機大臣等]又議覆：甘肅巡撫黃廷桂，奏請遵照舊例給與頭目回民牛具籽種，聽其開墾荒地一摺。查雍正四年，土魯番回民托克托、嗎穆忒等，情願移駐内地，經岳鍾琪奏准，移於肅州之金塔寺，並借給牛具籽種，俾得耕作。今該撫奏稱，回民人多地少，且或拋棄典賣，不敷養膳，現在無地可耕，遊惰成群。請於回民原給地畝外，附近曠土，令其墾闢，一切俱照舊例安插，等語。查回民偷惰成習，即另添地畝，暫濟目前，將來終難爲繼，若不另爲籌酌，究非經久之策。查哈密地方，可以屯糧之處甚多，若以之移駐，則同屬回民，土俗素習，安輯較便。現在貝子玉素富所屬回民，皆編有旗分佐領，今將此項回民分駐哈密，可以就近管束，俾專力耕作，實爲久遠之計。其盤費籽種，並令該撫酌給。再回民春初乏食，借給過口糧一百九十一石，原應秋收還項，今既無以餬口，前項應請豁免。從之。（高宗二九三、二〇）

（乾隆一二、七、己酉）諭軍機大臣等：肅州金塔寺安插吐魯番回子，内有不服水土、至於生計艱窘者一百餘戶，經大臣等議奏，請移於哈密種地居住。此項回衆，向被準夷凌虐，情願移入内地，迄今二十餘年。因水土異宜，積蓄者少，窮迫者多。若將伊等移於他處，究不能於生計有益。哈密、吐魯番，雖部落各異，其教則一，情性相宜，且哈密貝子玉素富，自伊曾祖額貝都拉塔爾罕伯克以來，數世受國家恩澤，竭誠報效，奮勉急公，教養所屬之人，亦甚妥協。現在哈密地方，尚有可種餘地，著將安插金塔寺回衆，交貝子玉素富，併入伊所屬旗分佐領，加意撫卹。令新舊回衆，和好如一，撥給餘田，令其耕種，俾永不致失所。將此傳諭貝子玉素富知之。（高宗二九五、八）

（乾隆一八、一二、己亥）諭軍機大臣等：從前哈密賽巴什達里雅屯田，給令該處回子耕種，所收穀石，以四分交官，六分給與回子。今聞伊等生計稍難，著加恩將每年耕種所獲穀石，不必交官，全行賞給。（高宗四五三、六）

（乾隆二一、七、甲午）諭軍機大臣等：黄廷桂奏，據哈密貝子玉素布呈稱，從前哈密回人耕種德都摩垓、圖古哩克等處地方，仍請賞給耕種，等語。哈密回人生齒日繁，現在準噶爾全部底定，無庸於此等地方更設卡座，著施恩將德都摩垓、圖古哩克地方，仍賞給回人耕種。（高宗五一七、一七）

3. 巴里坤地區

（乾隆二六、九、丙辰）陝甘總督楊應琚奏：巴里坤種穫豌豆，試有成效。該處商民願認墾荒地，請給與執照，聽其開墾。得旨：甚好，應廣爲勸墾者。（高宗六四五、九）

（乾隆二八、八、己亥）陝甘總督楊應琚奏：前因巴里坤地土廣衍、水泉敷裕，請飭該同知於現在屯田之外，召募開墾，荷蒙俞允。隨據同知佟祿陸續開報，商民認墾之地共八千二百餘畝，俱照水田之例，六年升科。報聞。（高宗六九二、一八）

（乾隆二八、八、庚子）陝甘總督楊應琚奏：巴里坤因上年試種細糧已有成效，今種麥稞豌豆尤爲蕃碩。商民認墾地三千四十餘畝，照水田例升科。下部知之。（高宗六九三、一、）

（乾隆二九、一一、丁丑）大學士管陝甘總督楊應琚等奏：巴里坤北山一帶地方，募民前往墾種，恐邊氓初至、人力難施，該處有泉河三道，臣等公同勘定，在頭二道舊渠之尾，開渠二千丈，併將開渠之土建堡三座，一座周圍百丈，兩座周圍各六十丈，於八月二十一日興工、至九月十八日工竣。今戶民陸續齊至巴里坤，因見有堡可居、有渠可灌，倍加欣喜；從此聞風接踵而至，於新疆大有裨益。報聞。（高宗七二三、一七）

（乾隆三〇、六）[是月] 大學士管陝甘總督楊應琚奏：巴里坤地氣日漸和煖，每歲佈種細糧，俱有成熟，商民認墾，接踵而至。除乾隆二十九年以前認墾地一萬一千八百九十餘畝外，本年春間，又認墾地四千餘畝，連前撥給安西戶民承墾地，共二萬五、六千畝。皆取三道之水，引渠灌溉。但商民認墾之地，皆在上游，安西戶民承墾之地，係在下游，若上游需水既多，誠恐下游稍乏，必啓爭端。今廢員陳文樞等，奉鎮臣委令督率墾種，即與該處同知詳加審度，擬於迤東河水入渠之處培高閘壩，開濬寬深，俟流至商民認墾地界，即由渠北分鑿大渠一道，引流西下，俟流近安西戶民承墾地界，仍與舊渠合一；接連新開之渠，安設木閘一座，每當用水時閘住，舊渠引灌認墾之地，新渠引灌承墾之地，庶各引各渠，兩無爭競。於四月十五日興工，今已報完；計開新渠三千餘丈，寬深如式。得旨：嘉獎。（高宗七三九、一八）

（乾隆三〇、一一、丙子）大學士管陝甘總督楊應琚奏：巴里坤附近田地漸闢，迤西四十餘里之花莊抵尖山卡座，沃衍二十餘里，黑溝之水足資灌溉，舊渠漏沙處俱經修整，並開新渠一道。由舊渠上流抵尖山栅口長三十里，傍山地盡可耕。認墾者聞風趨赴，自二十六年至今，共墾地三萬八千餘畝。得旨：欣慰覽之。該部知道。（高宗七四八、一一）

（乾隆三二、閏七、乙未）陝甘總督吳達善奏報：巴里坤開墾田地七千五百五十畝有奇。（高宗七九〇、三）

（乾隆四〇、五、戊午）陝甘總督勒爾謹疏報：巴里坤屬奇台地方，招

徕民人三百户，認墾地九千畝。（高宗九八二、二〇）

（**乾隆四〇、六、己卯**）陝甘總督勒爾謹疏報：巴里坤新設宜禾縣西大墩地方，新招人民三十户，墾地三千畝。（高宗九八四、一）

4. 吐魯番地區

（**雍正八、一〇、辛丑**）諭内閣：據寧遠大將軍岳鍾琪奏稱，吐魯番回目額敏和卓屯田種地，恭順効力，甚屬可嘉。朕聞之深爲喜悦。額敏和卓，賞緞二十疋，其種地効力之回民，賞銀二千兩。著提督紀成斌差遣弁員，前往吐魯番，會同額敏和卓，秉公賞給，以示朕加恩外藩之至意。（世宗九九、三）

（**乾隆二二、三**）[是月，大學士管陝甘總督黄廷桂] 又奏：上冬額敏和卓屬下窮回，脱出數百人，來至哈密，當賞給口糧養贍，事定令回魯克沁。兹有額敏和卓之次子協理伯克墨撒，來哈密領糧，並請將伊父部落下逃人六百餘名，帶回魯克沁種地，並求派兵數名押送，當即分起押送出卡。念其行走需十五、六日，除月支米糧外，量給半月裹帶口糧，並賞籽種二十石。報聞。（高宗五三五、二八）

（**乾隆二二、四、甲戌**）定邊將軍成衮扎布等奏：臣等奉旨於進兵時，先行勘定地方，派兵屯種，並令厄魯特等無從退回復踞舊地。臣詳看吐魯番直通伊犁，兼與各回城聲息相通，應即於吐魯番派兵屯種。現在額敏和卓亦駐劄此處，尚有闢展，地勢寬展，即將臣等所帶綠旗兵屯田，交副將閆相師管轄，並令額敏和卓父子嚴防地方，管束屬人，與閆相師協同辦理。報聞。（高宗五三六、二九）

（**乾隆二六、一、庚午**）又諭曰：德爾格奏稱，托克三喀喇和卓等處空出地畝，賞給吐魯番回人耕種，已飭交素賚瑞，等語。近因安泰奏賞給餘田一事，經軍機大臣議，以此項地畝皆官爲開墾，未便無故賞給，應召募附近回人承佃。想寄信未到，故德爾格照前辦理。今應否向回人徹出，及作何酌量辦理，著傳諭舒赫德，令其查覈具奏。（高宗六二九、一九）

（**乾隆二六、二、甲午**）陝甘總督楊應琚奏：肅州威魯堡安插吐魯番回人，現有二百五十户、一千五十餘名口，承種熟地一萬五千三百六十餘畝。户口日增，地畝有限，伊等聞瓜州回人遷回故土，其年老者亦有思歸之意。臣前晤額敏和卓，亦云願接濟口糧，帶回安插。擬即於本年秋收後，令該千户珈如拉等帶領，仍委員照看起程，送至哈密，並先期知會吐魯番公素賚瑞，前來接濟。其所遺地畝，招募承種，於内地民生亦有裨益。得旨：軍機大臣議奏。尋議：肅州所住回人，自雍正四年內附，世宗憲皇帝賞給安插，不徵賦稅。至乾隆二年，生齒日繁，又賞可耕荒地，減半給籽種農具。但所有戶口較初附時已增一倍，自當籌畫久長。今西域蕩平，吐魯番已成樂土，且可耕之地尚多，應照瓜州回人例，准回故里。但所奏知會額敏和卓之子素賚瑚之處，臣等愚見，該千戶珈如拉之祖托克托瑪木特，與厄閔和卓俱被準夷凌虐，先後來歸，今既遷回，應交該督等酌量附近闢展之吐魯番可以耕牧之地，於今年秋收後遷往。並即於千戶珈如拉、百戶厄閔和卓二人內，揀選一員，授爲伯克，以一員副之，將來賦稅，即由闢展大臣徵收。至沿途照料，交該督妥辦。從之。（高宗六三一、一四）

（乾隆二六、四、辛巳）又諭曰：舒赫德奏稱，吐魯番回人，向無租賦。自安西移駐以來，借官穀一千石爲籽種，每年交穀四千石，因與官兵分種，故穀石未能足額。今官兵既經遷移，請將吐魯番、闢展等處屯田，酌足留兵之用，其餘賞給回人，令將穀石照數交納，等語。昨據德爾格奏，將此項地畝賞給回人，未將從前曾借官穀之處聲明。朕以闢展等處屯田，係官爲開墾，不便無故賞給。著舒赫德查辦。今既查有應交穀石，著加恩將闢展、托克三、喀喇和卓等處遷移兵丁閒曠地畝，除酌留足用外，餘俱賞給吐魯番回人耕種。其數年來所缺官穀，理應照數補還，但恐有妨伊等生計，亦著加恩豁免。仍宣諭回人，嗣後官穀四千石，務宜如數交納，不可似前虧缺。俱著傳諭知之。（高宗六三四、一八）

（乾隆二六、七、辛亥）軍機大臣等議覆：參贊大臣舒赫德，會同陝甘總督楊應琚奏稱，威魯堡回人，擬於八月內內遷居吐魯番。查附近闢展之里野木齊木等處，現有熟地八千餘畝，可以安插耕種。應令千戶珈如拉率回衆住里野木齊木，百戶厄閔和卓率回衆住闢展，並請授爲五品伯克。其回衆公舉之瑪瑪古爾班、呼岱巴爾氏，授爲六品副伯克，各居分地，管轄回衆，等語。應如所奏。從之。（高宗六四〇、一六）

（乾隆二六、八、庚辰）陝甘總督楊應琚奏：肅州威魯堡回民遷移闢展，有餘存麥穀六百餘石帶往彼處，路遠費繁，請就近交貯肅州倉，俟伊等到闢展時，即於該處餘糧內按數給還。再，該回民遷移到彼，諸事創始，請借給明春口糧籽種二千石，分年交還。得旨：好。（高宗六四二、三五）

（乾隆二七、三、甲午）闢展辦事郎中德爾格奏：准軍機大臣議覆，闢展屯田兵，裁二百四十名，所遺地畝，原派吐魯番額敏和卓所屬六十戶住闢展，九十三戶住里野木齊木，威魯堡珈如拉所屬六十戶住里野木齊木、二十七戶住洋赫，每戶給田五十畝。今酌將額敏和卓人戶全歸闢展，珈如拉人戶全歸里野木齊木，以便約束。仍有餘田三千畝，令素賚瑯派給莽噶里克、沙呼里回人墾種。至裁兵所遺牲隻，未免閒曠，現威魯堡回人尚乏屯田牲隻，請量估價值，分給使用，各項農具，亦俱作價分給，於二年內納糧抵銷。報聞。（高宗六五六、二）

（**嘉慶七、一一、庚午**）原任喀喇沙爾辦事大臣明興奏請吐魯番赫色勒圖喇、安占等處舊坍田六頃有奇，聽民開墾，歲得租銀，分給九屯官員修理運糧車輛。從之。（仁宗一○五、三）

5. 烏嚕木齊地區

（**乾隆二六、八、辛未**）又諭：據安泰奏，烏嚕木齊收穫糧石甚多，除足敷兵丁口食外，儘有餘積，即減價糶賣，亦屬無幾。明年請酌留三千兵，分派墾種、差操，等語，已交軍機大臣議奏矣。該處連獲豐收，糧石自多貯積，但因售買乏人，遽議酌減兵數，則現在墾熟地畝，坐致荒廢前功，甚屬可惜。將來或酌令兵丁家口陸續遷往開墾就食，或令腹地願往無業流民量爲遷移，則墾闢愈廣。內地既可稍減食指之繁，而該處糧石亦不致陳積，自屬一舉兩得。著傳諭楊應琚，令其將如何招募前往，俾墾種日就展拓、兵民漸次蕃庶及作何令其分起派往之處，詳悉妥議具奏。（高宗六四二、一○）

（**乾隆二九、八、辛巳**）諭軍機大臣等：昨楊應琚奏，甘省皋蘭等三十二州、縣、廳地方，均有被旱之處。已降旨查勘賑卹，並加恩蠲免額賦，厚示撫綏。因念該處現在收成歉薄，緣邊瘠土之民，生計未免拮据，年來新疆屯政屢豐，如烏嚕木齊等處糧貯甚爲饒裕，且其地泉甘土沃，並無旱潦之虞。如令該省接壤居民，量其道里近便遷移新屯各處，則腹地資生既廣，而邊隅曠土愈開，實爲一舉兩得。著傳諭楊應琚，令其悉心體察，隨民情所願，設法開導，善爲經理。仍一面熟籌詳議奏聞辦理。尋奏：乾隆二十六年，經臣遵旨在甘州、肅州、安西等處，招貧民四百餘户，男婦大小一千五百餘名口，送往烏嚕木齊，墾種立業，一切資送安插，俱立有章程，奏明在案。彼時臣留心體察，沿邊瘠土之民，尚有願挈妻孥適彼沃土者，亦有佃人地畝、耕種輸租、情願遷往自墾立業者，今若照前辦送之例，給與車輛口食，則河西一帶附近新疆之安西、肅州、甘、涼等處，大概招募一、二千户，可以不勞而集。惟熱河及涼、莊移駐官兵，明歲正月同時起程，需用車輛較多，擬令冬先辦送五百户，可趕明春耕種之期，其餘俟明歲再行辦送。不特遷移户口，謀生有路，且可使河東無業貧民，以次遷移佃種，誠爲兩便。得旨：嘉獎。（高宗七一六、五）

（乾隆二九、九）［是月］大學士管陝甘總督楊應琚奏：本年冬應辦送烏嚕木齊等處户民，現已招有五百一十八户，昨與原駐烏嚕木齊大臣旌額理面商，羅克倫屯兵，已撥六百名，遷移呼畢圖，所遺兵房、倉房可以居住，又有遺地可以接墾。現照例給予車輛、口食，分五起派員送赴羅克倫安插。報聞。（高宗七一九、二三）

（乾隆二九、一〇）［是月］陝甘總督楊應琚奏：前奉恩旨，招募緣邊瘠土民人，遷移烏嚕木齊等處。臣於肅州並張掖縣，共招有五百一十八户、敦煌縣招有一百九十户，俱於十日内料理起程，一面移咨烏嚕木齊大臣料理安插。報聞。（高宗七二一、一八）

（乾隆二九、一二、癸卯）參贊大臣綽克托等奏：本年五月内，臣等看得烏嚕木齊、庫爾喀喇烏蘇兩處、察哈爾厄魯特情形，每户牧羊四十隻，除每十隻交羊羔三隻及填補倒斃數目外，尚無虧缺。臣等酌照前奏，將來投之厄魯特等，於安插之日，給與餉銀，一年後再行停止。七月内，烏嚕木齊雨水霑足，禾苗壯盛，招募内地民人開墾之地，收成在十分以上。又據民人王世昌等一百三十户呈稱，我等俱係内地無業貧民，蒙恩賞給口糧，移居烏嚕木齊，所有農器籽種及種地馬匹，俱係官辦，准分年完項。今獲豐收，除來年籽種口糧外，尚有盈餘，前日借項，情願即行交納。臣等伏思分年還官之項，並未督催，伊等既急公交納，請將借出之餘糧四百七十二斛有零，照數交倉。查民人等移居以來，伐木採煤，養育雞豚，竟成村落，與内地無異。報聞。（高宗七二五、一七）

（乾隆三〇、八、戊申）大學士管陝甘總督楊應琚奏：前奉旨，令將甘省與新疆接壤居民遷移烏嚕木齊開墾，兹據肅州申報招民八百餘户、高臺縣四百餘户，現飭道員在瑚圖畢、寧邊城、昌吉、羅克倫等處，查明餘地，給與車輛口糧，送往安插。報聞。（高宗七四二、四）

（乾隆三六、九）［是月，陝甘總督吳達善］又奏：安南國民黃公纘等，移置烏嚕木齊安插編管事宜。查迪化城所屬土墩子地方，地肥水足，堪資生計，即將烏嚕木齊招墾之地，每户撥給三十畝，並借給農具、籽種、馬匹、房價，責成頭屯把總彈壓。得旨：如所議行。（高宗八九三、二七）

（乾隆四一、六）［是月］陝甘總督勒爾謹……又片奏：甘省貧民，現設法勸導前往烏嚕木齊墾種，容詳加籌畫，另行奏聞。得旨：覽。此實與甘肅有益之事，毋視爲具文；而遇災更可爲移民就粟之舉也。（高宗一〇一一、二四）

（乾隆四二、一、甲申）軍機大臣等議覆；烏嚕木齊都統索諾木策凌奏稱，願往口外墾地民人六百四十二戶，查阜康縣近城又瑪納斯、呼圖壁等處地廣泉多，足資居住，請交地方官度地分授。所有各戶例借建屋銀兩，即交地方官同該營豫爲建造，毋妨農作。其例給馬匹，於滿漢各營酌撥散給，仍行文伊犂等處，購解歸額。應如所請。至該戶民所需口糧農具，並飭該地方官豫備發給，毋致短少。從之。（高宗一〇二五、四）

（乾隆四二、六、癸卯）軍機大臣議覆：大學士阿桂等奏稱，投誠土司、土目及安插各土夷，毋庸改徙者，有線甕團等二百五十餘名；酌移烏嚕木齊等處者，有召猛齋等五百餘名；應遣還各土司本處者，有罕朝璣等三十餘名；請分賞滇黔各員者，有黃國賓等眷屬十餘名；無家可歸及單身夷僧不必移徙者，有阿隴等三名；均各就情形籌辦。應如所請。至線甕團等屬下人耕種官莊外，准食糧當兵；其應徙夷戶，啓程時，該督務派妥幹員弁，小心管押，照從前押解廣西省偷越安南人犯例，沿途各督撫添派兵役護送，仍一面行知烏嚕木齊等處都統及辦事大臣，豫撥地畝，酌蓋房間。夷戶到日，庶不失所。至分賞各員夷眷，嚴加約束，夷僧亦交地方官稽查。從之。（高宗一〇三四、一二）

（乾隆四四、五、戊申）烏嚕木齊都統索諾木策凌奏：烏嚕木齊一帶，地闊人多，間有流寓孤貧，請在所屬州縣，各設養濟院一所，以資收養。循照安西州例，各令墾地二百畝，州縣以上，捐廉建築倉房，置辦馬牛器具，選殷實之戶經營，秋收，除扣工價籽種外，將存剩糧石，查實在孤貧者，每名日給白麵半勺，冬給綿衣一件，倘將來人數漸多，另籌公項支給。報聞。（高宗一〇八三、一六）

（乾隆四四、五）［是月，署陝甘總督陝西巡撫畢沅］又奏：武威等縣戶民，情願前往烏嚕木齊墾種地畝，共計一千八百八十七戶，前經奏准，按站派役伴送，並咨明該都統，於此項戶民送到時，查收安插。茲自上年十二月二十六日起，至本年三月十七日止，俱全數出關訖。得旨：此或甘省貧民一救急生路，當從民之願，亦不必強也。（高宗一〇八三、二二）

（乾隆四五、五、甲辰）烏嚕木齊都統索諾木策凌奏：迪化、奇台、綏來三州縣及濟木薩等處戶民，子弟成丁者，四百二十四戶；再，貿易傭工商民，情願認地墾種入於民籍者，九十五戶，照例每戶撥給地三十畝，借給農具籽種牲畜。報聞。（高宗一一〇七、一〇）

（乾隆四五、六、甲子）烏嚕木齊都統索諾木策凌奏：上年各屬願往新疆墾種戶民，三百一十三戶，已分撥昌吉縣九十四戶，綏來縣二百一十九戶，派員酌擇水沃地廣處所，勘定地畝，搭蓋房屋，並給與農具、籽種、口

糧、馬匹。報聞。（高宗一一〇九、三）

（**乾隆四七、四、丁亥**）烏嚕木齊都統明亮奏：迪化州、綏來縣商民一十九户，情願認地墾種，請照本處歷年分户之例，每户撥給地各三十畝，賞給農具籽種，借給牲畜一匹，作銀八兩，俟六年升科後繳還。從之。（高宗一一五五、一四）

6. 穆壘地區

（**乾隆三〇、一二、戊辰**）[軍機大臣等]又議覆：大學士管陝甘總督楊應琚奏稱，巴里坤連歲豐收，地氣較前漸暖，地未墾者，應於明春撥馬廠兵一百名墾種。該處同知庫内，貯有農器，如不敷，再爲添造。應用馬牛，巴里坤現無可撥，應令該同知向商人購用。至巴里坤迤西穆壘地方，直接烏嚕木齊之特訥格爾，可墾地數十萬畝。現於安西、肅州等處招募無業貧民，給與盤費，令次第開墾；將來糧石充裕商販流通，可以接濟内地民食。該處應設官管理。請令塔爾灣營守備、把總各一員，兵一百二十名移駐，歸巴里坤鎮營管轄；塔爾灣餘兵七十八名，歸併附近之靖逆營。其建房、開渠及牛具、籽種等事，俱令巴里坤鎮豫爲籌辦。均應如所請。從之。（高宗七五一、一四）

（**乾隆三一、三**）[是月，刑部尚书署陝甘總督舒赫德]又奏：穆壘地方可耕地畝甚多，奏准於安西、肅州等處招募耕種，請選派守備千把四員，抽撥兵二百名，攜帶牛具籽種，前赴穆壘及時墾種；收穫糧石，即爲借給明春送到户民籽種口糧；所派兵秋後徹回本營。應招户民先辦二百户，趕於明年二月内到彼；其應用住房及衙署倉庫，即令現在移駐之塔爾灣兵迅赴趕造。續送户民，照此辦理。再，官兵係久遠駐剳，自應攜眷前往，俟明歲秋收充裕，搬取完聚，應支車腳盤費，照例覈銷。報聞。（高宗七五七、二四）

（**乾隆三一、一〇、戊申**）軍機大臣等議覆：巴里坤總兵德昌奏籌辦穆壘屯田事宜。一、穆壘迤西一帶，水澤有大有小，茲就水澤易周處，自吉爾瑪泰至特納格爾，計可墾田八萬餘畝，安插民人二千六、七百户。原議本年屯田糧石，建蓋房間，止備明歲召募二百户之用，未免規模狹小；請於戊子年起，每歲招移三百户，俟積貯有餘，隨時廣爲招徠。一、今年原派兵二百名，明年種地四千畝，照本年九分收成計，止得糧三千六百餘石，實不敷用。請自三十二年始，除本年原派兵二百名外，添派三百名、千把總外委四員，共額定屯兵五百名，種地一萬畝。一、現在招徠户民，每户有兵蓋土房二間，無庸給修房銀。其每户給農具一副、馬一匹，令巴里坤同知豫辦；但該處馬匹無多，請改辦牛隻。一、原雇工作之泥木匠役六十名，減二十名；拉拽木料馬七十五匹，減二十五匹。一、巴里坤兵丁差繁，應將原派在屯之鎮標兵二百名徹回一百名，明春即於沙州、安西、靖逆各營調兵四百名、千把總外委四員，共合五百名，定額屯田，俟招足時停止。均應如所請。從之。（高宗七七〇、一八）

（乾隆三一、一二）〔是月〕陝甘總督吳達善奏：酌定穆壘安戶章程。一、新安戶口宜編立里甲。請按每年招徠戶民編爲一里，一里之中分爲十甲。將來戶口丁糧冊籍，悉照里甲順莊開造。至編設里甲約可安三千戶之數，編爲十里，酌定里名，以分界限。一、每里應選立里長、渠長、保約。請按每里設里長一名；每百戶設渠長一名，鄉約、保正各一名；給以委牌，俾各有職掌。如果勤於勸導，照內地例給扁獎勵。一、戶民認墾地畝，應均匀丈撥。請用巴里坤同知衙門部頒步弓，丈準地畝，引繩畫界，每三十畝爲一戶，書花名於木籌，隨手取籌撥給；其附近莊堡空閒餘地，亦匀撥，俾作場圃。一、招徠戶民，應俟廣集後移駐文員。除現在咨送二百戶，移駐尚屬無多，仍照原例令守備暫管外，至戊子年三百戶之時，酌設文員專管戶民。一、現在守備暫管戶民，審理獄訟，應酌立科條。請將命盜重案，令該守備驗看取供，將人犯解送巴里坤同知衙門審擬，成招定讞，由安西道解司，勘轉到臣，覆審具題。如犯軍流徒罪者，由安西道覆訊移司，轉詳臣衙門，分別咨部批結。至戶婚、田土、賭博、打降諸事，即令該守備審理，仍報明巴里坤同知，覈明發落。得旨：如所議行。（高宗七七五、二五）

（乾隆三二、一二）〔是月〕陝甘總督吳達善奏：巴里坤所屬穆壘地方，可墾地畝甚多，前軍機處議准於安西、肅州等屬，招募無業貧民，安插該處耕種，業經節次派往。但該處地勢曠闊，須民人認墾，方得日漸開闢。現據巴里坤鎮臣德昌報，有奇臺商民芮友等三十名，呈稱穆壘地廣土肥，情願開渠引水、認墾荒地，並自購籽種牛隻農具。查該商民等攜貨貿易，係有工木之人，請飭巴里坤鎮臣給予執照，令其認墾耕種，仍與派撥戶民，一體安插。得旨：嘉獎。（高宗八〇一、二二）

（乾隆三四、一一）〔是月〕陝甘總督明山奏：穆壘一帶應移民戶，現已招募齊全，原派屯兵等自應徹退。惟是新疆積貯，愈多愈善，新移戶民，亦需人照料，請將原派沙州等營兵五百名內酌留一百；又建修房屋之穆壘營兵一百二十名，除看守倉庫、安設塘卡需兵七十名外，餘兵五十；共兵一百五十名，留千把外委三員管轄，仍令屯田，歲可收糧三千六、七百石。其徹兵所遺地畝，將中吉布庫地三千餘畝撥給現留兵丁屯種；奇臺并東葛根開種地七千畝，酌給明歲新移戶民耕種。至各兵原領牲畜農具，即分給屯兵及新戶應用；其拽磨馬，亦仍留屯所；並於徹退各項匠役內，酌留鑽磨石匠一名。一切事宜，即令穆壘營守備兼理，將原派守備徹回。得旨：覽奏俱悉。(高宗八四七、二七)

(乾隆三五、一) [是月，陝甘總督明山]又奏：穆壘迤西地，自烏嚕木齊設屯，派兵耕種，已開至吉木薩地，可安插一千一百五十戶。除節年辦往八百戶，據甘、肅二屬續召募二百五十戶，現分三起，尾隨赴屯，委員照管，沿途護送，並造具花名冊備查，分置穆壘河、奇臺、東葛根等處，各就近撥地墾種。所需盤腳及到屯應給牛具籽種，照奏定章程飭辦。計正月可到，該處節候較遲，春耕不誤。報聞。(高宗八五一、一八)

7. 伊犁地區

(乾隆二三、五、己丑) 諭軍機大臣等：黃廷桂奏，伊犁一帶，駐兵屯田，南路回人相距甚近，請將屯兵所餘地畝分撥墾種，減其租賦，有情願前往者，酌量賞給緞疋，等語。所謂知其一不知其二。籌辦回人一事，已屢諭雅爾哈善等悉心經理，將來回部蕩平，為我臣僕，俾謀生有策，較從前準噶爾之誅求無已，迥不相同。伊等自當踴躍急公，勤耕作而豐儲偫，將來果能黽勉效力，或可量加賞賚，以示鼓勵。若豫為籌備，不但招徠屯墾，向無懸賞以待之事，亦於駕馭遠人體制，未為允協。再，回人安插伊犁，數少則不敷耕作，數多則恐駐防官兵難於約束。此處正當豫為密籌。看來伊犁屯田一事，即不能尅期促辦，稍待一、二年，由近及遠，如前旨所諭，亦屬可行。但不得因有此旨，遂成中止之見。黃廷桂當綜覈全局，有應行豫備者，不動聲色，照常經理，俟雅爾哈善事竣，再行定奪，亦未為遲誤也。(高宗五六二、六)

(乾隆三八、三、庚子) 戶部議准：伊犁將軍舒赫德奏稱，民人莊世福等四十八戶，呈請撥地開墾，當經勘驗指墾處所，地廣水足，與屯田回戶無礙，講照例辦理。查伊犁除屯種外，既有餘地可耕，應每戶給地三十畝，官借牛力、籽種、口糧，俾資耕作。所請當年升科，係戶民踴躍輸將，應即照辦。其借給籽種等項，於開墾之次年起，分作三年帶徵。仍令該將軍廣諭戶民，如有情願多墾者，悉聽其便，照例升科。從之。(高宗九二八、一八)

(乾隆三九、三、癸亥) 伊犁將軍伊勒圖奏：據伊犁西堡民人張成印等呈稱，自跟隨官兵到伊犁，攜眷居住多年，懇請給地輸糧，以為土著。隨躬得距城二十餘里之大沙坡，空地廣闊，引伊犁河水灌溉，實與屯工四户無礙，應請照從前居民莊世福等例，每户丈給地三十畝，官借牛一隻，每畝借給籽種一斗，自春耕日起至麥秋止，每日借給口糧麪二勺。仍照例分別年限升科。下部知之。（高宗九五四、二一）

（乾隆四五、四、丁巳）伊犁將軍伊勒圖奏：伊犁頭起綠營眷兵一千五百户，内情願認地墾種者九十一户。於伊等居住之綏定城東北，並察罕烏蘇東南，水泉充足之地，每户給地三十畝，令其墾種，照例六年升科。並將分户人丁，編入民籍，交伊犁同知管束，每户賞給農具籽種。至每户應借房價銀二兩，耕牛一隻作銀八兩，在官廠内撥給。其麥收前所需口糧，亦照户分別借給，均俟升科時，作三年交還。報聞。（高宗一一〇四、一〇）

（乾隆五四、二、己亥）諭：據保寧等奏，伊犁阿奇木伯克鄂羅木咱卜，率領衆回子伯克等籲稱，回子等自移駐伊犁以來，生齒日繁，請將已成丁能耕種者，俱令耕種，每年多交糧四千石，等語。阿奇木伯克鄂羅木咱卜等感激朕恩，情願將已成丁之回子等，令其耕種，每歲於應交糧九萬六千石外，再多交四千石，甚屬可嘉。著保寧等即將阿奇木伯克及衆伯克等查明，分別定數，於彼處存貯官緞内，揀取賞給，以示獎勵。朕又念回人收糧，每歲不同，嗣後豐收之年，可照伊等所請交納，設遇歉收，仍照原定額數交納，不必加增，以昭體恤，永著爲例。（高宗一三二二、二二）

8. 其他地區

（乾隆二四、一一、癸亥）哈喇沙爾辦事大臣侍郎銜書山奏：多倫回衆五千餘人，自阿克蘇分隊向庫爾勒前來。自庫車以東，哈喇沙爾以西，起玉古爾臺至碩爾舒克臺，有四、五處皆可引水溉田，分布安插。臣同吐魯番公素賫瑚、阿布都賫之姪色底克，至庫爾勒等處相度辦理。又羅布諾爾有伯克托克托所屬三百餘户，懇請屯田，應請交與伊弟阿布都賫管轄。報聞。（高宗六〇一、三）

（乾隆二五、一）[是月] 陝甘總督楊應琚奏：闢展以西各臺兵口糧，係在所屬各城自行支領，相距或二、三站及六、七站，各臺兵無馱載牲畜，步運殊覺艱難。查庫車、沙雅爾、塞哩木、拜、阿克蘇等處回民，業已均平貢賦，而自哈喇沙爾以至庫車中間庫爾勒等四處，復有新遷多倫回民墾種，請於今歲收成後，飭知各該伯克等，覈明各臺官兵數目，於應交糧内就近支給。至附近各臺及臨近大路地畝，亦飭該伯克等詢問回民，有願墾種者，俱令移居，及時開墾。將來居民稠密，無需更撥，護臺之人播穫收成，支領愈

便。得旨：甚好。(高宗六〇五、一八)

（乾隆二五、四、己丑）軍機大臣議奏：陝甘總督楊應琚奏稱，阿克蘇至葉爾羌、喀什噶爾一帶，相距數千里，地方空闊。前與舒赫德等會議，設立文武大員，分地駐劄，不可無居中聯絡關通之處。查與葉爾羌相距八、九站，有地名巴爾楚克，傍近河流，泉源充裕，若多召無業回民保聚耕作，則灌漑有資，可漸成村落。又，距阿克蘇六、七站，有多蘭回民，亦藉耕作而食，其舊居之恒額拉克，可墾地畝甚多。若招散處回民聽其墾藝，亦可成一大聚落。應俟阿克蘇等處籌辦駐官後，各酌派千總一員，駐劄恒額拉克及巴爾楚克，庶可聲息相通。其應召回民，有貧乏不能自立者，官爲借給口糧、籽種，統於收成後酌量分限繳完。查口外屯種事宜，前據該督等議請駐兵運糧，並添設文武大員各摺，經臣等定議，以該處派兵屯墾，祇可隨時酌辦。應俟阿桂今歲前往試墾一年之後，定有就緒，將來即可酌量照辦。且伊犁及回部非巴里坤、哈密內地可比，即須駐兵屯田，仍當以滿洲將軍大員駐守，非鎮道綠營所能彈壓。當即行知。今該督等復請設立員弁，分地駐劄，想此時尚未接到。至所稱巴爾楚克、恒額拉克兩處可種之地甚多，若招令無業回民屯墾，俱可漸成村落。查回部地方耕作迺其恒業，此時以回民墾種回地，本屬便宜應辦之事，但應募而來貧乏無力者居多，若如該督所請借給籽種口糧，則購運轉輸仍所不免，或其中實有情願出力墾種不必全賴官爲經理者，則招集墾種爲因利乘便之舉，亦屬可行。應令舒赫德等悉心酌辦。其恒額拉克及巴爾楚克各派千總一員駐劄之處，亦統俟舒赫德等酌辦後，定有章程另議。從之。(高宗六一〇、一七)

（乾隆二五、一一、辛酉）又諭曰：海明奏稱，伯什克勒木有地二千四百餘帕特瑪，因得水甚難，未及耕種，等語。此項地畝若果乏水，聽其荒蕪亦可。或係回人指稱乏水，希圖隱納稅糧，日後私行耕種，亦未可定。著傳諭海明善爲稽察，若有耕種之人，即令按則升科。(高宗六二五、一二)

（乾隆二七、一、乙巳）[軍機大臣等] 又議覆：喀什噶爾辦事尚書永貴等奏稱，烏嚕木齊一路及回部各城屯田兵，除烏嚕木齊五千名、哈喇沙爾七百餘名毋庸議裁外，其庫車、阿克蘇、葉爾羌、喀什噶爾、英吉沙爾、和闐、烏什等處，或當要路，或近外藩，所駐兵亦應仍舊。惟闢展兵五百四十名，酌留三百名，賽哩木、拜兵一百五十名，酌留五十名。應如所奏，將所減兵數，汰其老弱廢疾，撥回原營；其空出地畝，令回人承佃。再，闢展辦事郎中德爾格奏：吐魯番應交官糧四千石，已完。應照原議，每百石賞布五疋、茶五包，等語。查現在葉爾羌等處交納官糧，並無賞賚，事非畫一，若竟行裁減，或無知回人妄生他議。今闢展餘糧甚裕，兵丁又已議裁，與其解送茶布備賞，不若稍減糧額。應請照賞給價值，減糧五百石。仍傳諭回人，毋得虧缺正額。得旨：吐魯番應交官糧，著加恩減免一千石。（高宗六五二、一〇）

（乾隆二七、七、己卯）軍機大臣等議覆：喀什噶爾辦事尚書永貴奏稱，伯什克勒木官田，招貧苦回民耕種，交納騰格錢。應如所請。至數年後，地畝全行耕種，或交納糧石，或增加騰格，應令永貴等，屆期籌定具奏。從之。（高宗六六七、七）

（乾隆三一、三、丙戌）又諭：據明瑞、永貴等奏，查烏什地畝足供六千戶人耕種，除從前分給回眾外，現在屯田綠營兵一千名，每名分給二十一畝，餘地尚多，請派阿克蘇無力回人二百戶，賽哩木、拜城貧乏回人二、三十戶，借給耕具、牲隻、籽種，遷往烏什屯田，等語。烏什地畝甚多，合計已撥之數尚不及半，即就近由阿克蘇、賽哩木、拜城遷無業回人往種，亦不過二百餘戶，與其將如許田地任其荒蕪，不若招人耕種。雖未便由內地紛紛撥往，而喀什噶爾、葉爾羌等處，亦有似阿克蘇等處無業回人，其中必有願往者，若派往耕種，伊等既得生計，地畝又不致拋荒，兩有裨益。著傳諭明瑞、永貴等悉心辦理，並行文各回城大臣等，查明各處無業回人，交伯克頭目諭知，此內有願往者，即量給耕具、牲隻、酌借籽種，其如何籌辦起程及每戶給地若干、按畝徵租之處，妥議具奏。（高宗七五七、二）

（乾隆三二、八）［是月］陝甘總督吳達善奏復：分徙徐帽兒莊戶民一案，臣即飭委署固原州知州姚棻等確查。據該州稟復，該莊回民，共五十八戶，為匪犯案者三十八戶。所剩戶口，傳訊隣莊鄉保人等，僉稱向係業農，實未同夥行竊。臣按照巴里坤、穆壘、烏嚕木齊三處地方，酌量戶口多寡，分撥安插，分作三起，遴員護解。查各戶并無田產，均係赤貧，應照戶民例，酌給房地籽種牛具，以裨耕屯。（高宗七九三、一八）

（乾隆四一、八、己未）軍機大臣等議准：烏什辦事大臣綽克托奏稱，葉爾羌、和闐成丁餘回一千六十七戶，請給地耕種，照額納貢。又，庫車、沙雅爾、庫爾勒、布古爾成丁餘回，皆均攤納貢，應歸入舊納貢物回人數內。從之。（高宗一〇一五、一〇）

（嘉慶五、七、辛巳）諭內閣：恩長等奏續經查出和闐所屬各城有糧無地之回民七百五十二戶，併丈出官荒地二萬零六百四十餘畝，請全數撥給開墾一摺。著照所請，所有查出官荒地畝，即照前次分撥官地章程，按數撥給有糧無地之回戶均勻開墾，以示朕惠養回民有加無已至意。（仁宗七

一、一）

（一〇）江蘇　安徽　江西

（乾隆六、七、戊辰）［戶部］又議准：署江西巡撫包括奏稱，嗣後江省開墾，如在山巔水涯、高低不齊，或砂石間雜、坍漲不一，及畸零閒土，約在二畝以下者，免其升科；二畝以上，仍令照例升科。有業戶之荒土，仍令業戶開墾，如本戶無力開墾，情願召募者，聽其自便；無業戶之區，任民墾闢，官給印帖執業，倘有豪強首告爭奪，按律治罪。如可墾地在三、五畝以上，而故作數人開墾、希免升科，或將免升墾熟之地售賣他人，私推別地正糧等弊，查實，照欺隱田糧、移坵換段律，分別科罪。從之。（高宗一四六、一三）

（乾隆六、九、甲子）戶部議准：吏部尚書署兩江總督楊超曾疏稱，江蘇山頭地角、磽瘠荒土，及溝畔田塍畸零隙地不成坵段者，勘明給照，聽民種植，無論多寡，永免升科。蘇、松、常、太四府州，田地肥饒，成地一畝，即令升科；江、鎮、淮、揚、徐、海、通七府州，田地瘠薄，成地三畝，始令升科。仍照水田六年、旱田十年之例。倘地棍豪強，借端攘奪、阻礙水利等項，照例治罪追賠。從之。（高宗一五〇、二）

（乾隆六、一〇、乙卯）戶部議准：調任安徽巡撫陳大受遵旨議，安徽省屬零星地土，聽民耕種，水田一畝以上、旱田二畝以上，仍照例起科，不及此數者，概免升科。至有開墾無主荒地，地方官確勘，應給印照執業。從之。（高宗一五三、一二）

（乾隆一〇、五、己卯）戶部議覆：江西巡撫塞楞額疏稱，調任巡撫陳宏謀條奏，廣信府銅塘山弛禁開墾，今查明山內荒地不及三百畝，所生有限，易藏奸匪，請照舊封禁。應如所奏。從之。（高宗二四〇、一一）

（乾隆一三、一一、戊寅）安徽巡撫納敏覆奏：安徽各屬，山水錯雜，農田灌溉或資長江港汊，或恃山澗溪河，民間辦糧之地，雖有稱爲湖地者，以低窪故有湖名，原非蓄水湖蕩。其各州縣境內湖蕩陂塘、溝池圩堰，從無灘地報墾。其懷寧之官湖，巢縣之焦湖，廬江縣之排子等湖，懷遠縣之稻湖、查家湖等處，均有久經報墾入冊完糧田地，其間最低處所，現遵例劃明界限，不許再墾。又，乾隆九年以前，銅陵縣之官塘等湖圩灘地，廬、巢二縣巢湖邊地，亦有報墾，均於水道無阻，界亦劃清。報聞。（高宗三二九、四四）

（乾隆二九、三）［是月］江西巡撫輔德奏：……又各屬間有閒曠官山，雖不堪墾作田畝，頗宜栽種楓檞茶柏木子等樹。鄉民因係官山，聽其荒棄。若令承納薄糧，認爲世業，則地利興，而民用裕，並以補農桑之不逮。俟飭查復齊，應酌定章程，准民認種。得旨：覽奏俱悉。可謂留心本務。勉之。（高宗七〇七、二四）

（乾隆二九、一二）[是月] 江西巡撫輔德奏：前因江省各屬間有閒曠官山，頗宜種植，臣隨通飭各屬輕騎減從，親歷勘查，不得聽地保混報，更不得妄行出差滋擾，一有查出，即丈明畝數，編定字號，量其山地多寡，先儘無業貧民撥給承墾，如有餘剩，始聽有力之家具認。均即分定界址，給發印照，其有私墾在先者，但能自行報出，亦准補具認狀，一體給照。惟衆姓樵牧及義塚處所，仍酌量存留。茲查江省共計七十九廳州縣，内止二縣據報並無官山，其餘七十七廳州縣，所報查出官山，共一千一百六十五頃五十九畝零。又經查出官田共七頃一畝零、官地共一十六頃九十四畝零、官洲共七十三頃六畝零、官塘二畝零，通計官山、田、地、洲、塘一千二百六十二頃六十四畝零。未經查明勸墾以前，官民山地彼此錯雜，以致結訟不休，今經地方官丈明弓口畝分，畫定段落四至，杜絕争端。查定例，水田以六年起科，旱田以十年起科。江省近年報墾，因無旱田，俱扣限六年起科，俟屆限期，即以現今所給印照爲據，按照科則升徵，約計每年共應科納薄糧銀九百六十七兩零、米二百八石零。報聞。（高宗七二五、二八）

（一一）浙江

（康熙一〇、六、戊申）戶部議覆：浙江總督劉兆麒疏言，投誠官兵柯鴻等，於康熙七年以後，所撥溫、衢、處三府屬開墾荒田，例應於康熙十年起科，但委係老荒收薄，贍口不敷。請照山東、山西二省墾荒兵丁之例，再展限一年起科。應如所請。從之。（聖祖三六、九）

（雍正六、三、甲戌）戶部議覆：浙江總督李衛等條奏，經理玉環山事宜。一、增改文員。玉環山地方周圍七百餘里，田地十萬餘畝，山嶴平衍、土性肥饒，界在溫台之間，實爲海疆要地。請設溫台玉環清軍餉捕同知一員，將太平縣界之楚門、老岸、南塘、北塘、芳杜、東嶴、密溪、洞林，樂清縣界之磐石、蒲岐、三盤、黃大嶴、狀元嶴、茅埏等處，俱歸玉環境内管轄；裁樂清縣嶺店驛驛丞缺，改設巡檢一員，聽該同知差遣。一、招徠開墾。將玉環山中並附近玉環之山田地畝，逐一丈明，給與太平、樂清兩縣人民入籍管業；其本省附近玉環之郡邑有願入籍耕種者，一體編入保甲。所有開墾田畝，即於本年起科，分上、中、下三則；嗣後，每年將墾過數目陸續報部查核。一、嚴禁私米。玉環開墾地畝，請照臺灣之例、徵收本色完倉，其濱海潮濕之地，折穀收貯。至所餘米穀，小民欲行糶賣者，許運往溫郡及太平、樂清縣等處售賣，給票查驗，毋得私販出洋。倘有無票偷運者，照例治罪；官弁失於覺察及通同徇隱者，即行參究。一、興修水利。玉環可耕之地，向來原設隄塘以資捍護，今年久傾圮，請委員詳悉相度。除赴墾殷實之民聽其自行修建外，其情願領帑承墾者，該同知酌量借給，俟秋收後照數繳還。一、籌畫經費。玉環初經設汛置官，需用多端，勢難盡出公帑。查玉環各嶴舊有採捕漁船，應照例刊號給牌令赴玉環查驗；其濱海煎鹽之戶，亦令編入保甲、併竈聚煎，官收官賣，毋許私販出境。所有漁鹽稅銀即以備各項公費之需，俟玉環一切經理完備後，另照內地之例，各歸藩司鹽政項下充餉。……從之。（世宗六七、一八）

（**乾隆六、五、乙丑**）戶部議准：浙江巡撫盧焯奏稱，浙省地窄民稠，凡平原沃野，已鮮曠土，惟山頭地角、溪畔崖邊，間有畸零，不成邱段，及從前水衝沙壓荒地，人力難施，應請永免升科。其地屬膏腴及地雖瘠薄已成片段至三畝以上者，均請照水田六年、旱地十年之例，按則升科。至官河隄路併故絕墳塚，仍嚴禁借端侵占平毀。從之。（高宗一四二、三）

（**乾隆六、七、戊辰**）大學士等遵旨議覆：浙江布政使張若震奏稱，浙省沿海腹裏地方，尚有新漲沙塗，堪以墾種。緣民竈夾雜，往往窮民墾種、竈戶出而紛爭，所以觀望不前。應如所請，無論民竈，准其開墾，以呈報在先爲定，給與印照，注冊存案。其各省沿海，仍令各該督撫一體勘實，奏請酌辦。從之。（高宗一四六、一二）

（**乾隆九、二**）[是月]浙江巡撫常安奏：查勘寧波府沿海地方，更坐戰船，駕入海洋，抵鎮海縣、復由鎮海抵定海，巡視海面。凡涉外洋之山，最易藏奸，雖膏腴沃衍之區，必須嚴行飭禁，毋許開墾採捕煎燒等類以滋事端。得旨：所奏俱悉。汝如此勤於王事，衝冒風濤，不無勞頓否。（高宗二一一、二五）

（**乾隆九、八、甲子**）大學士鄂爾泰等議覆：浙江布政使潘思榘奏稱，浙省全賴溪湖容蓄灌溉。如餘杭之南湖、會稽之鑑湖、上虞之夏蓋、餘姚之汝仇、慈谿之菰湖，向稱巨浸，今已彌望田疇。占湖之禁雖嚴，皆由地方官奉行不實，一有報墾，濫准升科；並將舊有隄閘損壞，貽害農田，請行嚴禁。查湖蕩水利攸關，而奸胥地棍，每藉升科之名，任意侵占；一遇旱澇成災，議蠲議賑，所費益鉅。應如所請，除從前已墾地畝外，如有報升，飭地方官親查，倘占湖爲田，即行禁止。從之。（高宗二二三、一〇）

（**乾隆一〇、一、甲午**）户部議覆：浙江巡撫常安奏，浙屬被水，其沙衝石壓之田，請寬糧額三年。竊思免糧以作開墾資本，定限三年，未必即能成熟。應令該督撫查明畝數，題請豁除。仍勸各業户陸續開墾，按年勘報，依限升科。又稱，現經題豁之田，如有新漲漸堅者，先儘原業户開墾。應如所請。從之。（高宗二三三、七）

（**乾隆一七、四、丙午**）閩浙總督喀爾吉善等議覆御史歐陽正煥請開南田墺田畝一摺。此墺孤懸大海，直接外洋，距寧波府屬之象山縣並台州府屬之寧海縣洋面，自五、六十里至數百里不等。內有三十餘墺，外有平沙，總名南田。元季流民曾耕鑿其間，後為洋匪剽劫，又因地近日本，至明初即行封禁。迄今四百餘年，民人屢請開墾，歷任督撫委勘，利少害多，是以未允。臣等細加查訪，實有應禁而不應開者。緣塗墺可墾之地，統計不及七十餘頃，而山徑磽田，必須築塘蓄水；懸海坦沙，又須砌磡禦鹹；霖雨有沙壓水衝之患，晴霽有旱乾之虞；即雨暘時若，而風潮之激盪、鹹氣之薰蒸，收穫難必。且外洋招墾，多係無藉之徒，千百成群，難保不為盜匪。若安營防守，不特官廨營房、餉糈雜費該地賦稅不敷十之一、二，抑且門户錯雜，沙塗平坦，設險尤難。並非舟山、玉環等處有山谿之限者可比。況既經招墾，則日用米糧、硝磺鹽鐵，即應聽其販運；守口員弁無從分別，更難保奸宄之徒，必無出洋濟匪之事。下軍機大臣議，並傳歐陽正煥閱詢。尋奏：喀爾吉善等議覆一摺，交該御史閱看，並詢其是否確有所見。據稱，乾隆十五年因奉差至浙，詢及地方人稠田少情形，得聞南田墺可墾之土甚多，因復細訪。南田現屬象山，初不等海外棄地；國家承平，海疆寧靖，一經開墾，則居民所在，更成土著。至於築塘蓄水，本農功所不廢；安營設汛，又國制之自然。苟慮法所難稽，則現在非無防守，且道塗平坦，即召民耕種，亦不至聚集為奸。竊以玉環、舟山等處，前督臣李衛奏請開墾，在雍正六、七年間，其未墾以前，固猶今之南田墺耳。惟地方官以身任事，自於民生有裨。今該督撫亦稱宜禁而不宜開，則原非無阡陌之利可知。正煥雖係得之傳聞，亦經再三細訪，初未敢冒昧陳奏，然實未身履其地，等語。查該御史雖似有所見，而實未身履其地。方今生齒日繁，地無遺利，況南田近在內洋，與海疆無關，自可聽民開墾。然自明初封禁，至今已閱四百餘年，即前督臣李衛奏請開墾玉環、舟山二處，而此獨未經講求者，亦必確有不便之處。今喀爾吉善等既稱細察形勢，不應開墾，臣等愚見，似毋庸再行查辦。報聞。（高宗四一二、一六）

（**乾隆一八、四、乙未**）户部議覆：浙江按察使同德奏稱，民間認墾地畝，向由州縣給照，易啟豪強冒占，胥吏欺漁等弊。嗣後請照田房契尾例，由布政司刊照編號，於騎縫鈐印，豫發各州縣，俟認墾呈報後，即於印照騎縫處填寫業戶姓名、畝分四至、截半付業戶執收，照尾隨冊報司查覈，等語。查認墾之例，水旱升科，各有年限，與田房置買，即時納稅者不同，未便照契尾一律編號填寫。惟州縣給照，該管上司或查察未周，易滋弊竇。應如所請，令布政司刊照給發，如認墾後，實有地瘠經墾不熟者，仍准繳銷。從之。（高宗四三六、一二）

（一二）福建　臺灣

1. 臺灣

（1）入境限制

（雍正五、九、庚辰） 戶部等衙門議覆：福建總督高其倬疏奏，臺灣府所屬四縣，查得臺灣一縣之人，原有家眷，其鳳山、諸羅、彰化三縣之人，係新經遷處，全無妻室，是以戶口不滋，地多曠土。就臣淺昧之見，若令全不搬眷，固非民願，若一概搬眷，歲增日益，又將有人滿之患，均非長策。請嗣後住臺人民，其貿易僱工及無業之人，全無田地，一概不准搬眷往臺。若實在耕食之人，令呈明地方官，查有墾種之田，並有房廬者，即行給照，令其搬往安插。至佃戶之中，有住臺經五年，而業主又肯具結保留者，准其給照搬眷，其餘一概不准，等語。查臺灣遠隔重洋，實稱要地。舊例閩粵人民往臺墾種者，所有妻眷，一概不許攜帶，止許隻身在臺，而全家仍住本籍。蓋在臺雖爲游民，而在本籍則皆土著。今若令其搬眷成家，是使伊等棄內地現在之田廬，營臺地新遷之產業，在民間徒滋煩擾，非國家向來立法之初意。應將高其倬所請，毋庸議。得旨：九卿所議是。臺灣人民攜帶家口，應行與否，歷來衆論不一，朕令高其倬到閩後，詳慎酌量，定議具奏。今高其倬所奏，亦胸無定見，而爲此游移遷就之詞。古人云，利不什，不變法，害不什，不變制，著仍照舊例行，待朕再加酌量。（世宗六一、三二）

（乾隆四、九、己酉） 閩浙總督郝玉麟奏：查臺灣一郡，向爲閩之漳泉、粵之惠潮各府民人流寓，開墾貿易，並無攜帶眷口之例。雍正十年，經廣東督臣鄂彌達條奏，部議准令在臺流寓之民，搬取家眷團聚，並經臣將應搬眷口分別題明，准部議行。定例以來，將及八載，乃善政所在，即有奸民從而滋弊，或捏稱妻媳姓氏，或多報子女詭名，或通同奸棍領出執照，賄頂渡臺，弊且百出。臣以爲應請再定一年之限，出示通曉，如有業良民未搬家眷過臺者，務於限内搬取，逾限不准給照。若有偷渡，照例治罪。得旨：如所請行。該部知道。(高宗一〇〇、九)

（乾隆八、三）[是月] 那蘇圖又奏：查禁臺地偷運偷渡，不專在臺地之對岸，尤在臺地之各口，臣飭屬防範。惟自臺返棹船隻，查非捏報遭風，量給食米，並寄莊佃租，運回漳泉者，均報官給照，准其出口。其餘商賈販運及捏報遭風各船，一概禁止。各口小船，編號約束，止令照舊往來支海，以抵郡爲率。如有偷越大洋，將守汛員弁重懲，仍嚴飭文武協力查禁。得旨：知道了。應時刻留心者。(高宗一八七、二二)

（乾隆一一、四、甲申）户部議准：閩浙總督馬爾泰議復，巡視臺灣給事中六十七等奏内地民人，有祖父母、父母在臺，子孫欲來侍奉；或子孫在臺、祖父母、父母、妻子内地無依，欲來就養者，准其給照來臺，入甲安插一案。接准部咨，詳議具題。查臺灣編氓，多係内地之人。其在臺年久，置有恒業者，往往不能棄產回籍。應如所奏，在臺人民，果有祖父母、父母在籍，准其赴臺就養。如祖父母、父母在臺，准其子孫赴臺侍奉。若本人在臺，而内地妻少子幼，並無嫡親可托者，亦准其搬移聚處。即赴臺侍奉祖父母、父母之子孫，果有幼少妻子，亦准一體赴臺。仍照從前搬養成例，令臺防廈防各同知，於登簿換文時，留心稽察，驗明人照相符，方准配船渡臺。並令内外地方官，先行關查明確，方准給照。如有藉稱伯叔兄弟及妻之兄弟族戚，一概不准濫給照引。倘朦混影射越渡，立即解回；並將濫給照引之地方官，嚴參議處。徇隱具結之地鄰族保，一併嚴究。其荒僻口岸，嚴飭各員弁，常川巡察。如有游曠之徒，作弊偷渡，擒拏重究。倘有疎縱，照徇縱偷渡例參處。從之。(高宗二六五、一四)

（乾隆一一、一二、丁亥）大學士等議覆：福州將軍新柱奏稱，臺郡遠隔重洋，民番雜處。近有小船私由小港偷運米穀。至漳泉粵東等處，内地奸民，乘其回棹暗行過臺。又，廈門往臺船隻，名爲橫洋船，其舵水人等，額配過多，有分賄兵役，頂冒偷渡過臺，通行徇庇，等語。查包攬偷渡過臺，例禁綦嚴，應勅交該省督撫，飭屬再行申禁，設法查拏。從之。(高宗二八一、一五)

（乾隆一三、八、丁亥）吏部等部議准：閩浙總督喀爾吉善奏稱，奸民偷渡過臺，一由内地客頭之包攬，一由在臺回至内地民人之接引，請凡獲偷渡人犯，必先究客頭，如官不能究出，罰俸一年，已供故刪者，革職。至在臺民人，欲回内地，必將情由及原籍村莊呈明給照，關回原籍、臺防同知查明,配船准回。事畢,由內地州縣呈明廈門同知驗人照,配船回臺。如招引多人偷渡,本人照客頭例,發邊衛充軍;不請印照者,照偷渡例,杖八十,逐回原籍;地方官濫給印照,照例參處。從之。(高宗三二二、一一)

(乾隆二三、三)[是月]閩浙總督楊應琚奏:酌定防範臺灣事宜。一、臺民墾種,侵越熟番地界,應查明挑溝,畫清界限。一、熟番通事、社丁,承充多外來游民,機變滋累。近來熟番半通漢語,請即於番社中選充。社遠,無通漢語者,酌留妥實漢人,仍結報該地方官查察。一、採辦戰船木工,一匠入山,帶小匠多名,濫伐木材,應按年需木數,覈定匠額,令該地廳、縣給印照腰牌,嚴加管束。一、逐水人犯,例應遞回原籍,不令偷渡。近多遞鹿耳門潛住,且有到籍後偷渡者。請嗣後令地方官將案由備文,差押臺防同知查驗,配船押遞回籍,並令本籍官文覆原遞衙門存案;人犯起程,久無原籍回文,即移究。又,人犯偷渡,多係充橫洋船水手,此船每隻,止需舵水十四名,例准二十餘名,請裁至十四名為率。得旨:皆應行之事,如所議行。(高宗五五九、二四)

(乾隆二六、一〇、辛卯)戶部等部議覆:閩浙總督楊廷璋奏臺民搬眷期滿,酌定防範各條。一、船主澳甲,治罪宜嚴也。查偷渡出洋,由廈門大擔口正路者,多船主舵工頂冒水手,招無照之人私往;其由青、浯、梹榔等嶼小路者,係客頭先於海澄、龍溪等縣招集小船,由石碼潛出廈門,搭載大船。請嗣後遇拏獲攬載船隻,將各船戶照客頭包攬過臺例,為首者發邊衛充軍,為從者杖一百,徒三年,並究原保澳甲及開張歇寓者,一體枷杖。一、失察偷渡,處分宜定也。查臺屬淡水廳及臺、鳳、諸、彰四縣,所轄各小港,均進臺捷徑。嗣後如獲犯,即究出入口岸,將失察之該管文武員弁,照議處本籍地方官例,覈數查參。一、獲犯賞例宜優也。原議在洋獲犯十人以上,賞銀二兩,嗣後請加為四兩;每十名以上,照數遞加。若尚未出洋,別汛兵目澳甲盤獲者,減半賞。均應如所奏辦理。其現在過臺戶口,該督即飭地方官編入保甲,安插管束。仍將期滿停搬緣由曉示,禁絕私渡。從之。(高宗六四七、一七)

(乾隆三四、一〇、癸酉)又諭:據崔應階奏,臺灣流寓內,閩人約數十萬,粵人約十餘萬,而渡臺者仍源源不絕。此皆窮困逋逃之輩,性情狡悍,不能安分,結夥連群,勢必滋生事端。與其辦理於臨時,不如羈縻於平日。現在嚴加稽察,有罪者酌量遣發,並設法鈐束,等語。所見固是,而於正本清源之道,猶未盡合。此等渡臺民人,多屬內地素無恒產、游手好閒之徒,一經潛渡海洋,竄跡臺地,日積日多,必致引類呼朋,毫無顧忌,黃教之案，乃其明驗。但此等無賴游民，與其約束於到臺之後，多費周章，不如稽察於渡海之前，力爲禁阻。向來腹地民人不許私行赴臺，定例本嚴，因地方有司奉行不力，以致詭名偷越之人日增一日，否則此十餘萬及數十萬閩粵流寓，豈能不脛而至耶。況如估舶漁船等項，出入閩廣海口，並有印烙船號及官給照票可以逐一盤驗，爲督撫者平時果能飭屬實力嚴查，申明禁限，不許此等無業之人夾帶出洋，則匪類自可永絕根株，庶爲先事豫防，於海疆實有裨益。著傳諭崔應階、李侍堯等，令即通飭各屬，將福建、廣東赴臺人民嚴行禁止。仍於各處口岸，設法巡邏周密，毋許私行逗遛一人。其現今流寓在臺者，雖不能盡行驅回內地，而編設保甲，互相覺察，勿任匪類得以藏奸，或原編保甲外，查出新增人户，即係此次禁後復行偷渡之人。該管官查明來歷，申報督撫，將原查疏漏之員弁嚴參重處，則凡有稽查海口之責者，自不敢以具文塞責，庶足防弭於未形。至臺地生事不法之徒，至有羅漢腳混號實與四川啯嚕子無異，此等凡有過犯，悉照啯匪從重處治，務使刁風永輯，而海徼肅清。該督等其悉心率屬查辦，期於法在必行，毋使少有玩縱。仍令該督等將如何實力查禁有無審出偷漏之人，於歲底彙奏一次，以觀伊等之能否盡心，覈其優劣焉。（高宗八四五、三六）

（**乾隆**三五、五、**庚子**）又諭曰：温福請嚴定偷渡臺灣奸民治罪之例一摺。所奏是，已批交該部議奏矣。據稱，向例客頭船户包攬偷渡，俱按首從充軍擬徒，並不分別已成未成。嗣於乾隆八年，經藩臬兩司議覆興泉道稟，由督撫批准通行，將偷渡未成之客頭船户減等杖徒枷責完結。從此犯案者，率以未成寬減，而無識有司，亦每藉此寬縱，等語。閩省客頭船户，引誘民人偷渡臺灣，最爲地方之害。從前定例稍嚴，原欲使伊等畏法而不敢犯，乃自改未成減等之例，奸徒益無所顧忌，犯者愈多。是原辦之督撫司道等，徒知博寬大之譽，而不顧事理之是非，姑息養奸，私改成例。使其人尚有存者，必當追論其罪。著傳諭温福，查明是年改辦例案之督撫司道俱係何人，即行據實覆奏。（高宗八五九、二二）

（**乾隆**三六、五）[是月]陞任署福建巡撫鐘音奏：臺灣遠隔重洋，民人往來俱向地方官查給印照，俾汛口驗放。臣請稍爲變通。在臺回籍者，概免給照，准其自赴鹿耳門總口，將姓名年貌、在臺在籍住址，即由該船户報明，口岸員弁驗戳掛號，隨時放行。仍令汛口將回籍名單一月一報撫臣備案。其南北一帶口岸，不許內地船隻往來之處，仍照向例嚴禁。自內地渡臺者，均照定例給照盤驗。得旨：允行。下部知之。（高宗八八五、二七）

（**乾隆**五二、一〇、**丁巳**）諭軍機大臣等：……朕恭閱雍正年間實錄，舊例閩粵民人往臺灣耕種者，所有妻眷，一概不許攜帶。經高其倬疏請，將在臺灣墾田耕種及有房屋民人，准其搬眷居住，經九卿議駁，自因臺灣係海洋重地，是以不令內地民人挈眷前往。今臺灣民人，俱有家屬，與前定之例不符，其准令攜帶眷屬，起自何時，著福康安、李侍堯查明具奏。將來事定後，應如何趁此兵威，酌定章程，妥協辦理，抑或從來已久，有所不能之處，並著李侍堯歸入善後事宜，一併妥議。（高宗一二九一、二三）

（**乾隆五四、二、甲寅**）諭軍機大臣等：據福康安奏，拏獲偷渡人犯七十七名口，俱經分別究辦。此等偷渡民人，雖因貿易趁食，然防禁稍疏，即滋弊混，與其禁之於既渡之後，不如明設官渡稽覈，給照驗放，使民人等知官渡便於私渡，不待查禁，而自歸於官渡。現在詳悉妥議，另行具奏，等語。閩省民人赴臺灣覓食，應由海口查驗放行，支港口岸，例禁私渡，但閩省地方，諸務廢弛，既不能於沿海地方實力稽查，而官設渡口，又難免兵役等留難勒索，是以申禁雖嚴，而私渡之弊終未杜絕，今福康安奏請明設官渡，給照驗放，以清私渡之源，所籌均屬妥協。現在福康安已調任兩廣總督，其應如何查禁之處，著伍拉納、徐嗣曾將摺內情形詳加體訪、與水師陸路提督、臺灣鎮道會商妥議，定立章程，即行具奏。（高宗一三二三、三五）

（**乾隆五四、八、癸亥**）軍機大臣等會議兩廣總督福康安奏捕盜章程並現辦巡緝事宜：……一、粵閩洋面毗連，兩省無籍貧民，以臺灣地方膏腴，往往偷渡，現在實力稽查。一、地方無籍棍徒，粵東名為濫仔，業飭屬嚴辦，輕則分別枷杖，重則依兇惡棍徒例，定擬發遣，均應如所奏。……從之。（高宗一三三六、一四）

（**乾隆五四、一二、乙亥**）大學士公阿桂等議准：閩浙總督覺羅伍拉納等奏稱，內地客民領照赴臺灣，責令行保船戶開報姓名、籍貫、年貌、住址，並往臺灣作何生業，呈報該管廳員查驗，立即給照放行，移明臺灣各廳驗放入口。其出口之處，仍令守口員弁查驗放行。如有給照遲延、驗放留難等事，即將該員弁嚴行參處。人照不符，照私渡例治罪。又，官渡商船，由廈門至鹿耳門，每名許收番銀三圓；由南臺至八里岔、蚶江至鹿仔港，每名許收番銀二圓，不准多索。仍飭專管各汛口員弁兵役每日將所泊商漁等船，查驗字號船牌，按旬列報。一有無照船隻，即行根究。如兵役等拏獲偷渡之犯，即將船隻貨物一併賞給，以示鼓勵。其沿海有底無蓋小船，俱令驗烙編號，止許就近撥載，不得遠出，以防弊混。得旨：依議。此事有治人，無治法，亦祇可如該督等所奏辦理。但沿海小港，查禁既嚴，凡有搭載前往臺灣民人，非由正口無從逕渡，恐不特胥吏兵役等從中多索錢文，即守口文武員弁，亦難保無從中染指，是私渡之弊，或可禁絕，而勒掯賣放之端即由此起。總在該省督撫及臺灣鎮道等，督飭守口文武員弁實力稽查，隨時嚴察。若查出胥吏兵役人等婪索私放，即行嚴辦示懲，不得視爲具文，久而生懈。自此立定章程之後，再有多索搭載船租飯食銀兩、故意留難及得贓賣放、私越海口諸弊，惟該督撫鎮道等是問，不僅將守口員弁從重治罪已也。（高宗一三四五、一一）

(2) 墾荒

（乾隆九、八）[是月] 閩浙總督調任兩廣那蘇圖奏：福建山海交錯，民俗刁悍，一歲產穀，不敷口食，半取給於官倉。所有來春糴借之項，宜乘秋收購貯。臺灣一府，孤懸海外，並無土著，半屬游惰。現巡臺御史熊學鵬，倡議墾荒，海疆重地，所慮者不在生熟各番，正恐無籍棍徒，偷渡蜂聚，目下之利甚少，而將來有事，辦理甚費周章。臣蒙恩已調兩廣，既有所見，不敢不據實奏明。得旨：此奏甚是。知道了。（高宗二二三、二七）

（乾隆九、九、乙酉）諭軍機大臣等：據那蘇圖奏稱，臺灣孤懸海外，並無土著，所聚民人，半屬游惰。現任巡臺御史熊學鵬，倡議開闢荒地，招養窮民，以圖生聚。但臺郡爲五省藩籬重地，所當防維者，不在生熟各番，專在各處游惰之輩，從前朱一貴、吳福生皆其明驗。雖有曠土可耕，而封禁已久，萬難開闢。若信奸民浮議，遽行召墾，恐游棍偷渡日多，利小而害大。臣因臺屬文武，皆言此番欲開禁地，係撫臣周學健授意令熊學鵬、臺灣道莊年查辦，臣是以屢向撫臣切陳利害，撫臣亦以爲是。今於撫臣入閩之時，復諄切叮嚀，望其中止，等語。臺灣孤懸海外，聚處其地者，多無籍之徒，惟宜靜鎮彈壓，息事寧人，不應聽奸匪之浮言，圖目前之微利，遽議召墾，或致將來別生事端，甚有關係。朕意亦是如此。周學健與熊學鵬俱是江西人，想果授意於熊學鵬，令其查辦耶。此事必不可行。可即傳諭周學健知之。（高宗二二四、一九）

（乾隆九、一○）[是月] 福建布政使高山奏：遵旨前往臺灣，清查官莊地畝，安輯番民。得旨：所奏俱悉。此舉不過爲民間清宿弊，並非爲增益錢糧起見，不得錯會意也。（高宗二二七、二○）

（乾隆二○、九、癸未）戶部議准：閩浙總督喀爾吉善疏稱，福建臺灣府彰化縣水沙連、淡防廳拳頭母山地方，因近生番，不准民人居種。今查水沙連離生番三十餘里，山徑崇峻難越；拳頭母山離熬酒桶山生番三十里，亦非逼近；所有墾熟田園，應照例徵租。又，現丈實二處埔地共一千一百四甲

零,俱土深腴厚,可墾成園,應一併墾種。該二處耕種男婦,編立保甲,設隘防守,不時稽察。從之。(高宗四九六、二九)

(**乾隆三一、一○、辛亥**)閩浙總督蘇昌奏安戢臺郡邊界事宜:一、劃出界外之地,多係耕久熟田,貧民每於近界處零星搭寮居住,圖便私墾偷種,生番見人戶稀少,乘間肆虐。現飭通查各屬,凡逼近番界之零星住戶,悉令遷移附近大莊居住,其房屋不過竹寮草舍,移搭極為便宜。一、二湖、加志閣兩莊,係後壠汛所轄,離汛俱二十里,每有生番肆虐,不及救護。查後壠莊已成腹地,不須多兵,現在駐劄外委、千總各一員、兵七十四名,請撥兵十四名駐二湖、十二名駐加志閣。加志閣現有熟番空社可以修葺居住,二湖應建營房七間。一、向山一帶居民,與生番相近,雖設有隘口,而生番善於走險,隨處出沒,居民每遭焚殺。查乾隆十年定議,逼近生番地界,每屆深秋,令各設望樓一座,懸鑼巡警,互相救援;但生番乘間肆虐,原不盡在深秋,望樓竹木搭架,亦難經久,應於近山各莊向山一面,建設火磚望樓一座,令莊民每夜輪流派出四人,在樓守望,見有生番蹤跡,立即放礮鳴鑼,俾居民聞聲接應。一、貧民於近界處搭寮私墾,至越出界外零星偷種番地,猝遇生番,鮮不斃命。嗣後無論界外之三湖、蛤仔峙等處,不許私種,即逼近番界之荒埔,悉行嚴禁。責成各巡檢及附近汛弁,於禁墾各處,每月各帶兵役游巡,其無巡檢處,即令縣丞輪查。一、乾隆三年、十一年清釐民番地界,本屬井然,無如番性多黑,漢奸利誘債贌,移滅定界,漸復越占。比年熟番滋生日眾,生計日蹙,及今不辦,日久必潛入大山,仍作生番。應查照定例,凡從前立明界址,有檔案可稽者,俱逐一清出,再為立界,如有侵越,即追出歸番耕管。其例後私贌及債剝占抵各田園,悉行還番,將本人逐令過水,以杜滋訟。惟是番性無常,仍恐復聽奸徒誘騙再行私賣,應將各社舊存田園甲數、四至,並續後清出及贌賣斷歸各業,通查造冊,申送存案。地方官奉行不力,即予參處,並於各社刊立木榜,將所有番社田園土名俱刊明榜內,如再有私贌私賣情事,即將田業歸官充公,並按畝科算治罪。得旨:如所議行。(高宗七七○、二一)

(**乾隆五二、五、丙申**)又諭:朕披閱藍鼎元所著東征集,係康熙年間,臺灣逆匪朱一貴滋事,官兵攻剿時,伊在其兄藍廷珍幕中所論臺灣形勢及經理事宜,其言大有可採。如所稱:諸羅一縣地方遼闊,鞭長莫及,應劃虎尾溪以上另設一縣,分駐半線地方,並於各要隘處所增添巡檢千把總員弁,以資防守,等語。後從其說添彰化一縣。至該處迄今,又閱六十餘年,土地日闢,戶口日滋,酌量情形,有須添設文武員弁以資控制撫馭之處,前經降旨令常青、李侍堯於勦賊完竣，辦理善後事宜時，一並籌酌。今閲藍鼎元即有此議。是臺灣增設官弁，實爲最要。又覆閲總督滿保經畫疆理一書，内稱：臺灣地方，地土廣饒，糖穀之利甲天下。過此再四、五十年，即内山山後皆將爲良田美産。若劃定疆界將人民驅逐，不許往來耕種，勢難禁止，等語。所言亦屬有理。臺灣疆土既開，民安耕鑿，處處皆成膏腴之地。自楊景素議立界限之後，界外良田美産轉畀生番，而生番以射生爲業，不事耕種，勢必内地民人仍往偷墾，日久徒滋事端。……此外書内所列各條，尚多可採者。……著常青、李侍堯即行購取詳閲，於辦理善後時，……參酌採擇，俾經理海疆事事悉歸盡善，以爲一勞永逸之計。（高宗一二八一、三〇）

（**乾隆五二、一〇、癸丑**）諭軍機大臣等：臺灣地方奸民糾衆械鬪，皆由該處多係漳、泉二郡及廣東民人在彼居住，里居田土，互相錯處，往往紛爭搆釁，地方官並不實力查辦，將就完案，以致奸民無所儆畏。此次林爽文等倡亂不法，劫縣戕官，亦即因糾衆倡會而起。今福康安統領大兵，鼓勇進勦，自可剋期蔵事。因思廣東、漳、泉三處民人，互相搆釁，若能令其彼此分處，各不相涉，自屬甚善；但伊等居處多年，各有田産，安土重遷，一時概令離析，勢有所難。將來賊匪蕩平後，福康安應酌量情形，設法妥辦。如實在隨同官兵打仗殺賊者，既經奮勇出力，豈可轉令遷徙，失其世業。若賊匪莊業，例應入官，當召募別處良善之民居處。至各近處村莊民人，雖無從逆實跡，而與賊匪同住一莊，心持兩端者，究不可信。或趁此兵威，將該處村莊民人，酌爲遷徙。其籍貫分隸廣東、漳、泉者，令其各爲一莊，俾相離較遠，以杜爭端。至臺灣南北各處村莊，多被賊焚燬，民人俱遭戕害，並賊人頭目，及被賊脅從之衆，所遺田土房産，既未便仍撥給漳泉之民，令其徒享利益，且恐遊手無藉之徒，從而聚處，又致滋事。自應將其田産查明入官，另行分撥。因念該處熟番，向化日久，此次逆匪滋事，熟番並無從賊者，且淡水等處，現在招集鄕勇甚多，莫若將此項入官田産，如四川屯練之例，即給與熟番耕種，按則升科，令其安居管業，自爲守護。既可以示綏戢，又可招撫生番，豈不一舉兩得。……著福康安等歸入善後事宜酌辦。（高宗一二九一、八）

（**嘉慶一五、五、壬午**）諭軍機大臣等：方維甸奏查明蛤仔欄即噶瑪蘭地方情形一摺。噶瑪蘭田土膏腴，米價較賤，民番流寓日多，若不官爲經理，必致滋生事端。現在檢查户口，漳人四萬二千五百餘丁、泉人二百五十餘丁、粵人一百四十餘丁，又有生熟各番雜處其中。該處居民大半漳人，以強凌弱，勢所不免，必須有所鈐制，方可相安無事。其未墾荒埔，查明地界，某處令某籍民人開墾，某處令社番開墾，尤須分割公平，以杜爭端。至所設官職，應視其地方之廣狹，酌量議添，或建爲一邑，或設爲分防廳鎮，俱無不可。其應設官長及營汛等事，該督於回省後，俟楊廷理等查稟到時，即會同張師誠悉心詳議具奏。至臺灣窵處海外，諸務廢弛，今方維甸到彼，於地方營伍力加整頓，酌改章程，若地方官謹守奉行，自可漸有起色。第恐日久生懈，且該處俱係漳、泉、粵民人雜處，素性强悍，總須時有大員前往巡閱，使知儆畏。嗣後福建總督將軍，每隔二年，著輪赴臺灣巡查一次，用資彈壓。將此諭令知之。(仁宗二二九、三四)

2. 其他沿海島嶼

(乾隆六、七、癸未) 戶部議准：署福建巡撫王恕奏稱，閩省多屬山田，層疊高下，如同梯形，以坵而論，均屬零星，彼此合算，方成畝數。嗣後民間開墾，無論水田旱田，總以零星曠土不及一畝，與雖及一畝而係地角山頭不相毗聯者，免其升科。其有經界聯絡者，一畝以上，仍照例分別水旱年限升科。從之。(高宗一四七、一〇)

(乾隆一二、一、壬寅) 大學士等議覆：陞任福建巡撫周學健奏稱，閩省沿海貧民，生計維艱。因思上竿塘、下竿塘、西洋嶼、東獅、白畎、東洛、西洛、大崳山、小崳山、烽火衞、浮鷹山、四礵山、七星嶼、南關山等十四島，綿延數百里，環繞於閩縣、長樂、連江、羅源、霞浦、寧德、福鼎各界，其間可耕之地甚多，若一經開闢，數邑貧民，皆得藉以謀生，向慮有洋盜哨聚，因加禁止。今海宇澄清，遊巡絡繹，竿塘等島，更屬逼近內地，應請一倂弛禁，令殷實士民，前往開闢，等語。係爲貧民生計起見。但事關海防，必須審度形勢，籌酌盡善。應飭交該省督撫，再加查勘定議。從之。(高宗二八二、一〇)

(乾隆三一、五、己巳) 吏部議准：閩浙總督蘇昌等奏稱，泉州府同安縣金門一島，地畝日闢，民人輻輳，向設縣丞微員難資彈壓。查駐泉州府安海地方通判，事務旣簡，且與駐石獅之西倉同知相距甚近。請以安海通判移駐金門，安海事務歸倂西倉同知兼理。又，灌口地方，水陸交衝，原設巡檢微員難資彈壓，請將金門縣丞移駐灌口。又福鼎縣嵛嶼地方爲海疆扼要之區，請將灌口巡檢，移駐嵛嶼。各官俸廉役食，仍照原編改撥支給。金門、灌口現有衙署，惟嵛嶼應另籌估建。三缺俱關緊要，應請在外調補；各關防印信，均照例改鑄。從之。(高宗七六〇、一)

（一三）湖北　湖南

（**康熙四、五、辛卯**）户部議覆：湖廣總督張長庚疏言，歸州、巴東、長陽、興山、房縣、保康、竹溪、竹山等州縣，久爲巨逆盤踞，人民逃竄。今賊巢已平，難民漸歸，願就耕種，苦無農器。請酌給牛種，聽其開墾，三年後起科。應如所請。從之。（聖祖一五、一〇）

（**康熙四、九、甲申**）湖廣巡撫劉兆麒疏言：均州、南漳等州縣，向因賊踞；今地方新闢，俟人民復業，逐漸開墾，照例三年後起科。從之。（聖祖一六、一六）

（**康熙八、五、戊申**）兵部議覆：湖廣提督胡拜疏言，鄖陽營裁汰標兵，應令楚撫分派附近地方墾荒安插。從之。（聖祖二九、五）

（**康熙四四、二、壬辰**）户部議覆：湖廣巡撫劉殿衡條奏三款。一、湖北荒地甚多，有情願開墾者，准其開墾；無力者，通省文武各官，給與牛種招墾，照數議敘。一、堤工衝決修築，照依各堤內所有田糧，按數出夫，不得濫派堤外有田之民。一、遇修築堤工之時，地方官將堤身所壓之田及兩邊挖土之地，丈明畝數，估定價值，補償本主，另置田產。俱應如所請。從之。（聖祖二一九、一一）

（**乾隆七、三、甲申**）户部議准：湖廣總督孫嘉淦、前署督那蘇圖奏稱：查開墾荒地，除平原沃壤，地雖畸零，仍照則分別升科，濱水坍卸者開除，新淤復漲可耕者造報外，山頭地角止宜種樹者，聽墾，免其升科；成坵段者高阜種雜糧，二畝以上照旱地升科；稍低種禾稻，一畝以上照水田升科；不足一、二畝者，仍免。並飭查丈註冊給照，以杜豪并。從之。（高宗一六三、一一）

（**乾隆七、五、庚辰**）[户部]又議准：湖南巡撫許容遵旨覆奏，畸零瘠薄地土，或迴在山坡、地勢稍平、無虞雨水，及溪澗之旁、高灘阪隰、不至常淹，有宜禾稻者，一畝以上，照水田則例，以六年限升科；有宜雜糧者，二畝以上，照旱田則例，以十年限升科；若地極零星不及一、二畝，獲利既微，應長免升科。其餘峰嶺湖澤之隙、不成坵段者，聽民栽樹種蔬，並免升科。從之。（高宗一六七、一一）

（**乾隆一〇、三、庚辰**）户部議覆：湖南巡撫蔣溥疏稱，沅江縣之萬子湖，土民情願出貲，建壩圈田。應如所請，令該撫轉飭地方官，傳詢有產居民，願墾者出貲，不願者給價；舊有漁課，墾户攤完，俟成熟依限升科。從之。（高宗二三六、一〇）

（乾隆一二、一一、庚寅）户部議准：湖北巡撫陳宏謀疏稱，武昌、漢陽等四十州縣衛荒蕪田地山場及屯地一十一萬七千九百頃八十畝零，應飭令地方官將尚可開墾者，實力勸墾，照例升科，倘實係磽瘠，不得抑勒滋擾。從之。（高宗三〇二、七）

（乾隆一五、九、丁巳）又諭軍機大臣等：據湖廣總督永興奏稱，湖北新設宜昌、施南二府之鶴峰等州縣，原係改土歸流，幅員廣闊，近年户口日增，田土日闢，其内地民人認墾者，應令查明，一體升科，等語。任土作貢，國有常經，在開墾地畝，既經成熟，自應照例升科。但鶴峰等州縣，本係土司之地，歸附版圖未久，雖有内地民人赴墾，欲令升科，究與内地不同，必須善為經理之人妥協差辦，方不至於滋事。永興蒞楚未久，諸事尚未諳練，此事亦非伊所能辦，且不必急遽，俟二、三年後，或伊來京陛見時，令會同在京大臣妥酌定議，或另有陞調可任茲事之人，再行辦理，亦不為遲。可即傳諭永興知之。（高宗三七三、四）

（乾隆一六、二、丙子）諭軍機大臣等：蔣溥因湖南龍陽一縣未報升科之地，至三萬餘畝，計直省似此者，諒亦不少；請飭各督撫將未報升科之地，概准業户自首，以一年為限，等語。亦屬清釐糧賦應行之事。俟各省督撫奏事之便，將蔣溥原摺抄寄，令其查辦。（高宗三八二、一〇）

（乾隆一七、一二）[是月]湖廣總督永常奏：湖北施南一府，自雍正十三年改土歸流以來，久成內地，附近川黔兩楚人民，墾荒者接踵而往，近田土拐帶案牘，日見紛紜。（高宗四二九、二九）

（乾隆三八、二、己卯）諭軍機大臣等：據陳輝祖奏，湖北鄖陽、施南二府所屬，向多荒地，近年户口日繁，流寓人眾，所在開墾，緣不諳定例，未盡隨時報升科則，請令民間自行首報分別升科，並請將從前督臣永常所議封禁官荒之處，均令停止，等語。民間開墾荒地，自應查明按例呈報升科，豈宜任其因循違限。至從前永常封禁官荒一節，伊本不明事理，所辦原屬拘泥，方今生齒繁滋，地利所在，自必趨之如鶩，且現在即有私墾之事，可見前此之官為封禁，仍屬有名無實。又不若聽其耕鬭升科，俾小民獲自然之利，而在官復有籍可稽，較為兩得。陳輝祖所奏，亦屬應行。但衹令自行首報，不復官為覈驗，愚民惟利是務，誰肯全數開呈，弊將百出。若衹係墾多報少，尚屬藏富於民，亦可不計。政恐因有隱匿之事，地方里正，遂爾串通胥吏，藉端挾制，魚肉鄉愚，或遇不肖有司，甚至從中染指，於政體大有關係，不可不慎之於始。自非官為查丈不能徹底清釐。而查丈之事，亦非易辦，如拽繩略有鬆緊、量弓稍有欹斜，積少成多，畝數即因之增誠；是又當董以公正明察之大員，親履實勘，使無絲毫隱漏，方爲萬妥。然水清無魚，朕亦不肯因辦此一事，致閭閻或致見絀。寧可於丈清之後，酌爲百姓留其餘，經官明給，不愈於民間之私相欺匿，陰滋流弊乎？此時若即交陳輝祖查辦，自必秉公經理，但伊籍隸湖南，與湖北究屬同省，未免關礙鄉情，即有掣肘之處。且恐無知之徒，從而妄生議論，於陳輝祖亦甚不便。此事本非急務，是以諭令暫行停止，將此旨交軍機處密記。陳輝祖原摺，一併鈔存，於富勒渾回任後，再行傳諭知之。（高宗九二七、九）

（乾隆三八、二、辛巳）又諭：據陳輝祖奏湖北鄖陽、施南二府所屬民墾荒地，向未呈報升科，請令民間自行首報，並將從前督臣永常所議封禁官荒之處，均令停止一摺。其事原屬應行，已批知道了。今復思墾荒升科之事，非經官查丈，不能徹底清釐；方今青苗在地，勢難履畝勘丈，且現在川省軍務未竣，湖北與蜀境毗連，遇有協撥軍餉之事，不能不需人夫轉運，自不值復以此不急之務，致閭閻稍覺紛煩。況相沿業已多年，又不在目下之速爲查辦，此事竟可暫行停止，俟應辦時候朕另行降旨。將此傳諭知之。（高宗九二七、一三）

（一四）廣東　廣西

（乾隆二、一一、癸未）［署廣東巡撫王謩］又奏：請勘墾歸善縣草地，以資民食。得旨：知道了。若果能如是，實是有益之舉也。（高宗五七、二一）

（乾隆六、七、甲子）戶部議准：署廣西巡撫楊錫紱奏稱，粵西地處極邊，山多田少，嗣後開墾田畝，如地屬平原、田成片段，係上則、中則，水田一畝以上，旱田三畝以上，照例升科；一畝、三畝以下，永免升科。下則田地及桑麻花米等地，更屬瘠薄，民間開墾水田五畝以上、旱田十畝以上，照例升科；五畝、十畝以下，永免升科。升科後水衝沙壓者，仍與豁除；如有豪強爭奪、藉墾占熟、掘毀墳塋、侵礙橋梁道路者，照例治罪。從之。（高宗一四六、六）

（乾隆七、七、辛未）戶部議覆：廣東巡撫王安國疏稱，粵省山側嶺畔，有地土稍平、尚堪種植稼穡，是爲次等地畝，照難墾稅畝減則之例報升；其山梁岡陁，高下不一，收成難必者，是爲下等地畝，概免升科。飭令履勘，分別辦理。從之。（高宗一七○、二三）

（乾隆一○、六）［是月］兩廣總督策楞奏：粵東山多田少，產米不敷民食，現在查勘高、雷、廉一帶閒曠之地，約八萬餘畝，皆可墾種，詳議勸墾

規條，以垂久遠。得旨：好。知道了。（高宗二四三、二九）

（**乾隆一〇、一〇、甲子**）[户部]又議准：兩廣總督策楞疏稱，龍川、海陽、饒平、揭陽、嘉應等五州縣，荒山可種樹木，請令無業貧民各就山場遠近承墾，每人以一頃爲率，照斥鹵下則例，十年後升科，准爲世業。（高宗二五一、一四）

（**乾隆一〇、一〇**）[是月]兩廣總督策楞奏：原任肇高學政金洪銓奏，粵東通省荒地，宜招徠勸墾。查廣、南、韶、肇、連、羅六府州，已無不耕之土。惠、潮、嘉三屬，微有官荒，業已具題請墾。瓊州雖有荒地山場，錯雜黎歧境內，議墾恐滋紛擾。惟高、雷、廉三屬，委員查出荒地共七萬五千七百餘畝，應亟籌墾闢。仍俟細核肥瘠，勸墾試種有驗，再分別等則，題報升科。得旨：是，應如是辦理者。（高宗二五一、二四）

（**乾隆一一、閏三、辛丑**）又諭：廣東高、雷、廉等府屬，多有山場荒地未曾墾植者，經該督撫委員查出可墾荒地七萬餘畝，分別等則升科，召民開墾。但聞此等地畝，大抵山岡磽瘠者居多，開墾原非易易，小民未霑收穫之益，先慮升科之累。是以未墾者多聽其荒蕪，即已經承墾者，亦生畏縮之意。朕思各省生齒日繁，地不加廣，貧民資生無策。前經降旨，無論邊省內地，零星地土，聽民開墾。今高、雷、廉三府查出可墾山場荒地，實與平埔沃壤不同，著將此項可墾荒地，令該地民人墾種，一概免其升科；並令地方官給與印照，永爲世業，以杜紛爭強占之弊。俾小民咸知有利無累，踴躍開闢，庶壤地不致曠閒，窮民食用有賴。著該部傳諭該督撫知之。（高宗二六二、一五）

（**乾隆一一、八、壬辰**）户部議准：廣東巡撫準泰疏稱：粵東各屬，皆山海交錯、境窄人稠、田地稀少，除各府屬已經報墾外，惟高州府屬之茂名、信宜、電白、化州、石城、吳川等六州縣，雷州府屬之海康、遂溪、徐聞等三縣，廉州府屬之合浦、欽州、靈山等三州縣，多有荒僻閒曠之地。經前署撫策楞委員查勘，共可墾荒地七百五十七頃八十二畝有奇。但此等荒地，並無泉源可資灌溉，應令該地貧民，實力墾種，概免升科；並給印照，長爲世業。倘有富豪地棍包攬捏冒，查拏治罪。從之。（高宗二七三、二九）

（**乾隆一五、九、丁巳**）又諭軍機大臣等：據肇高學政程巘摺奏，高、雷、廉地方，野多曠土，其平岡山地，不可開墾者固不少，而土係黑壤，可墾成熟者甚多。請飭下督撫相其高下原隰，諭民開墾，等語。朕思樹藝爲民食攸關，如果土廣人稀，地方官乘時勸墾，俾閭閻耕鑿有資，自屬足民要務。但小民謀生之計，自極周詳，使其地種植可施，斷無袖手拋荒之理；其歷來曠廢年久者，或係斥鹵磽确，即桑麻褈植，萬難施功；是以置為隙地，亦未可定。著將原摺鈔錄，令該督陳大受閱看，留心體察。若其地實有遺利，自當設立規條，招徠勸墾，以裨生計。若量其情形，本難開闢，而欲藉言利民、抑勒從事，胥吏等或奉行不善，適足生事滋擾，其端亦不可開也。將此詳悉傳諭知之。（高宗三七三、五）

（乾隆一六、九、甲戌）戶部議覆：廣東巡撫蘇昌奏稱，粵東濱臨大海，漲出沙灘無礙水道者，向例聽民報墾。至水口要津、支河港汊、有關水利之區，倘攔築為田，則水道阻塞，急宜禁止。現南海、番禺、順德、海陽、饒平、澄海各縣，所有民間圈築椿壩沙灘，除於水道無礙及不能挑濬者，聽民照舊耕種；此外無論已未成田，並新漲浮沙、有妨宣洩處，應飭地方官曉諭嚴禁，毋得報墾升科。應如所請。從之。（高宗三九八、二○）

（乾隆一八、八、己酉）又諭：據廣東巡撫蘇昌等奏稱，瓊州為海外瘠區，貧民生計維艱，查有可墾荒地二百五十餘頃，請照高、雷、廉之例，召民開墾，免其升科，等語。著照該撫等所請，查明實係土著貧民，召令耕種，免其升科，給與印照，永為世業。仍督率所屬妥協辦理，庶土無遺利，俾該處貧民得資種植。（高宗四四五、一六）

（乾隆一八、一二、己丑）戶部等部議覆：前署兩廣總督班第、廣東巡撫蘇昌奏稱，濱海地方漲出沙灘，每處多至萬餘畝，少或數百畝，廣州府之南海、番禺、東莞、順德、新會、香山尤多。盡開成田，於民食有濟。但南海等縣地大事繁，於報墾案俱委典史巡檢查勘，不能彈壓。請專交廣州府海防同知管理，遇開墾爭控事件，查勘詳報並於該同知關防內，添入兼理沙政字樣。應如所請。從之。（高宗四五二、一五）

（乾隆一九、一）〔是月，廣西巡撫李錫秦〕又奏：慶遠府屬宜山縣境內荒地，可引洛濆之溪水灌注成田，惟築壩建隄，工程浩大。乾隆十五年經前撫臣舒輅奏准，酌借司庫銀二千四百兩，給各墾戶以為工本。茲隄壩石工，俱已告竣，實丈得可墾田六千二百餘畝。照原報墾戶，給予印照，管業升科，所借銀分兩年完繳。得旨：覽奏俱悉。（高宗四五五、二○）

（乾隆三七、八）〔是月〕兩廣總督李侍堯、廣東巡撫德保奏：奉旨通諭各省，凡瀕水地面，除已墾者免禁外，毋許復行占耕。查粵東濱海，潮汐直達內河，惠州、肇慶、南雄三江之水，均以海為歸，全在水道寬闊，庶免漫溢。向來海旁沙洲，許近水貧民報墾。臣李侍堯巡閱所至，見圈築日多，奪流有礙。於乾隆三十五年，會同臣德保飭司確查，惟山頭地角、零星數畝者，方准承升，其餘概禁圈築。兩年以來，查無占耕之事。得旨：好。不可

日久而懈，當實力永久行之。(高宗九一五、二二)

(乾隆五一、三、壬申) 兩廣總督兼署廣東巡撫富勒渾奏：粵東沿海沙坦，前督李侍堯以關係水道，禁民圈墾；嗣巡撫孫士毅以無礙水道，請弛禁給墾，以杜盜占爭訟。茲委員確勘，南海、番禺、東莞、順德、新會、香山等六縣沙坦，約有六百餘頃，均邊海，距水口甚遠，亦無圈築與水爭地之勢，開墾有利無害。請准民承墾，按例升科。得旨：允行。(高宗一二五一、二四)

(一五) 四川

(順治一七、一一、辛巳) 吏部議覆：四川巡按張所志疏言，四川遂寧縣向因地荒民稀，歸併蓬溪，令百姓既漸來歸，且係行鹽之地，應如按臣所請，復設縣令。從之。(世祖一四二、二三)

(康熙一、四、乙巳) 四川巡撫佟鳳彩疏言：川省初定，土滿人稀，請將岳池縣歸併南充，江油縣歸併平武。從之。(聖祖六、一七)

(康熙七、一一、戊午) 戶部議覆：原任四川總督劉兆麒疏言，蜀中流民寄居鄰省者，現在查令回籍，而山川險阻，行李艱難，地方各官有捐資招撫使歸故土者，請敕議敘。查招民授職之例，已經停止，但蜀省寇氛之後，民少地荒，與他省不同，其見任文武各官招撫流民，准量其多寡加級紀錄有差。從之。(聖祖二七、一九)

(康熙一〇、六、乙未) 四川湖廣總督蔡毓榮疏言：蜀省有可耕之田，而無耕田之民；招民開墾，洵屬急務。但招民限以七百名之例，所費不貲，能招徠者甚少。臣謂非廣其招徠之途、減其開墾之數、寬其起科之限，必不能有濟。請敕部准開招民之例，如候選州同、州判、縣丞等及舉貢、監生、生員人等有力招民者，授以署職之銜，使之招民；不限年數，不拘蜀民流落在外及各省願墾荒地之人，統以三百戶爲率。俟三百戶民盡皆開墾，取有地方甘結，方准給俸，實授本縣知縣。其本省現任文武各官，有能如數招民開墾者，准不論俸滿即陞。又蜀省隨征投誠各官，俟立有軍功、咨部補用者，能如數招民開墾，照立功之例，即准咨部補用。其開墾地畝，准令五年起科。如此，則人易爲力，而從事者多，殘疆庶可望生聚矣。下吏、戶、兵三部會同議行。(聖祖三六、七)

(康熙一二、五、壬申) 以招民開墾議敘，加四川巡撫羅森工部右侍郎銜。(聖祖四二、七)

(康熙一九、二、辛酉) 戶部題：四川久爲賊據，苛虐橫徵，小民相率流亡。請勅督撫急行招徠撫綏，以副皇上愛民至意。得旨：總督楊茂勳等速赴任督理軍餉，並招徠流民，俾安生業，毋誤農時。(聖祖八八、一三)

（**康熙二一、一一、乙卯**）四川巡撫杭愛疏言：康熙十一年分，前任撫臣羅森報開墾地共五千六百一頃四十畝，查係羅森希圖議敘捏報，非實在開墾，應徵錢糧，仰請豁免。部議不准。得旨：這捏報墾地錢糧，著照該撫所題豁免。(聖祖一〇六、四)

（**康熙二五、六、戊午**）户部議覆：四川巡撫姚締虞疏言，四川鄉紳，應回原籍。得旨：所奏甚是。四川土廣人稀，若居官者盡留他省，則川中人益稀少，愈致荒蕪矣。著如所請行。(聖祖一二六、二四)

（**康熙二七、七、丁丑**）四川巡撫噶爾圖陛辭，上曰：爾在部院衙門辦事已久，何待指示。到任後惟當潔己而行，前任杭愛、姚締虞居官皆善，爾但照其行事可也。姚締虞曾奏，四川縉紳遷居別省者甚多，應令伊等各歸原籍，則地方富庶，於貧民亦有裨益，此事爾其次第行之。四川荒土甚多，爾當募民開墾。又聞彼處軍糧，往往不應時速給。爾到任必須給發以時，毋致遲誤。噶爾圖奏曰：四川錢糧止四萬，因各省協濟不至，以致有誤。上曰：運送軍餉皆有定限，一到即行給散，何致遲誤。(聖祖一三六、七)

（**康熙二九、一一、甲午**）户部議覆：四川陝西總督葛思泰疏言，蜀省流寓之民，有開墾田土，納糧當差者，應准其子弟在川一體考試，著為例。應如所請。從之。(聖祖一四九、一四)

（**康熙三二、一〇、戊寅**）户部議覆：陝西巡撫吳赫疏言，招徠流民，有地者既給與牛種銀兩以為耕種之資，無地之民更為堪憐，請與有地之民一例給銀安插。應如所請。從之(聖祖一六〇、一四)

（**康熙五一、五、壬寅**）諭大學士等曰：湖廣民往四川墾地者甚多，伊等去時，將原籍房產地畝悉行變賣，往四川墾地，至滿五年起徵之時，復回湖廣，將原賣房產地畝爭告者甚多。潘宗洛以此情由曾繕摺啟奏。嗣後湖廣民人，有往四川種地者，該撫將往種地民人年貌姓名籍貫，查明造冊，移送四川巡撫，令其查明，其自四川復回湖廣者，四川巡撫亦照此造冊，移送湖廣巡撫。兩相照應查驗，則民人不得任意往返，而事亦得清釐，爭訟可以止息。大學士等，俟潘宗洛具題到日，會同九卿確議具奏。(聖祖二五〇、一二)

（**康熙五二、一〇、丙子**）户部議覆：原任偏沅巡撫潘宗洛疏請墾荒展限，應行文接任巡撫查明詳議。上曰：凡督撫條陳地方事務，應據實陳奏。潘宗洛奏，湖南荒田五百餘頃。今天下户口甚繁，地無棄土，湖南安得有如許未墾之田。著差户部司官一員，會同湖廣總督額倫特，就潘宗洛奏疏內所有州縣，查勘詳明具奏。又諭曰：湖廣、陝西，人多地少，故百姓皆往四川開墾。聞陝西入川之人，各自耕種，安分營生；湖廣入川之人，每每與四川人爭訟。所以四川人深怨湖廣之人。或有田地開墾至三年後，躲避納糧，而又他往者。今四川之荒田開墾甚多，果按田起課，則四川省二年內可得錢糧三十餘萬。朕意國用已足，不事加徵，且先年人少田多，一畝之田其值銀不過數錢；今因人多價貴，一畝之值竟至數兩不等。即如京師近地，民舍市廛，日以增多，略無空隙。今歲不特田禾大收，即芝麻、棉花皆得收穫，如此豐年，而米粟尚貴，皆由人多地少故耳。朕巡幸時，見直隸自苑家口以下，向年永定河衝決之處，今百姓皆築舍居住，斥鹵變爲膏腴，不下數十百頃，皆未嘗令起税也。又，江南黃河隄岸至所隔遥隄，有二、三里者、亦有六、七十丈者，其空地先皆植柳，以備河工取用。今彼處百姓盡行耕種，亦並未令起課。昔黃河泛漲時，水常灌入遥隄，不得耕種；自清水暢流以來，河底刷深，水必長至二丈方能及岸，遥隄以内皆成沃壤矣。大凡濁水與清水合流，方可無壅決之患。如直隸永定河一交冬令，水乃漸涸，或有壅沙高出河身，及夏秋水發，不由故道而行，遂至潰散，淹沒田廬。朕詳度河工情形，引莽牛河之清水入於永定河，春冬之時，雖水小不能行舟，而仗此引流，故道不至壅淤；及水發時，清水合流，水力甚大，故河底刷深，無衝決之患矣。又去年趙申喬條奏，黃河近邊被衝田畝，請查明數目，蠲免錢糧。不知黃河東岸刷，則西岸之田出；西岸刷，則東岸之田出。被衝之田應免錢糧，則新出之田不應取錢糧乎。……朕下此諭旨，特欲使提鎮等知朕於各省事無不洞悉也。今遣官勘驗湖南荒田，亦此意耳。總之督撫不可侵部院之權，部院亦不宜刻求督撫之非，凡事宜用中不可一偏也。（聖祖二五六、一〇）

（**雍正五、六、戊子**）户部議覆：前任四川巡撫馬會伯疏言，楚民入川落業者，定例令地方官給與印照驗放。近有自湖廣、福建、江西、廣東來川者，竟無執照可驗。窮民挈眷遷移，若勒令回籍，必致流離失所。任其接踵而來，又恐姦良混襍。伏乞敕下各省撫臣，凡入川窮民，務令各該地方官給以印照，到日驗明安插。查康熙五十一年，湖南巡撫潘宗洛題請，楚民入蜀開墾，該地方給與印照，仍造册送四川巡撫查驗，有回楚省者，川撫亦給照造册，兩相稽查，遵行在案。應如所請，行文福建等省遵例給照，四川巡撫亦轉飭確查。其應准入籍者，即編入保甲，加意撫綏，毋使失所。從之。（世宗五八、八）

(雍正五、九、己卯) 川陝總督岳鍾琪疏奏：湖廣、江西、廣東、廣西等省之民，逃荒入川，不下數萬户，請開招民事例，給窮民牛具籽種，令其開墾荒地，方爲有益。得旨：覽岳鍾琪奏，朕心深爲憫惻，各省大小官員，於地方歉收，即當題請設法撫恤，況各省皆有耗羨備用銀兩，即當以此爲賑恤貧民之用，何得坐視百姓之窘迫，不加賑恤，而令其逃往他省乎。今據岳鍾琪奏請設法安插，令其開墾以爲生計，此實安輯貧民之急務，其牛具籽種口糧等項之費，不必另開事例，現今有營田水利捐納銀兩敷餘之項，存貯在京，著於此内撥發十萬兩，解川應用，倘有不敷，該督撫再爲奏請。但此等遠來多人，良姦莫辨，不行稽查，必轉爲良民之擾，且恐既開招墾之端，愚民無知，但圖目前之利，必至輕去其鄉，亦非所以愛之也。且地方官吏，坐視百姓之遠徙異鄉，而不知軫念，斷不可不加懲戒。著岳鍾琪會同巡撫憲德，行令四川州縣，將雍正四年秋冬以後各省入川人户，逐一稽查姓名籍貫，果係窮民，酌量安插，再備造細册，咨查原籍，將所用牛種口糧銀兩，著落原籍之州縣官，照數補還。如此則游惰之民，不致混冒，而地方官亦知所儆戒，共以愛養百姓爲務。可杜流移之患於將來矣。(世宗六一、二九)

　　(雍正六、一、乙亥) 户部等衙門議覆，四川巡撫憲德條奏安插入川人户事宜。一、入川人户衆多，姦良不一，飭令該管官逐户挨查，取結編入保甲。有遊手生事者，即行驅逐。其實係匪類，現有過犯者，解回原籍。知情隱匿，暨官員失察者，並加處分。一、雍正四年秋冬以後入川人户，請將户口姓名人數開明，移查各原籍，細加核實分別。内有本省已犯事故者，即行逐回；其留川之人，實係貧民無可資生者，酌撥地畝，並借給牛種口糧。所用銀兩，移咨本籍各府州縣照數賠補。或有移家落業依託親故謀生者，如資本無多，不能經運，仍酌量給與地畝，令其自行開墾，不必給與牛種口糧。一、入川人户有情願回籍者，不必給與口糧，將姓名人數咨明本籍，川省仍造册存案。倘日後復來川省，即行懲治。一、川省無著地畝，現在清查丈勘。俟清丈完日，分別科則，編列字號，計留川人户之數，按畝均分認墾。如有占越爭競者，概行驅逐。一、稽查安插之事，分派各該道員經理，其保寧一府舊無道員，請歸併川東道辦理。現在奉撥庫銀十萬兩，即分給各該道員收領，令確查應給人户，按數給發，造册查核。如有扣尅侵冒等弊，嚴加參究。一、開墾荒地之道、府、州、縣，果能實力奉行辦理妥協者，事竣照例議敘。雜佐等官，勤慎稱職者，亦照州縣一體議敘。倘有怠玩虚冒，即行糾參。均應如所請。從之。(世宗六五、九)

　　(雍正六、二、甲辰) 諭内閣：上年聞湖廣、廣東、江西等省之民，因本地歉收米貴，相率而遷移四川者，不下數萬人，已令四川督撫設法安插，毋使失所。但思上年江西收成頗好，即湖廣、廣東亦非歉歲，不過近水之地略被淹損，何至居民輕去其鄉者如此之眾也，因時時留心體察。今據各省陸續奏聞，大約因川省曠土本寬，米多價賤，而無知之民平日既懷趨利之見，又有傳說者謂川省之米，三錢可買一石。又有一種包攬棍徒，極言川省易於度日，一去入籍，便可富饒。愚民被其煽惑，不獨貧者墮其術中，即有業者亦鬻產以圖富足。獨不思川省食物價賤之故，蓋因地廣人稀，食用者少，是以如此。若遠近之人雲集一省，則食之者眾，求如從前之賤價，豈可得乎。況彼此相隔或至千里，或數千里，小民離棄鄉井，扶老挈幼，跋涉山川，安有餘資以供路費。中途困阨，求救無門，不相率而為匪類，勢必為溝中之瘠矣，豈非輕舉妄動，自貽伊戚乎。草野識見庸愚，必須訓示，方能醒悟。為地方官者，當撫綏之於平日，而勸教之於臨時，開其愚蒙，恤其窮困，時勤訓導，使百姓知故土之可戀，轉徙之非宜，則愚民之不醒悟者亦少矣。且各省皆有可墾之田土，而所以任其廢棄者，其故有二。一則民俗好為爭競，當其未墾之時，則置之不問，及至既墾之後，則群起相爭，是以將可耕之壤，拋為曠土，甚為可惜。一則墾田必須工本，而寒苦之民不能措辦，以致委諸草莽。為有司者，誠能經其疆界以息爭端，助其籽種以資耕作，寬其升科之年，優其上農之賞，則百姓斷無有不踴躍鼓舞趨事赴工者矣。朕宵旰勤勞，無刻不以百姓生計為念，茲頒諭旨，並非禁百姓之謀食於他方也。祇以愚民無知，圖利心切，惑於邪說，見異而遷，遂輕舍故鄉，甘受流離之苦，朕心實為不忍。夫在彼在此，皆吾赤子。若本籍果逢歲歉，難以資生，該地方有司仰體朕心，即時奏聞，朕必沛以恩膏，使之得所，何必分散他方，以冀不可必得之利。著各督撫曉諭官民等知之。（世宗六六、二三）

（雍正六、三、丁丑）户部議覆：四川巡撫憲德疏言，入川人民眾多，酌量安插。以一夫一婦為一户，給水田三十畝，或旱地五十畝。如有兄弟子姪之成丁者，每丁增給水田十五畝，或旱地二十五畝。若一户內老小丁多、不敷養贍者，臨時酌增。俱給以照票，令其管業。至應給牛種口糧，請照滇省之例，每户給銀十二兩，仍令五户環保。其水旱田地，定於三年五年升科。所領牛種價銀，統於原籍地方官追賠，免其在川扣還。均應如所請。從之。（世宗六七、二五）

（雍正七、三、壬子）户部議覆：四川巡撫憲德疏言：各省入川民户，向經一面造冊呈報，一面咨查原籍在案。但愚民風聞給資招墾，往往輕於轉徙。況川省田地多經業主承丈自首，將來餘荒多寡，尚未可知，不可不定以長策。請嗣後各省續到流民，自雍正七年爲始，停其造册咨查，行令各省，將實在無業窮民願往川省開墾者，給與印照，與先經查驗覆到之各户一體安插。如無照之人，除在川各有生業准其編入保甲外，所有游手之民，著即查明，令回原籍。應如所請。從之。（世宗七九、一二）

（乾隆三、二）[是月] 四川巡撫碩色奏：盜賊滋熾，現飭府州縣設法緝捕，然不分別撫緝，亦恐饑寒之流，相率爲賊。查川省荒地尚多，行令各屬，先將可墾之地，踏勘登記，即令流寓失業之人墾種。先給執照，俟成熟之後，分別升科。得旨：川省向多奸匪，汝到任一日，即爲汝之責矣。嗣後務須弭盜安民，以靖地方。至招墾一事，須妥協辦理，則實爲有益之事也。（高宗六三、二一）

（乾隆六、三、戊寅）軍機大臣議覆：兩廣總督馬爾泰奏稱，廣東惠、潮、嘉二府一州，所屬無業貧民，攜眷入川，不必強禁。許其開明眷屬名口年貌，報本地方官查明，給票聽往。不必候川省關移。並飭知沿途營縣，驗明人票相符，即予放行。到川，編入烟册，移知原籍存案。應照所請。至在川粵民，立有產業，呈請關移親族者，聽其自便。從之。（高宗一三八、一九）

（乾隆八、一〇）[是月] 四川巡撫紀山奏：……再查湖廣等省外來之人，皆因誤聽從前川省地廣人稀之説，群思赴川報墾，不知川省已無荒土可闢。嗣後除有親族可依，來川幫工爲活者，令各省地方官給與印照，使彼此均有稽查。其無本籍印照者，各該管關隘沿途阻回，毋使積聚多人滋事。得旨：所見甚是，妥協爲之。（高宗二〇三、二四）

（乾隆一〇、一〇、戊午）軍機大臣等議覆：川陝總督公慶復奏稱，四川啯嚕子多係福建、廣東、湖廣、陝西等省流棍入川。前經奏明，將著名渠魁盡法處治，外來者遞回原籍，本省奸民，責鄉保管束。並咨鄰省，凡赴川之人，本省給照，無照阻回。後仍有捏造姓名，指稱依傍，兩月之內，來川者多至三千餘名。請嗣後搬眷入川之人，由川省查覆，實有親屬產業，方許本地給照。應如所請，令於本地呈明地方官，移咨川省，查明給照，到日繳銷。川省各官，亦不得借端將實有親屬產業之人，不行查覆。從之。（高宗二五一、六）

（乾隆一五、六、戊子）諭軍機大臣等：據永興、唐綏祖會奏，入川民人，無本籍印票阻回者，遞交原籍安插。其不法奸民，在川遞回，若不加管束，又潛行入川，一經察出，本犯按例究擬，地方官一併參處，等語。此等搬移入川民人，其不法奸徒及往爲啯嚕子等類，固應盡法究治，並飭一切卡隙加意稽查。至於貧民遠圖生計，亦不可持之太峻，蓋伊本籍如有產業，必不肯輕去其鄉，何用阻截，若因親族可依，就食他處，必盡行逐回，轉絶其謀生之路。即如山東流民，往來各處，種地者甚多，亦難概行禁止。惟在地方大吏，善於督率稽察，不至滋生事端，方爲妥協。可傳諭永興、策楞、唐綏祖、開泰等，嗣後入川民人，給照查察之處，如係奸拐興販匪類，斷宜嚴行究處，至實係良民覓食他鄉者，雖未便明弛其禁，該督撫亦宜酌量辦理，不必過於嚴緊，務期杜奸匪而便民生，兩有裨益。(高宗三六七、五)

(乾隆一八、一一、丁卯) 又諭：……再，湖廣、江西、廣東等省入川民人，自兩次用兵後，多失業流寓，因致命盜竊案，歲至數百餘起。(高宗四五一、三)

(乾隆二〇、九) [是月] 四川總督開泰奏：川省開墾甚廣，民間田土之數浮於完糧之數，每遇爭訟，界址牽混，叠控延累。應飭地方官，凡民間控告田土事件，務親踏看丈量，倘有田浮於糧，免其隱漏夕之罪，照例升科。得旨：所見是。徐徐爲之。(高宗四九七、三三)

(乾隆二九、九、壬戌) 户部等部議准：四川總督阿爾泰奏稱，敍州府屬之屏山縣界内大竹堡一帶，荒地甚多，委員勘明夷漢界址。離土司夷巢二、三百里，俱有大山溪河界限其間，土脈水泉，悉堪種植。共勘有可墾田地十萬六千六百餘畝。貧民報墾者，現有一千五百餘户，計口授田，領票認糧，分別水旱田地，照例題報升科。惟是該處距縣三百餘里，可墾之田倍於縣額，將來招徠既廣，煙户日增，一切納糧輸賦、編設保甲、稽查奸匪、修築堰壩、酌增鹽引等善後事宜，俱需專員妥辦，原設馬邊縣丞，不足以資彈壓。查敍州府通判，管理富順縣鹽井，事尚簡易，縣丞足以料理。請以敍州通判移駐馬邊，將應墾之地及附近馬邊之川秧、蕎壩、上下溪一帶地方，劃歸管理。……從之。(高宗七一八、一四)

(乾隆三〇、三、乙巳) 四川總督阿爾泰奏：保寧府屬南江縣北大壩地方，東西計長九十里、南北長五十里，四面山環，中有龍塘、大壩、南壩、後壩、大元壩、小元壩、柳葉壩等處，多係平衍荒疇，地頗肥厚，且上流有溪河兩道，築堰開渠，皆可營治稻田，請招民試墾。得旨：嘉獎。(高宗七三三、二七)

(乾隆三一、二、丙辰) 户部議准：四川總督阿爾泰奏稱：敍州府屬之屏山縣界内大竹堡一帶荒地，勘明可墾田十萬六千六百餘畝，應招民開墾，並將已墾田分別水旱，照例升科。至開墾處所，距縣三百餘里，田倍縣額，一切納糧善後事宜需員專辦。請將敍州府通判移駐馬邊，仍將附近馬邊之川

秧、蕎壩、上下溪地方劃歸管理徵收。從之。（高宗七五五、四）

（乾隆三二、五、壬申） 諭軍機大臣等：據阿爾泰覆奏禁止各省民人赴川一摺，內稱，川省荒地，業經認墾無餘，嗣後各省民人，藉詞赴川墾地者，不必給票，並轉飭沿途關津，查無照票者，即行阻回，等語。所奏尚於事理未協。前因岳鍾璜奏，外省民人入川，往往習爲匪類，應請設法稽覈，曾降旨阿爾泰，令其詳酌經理，特爲地方剗除喧匪起見，初非爲各省民人強分畛域，多方防禁，徒滋紛擾也。況此等無業貧民，轉徙往來，不過以川省地廣糧多，爲自求口食之計。使該省果無餘田可耕，難以自贍，勢將不禁而自止。若該處糧價平減，力作有資，則生計所趨，又豈能概行阻絕。且隣近該地之湖廣、江西等省，均屬朝廷子民，撫綏本無異視，即如口外各處，向來直隸、山東等屬貧民前往墾荒餬口者，亦難盡行驅逐，又何論蜀中腹地耶。倘此等民人，入川或有滋事爲匪，致爲鄉里之害，即按罪嚴懲，以儆其餘，亦督撫等分所應辦，又何事鰓鰓過慮，立定章程，轉使胥吏等乘間苛求，徒滋紛擾，否則有名無實耶。阿爾泰奏定關隘查盤、給票驗放、及咨移各省曉示人民之處，不必行。將此傳諭該督及各該督撫知之。（高宗七八四、一九）

（一六）雲南　貴州

（順治一八、二、乙未） 戶部議覆：雲南貴州總督趙廷臣條奏，滇黔田土荒蕪，當亟開墾。將有主荒田令本主開墾，無主荒田招民墾種，俱三年起科，該州縣給以印票，永爲己業。其滇省衝路殘黎，如楊林、永昌等處，請將順治十七年本省秋糧，借貸爲春種之需。應如所請。從之。（聖祖一、二二）

（康熙四、四、戊辰） 貴州巡撫羅繪錦疏言：黔省以新造之地哀鴻初集，田多荒廢，糧無由辦。請不立年限，儘民力次第開墾，酌量起料。下戶部議。（聖祖一五、四）

（雍正三、四、乙未） 兵部議覆：雲貴總督高其倬疏稱，雲南苗猓，平時踞元江、新平之間，官兵勦捕，則遁入威遠、普洱、茶山等處。廣袤二、三千里，難以控制。請將威遠土州改土歸流，設撫夷清餉同知一員、經歷一員、鹽井大使二員，於猛班設巡檢一員，分理民事。再添設普威一營，置參將一員駐劄普洱，守備二員，一駐威遠，一駐茶山，千總四員、把總八員、兵丁一千二百名，分汛防守。至賊苗巢穴根株，全在元江協新嶍營所轄之地，而舊制新嶍止屬臨元，不屬元江，故兩界遇事易於推卸，請將新嶍營歸元江管轄，仍令臨元統轄。又猓夷有討保之習，勒索銀兩，騷擾地方。請於九龍江口夷人出入之處，設立防汛，照山海關例，給以印票，並將所屬村寨編立里甲户口，以憑稽察。其夷人子弟有志讀書者，准其於元江附考，元江府入學額數，應加取二名，田畝照地肥瘠，酌定額賦。土地可闢者，見今開墾，照定例水田六年、旱田十年升科。至於土官方普二姓糾衆騷擾，所有二姓土巡檢承襲之處，應永遠停止。均應如所請。從之。(世宗三一、三二)

（**雍正八、七、乙酉**）户部議覆：雲貴廣西總督鄂爾泰，遵旨酌定烏蒙總兵劉起元條奏苗疆事宜：一、烏蒙係改土新疆，與威寧接壤，應於松林嶺地方勒石定界，以八仙海子歸烏蒙管轄，稻田壩仍屬威寧管轄。一、烏蒙府設有永善一縣，新經改流，諸事尚未就緒，應增置烏蒙一縣，隸於該府。一、烏蒙地廣田多，應將無業田地每兵賞給三十畝，或有餘丁，准其倍給，並量與牛種銀兩，勸令開墾。一、苗俗向無學校，應於各屬四鄉適中之所設立義學，以廣化導。一、烏蒙係四達之區，而道路險隘，急應平治，酌計二千餘丈，請動支藩庫即行興修。均應如所請。從之。(世宗九六、二〇)

（**乾隆六、五、庚午**）諭曰：雲南總督慶復已命往廣東署理兩廣總督事務，伊在滇省奏明承辦之事，如……開墾碍嘉大路之荒地，以增農田；……種種籌畫，皆係有關地方、有裨民生之事。現在經理尚未就緒，慶復既經調任，署督張允隨自當接辦。著慶復與張允隨詳細講論，一一交代。張允隨當念此係地方公務，不可以係前人奏辦之件，稍存推諉之念。視慶復所奏之事，即同己奏；慶復所委之人，即同己委。無分彼此，無論前後，方不失同寅協恭、體國利民之誼。若果事有難行，必須變通者，則亦不可瞻顧，以致遷就。尋張允隨覆奏：慶復署事兩廣，凡未竟之事，悉係臣應辦之事，勉矢寸忱，務竟厥緒。至其中或有應行變通之處，自當奏明酌辦。得旨：所奏俱悉，勉力實心爲之。(高宗一四二、五)

（**乾隆六、九、壬申**）户部議覆：署貴州總督雲南巡撫張允隨奏稱，黔省地鮮平疇，凡山頭地角、零星地土及山石攙雜，工多獲少；或依山傍嶺，雖成坵段，而土淺力薄，須間年休息者；悉聽夷民墾種，永免升科。至有水可引、力能墾田一畝以上，照水田例，六年升科；不及一畝者，亦免升科。無水可引，地稍平衍，或墾為土、或墾為乾田，二畝以上，照旱田例，十年升科；不及二畝者，亦免升科。應如所請。從之。(高宗一五〇、一一)

（**乾隆七、四、丁巳**）[户部]又議准：署雲南總督張允隨遵旨奏請，嗣後民夷墾種田地，如係山頭、地角、坡側、旱壩，尚無砂石夾雜，在三畝以上者，俟墾有成效，照旱田例，十年之後，以下則升科，若係砂石磽确、不成片段及瘠薄已甚、不能灌溉者，俱長免升科。至水濱河尾，尚可挑培成田，在二畝以上者，照水田例，六年之後，以下則升科；如零星地土、低窪處所，潯涸不常、難必有收者，仍長免升科。仍令該地方官給照開挖，以杜爭占。從之。（高宗一六五、二二）

（**乾隆一七、一二**）[是月]雲南布政使彭家屏奏：滇省跬步皆山，居民每挑挖匯水之區，以資宣洩。名爲地海，然地高蓄淺。積水既去，涸出之地有力者輒行報墾，踞爲己業，一遇亢旱，補救無力；而雨足之時，近湖地畝，又每受其漫溢。請自乾隆九年以前已經報墾地畝外，不許再行報墾。其匯水之區，勸諭農民隨時疏濬，以備旱潦。得旨：如所奏，告督撫存案可也。（高宗四二九、三二）

（**乾隆三一、七、癸酉**）諭：滇省山多田少，水陸可耕之地俱經墾闢無餘，惟山麓河濱，尚有曠土，向令邊民墾種，以供口食。而定例山頭地角在三畝以上者，照旱田十年之例，水濱河尾在二畝以上者，照水田六年之例，均以下則升科。第念此等零星地土，本與平原沃壤不同，倘地方官經理不善，一切丈量查勘、胥吏等恐不免從中滋擾。嗣後滇省山頭地角、水濱河尾，俱著聽民耕種，概免升科，以杜分別查勘之累，且使農氓無所顧慮，得以踴躍赴功，力謀本計。至舊有水利地方，如應行開渠築壩之處，小民無力興修，及閒曠地畝、艱於開墾者，並令確切查明，酌借公項，俾閭閻工作有資。該督其董率所屬，悉心經理，盡地利而裕民食，用副朕厪念邊農之至意。該部遵諭即行。（高宗七六四、九）

第三節　農田水利

一、概述

（**順治一一、六、庚辰**）以加上皇太后徽號禮成，諸王文武群臣上表行慶賀禮，是日頒詔天下，詔曰：……所有恩赦事宜，開列於後。……一、東南財賦之地，素稱沃壤，連年水旱爲災，民生重困，皆因失修水利，致誤農工。該督撫責成地方官悉心講求，疏通水道，修築隄防，以時蓄洩，俾水旱無虞，民安樂利。……（世祖八四、一六）

（**康熙二三、四、丙辰**）工部題：請敕諭直隸河南巡撫，嚴飭所屬官員，閉塞衛河水口，勿使旁洩，以濟漕運。俟漕船過完，照常聽其分流。上曰：

漕運所關，雖係甚重，但直隸、河南之民，多資衛河水利，若水口盡行閉塞，不使稍溉田禾，一遇旱乾，瀕河之民必致艱苦。又，部議俟漕船過後，方聽照常通流。耕種自有定時，如漕船過完，方許溉田，則田禾究竟無濟。朕聽理諸事，必於民生關係之處詳悉籌度，而後施行。該部所議，但期不誤漕運，初未嘗計及民生關係處也。（聖祖一一五、七）

（康熙二九、二、甲戌）內閣、九卿、詹事、科道等以雨澤霑足，具疏稱慶。上曰：諸臣稱雨澤霑足，固當歡悅，但去年大旱，民困未蘇，其填溝壑者，不知凡幾矣。昔漢文帝為三代以下令主，賈誼猶以處厝火積薪之上、而謂無危為喻，以今較之，如火已然、可無慮乎。且今雖得雨，不知夏秋若何，其當遠慮深思、愈加軫恤，何得稱慶。（聖祖一四四、一七）

（康熙四三、一一、戊午）天津總兵官藍理題請於天津等處開墾水田。上諭大學士等曰：昔李光地請於直隸地方開墾水田，朕以為水田不可輕舉者，蓋北方之水難於積蓄，初任之官，但當雨水有餘時，見水之大，遂以為可種水田，不知驟長之水，即潟溝引入，其涸固甚易也。觀琉璃河、莽牛河、易河之水，入夏皆涸，則可知矣。北方水土之性迥不同於南方，朕往者西巡，見晉省太原以南，引水自高處灌入田中，甚為得法，陝西、寧夏、哈密等處，亦皆如山西種水田，此皆按地方之形，隨水土之性而作者也。天津沿海斥鹵地方，又非民田，今藍理請開水田，著交部議奏。（聖祖二一八、八）

（雍正五、一、乙卯）諭內閣：地方水利，關係民生，最為緊要。如江南戶口繁庶，宜更加修濬，時其蓄洩，以防旱澇。向來屢有條奏之人，但未經本省督撫奏請，朕意亦久欲興修，以資農務，因海塘工程，正在營治，且水利事關重大，必得實心辦事之人，方有裨益。即如目今畿輔水利，賴有忠誠任事之怡親王，始可興此大工，不然，則亦未敢輕易邊行也。我皇考念切民依，周知稼穡，康熙四十六年，巡省江浙，所至必細驗水土燥濕高下之宜，詳考五穀種植之性，躬親講求，將附近太湖及通江潮之處，條分縷析，特頒諭旨，令江浙督撫，於蘇、松、常、鎮、杭、嘉、湖地方，疏濬河港，以資灌溉，修建閘座，以便啟閉，皆動用公帑錢糧，不使絲毫出於民力，恩至渥也。乃當時督撫諸臣，不能實心仰體，惟以虛文奉行，糜費帑金二十餘萬，大都飽於官吏之侵漁，而無實效，深可痛恨。朕即位以來，事事仰繼皇考之詒謀，永圖民生之遠計，本欲俟直隸水利興修之後，令怡親王前往江浙地方，相度情形，商酌興修之舉。今巡撫陳時夏特行奏請，且稱費用不過十餘萬兩，即可成功，據陳時夏陳奏，應是地方不可遲緩之事，副都統李淑德，昔任江南松江府同知，諳悉水利事宜，曾經條奏，頗爲明晰，原任山東巡撫陳世倌，年力精壯，現在閒居，著李淑德、陳世倌會同巡撫陳時夏、總河齊蘇勒、總督孔毓珣，悉心踏勘，詳加酌議，倘河工緊要，齊蘇勒不能親身前往，即行商酌定議具奏。凡建立閘座，疏濬河流，務期盡除淤塞，以杜泛溢之虞，廣蓄水泉，以收灌溉之益，其一應公費，俱動用庫帑支給，一切工程，交與李淑德、陳世倌監督辦理，并諭吏部，將各部現任司員、候選司員、及府州縣人員內，有具呈願往効力者，挑選十餘人，帶往江南，不必令出貲財，惟令辦理事務，交李淑德、陳世倌二人酌量委用。（世宗五二、二六）

（**雍正五、二、癸酉**）諭內閣：朕聞陝西鄭渠、白渠、龍洞，向來引涇河之水，溉田甚廣，因歷年既久，疏濬失宜，龍洞與鄭白渠漸至淤塞，隄堰坍圮，醴泉、涇陽等縣水田，僅存其名，深爲可惜，特令該督岳鍾琪詳酌興修。今據該督親勘，奏稱龍洞急宜挑挖，鄭白渠務當疏濬，更須修築隄堰，建設閘口，以俾堅久，已於西安布政司備公羨餘銀內，先動一千兩，委員將龍洞、鄭白渠及時挑濬，其建閘工料，約估銀七千兩，請亦於司庫存貯羨餘銀內動用，等語。朕惟興修隄堰，乃於民生大有裨益之事，著動用正項錢糧，俟一切工程告竣，造報工部查核，務期渠道深通，隄堰堅固，俾農田得以永賴，以副朕保惠元元之至意。（世宗五三、二二）

（**乾隆二、一一**）［是月］湖廣總督宗室德沛奏由蘭州赴任，途次見聞。陝西鑿井灌田情形，於民無益。又河南葉縣等處，汝水泛溢，應將河身挑挖使深等因。得旨：如此不分此疆彼界，惟以地方爲念，而不避嫌疑，始爲封疆大臣之度。朕甚嘉悅覽之。待分別情形辦理。（高宗五七、一九）

（**乾隆六、七、甲子**）［户部］又會同九卿議覆：河南按察使沈起元奏稱，北方沃野千里，一望平原，更無溝洫；一經大雨，行潦橫流，田禾以傷。請北方治田，一如東南之法，每畝三畎，周於四圍；阡陌之界，隨田廣狹。於小溝外開大溝，近川注川，近河注河。用地無多，爲力極易；水有所洩，亦有所歸。應如所請，行文北五省督撫，勘驗情形，從容諭導。從之。（高宗一四六、六）

（**乾隆一〇、一**）是月，署兩江總督尹繼善議覆巡察江南漕運御史王興吾條奏水利農田事宜。一、上流多開支河，而擇低地蓄池，以灌田畝。應先修壽州安豐塘，各處倣行，使漫水不至泛濫。查亳、泰等州縣，地勢平曠，一遇霪雨，盡成積潦，即使勉強築塘，土鬆易涸，實於救旱無濟。至上游之多開支河，雖爲分殺水勢起見，第鳳、潁諸郡，受河南全省之水，最大者爲淮，匯在洪澤一湖。現經欽差尚書公訥親，詳勘下游通江通海之道，次第估辦，俟大局已定，查看洪湖果能容納，然後委員細看上游歸淮歸湖之道；設有淤淺，另行定議。再，壽州安豐塘，因明代開墾圩田，塘身稍小，現存蓄水之處，周一百二十餘里，州境實資利濟，自應及時修治。需工料銀二萬餘兩，擬一半酌動帑項、一半勸輸民力。具疏題請，候部覆遵行。一、修治陂塘，宜相度地形，定界立案；遇民食拮据，以工代賑。查陂塘蓄洩，關係農田豐歉。現飭地方官，乘此稔歲僝築，不得概俟散賑之年。間有工程較大者，或酌給帑金、或須借口食，分別辦理。一、水利既興，應召募善力田者，教民耕耔，並設官董勸。查教稼勸農，地方官職所當為。近經尚書公訥親條奏，州縣於境內村莊，定限遍行巡視，正可隨時訪察農事、獎勤懲惰。有治田未得法者，令就近之上農教之，毋庸復設專員。一、民間計丁分耕田畝，不得遊手耗食。查惰農最宜嚴禁，現已酌立章程，擇力田淳謹者，設為鄉長，專司勸戒；並於州縣巡查到村之日，據實稟陳，年終考核。毋庸計畝分耕。得旨：總在汝督撫實力行之。而實力行之者蓋少，朕亦無可如爾等何也。（高宗二三三、一三）

（**乾隆二三、九、癸丑**）又諭：江南、山東、河南等省河道工程，全行告竣。節據各督撫等奏報，年穀順成，秋收多在八、九分以上，朕深為窮簷誌慶。顧該處有向來積潦已久，如山東之濟寧、魚臺各州縣，江南之徐州、鳳陽所屬，河南之歸德、陳州所屬，濱河地畝，荒廢頗多，今已逐經涸出，正應及早墾種，其或尚有未經涸出者，更宜加意設法疏洩，及時補種，以收地利。乘此民力稍裕之時，地方有司，多方勸諭，務使野無曠土，方為無忝厥職。至其中或有實在窮民，秋成所獲，僅資口食，而牛具耔種，實不能接濟者，著該督撫等，確切查明，即行請旨借給。期於東作有資，西成共慶，以副朕軫念黎元至意。該部即遵諭行。（高宗五七一、二九）

（**乾隆二三、九、癸丑**）又諭：朕因河南、山東上下江等處屢被水災，頒發帑金，特分命大臣，會同督撫總河，相度疏治，全工已竣。嵇璜、裘曰修等，回京後，復令將所辦工段，幹支原委，於河圖內，粘簽詳註呈覽。但伊等所見，係春夏情形，伏秋二汛，果否有益，未經目覩。著將所貼原圖，發交各督撫總河，再加審視。伏雨以後，及經歷秋汛，各河受水利病若何，是否於水道民生實有裨益，詳悉另行加簽聲明具奏。再，所頒明旨一道，為借種勸墾，係朕格外加恩。念此積歉之區，尤當加意撫綏，以復元氣。若有司仍視為具文，漫無經理，或更有吏侵役飽諸弊，則惟於該督撫是問。將此傳諭知之。尋胡寶瑔奏：豫省今歲伏秋，雖間遇大雨，而賈魯、惠濟、巴溝、渦河各幹支疏通後，容受有餘，消洩甚速，河濱荒地，遵旨勸耕，務使野無曠土。又，張師載、阿爾泰等奏，東省興舉運河各工後，伏秋糧艘遄行。其餘徒駭、馬頰、老黃、白馬、沂州、伊家等河，龍灣、魏灣、八里廟等壩，東昌、濟寧、新店等處，橋梁涵洞，疏濬修整後，處處安瀾。涸出民田，現皆勸墾。又，尹繼善、白鍾山、陳宏謀、高晉等奏：上下江鳳、潁、泗、淮、揚、徐、海七府州，修沿河渠後，伏秋內，豫、東二省來源不大，雨水亦調，坡水山泉，宣洩通暢，田疇咸獲有收。其徐、鳳等屬，借種墾荒，俟酌定規條，妥協經理。俱報聞。（高宗五七一、三二）

（乾隆二七、一一、甲申）諭軍機大臣等：胡寶瑔覆奏現辦豫省民田道路溝洫一摺，其經理甚爲妥善。國家雖久停力役之征，而開挑溝洫，實爲農田之利；通力合作，亦小民所宜自爲謀也。今豫省每一州縣，開溝十數道至一百數十道不等，田溝因有業戶，路溝亦傍民田，民間業佃，就地施工，用力甚便，而其事易集，行之已有成效。直豫地屬接壤，乃近年以來，偶值雨水稍多，遂至積潦瀰漫；皆由各該地方官平日不能留心講求，及至被水成災，又不亟籌疏洩。殊不思溝洫深通，不特有水之年可資宣洩，即雨澤均調之歲，更可資灌漑之益。著將胡寶瑔此摺鈔寄方觀承，令其閱看，董率所屬，倣而行之，實因利利民之道也。（高宗六七五、九）

（乾隆五二、一二、丁酉）刑部議：請定私竊農田蓄水之例。查民田藉水源爲養，凡私築溝塘、蓄水灌田，原以備不時之需；被人竊取，較竊財物尤爲切膚。各省辦理此等竊水起釁、毆斃人命之案，向係照鬬殺本罪定擬，並未明立專條。請嗣後凡竊鄰塘蓄水、以灌己田者，按照所灌田禾畝數，照侵占他人田一畝以下例，每五畝加一等罪；有拒捕者，依罪人拒捕科斷；有被應捕之人追捕殺傷者，依擅殺傷罪人問擬，載入律例。從之。（高宗一二九四、六）

（乾隆五三、三、己丑）諭軍機大臣等：昨據劉峩奏，豫省漕船，因衛河水淺阻滯，現派員前往大名、元城等處，設法籌辦，等語。本日又據畢沅奏，直隸、山東一帶，天氣乾燥，河流淺澁；德左等八幫，現尚在直東交界境內。已派員馳往，會同該二省各地方官，上緊催趲，等語。……畢沅摺內稱，衛河來源不旺，應將上流多爲啟導，並將旁流堵閉、以濟運行，等語。衛河之水，不但通濟漕運，兼資灌漑民田。現在京通各倉存貯豆麥，尚有贏餘平糶，非必專待本年運到豆麥以爲接濟，即使該省漕船抵通稍遲，亦無妨礙。況昨據長麟奏，先令東省漕船，越次先行，俟豫省漕船到境，即攙幫行走；本日毓奇亦奏稱，計算時日，南糧船隻不致有擁擠阻壓之虞，何必專以濟運爲急。若如畢沅所奏，將旁流一併堵閉，該省目下尚未據奏得有透雨，河北民田，將何以灌溉。是漕運稍遲，尚非刻不容緩之事，若民田失水，必致有妨種殖，關係尤重。畢沅所辦，殊屬錯誤。著傳諭該撫止須於衛河上流，多方疏濬，其旁流處所、向資灌田之用者，斷不可堵閉，以副朕軫念農田至意。(高宗一三〇一、三二)

二、直省水利

(一) 東三省

(**康熙三八、一〇、癸酉**) 又諭大學士等：黑龍江地方連歲歉收，著將烏喇收貯米糧運至默爾根、齊齊喀爾地方預備。若彼處有引水種田之處，著能耕種之人，前去教導。交該部議行。(聖祖一九五、一一)

(**乾隆一一、九、己亥**) 大學士等議奏：奉天將軍達勒當阿奏請派員查勘新開鴝鷹等河一摺。查奉天所屬廣寧等處，地勢低窪，而新開鴝鷹等河，向無河身，遇雨水過多，漫衍四出。若開一大河引水歸海，不特孔道鄉村，可保無虞；於旗民蕩田，均有裨益。但盛京發祥之地，開挖河道，創興大工，不可不詳細查勘。請欽派大臣一員，並帶欽天監善看風水人等，會同該將軍查勘定議。得旨：依議。著派高斌馳驛前往。伊所帶章京官員，亦著馳驛。(高宗二七四、一二)

(**乾隆四三、一、己巳**) 軍機大臣等議覆：盛京將軍宗室弘晌奏稱，廣寧一帶新開、鴝鷹二河，上年十一月奉旨查勘，恐下流漫溢，酌籌挑濬，並查可開蕩田若干，橋路曾否歲修。今查該二河無下流之患，新開已歷四年，鴝鷹已歷七年，應毋庸挑濬。附近蕩田，除已開墾升科外，仍可開蕩田三十八萬二千餘晌。惟地非甚腴，如有呈墾者，應請三年後升科，五年後丈量。至該處橋路，從前恃有生息一項，每年修補；嗣因此項歸入查收案內，橋路停修，歷無水患。惟四十一年，被巨流河漲衝，現據商販捐修，等語。均應如所奏。其新開、鴝鷹二河，或遇雨水過大，漲衝橋路，應飭該將軍等隨時妥辦。從之。(高宗一〇四八、六)

(二) 直隸

(**康熙一、一、丙戌**) 工部遵旨議覆：遣官發帑修築近京八旗護莊隄岸。應遣臣部司官同八旗官監視修理；其取土刨挖地畝。戶部另撥補給地主。從之。(聖祖六、二)

（康熙二、一〇、庚申）雲南道御史梁熙疏言：近畿田地分發八旗，今歲夏雨連綿，各處隄岸潰決，田禾損壞，收成絶少；河間一帶莊屯，淹没更甚。請遴差才幹官員，周行相看，凡隄岸之應修者，實行培築；淤淺之應疏者，實行挑濬。庶河流有歸，潦不爲災。下部知之。（聖祖一〇、九）

（康熙七、七、辛酉）命禁止渾河隄岸處所莊佃私開溝口。仍命工部察看在京内外河渠，及時疏濬。（聖祖二六、一八）

（康熙三三、四、己卯）工部議覆：直隸巡撫郭世隆疏言，霸州等處田被水淹，皆由子牙等河隄岸衝決未修之故。查大城縣趙扶村之南隄及龍王廟隄，青縣楊村隄起至東子牙村隄止，雄縣蒲淀、五官淀之東隄，俱單薄不堪，應行修築。黑龍港河及大城縣王家口淤塞，俱應開濬。均應如所請。從之。（聖祖一六三、二）

（康熙三三、九、辛巳）諭大學士等：今歲雨水多，通州以南新築之隄完固無恙，惟東北舊隄衝決數處，此皆有關於民田，應速行堅固修築。吏部侍郎常書，向曾遣閲視，今仍令常書前往詳看奏聞。（聖祖一六五、三）

（康熙四〇、四、戊寅）上閲竹絡壩河道，諭直隸巡撫李光地等曰：此莽牛河出水之口，亦宜下埽防之。隆冬冰結之時，莽牛河口著照常開洩，清水流於冰下，則水爲冰所逼，向下衝刷，河底自然愈深。又閲新修石隄，諭曰：朕修此石隄，特欲其堅而更堅之意。如此則河水斷不復歸舊河，此地黎民亦可安枕矣。又閲竹絡壩迤東河道大灣，諭曰：此地正當頂衝，甚爲危險，現今此處續修石隄，尚未興工，著速取南方運來杉木，即下排椿及埽，堅固修築。又諭曰：觀新挑河道，水流既直，出柳岔口亦順，河岸較前甚高，而河亦深，此皆被莽牛河水衝刷之故。閲其地勢，南岸最爲緊要，故將應行堅修諸處詳行指示，爾等勿謂已成而遂忽之。（聖祖二〇四、四）

（雍正三、一二、辛卯）户部等衙門遵旨議覆直隸河防水利事宜。據和碩怡親王等疏言，直隸之衛河、淀河、子牙河、永定河，皆匯於天津州大直沽入海，此直隸水道之大略也。衛河與汶河合流東下，德、棣、滄、景以下，春多淺阻，一遇伏秋暴漲，不免潰溢。請將滄州南之磚河、青縣南之興濟河故道疏濬，於舊時建閘之處，築減水壩，以洩衛河之漲。靜海縣權家口亦築壩減水，白塘口入海之處並開直河一道，使磚河興濟河之委同歸白塘出口。修理海口舊閘，以時啓閉。則滄瀛以北，水利興而水患除矣。東西二淀，跨雄、霸等十餘州縣，均應疏濬深廣，並多開引河，使諸淀脉絡相通。其已淤爲田畝者，四面開渠、中穿溝洫，庶圩田旱澇有備。其趙北、苑家二口，爲東西二淀咽喉。趙北口隄長七里，板石橋共八座，俱應升高加闊；苑家口北之中亭河，上流之玉帶河，對岸爲十望河，均應開通。庶東西二淀，無衝決之患矣。子牙河爲滹、漳下流，清濁二漳發源山西，經廣平、正定，而滹沱、滏陽、大陸之水會焉。其下流，有清河、夾河、月河皆分子牙之流，同趨於淀，宜開決分注，以緩子牙河奔放之勢。永定河俗名渾河，水濁泥多，故道遂湮；應自柳乂口引之稍北，遶王慶坨之東北入淀。兩河淀内之隄，至三角淀而止，爲衆淀之歸宿，應照舊開通，逐年疏濬，兩河之濁流自不能爲患矣。至各處隄防衝潰甚多，如高陽河之柴淀口、新河南界之古隄、新安之雹河，均應疏濬修築。再請於京東之灤、薊、天津，京南之文、霸、任邱、新、雄等處，各設營田專官，經畫疆理；召募老農，課導耕種。民力不辦者，動支正項錢糧，代爲經理，田熟歲收十分之一，以補庫帑，足額而止。營田一頃以上者，分別獎賞；有能出貲代營者，民則優旌、官則議敘。至各屬官田約數萬頃，請遣官首先舉行，爲農倡率。民間田廬有礙水道者，計畝撥抵；視其畝數，加十之二、三。河淀淤地必須挖掘者，將附近官地照數撥補。則營田水利，人皆趨事樂從矣。均應如所請。從之。（世宗三九、三四）

（**雍正四、二、甲戌**）吏部等衙門議覆：怡親王允祥等疏言，直隸興修水利，請分諸河爲四局，專官管轄，以便稽查。南運河與臧家橋以下之子牙河，垣家口以東之淀河爲一局，應令天津道就近控制，同知以下等員，受其管轄。永定河爲一局，應將原設之永定分司，改爲河道，駐劄固安，沿河州縣以下等員，聽其管轄。其北運河爲一局，應將原設之分司撤去，令通永道就近兼理，管河通判等員，悉聽統轄。苑家口以西各淀池，及畿南諸河，綿亙五六百里，經州縣二十餘處，亦爲一局。應將大名道改爲清河道，移駐保定府，所有管河同知州判以下等員，悉聽管轄。其天津大名兩道，既定爲河道，專司河務，所屬州縣錢糧刑名事務，應各歸該知府考成，通永道所屬永平一府州縣事務，亦歸該知府考成。其通州以下無知府之八州縣，仍令通永道兼管，一應水田溝洫，各該道督率經理，錢糧虛冒，工程修廢，悉歸直隸總督考核。俱應如所請。得旨：依議速行。（世宗四一、一〇）

（**雍正四、三、丙申**）工部議覆：怡親王允祥等摺奏京東水利情形。一、河西數十里内，止有鳳河一道，即桑乾河之分流，自蘆溝河經南苑至瀗縣西南，流入武清縣南，河流本暢。自武清之堠上村淤爲平陸，偶遇水潦，田廬瀰漫。應循故道疏濬，仍於分流處各建閘一座，以時啟閉。一、香河、寶坻二邑沿河堤岸，坍塌甚多，應及時修築。再於牛牧屯以上，斜築長堤一道，以障上流，俾運河無東溢之患。一、通州煙郊以南之水，匯於窩頭，分爲二支，南流入運河。東流經香河之吳村達於寶坻，吳村以下，大半淤塞，難於開濬。應將南流一支疏通，暢入運河。其由香河入寶坻之溝頭河亦加疏濬，導之自寶坻城南達於大河，不令漫溢。一、寶坻與薊州接壤，薊運河自三台營會諸水，至寶坻之白龍港，又南經玉田、豐潤合浭水以達於海。應先修築河堤，再於薊州下倉鎮以南建橋下閘，壅水注於兩岸，以資灌溉。一、浭水出遷安之泉莊，至崖兒口。東決，則淹豐潤；西決，則淹玉田。應開直河二道，與舊流分瀉，其近河堤堰，更加高廣，建閘開渠，庶令窪濕之區，皆爲膏壤。一、玉田之藍泉流入薊運河，河外瀦水爲湖，山水暴漲，河與湖平。應將河身疏通深廣，束以堤防；湖之西北，另開小河，引山澗諸水入河下流，使湖不泛溢；仍於湖心最深處儲爲水櫃，以濟泉水之不足。其泉河一帶，仍多方疏導，以廣水利。一、豐潤之王家河、汊河、龍堂灣、泥河四道，或流入大泊、或流入薊運河，田疇不蒙其利。應滌源疏流，築堤建壩於東北，引陡河爲大渠，横貫四河之中；廣開溝洫，以備旱澇。一、永平所屬，若盧龍之燕河營及營東五泉、灤州之別故河、龍溪、沂河、靳家河、黄坨河、陷河、龍堂、牝牛河，遷安之徐流營、泉河、三里河，皆應隨地制宜，開溝引流，於水利營田大有裨益。以上八條，俱應如所請。得旨：依議速行。（世宗四二、三）

（**雍正四、五、壬子**）工部等衙門議覆：怡親王允祥疏言畿輔西南水利。一、拒馬河爲淶水之下流，白溝河爲拒馬河之歸宿，馬頭、芒牛諸水，又皆爲白溝河之枝津。水泉疏衍，俱可灌田。惟芒牛下無所歸，多致泛溢。請於高橋以下，疏濬淤塞，使安流入淀，則房、涿之水利可興。一、房、涿之間，王家莊等處，向係水田，改爲旱田，甚屬可惜。請於鐵鎖崖分流之處，深溝側注，使水之來者不窮；復於白溝河之上，隨宜建閘，使水之去者有節。則啟閉以時，王家莊等處之水田可復。一、易水有三，濡水名北易，雹水名南易，武水名中易。自濡水與淶水合，其流始大。請循石壩之舊基，考開渠之遺跡，沿流建閘，以廣水利。一、徐水分爲諸河，而安州實九河下流，有徐水爲蓄洩之方，則安州無泛溢之害。請分減依城河以上諸水，令雹水、徐水徑趨東淀，復疏引一畝、方順、蒲水、九龍等泉，以資灌溉。一、唐河上承滱水，合滋、沙二河，明代於雹水村架木爲槽以過水，號爲騰橋，溉田無算。今請於唐水所經之處，築岸濬渠，復多設騰橋，以防衝潰，則節宣有法，而濡溉無窮。一、沙河在唐河之南者，其流爲大。請凡阜平、行唐、新樂之水田，有泉渠堙廢者，盡行疏滌，以資民利。一、滋水自行唐縣牛飲山白鹿谷而下，汹湧澎湃，淤田沒稼。請於靈壽之滋水、七祖寨、岔頭、錦鏽、大明川等處，壅流積水，以溉田疇；復於深澤之龍泉塪沃仁橋等處，疏滌河流，鑿渠收利。至豬龍一帶，建閘築堤，及時防護，則患去而利可獨存。一、滹沱河性最悍急，合冶河而益大；當闢冶河以殺滹沱之勢，引洨河以導冶河之歸。請將冶河入滹之處，堅築大隄以遏絶之，引入洨河以適其性。則寧晉、束鹿之民，得有寧宇；而正定諸縣水利，可以漸興。一、洨河爲四水交流，故名洨城，舊曾築隄以備旱澇。仍請建壩蓄水，令農民易於戽汲；又縱橫開溝，令可通流，斯爲萬全之利。一、槐水、午水、泜水、泥河、泜水、沙水、李陽河、七里河、小馬河、柳河等諸水，故道久堙，源流可考。請酌量疏通，令漫水有歸，則腴田可復。一、聖水井、白馬河、牛尾河諸水，皆可爲田疇之利。請將白馬入泊故道，疏滌通暢，嚴禁邢民閉閘專利，復於牛尾河經行之處，酌量建閘，以時啟閉，則任縣民田永賴。一、邢臺泉河無數，故曰百泉。舊有均利、均濟、均惠、通濟、通惠、通利、永賴、惠民、邵家、新閘、博濟、永潤、普潤諸閘，引百泉水溉田。請按閘座上下，遇需水之時，先閉下閘；俟蓄水既盈，乃閉上閘，復蓄如前。各以三日爲期，禁民無得擅專攙越。并展拓河身一倍，則南和、任縣皆爲澤國。一、野河引流，凡七十二道，會於沙河；又有洺河與沙河合，爲沙洺河，常苦涸竭。請引滏陽河入沙洺，令永年、雞澤、南和等縣，並得沾溉之利。一、滏陽河合諸、沁二水，其流甚鉅，向時建有八閘，應修復以時啟閉，使上下均平，各沾水澤。一、南北二泊，爲衆水所滙。請於穆家口河道隘者廣之，淺者深之，令水勢得分；復於邢家灣、王甫隄諸處，橋之廢者葺之，少者增之，使水得暢流，不致梗塞。再將灃河古隄增卑培薄，使水無泛決。則任縣、隆平之民，俱獲利益。一、寧晉泊，地窪水深，自滹沱橫截滏水，七里河口淤爲平地，泊水無歸滏之路，遂爲民害。請於洨口營上村等處，大加展挖，使隘口寬深，則積潦消而涸出之地可耕；再作小隄以拒外至之水，作斗門以洩内出之水，則汙萊悉成沃壤矣。一、滹沱爲京西大川，綿亙千餘里，時決時徙，深州、束鹿尤被其害。查南和縣有乾河，爲滹沱入滏舊路，請自張岔開，挑六、七里，務令寬深，直達決河；復改流自木邱至焦岡，導滹河入滏水。則腴田盡復，深、束之衝決可免矣。以上十七條，均應如所請。從之。（世宗四四、四二）

（**雍正七、三、戊午**）諭內閣：嘗思歲時雨暘之各地不同者，其故或由於朝廷政事有所闕失，或地方官吏乖其職守，或民間習俗澆漓，人心偽薄，皆足上干天和，致成災祲，此理數之必然，纖毫不爽者。數年以來，朕已諭之詳矣。上年直隸通省地方，收成豐稔，惟宣化、懷來、保安三州縣，獨愆雨澤，朕心即疑地方官民，恐有招致之由，秋間口北道王棠來京，朕令進見，曾經諭及。今據王棠摺奏，宣化、懷來、保安等處，去年夏秋亢旱，今春他處皆得瑞雪，而此地獨少，二月間臣因公出境，勘得雞鳴驛新保安之間，有古惠民渠一道，灌田數百餘頃，旗民互訟，歷三十餘年，未曾結案。臣詳勘渠道，先剖曲直，繼將上年所奉上諭，再四宣布，勸使回心，一時旗民人等，頂頌皇仁，即時感悟，分渠共漑，永息爭端，果於三月初一二等日，連降瑞雪，平地尺餘，春耕有賴，萬民稱慶，等語。王棠此奏，不過敷陳其事，而實乃天人感應之至理。……（世宗七九、一六）

（**乾隆三、一〇、辛巳**）諭：朕聞保定、河間兩府所屬地方，夏月多被水淹，深秋之後，地雖涸出，而積水仍未全消，推求其故，則州縣舊有渠淀，因歷年久遠，附近居民，偸竊耕種，漸有收穫，恐被爭佔，遂報墾升科，有司率爾准行，並不察其爲舊渠舊淀。及至耕種既久，壅培漸高，而水不下注矣。又聞各處多有涸河，每當有水之時，由此宣洩，無水竟成廢地。近河居民，築埝築壩，爲蓄聚灌漑之用，以致河道阻塞，水不通流。高阜有水，歸於卑下；而卑下之水，無地注之。此積水難消之由也。朕所聞如此，著總督李衛，留心體察，轉飭各州縣，將舊有渠淀，查明造報，毋得隱匿。若有已經升科者，免其賦稅。至有涸河之處，亦行確勘，不得築埝築壩，以阻河流之故道。庶積潦不致爲害，而於地方實有裨益矣。（高宗七八、三）

（**乾隆五、二**）是月，直隸總督孫嘉淦奏：直隸通省田中積水以及河渠隄埝應疏濬修築者，共計五百二十三處，其中應動帑興修者，五十二處，餘四百七十一處，俱係民修。合計通省工程內，勸用民力者，約得十分之八。得旨：在卿爲此，朕不慮其刻民也。（高宗一一一、一〇）

（**乾隆八、一一、乙巳**）大學士鄂爾泰等議覆：直隸總督高斌奏稱，永定河上游，爲桑乾河，發源山西境內，綿長八百餘里，多開渠道，可以灌漑。前經大同、西寧等縣居民捐地開竣未成，尚留渠口舊迹。乾隆六年，該處士民，又呈請借帑興工，經署督臣史貽直遣員查勘，事屬可行，移交到臣。臣念興修水利，不特有裨民田，亦可減洩永定水勢，應請於桑乾河南北兩岸，各開渠一道。北岸自山西大同之西堰頭村黑石嘴起，至直隸西寧之辛其村止，計長四十六里。南岸自大同之冊田村起，至西寧之揣骨疃止，計長五十八里。渠尾俱歸桑乾正河。北岸地勢衍順，應先施工，俟有成效，再行估挑南岸。又，山西應州境內之渾源河，發源渾源州，匯歸桑乾，亦可開渠灌田。應俟兩岸渠成，再商辦理。至永定漲發之時，湍流奔注，最稱險急。若於宣化境內之黑龍灣、懷來境內之和合堡、宛平境內之沿河口三處，建築玲瓏石壩，以束其勢，則下游水患可減。亦應先將和合堡築壩。俟試行有效，再於黑龍灣二處興工。所需工料各銀，請即動項速辦。俟營田成熟後，按畝均攤歸款。查開渠既有裨於河道民生，應如所請。惟永定水勢洶湧，若於下流層層攔築，水大之年，上游不無阻遏，應令該督詳慎辦理。從之。（高宗二〇五、九）

（**乾隆九、二、丙寅**）諭軍機大臣等：蔣炳開井之奏，原可有益於田畝，但不知如何舉行，方爲妥協。可將原摺奏寄與高斌閱看，令其悉心商酌可否，即試行於天津、河間，俾小民傭工餬口。至崔紀既曾行於陝西，可否令其前往直隸董率辦理否。俱著高斌詳細妥議具奏。再，朕聞得天津、河間一帶，上年歉收，米糧固屬艱難，柴草亦甚稀少，民間甚以爲苦。若平時多種樹木，便可以供炊爨之用。可令高斌轉飭有司，於民力寬暇之時，勸諭爲之。其他府亦應照此辦理。尋奏：保定府屬已開成土井二萬二千餘口，一井所費，不過需銀一、二兩。目前農事方殷，亟需澆灌，民間俱各踴躍從事。其天津、河間兩府，以次辦理。至種樹以備柴薪，最足廣地利而厚民生，但收效在數年之後，小民每不肯勤手足爲之。請照河工栽柳之例，官員栽柳五千株者，紀錄一次；一萬株者，紀錄二次；一萬五千株者，紀錄三次；二萬株者，加一級。次年查驗活數，造冊議敘。得旨：覽奏稍慰朕懷。（高宗二一一、七）

（**乾隆九、五、乙酉**）山西道御史柴潮生奏：古者東南未闢，王畿侯國，皆在西北；王畿不過千里餘，遞減至五七十里，地可謂狹矣。一夫受田百畝，周制六尺爲步，百步爲畝，僅當今二十六畝有奇，田可謂少矣。而祭祀之粢盛、賓旅之既廩、君卿百官吏人之祿入、賑貸之委積、戰陣之餫糧，無不取給於此，費可謂廣矣。而且三年耕，有一年之食；九年耕，有三年之食。今之天下，即古之天下，何無備之甚也。則以田制既已盡廢，水利亦復不修，平日鹵莽而薄收，一有急，則待賑恤爲活計而已矣。查河間、天津二郡，經流之大河三，曰衛河、曰滹沱河、曰漳河。其餘河間府分水之支河十有二，潴水之淀泊十有七，蓄水之渠三，天津府分水之支河十有三，潴水之淀泊十有四，受水之沽六。是水道之至多，莫如此二處。故河間號爲瀛海，山東之水，於此而委輸；天津名曰直沽，畿輔之水，於是而奔滙。若蓄洩有方，即逢旱歲，灌溉之功，可救一半；即不然，而平日之蓄積，亦可撐支數月，以需大澤之至。何至拋田棄宅，挈子攜妻，流離道路哉。雖其事屬已然，言之無益，然水利之廢，即此可知。今甘霖一日不足，則賑費固不可已。臣竊以爲徒費之於賑恤，不若大發帑金，遣大臣將畿輔水利，盡行經理。既可接濟賑民，又可潛消旱潦，而且轉貧乏之區為富饒，一舉兩得，轉敗為功。直隸為禹貢冀州之域，田稱中中，今日土壤，乃至瘠薄。東南農民，家有五十畝，十口不飢；此間雖擁數頃之地，常慮不給，可怪之甚也。雖其土燥人惰、風氣異宜，亦不應懸殊至此。漢張堪為漁陽太守，於狐奴開稻田八千頃，民有兩歧之歌；狐奴，今之昌平也。北齊裴延儁為幽州刺史，修古督亢陂，溉田百萬餘畝，為利十倍；督亢，今之涿州也。宋何承矩為河北制置使，於雄、鄚、霸州一帶，興堰六百里灌田，初年無功，人咸病之，次年大熟，承矩輦稻米入都示朝臣，謗者乃息，邊民之食以充。明汪應蛟為天津巡撫，欲興水田，將吏皆不欲，應蛟乃捐俸自開二千畝，畝收四、五石，惟旱稻以罍立槁，於是軍民始信。今東西二淀，即承矩之溏濼；天津十字圍，即應蛟水田之遺址。又查國朝李光地為巡撫，請興河間水田，言涿州水占之地，每畝售錢二百，尚無欲者，一開成水田，畝易銀十兩。上年直督高斌請開永定河灌田，亦云查勘所至，衆情欣悅。又臣聞石景山有莊頭修姓，家道殷實，能自引渾河灌田，比常農畝收數倍，旱潦不致為災；又聞蠡縣亦有富民，自行鑿井灌田，愈逢旱歲，其利益饒；又聞現在霸州知州朱一蜚，於二、三月間曾勸民開井二千餘口，今頗賴之。則水利之可興也，決矣。今請特遣大臣一員，齎帑金數十萬兩，前往河間、天津二府，督同道府牧令，分委佐貳雜職，除運道所關及滹沱正流，水性暴急，慎勿輕動，其餘河渠淀泊，凡有故蹟可尋者，皆重加疏濬。而又於河渠淀泊之旁，各開小河，小河之旁，各開大溝，皆務深廣，度水力不及則止。節次建立水門，遞相灌注，旱則引水入溝以溉田，潦則放閘歸河以洩水。其離水窵遠之處，每田一頃，掘井一口；十頃，掘大塘一口。亦足供用。其中有侵及民地，並古陂廢堰為民業已久者，皆計畝均勻撥還，民情自無不踴躍樂從。即將現在之賑民與遞回之流民，停其賑給，按地分段，派令就工，逐日給與工值，酌濟二、三人口糧，寧厚毋減。一人在役，停其家賑糧二口，二人在役，停其家賑糧四口；其餘口與一户皆不能執役者，仍照例給賑。其疏濬之後，有可耕種者，即借予工本，分年徵還。更請另簡大臣一員，齎帑分巡直隸各府，一如河間、天津二府辦理。雖所費繁多，而實為畿輔興無窮之利，與議賑迥然不同。然而或曰北土高燥，不宜稻種也；土性沙鹵，水入即滲也；挖掘民地，易起怨聲也。且前明徐貞明行之而立敗；怡賢親王與大學士朱軾之經理，亦垂成而坐廢，可為明鑒。臣竊以為九土之種異宜，未聞稻非冀州之產。現今玉田、豐潤秔稻油油，且今第為興水利耳，固不必强之為水田也。或疏或濬，則用官資；可稻可禾，聽從民便。此不疑者一也。土性沙鹵，不過數處耳。且即使沙鹻而多一行水之道，比聽其衝溢者，猶愈於已乎。不疑者二也。若以溝渠爲損地，此尤非知農事者。凡力田務盡力而不貴多，今但使十畝之地，損一畝以蓄水，而九畝倍收，與十畝皆薄入，孰利？況損地者，又予撥還。不疑者三也。至於前人之屢行屢罷，此亦由徐貞明有幹濟之才，所言亦百世之利；其時御史王之棟參劾，出於奄人勳戚之意，其疏載在省志。不過言滹沱不可開耳，未嘗言水利不可行也。但其募南人開墾，即以其地予之，又許占籍，是奪北人之田，而又塞其功名之路也。其致人言也，必矣。至營田四局，則成績具在，公論難誣；但當日効力差員，不無奉行不善之處，所以賢王一没，遂爾廢之，非深識長算者之所出也。凡始事難，成事易；賡續以終之則是，中道而棄之則非。不疑者四也。今日生齒日繁，民食漸絀，苟舍此不爲經理，其餘皆爲末節。臣愚以爲盡興西北之水田，盡闢東南之禁地，則米價自然平減，閭右立致豐盈。但其事體至大，請先就直隸爲端，俟行之有效，次第舉行。得旨；大學士會同九卿速議具奏。（高宗二一六、九）

（**乾隆九、五、壬寅**）大學士鄂爾泰等會同九卿議覆：御史柴潮生請於直隸興修水利事。查北方地勢平衍，原有河渠淀泊，水道可尋，如聽其自旱自雨，自盈自涸，淫潦則巨浸爲災，炎烈則嘆乾是患，有水無利，而獨受其害。柴潮生所奏，誠非鑿空無據之説，惟是欲興水利，必使全省之地形水道脈絡貫通，以圖經久，決非旦夕所能奏效。若如該御史所奏，遴遣大臣齎帑，前往開濬，即將現在之賑民，派令就工給值，無論待賑之民，緩不濟急，實恐查勘倉猝，勢難妥確周詳。現今直隸河道工程，交督臣兼理，請敕下總督高斌，確查妥議，具題到日再議。得旨：依議。畿輔興水利，乃地方第一要務，必簡用得人，始能有益無弊。總督高斌，事件繁多，難以專心水利之事，協辦大學士、吏部尚書劉於義，曾任直隸總督及布政使，於合省情形，素所練習，若與高斌悉心籌畫經理，自可成利濟之功，而收永遠之效。此時著劉於義前往保定，會同高斌，詳加計議，酌定規條。將來興修之時，二人同心合力，督率辦理，務期有成，以副朕望。又諭：協辦大學士吏部尚書劉於義，前往保定辦理直隸水利事務，著乘驛前去。嗣後凡有往來查勘之處，俱著乘驛行走。（高宗二一七、一八）

（**乾隆一〇、一〇**）是月，熱河總管七十奏：遵旨查看喀喇河屯西邊擋水舊隄，水衝一段，應先修補。至隄旁添設堆撥，細詢本處舊人，據稱康熙四十八年，雍正十一年，水大，曾衝二次，水勢稍長之年，未經衝動，應俟明夏．看水勢大小，酌請添修。得旨：是。又批：如此，則可以不添此工

矣。(高宗二五一、一六)

（**乾隆一二、六、戊辰**）大學士兼管直隸河道總督高斌等，條奏河工各事宜：一、寧晉泊週百餘里，雍正三、四年間，漳河北徙。又滹沱支河，從趙州流入泊內，水不能容，以致泛溢。今漳河南徙，滹沱水歸正河，支河久已斷流，泊內乾涸，每年並無水患，惟夏秋各處瀝水匯注。應於泊內七里河下，順舊河形，准民力自挑小河，使瀝水有歸。一、趙州大石橋下，舊河甚闊，從山西流入直隸之平山、獲鹿等縣，由趙州歸泊。近年水道淤塞，不能通流，將來若遇大水，上游恐有泛溢。今自獲鹿查其故道，勸諭民力挑挖小溝，使水不致阻滯。一、順德府鉅鹿縣，向有壋地四萬餘畝。乾隆九年，於小莊建閘一，又於東西郭城隄上開涵洞一，將餘水注隄東，壋地經水，壋氣頓除，佈種秋禾，收成豐稔。惟鹽池、柳窪、油房、大、小韓家寨五村，壋地甚多，而地勢微高，不能引水。須於隆平縣地方，多開一閘，引水東注，方可澆灌。已面飭該地方官，勸諭農民，借地建閘挑溝，壋地俱可成熟。一、沙河在沙河縣城南五里，源出山西遼州，現在乾涸，伏秋水發甚爲洶猛。由沙河縣南，東趨大陸，臣等經由縣南，見風沙堆積，河形阻塞。隨諭地方印河各官，每年於夏秋水發前，勸民挑通水道，使河流順暢，不致旁溢。一、百泉在順德府城東南八里，環三里許，泉流甚旺，灌溉邢臺、南和稻田，現在無庸修治。又有達活泉，在府西七里。野狐泉，在府西北十里。二泉建閘，開溝灌田，向甚有益。今泉眼枯塞，隨諭邢臺縣知縣，勸民挑挖通利，以復舊規。一、滏陽河源出磁州，下游直通子牙河，每歲春末夏初，灌田之時，水嘗斷流，磁民於城西槐樹村建西閘，灌田四百餘頃。於城東北琉璃鎮建東閘，灌田六百餘頃，餘水聽其流入下游之邯鄲、永年、曲周、雞澤、平鄉、任縣澆灌地畝。雍正二年，閻家淺地方居民，又建攔河惠民閘，呈請下板，蓄水灌溉。查磁州東西兩閘，定例五日閉閘，五日啟板。是一月中，磁州獨得水力十五日。其餘十五日始分溉六縣。若再准惠民閘下板，於磁州固有益，而下游六縣，竟不得霑潤。況閻家淺地低，若一下板，則收束滏水，更難下灌，請立案禁止。一、大名府之漳河，源出山西，從河南臨漳縣，流入大名府之魏縣，水極洶湧。雍正九年，漳河繞魏縣城之南北，分爲兩支，魏縣勢甚危急。現於該縣上游八十里之行善村地方，開引河八十餘里，水口築減水草壩一，兩旁築壩臺，中空二十四丈。平時土填，至伏汛時刨開，分正河水十之四，暢流至館陶縣界入衛河。數年來，水勢安流，魏縣安如盤石。勸用民力，成此鉅工。知府任宏業與印河各官，勞績昭著，請加恩議敘。下軍機大臣議行。(高宗二九二、一三)

（乾隆一七、四、庚申）直隸總督方觀承奏：永定河金門閘迤下引河一道，分減汛漲。南趨固安之畢家莊，分東西二股，并以霸州之中亭河爲歸宿。今查引河上段漸淤，而旁通之道溝窪下，近接牤牛河，并與白溝河相連。將來伏秋汛內，金門閘減淺之水，恐其迤西就下，闌入牤牛。請於引河西連道溝之處，橫築攔水壩一道，約長四十餘丈，高七、八尺，以遏西趨之路。自引河頭起至畢家莊止，將河身一律挑深。其下東西二引河，祇須將東引河首尾及中亭河淤淺處，挑挖深通，即可暢行。查引河經由宛平、良鄉、涿州、固安、霸州、新城六州縣，凡淤淺應挑濬者，例勸民力。仰懇於各州縣存倉米內，每人日借給米一升，秋成免息還倉。得旨：所挑淤土，即以築攔水壩乎？抑別有措置乎？具圖速奏來。此工若不可緩，一面辦理，不必待奏覆也。（高宗四一三、二三）

（乾隆二三、一二、丙子）諭軍機大臣等：方觀承奏，大名縣屬漳河隄岸，每年汛後增修，照例勸用民力，所需物料，由地方官捐辦，終非經久之道。請將永年縣學田餘租銀二百兩，撥充購料之需，等語。以閒款撥充隄岸購料之需，其事本屬甚小，但此等勸用民力之處，不獨他省往往有之，即以直隸而論，亦不止此一處也，豈皆應撥物料之費耶。況所費不貲，即當動用公項，而不宜勸用民力；既勸用民力，則畚鍤之類，民間本所素具，攜而用之，持而歸之，何至有物料之可指耶。此雖小事，恐開地方官冒銷之漸，且恐仍有派民之累矣。所奏不必行。著傳諭方觀承知之。（高宗五七七、二二）

（乾隆二四、七、丁卯）直隸總督方觀承議覆：御史李宜青條奏疏濬水源一疏。查畿輔水利，仰蒙世宗憲皇帝大發帑金，設東西南北四局，分路營治；皇上復裕頒經費，舉行初、二、三次工程。臣每歲稽查修濬，期無隳廢，間有一泉初出，立予疏治。如滿城之申泉，邢臺之鴛泉、達活泉、野狐泉、百泉，雖所溉廣狹不同，未肯任其堙塞。至所稱宋臣何承矩，於雄、莫、霸州、順安等處，興堰六百里，引淀灌注，民賴其利，等語。查今之東西二淀，即其遺蹟；六百里堰，即今千里長隄。淀爲畿南北衆水所滙，崇隄屹立，惟防水溢；蓋淀高而城邑皆下，倘泥往迹，引淀灌田，害將莫救。此今昔情形之有異也。如就淀言利，則三百餘里中，水村鱗比，產物不可勝紀。一畝之地、一屋之基，以數十金論值。民賴其利，視昔加饒。（高宗五九三、六）

（乾隆三六、五、己未）諭軍機大臣等：據瑪興阿奏，滄州迤南三里許、迤北至興濟四十餘里地方，兩岸河隄，有農民挖坑引水灌田者百餘處；興濟迤北至天津亦然。於輓運糧艘，既多未便，且恐水長易致衝決。請勅交楊廷璋嚴行禁止，等語。運河隄岸，關係運道河防，若農民肆行刨挖，以致水淺誤漕及挖坑過多，更致水長貽患，自應即爲飭禁。但今歲雖得雨較遲，而天津至滄州一帶，係去夏被潦之區，瀕河地留餘濕，既需水灌漑，當不至如往年之甚。瑪興阿所奏，是否該處積久相沿，抑係今歲始行刨挖，不可不分別查辦。昨據楊廷璋奏稱，即日前往興濟、捷地等處查收工程。著傳諭該督順道查勘該處實在情形，悉心確覈，將肆行刨挖傷隄者，申嚴禁止。務使漕運民田，兩無妨礙。並將如何酌定章程、飭屬永遠妥辦之處，即行具摺奏聞。瑪興阿原摺併鈔寄閱看。尋奏：乾隆九年，前督臣高斌通飭各州縣開渠引水，以利農田，准民於河岸挖坑引水灌田，共有一百九十二處；又於運河傍汲水開井四十四口。歷來報明有案。查挖坑之處，俱貼河邊，自十餘丈至四、五十丈不等，所開之井，在田園隙地。均與隄工無礙。惟農民做坑汲水之時，正值運河水淺，河傍多一坑溝，河水即多一去路。現在一百九十餘處坑溝，概令平墊；惟通杆井四十四口，二十餘年從無溢井傷隄之事，請仍聽民便，惟以後不許再添。得旨：目今夏令，非急辦此事之時，待朕啟蹕後面奏。（高宗八八五、五）

（乾隆五〇、六、甲午）諭軍機大臣等：據順天府奏請將盤折營利、架詞捏控、又假冒職員之寶坻縣武生劉柱，請交刑部嚴審定擬一摺。閱李興國供內，有合村因公事，於四十四年借劉柱銀三十六兩，四十九年，又因應賠公項緊急，只得復向劉柱借高粱一百二十六石，等語。李興國係鄉村庶民，有何公事及應賠公項，而向劉柱屢次重利借貸，其中必有地方官需索派累情弊。此事在曹文埴未管以前，乃胡季堂任內之事，現交刑部審訊，胡季堂必心存迴護。著交阿桂親提此案，秉公嚴切究訊，將該縣有何公事公項，而致村民借貸應用徹底查明。務令水落石出，據實奏聞，勿得瞻徇迴護。仍將劉柱按律定擬具奏。將此諭令知之。（高宗一二三三、四）

（乾隆五〇、六、庚子）又諭：據曹文埴覆奏，李興國等公事緊急，重利借貸一案，緣寶坻縣有鮑邱河一道，兩岸民埝遇有殘缺及汛水泛漲，俱係村民自行修築防護。李興國等，因四十四、五等年缺口，急需物料堵築，設措不及，又因應交分賠拆毀房屋錢文拖延未清，先後向劉柱借貸。地方官並無因公科派情弊，等語。鮑邱河隄埝，乃係例應民修。四十四、五等年，汛水泛漲，所有購買物料堵築等事，係百姓自行議辦，至票催賠項，亦係拆毀房屋應行賠還錢文，則皆屬村民保護田廬，各自經手事件，安得謂之公事公項。曹文埴前摺，措詞殊未明晰，故朕恐有因公官派擾民之事，以致降旨詢問。今既據查明，此案實無地方官科斂派累情弊，自可聽刑部審明，按律定

擬完結。著傳諭曹文埴，此後遇有應奏此等事件，務留心斟酌，毋得仍前含混。（高宗一二三三、二七）

（**乾隆五三、四、癸丑**）諭軍機大臣等：京師自三月二十日得有澍雨以後，迄今未經續需甘膏，農民望澤甚殷。本日朕親詣黑龍潭，虔誠祈禱，見道旁畦麥一律青葱，看來二麥尚可有收，此乃農民汲井灌田，勤加戽溉，隨時滋長。因思直省地方，小民耕田力作，自當於阡陌之旁多浚井泉，既可以資汲飲，而遇缺雨時，又可藉霑灌溉，兼通地脈，實為一舉兩得。著劉峩於該省所屬地方，派員分往履勘，酌量情形，勸令農民於田畝之外，廣為開鑿，俾泉源深濬，井食不窮，未始非滋培疏通之一法。除就近傳知順天府尹外，將此諭令知之。（高宗一三〇三、一四）

（三）河南　山東

（**雍正四、七、甲辰**）奉使閱河內閣學士何國宗等條奏河道事宜。得旨：河南小丹河一件，何國宗等與田文鏡、嵇曾筠兩議具奏，何國宗等乃一己之見，田文鏡、嵇曾筠身在地方，所見必確，著照田文鏡、嵇曾筠所議行。其山東疏濬泉源一件，何國宗等議設管泉通判一員，甚是，著照所請行。山東挑濬馬頰、徒駭二河，前經陳世倌差委道員徐德俶辦理，此處工程緊要，徐德俶不稱此任，著御史尤清、王之錡各管一處，聽陳世倌調度，不得自立意見。其高家堰加修隄工，關係緊要，若於歲修案內，逐漸增修，恐致遲緩，著照何國宗等所議，即動正項錢糧，作速估計興修，著九卿會議具奏。尋議：一、河南百泉、洹河、丹河之水，民資其利，惟三日濟運，一日灌田之舊制，實屬有名無實。查百泉原分三渠，中為官渠，東西為民渠，東口門寬四尺四寸，西口門寬三尺六寸，請將東口加寬一尺一寸，西口加寬九寸。其洹河請自石橋東第十洞許民於需水之際，自築石壩，開渠引水。其西三十三洞，盡行疏濬，則灌田濟運，均有攸賴。應如所請。至小丹河斗門，何國宗等請加寬一丈六尺，副總河嵇曾筠、河南巡撫田文鏡議稱，恐山水直下，一時瀉洩不及，不便拆造，惟將小丹河上下之秦董二渠口門，量為開寬，使小丹河出水，分灌民田，其在內之三十六口門，并皆堵塞，俾水勢盡入衛河，於漕運有益。應遵旨照嵇曾筠、田文鏡所議。一、山東運道，全賴泉源輸助，請令州縣官時加疏濬，其額設泉夫，因地酌加增減，有能濬出新泉者，酌給銀米，以示獎勵。又獨山湖束水土壩、南陽湖石閘、張穀山口草壩，皆以蓄水濟運，宜加謹修防。一、徒駭、馬頰二河，乃東省運道蓄水之支河，宜相機挑濬，鬲津、趙牛等支渠水道，係民間溝洫，宜於農隙之時，令地方官督率民夫挑挖。均應如所請。一、高家堰土堤，工程緊要，若俟歲修，恐致遲緩，應遵旨即動正項錢糧，作速興修。一、恩縣四女寺，請建滾水壩一座，博平縣運河西岸，修復進水閘二座，東岸建滾水壩一座，濮州境內，舊於沙河會趙王河之處，築有土壩，向北開引河，以分其勢，請將土壩修築，並開濬引河。其河西州縣，聽民開通水道，匯入沙河，於運道民生，均有裨益。一、膠萊新河，兩岸民田陂水，俱藉以宣洩，宜開濬深通。一、濮州等處之衛河，聊城等處之洩水河，宜聽民間自行挑挖，武城縣運河北岸，恩縣運河北岸，請各挑引河一道。均應如所請。至所奏柳長河，請一例聽民開挖之處，查柳長河工程浩大，民間果否願行開挖，應行令總河巡撫另行妥議具奏。從之。(世宗四六、一一)

（雍正六、二、丙午）工部議覆：山東巡撫塞楞額疏言，東省柳長河，在東平、汶上二州縣間，日漸淤淺，近地居民屢遭水患。查此河雖一帶相連，而中有金線嶺分隔，勢難開鑿。今酌開引河二道，一從嶺北注安山入湖，一從嶺南出閘口濟運。應如所請。從之。(世宗六六、二六)

（乾隆六、一○）[是月，河南巡撫雅爾圖] 又奏：歸德府屬之永城縣，地窪積潦。查城南彭家窪等處，舊有渠身三道，共長一萬一千餘丈。通達澮河，可以引水。年久淤淺，已成平陸。現飭各官勸諭紳民，乘農隙時，協同挑濬。此渠既開，則水有歸宿，永城可免淹浸之患。報聞。(高宗一五三、二七)

（乾隆一三、五、乙酉）[山東巡撫阿里袞] 奏：山東十府內，登州，地際海濱，從無水患。青、萊二府，距海不遠，宣洩亦易。曹州府境內，間有汊河支港，偶須疏浚，皆係一隅，無宣洩形勢可議。武定府屬，除大清河，為鹽艘經由，應隨時疏浚外，餘多濱海，水有歸宿，無庸疏濬。濟南、東昌、兗州、沂州、泰安五府，河道俱與運道有關，自北計之，初受漳衛之水，次資汶泗之水，又次接沂河之水，下注淮、黃。河身兩旁，承以諸湖，束以長堤，水小則開湖以濟運；水大則借湖以受水。邇年以來，因雨水過多，加以湖河急溜，無地可容，以致成災。沂、蘭等河現在開浚，以工代賑，並加給全價，赴工之民，極為踴躍。至沂河受患之處，尤在通京大路之江楓口，岸本平漫，復經衝刷寬深，每遇水發，下注芙蓉、燕子等河，不能容納，民田往往被淹，酌議於江楓口，建壩二處，以防衝刷，均俟伏秋後，再相機辦理。報聞。(高宗三一四、四)

（乾隆一五、四）[是月，河南巡撫鄂容安] 又奏：豫省開、歸、陳三府所屬，素多水患，現因查勘水災，籌辦挑濬事宜。查開封府之賈魯河，歸德府之渦河，陳州府之大沙河，皆洩水之幹河，俱各深通。惟渦河上流之惠濟河，自中牟至十五里鋪，分洩賈魯河之水，由祥符、陳留、杞縣、睢州、柘城至鹿邑入渦河達淮。上流尚須開挖寬深，核計土方工價，所費較多，容再酌議外，其各支河應挑濬者，如開郡，則有鄭州之金水河、七里河，中牟之等河、蘗河尾，祥符之城東乾河、蘭陽儀封之周家河、李家渡口，尉氏之乾河，陳郡則有太康之燕城河，西華商水之渚河，淮寧之東西蔡河、枯河、古黃河，項城之蔡河、泥河；歸郡則有寧陵之舊沙河，考城商邱之沙河，睢州之橫河、挑河、司家河、姬家大坡河，鹿邑之清水河、黑河，皆承受溝洫，貫注幹河之要道，各按工程難易，酌量民力妥辦，無庸動項。現在西華之渚河，工已過半，其他多已興工。又查陳屬項城，受汝屬上蔡洪河減水之害，係因塔橋西牆過寬，挑水東注所致。須將橋東西兩牆改做一律，使洪河減水南歸茅河。黑河之水，東歸蔡河。兩河分洩自無泛溢。至汝屬之汝陽縣，亦以洪河為患。查向來西南山水，盡歸乾江河，後因居民將鍋垛決開，山水入汝為害。現在堵塞此口，使山水仍歸乾江河，而匯於澧河諸大河；則洪水入汝，已減小半，自能容受。再，歸屬永城之巴溝河，下接江南宿州砂礓灘，經前撫臣碩色奉廷議移咨江南督撫河臣，委員會勘。現已興挑洪湖下游閘壩。應俟江南覆到後，再行奏聞。得旨：覽奏俱悉。如此留心本務，方副委任之意。勉之。（高宗三六三、二七）

（乾隆二二、六、癸酉） 諭曰：護理河南巡撫劉慥奏，夏、永等縣因大雨疊沛，秋禾多被淹損，勢難補種。惟俟八、九月內，務飭該縣等督率彼地民人，極力疏涸，毋誤種麥之期，等語。前聞該處秋禾被淹，已有旨令查明戶口，格外賑卹。但此四縣積年被水，一雨即淹，自應速求疏洩之方。然此豈該縣等所能辦。若僅委之該縣，仍不過奉行故事，如歷年所為。其為貽誤尚可言耶。現命侍郎裘曰修前往豫省，相度各處疏濬事宜。所有夏、永等處積水，著裘曰修會同巡撫胡寶瑔熟察該地情形，確勘受患之由，徹底籌畫，上緊疏消。務俾涸出地畝，得趕種秋麥，春雨不致復淹，災民得免昏墊之苦。即工鉅多費帑金，亦所不惜。至現在該處續報被水，昨經傳諭副都統三泰等，率同該護撫詳悉查明，不分極次貧民，通行賑卹。今劉慥以撫卹完竣具奏，仍屬草率了事，已於另摺批示。著三泰等遵照前旨，所有被災州縣，逐一詳查妥辦，毋致災黎失所，副朕痌瘝在己之意。（高宗五四〇、三〇）

（乾隆二二、七、甲午） 諭：豫省之衛輝等府屬被水田畝現據侍郎裘曰修奏，令該地方官督率民夫，開挖淤沙，引入大河。其距河遠者，即於原有坡河，就近開通。俾田水得有所歸，以期普行涸出，不誤春麥，等語。疏濬溝塍，原係民間自理之事，但念該處當被災之餘，民力殊堪軫侧。著該撫胡寶瑛通飭各屬，於派撥民夫，每日按名量給飯錢，亦屬寓賑於工之意。仍令專案報銷，以憑查覈。該部即遵諭行。（高宗五四二、九）

（乾隆二三、一〇、甲子）山東巡撫阿爾泰奏：臣因查閱登鎮營伍，沿途所見，亟須辦理者，河工尤要。青州境內，淄河為眾河尾閭，水挾沙行，河門阻淤，應展寬挑濬。樂安縣地勢窪下，每遭淹浸，境內支脈溝河一道，河身寬而尾閭窄，不能暢流；現動工興挑，並多開溝洫，以資宣洩。萊州府屬膠萊運河一道，為全郡河水總匯，西南由膠州入海，東北自高密、昌邑至平度州入海。河中脊南北分流，自膠州北界小吴家屯起，至掖縣南界沙嶺止，計一百六十餘里，率多淺阻，南北口門漸淤，應俟明春開挖。他如平度、昌邑之落藥、張魯等河，現俱查明修濬。……得旨：此皆民生本計要務，汝能留心，實屬可嘉。但須實力行之，數年之後自有效驗。朕將入疆課最而施恩也。勉之。（高宗五七二、二二）

（乾隆二六、一）[是月] 山東巡撫阿爾泰奏：東省各屬水利河工，臣親往查勘，上緊董率，以期速竣。至汶上縣之何家壩，遵旨落低二尺，使汶水北多南少，其壩下支河兩岸隄埝，必須加高培厚，庶不漫溢民田，業經相機妥辦。其沂州府屬蘭、郯境內積窪之區，應開之武城等溝河二十五道，由江南邳州一帶入運，臣逐段履勘，飭屬董勸鄉民，並力挑濬，要工均已報竣。得旨：可謂盡心乃職，殊可嘉也。（高宗六二九、二〇）

（乾隆二七、一一）[是月，山東巡撫阿爾泰] 又奏：濟南、武定二府濱海地低，查惠民縣，有土河一道，疏消坡水，由濱州達徒駭河，德平、陵縣有馬河一道，亦入徒駭，年久淤塞，均應開挖深通。其濟東等府屬之濟陽、平原、禹城、茌平、高唐各州縣低窪地畝，隣近徒駭、馬頰諸河，均應開濬溝渠，俾坡水分流，引入大河。現已勘定處所，俟明春勸民舉工，並借給口糧。再，衛河大溜，經德州、恩縣、夏津、武城、臨清、館陶各州縣，綿亙三百餘里，挾沙帶泥，每至盛漲，多患阻激。現飭令廳、汛，乘冬月煞壩時，多撥兵夫，將所有淤灘，概行挑濬。至德州哨馬營，為衛河分洩之區，宜於下游疏消積沙，使無壅滯，均各趕辦。得旨：諸凡盡心，嘉悅覽之。（高宗六七五、一五）

（乾隆三〇、五）[是月] 河南巡撫阿思哈奏：彰德府屬安陽縣舊有萬金渠一道，係引洹河之水分流縣境，下達衛河。該縣地畝既資灌溉，亦藉宣洩。康熙年間建閘啟閉，極資利賴，日久淤塞。乾隆三年復濬之後，地方官不甚留心，致漸淺阻。茲復據該府稟，萬金渠不可不修，但須立定寬深丈尺，大加挑挖，方能收效，剋期興工，逾月竣事。又安陽縣，向有羑河一道。乾隆二十二年，河決馬官屯，水勢衝刷成河，而舊河反致淤塞。亦經該府稟明，新河土鬆地窪，應仍挑復舊河，計淤塞一千六十丈。照舊規諭令沿河居民，用力開挖，亦已告成。堵築新河，復歸故道。並定歲修之例，逐漸加寬，以資暢洩。得旨：嘉獎。（高宗七三七、二六）

（**乾隆三一、一〇、戊午**）又諭曰：阿思哈奏，嵩縣知縣康基淵，開渠溉田，著有成效，經該道府親勘屬實，批司記功，以示獎勵一摺。州縣為親民之吏，於地方農田水利等事，果能實心經理，禆益民生，實為吏治首務。今該縣康基淵，挑濬伊河兩旁古渠，並山澗諸流可資引導者，一律疏治深通，溉田六萬二千餘頃，洵屬崇尚實政，留心民事之員。僅予記功，不足以示鼓勵。康基淵，著交部議敘。（高宗七七一、一二）

（**乾隆三六、四**）［是月］陞任山東巡撫富明安奏：臣在東二載，於百脈湖內挑引河，北流入膠萊運河歸海，涸出地三百六十頃。又前撫臣阿爾泰，於蘭山、郯城二縣挑河渠數十道，臣照成規修濬，並於蘭山江風口滾水壩重加修整。又徒駭、馬頰二河，四女寺、哨馬營兩處支河，及章邱等七縣所轄之小清河、支脈溝、豫備河、福民河，臣均酌定每歲疏濬章程，勒石河干，使久遠遵守。至一切事宜，俱向新撫臣詳悉告知，即交印赴任。得旨：嘉獎。（高宗八八三、二二）

（**乾隆三九、五、乙丑**）九卿議覆：總督銜河南巡撫何煟奏稱，臣接部咨，以河臣姚立德前奏豫省洹河之高平閘，應於三月初一起，至五月十五日止，堵閉閘門，俾全河歸衛濟運。是否與漕運民田，兩無所妨，抑或河勢變遷，非堵高平閘，不能暢流歸衛，抑或萬金渠、南石橋原定歸入正河之十三洞，民間私開，以致濟運無資之處；令臣詳悉妥議。查高平閘在石橋下游，距橋一百四十餘丈，閘外河中，民築竹絡壩一道，攔水入閘，達萬金渠以灌田。康熙二十九年，巡撫閻興邦議用竹絡壩塞閘，濟連通渠；雍正四年，內閣學士何國宗等，復改議橋東十洞，許民引水，橋西三十三洞，盡歸正河。今閻興邦所定規制，已無可考，惟三月初一日堵閘，五月十五日開放之例，勒碑尚存。何國宗等所議，亦並未築有隄埝、分立界限，東西各洞之水，向歸一河下注。伏思高平一閘，實為全河關鍵，若定以啟閉之期，即不必另行築壩堵塞，亦毋庸按洞分水、籌立界限。但三月初旬，大田正值播種之時，似未便阻民分潤；且江廣重運，約四月望後，始抵臨清，陸續北上。其時二麥已收，早秋已種，民田亦不需灌溉，正可以民用之有餘，濟漕運之不足。請嗣後每年於四月初五日起，至五月十五日止，堵閉閘門，俾洹河全流，歸

衛濟運，過此悉聽民便。所有一切事宜，請專委彰德通判經理，並令河北道稽察。均應如所請。從之。（高宗九五八、二〇）

（**乾隆四二、一、丁亥**）山東巡撫楊景素奏：汶上縣境宋家窪，坡水匯聚，有礙民田。向有順隄引渠，自牛鼻潭入趙王河，經新挑河、牛頭河達南陽、昭陽二湖。年久淤墊，今議逐加挑挖。又黃姑閘、金門狹窄，應挑月河一道，牛鼻潭渠頭亦須接挑，再挑支河二道，作吸川之勢，使窪底水盡引入渠；其趙王河合流處，恐有頂阻，應於白家橋下另開支河，俾渠水直達鄭家橋，入河歸湖。現據汶上、嘉祥、濟寧三州縣民呈請，各出夫力挑修。恐間有口食不足之户，請令該州縣覈算夫數，擬每夫借給倉穀三斗，計需穀二千九百餘石，秋後免息還倉。批：竟當給與，不必令還。又奏：窪水引歸南陽、昭陽二湖，仍可歸入微山湖濟運，與下游有益無損。得旨：嘉獎。（高宗一〇二五、九）

（**乾隆四三、一二**）［是月］山東巡撫國泰奏：昌邑縣新修沿海隄工，於十月竣事，臣親赴查勘，計長五十六里三分，工程穩固。擬於隄內種植柳株，隄外試種葦草。其通隄潮水頂衝處，責成該府每年履勘，令本處認墾地畝居民，出夫修補。報聞。（高宗一〇七三、二五）

（**乾隆四九、閏三**）［是月］河南巡撫何裕城奏：懷慶府屬河內、濟源、武陟、孟縣、溫縣，濱臨沁河，向於太行山五龍口石嶺，鑿山引水，爲渠灌田。又濟瀆東西兩渠，亦資灌漑，迨後漸就堙塞。臣督率府縣各員，親詣該處履勘，將五龍口、廣濟、豐利、永利各渠自二月初十日開工、三月初二日完竣。茲三月以來，渠水下注，甚爲暢達。現在濱河各縣，麥苗茂盛，秋禾亦均佈植，實藉渠水澆灌之力。得旨：嘉獎。（高宗一二〇三、二五）

（**嘉慶一〇、一一、辛酉**）又諭：據馬慧裕奏，洛陽、嵩縣地方，開濬河渠，灌漑民田，著有成效，請責成專員經管，以垂久遠，等語。河南伊洛等河濱舊有渠工，歲久湮廢，今修復開增，廣溉田畝，所辦甚好。此事先由升任藩司溫承惠查勘倡修，並捐買渠占地畝；通判楊世福實心相度經理得宜；本年收穫豐饒，已有成效。溫承惠、楊世福，俱著交部議敘。至此項渠工，本爲利民興復，若無專員董率，仍恐日久廢弛。所有該處各河渠一應事宜，即著專歸河南府通判衙門管理，照依所定章程實力奉行，永資利濟。（仁宗一五二、一九）

（**嘉慶一九、一一、甲午**）諭軍機大臣等：李鴻賓奏，東省疏出新泉，查驗水源旺盛，實能經久者十八處，飭令各州縣取名勒石，移交撫臣彙册咨部，等語。東省各州縣陸續報出新泉共九十八處，七月間覆查可存者尚有三十二處。茲據奏稱，復加履勘，泉源經冬暢出可以經久者，僅止泗水等州縣十八處，其餘八十處何至俱不堪挹注，所勘恐仍有遺漏。東省州縣官每因境內報有泉源，懼日久湮塞，致干疏濬不力處分，遂先以水源微弱不能暢出爲詞。著李鴻賓再派委妥員，將前此查出各新泉水勢旺弱情形，詳加履勘，凡可以疏瀹者，即設法利導，不得任聽地方官借詞掩飾。能共得新泉數十處，責成該州縣隨時疏濬，於湖瀦河道自更有裨益也。將此諭令知之。(仁宗二九九、一〇)

(四) 山西　陝西

(**乾隆二、六、丙戌**)署理陝西巡撫崔紀條奏：農事以水利爲要。陝屬地方，平原八百餘里，農民率皆待澤於天，遇旱即束手無策。臣籍居蒲州，習見鑿井灌田之利。如永濟、臨晉、虞鄉、猗氏、安邑等縣，小井用轆轤，大井用水車。其灌溉之法，小井六、七丈以下，皆可用人力汲引，每井可灌田四、五畝；大井深淺二丈上下，水車用牲口挽拽，每井可灌田二十餘畝。其製造之法，小井不須磚砌，工匠器具價值，淺者一、二兩，深者三、四兩可辦；即地中帶沙，須磚砌者，工費亦不過七、八兩以外。大井即地中不帶沙淤，亦須磚砌；淺者工費八、九兩，稍深者十餘兩，而一水車，亦非二十餘兩不辦。其收穫之利，在雨澤調勻之年，似可無事於井；然西北地高土燥，不厭灌溉。井澆一畝，厚者比常田不啻數倍，薄者亦有加倍之入。至遇旱年，雖井水亦必減少，然小井仍可灌三、四畝，大井灌十餘畝；在常田或顆粒無穫，而此獨仍有豐收。前康熙庚子、辛丑，晉省連旱二年，無井州縣，流離載道，而蒲屬五邑獨完。即井利之明效大驗也。再陝省富平、蒲城二縣，井利頗多。庚子、辛丑，亦藉此免荒。臣據秦晉成效，思更爲推廣。除延安、榆林二府，邠、鄜、綏德三州所屬，地土高厚不能鑿井外，其餘西安、同州、鳳翔、漢中四府，並商、乾、興安三州，可鑿之地甚多，現在民間亦有行者。大約渭以南九州縣，地勢低下，或一、二丈、或三、四丈即可得水；渭以北二十餘州縣，地勢高仰，亦不過四、五丈或六、七丈即可得水。今據各屬報到，西安府咸寧、長安、臨潼、渭南、盩厔、鄠縣、高陵、涇陽、三原、醴泉、咸陽、富平、興平各縣，可鑿井者，田三千一百餘頃；同州府大荔、華州、華陰、蒲城、朝邑、潼關各州縣，可鑿井者，共田六百五十五頃；乾州武功縣可鑿井者，共一百十餘村落。又漢中九屬，渠水最盛，半係稻田。知府朱閑聖報稱，可鑿井者十分之二。臣思有力之家，可以勸諭開鑿；無力貧民，實難勉強。仰冀恩准，將地丁耗羨銀兩借給無力貧民,以資鑿井之費,分三年清還。臣酌定開鑿事宜,督令各州縣實心稽察懲勸,俟辦理少有頭緒,臣親身查看。庶陝西通省,統計河泉井水,約可有一半水田,而水田所穫之粟,約比常田二、三倍;即偶遇旱歉,有此一半水田,即可有一半收成。再鑿井灌田,民力況瘁,與河泉自然之水利不同,開鑿之後,並請免其以水田升科。得旨:此係極應行之美舉,但須徐徐化導,又必實力奉行,方與民生有益。朕自然不照水田升科也。(高宗四五、一四)

(**乾隆二、一一**)[是月]陝西巡撫崔紀奏報開鑿井口數目。得旨:知道了。此等事若因一時高興,冒昧行之,則不過徒啟以開銷之塗,而究無益於民。若要之以久,而行之以實,則實有益之舉也。在汝行之,日後難逃洞鑒。(高宗五七、二〇)

(**乾隆二、一二、戊戌**)又諭:前據陝西巡撫崔紀奏稱,行令民間鑿井,以爲灌田之用。此亦有益於稼穡之事,朕已允行。今聞崔紀辦理未善,自隴州至潼關一帶,井面圍圓,祇合抱有餘,深者不過二、三丈,淺者僅有丈餘,即有深處,又多係淤滯之土,甫能及泉,旋即壅塞。潼關一帶如此,則他處可知。秦中地勢本高,積土深厚,今開挖若此,倘遇天時亢旱,禾苗未見焦枯,而各井已先涸矣。且以十畝之地,勒開三井,所起土塊,即堆積田中,是今歲方萌之秋麥,已損傷一、二;又嚴限四十日告成,小民奔走不遑,甚苦竭蹶。凡民間開井砌磚者,非數十金不可,即土井亦須數金。今磚井發價七兩,土井發價三兩,實不敷用,民有怨言。是崔紀欲求速效,草率從事,而不知其無益有損也。朕所聞如此,可速傳諭崔紀,令其悉心體察。詳加籌畫,務收鑿井之益,而去閭閻之擾。倘有地勢不能開挖者,亦即聽從民便,毋拂輿情。(高宗五八、二一)

(**乾隆三、二**)[是月]湖北巡撫張楷奏:辦理楚省隄埭塘堰,次第力行。得旨:已用汝爲陝西巡撫矣。陝西地方遼濶,責任更重,汝其勉力察吏安民,以副朕望;至崔紀開井一事,汝更宜因地制宜,體貼民情,必期實有益於百姓方佳。(高宗六三、二〇)

(**乾隆三、三、乙卯**)諭:陝西鑿井灌田一事,從前崔紀辦理不善,苟且興工,祇務多井之虛名,未收灌漑之實效。經朕訪聞,降旨申飭,令其聽從民便,毋拂輿情。乃伊接奉諭旨之後,即檄行藩司。轉飭地方官務須挖深砌固,不得草率從事;又差遣佐雜等官分路勘驗,凡屬淺井,悉令掘之使深;而土易淤塞者,則令修砌堅固。其從前開挖而未成井者,又復勒令填平。以致井底之寒泉,無處灌注,勢必傾瀉於地中;井中之濕土,無處搬移,勢必堆積於麥上。不但麥苗無益,亦且大受其損。況去冬得雪沾足,今值麥苗青葱秀發之時，農民及時鋤治，轉盼播種秋禾，東作方興，正田功不遑之候，而乃迫令掘井砌井，使農民廢時失業，人心甚覺徬徨。是朕諭令俯順輿情，而崔紀則勒令深挖修砌以掩其非。又令填平廢井以掩其過，重負朕委任封疆、諄切訓誨之意矣。再者，大學士查郎阿因見陝省收成歉薄，穀價昂貴，不得已禁止商販運赴他省，曾經具摺奏聞。而山西蒲州與陝西郃陽、韓城等縣，僅一河之隔，彼地商販，遂串通郃陽、韓城等處奸徒，指稱縣民糴買口糧，舳艫相接，揚帆直下；一過河東，即達山西地界，崔紀未曾究問。陝西之人，遂以崔紀庇護桑梓、縱違禁之私販，嘖有繁言。觀此情形，崔紀不便仍留西安之任。著調補湖北巡撫，將張楷調補西安巡撫，速赴新任。張楷到任後，崔紀交代，再赴楚省。至秦省鑿井灌田之事，張楷可善體民情，妥協辦理。（高宗六四、八）

（**乾隆三、一〇**）[是月]西安巡撫張楷遵旨覆奏陝西鑿井灌田之事。除延、榆、鄜、綏山嶺環疊，不能開井外，其西、鳳等處，原報開井六萬六千六百二十二眼，內不成井三萬三千六百七十七眼。細訪井灌之法，不慮開鑿之不多，而慮民力之不給。車井用牲口引戽，得水頗多，然非殷實之家，不能開造，共用轆轤桔槔汲引者，所灌止二、三畝，每井須三、四人轉引提曳，數口之家，不過竭蹷一、二井而止。前撫臣崔紀，務期速效，井數徒增，而人力不周，不能收多井之利。今未成之井，已任民填塞耕種；已成，聽民酌量留用；應疏濬者，仍勸民疏濬。並飭地方官，不得委任吏胥查察，致滋紛擾。得旨：知道了。只可如此辦理者也。（高宗七九、二一）

（**乾隆五、三**）[是月]川陝總督鄂彌達奏請開渠以資灌溉。據委員寧夏道阿炳安、長安縣知縣王端等先後察勘南山各水，灃河為大，又東南交河，水勢微弱。應自灃河上流之五龍灣，鑿渠四里，導引灃水併入交河，則水勢大盛；自交河之張南村、水寨兒開鑿渠道，引水蜿蜒而下；自葦凹村以下，有田地六、七千頃，應開支渠七道，引水四面分流。渠成之日，小民趨利，各自於支渠之旁，多開子渠，則六、七千頃之田地，均可漸次澆灌。得旨：此等事情，並未親身踏看，徒據一、二委員之言，遂欲興此大役，如何使得。已交新督臣查辦矣。（高宗一一三、二一）

（**乾隆六、二、甲子**）工部議准：川陝總督尹繼善奏，漢中府西鄉縣木馬河北岸一渠，溉田萬餘畝，請於下流接開，灌溉更多。從之。（高宗一三七、一〇）

（**乾隆一一、六**）[是月]山西巡撫阿里袞奏：臣於去秋，巡查南鎮，經過蒲、絳一路，訪聞上年被水緣由，係因涑水泛漲為害。隨飭河東道周紹儒溯流尋源，條議疏濬之法。據稟稱，涑水發源於絳縣，經聞喜、夏縣、安邑、猗氏，自臨晉、虞鄉西入五姓湖，河水挾沙而來，歲久未濬，沿河多淤。至猗氏之邸家營，地勢窪下，河水南潰，不復經行故道，一遇驟雨，山水長發，上游不能暢流，下游又無歸宿，致聞喜等十二邑，多被水患。應自聞喜之河兒頭至安邑之東陽村兩岸淤墊，盡行挑挖，河身開濬寬深。至邸家營決口處所，添築寬大土隄。自猗氏之崔家灣起，至臨晉之西智光村止，截住南潰之口。其自臨晉至五姓湖，應照舊日河形，挑濬寬深。則涑水順流達湖，無虞泛漲。臣正擬奏請動帑興工，旋據聞喜、猗氏、夏縣、安邑、臨晉、虞鄉等縣稟稱，沿河居民，聞欲興工，俱鼓舞急工，各出己力，挑濬修築。自三月初開工，業於四月內工竣。臣委員查勘，工程俱屬合式。再，查從前涑水南潰，逼近猗氏、臨晉二縣；若遇歲旱，轉資灌注。今水歸故道，害除而利亦廢。應於二縣交界處，建分水石閘，以時啟閉，俾得分水灌田。仍於從前決口，砌立涵洞，引灌隄南地畝；業經照例咨部，興工建築。得旨：知道了。（高宗二六九、四二）

（乾隆一四、一〇）[是月] 陝甘總督尹繼善奏：西安按察使吳士端奏濬陝省諸渠一摺，奉硃批交臣議奏。伏查通省渠道，如涇、渭、灞、滻、灃、滈、汧、洛等河，以及地泉山峪諸水可引注者，或接其源、或承其流，開渠築堰，支分派別，據各州縣平日查報，不下數百道。而渠之最著者，則龍洞、鄭白、通濟、龍首、校尉、天津、文昌、實惠、永興、廣濟、順陽、永壽、興隆、遺愛、長澤、清水、金定、直城、玉帶、懷德之類，水利甚溥，其餘各隨渠身大小及霑澤多寡。要皆灌溉田禾，民受其益。臣細查原委，或係古來舊有、或係節年開濬。今該按察使所奏，是欲照依成規，再加擴充，事屬應行。至辦理之法，必須逐查悉計，現飭各州縣確勘定議。俟勘議到日，再遴道府覆勘。報聞。（高宗三五一、三四）

（乾隆一六、八）[是月] 調任陝西巡撫陳宏謀奏：陝省水利，如富平縣之大水峪古渠，鄠縣之呂公渠，郿縣之斜峪關渠，寶雞縣之利民渠，蒲城縣之漫泉渠，興安州之萬工堨，現皆諭民興修，疏濬淤塞。並酌定民間分水日期，以杜訟端。期於利垂經久。得旨：此皆利民之事，最宜行之。然要於不擾民而得實惠，則善矣。（高宗三九七、三三）

（乾隆四一、三）[是月] 陝西巡撫畢沅奏：西安等府屬四十七州縣，共渠一千一百七十一道，俱於去冬水涸時，督催疏濬；一應隄堰，皆補築完固。報聞。（高宗一〇〇五、四〇）

（乾隆四二、一一、辛卯）吏部議准：陝西巡撫畢沅奏稱，涇陽縣西北冶峪鎮，户稠商衆，鎮西北冶峪河，有渠十道，引水灌田，居民常相争挖，知縣遥制爲艱。請將該縣縣丞移駐冶峪，就近彈壓。換給涇陽冶峪鎮縣丞兼管水利字樣關防。從之。（高宗一〇四五、四二）

（乾隆五八、五）［是月］陝西巡撫秦承恩奏：陝省除鄜州、綏德二州屬向無水利外，其西安等十府州屬舊有渠一千二百五道，灌田六千五百三十餘頃。又，城固縣新修渠二道，灌田五十頃零，並一切支幹河身爲各渠引水退水之道，均如法修濬，現俱寬深暢遂。本年春夏雨澤霑足，水勢源源不竭，農田足資灌溉。各處護城隄塢，亦俱修理堅固。得旨：爲之以實，可也。（高宗一四二九、三三）

（五）甘肅 寧夏

1. 寧夏河渠

（康熙四七、八、壬戌）諭户部：據寧夏民黃品奇等叩閽言，都司何卜昌在任時，開濬唐漢兩渠，連年大穫，自伊罷任後，兩渠淤塞，每遇旱歲，米穀歉收。從前何卜昌如何疏通河渠，有益於民，今應如何措置，俾得永遠裨益地方，著行該督撫詳察議奏。（聖祖二三三、二四）

（雍正二、七、丙午）川陝總督年羹堯疏奏：寧夏地方，向資渠水灌溉，因渠隄日久失修，奉旨令臣相度增築。臣親至寧夏渠口。中爲漢渠，東爲秦渠，西爲唐渠。而唐渠之中，向東分流者，則爲我朝大清渠。引水溉田，不啻萬頃。見在各渠，尚無倒壞漫溢；即間有衝決，修築甚易。查寧夏設有水利都司，專司修濬。請俟秋收水涸，查勘修理。從之。（世宗二二、二）

（雍正八、三、庚辰）諭内閣：寧夏地方，萬民衣食之源在大清、漢、唐三渠水利。是以定例每年疏濬修理，使水流暢足，民田均沾灌溉。自歷年官員疎忽怠玩，以致閘道堤岸，損壞衝決，日見淺窄；而三渠之中，惟唐渠爲尤甚。近來其口過低，其梢過高，水勢不能逆流而上，多誤小民耕種之期。雖每春定有歲修之例，然不能以一月之工程，整十數年之荒廢也。現今兵部侍郎通智開濬惠農、昌潤二渠，於寧夏水利，自然明悉。著會同光禄寺卿史在甲即行查議。今歲預備物料，明春動工修補，務令三渠堅固，俾邊境黎元，灌溉有資，永享盈寧之慶。（世宗九二、八）

（雍正八、一一、乙酉）工部議覆：辦理陝西寧夏渠工兵部侍郎通智等疏言，本年三月奉旨察勘大清、漢、唐三渠水利事務，查三渠應行修濬之處甚多，惟唐渠爲尤甚，宜於今冬備料，明春興工。其大清渠、漢渠需用物

料，採辦全備，至壬子年春間動工補修。應如所請。從之。（世宗一〇〇、一五）

（雍正一〇、一、己卯）諭內閣：寧夏爲甘省要地，渠工乃水利攸關，萬姓資生之策，莫先於此。是以朕特遣大臣督率官員等，開濬惠農、昌潤二渠，又命修理大清、漢、唐三渠，以溥萬民之利。年來惠昌二渠及唐渠工程，漸次告竣，於民田大有裨益。其大清渠、漢渠雖未竣工，然聞連年加謹堵疊，極力挑濬，水澤已可敷用，不過湃崖閘座有應行修理之處，可以從容經理，非比唐渠之必應及時速成也。目今甘省軍興之際，輓運兵糧，正需車輛，茲因修理渠工，又復僱車運送物料，恐小民承應公事，力難兼顧，有誤春耕，所當酌量變通，以體恤民隱者。查寧夏有專司水利之同知，著將未竣之渠工，交與該員，照通智、史在甲等所料估之處，於每歲春工內，分年陸續修理，再令寧夏道鄂昌勤加督率，不時稽查，務期工程堅固，利濟有資，使民田永霑膏澤。通智、史在甲將各件與鄂昌交代清楚，即行回京。其在工効力之文武官弁，交與該署督查郎阿，計其在工之久暫，訪其奉職之勤惰，量其辦事之能否，應留陝題補委用者，留陝題補委用，應咨部請旨者，咨部請旨，應發回本地者，發回本地。其現任武弁及兵丁等，派撥渠工効力者，俱令各歸營汛。在工夫役等，交與鄂昌，將附近者，令歸南畝，遠來者，酌量遣回。（世宗一一四、九）

（乾隆四、一一）［是月］川陝總督鄂彌達等奏：寧夏府屬新渠、寶豐二縣，前因地震水湧，縣治沉沒請裁。其可耕之田，將漢渠尾就近展長，以資灌溉。經部議奏准行。查漢渠百九十餘里，渠尾餘水無多，今若將惠農廢渠口修整引水，將漢渠尾接長，可灌溉新、寶良田數千頃。其沿河長隄一道，照舊加修。得旨：開水利以益農功，實美事也。知道了。（高宗一〇五、一九）

（乾隆五、九）［是月］甘肅巡撫元展成奏：查勘寧夏惠農渠工程，請俟來歲春融，上緊興修。詳查地利，可得良田三千餘頃，以安無業窮民。得旨：知道了。（高宗一二七、三三）

（乾隆六、一一）［是月，甘肅巡撫黃廷桂］又奏：寧夏府屬中衛縣，舊有七星渠，灌溉民田千餘頃，近因山水衝塌，應量建水閘三座。但士民因上年亢旱，不能修補，請動項暫修，嗣後仍照往例，民間自行修築。報聞。（高宗一五五、三〇）

（乾隆七、八、丁未）工部議准：甘肅巡撫黃廷桂疏稱，寧夏府屬之新、寶二縣，前因地震裁汰，其可耕之地，經前督臣鄂彌達奏准興修惠農渠口，展長漢渠之尾，引水灌溉耕作，安插無業窮民；並請將沿河一帶長隄增築捍禦。查沿河長隄，自寧夏縣之王泰堡高崖子加培起，至寶豐縣止，延長二百二十七里；又惠農渠口，自寧夏縣之葉昇堡起，至通潤橋止，延長二百二十餘里，並加築橫埂一道，動帑興修。從之。（高宗一七三、一二）

（**乾隆七、八、甲寅**）工部議准：甘肅巡撫黃廷桂疏稱，寧夏府屬之新、寶二縣，前經奏准興修惠農渠口，並加修沿河長隄一道，加築橫埂一道。嗣經給事中朱鳳英奏稱，渠口可開，則渠身可濬，漸開漸復，等語。又據御史李慎奏稱，沙鹹之地，復經殘毀，若欲修復舊規，徒勞罔濟，等語。部臣及九卿議請交臣等確查妥議。臣查惠農渠道地勢，南高北下，自三堆子以上，地勢高坦，自應補築修濬；其三堆子以下，地窪沙鬆，誠難築隄捍禦，無庸遽議修築。現從四堆子起至通潤橋以下，直抵西山腳，截築橫埂一道，將通義等二十三堡，收入埂內，勘丈可耕地二千七百餘頃，安插窮民三千餘戶。俟試種一年後，勘明確數題報。其永惠等二十二堡地畝，截置埂外，聽民墾植，免其入額。從之。（高宗一七三、二六）

（**乾隆一〇、六**）［是月，甘肅巡撫黃廷桂］又奏：寧夏府屬惠農一渠，上引黃流，下通六墩、昌潤二渠。昌潤渠下梢，即係埂外閑田，原隸寶豐縣屬，因河決縣廢而地亦荒。除安插民人墾熟旱地二十三萬五千三百餘畝外，尚有未墾荒土二十七、八萬畝。欲使地無憂旱，必須接引惠農渠水下注，方為有益。當即委員分工辦理，上下修濬，俾渠水流通到梢，處處均敷引灌；廢地得此水源，招墾更易，豐收可望。得旨：所奏若能詳酌妥辦，則有益之嘉舉也。（高宗二四三、二八）

（**乾隆一〇、一二、丁巳**）［工部］又議准：甘肅巡撫黃廷桂奏稱，寧夏四堆子一帶埂外閑田，曾招民墾種。查四堆子地方，雖有月隄三道，距黃河大溜甚近，恐水大泛溢，衝刷傷田。請於月隄後，自馮家廟至五堆子，再築遙隄一道；並將六堆子以下殘缺舊隄，加培高厚。至昌潤以西惠農尾梢出水小渠，淤墊淺窄，夏秋宣洩不及，恐致黃水倒漾，請一體展挖寬深。從之。（高宗二五五、一五）

（**乾隆一一、六**）［是月，甘肅巡撫黃廷桂］又奏：四堆子一帶，逼近黃河，應築二十里遙隄，並加培六堆子以下舊隄。惠農渠、昌潤廢渠，近多淤墊，應分段挑濬，並添建惠農渠口滾水石壩。永惠、永潤、永豐等閘，左右石閘，現已一律修竣。再寶豐廢地，雖經招墾，貧戶尚缺牛具；有寧夏西路同知戴國珍，急公捐給。俟秋成時，逐一勘實，再行具奏。得旨：開渠開墾，皆務農之本。實慰朕懷。（高宗二六九、四四）

（乾隆四二、六）［是月］陞任甘肅布政使王亶望奏：寧夏府渠工，經督臣勒爾謹督辦，現已報竣。臣逐一查勘，美利、常樂等渠向爲沙壅之處，俱已深通；唐渠三百二十里加培高厚；惠農、昌潤等渠受水暢流，高阜俱足灌溉。至靈州漢渠接築石工一千六百七十丈，並迎至野馬墩黃河溜處，舊有正閘，亦經拆修，水勢建瓴而下；中衛縣七星渠一千九百餘丈，石工亦屬堅固。唐、漢二渠原擬添建退水閘，今各渠通流無滯，應毋庸建。所領借項，皆妥幹士民分管，不經吏胥。工歸實用，與原估數無溢。報聞。（高宗一〇三五、一六）

（乾隆五〇、一一）［是月］甘肅布政使福寧奏：寧夏府屬漢延、唐來、大清、惠農四渠，關係民田，因夏間黃水漲淤，應行修濬。靖遠縣糜子灘隄埂被水衝塌，亦應補築。請照借項大修例辦理，分年徵還。又，靈州橫城堡地方，護城堵水壩三道、石防風三道，俱各衝損，應照例動項修整。報聞。（高宗一二四三、二〇）

（乾隆五一、九、己卯）陝甘總督福康安奏：寧夏各渠，蒙恩借帑普修，嗣後每年培濬。請派府佐州縣，春分前赴各渠，點檢料物，清明動工，立夏報竣。飭道府水利同知督辦，如有玩誤，一併參處。倘遇停淤，渠長即時稟報。各渠口撥正閘水手一、廳役一，住宿防守。得旨：允行。（高宗一二六四、二〇）

2. 其他地區水利

（雍正一〇、閏五、丙戌）諭大學士等：朕聞甘省自四月十五以後，風多雨少，河西四府一州，多係水田，目下望雨，尚不甚急，河東四府二州，則急待甘霖，朕心深爲廑念。西邊正當用兵之際，軍需民食全賴甘肅收成，今入夏以後，雨澤愆期，倘禾稼歉收，則所關匪細，可傳諭查郎阿、許容等，令其就近酌量情形，爲未雨綢繆之計，早爲辦理，庶諸事從容，於軍民俱有裨益。（世宗一一九、一）

（雍正一〇、九、庚戌）大學士伯督巡陝甘經略軍務鄂爾泰奏言：邊地屯田，最關緊要。查肅州城南九家窰地方，有荒地一區，土高無水，不能播種。其九家窰之北，上寨、中寨、水堡、上鹽池等四堡，俱係熟田，亦因水源不足，兼有漏沙，每歲不過薄收。請於上流鑿山開洞，引千人壩之水，逆流而上，以避漏沙。則九家窰荒地可墾；且餘水下注，則上寨等四堡熟地，更可加倍豐收。於民生軍需，均有裨益。從之。（世宗一二三、二三）

（乾隆二、六）［是月］甘肅巡撫鎮國將軍宗室德沛疏報：鞏昌府屬之西鞏驛等處，山高土厚，掘井維艱，間有山泉，距各村莊甚遠，居民惟於窪地開窖，使冬春冰雪、夏秋雨水，會積於窖，以供炊飲，貧民無力開挖，往往向有餘之家乞買。若遇亢旱，彼此不能兼顧，秋成未必無收，先不得不遷徙異鄉就水。臣赴任時目擊情形，竊思乏水等於乏食，到任後即檄行各屬，確查缺水村莊，共六十處，即捐資委員鑿井；設或不得及泉，則於寬閒處廣開官窖，俾窮民雨多免乞買之艱，旱無遷徙就水之苦，但鑿井開窖，需費甚多，臣力不能獨任。統俟各屬報到，通估需工料若干，可否於司庫內支動公項。再，蘭州之西南黃峪溝等處，俱有渠道故蹟。臣詢之耆老云，向有泉數十道，順渠而下，大收灌溉之利，自康熙四十八年地震後，山土頹壓壅塞。臣即面飭地方官，募夫沿渠道故蹟開濬，遂得清泉十一處，泉水盛流，至宋家莊，引入渠道，約長六十餘里，可溉田二百餘頃。其餘筍籬溝等村，亦俱先後開濬復舊。得旨：知道了。有利百姓之事，雖動公項何妨。（高宗四五、一七）

（**乾隆三、八、壬午**）工部議准：大學士管川陝總督事查郎阿奏稱，瓜州地多水少，回民田地，資以灌溉者，惟疏勃河之水，河流微細不敷。查靖逆衛之北，地名蘑菇灘，有川北、鞏昌兩湖，西流合爲一處，名蘑菇溝，其西又有三道柳條溝，北流歸擺帶湖。請從蘑菇溝之中腰，建閘一座，即於閘下濬一渠，截蘑菇溝及三道柳條溝之水，盡入渠中，爲回民灌田之利。從之。（高宗七四、二）

（**乾隆七、一二**）［是月］甘肅巡撫黃廷桂奏：甘、涼、西、肅等處渠工，應照寧夏之例，無論紳衿士庶，按田畝之分數，一例備料勸辦。其紳衿不便力作者，許雇募代役；倘敢抗違，即行詳革。掌渠鄉甲，有徇庇受賄等弊，按律懲治，並枷號渠所示衆。仍勒石以垂久遠。得旨：甚是。知道了。（高宗一八一、三六）

（**乾隆二四、五、己酉**）［吏部］又議復：原任甘肅巡撫明德疏稱，蘭州府屬之狄道、河州、皋蘭、金縣、靖遠五州縣，旱地雖多，然引洮、黃二河之水灌溉者，亦復不少。乾隆十八年間，曾以河州州判兼銜水利，督理渠道，究不足以資治理。請以該府河州同知兼水利銜，經管河、狄二州水利；以河橋同知兼水利銜，經管皋、金、靖三縣水利，並加臨洮道水利銜，統爲督率。至寧夏府屬之寧夏、寧朔、平羅、靈州四州縣水利，請併歸水利同知管理。加寧夏道水利銜，換給關防。應如所請。從之。（高宗五八七、三〇）

（**乾隆二六、五、壬寅**）諭軍機大臣等：據明德奏，甘省河州、皋蘭、靖遠三州縣沿河水車損壞，民間無力修補，請於司庫現存扣留運送賑糧腳價餘平内借給銀七千三百兩，俾得乘時修造，分年扣納還項，等語。現在已交夏令，大田正需灌溉，該撫等既查明皋蘭等州縣水車損壞，自應如所請，及早辦理。至稱此項餘平銀兩，免其撥用，即存貯司庫，以爲每年借修水車之項。所奏非是。溉田水車，雖有關農工，究係民間私置之物，借帑修整，此在一時權宜則可，若必每歲借銀辦理，則無力農民將視爲官辦，而不乘時自行修補，且將此項銀兩存貯在官，轉滋侵蝕混冒之弊，於民事究無裨益。著將此傳諭該撫知之。(高宗六三六、七)

(乾隆四一、一○、癸卯) 又諭：今日召見甘肅慶陽府知府周人傑，朕因其在甘年久，詢以該省地方情形。據稱，甘省連年被災，皆因土本磽瘠，兼乏水利。其地高陡，不如南方平衍，到處蓄水，藉資灌溉；即有雨澤，亦建瓴直瀉，不能多停時日。若該處百姓能於有河道處，多開溝渠，以分黄河水勢，引灌田疇，於旱地實爲有益，其無河道處，遇有雨水，廣開池塘溝洫，俾高處之水隨地存留，亦可滋潤土脈，長發禾苗。緣該百姓等習於安逸，憚於勤勞，每致廢棄水利。若各州縣到處建閘築壩，有池有塘，則西北之水，隨處停瀦，上游多一分水利，即東南淮陽一帶之黄水，亦少一分水患，等語。其言似有所見。著傳諭勒爾謹即將該處水利實在情形，是否可以建閘開渠、引流灌溉之處，速委明幹大員，據實查明，逐一覆奏。(高宗一○一八、八)

(乾隆四一、一二、癸卯) 諭軍機大臣等：據勒爾謹覆奏，甘省除寧夏外，再無他處可以分黄河之勢。周人傑所稱建閘開渠、分引黄河灌田之處，誠屬冒昧，等語。所奏似不免稍存意見。水利爲農田首務，所係於民生者甚鉅，而甘省頻年又每因缺水致旱成災，如果於附近河流之處，相度地勢，設法開渠，以資灌溉，自於旱地有益。雖甘省山阜較多，難以施之通省，但其中豈無近河稍低之地、可以引溉田疇；即或僅有數處可行，而數處民生，已霑其利。該督正宜虛心採訪，不可固執己見。況周人傑在朕前並奏稱，伊在慶陽，曾經力行水利。該督覆奏此摺時，該府尚未回任，何不俟其到時，詳晰面詢，其在慶陽時，如何興水利、何處辦有成效；並就彼所知他府屬何處尚可以仿辦。不妨就其所言，酌量擇而行之。如果有利於民，不應咎該府所言之過。若該督以周人傑奏及此事，輒目爲冒昧，則朕諮詢民隱，誰復敢據實直陳。即該督如此存心，亦非集思廣益之道；設或周人傑所見果屬冒昧，或伊在朕前所陳，皆屬虛詞，亦不宜於此時加之責備，俟將來大計時，就其優劣，再行覈辦，亦未爲晚。著傳諭勒爾謹即速詳詢確覈，據實覆奏，毋得稍存迴護。(高宗一○二二、八)

（乾隆四二、六、己酉）諭軍機大臣等：昨勒爾謹奏覆查辦甘省水利情形一摺。據稱，甘省在在皆山，有一分水利之可開，小民即霑一分水利之益，等語，自係該省實在情形。甘肅地方高亢，每患雨水短少，如其地有可以疏濬之處，隨時挑挖引河，自於生民有益。原不必專於分引黃河，即溝澗細流，果能疏引成渠，農田即可稍資霑潤，較之置而不辦、靳人事而專藉雨澤者，不少勝乎。且地方多一工作，無論官辦民辦，總須雇用人工，即或其地偶被偏災，窮民並可藉以餬口，亦即寓賑於工之意。著傳諭勒爾謹不可豫存難辦之心，務宜時刻留心體察，如有可興之水利，即飭所屬，設法疏通，實力妥辦，期於田功有益。將此由五百里傳諭知之。如有可辦之處，隨時查辦具奏。（高宗一〇三四、二一）

（乾隆四三、一）[是月] 陝甘總督勒爾謹奏：甘省地土高燥，有一分水利可開，小民即沾一分水利之益。茲查秦州城東南北三鄉，共可開渠四道，計灌田二十六頃餘畝。小民情願自行開挖，現已轉飭妥辦。報聞。（高宗一〇四九、二五）

（六）新疆

（乾隆二六、三、丁未）葉爾羌辦事都統新柱奏：葉爾羌形勢，毗連戈壁，雨水亦少，全賴引水溉田。是以設有密喇布伯克專司其事。查回部舊例，凡怠於灌溉及紊亂成規者，俱有罰項，以充公費，無庸另給。惟引水時，須派撥丁役，從葉爾羌河源，逐次查勘。行二日至愛濟特呼、其密沙爾等七處，俱須於一日內分道行走。現任密喇布伯克邁達雅爾係和闐人，未帶丁役，懇照噶匝納齊商伯克之例，給丁役五十人辦公。報聞。（高宗六三二、一一）

（乾隆二七、三、甲午）喀什噶爾辦事尚書永貴等奏：查回人地畝，俱藉山水灌溉，凡溝渠深淺，圩隄厚薄，舊有定式。因回人不知守護修葺，以致淤陷，夏濘冬冰，行旅亦滯。現派伯克等率所屬遍閱詳勘，其應濬渠、築隄及路徑、橋梁，務期堅固，仍行文各駐劄大臣，一體酌辦。報聞。（高宗六五六、三）

（乾隆二八、五、丙寅）喀什噶爾辦事尚書都統永貴等奏：據伯克噶岱默特稟稱，灌溉回部地畝水道。一、赫色勒河，出喀什噶爾西喀布喀山中，灌溉東南一帶，托古斯恰特、賽爾押、喀什噶爾、哈喇刻爾、多羅特巴克、阿爾巴特、牌租阿巴特等大小村莊。過巴爾楚克，歸羅布諾爾。一、托庸河，出喀什噶爾西北托庸山中，灌溉東南玉斯屯阿喇圖什、阿喇古霍爾干、阿斯騰阿喇圖什、伯什克勒木等大小村莊，與赫色勒河合流，過巴爾楚克。一、圖巴里克河，出喀什噶爾西南吉斯嶺及西邊烏帕勒山中，東流會於圖捫。上流向東，灌溉汗阿里克、提斯袞、赫色勒布伊等三村莊。下流向東北，與赫色勒河合流，過巴爾楚克，俱滙羅布諾爾。一、庫森提斯袞河，出喀什噶爾西南英吉沙爾城西羌琿山中，灌溉東北英吉沙爾各村地畝，散流於戈壁。惟赫色勒布伊、提斯袞、汗阿里克三處，分引圖巴里克河，水不足用，請自赫色勒河東南，濬渠四十餘里，引水入赫色勒布伊村。又，托庸河水湍急，地畝多衝，今添建土石隄壩，並鑿山石以弱水勢，仍時加修葺。報聞。（高宗六八六、一七）

（**嘉慶二、閏六、丁巳**）敕諭：據奇豐額等奏，本年應解往伊犁之布匹、棉花，業經全行起運，並挑挖十二軍臺河渠一摺。回民素恃種地爲生，引用河渠之水灌溉田畝，尤屬緊要。葉爾羌所屬十二軍臺之河渠，自六十年間業經淤塞，自當早爲挑挖，乃奇豐額等至今始行奏辦，甚屬遲延。著飭行。但奇豐額等摺內所稱，自六十年間，因該處十二軍臺之回民遷避瘟疫，以致河渠淤塞，等語。朕自平定回部以來，恩恤回僕人等，與內地民人無異。六十年葉爾羌所屬十二軍臺回民，遭逢瘟疫時，或無庸賑恤，而該處大臣等亦當奏聞，將被疫回民應納當年正賦，或請展限，或請蠲免，候朕施恩，乃彼時竟不奏聞，殊屬錯謬。今此事既往，亦弗深究。著交駐劄各回城大臣等，嗣後眾回民等如再遇有偏災，即行奏聞，俾霑恩惠，以示朕軫恤回僕之意，斷不可仍復隱匿不奏。再，此次該處阿奇木伯克阿克伯克派撥驢六百頭，幫運應解伊犁布匹棉花；又招募回夫四百名，挑挖河渠，所辦甚屬可嘉。著加恩由彼處庫內賞給阿克伯克蟒緞二匹，大緞二匹，以示獎勵。其在事出力之原任阿奇木伯克托克托尼雜爾，著加恩賞給七品頂戴，俟有小伯克缺出，即行坐補。托克托尼雜爾，既係阿克伯克外甥，交阿克伯克妥爲約束。（高宗一四九六、三一）

（七）江蘇

1. 河湖水利

（**康熙二、二、乙丑**）〔漕運總督〕林起龍又疏報：開濬涇河閘，自淮城迤南運河東岸，至今吾莊，延袤七十餘里，下流淤塞處約可十餘里。令山陽、寶應民疏濬，計田出夫，眾志鼓舞，甫二十日畢事。河道深通，閘流無阻，直達射陽湖入海，居民田廬，可無水害。下部知之。（聖祖八、一五）

（**康熙一五、一二、庚戌**）命江南淮揚所屬沿河地方栽植柳樹，以備河工需用。（聖祖六四、一二）

（**康熙四六、一一、乙亥**）上御乾清宮西暖閣。召江南、浙江兩省在京大學士以下、翰林科道官以上，齊集乾清門外；又命大學士張玉書等入，諭曰：朕在宮中，無刻不以民間疾苦爲念。恐遇旱澇，必思豫防。至巡幸各省，於風俗民情，無不諮訪；即物性土宜，皆親加詳考。每至一方，必取一方之土以試驗之。今歲南巡江浙，見天氣久晴，所歷河渠港蕩之水，比舊較淺，即慮夏間或有亢暘之患。是時麥秋雖見豐稔，然南方二麥用以爲麴蘖者多，不似北方專需麪食。南方惟賴稻米，北方則兼種黍稷粱粟。有攜北方黍稷及蔬菜之類至南方種植者，多不收穫，此水土異宜，不可強也。且江浙地勢卑下，不雨則蒸濕，人不能堪；有雨則涼快，人皆爽豁。雖地稱水鄉，然水溢易洩。澇歲爲患尚淺，旱歲爲患甚劇。若北方則經月不雨亦無礙，南方夏秋間經旬缺雨，則田皆坼裂、禾苗漸槁矣。喜雨亭記云，十日不雨則無禾。蓋謂此也。江浙農功，全資灌溉，今見其河渠港蕩比舊俱淺者，皆由素無瀦蓄所致。雨澤偶愆。濱河低田猶可戽水濟用，高燥之地，力無所施，往往三農坐困。朕茲爲民生再三籌畫經久之計，無如興水利、建閘座、蓄水灌田之爲善也。江南省之蘇、松、常、鎮，及浙江省之杭、嘉、湖諸郡所屬州縣，或近太湖、或通潮汐，所有河渠水口，宜酌建閘座，平時閉閘蓄水，遇旱則啟閘放水。其支河港蕩淤淺者，並加疏濬，引水四達。仍酌量建閘，多蓄一、二尺水，即可灌高一、二尺之田；多蓄四、五尺水，即可灌高四、五尺之田。準此行之，可俾高下田畝，永遠無旱澇矣。爾等其以朕意，曉諭廷臣詳議以聞。張玉書等隨出，傳諭諸臣畢，復入奏曰：臣等恭傳聖諭，諸臣無不感頌。請通行江浙兩省督撫，查勘太湖水口酌建閘座；或有支流去湖稍遠、歲久淤塞者，宜令挑濬深廣，一體建閘，以蓄水源。又凡通潮之地，每月朔望潮汛盛長二次，若將支河濬深，建置閘座，於潮盛時下板蓄水，儘足供灌溉之用矣。上曰：今所議閘座，原與運道無涉，而關係經費錢糧，所以無人敢言。朕特念江浙財賦重地，小民粒食所資，故欲講求經久之策。諸臣所見既皆符合，今總漕及各督撫俱爲截漕散賑事見在彼地料理，該部速行文伊等，將各州縣河渠宜建閘蓄水之處，並應建若干座，通行確查，明晰具奏。以朕度之，建閘之費不過四、五十萬兩。且南方地畝見有定數，而戶口漸增，偶遇歲歉，艱食可虞，若發帑建閘，使貧民得資傭工，度日餬口，亦善策也。（聖祖二三一、一八）

（**雍正五、六、丙申**）工部議覆：署理江南總督范時繹疏言，通州地勢，西高東下，河水由江入海，以通州爲咽喉，必水口深通，蓄洩得宜，則泰州、如皐，均受其益，若水口淤淺，蓄洩無方，則通州先受其害。查水口凡有三處，觀音壩逼近大江，地屬浮沙，鹽倉壩之水，高於江水，俱難建閘，惟唐家壩舊存閘基，距江約二十里，中稍淤塞，疏濬甚易，且旁有兩小壩，亦皆引水入江之道，請將唐家壩復建爲閘，兩小壩一律開通，改爲石涵洞，於農田水利甚有裨益。應如所請。從之。（世宗五八、二〇）

（**雍正五、六、丙申**）［工部］又議覆：廣東總督孔毓珣遵旨疏奏江南水利四條。一、閘座之啟閉宜定。吳淞江之吳淞閘、劉河之天妃閘，傾圮年久；太倉州之七浦閘，查無閘板；昭文縣之白茆閘，現在淤塞；常熟縣之福山閘，舊閘坍廢，新閘尚存，潮水發時，激流逆上，渾沙淀積，內河日淤，更難宣洩，宜時其啟閉，定立章程。吳淞、天妃二閘，應各設閘夫二十名；七浦、白茆二閘，各設八名；徐六閘，設六名；九曲、得勝、孟瀆三河三閘，各設四名；責令經管官敬謹看守，隨潮啟閉。應如所請，或設閘官，或令巡檢兼管，並閘座有應修應建之處，行令該督撫，會同總河酌議。其七浦一閘，現行總河會勘，俟具題到日再議。一、田圩之勸築宜勤。三吳地勢，四高中下，狀若盤盂，議水利者，皆稱高築田圩，即遇霪潦，不致淹浸，請敕水利各官，實心勸築，每區立一圩長，輪流報充。應將所請行令該督撫，會同總河，確議有無裨益。一、河道之壅滯宜禁。濱河州縣，於河道內，或立椿砌磡，或架板爲屋，或倚田攤佔，以致河身淤淀，請除現在升科成熟田畝，並已成房屋，無甚大礙者，姑從民便外，其餘概行嚴禁，坍卸者不許增修。又支河小港，引蓄河流，分資灌溉，請於農隙後，勸諭深浚，即以開挑之土，培築田圩。一、水利之考核宜明。蘇、松等州縣，賦役甚繁，兼責以河道事宜，恐難兼顧，請將水利事宜，專責兼水利銜之同知、通判、縣丞、主簿等官，如應添設人員，該撫臣酌量題請，並將江常鎮道、蘇松太道，均兼水利營田銜，令水利各官有所統轄，入於大計內，分別考核。均應如所請。從之。（世宗五八、二一）

（**雍正五、九、己巳**）雲貴總督鄂爾泰疏奏：臣前任江蘇藩司，於所屬水利悉心咨訪，略知大要。及奉命來滇，心未暫忘。前閱邸抄，知聖主發帑金十萬，委大臣辦理；更蒙聖恩，著臣胞弟鄂禮同往協辦。謹據臣所見，冒昧陳奏。按劉河、白茆二處，奉旨開濬，此誠湖海二區之脈絡、江浙六郡之要津也。至江寧之秦淮，其源有二：一出句容華山，一出溧水東廬山，合流入方山埭，自通濟水門入於郡城。內外交資，其利甚溥。但久不疏淪，河道雖存，僅於夏秋暫通舟楫，如不及今疏淪，勢必日就湮廢。若揚州之五塘，久屬豪強侵佔，而故址尚存。由揚州至邵伯、高郵、寶應直達淮安，稍遇水大，一望汪洋。若開濬五塘，亦足分其下流。但河隄綿亙三百餘里，設閘雖多，而淮、黃及湖一時匯聚，橫行泛溢。須別分支河，出水迅駛，則淮揚二郡永遠奠定，庶江北之水患息矣。江南自劉河、白茆之外，其南北要津，莫如鎮江之漕河。在丹徒界者四十五里，在丹陽界者九十里。地勢如建瓴，雖有京口、呂城、奔牛諸閘，可以蓄水，而河身淺狹，每年隨濬隨淤，皆由挑濬時，淤泥堆積兩岸，大雨淋漓，仍復衝卸入河。一至冬月水涸難行，漕船輓運艱難，民船起剝盤壩，公私交困。臣查此地係杭、嘉、湖、蘇、松、常、鎮七府行漕之河，而向來每歲挑濬獨責之丹陽，是丹陽之民獨受其累。臣於雍正二年間料估工費，公中疏濬，然猶未能如式。且附近各境可比丹陽之練湖者，皆應開通以助運河，使流注無窮，不須復濬，庶為一勞永逸之計。至各郡州縣之內外城河並各鎮市支河、港汊、塘浦之類，一切疏通之法，總須倡率有方、調度得宜，又非臣言之所能盡也。臣曾任江南，故不揣愚昧，越職陳奏。得旨：覽鄂爾泰所奏江南水道事宜，甚屬周詳。但摺內有越職陳奏字樣。凡內外大臣越職辦事，固為不可，至非己身職任之事、有關國計民生者，既有見聞，據實入告，方合公忠體國之義，乃盡職非越職也。鄂爾泰所奏，發與范時繹、陳時夏、齊蘇勒、陳世倌、鄂禮就近詳加相度，悉心妥議具奏。（世宗六一、一八）

（**雍正五、一一、庚辰**）工部議覆：河道總督齊蘇勒等遵旨議奏，江南太倉州七浦閘，現在堅固，仍應存留，其閘內河身淤淺之處，請挑濬深寬，以資暢流。又吳淞、天妃二閘，久經衝卸，應各移建上首，相度修築。應如所請。從之。（世宗六三、三二）

（**雍正六、三、庚申**）工部議覆：署兩江總督范時繹等遵旨議奏淮揚水利事宜。查揚州府舊有五塘，瀦蓄上流諸水，歲久湮塞，請將現有溝汊築壩截水，其淺淤處挑深。所費無多，為利甚溥。至五塘下流有串場河，久未疏濬，閘座多廢，請查明興工修理。應如所請。從之。（世宗六七、一四）

（**雍正六、五、癸亥**）工部議覆：署兩江總督范時繹等遵旨查奏，雲貴總督鄂爾泰條陳江南水利事宜，除鎮洋縣劉河、昭文縣白茆河、揚州五塘等工另議辦理外，其丹徒、丹陽一帶運河，係杭、嘉、湖、蘇、松、常、鎮、太八府州之運道，嗣後每歲撈淺所需銀兩，請於八府州屬按照漕額均派，秋深委員挑濬。江寧府秦淮河，其在城外者，著業佃人戶附近挑濬，以資灌溉，城內梗塞之處，令沿河居民，每年撈濬，毋許堆積污穢，凡房屋占入河基之處，俟有傾圮，悉令查明清出，毋使日就湮廢。至江南各府州縣城河並

市鎭支河港瀆，應行疏濬之處，通行查明，實力修濬，不得侵派小民，虛應故事。應如所請。從之。(世宗六九、六)

（乾隆一、六、辛未）命定江南水利歲修諭。史書詳誌河渠，經術兼明水利，誠以國計民生所關也。果使水道疏通，脉絡流注，陂澤非洰洳之藪，隄防有蓄洩之方，旱澇有備，而田廬無虞，其有裨於閭閻，誠非淺鮮。我皇考軫念黎元，興行水利，凡直省泉源河湖，莫不濬導，俾民得以灌溉，轉瘠爲腴。至於蘇松之太湖、吳淞、白茆、劉河歸海要道，并淮揚之槐子、烏塔河、泰州、如皋、運河、串場、車路、海溝等河，尤不惜帑金，專員督理，將各河故道，或爲豪强侵占者，諭令嚴查清出，始得一一開通；建閘築隄，按時啟閉，使近水田畝，均沾膏澤；貨船鹽艘，遄行無阻，利賴甚溥。但自開濬以來，已閱數年，圩岸不無坍頹，沙泥不無淤積。朕思與其歲久濬築，事難費倍，不若逐年疏葺，事易費省。著江南督撫暨河道總督，令管理水利河務各官及濱河州縣，各於所屬境內，相視河流淺阻，每歲農隙，募夫挑挖，定爲章程，逐年舉行。必令功施可久，惠濟生民。毋得視爲具文，玩誤工作，及陽奉陰違，絲毫擾累。(高宗二〇、一七)

（乾隆八、二、甲寅）前任兩江總督宗室德沛奏：淮、揚兩屬下河田地村落，俱有圩岸，向係民修。因年久殘缺，復遭衝坍，民間貧富不一，彼牽此制，不能全復其舊，必須官爲督率，勸諭奉行。今地方官賑務殷忙，又恐顧此失彼，應另派丞倅，率領佐雜，諭令各鄉保公同妥議，就村落田畝形勢分認，於農隙時興築。其實有民力不敷者，依築官河官隄例，官給一半工價，一體興作。仍令按年加修，俾圩外之水，束之歸槽；圩內之水，戽之使出。得旨：知道了。(高宗一八五、二七)

（乾隆八、四、丁亥）大學士等議准：前任兩江總督宗室德沛、調任安徽巡撫喀爾吉善、江蘇巡撫陳大受疏陳：兩江水利河工，河旁民田房屋挑廢者，酌給價值籽種工本，並豁除糧額各條款。一、河道挑壓地內應輸錢糧，令該處辦公之員丈估，有糧之地，將業戶姓名丈尺畝數並田地之上下，編號記冊，工竣日地方官覆加勘丈，開明糧則題豁。一、淮、揚、徐、海、鳳、潁、泗等府州屬，興修水利，民間房舍如有折毀，工具就近確勘，准給修費，豁除糧額。一、江省積歉之區，應將未種菜麥之地借過籽種者，祇須豁糧，不給工本，已種者按畝免償。如係業戶自辦籽種，查明照例給領工本銀兩，每畝酌給八分。一、河防如遇民間墳墓，不得挖廢；至無糧官地或有欺隱偷種者，雖有麥苗，亦不給籽種，並不得混冒豁除。得旨：依議速行。(高宗一八八、五)

（乾隆九、一一）［是月］署兩江總督協辦河務尹繼善奏：淮揚等屬下河田傍，向有民築圩圍，日久坍廢。上年委員查勘，悉心講求，知築圩實爲保護田疇之要。隨令高寶等屬，加意勸導，照業食佃力之例，實力舉行，現已辦有成式。泰州、興化俱聞風興起，江都、甘泉、山陽、鹽城亦諄切飭行。乘此年豐農隙之時，通力合作，酌定分限三年，逐漸增培。最高之處，向來水不能到者，無庸概築。其最窪之地，原不種植五穀者，仍留爲容水之區，不許占築，與水爭利。誠恐地方官，漫無分別，經逐一指示，令隨地相度，妥協經理。並責成該管道府，董率稽察。俟報有成數，臣於查河之便，親往驗看，分別勸懲。得旨：若果三年有成，亦可謂惠而不費矣。但須務實妥協爲之。（高宗二二九、一五）

（乾隆一二、三）［是月］兩江總督協辦河務尹繼善奏：海州所屬，地勢低下，田多積水。先經奏准，照下河高、寶等處，將窪地一例修築圩岸。臣現酌定規條，通行飭示，分年辦理。除有力者，督令自行修築外，其無力之户，每土一方量借給銀二分，由田主具領轉給各情形。并請將鳳、潁、泗三屬連年受災之鳳陽、宿州、靈壁、虹縣、懷遠、鳳臺、亳州、蒙城、太和、泗州、盱眙、五河等州縣，今歲秋收後，亦照例陸續修治圩岸。得旨：此誠務本良圖，妥協實力爲之。（高宗二八七、一八）

（乾隆一二、九、乙巳）大學士等議覆：欽差大學士高斌、兩江總督尹繼善等奏稱，查勘六塘、沭河工程，因前築土堰，尚欠高厚，以致衝漫。應請將六塘河險處堰底加寬二丈，次衝亦加寬二丈。其餘地勢低窪者，酌量加高二、三尺。沭河南北兩岸土堰，亦應分別加高培厚。宿遷、桃源兩縣屬之縣東、湖邊等處，形勢兜灣，應將河身挑直。大興集上下舊堰，尚有逼近河身者，應向高阜處展開建築。磚井、王家莊等處河内，俱有磯心大灘，應切去灘嘴。又，駱馬湖之尾閭，有永濟石橋一座，過水處太窄，應接建石橋四十丈，上下開挑引河一道。請動項興修。再，此項堰工，原爲保護民田，嗣後應於每年農隙，令里民按田出夫，將殘缺處酌量修補。水發時，地方官督率居民，協力防護各等語。均應如所請辦理。得旨：依議速行。（高宗二九九、七）

（乾隆一五、一一、戊辰）監察御史胡蛟齡奏：徐州邳、宿並海州贛、沭等處，皆河淮下流，而海州上承東省來源，下逼海浦，每春夏之交，橫流渺瀰一片，有種無收，民困已極。宜於濱河處，倣江南圩田之法，多爲溝渠，使足容水。臣訪聞徽州人寓居海州者，每置買田畝，周圍築隄捍水，隄内多爲溝洫，安設斗門，相時蓄洩。歲獲有收，成效已著。又查十一年内，高斌、尹繼善議將海州一屬，令地方有司勸諭居民，修築圩岸；其宿遷、桃源、安東、清河、阜寧等縣，亦一例辦理。數年來作何修築，無從委悉。乞勅下督撫查照前議，嚴飭實力奉行，並將作何督率推行、可於數年內續成之處，確切議奏。得旨：著高斌、黃廷桂會議具奏。尋會奏：臣黃廷桂，於十四年，將修築圩岸事宜酌定規條，通飭奉行，并令因地酌辦。茲查數年來，如海州、沭陽、安東、宿遷等處，築圩挑溝，俱經工竣；阜寧、贛榆等處，亦經勘明建圩。其未修圩岸之處，或因地勢稍高，不通水道；或因潮水往來，本係斥鹵，以及湖蕩容水之地，不便概築。至桃源、清河二縣，均係旱地，並無水田；其逼近河湖之處，非圩岸所能禦，兼土性浮鬆，旋修旋坍。其海州、沭陽，上承山東來源駱馬全湖之水，由六塘與沭山兩河分注入海，源多流窄，容水不及，雖圩岸加築高厚，盛漲終不免潰決。蓋圩岸之制，於蘇、松、常、鎮農田最宜，其次則高、寶、興、泰、山陽、鹽城行之亦有成效。應因地因時，隨宜辦理，雖異漲不能藉爲保護，而隨時修補，尋常障禦，不無裨益。報聞。（高宗三七七、三五）

　　（**乾隆一六、一、戊午**）工部等部會議：御史胡蛟齡奏稱，淮、徐、海等屬州縣，濱臨河湖，居東省下流，爲眾水所歸，頻遭水患。宜倣江南圩田法，多爲溝洫容水。其海州、贛榆、沭陽，并接壤之宿遷、桃源、清河、安東、阜寧等縣，乾隆十一年，曾勸民修築之圩岸，令督撫嚴飭有司，實力奉行。查圩岸之最大者，莫如六塘、沭山兩河。駱馬全湖之水，俱由兩河分注入海。乾隆八年以來，屢經加築。惟十三年水小，淮、徐、海各屬有收。水大仍漫民田，是圩岸之制。唯上游無異漲之水，低窪偶遇霖潦，可資防護。海州、贛榆、沭陽、宿遷、桃源、清河、安東、阜寧，俱在黃河以北，且浮沙平衍，不宜禾稻，惟恃春麥。夏秋東省水溢，六、沭交漲，非圩岸所能爲功。至從前辦理海州等州縣圩岸情形，海州東南鄉之莞瀆等鎮，沭陽二十字橋、錢家集、並桑墟、苗寨等鎮，宿遷之河北等鎮，安東之西溪、東路、大飛等鎮，築圩挑溝，俱經工竣。贛榆之南鄉等鎮，阜寧之埝頭、丁溪等里，亦經勘明建圩。其不通水道，及卑窪容水之地，未議修築。桃源、清河並無水田。逼近河湖之處，水勢洶涌，縱築圩岸，亦難抵禦。請嗣後除桃源、清河無庸修築外，其舊有河形，及支河曲港，令地方官，農隙督民隨時挑挖，以備霖潦。海州、贛榆、沭陽、宿遷、安東、阜寧，前成圩岸，仍督民歲修，並多挑溝渠蓄洩。已勘未成者，隨時次第舉行。六、沭兩河舊圩，歲督民夫修補。得旨：覽奏俱悉。（高宗三八一、二）

　　（**乾隆一七、五**）［是月］江蘇巡撫莊有恭奏：蘇屬常熟縣之福山塘河，太屬鎮洋縣之劉河，乃常熟、昭文、太倉、鎮洋、崑山、新陽、嘉定、寶山八州縣水利攸關，歲久不修，二河堙塞，旱潦無備。今據紳士里民，請於附河兩岸，沾及水利各區，按畝酌捐興舉，工已告竣。得旨：嘉獎。（高宗四一五、二六）

（乾隆二三、三、甲午）陞任江南副總河嵇璜等遵旨會議，陞任江蘇巡撫陳宏謀奏，江省淮、揚、徐、海、鳳、潁、泗等屬應挑各河，請將近黃、運河者，歸河員經管。關係民間水利者，歸地方官經理。並令民開濬小溝，引支達幹，即以開溝之土，相地築圩。無力者，借給飯食工本，低窪地畝，勘明分別減除額賦。可種葦者，改輸葦課，不能種，豁免。至黃河北岸，自李家莊至徐城之蘇家山九十里，前止築隄二十里，宜一體加築。范公隄修補，嚴查偸挖。泰興、如皐境內各河，並請開濬。應如所請。惟泰、皐各河，岸高洩水甚易，無庸開濬。得旨：議中黃河北岸築隄一事，俟遲數年再看。餘如所議行。（高宗五五八、九）

（乾隆二三、一一、癸巳）總督管江蘇巡撫陳宏謀奏：淮、揚、徐、海等屬河道疏通後，農民因水低艱於灌溉，有議其宣洩太過者，應將支河港汊挑濬便民。批：亦可謂太不知苗碩矣。當化導使知足。不然，如此澆薄之民風，安能永受天眷耶。又奏：泰州、興化二州縣湖蕩相屬，向無田岸，近鹽臣築成土隄二道，爲鹽船縴路，一自泰州東至東臺場一百二十里，一自青浦至梁垛場六十餘里，儼同田畔。若傍此縱橫接築隄埝，挑濬小溝，則湖蕩可爲圩田。又批：此恐不如高寶之情形，將來未必不受害。又奏：近河窪地，並築圩圍，其水難外洩者，不能築圩，應留爲瀦水之區。又批：此得之矣。泰興圩田，已批其旁，即此意也。諭軍機大臣等：陳宏謀所奏籌辦溝洫圩圍情形一摺，已於摺內批諭矣。淮、揚各屬水利，現經相度挑濬，大功告竣。其溝洫圩圍，乃係隨時葺治，裨益農田之事，雖當悉心經畫，然須次第從事；若以意在保護農田，而與水爭地，轉貽日後之患，此又不可不爲顧慮者。所謂修廢舉墜，亦當隨宜籌度者此也。如高、寶、海州等處，從前舊有圩田，自應隨時酌量修理，以資生計；若所云湖蕩可爲圩田，遽欲勸導興築，恐此等窪下之區，原皆留以瀦水，今若任民圍田，設遇水勢盛旺，不溢而爲上游之患，即漫圩而過衝潰必多，又安在其爲利民耶。雖謂附近居民原所樂從，並非強令興舉，但小民惟知占地之近利，豈能深計全局；況今年甫獲豐收，民力未甚寬裕，地方官正宜體卹，未便概責以力役趨事。此與數郡民生大有關係，陳宏謀在督撫中頗能勇往，其病不在畏難，但恐遇事過銳，且不免市惠得名之意。地方政務，但一有成見，則於事理機宜，必不能允協。摺內已就各條隨處指示，其籌辦此事實在情形，非詳加體勘，難以懸定。著交與尹繼善會同該撫再行悉心查看，妥協酌議，奏聞請旨。尋奏：詳查各屬地勢，或應開溝洩水、或應築圩衛田；舊溝淤者，量加挑濬，舊圩缺者修補。湖蕩留以蓄水，禁民築圩阻遏水路。並飭各屬次第辦理，以三年爲率，不致急迫累民。得旨：如所議行。（高宗五七四、一九）

（乾隆二四、二）[是月]總督銜管江蘇巡撫陳宏謀奏：松江、太倉、蘇州所屬各州縣，大半濱海，沿海築有土塘、石塘以資捍衛，但每苦爲風潮衝損，種柳種葦，均難抵禦。沿海地方茅草，俗名甘料，其根盤結，足固塘基；其葉綿輭，足抵風浪。又，枝楊長籐柔弱，種之易生，編繞爲籬，稀疎綿輭，亦足禦浪。塘外向有餘地五丈、十丈不等，業已豁除糧賦，可種二物；約二、三年成叢。現檄地方官，自金山縣至常熟縣海塘徧種，驗明成活，方准開銷。得旨：嘉獎。（高宗五八一、三五）

（乾隆二六、二）[是月]江蘇巡撫陳宏謀奏：常熟縣福山地方，爲江海出入要口。由福山塘河抵縣三十餘里，兩岸支河港汊七十餘道，潦則積水，由此出海；旱則引海水入河，分資灌溉。祇因海潮帶河而入，漸致淤積淺阻。該處工段綿長，請借項於汛前興工，按年扣徵還款。得旨：如所議行。（高宗六三一、二五）

（乾隆二八、七）是月，兩江總督尹繼善等奏：六塘尾閭各河工程，自春間開工，陸續具報完竣。茲當汛水長發，已將上游之駱馬湖尾閭及鹽河開先後開放，以資宣洩。由六塘河歸入新挑各河，循流順軌，直達於海，毫無旁溢。上下數州縣兩岸民田，二麥俱已豐收，晚禾現在暢茂。再，查尾閭各河，與海相通，海潮挾沙而行，一日兩至，每易停積，向來河道淤塞，悉由於此。臣等行令該道廳不時查看。如有停淤，即照業食佃力之例，督令附近居民，疏濬深通。得旨：欣慰覽之。（高宗六九一、三〇）

（乾隆二八、一二、丁酉）諭軍機大臣等：莊有恭奏，酌籌蘇、松、太三屬水利疏濬事宜一摺。所奏殊未明晰，而於辦理之法，亦未爲妥協。地方應辦工程，既經動帑興修，即應派委幹員，實心經理；若以官修之項轉假手於鄉紳，不獨勢有難行，又安保無不肖侵漁之事。若謂此種工程，原爲士民生計而起，鄉紳等俱踴躍出貲自効，則應量其工段，分別酌予議敘，以示獎勸，又不應有支款扣還之事。即云現在工程大者，已取給於官，其餘不得不兼資民力；然摺內所支已有十八萬餘兩，其餘即須增用，亦不過正項中十分之一、二，何必更藉士民輸効，以啓無窮弊端乎。至於按田起夫，其説更不可行。各省大小工程，聽無業貧民赴工食力，自於官私兩有裨益；若定爲按畝撥夫，則吏胥保長之高下其中、科派累民，何所不可，豈國家爲民興利除弊之意。著傳諭莊有恭，將該處實在籌辦緣由，詳悉具摺奏聞。（高宗七〇〇、一一）

（**乾隆三一、一〇**）［是月］江蘇巡撫明德奏：常熟縣福山塘一河，爲蘇州等處入海之要津，長三十餘里，兩岸支河汊港八十餘道，其間數萬頃民田，缺雨之時，全賴此河灌溉。祇因海潮帶沙而入，河底常有淤壅，節經借項挑濬。自二十六年開濬後，現又淤壅。請於司庫借支銀九千七百四十餘兩，乘時挑濬。所借銀，分作兩年，於得沾水利各民田按畝徵還。得旨：如所請行。（高宗七七一、二二）

（**乾隆三五、七**）［是月］高晉、薩載又奏：蘇郡之齊門、元和塘，東北經常昭境內分洩入海，以福山、白茆、徐六涇諸河爲要幹。查福山一河，於乾隆三十二年開濬，現在深通暢洩，毋庸籌議。惟白茆河半就淤墊，亟宜挑挖，以資宣洩。勘得白茆一河，自昭文縣小東門至支塘鎮長橋，河面現寬十二、三丈至十七、八丈，水深八、九尺至一丈一、二尺不等。向來潮水不到，是以深通無淤。其自長橋至嶽廟橋，漸次淤塞，以達白茆老閘基；雖有河形，幾成平陸。又，自老閘基至滾水壩，僅存中洪一線。夏秋霖潦，一時匯集；不獨常昭本境泛溢，鄰邑均受其害。查雍正五年大挑舊案，河面原寬十二丈，底寬六丈，深八尺。迨乾隆十九年，復行小濬，較從前丈尺酌減，口寬六丈，底寬三丈。其未濬之舊河形六丈，伏秋水漲，則積潦成渠。應請照雍正五年舊規，一律開通，并測量地勢之高低，自上而下，逐漸加深，計估挑深二、三、四尺至一丈五、六、七尺不等。至徐六涇河，間段淤淺，雖不似白茆河之甚，但同係分洩入海要路，亦宜逐段估挑，一律辦理。白茆、徐六涇二河，向俱設有滾水壩，今悉已坍卸，其石深陷泥中。又因海口離壩不遠，潮帶泥沙，壩根阻滯，必須連底拆除，方無滯礙。中留口門，寬十二丈，爲收束潮水關鍵，其兩河應挑段落，臣等分別估計，白茆河自支塘鎮起至滾水壩止，計長六千五百三十三丈六尺；徐六涇河自陳蕩橋起至田家壩迤下工尾止，計長五千九百九十一丈。工程緊要，需費稍繁。若待民間鳩集財力，自行興舉，竊恐有稽時日。請照乾隆二十九年開濬三江之例，於藩庫存公款項內，先行照數借給，仍分年按畝計數徵還。得旨：如所議行。（高宗八六五、二七）

（**乾隆三七、五**）是月，兩江總督高晉奏：淮安府屬山陽、鹽城二縣境內，澗河一道，淤淺較甚，該府照依業食佃力之例，派夫挑濬，於四月十五日一律工竣。又，鳳陽府屬宿州境內之濉河，爲毛城鋪下游。上年黃水漲溢，濉河兩岸子堰汕刷殘缺，兩岸之西流砂礓，南北股河，均有淤墊。據道府勘稟，工費浩大，民力不濟。經臣與撫臣裴宗錫札商，酌用民力，半給工價，以資飯食；所用工費，即於歲修項下動支。此外尚有淮北鹽河並彭家溝河道，例應商捐辦理，亦據運司詳派商人承辦，臣與撫臣仍督飭各道府州留心體察，不致草率。報聞。（高宗九〇九、二六）

（嘉慶一七、八、癸丑）諭軍機大臣等：百齡等奏，阜寧縣境內救生河一道於該處農田利賴，且洩水保隄，添渠運料，均有裨益。今淤塞日久，應行挑復，請先於河庫存款內撥銀估辦。將來查辦蕩務有增出餘柴應行估價之款，即以此項分年陸續歸還，等語。國家度支自有常經，取民亦有定制，昨據百齡等奏，籌辦河工善後工需，援引靳輔舊議，於江南江北按畝徵銀，可得銀三百餘萬兩。朕以事近加賦，雖靳輔當日辦有成案，然自康熙年間至今百有餘載，久未舉行，小民難以家喻戶曉，恐辦理諸多未便，當即降旨停止。至本日所奏阜寧縣境內挑挖河淤，此等河渠水利，向係應用民力之事，即使民力一時不逮，先行借帑興挑，事後攤徵還款，已屬國家惠民之舉。今遽請支用帑項，雖此一處渠工，不過需銀三萬餘兩，而該省河渠水道，似此應修者甚多。若此例一開，將來他處士民紛紛援此呈請，又將何詞飭駁。若概予准行，國家焉有如此帑項足供支用，所謂惠而不知爲政矣。所有阜寧縣挑河一款，應仍照舊例借帑興修。其如何分年攤徵歸款之處，著該督等另行酌議奏請，再降諭旨。（仁宗二六〇、一〇）

（嘉慶一七、一一、乙未）諭內閣：百齡等奏請借項挑濬劉河以資水利一摺。劉河係太倉等六州縣民田水利攸關，且爲商船出入要津，今因潮沙灌積，年久淤淺，自應疏濬，以惠農商。據該督等委員確勘估計，共需銀九萬八千六兩零，并請循照歷次成案，借項興挑。著照所請，於司庫內先行借給，分派承挑。工竣後覈實驗收。其所借銀兩，准其分限三年，隨同地丁徵收歸款。（仁宗二六三、二八）

2. 海塘維修

（雍正五、一二、己亥）諭內閣：吳淞石塘，當日勘估時，於海潮紆緩之處，酌量修築土塘，蓋因工程浩大，節省錢糧起見。但東南財賦之區，灌溉田畝、保聚室廬，全賴海塘捍衛。朕思海勢衝激，風濤旋轉難定，土塘經歷年久，未免可虞，不若一例改築石塘，爲百姓萬年之利。著該撫確行勘估，不得惜費省工、苟且塞責；務須堅固，永垂久遠，以副朕經理海疆愛養民命之至意。（世宗六四、二〇）

（雍正六、九、丁卯）工部等衙門議覆：浙江總督李衛遵旨議奏江南松江海塘事宜四款。一、海塘初議建石工三千八百五十四丈，今已築完二千四百九十丈，若盡議拆改，則人工盡棄，且從前委官多已故罷任者，即盡法追究，仍於塘工無濟。臣請就目前新築石塘，選料換式，倣照浙江海塘，建築堅固，將新舊接續，即有一、二損傷，不難相機改補。一、土塘之附於石塘背後者，蓋因石塘初築，外當風濤，內則孤立，必培築土塘以護之，每年應派管理之員，動支歲修款項，隨時粘補。至搶築土塘，本在石塘之外，其間高低厚薄不同，應俟農隙之時，擇其低薄斷續處，令沿塘居民漸次補築高厚。一、東灣至周公墩，張家舍至倪家路，離海甚近，俱應先爲建築。再金山嘴老土塘至東華家角，共六千二百餘丈，原估工料不敷，應請飭令該督撫另行委員確丈估計。至舊塘之石，坍陷水中，應撈取湊築新塘，更爲適用。一、興舉鉅工，必有總理之大員，又必有分任之衆職，今監督蘇松太道魏觀，生長北方，於海塘非所素習，請發熟諳塘工之陞任京卿俞兆岳，綜司其事，以魏觀會同稽查，再請敕下江南督撫，另於通省同知、通判等官內，選擇委任，管理分築。俱應如所請。得旨：依議。海塘工程事務，仍著李衞會同江南督撫稽查辦理。（世宗七三、一七）

（**乾隆六、八、乙未**）工部議准：吏部尚書署兩江總督楊超曾奏稱，松江、太倉各屬地方，建築土石塘，計長五萬九千四百餘丈。除塘身壓占外，所有挖廢田畝，原議塘西概留二十丈，塘東概留三丈，爲歲修取土之用。所留地畝，尚有可種花禾蘆葦之處，請聽原業主自行耕種，免其徵租。倘塘工有應修補處，仍向田內取土。塘身塘面所產草葦，責令塘長採割，抵作堡房塘長工食，餘剩留充歲修。從之。（高宗一四八、五）

（**乾隆六、一一、辛巳**）工部議准：江蘇巡撫陳大受疏覆前署兩江總督楊超曾等奏，寶山縣東門楊家嘴等處土塘外，原築坦水石壩五百九十一丈。外層臨水樁木，大汛搜刷，樁外之土，漸被侵削。樁木入土已淺，易致欹斜。請於臨水樁外，築石壩二層，坦入海底。又，採淘港迤北月浦塘，沿海岸上衝卸，除已築樁工五十丈外，又衝進三、四丈，險逼更甚，請築坦水石壩一百二十丈。查寶山東門土塘外，前築臨水樁，因歷伏秋大汛，岸土侵削，并非前築不善；其採淘港迤北月浦塘，衝進三、四丈，係在樁工五十丈之外，非同在一處，應動支正項錢糧加築。又，楊家嘴原築坦水石壩，兩頭工盡處，被潮衝進數丈，成大灣兜，不能抵禦，亦應動支正項錢糧，兩頭各築坦水石壩二十五丈。從之。（高宗一五五、一〇）

（**乾隆七、一二、癸卯**）[工部]又議准：江蘇巡撫陳大受奏稱，寶山縣北門外，舊城水關廟後，岸土被潮衝刷，水至塘腳。應請下築坦水石壩一百二十丈。又月浦塘，原築坦水壩一百二十丈、單路石壩一百七十丈，南北兩頭無坦水之處，潮浪衝擊，侵削塘身，應接築坦水壩一百丈、單路石壩六十丈。現因情形危險，急須搶護，已在司庫存公匣費內動給趲辦。候部覆，撥還歸款。從之。（高宗一八一、六）

（**乾隆八、一二、癸丑**）[工部]又議覆：江蘇巡撫陳大受疏稱，寶山縣採淘港等處外護塘工，前因風潮衝塌，奏講改建護塘石壩。茲復勘得採淘港南首，並無坦壩保護，應請接築單路石壩一百丈。外築石坦坡，加釘排樁。又，吳家濱迤南靠壩，加築石坦坡；并東門外土塘一百七十五丈，加高二尺。應如所請辦理。從之。（高宗二〇六、七）

（**乾隆八、一二**）[是月]江蘇巡撫陳大受奏：寶山縣胡巷鎮及薀草濱一帶，臨海居民稠密，土塘日漸坍卸，每遇大汛，潮水浸刷，塘根甚屬危險，請於薀草濱北岸橋東鎮西市梢對官路起，迤東至鎮梢止，建築單層排樁石坦坡四十丈，自胡巷橋東鎮起，迤東北至稅房止，接築雙層排樁石坦坡四十丈，動項償辦。得旨：知道了。（高宗二〇七、二七）

（**乾隆九、七、己丑**）工部議准：江蘇巡撫陳大受疏稱，太倉州屬之寶山縣，地濱大海，潮汐洶湧。所有月浦土塘，被潮衝刷。請建築單路石壩，外加樁石坦坡，各一百七十丈。并接築抄塘，使與土塘聯屬，中設涵洞宣洩。從之。（高宗二二〇、一八）

（**乾隆一三、一、己丑**）軍機大臣議覆：署江蘇巡撫安寧奏稱，寶山鎮洋土塘及民築土圩，被潮衝損，二縣交界之施港口一段，坦坡悉壞，塘內成河，難以修築，應繞進十餘丈，築月隄一。其餘舊塘外尚有餘地，應修補。惟石塘北首起至薛家灘止，土塘二千二百九十三丈零，適當頂衝，數年來餘地刷盡，一遇大汛，便至坍壞。塘外之坦坡石壩，年年修築，終難抵禦，塘基半沒水中。至採淘港、月浦塘、楊家宅三處，更成巨浸，應移築向內，或一里，或二里，共壓佔挖廢民田九百六十餘畝。移築後，尋常潮汐，不抵塘根，坦坡石壩等工可省。此段土塘，應底寬七丈，面寬二丈，高一丈五尺。其胡巷至虬江民圩，災後力艱，併請官修，等語。均應如所奏。其胡巷至虬江民圩，嗣後仍應歸民修理。又稱，移築土塘壓佔挖廢之田，災民因公失業，計價不過萬金。現省坦壩之費，將來歲修亦減，帑項尚不虛糜，請給值。至讓出塘外膏腴之田，將來便成瘠土，請減額。應令該撫核題。得旨：依議速行。（高宗三〇六、八）

（**乾隆三二、九**）[是月]江蘇巡撫明德奏：江蘇地方自蘇州府屬吳江至鎮江府屬丹陽運河塘路，縣互四百餘里，爲閩浙赴京大路。公文商艘，絡繹不絕，必須塘路高寬，方可以資馳驅縴拽。且沿河低窪田畝，尤賴塘工保護。查蘇州一帶，南受浙江天目諸山經由太湖之水，北受楊子江由鎮江入運河之水，匯流至蘇，由吳淞、婁江、白泖等江，宣洩入海。蘇常一帶塘路卑矮，遇伏秋汛發，南北之水汹湧灌注，宣洩不及，多致漫淹。所有往來公文及商艘縴路，俱多未便；且沿河低窪地畝，往往被淹。臣委員逐段查勘，計吳江、震澤、長洲、元和、吳縣、無錫、金匱、武進、陽湖、丹陽等十縣塘工，應請動項興修。報可。（高宗七九五、一三）

（**乾隆四一、二**）［是月］江蘇巡撫薩載奏：華亭、鎮洋、寶山三縣境內之戚家墩、長湖港、張鑑浜、黃家宅、舊城灣等處海塘，均被潮衝，應行添築樁石壩坡，現飭估辦。下部知之。（高宗一〇〇三、四七）

（**乾隆六〇、閏二**）是月，江蘇巡撫奇豐額奏：寶山縣東門，上年陡遇風潮，將石塘外舊有土塘併另築碎石壩坡各九百六十丈坍卸入海，前經奏准改為官辦，作正開銷。惟查有曹家衖起至教場東止土塘一段，沙灘凸出數丈，向祇就勢圍築，致三面受潮衝擊，應將塘身收攏，凸出地全行讓出，作為護沙，並可節省新工，共估需工料銀二萬餘兩，現飭司動給正項，並委員督催，務於春汛前趕竣。下部知之。（高宗一四七三、二七）

（八）浙江

1. 海塘維修

（**康熙三七、九、庚寅**）工部議覆：浙江巡撫張勄疏言，本年七月十三、十四兩日，颶風大作，海潮越隄而入，衝決海寧縣塘一千六百餘丈、海鹽縣塘三百餘丈。應行令該撫作速修築。從之。（聖祖一九〇、五）

（**康熙五七、三、戊寅**）工部議覆：浙江巡撫朱軾疏言，海寧縣海塘，俱屬浮沙，塘腳空虛，請用木櫃之法，以木為櫃，橫貼塘底，實以碎石，以固塘根。又用大石，高築塘身。附塘另築坦水石，以護塘腳，毋使潮水浸入。再查塘內向有小河，名備塘河，居民築壩，遂淤為陸，今應去壩疏河，即以挑河之土培岸。又，石塘三十餘里，均須防守，不時修築，東西土塘，見在坍塌，更宜及時堵禦。俱應如所請，速行修築。從之。（聖祖二七八、一八）

（**康熙五九、七、庚午**）工部等衙門議覆：福建浙江總督覺羅滿保條奏浙省海塘事宜。一、海寧縣老鹽倉北岸，東自蒲爾兜起，西至姚家堰止，共一千三百四十丈，砌築石塘，可保護杭州、嘉興、湖州三府民田，其沿海要害處，應築草壩，以資抵禦。一、海寧縣沿海地方，俱係沙土，今沿塘新有漲沙，乘此速將石塘砌築，將來沙土漸聚，便可擁護塘根。每塘一丈，用大石砌作十層，共高二丈，塘面之內，培築土塘，計高一丈，寬二丈。一、開中小亹一帶淤沙，以復江海故道，則海寧土塘、石塘，可免潮水衝決。一、築上虞縣夏蓋山石塘一千七百九十丈，以防南岸潮患。一、調委經理各官，以專責成。如有怠玩誤工、侵冒滋弊者，察出參處。一、請專員歲修，以保永固。其南岸紹興府之上虞、餘姚、山陰、會稽、蕭山五縣石塘、土塘，交紹興府同知管理；北岸杭州府之海寧、仁和、錢塘三縣石塘、土塘，將金華府同知裁去，添設杭州府海防同知一員管理；嘉興府之海鹽、平湖二縣石塘、土塘，交嘉興府同知管理。一、凡江海潮神，向登祀典者，祈皇上加贈封號廟額，令有司春秋致祭。均應如所請。從之。(聖祖二八八、一三)

(**雍正二、一二、癸酉**)諭吏部尚書朱軾：浙江沿海塘工最爲緊要，署撫石文焯前經奏稱應用石工，後又奏稱不必用石，全無定見，誠恐貽誤塘工。朕已諭令法海、佟吉圖作速詳議具奏矣。但恐法海等初任，不諳地方情形，爾曾爲浙江巡撫，必深悉事宜，著馳驛前往浙江，作何修築之處，會同法海、佟吉圖詳查定議，交與法海等修築。朕思海塘關係民生，務要工程堅固，一勞永逸，不可吝惜錢糧。江南海塘，亦爲緊要，俟浙江議定，即至蘇州，會同何天培、鄂爾泰將查勘蘇松塘工如何修築之處，亦定議具奏。(世宗二七、二)

(**雍正三、一二、癸未**)署浙江巡撫福敏疏言：紹興府海塘工程，原議皆用條石，後以條石不易購致，限期已迫，遂用條石托外，亂石填中，今恐日後坍塌，仍改用條石，請寬限期，督催改築。得旨：海塘工程，關係民生，最爲緊要，必須一勞永逸，若因條石一時難以購致，從前便當聲明緣由，奏請展限，何得草率從事。著交與新任巡撫李衛悉心查勘指示，更改修理，務期永遠堅固。張楷在江南修理塘工，用木樁密釘，似爲有益，可否倣行。並令李衛酌量。(世宗三九、二三)

(**雍正四、八、丙戌**)浙江巡撫李衛疏報：杭州、嘉興、紹興三府屬海塘，修築告竣。下部知之。(世宗四七、二二)

(**雍正七、一二、丁巳**)工部議覆：浙江總督李衛疏言，海寧沿塘，東自尖山，西至翁家埠，綿亙百里，皆臨大海，今南岸潮頭直射，北面護沙洗刷無存，一線草塘，不能抵敵全海潮勢，若非向裏添砌石工，難以保固，請於西塘內，荊煦廟起至草菴止，就舊有草塘，收進二、三丈，砌築石工，東塘於陳文港、小文前薛家壩及念里亭等處，分築挑水盤頭大草壩五座，堵禦

頂衝，使水勢稍緩，可引漲沙漸聚，其遠年塊石，各塘酌量加高培厚。俱應如所請。從之。（世宗八九、二五）

（**雍正一一、一、戊子**）大學士等遵旨議覆：浙江總督程元章疏言，海寧縣今年夏秋潮勢，自東而西，侵入仁和縣界，石草各塘坍卸無常，勢甚危險，等語。查海寧東塘，向有修築石草各工，而西首現衝之仁和縣界，原係土工，離杭城僅二、三十里，且與長安壩下河向北一帶相距不遠，設有疎虞，建瓴而下，有關杭、嘉、湖、蘇、松、常六郡利害，自應速爲修築，以備春伏大汛。但各處塘工，止有石土之分，獨寧邑又有草工者，蓋緣其地沙活土浮，潮頭往來，搜抉塘腳，即使大石鋪砌，而上重下虛，最易傾倒，不得已修築草塘，暫爲堵禦。是三項工程，因時隨地，各不可少，但該督祇稱各塘危險，未經疏明何項塘工，無憑懸揣，應令逐一詳勘，即乘春間水小時，將應行補葺修築之處，酌動錢糧，相機料理。其通盤形勢作何籌畫久遠之法，應俟特簡大臣前往查看，再行定議。得旨：著内大臣海望、總督李衛，馳驛前往浙江，會同總督程元章，將海塘工程通盤相度形勢，籌畫事宜，應作何修築以垂久遠之處，詳細查勘，悉心定議。其修築工程，著大理寺卿汪漋、原任内閣學士張坦麟，前往承辦，仍照舊令程元章總統辦理，張坦麟即於本籍前往，直隸總督印務，著署刑部尚書唐執玉暫行署理，營田觀察使顧琮協辦。（世宗一二七、四）

（**雍正一一、四、壬子**）奉命查勘浙江海塘内大臣海望等奏言：查浙省江海情形，其門戶有三：省城東南龕、赭兩山之間，名曰南大亹；禪機、河莊兩山之間，名曰中小亹；河莊山之北，寧邑海塘之南，名曰北大亹；此三亹之形勢也。今南大亹早已淤成平陸，數十年前，水由中小亹出入，後漸徙流北大亹，年來北大亹之桑田廬舍，已成滄海，若欲遏江海之狂瀾，仍歸中道，恐非人力所能爲者。查海寧東南，有尖山聳峙，鎮鎖海口，其西有小山，俗名塌山，相去百餘丈，現今江水大溜緊貼北塘，直趨尖山、塌山之間，而海潮激塘，護沙日刷，若於尖、塌兩山之間，俟冬初水落，修建石壩，設法堵塞，使江水海潮，仍向外行，則北岸護沙，可望復漲。至於仁寧二邑海塘，自華家衕以東，尖山以西一帶塘工，有草塘、條石塘、塊石塘不等，内有大學士朱軾於巡撫任内，修建石塘五百丈，完固無損。又新建之條石塘，尚屬整齊。其餘草塘，易於朽爛，而石塊舊塘，亦易於坍塌，殊非經久奠安之計，似應改建大石塘，庶可垂諸永遠。再請於海塘之内，添築土備塘一道，比之舊塘，再高五六尺，務於今年秋汛以前，上緊趕築完工，萬一風潮泛溢，有此備塘抵禦，似可以衛護民生，咸成樂土。得旨：所議俱屬妥協，著交部照所奏行。朕思尖、塌兩山之間，建立石壩，以堵水勢，似類挑水壩之意，所見固是，若再於中小亹開挖引河一道，分江流入海，以減水勢，似更有益。從前雖經開挖，旋復壅塞者，皆因惜費省工之故，今若加工開挖，兩工並舉，更覺妥備。石壩建後，即有漲沙，而石塘亦可漸次改建，以爲永久之利。其開挖引河之處，著程元章會同汪漋、張坦麟等，相度地勢，酌量辦理。（世宗一三○、三）

（**雍正一三、一二**）[是月] 大學士總理浙江海塘事務嵇曾筠奏：敬陳海塘章程事宜。一、疏挖南岸沙洲以導水勢。一、採辦江浙條石以濟工用。一、廣購椿木，多委幹員量收。一、委辦柴束革除殷户經管。一、詳定工價發帑金鳩工價築。一、辦運塊石、給工價，毋許扣尅。一、甄別兩營塘兵，責令廳營督率。一、選調練習工員分委監工搶築。得旨：以上數條，可謂措置咸宜。朕實慶海疆得人，從此永永寧謐，安瀾底績，卿功可垂諸竹帛矣。（高宗九、三八）

（**乾隆一、七**）[是月，大學士總理浙江海塘嵇曾筠] 又奏：詳審江海情形，請於仁、寧等處，酌建魚鱗石塘六千餘丈，以固工程。得旨：卿所議自必合宜，惟有忻悦覽之，一如卿請耳。（高宗二三、二三）

（**乾隆一、七**）[是月，大學士總理浙江海塘嵇曾筠] 又奏：請疏濬杭、湖二府水利，以裨民生。得旨：好，應如是疏通者。（高宗二三、二四）

（**乾隆二、四**）[是月] 刑部左侍郎劉統勳奏報：浙省海塘工程，惟朱軾所建五百丈至今堅固，其餘舊塘俱難經久。至於堵築尖山，開挖引河，費用浩繁，成功難必，此督臣嵇曾筠所以專主建築魚鱗大石塘之議也。我皇上不惜百萬帑金，以衛浙民田廬。今歲北岸海沙漸漲，南岸江溜漸通，可望成功。海寧城南石塘五百丈，現已完竣。密籤長椿，平鋪巨石，灌以米汁灰漿，釦以鐵釘鐵鋦，後來工程，若始終如一，可保永遠無虞。查向來保固之法，於塘外籤椿鋪石，層累而上，作爲坡陀之形，名爲坦水。此項工程，在今日有不得不修築之勢，竊計海塘與河工形勢迥不相侔。河工有應築、應開、應濬之不同，即有不得不築、必不可築之異。海塘之內，皆屬寸土寸金之地，一有衝決，民命攸關，且鹵水一入，數年之內，必致顆粒無收，既議築塘捍衛，自不容有兩歧之議，此實在情形也。得旨：知道了。久而悉其情形，再久而識其作法，原不可以欲速者也。（高宗四一、三五）

（**乾隆二、一○、乙巳**）大學士管浙江總督嵇曾筠疏報：海寧縣建築石塘工竣。下部知之。（高宗五五、八）

（**乾隆三、二、壬子**）大學士總理浙江海塘并管總督事務嵇曾筠疏請搶

修東西兩工舊石塘，及加鑲翁家埠一帶草塘。從之。（高宗六三、一七）

（**乾隆三、四**）[是月]大學士總理浙江海塘管理總督事務嵇曾筠疏言：海潮入江，有南大亹、北大亹、中小亹三路；遷流無定。考其形勢，溜趨北亹，則海寧一帶塘工，連當其衝；溜趨南亹，則紹興一帶塘工，亦受其險；惟溜趨中亹，庶南北兩岸，俱獲平穩。前因溜走北亹，遂致海寧塘工，連年告險；雖欲修築石塘，而一日兩潮，難以施工。幸兩年來，東西塘外，漲沙日加，綿亙寬厚，水勢中行，不特海寧塘工可築，即南亹一路，亦可漸次開放。但中亹介於禪機、河莊兩山之間，口門仄狹，江海不能暢流，往上則直逼南亹，退下則仍注北亹，皆須及早圖維者。臣於本年二月，會同刑部侍郎劉統勳，查勘紹興府屬一帶海塘，類多殘缺，若及時修葺，需帑少而功亦易成；現已發銀償砌完整。再中亹之上游，蕭山縣西興地方，有大灘橫亙江心，挑溜北注，如遽開中亹，則北岸之仁和、錢塘工程，亦成頂衝；現亦設法疏切，引溜衝刷，俟水勢條順，方可開放。至魚鱗石塘工程，原係垂諸久遠，臣復指示償築，務期堅整。得旨：欣悅覽之。海塘工程，一以賴卿，自能先事豫籌，諸凡得宜，以副朕望也。（高宗六七、三〇）

（**乾隆四、五、戊辰**）工部議准：浙江巡撫盧焯疏稱，海寧縣塘工，向來潮水激塘，藉草盤頭挑溜，今水勢南遷，漲沙日遠，似應改築。除陳墳港已築石隄外，其普兒兜、馬牧港、戴家石橋、秧田廟、賣魚橋、小墳前、鄭九皁門前、白牆門、廿里亭九座，長一百六十丈餘，應與後身土塘，一律改築石塘，動帑興工。從之。（高宗九三、一四）

（**乾隆四、一〇、辛卯**）工部議覆：浙江巡撫盧焯奏，查勘尖、塔兩山，相去二百丈。已築壩工一百二十丈，未竣工八十丈。從前原深九丈至十二、三丈不等。今中亹深一丈九尺，近壩頭深一丈六尺，近塔山深一丈三尺，寬處僅三分之一，深處僅十分之一。請照原議，以塊石裝入竹簍，由淺至深，可免漂流之患。築高五丈，即足以資捍禦，等語。應如所請，將尖山未築壩工八十丈，飭經管廳員，動項辦築。從之。（高宗一〇三、八）

（**乾隆五、閏六、壬戌**）諭：據浙江巡撫盧焯奏稱，海寧尖山壩工，實係全塘鎖鑰。臣率同兵備道相度指示。自開工以來，未及五閱月，而全工已竣。此係跨海填築，不比內地工程。所有承辦各員弁，俱能實心實力，克著勤勞。謹分別等次，繕摺進呈。可否仰懇天恩，敕部議敘。至悉心贊勷、稽覈錢糧工料之布政使張若震、往來督工之按察使完顏偉，與督催運石船隻之鹽驛道趙侗敩，均係大員，未敢列入等次，相應聲明，等語。尖山壩工辦事人員，俱著照盧焯所請，交部議敘。至盧焯董率有方，張若震、完顏偉、趙

伺敎協辦盡力，著一併議敘具奏。（高宗一二一、一二）

（乾隆五、八、甲子）浙江巡撫盧焯奏：堵築海寧縣尖山壩口，自本月十三日開工，於五月十一日合龍。閏六月初四日告竣。下部知之。（高宗一二五、一〇）

（乾隆五、一一、壬申）大學士等議覆：閩浙總督宗室德沛等奏，會勘仁和、海寧二縣，自老鹽倉以西，至章家庵止一帶，俱係柴塘，易致坍蟄。請改建石塘四千二百餘丈，等語。查先經該撫盧焯以該處沿塘沙漲，奏停歲修。是此項工程，實非急務。應俟内大臣海望前估各工修築完竣後，再行勘度定議。從之。（高宗一三〇、一一）

（乾隆六、四、丙辰）工部議准：浙江巡撫盧焯奏稱，仁和、錢塘、蕭山三縣江塘，經海沙北障，潮汐南趨，轉北而西，多有頂衝坍塌之處。請拆修搶築柴石各工。從之。（高宗一四一、七）

（乾隆七、五、辛巳）大學士等會同工部議覆：欽差左都御史劉統勳、調任閩浙總督宗室德沛、浙江巡撫常安奏稱，親勘仁、寧一帶柴塘，自老鹽倉迤西至觀音堂止，護沙灘盡無存。又自觀音堂迤西，漲沙僅存數丈或數十丈以至數百丈不等。較從前漲沙綿亙，塘隄平穩之時，已迥不相同。相機搶護，實爲目前急務。又據杭州將軍傅森奏稱，觀音堂迤西等處，復經沙坍里許，水抵塘根各等語。應令該撫等作速辦料搶修。至所稱改建石塘，乃係經久之圖。惟現在試椿艱澀，夫價必增，不免偷減。請豫備物料，俟水緩沙停，乘機興築。每年先以三百丈爲率。查新任總督那蘇圖，將次到浙，再令確勘。如意見果同，即行改建。仍令該撫悉行籌畫，務期工歸實用，帑不虛縻。其開槽建石，即在柴塘後身，舊有柴工尚存，無須加築坦水。請添馬牙關石椿一道，以資鞏固。惟簽椿處所，較比魚鱗石塘原估之數，量爲加增，亦應令該撫轉飭員工，據實估報，不得浮冒。再，北岸之鹽、平、仁、錢等縣，及南岸之山、會、蕭、上等縣，江海塘工，既稱北坍南漲，形與昔殊，隨時補葺，足資捍禦。其有已估未修及檄［覈］議未估之處，應令該撫詳慎分別辦理。至稱目今搶修，需柴正殷，請照時價每百觔給銀九分。應如所奏，免致誤工。但不得著爲成例。嗣後遇柴薪充裕之年，即嚴飭各員減價購買。從之。（高宗一六七、一二）

（乾隆七、六）［是月］浙江巡撫常安奏：老鹽倉各塘工，正值伏汛潮湧，未免汕刷。現飭工員分段積柴，隨時修補。得旨：所奏俱悉。此奏殊屬遲緩，更聞目今沙復漲而水南旋，何不奏明以慰朕懷耶。（高宗一六九、二六）

（乾隆七、一一、甲戌）工部議准：浙江巡撫常安奏稱，山陰會稽二縣交界之宋家漊土塘，地處兜江，潮汐衝刷，以致護沙坍卸。土塘卑薄危險，急須修築護塘埽工一百四十丈，以衛正塘。從之。（高宗一七九、七）

（乾隆七、一一）［是月］閩浙總督那蘇圖奏：浙江近海寧塘岸者，爲北大亹；近上虞塘岸者，爲南大亹；南北兩山之間，爲中小亹，形勢橫截江海，實爲浙省之關闌。若將中小亹乘勢開通，使江海暢流，汕刷愈深，則受水益廣，所費多不過數萬金。北岸之水，可以漸挈而南，海寧一帶，自無漫溢之虞；即使不建石塘，民生自共登衽席。但須從容相機開濬。臣是以先將柴塘添建石簍，爲目前濟險之急務；以中亹引河開道，爲將來經久之要圖。得旨：所奏俱悉。（高宗一七九、二七）

（乾隆九、一一）［是月］浙江巡撫常安奏：海寧縣南門外，鎮海廟迤西至老鹽倉一帶塘工，近因護沙坍卸，水臨塘根，甚屬險要。現於北岸存水刷卸之處，先行興工，多建木石簸壩。其南岸引水工程，容親往察驗具奏。得旨：知道了。海塘工程，詳慎爲之。（高宗二二九、一七）

（乾隆一三、二、丁巳）大學士議准：欽差大學士高斌等奏稱，會勘仁和、海寧二縣，自章家菴起，至尖山腳止，新舊大石塊石柴草土塘，並皆鞏固。塘外新漲淤灘，縣亙四、五十里，中小亹引河，導引江溜，暢流直下，全塘得保無虞。但得後邊土堰擁護周匝，則塘後坡土不傷。除八仙石起，至章家菴老土塘四千七百餘丈。另有外護土堰，無須加築外，應將前項塘工，頂上後邊，一律加築土堰。底寬一丈二尺，頂寬八尺，高四尺，共長一萬四千數百餘丈。再，自仁和縣江塘迤東至章家菴，民築土堰，六千二百餘丈，原爲八仙石迤東老土塘之外護，高下厚薄不齊，應通體加高培厚。從之。（高宗三〇八、四）

（乾隆一三、四）［是月］欽差大學士公訥親奏：閱看海塘，現大溜悉歸中小亹。北大亹、南大亹漲沙綿亙，亦無險慮。至中小亹引沙，上年衝開二十餘丈，現至四百餘丈。若至大汛，北岸不能無臨塘之水，南岸文堂山之腳，現已落水，勢已向南。文堂禪機山以南，應相機利導，使兩山全落水中，則中亹寬展，大汛庶可分北岸之潮水。至於錢江大溜，雖行葛嶴山以南，而逼近山腳之水，仍復從山後一帶漫流。現在刷有堰溝，長五、六里，深五、六尺不等。江溜初向南行，當防仍復故道。此處應設一竹簍碎石滾壩，使江水仍由壩漫流。其蜀山至尖山一帶，中有堰溝數道，應酌看情形，或於水口，或於中段溝尾，稍加堵禦。又，南岸會稽縣屬宋家漊地方，東有曹娥江，西有三江閘，水歸北流入海。今江水改由中亹，與該處甚近，遇潮水長發，遏抑曹娥江水，二水益漲，亦應加意防護。再，南岸一帶海塘，因安瀾已久，未設專司塘汛弁兵，請令該撫於海防兩營內，撥官兵在南岸塘工，及附近臨河一帶住宿，隨時查看，再撥兵弁，於中亹北之河莊山居住，就近在葛嶴山、蜀山一帶上下巡視江海水勢，以便豫防。仍令海防道，不時前往查閱，俟大汛過後，水勢全定，於南塘工所，酌建營房，以爲官兵駐宿之所。報聞。（高宗三一三、四三）

（乾隆一四、四）〔是月〕浙江巡撫方觀承奏：仁和縣江塘迤東，至章家庵一帶土堰，並自章家庵至尖山一帶石柴草塘，加築土堰工程，經臣等奏准：給發半價興修。今據土堰內外認墾各户呈稱，情願不領帑銀，合力修整，分作三年完工等語。似應如其所請。至原估給發半價之處，應請停止。報聞。（高宗三三九、四四）

（乾隆一六、五、己亥）工部議准：署浙江巡撫永貴疏稱，紹興府屬山陰縣宋家樓〔漊〕地方，舊有土塘，近年水性南趨，屢遭衝刷。宜改建石塘，加築坦水。從之。（高宗三八八、三）

（乾隆一七、六）〔是月〕浙江巡撫覺羅雅爾哈善奏：今年春夏雨多，海潮汹湧。海寧縣石塘外積沙，間被衝卸。將軍殿之柴盤頭，亦有坍矬。幸蜀山一帶，漲有新沙，塘工無礙。臣查浙江海塘情形，若溜趨南大亹，則紹屬山、會、上虞被其患；或溜趨北大亹，則杭屬海寧、仁和受其侵。惟由中小亹出入，則兩岸田廬，俱受安瀾之慶。而中亹山勢，僅寬六里，潮汐往來，浮沙易淤；且南岸文堂山腳，漲有沙嘴百三十餘丈，挑溜北趨，北岸河莊山外，亦有沙嘴五十餘丈，頗礙中亹大溜。現酌將此兩處漲沙，挑切疏通，俾免偏礙阻滯之患。再，將軍殿之柴盤頭，係頂衝要工，坍矬處速應補葺，以護塘根。得旨：所見頗得領要。（高宗四一七、二五）

（乾隆二〇、八、甲子）閩浙總督喀爾吉善、浙江巡撫周人驥奏，七月十四、五等日，大風驟雨，潮勢湍急，海鹽、山陰、會稽、蕭山、上虞等縣塘工坍卸搶築情形。得旨：所奏不甚明晰，速行繪圖貼說，詳悉奏來。尋奏：南塘山陰縣宋家漊一帶，當江海交會之衝。七月大潮，將舊塘刷去，新築子塘，不足抵禦。擬幫寬八尺，加厚二尺，接連各工，加築柴塘。北塘海鹽縣塘工，居秦駐山、獨山之中，矬卸石塘六十五丈，須拆底重修。九里寨條石塘五十丈，塘外土埂刷去，潮逼塘腳，應加築坦水五十丈。塘後土備塘一百丈，官字等號石塘四十九丈八尺，潮刷樁露，應加築坦水一道。得旨：覽奏俱悉。（高宗四九五、一〇）

（乾隆二一、三、甲戌）閩浙總督喀爾吉善奏：近年海塘因水勢南趨，北塘穩固，而險工在紹興一帶，連被風潮，老塘全塌；子塘新工，更不足恃。歲修既費帑金，且恐水勢驟至，隄薄沙浮，為害甚大。擬於宋家漊楊樹下一帶，自大池後真武殿東首田內堅土處所起，跨河以南，直至陳金聲鹽舍後止，照海寧魚鱗大條石塘，排椿建四百丈，其西平穩處，接築土塘二十丈。築土餕於後，以護塘身，其舊土塘柴塘，可為外護。即坍損亦與新增無礙，無庸再修。山、會等縣永資捍衛。估計築費較歲修土塘為省，且於偏災窮民代賑有裨。得旨：如所請行。（高宗五〇八、一六）

（乾隆二三、五、辛亥）工部議准：浙江巡撫楊廷璋疏稱，鎮海縣海塘，請一律增高，遵照成規興築。從之。（高宗五六三、一六）

（乾隆二三、一一、壬辰）吏部議准：浙江巡撫楊廷璋等疏稱，杭嘉湖、寧紹台、金衢嚴、溫處各道，嚴州、處州二府各同知，台州、金華二府各通判所管地，均有水利，應令兼銜，並換給關防。從之。（高宗五七四、一六）

（乾隆二四、閏六、甲午）諭軍機大臣等：莊有恭奏東西海防柴石塘工豫備事宜一摺，已批該部速議具奏矣。江溜海潮全勢，既趨北大亹，則一切應行修築事宜，甚關緊要。現在時屆立秋，防汛不宜遲緩。而部臣議覆，不無尚需時日；且定議時，諒亦無可駁詰。著傳諭該撫，速就勘明籌辦之處，一面即行發帑興工，上緊趕築。毋庸聽候部覆，遲誤要工。（高宗五九一、一）

（乾隆二四、閏六、己亥）工部議准：浙江巡撫莊有恭疏稱，浙省老鹽倉迤西之華家衕等處，江溜海潮現俱北趨，雖塘外老沙尚未坍動，一經盛漲，水風相擊，不無衝奪之虞。請發帑給富、建、桐、分四縣，採辦柴勳運貯，俟秋汛後，將應行拆修之處，分別辦理。又海寧石塘近城一帶，護沙日見衝卸，倘遇異常風汛，潑塘之水，亦復堪虞。該處起止共長二千三百十一丈有奇，請於現存矬蟄土上加高三尺，幫寬二尺。所需銀兩，並前應用款項，統於節省引費內動支。得旨：依議速行。（高宗五九一、一二）

（乾隆二四、八）[是月]浙江巡撫莊有恭奏：海寧縣自曹殿盤頭，由城南迤東至九里橋一帶，塘外護沙，刷去無存。潮水近逼塘腳，坦基半露，或間斷殘缺，或成片潑卸。其大石塘外，或塘根蟄陷，或並無舊塘基址。計應修應建坦水，共一千一百四十餘丈，分別緩急。儹料興工。下部知之。（高宗五九五、二一）

（乾隆二四、九）[是月]浙江巡撫莊有恭奏：海寧縣塘坦最要工程，業經奏明辦理。茲查海寧邊城一帶椿石殘缺之六十五丈，應行議修；曹殿以西向未建坦之八十二丈，應行議建；請歸前案一併乘時趕修，以防春汛。翁家埠至老鹽倉一帶柴塘，當此江海全趨北大亹之時，誠爲緊要，但老沙尚寬二千餘丈，似可無虞，應否拆修，俟明春酌議。又，東防同知所屬之韓家池，有柴塘四百六十一丈，附近外沙，日見汕刷，漸爲迴溜浸逼，酌撥柴薪六十萬觔，分貯該處，以備不虞。得旨：諸凡甚妥。如所議行。（高宗五九七、四三）

（乾隆二四、九）〔是月，浙江巡撫莊有恭〕又奏：御史吳鵬南條奏責成大吏興修水土之政一摺，准部行令各督撫經畫酌議。查水之大利有五：曰江、海、湖、渠、泉。他省得其二、三，而浙省實兼數利。沿江濱海臨湖之地，欲收水之利，必先去水之害。於是塘以禦風潮，圩以遏淫潦，閘以蓄淡禦鹹，剝以引灌宣洩。金、衢、嚴三郡，又各有山泉溪澗，灌注成渠，堰壩塘蕩，無不具備。其塘隄各工，任之在官，圩岸剝門，任之在民，章程井然，長相遵守。經理之規，至纖至悉，更有詳於該御史之所奏者。至於古蹟可循，宜加修復，非所語於江海之變遷；新流可引，宜與疏通，非所論於湖渠之交錯。此又各有情形，難相附會者也。惟如仁和、錢塘之上中市、三河垸、區塘、苕溪塘，海鹽之白洋河、湯家鋪、廟涇河，長興之東西南漊港，永嘉之七都新洲陡門，九都水湫、三十四都黃田浦陡門，實應修舉，以收已然之利。再，杭州之臨平湖，紹興之夏蓋湖，有關田疇大利，數十年來積漸就湮，以致湖身日窄，概行剗復，恐難施工。應如何設法疏挑，或實不能濬復另議召佃墾種，容再體勘辦理。得旨：如所議行。（高宗五九七、四四）

（乾隆二七、八）〔是月〕浙江巡撫莊有恭奏：七月初七日，東西兩塘，猝被風潮；石塘坍卸，盤頭潑損。查勘海寧縣城東，自四里橋至鄭家衖一帶塘工，外用條石包砌，內填塊石，本非堅實，應改建大石塘一百四十三丈七寸，每丈建筑一十八層。又，陳文港東，搶修石塘在內，緩修石塘在外，其工頭兩不相接之處，計寬三丈五尺，應仿照條塊石塘，另建裹頭一道。至陳文港秧田廟，潑卸盤頭三座，柴土工程，難禦潮汐，請一律改建三層石坦，以省頻年鑲辦之煩。得旨：如所議行。但期工固，毋致浮冒可也。（高宗六六九、一七）

（乾隆二七、九、己丑）又諭：浙江海寧一帶塘工，最關緊要。今春巡幸抵杭之次日，即赴老鹽倉、尖山等處相度指示，飭令修築柴塘，並建設竹簍、坦水各工，用資保護。今據莊有恭奏，查勘工程，俱已陸續完竣，餘工并皆穩固，等語。該撫督率各員償辦葳工，甚屬盡心，深可嘉予。莊有恭，著交部議敘。所有在工勤事各員，并著查明，分別咨部議敘，以示獎勵。（高宗六七一、一七）

（**乾隆三〇、閏二、庚戌**）又諭：海寧石塘工程，民生攸繫，深厪朕懷。連年潮汛安瀾，各工俱屬穩固。茲入疆伊始，即日就近親臨相度。先行閱視繞城石塘五百三十餘丈，實為全城保障。而塘下坦水，尤所以捍衛石塘。但向來止建兩層，今潮勢似覺頂衝，外沙漸有汕刷，三層之外，應須豫籌保護。該撫等上年所奏，加建三層坦水六十餘丈，止就尤險要處而言。於全城形勢，向未通盤籌畫，若一律普築三層石坦，則於護城保塘，尤資裨益。著將應建之四百六十餘丈，均即一例添建。其二層舊坦內，有椿殘石缺者，亦著查明補換。該督撫等，其董率所屬，悉心籌辦，勳勑興修，務期工堅料足，無濫無浮，以收實濟。副朕為民先事豫籌之至意。（高宗七三〇、六）

（**乾隆三〇、九、丙子**）浙江巡撫熊學鵬奏：紹興府屬上虞縣之蒿壩隄、梁湖口隄二道，及會稽縣之曹娥鎮，地勢低窪，每當秋汛，山水下注，海潮上溯，田廬易被淹浸。現三處士民協力，將梁湖舊隄四百餘丈、蒿壩隄一百八十丈、曹娥鎮隄七百六十餘丈，次第修築。並請嗣後民間經理，無需動帑。得旨：嘉獎。（高宗七四四、三）

（**乾隆三二、二**）[是月]浙江布改使覺羅永德奏：浙省仁、寧二邑塘工，向係每二十丈，按千字文編為一號。嗣因海寧縣東西魚鱗石塘，陸續修築改建，委員分段承辦，一切估報文冊，遂指為某員原修之某段。現查每段或數丈、數十丈及百餘丈不等，多寡懸殊；且先後派修，員名屢易，又或年久之員，節次委修多段；遇有保固限內坍損應賠工程，難免朦混支飾。請仍照舊編號立碣，造具字號清冊送部。凡有應修工程文冊，均令指明某號塘工，併將某號原修係何人及完工日期報部存案。得旨：如所議行。（高宗七七九、二二）

（**乾隆三五、一〇、丁丑**）又諭曰：熊學鵬奏請於蕭山、山陰、會稽一帶，改建魚鱗大石塘。及條塊石塘坦水之處，所奏非是。浙省海塘情形，朕南巡時，屢經親臨閱視，知之最悉。海潮大勢趨北亹之時居多，是以北岸塘工，不得不加修護；其趨中小亹，已屬僅見，數十年來，惟乾隆十六年一至中亹，彼時南塘並不聞有礙。目今潮勢正趨北亹，即中小亹潮尚未到，與南岸渺不相涉，何必如此鰓鰓過計乎。況現在潮勢常趨北塘，已不得不時加培護，若於潮勢未到之南塘，亦創議興築，殊屬無謂。且南北兩塘，同時並修，於理既覺非宜，於事更為無益。而國家經費，亦豈可不悉心籌畫，無端糜耗乎。若因今歲蕭山等處偶被風潮起見，其事本不常有，但當視舊時塘工間被衝塌者，量為修復，何必援照海寧之例，興舉大工。總由本朝工作與前代不同，前代遇有力役，一切派自里下，小民自皆聞風裹足，即有司亦多視爲畏途。至於本朝辦工物料，照時值購買，口食並按日支給，閭閻多藉以贍其身家，即地方官經手承辦，亦不無資其餘潤；且有不肖官吏借端浮冒者，皆所不免。是以利於興工，並有從而慫慂，亦未可定。而封疆大臣，則宜持以慎重，不應遽爲浮論所惑也。朕勤求民隱，凡關係民生必應修舉之事，即工費浩繁，亦所不靳；似此無裨實濟，妄費工作，徒使墨吏奸胥藉爲開銷地步，則斷不能爲所矇混。熊學鵬尚屬曉事之人，何竟未籌度及此。所奏不准行。將此傳諭知之。（高宗八七〇、一一）

（乾隆三六、一）[是月] 浙江巡撫富勒渾奏：仁和、海寧二縣海塘，於本年正月分望汛後，自西塘老鹽倉起，至海寧縣城東四里橋一帶，塘外漲沙較前增高。至蜀山南面之沙，因冬月潮水甚微，坍勢稍緩，經相機挑切，共坍七百四十餘丈，若再向巖峰山西南坍寬三百餘丈，則中亹可有復開之機。因飭海防道督兵盡力挑切，乘此春潮之期，冀有成效。得旨：好。應致祭海神，以祈顯佑。（高宗八七七、一六）

（乾隆三七、四）[是月] 浙江巡撫富勒渾覆奏：紹興府屬山陰、會稽、蕭山、上虞、餘姚等縣石土塘工，遇有殘缺，即當修築。上年秋汛後，經臣分飭各道府相機籌辦，向係民修者，督令民修，官修者，確勘估修。其蕭山縣應修塘工，該處士民等因本年麥禾豐收，又輪應蠲免，情願合力增改捐修。茲查得蕭山縣井亭徐至蘆蕩河、富家池、長山頭一帶土塘外，所存老沙，自二、三百丈至一百五、六十丈不等，雖去海稍近，但堅土板沙，較海寧北塘浮沙不同；復將土塘丈量，共長八百六十丈，現據該處士民加高培厚者，四百一十丈，鑲砌條塊石工者，二百五十餘丈，其餘接續趲辦，可冀剋期竣工。此段工程，非實在險要，似可毋庸更張。得旨：覽奏俱悉。（高宗九〇七、四八）

（乾隆四一、八、辛亥）諭軍機大臣等：據三寶奏報，仁和、海寧二州縣海塘工程沙水情形一摺，並照例繪圖貼說進呈。據稱，時值秋汛，潮水稍旺，南岸河莊、巖峰兩山之北，陰沙逐漸袤延漲起，以致水勢直向北趨，等語。潮勢既向北趨，則老鹽倉一帶塘工，最關緊要。潮信遷移無定，固非人力所能強爲，而塘岸抵禦潮頭，不可不盡人事以爲防衛。其華家衖及鎮海塔各處，俱值迴溜頂衝，尤爲險要，所有一切塘工，務須上緊鑲築堅固，以資保障。仍著將何時修補完竣，及現在沙水情形，迅速覆奏。將此傳諭三寶知之。尋奏：遵勘本年潮汛坍卸各工，自華家衖東白字號起，至華家衖西伏字號止，鑲修柴工三百丈，業於七月二十六日完工。嗣因華家衖之西護沙，又經潮刷低七十餘丈，所有新修柴塘，其未經水臨塘腳者，尚有六十餘丈，惟恐溜勢上提，應再豫爲鑲修。隨於伏字號起至道字號止，又接修二百丈，業經開工，不日完竣。其東塘鎭海塔至四里橋，現在漲沙仍長九百餘丈，又四里橋至陳文港一帶，現在陰沙已露，計長一千九百餘丈，與鎭海塔迤東、陳文港迤西老沙，俱已聯絡，保護塘工，大爲有益。報聞。（高宗一〇一四、一〇）

（乾隆四四、九）［是月］浙江巡撫王亶望奏：仁和、海寧一帶海塘內，東塘韓家池逍字號至莽字號，共長二百八十丈，年久柴椿朽壞，本年夏秋，塘外護沙被刷，柴埽抽卸，請動項修整。報聞。（高宗一〇九一、二一）

（乾隆四五、三、壬午）諭：海寧州石塘工程，所以保衛沿海城郭田廬，民生攸繫。從前四次親臨，指授機宜，築塘保護，連年潮汛安瀾，各工俱爲穩固。今朕巡幸浙江，入疆伊始，即親往閱視，石塘工程，尚多完好。惟繞海寧城之魚鱗石塘，內有工二十餘丈，外係條石作牆，內塡塊石，歷年久遠，爲潮汐衝刷，底椿黴朽，兼有裂縫蹲矬之處。又，城東八里之將字號至陳文港密字號止，有石塘工七段，約共長一百五、六十丈。地當險要，塘身單薄，亦微有裂縫。此塘爲全城保障，塘下坦水，所以捍護塘工，皆不可不豫爲籌辦。著將兩處塘工均改建魚鱗石工，俾一律堅穩；並添建坦水，以垂永久。該督撫即派妥員確勘、估計具奏。又，石塘迤上，前經築有柴塘四千二百餘丈，現尚完整，究不如石塘之鞏固，雖老鹽倉有不可下椿爲石塘之處，經朕親見，然不可下椿處，未必四千餘丈皆然。朕於民瘼所繫，從不惜帑省工，俾資保護。著該督撫即將該工內柴塘、可以改建石塘之處，一併派委誠妥大員，據實逐段勘估，奏開辦理。如計今歲秋前可以辦竣，即撥帑趕緊興修，若秋間不能完竣，則竟俟秋後辦理。該督撫其董率所屬，悉心經畫，以期工堅料實，無濫無浮，務期瀕海群黎，永享安恬之福，以副朕先事豫籌至意。（高宗一一〇二、四）

（乾隆四五、四、乙卯）諭：朕此次巡幸浙江，由海寧閱視塘工，至杭州老鹽倉一帶，有柴塘四千二百餘丈，雖因其處不可下椿爲石塘，然柴塘究不如石塘之堅固。業經降旨，將可以建築石塘之處，一律改建石塘，以資永久保障。茲忽憶及該地方官及沿塘居民，見該處欲建石塘，或視柴塘爲可廢之工，不但不加防護，其或任聽居民拆毀竊用，致有損壞，則石塘未蕆工之前，於該處城郭田廬甚有關係。且改建石塘，原爲保衛地方之計，若留此柴塘以爲重關保障，俾石塘愈資鞏固，豈不更爲有益。況當石工未竣以前，設使潮水大至，而柴塘損壞，無可抵禦，不幾爲開門揖盜乎。著該督撫即嚴飭地方文武官，將現有柴塘仍照前加意保固，勿任居民拆損竊用。將來石工告

竣，遲之數年，朕或親臨閱視。爾時柴工倘有損壞，惟該督撫是問。（高宗一一〇四、七）

（乾隆四五、七）［是月］浙江巡撫李質穎奏：仁和、海寧二州縣海塘，當大雨時行之後，上游山水旺發，潮溜湍激，逼近范家埠一帶。所有暑字號柴工之尾，護沙日漸刷卸。請自暑字號至宿字號，接築柴塘一百丈。又，藏字號簍工迤西柴塘之外，護沙亦多刷卸，請自藏字號至往字號，接築竹簍六十五丈。得旨：知道了，妥固爲之。（高宗一一一一、二四）

（乾隆四六、二、壬子）諭軍機大臣等：據阿桂等籌議，海塘工程，除老鹽倉一帶一千七百丈，沙性澉汕，難以下樁砌石外，所有應建石塘共二千二百丈。若一律改建魚鱗石塘，所用夫役木石及運送船隻甚多，若做條塊石塘，比魚鱗不過三分之一，施工易而成事速，約計四十七年內，可以蕆工。從前嵇曾筠所辦東塘搶險石工，尚屬鞏固；則酌增工料，加添丈尺，亦仍可垂諸遠久，等語。所奏是，已於摺內詳悉批示矣。老鹽倉一帶沙性澉汕，難以下樁。從前朕本親經試驗，所有該處塘工一千七百餘丈，只可仍存其舊。王亶望欲一律建築，自屬固執己見，然其意出於要好，尚其過之小者。至此外應建之二千二百丈，既可仿照條塊石塘做法，較魚鱗塘工易而成速，則現在辦法，亦大約不出於此。著傳諭阿桂等，一俟履勘確實，衆議僉同，即速上緊興工辦理。將此由六百里傳諭阿桂等知之。（高宗一一二四、一二）

（乾隆四六、二、己巳）欽差大學士公阿桂等條奏修築海塘事宜：一、改建魚鱗石塘二千二百四十丈。原設東西兩防同知，責任綦重，請於現任丞倅內，選幹練數員，各認段落，經手辦理。即以兩防廳及委令協辦者，爲承辦之員。其查收物料，稽察工作，即以奏留及揀發來浙之丞倅知縣，分段派委，定爲監辦之員。至杭嘉湖、寧紹台二道，爲督辦大員，集料鳩工，稽查派委，皆其專責。王亶望本係總辦，應令常川督催，其工程做法，臣仍與公同籌酌，如各有所見，許令具摺陳奏。一、應用條石二十五萬四千八百丈，應照原議浙江、江蘇二省分辦。查魚鱗塘逐層收分，需厚一尺寬一尺八寸條石，方能間砌壓縫。現飛咨江省，按照尺寸趕辦。至浙省運石船，紹屬現有三百六十隻，由外海濟運，每月飭運五千餘丈。湖屬由內河運工，每月飭運三千餘丈。加以江省按月濟運，自足敷用。一、應用排樁木及梅花樁，原派金、衢、嚴三府屬承辦，每月約辦塘一百丈，應用樁木一萬五千根。分於各該縣餘銀內勒限採運，責成各該府催解。並飭州縣雇覓釘樁人夫到工。至塘工首重底層，現派佐雜各員，分段按照樁本圍圓長短尺寸親身量記，點檢入土如式。一、各處採辦本石，應先出示將給發採購裝運各價曉諭。如有短價勒派情弊，嚴行參處。其運解到工時，即令解役一面報明總理道員，一面持印票批文，自投管收專員處，立爲驗收，並用該員印信給與迴照。一、本年應辦塘工一千二百丈，擬分三次，每次開槽四百丈，俟釘椿已竣，即挨次開挖。其附塘民居，給銀遷移，務令豐裕支給。並飭承辦各員，每五日，將簽椿若干，砌石若干，開具清册，申送查考。王亶望率同杭嘉湖、寧紹台道往來稽察。臣仍隨時赴工，攜帶原册查驗。一、原請留浙十五員，續留四員；又，續請揀發十二員、內丞倅知縣十六員，每次辦四百丈，每員監辦五十丈，止需八員敷用，應分兩班替換。其佐雜十五員，亦分兩次派委，統俟工竣補缺。如有怠玩者，即行參處。得旨：諸條皆妥，依議行。（高宗一一二五、一六）

（乾隆四六、七、癸丑）閩浙總督陳輝祖、署福建巡撫楊魁奏：老鹽倉一帶海塘，自場字號至名字號一千五百丈，改建石工；其立字號至因字號二百丈，相傳沙性汕澌，不能釘椿，臣等駐工簽試，經打椿一丈二、三尺，不復搖動，請一律改築鱗塘石工。得旨：如所議行。（高宗一一三六、三五）

（乾隆四七、五、乙卯）諭：據陳輝祖奏海塘頭圍開濬引河，江潮暢順一摺，所辦甚合機宜，可嘉之至。海塘南岸淤沙綿亙，從前歷辦引河，迄無成效，陳輝祖能督率司道等悉心講論，辦理此段工程，於南坍北漲之機，切中窾要。將來魚鱗石工告竣，可以永期鞏固。此事陳輝祖所見既確，不待奏聞即督同屬員實力妥辦，在工人員亦皆能協力襄事，均應嘉獎。陳輝祖，著復還總督原品頂帶，其承辦此工之藩司盛住以下各官，並著交部議敘。所有開河工費，仍准作正開銷。（高宗一一五七、三）

（乾隆四七、八、戊辰）諭：據陳輝祖奏，建築海塘自來字號至食字號止，魚鱗石工二千二百四十丈，於六月二十六日，通工一律砌完。其續辦鱗塘一千七百丈，現在陸續開工，催緊趕辦。所有在工督辦之布政使盛住、海防道周克開、寧紹台道印憲曾、金衢嚴道德克進布、並江南帶至浙省之游擊田宏謨，皆認真稽察董率，晨夕罔懈；其分委承辦及在局司事之同知清泰、劉雁題、潘安智、方體泰、唐若瀛、州判蔣重耀、知縣趙思恭等，皆勇往勤勵，奮勉出力，等語。該省趕辦塘工，堅固妥速，在事出力人員，自應一體交部甄敘，以示鼓勵。除該督陳輝祖業經降旨復還現任總督頂帶，毋庸加恩外，其盛住、周克開、印憲曾、德克進布、田宏謨、清泰、劉雁題、潘安智、方體泰、唐若瀛、蔣重耀、趙思恭等各員，俱著交部議敘。（高宗一一六二、七）

（乾隆四八、一、丁未）諭軍機大臣等：據福崧奏仁和縣民竈人等呈請自修范公土塘一摺。范公塘係從前被水衝激，陸續坍塌，節經該督撫等奏明建築。……范公土塘，向係漲沙，該處民人捐修，自護己業，現在呈請合力趕修，事屬可行，自應如所請辦理。該撫仍飭司道等實力查察，毋使胥吏鄉保人等藉端侵派，致滋擾累。將此傳諭知之。（高宗一一七二、二四）

（**乾隆四八、六、丁卯**）又諭：浙江范公塘一帶，看來竟須一律改建石塘，以資捍衛，昨已諭知富勒渾等矣。本日據閔鶚元奏，江蘇省續辦浙塘石料，於四月二十九日全數起運，其由浙省挑退者，亦補運完竣，等語。前經該督撫奏稱，建築魚鱗石塘，分限辦理，需用石料甚急，江蘇隔省，採運稍難，先儘浙省購辦應用。前又經降旨富勒渾等，令將各段塘工蓋面石塊，不拘尺寸，不妨搭配鋪墁，以期迅速完工。是此次浙省石料先已鋪墁，江省續辦石料，運至浙省，必有存剩，即可留爲改建范公塘之用。著富勒渾等細心履勘，若該處塘工必須改築方可永資保護，浙省亦應豫行採辦，免致臨時糜費周章。況凡事豫則立，若今歲物料齊全，明春南巡時朕親臨閱視，指示機宜，降旨後，即可興工辦理，一年之內，無難告竣，俾鉅工屹立海濱，黎庶咸慶安瀾。至富勒渾等摺內，有老土塘根腳同係淤沙，土性浮鬆之語。從前老鹽倉一帶，亦稱沙性浮鬆，難以開槽打椿，乃自改建石工，一律穩固堅實，可見事在人爲。封疆大吏，於民瘼所關，斷不可存畏懼之見。該處改建石工，所費較前不過三分之一，今府藏充盈，於捍衛民生，即多費數十萬帑金，使閭閻永臻樂利，亦所不靳也。著傳諭富勒渾等善體朕意，熟籌妥酌。將此次江省運到石料，塘工完竣後尚存若干，將來興工仍須添用石料若干之處覈算，據實具奏。尋奏：改建石塘，實爲一勞永逸。所需石料，除鱗工應用外，尚存一萬三百餘丈，今范公塘改建石塘，共需條石五十一萬五千餘丈，現飭金衢嚴道、寧紹台道分往山陰、嚴州、寧波等處開採應用。報聞。（高宗一一八二、一四）

（**乾隆四九、三、辛丑**）諭：浙江建築石塘，所以保障民生，關係甚重。前庚子南巡時，朕親臨閱視，指示機宜，於老鹽倉舊有柴塘後，一律添建石塘四千二百餘丈，次第興修，於上年七月間告竣。因其砌築堅整，如期蕆工，原欲將該督撫及承辦文武官員交部分別議敘，今抵浙後，親臨閱看，乃所辦工程不惟不應邀敘，並多未協之處。蓋朕於老鹽倉添建石塘固以衛護民生，亦因浙省柴薪日益昂貴，歲修柴塘，採辦薪芻，致小民日用維艱，是以建築石工，爲一勞永逸之計，庶於閭閻生計有益。然石塘既建，自應砌築坦水保護塘根，乃陳輝祖、王亶望並未籌畫及此，而後之督撫亦皆置之不論，惟云柴塘必不可廢。此乃受工員慫惥，爲日後歲修冒銷地步。況朕添建石塘，原留柴塘爲重門保障，並未令拆去柴塘，前降諭旨甚明也。若如該督撫所言，復加歲修，又安用費此數百萬帑金添築石塘爲耶。又，石塘之前，柴塘之後，見有溝漕一道，現有積水並無去路，將來日積日甚，石塘根腳勢必淹浸滲漏，該督撫亦並未慮及。又，石塘上有堆積土牛，甚屬無謂，不過爲適觀起見，無當實際，設果遇異漲，又豈幾尺浮土所能抵禦耶。所有塘上土牛，即著填入積水溝漕之内，仍將柴塘後之土順坡斜做，祇需露出石塘三、四層爲度，並於其上栽種柳樹，俾根株蟠結，塘工益資鞏固。如此則石、柴連爲一勢，即以柴塘爲石塘之坦水，且今柴塘亦時見其有坦水也。總之，現在柴塘不加歲修，二、三十年可保安然無事，即如范公塘，尚歷多年，況此歷年添建工程，更爲堅實耶。至范公塘一帶，亦必需一律接建石工，方於省城足資永遠鞏護。著自新築石塘工止處之現做柴塘及挑水段落起，接築至硃筆圈記處止，再接築至烏龍廟止，亦照老鹽倉一帶做法，於舊有柴塘土塘後，一體添築石塘，將溝槽填實種柳，並著撥給部庫銀五百萬兩，連從前發交各項帑銀，交該督撫據實覈算，分限分年，董率承辦工員實力堅築，仍予限五年，分段從東而西，陸續修築，俟工程全竣後，朕另行簡派親信大臣閱看收工，以期海疆永慶安恬，民生益資樂利。該部即遵諭行。（高宗一二〇一、一）

（乾隆五八、七）是月，浙江巡撫覺羅長麟奏：浙省海塘，自六月望後，西塘十二壩對面南岸，突漲新沙，迤西常字等號埽工，先後潑損一百三十餘丈。現在搶鑲趕辦，請於新鑲埽工背後，添築月隄一道。又，工尾三官堂地方，隄前陰沙亦被刷減，應接長埽工四百丈，亦接築月隄一道，與常字號月隄聯絡。報聞。（高宗一四三三、二六）

（乾隆五八、八、庚寅）諭曰：長麟奏，浙江海塘於七月初三、十八兩次大汛，適遇急風驟雨，致東西兩塘柴埽各工，間有潑損坍卸，業已搶鑲堵禦穩固，等語。本年浙江一帶雨水較多，潮汛挾山水而行，勢甚洶湧，柴埽各工，間被衝塌。長麟督率工員分投堵築，各工得以保護无虞。辦理尚屬妥協。長麟及在工出力各員，俱著交部照例分別議敘，以示獎勵。（高宗一四三五、三二）

（乾隆五八、一一、壬子）諭軍機大臣曰：蘭第錫、李奉翰等奏會看海塘石壩一摺，已交原議大臣議奏矣。此事前據大學士、九卿覈議具奏時，朕以水勢宜於順軌直趨，方不至遏激爲患。浙省海塘已屬與水爭地，今又添建石壩，總計縱橫不下百餘丈，是占水之地更爲加多，潮汐往來，不無阻礙。長麟所奏酌減丈尺之處，恐無真知灼見。而吉慶甫經到浙，於海塘工程亦未諳悉，因李奉翰來京陛見，當即面爲詳晰指示，令其會同蘭第錫偕赴浙江，與吉慶三人詳細履勘，公同商酌，定議具奏。今據該河督等奏到，止稱石壩十二座，內有九座並非迎溜之區，應聽其廢去，毋庸修理。惟第二壩、第十壩、第十二壩適當迎溜處所，頗資攩護，請暫爲留存，等語。而於朕前此面諭此項石壩是否占水地面，以致衝激損工之處，並未明晰聲敘。是李奉翰並未領會朕意。且此項石壩十二座，均係福崧在浙時先後添建，嗣經長麟查勘，以石壩過於高寬與水抵禦易致潰損，奏請收窄辦理。是此項工程在長麟即欲收減改辦，而該河督等此奏，乃稱長麟請修之七座，均已殘損，等語。竟似此項石壩係長麟奏請修築，措詞尤爲牽混。前此福崧在浙江巡撫任內，惟知婪索牟利，於海塘事務更何暇親往履勘，留心整頓。其添建石壩，不過就屬員慫惥之詞，率議興工。朕明知此項工程必交官辦，而採取石料等項，即可從中浮冒，又可以建築石工，蓋石工奏銷重，柴工奏銷輕，不用柴薪，既可從重冒銷，更亦便小民生計，外以博市惠之名，而實以爲侵肥之計，情弊顯然。(高宗一四四一、六)

（乾隆五九、二、癸亥）諭軍機大臣等，據吉慶奏海塘石壩一摺，內稱范公塘十二座石壩內，第二壩、第十壩、第十二壩均係貼近要工，挑護尚屬得力，其餘九壩，應聽其廢去。至東塘海寧州石壩二座，亦應暫留，統俟應修時一律改做柴盤頭，等語。此事昨據長麟覆奏，海塘石壩與水爭地，自應遵旨辦理一摺。朕以海塘爲浙省要務，必須籌畫盡善，以資經久。吉慶現任浙江巡撫，是其專責，是以復經降旨，令吉慶將是否應照前議酌減廢去之處，詳悉查奏，不可存拘泥遷就之見。但此次奏到之摺，未經繪圖呈覽，於該處情形，尚欠明晰。著傳諭吉慶即將此項石壩，何處應留，何處應廢，及塘工溜勢情形總具一圖，貼說進呈。尋奏：海塘形勢，多係彎曲，大溜由尖山入口，自東南斜向西北直趨，是以范公塘江海神廟迤東彎曲處所，均關緊要。凡遇塘身突出之處，修築壩工挑溜，俾水勢不能入灣，方不致衝激損工。查西塘十二壩內，惟第二壩、第十壩、第十二壩均係迎溜之區，詢屬得力。其餘九壩，均在塘身彎進處所，且相隔甚近，有占水勢，應聽廢去。至東塘海寧州石壩二座，貼近州城左右，塘身亦係突出，藉以挑護，是以併請暫留，以資捍衛。謹繪具圖說呈覽。報聞。(高宗一四四六、八)

2. 其他水利

（乾隆二、一二、壬寅）工部議覆：大學士管浙江總督嵇曾筠疏稱，仁和縣地方橫河舊址，東通五林、塘棲鎮，西接武康、德清二縣，原爲舟楫往來要道，田禾賴以灌漑。緣明季武、德二縣之民，填塞此河百餘丈，嗣將淤塞河身，墾升田五畝六分，以致阻隔不通，商農兩累。今里民沈爾奇等籲請開濬，情願公捐田價，認辦糧銀，並捐助車壩等工，惟撈濬夫工，估需銀六百六十九兩有奇，照例動支公項。應如所請。從之。（高宗五九、七）

（乾隆一一、九）［是月］閩浙總督馬爾泰奏：浙省瑞安、平陽兩縣境內，有大河一道，承接萬山溪水；明代設有萬全陡門，導引注河。今淤塞年久，河水無源，遇旱淺涸。現據兩邑士民呈請自行興建；臣委員指示督修，令照舊制，將浦口堵閉，建造陡門四間，以三間安設江滸，禦鹹蓄淡。如遇山溪水大，可以宣洩。以一間放水入河，旁達支港，灌蔭田疇。並將居民佔墾河身，查丈豁糧。挑挖疏通，接引山溪之水，可無乾涸。報聞。（高宗二七五、一八）

（嘉慶一九、一二、戊午）又諭：御史王嘉棟奏，請開水利以濟民生一摺。據稱，浙江杭、嘉、湖三府被旱歉收，現在青黃不接之時，又值米價昂貴，貧民艱於謀食，請開濬西湖，以工代賑，等語。西湖為浙西水利攸關，田疇廣資灌漑，康熙、雍正、乾隆年間，節次動項興修，迄今閱時已久，湖身淤墊，水旱難收蓄洩之利，該御史所奏，自係實在情形。著顏檢詳加履勘，如應行興辦，並可以工代賑，即奏明妥辦。其所請動用景工生息及海塘節省銀兩，亦著該撫查明應如何借動及分年攤還之處，一併妥議具奏。但此事原爲利民起見，該撫勘明後奏請辦理，不可謂出自上意，恐無識之徒，妄行揣度，以爲豫備南巡，則與朕興利惠民之意大相刺謬也。將此諭令知之。（仁宗三〇〇、六）

（九）安徽

（乾隆三、一一）［是月］安慶巡撫孫國璽奏：鳳、廬兩府及鄰境之潁、六、滁、泗各府州地方，水旱頻聞，收成歉薄；雖由地多磽瘠，亦緣河塘湮淤，無從宣洩、灌漑所致。請動支關稅秋季盈餘銀兩，給發濬修，俾溝洫疏通，漸成沃壤，即少壯饑民，亦可就食於工。得旨：所見甚是，知道了。（高宗八一、三二）

（乾隆五、五）［是月，安徽巡撫陳大受］又奏：江北水利，關係田功，原任藩司晏斯盛奏准酌量興修。嗣據各屬具報緊要工程共二百餘處，估銀四十餘萬兩，竊思水利固爲旱澇有備，而中間緩急輕重、必須熟籌審處。查各州縣所報，如河圩湖澤及大溝長渠，工程浩繁，民力不能獨舉、必需官爲經理者，自應斟酌舉行。其餘零星塘埧，俱現有管業之人，歲資灌漑，原可自行疏濬，若概欲動帑，此端一開，小民希冀官辦，更滋游惰。且各省水利如此類者甚多，朝廷豈能以有限錢糧，在在爲小民代謀畚鍤。凡民力可辦之工，不妨交地方官督勸田主，令其自爲修理；惟民力不能爲者，方許動帑，官爲修理。得旨：所見極是。詳酌辦理可也。（高宗一一七、一九）

（乾隆七、八、辛卯）工部議准：江南總督宗室德沛奏稱，蒙城縣潘家湖等九處湖溝，蓄洩攸關，俱應開濬，并加築土埝。查民堤民埝，原係民力自行修築、不動帑項，如遇災歉後，民力實不能辦者，照以工代賑之例，動用公項。此次請即在撥存蕪湖關稅贏餘銀兩酌給，及時興修，以濟民食。得旨：依議速行。（高宗一七二、一七）

（乾隆二五、一一、丙辰）又諭曰：高晉奏宿州申家窪等三處民人開挑工程，請歸官辦一摺，所見非是。事關民生利病，在國家原不惜重帑修築，以資蓄洩；若原係民間自行修理之工，必其附近田舍，於義本無可辭，且統較官工，爲數亦屬無幾，理應實力從事，勿令自開諉卸之端。如所奏三處工程，果應官爲經理，則當原勘之初，即不應定入民修數內；乃勘定曾不逾時，復議改歸官辦，則此外民圩民埝應修工程尚多，能一一援例乎。是徒使無知愚民觀望廢弛，既不知自籌生計，而又以一切勞費，自有官爲任之，尚能如自辦者之保護愛惜耶。此所謂知其一不知其二，非所以爲官，尤非所以爲民也。即云工程浩繁，民力一時不集，勢需通融籌畫，則當明諭居民，使知大義，一面覈實確估，按數暫借官帑，爲之鳩工，仍酌分年限扣還，於事理方爲允協。著傳諭高晉等，令其酌量實在情形，妥議具奏請旨。尋奏：申家窪等處工程，原係大工案內勘明擬勸民修，實未便改歸官辦；但從前工程，俱係按照每年水勢大小，以定開挖丈尺，雇遠近人夫赴工；估需土方，每方例給銀一錢。今仍令附近有地人民修辦，應請酌借口食。查從前下江勸民修築圩堰，每土一方，借銀二分，作三年扣還，今宿州等處災歉之後，民力未裕，請將應修工程，按照原估土方數目，每方借銀六分，并製備畚鍤器具，責成地方官督辦，所借銀寬期五年扣還。得旨：如所議行。（高宗六二五、二）

（乾隆二九、一二）［是月］安徽巡撫託庸奏：安省沿江各屬，圩田居多，全賴隄壩捍衛，向係民修。本年夏間，江潮盛漲，隄壩漫缺甚多，當即通飭各屬，督民及時修竣。惟無爲州一屬，地處極低，本年被水獨重。該處隄壩綿長二百餘里，民力實有不能。請于廬鳳道庫水利餘剩銀內，動借三萬兩修築，分作三年徵完歸款。得旨：如所議行。（高宗七二五、二七）

（乾隆四七、一）是月，署兩江總督兼署安徽巡撫薩載奏：泗州境內謝家溝及汴河尾兩處，近因黃水盛漲，積淤較甚，亟應挑浚，以資宣洩。查該處河工，向歸民辦，第泗州連年被水，民力拮据，勢難督催。藩庫現存社穀變價銀兩，原係留為民間辦公之用，請即於此項內動支給辦。得旨：亟應如議速為者，所奏何遲乎。(高宗一一四九、一八)

（一○）江西

（乾隆七、一一、乙丑）工部議准：江西巡撫陳宏謀奏稱，南昌、新建二縣，地勢低窪，本年七月被水，圩隄衝溢，田禾被淹；亟宜修築，豫為春耕之計。除些須殘缺、工程無多，及工程稍大、而原處尚未被災者，督令民力修築外，其工程浩大、災民難以修築者，請動充公銀，照以工代賑之例，加以夯硪，一律興修。或須補築、或須建壩、或須改築石工，務於農隙修完。得旨：依議速行。(高宗一七八、二二)

（乾隆一六、四）［是月，江西巡撫舒輅］又奏報：上年七月，贛江水發，下游之豐城、清江二縣，土石圩隄，多被衝塌，亟須添建石隄。又清江縣所屬之青龍潭隄墻，衝決一百三十餘丈。相度形勢，另築月隄，與老隄相接，使水勢緩流，庶免頂衝。現俱民捐修竣，應令各該縣查明捐數多寡，分別獎勵。至德化縣護城石磡，亦被水衝，先雖奏請設法民修，嗣因歲修銀兩足敷工費，應照例飭取實用，咨部報銷。得旨：覽奏俱悉。(高宗三八七、二一)

（乾隆二三、五）［是月］江西巡撫胡寶瑔奏：豐城隄工除石工動帑官修外，所有民修土隄，向俱按甲出夫。乾隆十九年，巡撫范時綬定為按田均隄之法，惟近圩低鄉，令均分承管，其餘高鄉，有田之戶概行除免。茲闔邑呈請公修，并稱有居高鄉而田坐低鄉、居低鄉而田坐高鄉者，難以區別；況有田有糧，有糧有夫。請夫從糧徵，附於漕糧腳耗項下完繳，聽官按堤撥分，募夫修築。得旨：允行。(高宗五三九、二八)

（一一）福建　臺灣

（乾隆一三、五）［是月］閩浙總督喀爾吉善等議覆：福州將軍新柱奏請興臺灣水利一摺。查臺灣全邑及鳳山縣治北境、諸羅縣治南境，地皆高亢，無泉可引，水田甚少，間有一、二處可開圳引流者，俱已修築完固。又，鳳山縣治南境，悉從內山開圳築壩，引流灌溉，凡可興之水利，無不盡開。今勘得諸羅縣北境，果毅後莊一處，由東勢湖、山麓枋、仔林坑地方，開引水源十餘里，可灌田千餘畝，又於中坑仔溪，開引水源三十餘里，可灌田二千餘畝。又勘得彰化南大肚社旱園一片，就貓霧揀溪頭開鑿水圳，引流灌溉；登臺莊旱埔一所，就萬年斗六溪之源，引流倒注；大排柵一派旱園，就東螺溪，疏濬通流，均可改水田。又淡防廳屬貓裏、新港二社園地，自貓霧溪頭，築石壩循山開圳，分繞園間，可灌水田萬餘畝；竹塹保旱地一區，逼近蔴豆溪，自溪頭築埤一道，分開南北小圳，亦可改旱地爲水田。以上各水利，業户自願出資，佃出工力，官爲經理興修。應如所奏試行。第内山溪水，多從生番地界流出，其築壩截流開圳引水之處，必須相度地勢，與番地無礙；更須仿照鳳山南界佃民向番買水之例，令番目通事曉諭該處番衆，每年令承蔭業佃，給與番衆鹽布煙糖等物，使不致滋費。應責成道府確勘，如未便，即停。得旨：如所議，實力妥行之。（高宗三一五、四六）

　　（乾隆一四、一）［是月］閩浙總督喀爾吉善奏：福建寧德縣東湖與海相通，湖旁地平土厚，自宋淳祐築隄禦潮、引泉灌溉，良田萬畝，日久隄壞潮入，農業遂廢。士民呈請出資修復，委員勘估啓工，數月後可化斥鹵爲膏腴，增賦雖微，民食有賴。繪圖呈覽。得旨：勸課農桑，興修水利，正務本之圖也。欣悦覽之。（高宗三三三、三七）

　　（乾隆二四、三）［是月］閩浙總督楊應琚、福建巡撫吳士功奏：福州府屬閩縣，舊有南關外較場浦河道、水關内河塍、湯關外附城隄岸、東關外雙溪里橋閘等處，潮汐往來，溉田護城，均關緊要，年久坍淤。興化府屬莆田縣木蘭坡，聚各路水會注縣南，分灌田萬頃，向建閘啓閉，并設涵洞，係宋明所建，年久殘漏。又福寧府屬霞浦縣長溪河，發源玉巖山，繞城東至赤岸橋入海，舊閘堅固，第山多，浮沙易淤，均請分別修濬。又寧德縣東湖，係海汊，無隄岸，前經縣民請捐貲於海汊口，橫接猴毛嶼築隄墾田，港深水溜，不能合龍，海潮衝刷塌卸，現將已築隄隨時保護。得旨：覽奏俱悉。（高宗五八三、二八）

（一二）湖北

　　（雍正四、七、庚戌）諭湖廣總督李成龍、湖北巡撫鄭任鑰：荆州長江兩岸隄防，關係民生，最爲緊要。蓋因川湘二江之水，滙歸於此，易於泛溢。聞今年雨水連綿，水勢甚猛，陸地之水爲江水所拒，不能減退，以致低窪之地，禾苗淹没。又聞往年黄灘等處隄岸，兩次衝決，江陵、潛江等州縣，田苗被淹，甚爲民害。長江兩岸州縣，雖每年各自興修，然地方遼遠，少有疎忽，則民生重受其累。爾等可公同商酌，委員踏勘，應否作何修築防護之處，悉心妥議具奏。（世宗四六、二五）

（乾隆五、一二、丁巳）［戶部等部］又議覆：湖北布政使嚴瑞龍奏，楚省高鄉田地，全賴蓄水灌溉，無源之水，每易竭涸，若將旱地改爲水田，其利甚溥。現在南漳、遠安二縣，試有成效，通省自有可倣照者。請照豫省之例，仍按原定科則徵收，免其呈報改則加賦，等語。查旱田水田，原屬因地制宜，今該省旱地既多，且經改種有效，應如所奏辦理。從之。（高宗一三三、九）

（乾隆七、七）［是月］湖廣總督孫嘉淦奏：楚省江漢經流，湖澤渚滙，百姓多從水中築垸爲田，一有漫溢，遂失生計。臣今春巡視苗疆，凡經過有隄之處，俱行相度，竊見大江兩岸，多有小山，土岸本高，而所築之隄，去水頗遠，故衝潰尚少；惟漢水自襄陽至漢陽，皆走平原，溢爲潛沔，旁無岡阜以爲畛域。百姓生齒日繁，圩垸日多，凡蓄水之地，盡成田廬，只留一線江身，兩岸築土隄束之。當築隄時，不善相度，緊逼水涯，不留尺寸地以予水，故水與隄日相切摩；而所築之隄，又未夯破堅實，皆係浮土堆成，累年歲修，因艱於取土，虛應故事，甚至將隄身草皮剗去，以充新土，徒煩民力，無裨實用。是以荊、襄、安、漢諸府，無年不有水患。臣查湖廣無專司水利之大員，道府等官，各有分界，不能通身相度。再，湖廣隄工，凡歲修小工，皆用民力，若普興大工，必需用項幫修。又，天門、沔陽、潛江、監利等處，今夏被水處甚多，既有偏災，兼當以工代賑。似此既用民力、又動帑項，必須相度妥確，詳愼辦理，乃可無冒濫滋擾之弊。臣擬於秋分水涸後，親往荊、襄等處，將江漢隄工，通身相度，通盤計算，所用民力幾何、需費國帑若干，若一年可以普修，則於今冬修築；若工程繁多，不能一時完竣，則酌分緩急辦理。得旨：卿所見甚是，而於水利情形實未悉。若以直隷治河之術，施之湖廣，則不可之大者。（高宗一七一、二九）

（乾隆九、一一、乙亥）大學士鄂爾泰等議覆：署湖廣總督鄂彌達疏稱，遵旨交議御史張漢條陳湖廣水利一摺，臣惟治水之法，有不可與水爭地者，所以袪民患也；有不能棄地就水者，所以從民便也。所謂不可爭者，疏湮濬淺，導壅殺流，向來洩水港汊，毋令堵截，致水四溢而爲災也；所謂不能棄者，東洲西灘，積淤成腴，現在居民之圍田，萬難開鑿，致民離居而廢業也。楚水之大者，曰江、曰漢。江水自四川經宜昌、荊州等府，分流於洞庭而過漢口，江固與漢會也；漢水自陝西經鄖陽、襄陽、安陸諸府而出漢口，漢亦與江會也。江水之患，江陵、監利、松滋、石首諸縣，實受其衝；漢水之患，鍾祥、京山、潛江、天門、荊門、沔陽諸州縣實受其衝；二水支流，脈絡相通，分注而互漲者，各屬交受其衝。今臺臣張漢所請者，疏江之水，曰調絃口、曰宋穴、曰楊林市、曰虎渡口、曰采穴、曰龐公渡等處，蓋欲導江水入洞庭，分於支河，而殺江之流也；疏漢之水，曰臼口、曰操家口、曰泗港等處，蓋欲導漢水繞三台湖，出五通口，而殺漢之流也。臣謹分言之。江之調絃口、虎渡口，皆入洞庭之道，向來河路寬深，足資宣洩，兩岸隄塍屹立，無庸置議。至宋穴、采穴、楊林市等處，自宋元來久湮，訪之故老，考之傳誌，舊跡無存；其間隄岸綿亙，田園廬墓、碁布星羅，若欲掘地成河，勢必廢已築之舊隄。又，欲增無數之新隄，不獨工費浩繁，無從措手，而田地為墟，人民失所，豈容輕議。又，龐公渡一處，明天啓年間，曾經開通，後因汎溢，國朝順治七年經該縣詳明堵塞始安。此江水之不能疏者也。漢之臼口、操家口，距五通口計八、九百里，中間烟火萬家，田疇彌望，今若漫議開洩，勢將千萬頃之良田，胥為河流經行之道；而兩岸隄防之費，殆不可以百萬計。況明神宗年間，操家口決，經官民畢力堵禦；崇禎九年又決，不能堵禦。直至國朝順治七年，用各縣民夫合築，經數十餘年之久，始成樂土，并非年久淤塞。現在沙洋一隄，經前督臣阿爾賽題請動帑興修，壅之方懼為患，曷敢言洩。至於泗港，居天門之上流，泗港一疏，天門殆將為壑。他若通順等河，不通小港，水大無能宣洩，水小遂成涸澤。此漢水之不能疏者也。又，張漢請疏便河郝穴，使江水從了角廟東注，則江水必入於漢水。方欲疏漢以殺其勢，而又引江水以灌之，未便置議。張漢又云，操家口達五通口，為漢水故道；查禹貢載漢水至於大別，南入於江，大別去五通三十餘里，非故道也。臣思滄桑屢易，禹跡茫然，昔之由地中行者，故軌久已難尋。三楚之水，百派千條，其江邊湖岸，未開之隙地，須嚴禁私築小垸，俾水有所滙，以緩其流。臣所謂不可爭者也。共倚江傍湖，已闢之肥壤，須加謹防護隄塍，俾民有所依以資其生。臣所謂不能棄者也。其各屬迎溜頂衝險難之處，長隄聯接，每歲責令分管水利各員，逐一查勘，督率居民，增高培厚，寓疏濬於壅築之中。此全楚所以興水利、而除水害之大概也。臣躬親閱勘水道情形如此，臺臣張漢所請疏洩之處，似無庸議，等語。查興修水利，全在便民，今該署督鄂彌達身在地方，親經閱勘水勢，既已備細分析，則是江漢二水，皆不可疏；應將該御史張漢所奏，俱無庸議。從之。（高宗二二八、一）

（**乾隆一一、五**）[是月，湖北巡撫開泰] 又奏：湖北民田，最資塘堰灌溉，愚民往往任其淤墊，日久荒湮，竟有改田種穀，希圖升斗者。應將各處所有塘堰，令業户等各乘農隙，次第修濬。得旨：此見甚是而正，實力行之。（高宗二六七、二六）

（**乾隆一五、三、壬戌**）湖北巡撫唐綏祖奏：荆、襄、安、德四郡所屬，瀕臨江漢二十六州縣，泛漲不常，必須建築堤垸，捍護田廬。向來按田派土，董率修防，實為地方第一要務。舊例經秋水涸，水利人員逐段勘辦，小民自護田廬，無不樂於從事。邇年田價日昂，豪强刁黠之輩及不肖衿監，希圖躱避鄰垸，互爭訐訟。而胥役作奸，或賣富差貧，或包工侵價。更有劣衿刁民，觀望草率，印河各員，虛應故事。連年如天門、監利、潛江、沔陽、荆門等邑，歲被水災，皆因平時修築草率，一段被衝，處處受害。臣上年五月涖任，正值漲潰，當即分別勸懲，河員漸知警勉。秋冬水落後，復出示開導，令各垸業戶公同出貲，官為督修。其決口令道府催辦。新漲沙洲及私立小垸阻江流水道者，概令相度疏通。復思江漢二流，奔騰數千餘里，必須分晰險要緩急，通盤籌計，始可冀一勞永逸。現在江陵應挽月隄，監利應濬支河，沔陽應修墊老垸，鍾詳應修築月隄，當飭司道悉心查議；并委道員赴荆、襄、安、德四郡所屬，通籌確勘。兼去冬水涸較遲，各隄被浸日久，入春雨水頗多，川江發水較早。現復分委諳練人員，加緊趕辦。至漢陽、武昌、黃州三郡，地處下游，一切歲修隄垸。均已修固。得旨：此事所辦好。知道了。（高宗三六一、六）

（**乾隆二八、八、甲寅**）湖北巡撫輔德奏查勘隄垸籌辦事宜。查湖北疆域，東南遼闊，境內有江二道，一為荆江，一為襄江，俱由黃梅縣出楚境。此外支河湖港，不計其數。施南、宣昌、鄖陽三府，向無水患。其武昌等七府屬，有三十三州縣衛，俱係沿江濱湖。內除江夏之金沙洲、蕎麥灣、荆門之沙洋、襄陽之老龍等隄，例動生息銀歲修，其餘俱民自修築；復於隄內田之四圍，各築小隄一二三尺不等，俗稱為垸。經久達部者，謂之部垸，官為經理；未達部者，為民垸。查民垸、部垸，各處毗連，民垸被潰，淹及部垸；且田同一隄，賦屬一制，似未便歧視，應概令官為經理。謹酌各款開後：一、隄岸宜併力合作也。請嗣後定於九月望前，先令該管州縣查明垸長，更換殷實農民，會同公正紳士，將該垸各户田數查開清册，一存垸長，一存州縣；按隄估計夫土，均派運工。無論近於某户之隄，相度何處卑薄險要，即於公派夫土内通力合作。伏秋大汛，再於險處多備土牛，同心防守。其田售隄存者，總令現在業户承值。有抗違誤公等弊，分別懲治。一、修隄宜高厚堅實也。查向來歲修，不過於冬春間聽各業民於殘缺處鬆堆浮土，即報工竣；遇雨即坍，遇漲即潰。應將各境內分別極險、次險。極險之隄，先令加高二尺，幫寬三尺，俱行夯硪；凡行硪之夫，准其將應出之土，按方折抵。隄外作為坦坡，前植柳樹。其次險者，亦令幫全。下年歲修，照前加增。一、私垸宜禁也。嗣後令道府大員於查辦歲修之便，親履勘驗，無論垸之新舊、田之肥瘠，但妨水路，立即督令平毀，仍聽其耕種，不致失業；再有新淤灘地，不許私築。歲底令印河各官親查，加具印結，通送院司道府查覈，違者分別參辦。一、淤塞宜疏也。查支河湖港，既賴其瀦蓄，復藉以宣通。應於霜降水落後，責令各該水利汛官，乘便逐一勘明，不論外河內港，或有淤淺，一面報明印官，一面督押頭人業民等先就仰側處設法挑濬深通，即以所挖之土，培補附近隄身。一、水利大小各官，宜重責成也。嗣後印官委令水利佐雜，於開工之時，各按本汛查勘，將隄身高低、寬窄、殘缺之處，開明丈尺，限於九月內造冊，報明印官，一面監視頭人業戶培補高厚，印官常川稽查。并於二月內取具如式修固印結，送印官查驗，加結申報道府廳員，分路履勘；由道覈明，詳報院司，分往抽查。有怠玩草率，分別參辦。一、極險隄工，佐雜不宜更調也。查水利佐雜，冬春有監修之工，夏秋有防護之責，必須久於其地，隄工民情，方能熟悉。應將極險之江陵、監利、荊州、荊左、荊右、潛江、天門、荊門、沔陽、文泉、漢川等十一州縣衛水利佐雜，停其委署別缺，派委外差。果能辦事實心，工程堅固，一年平穩，記功；三年內一無潰決，遇應陞之缺，酌量奏咨。得旨：所奏甚屬有見，當與李侍堯和衷共理，以期有濟。（高宗六九三、一三）

（乾隆二九、九）[是月] 湖北巡撫常鈞奏：黃梅、廣濟等屬本年夏江水潰隄，現督飭分段修築。查該處隄工，向係民修，按畝出夫，官為督率。本年廣濟一帶，不當頂衝，尚易辦理。惟黃梅一邑，正當鄱陽湖水橫衝阻溜，大小潰口一十三處，共長五千餘丈，需工甚多。且該縣半係災區，出夫難免遲滯。現有紳士等誼篤桑梓，念被水之戶，艱於力作，情願出貲交官，量給工作人等飯食之費。計此工需費萬金，先繳一半，餘請籌款墊發，分年完納。應如所請辦理。報聞。（高宗七一九、二二）

（乾隆三〇、六）[是月] 湖北巡撫李因培奏：湖廣濱江臨湖，原係瀦水之區，宜聽水所歸，不與之爭地。乃小民貪目前微利，畚土成圩，冀堪種植；且有祇圖收麥一熟者，迨潦水忽至，決口頻仍，地方官不得不督率興築。而田中一畝歲入，不敵一丈隄費，遂有決後不肯再修者。現在漢川隄垸，民情頗有甘廢之意。臣與督臣司道等詳加籌畫，期於妥協，俟辦理有緒，再行奏聞。得旨：是。若原係水區，可以讓水者，究以復舊為妥。（高宗七三九、一七）

（乾隆三九、五）[是月] 署湖廣總督湖北巡撫陳輝祖奏：沔陽州民，請於蔡口添建天井石閘二座，估需工料銀三千三百餘兩，願按田畝出銀，自為修築。查該處添建石閘，以捍外漲而疏內涌。啓閉節宣，口內數萬糧田，均資保護，并於水道無礙。應如所請。報聞。（高宗九五九、二六）

（乾隆四一、四、癸卯）又諭曰：英廉奏，湖北民人江榮周，在京呈控沔陽州土隄衝潰多年，未經修築一案，已將江榮周交部解赴湖北，聽候查辦。著劉墉於查審安徽事竣，即就近前赴湖北，會同陳輝祖秉公查勘。此項隄工，雖係民修，但關係垸田數百萬畝，豈可聽其經久不行葺治。若其中有業户民，即應令其出貲，上緊趕築；倘或民力實有不能，亦當官爲設法借給，按年扣還，俾隄埝衛田，以資久遠之利，不宜因循坐視，致良田多年歉收。劉墉等務將實在情形，確查妥議具奏。至江榮周本身止有田百畝，因何遠涉赴控，恐不免有藉端斂費情弊。并著一并查明具奏。英廉摺，鈔寄一分，並江榮周呈詞原圖，寄交劉墉閱看。（高宗一〇〇六、五）

（乾隆五三、七、丁卯）諭軍機大臣等：前據圖桑阿、陳淮奏荊江泛漲，府城被水衝淹，已屢諭令舒常等親往查勘，妥爲撫卹矣。其摺內稱，酉刻隄塍潰決，江水直逼城下，遽將西北兩門衝開，等語。前次荊州被水時，水勢亦曾至城下，當將城門關閉，用土囤塞，城內並未衝入，此次水淹府城，若係衝塌城垣而入，尚可諉爲人力難施，今水逼城下，衝開西北兩門，自由城門並未囤土，辦理不善所致。至隄塍各工，尤爲禦水而設。本日據軍機大臣查奏，四十四、六兩年，荊州兩次被水，俱曾借項興修隄塍，用銀七萬餘兩及四萬兩不等，分年於各業户名下徵還。該處隄工，因例歸民修，向無保固，督撫等既不慎重揀派妥員辦理，而承辦之員又以此項工程係動用民力，并不認真修築；外省官辦工程，尚有草率浮冒情弊，何況民修之工，官員等從中偷減浮開，尤屬事之所有，以致隄塍不能鞏固，屢被衝決，而此次被淹情形尤重。著傳諭該督等，務遵前旨，即將現衝隄工係何員承修，查明嚴參著賠，以示懲儆。至該處被淹兵民，情狀可憫，該督務當遵照節次諭旨，詳悉查明，加意撫卹。所有此次撫卹被災户口，以及修理隄工城垣倉厫監獄並兵民房屋，除官員衙署可以分年借廉修補外，其餘共需銀若干之處，並著該督等即通盤約計大概，先行具奏，若錢糧不敷，又可速撥。該督等務當親加履勘，切實估計，不得一任屬員借端浮冒，豫爲侵冒地步也。將此由六百里加緊諭令知之。仍將查辦情形迅速復奏，以慰廑注。（高宗一三〇八、一五）

（乾隆五三、七、己卯）又諭：據舒常奏，荊州沿江隄工，漫潰至二十餘處，各寬十餘丈至數十丈不等。此事前據圖桑阿、陳淮奏，隄工潰決後，江水衝開西北兩門而入，朕意該處西北兩門被衝，大江自應在府城之北；及查閱輿圖及一統志圖，大江則皆繪在府城之南，昨據舒常所進之圖，又與輿圖所繪南北方向相同。江既在南，則城內被淹時，水勢自應由南門而入，何以此次又繞至北門，殊不可解。此皆從前承修隄塍各員，見該工例應民修，任意草率偷減，侵肥入己，該管上司，復不以事爲事，以致工程不固，一經江水漲發，不足抵禦，在在潰決，江水建瓴而下，將並非頂衝處所亦被衝淹。況閱圖內，隄工潰決共有二十餘處，自係迤西之隄先行潰決，是以水勢由西南繞至西北，遂至衝開北門入城，以致成大災無疑。昨福建臺灣文武員弁，因循玩愒，肆意貪婪，竟致釀成逆案，不得不徹底究辦。湖北吏治，亦屬廢弛已極，活埋冒賑之案，相繼敗露。其辦理鹽務，輒敢私立匪費名目，大小官員染指肥橐，累商滯課。今於承修隄工，又復一任劣員肥己誤工，屢被衝潰，而此次江水竟至淹入城內，被災甚重，前據圖桑阿查奏，滿城淹斃者，共四百餘名，昨又據舒常查奏，府城大小男婦淹斃者，一千三百餘名。外省官員於災傷向有諱飾，茲報出者已有一千三百餘名之多，則其諱匿不報者，必尚不止此數，想來不下萬餘。此等災戶，流離顛沛，傷斃多口，可憫可憐，皆由隄工不固，以致罹此重災。若不將承辦及該管之員從重治罪，又復何以示懲儆而慰輿情！除交軍機大臣將十年以內歷任湖北督撫藩司及荊州道府詳細查明具奏外，并著阿桂到彼後，即將十年以內之承修隄工官員，暨該管各上司一體詳查嚴參，分別從重治罪，仍著賠補，用昭懲創。至沿江隄塍，爲百姓保護田廬而設，固應動用民力，此次因被淹較重，朕不忍仍令被災之民按例修理，業降旨動用帑項，官爲堅實修築，永資保障。俟將來每歲修理需費無多，再照例辦理。但該處民人甚衆，若竟歸民修，不復官爲經理，則百姓等誰肯首先出資踴躍從事，即如井田之制，宜古者未必宜今，若此時而沿襲井田，即雨我公田遂及我私之句，亦徒成虛語。是將來修理隄塍各費，派之於民，而仍當官爲經理。第不肖官吏，於官工尚思侵尅肥己，矧此項工程，例歸民修，並無保固，官員等不特於需費之外，可以藉端加倍灑派，入其囊橐，而且草率從事，偷減侵漁，均屬事所必有。其該管上司，又因係民修之工，遂爾漫無查察，殊非慎重隄防，保護民命之道。自應定立章程，於應修時，派委大員確加勘估，借項興修，俟報部覈准後，再按畝攤徵歸款。並定以保固年限，如在限內有潰決之事，即嚴參治罪著賠，庶工程可期永固，而官員亦不敢有侵蝕情事，方爲妥善。除此次應修之隄交阿桂、德成妥爲估計、動項官辦外，其將來民修隄工，作何稽察保固之處，著阿桂到彼後，即會同舒常悉心妥議具奏。再，舒常所進之圖，未甚明晰，閱之不能了然，著該督即將此項隄塍先由何處衝決，江水又因何繞至北門，其被淹各處所係何地方，另行展寬圖幅，詳細繪圖貼說呈覽。尋奏：荊州隄決，先自城西四十里萬城隄之中方城潰塌，并及迤下之上下漁埠及玉路口等處，致由西門衝湧入城。此地距大北門止二里餘，城北有土崗較高，水流至此迴溜湍急，遂將大北門埽塌，並小北門、東門相繼衝瀉。報聞。（高宗一三〇九、一〇）

（**乾隆五四、三、乙酉**）諭：荊州萬城隄各工，向屬民修，地方官不能妥爲辦理，上年夏間，江水泛漲，漫決多處。因命大學士阿桂等前往，詳悉查勘，分別熟籌具奏。朕以該處隄工爲全郡保障，特命動帑興修，并指授機宜，令將楊林洲磯嘴壩盡力進做，逼江溜南趨，其黑窰廠裏頭，直接築砌逼溜，俾隄塍益見鞏固。前據畢沅奏，萬城隄暨石磯各工全行完竣，工程一律堅實。荊郡地形卑下，向受水患，而沙市尤當衝要。今築長隄以遏江流，復設石壩，以逼溜勢。嗣後沙市街岸可冀穩固無虞，等語。覽奏欣慰。此次工程浩大，畢沅能遵照指示機宜，督率在工文武認真辦理，妥速竣工，著交部議敘。其在工之藩司陳淮，以及各員弁等，并著畢沅查明實在出力者，分別等第，咨部議敘。（高宗一三二五、一五）

（**乾隆五四、四、癸卯**）都察院奏：據湖北江陵縣民朱如標呈控，荊江大隄工程草率，應修之郝穴隄、蕭子淵口等處，俱被勢豪占阻。又，庫書張翹南等，尅扣賑項，浮收銀米，請交湖廣總督審辦。得旨：此案著派阿桂馳驛前往審辦。至上年荊州隄塍潰決，府城及滿城俱經淹浸，被災較重，皆由該處隄工向係民修，地方官不能妥爲經理，而窖金洲又逼溜北趨所致。經朕特派阿桂等前往勘籌，其萬城等隄，俱特發帑金，官爲修築，並節次指示，令將雞嘴壩盡力接做，挑溜往南。窖金洲沙磡，已漸見刷動，兵民人等，亦皆分別賞給銀兩，俾修復廬舍，接濟口糧，不致失所。此皆阿桂在彼會籌督辦之事。此次阿桂到彼，務宜復加查勘，將所築各隄工是否堅固如式，足以永資捍衛；大江溜勢，現既南趨，窖金洲能否逐漸刷去，不致有礙江流；兵民人等，曾否安頓復元之處，詳悉據實具奏，以副朕軫念災區無時或釋至意。（高宗一三二七、四）

（**乾隆五五、四**）是月，湖北巡撫惠齡奏：荊州修理城垣，業經完整，萬城隄工，亦極鞏固。其南岸窖金洲，被溜刷塌，已成陡磡。查窖金洲頭，另有新洲，向連一片，茲未屆盛漲，而溜勢分走，漸成河形，該處土人，即名爲天然河，將來新洲諒可全行刷去。旁批：實是好機會。又奏：自此窖金洲以次汕刷，北岸可保無虞。得旨：欣慰覽之。又奏：潛江縣屬易家拐地方隄塍，爲江陵、監利、荊門等處保障，上年漢水漫溢，衝成深潭，不得修築，因修復仙人古隄一道，長一千二百八十餘丈。該隄去江稍遠，隄外積沙彌望，即遇水發，勢平性緩，於隄工可無衝刷之虞。再，隄下舊有間段河形，恐積雨成潭，致傷隄腳，現亦一律補平。報聞。（高宗一三五三、四二）

（**乾隆六〇、六、丁未**）湖北巡撫惠齡奏：荊州、沙市濱臨大江，向藉大隄保障，近因江流衝激，致緊靠沙市隄岸，露有頂衝九處。紳士鮑照等呈請出資，自汪家場起至拖船埠止，共長二里，添建草壩一座。當即准其興修。嗣經前任督臣福寧來隄巡視，因恐本地民人不諳工程，建築未能如法，復咨調南河河工守備包宗堯，帶領河兵三名，來荊勘明，大江水性駛悍，草壩難以抵禦，隨於頂衝處所排釘木樁，另用竹簍裝石，沉於水底，上鋪柴草，層草層石，積累而上，計高二丈五六尺不等，寬四丈至七丈有餘，長九十餘丈，於五月初十日工竣。所有人工物料，俱係紳士等自行經理，臣復親臨履看，工程實屬堅固，當諭該紳士等將來秋深水落，准其就近於窖金洲上取土挖蘆，以為歲修壩工之用。至守備包宗堯等在工數月，不辭勞瘁，督率有方，現已飭回，並咨明河臣蘭第錫量加拔擢，以示獎勵。報聞。（高宗一四八一、一七）

（**嘉慶二三、七、戊戌**）諭內閣：慶保奏沔陽州垸田積水，請借項修建閘座一摺。湖北沔陽州低窪田畝，全賴隄垸保護，每遇伏秋盛漲，江水浸灌垸內無路疏消。茲據勘明，該州龍王廟地方，添建閘座引渠，可資宣洩，於農田大有裨益。著照所請，准其於該處建立石閘，挑挖引渠，以時啟閉。所有估需銀二萬八千九百九十一兩零，加恩先於司庫商捐隄河沙洋籌備善後工程款內借支給領；勒限完工，照例保固十年。所借銀兩，於工竣後分作五年，在於受益各垸業戶名下，按數攤徵歸款。（仁宗三四四、一）

（一三）湖南

（**乾隆一二、四、乙亥**）大學士等議奏：湖南巡撫楊錫紱奏稱，湖南長沙、岳州、常德、澧州四府州環繞洞庭，濱湖居民，就荒地圈築墾田，謂之隄垸。有曾被水衝，發帑修復者曰官垸；其未經帑修及後續圈者，曰民垸。每年冬，令水利各員督民培築，以防夏秋之水，曰歲修。臣到任後，由湘陰勘至益陽，所有隄垸情形，尚應酌定章程辦理。一、險工宜三年連加大修。查各隄當水衝處，謂之險工。每年歲修，不過加土數寸、一尺；若加高厚各數尺，則曰大修。歲修，佃民任之；大修，田主任之。今查兩邑民垸，新築固屬鬆薄，即官垸舊築者，亦未能一律高厚。蓋每歲冬月，雖加數寸、一尺，次年雨水衝激，又多坍卸。臣雖面諭隄民，每遇天晴水小，隨時培築，不必定候冬月；然佃民農忙之時，殊難兼顧，而田主皆有力之家，出資修隄，俾田長成腴產，並非强以所難。應自本年秋冬爲始，凡屬險工，每歲加厚三尺、高二尺，以三年爲止，即稍有衝損，尚多餘存。合之現在隄身，三年之間，厚可一丈六、七尺，高亦準此，遇大水亦保無患，等語。應如所奏，令該撫飭該管水利各員，勸諭鄉民，如式加高培厚；每年工竣確勘，出具册結詳報各上司存案，造報工部查覈。一、護隄柳株，宜一律栽種。查年久舊垸，有種柳以攔風浪者，即堅厚無損，未種者即不免單薄。近年民垸，則種柳者絕少。今已面加勸諭，令各多插，水利之員，兼行督率，責令隄總隄長人等查看，並飭道府等官隨時摘抽點驗，等語。應如所奏行。一、專管水利之員，宜免差委。查各屬隄垸多者五、六十，少者三、四十；每垸大者六、七十里，小者亦二、三十里。每年冬季培修、夏秋防護，若差委別出，則督率無人。應請著爲定例，凡屬水利專員，概不差委。再三年大修興工時，擇佐雜中勤愼老練者，分委協辦，等語。查地方公務，向准一體差派，今湖南水利各員，如遇緊要之時，自應隨時酌量不另差委；若防護閒暇，原可一體差派，未便因係水利專員，即行定例概不差委。應無庸議。至現議三年大修時，該管各員，有督率難週之處，應聽於佐雜中揀選幹員，分委協辦。一、民垸宜禁再圈。查洞庭湖雖曰巨浸，然藉以受各省之水，隄垸俱係沿湖受水之地，漸次圈成，所謂與水爭地也。雖濱湖荒地，定例不許擅墾；但尚有無礙隙地，許民呈官勘明築墾之例。恐奸民捏詞朦混，有司邊徇其請，上司據詳批准，實貽壅水漫決之患。應請嗣後各屬濱湖荒地，長禁築隄墾田。應如所奏。令該撫除現在已圈隄垸外，其餘沿湖荒田未經圈築者，即行嚴禁，不許再行築墾，致妨水道。從之。（高宗二八九、四）

（乾隆一九、三）[是月，湖南巡撫胡寶瑔]又奏：湖南舊習，每於濱湖老圍之外，增置新圍，致湖身日狹，儲水漸少，當漲發時，即有倒流橫溢之患。臣現在親往湘陰等縣履勘緊要隄垸，就近稽察私圈。報聞。（高宗四五九、二三）

（乾隆二八、一一）是月，湖南巡撫喬光烈奏：遵旨查洞庭濱湖居民圍築墾田，湖地漸就堙鬱，恐致水勢衝決。除動帑築隄給民歲修之官圍及報墾築隄無礙水道之民圍外，計私圍七十七處。其倚山傍岸、障護城汛、不礙水道者七處，准其存留，餘俱面諭各業戶利害，俾刨開寬口，聽水衝刷。但恐日久漸弛，應責成水利縣丞、州判等不時巡查。每年該管州縣巡查四次、府二次、道一次、巡撫間年一次，查明奏報。如奸民再行私築，嚴加治罪；各官失察縱容，分別查參，上司失察，交部議處。得旨：甚好。如議行。（高宗六九九、一五）

(**乾隆三一、七、丙申**)又諭：據常鈞奏，常德府城濱臨朗江，地勢卑下，西南二面，以城爲隉。其中筆架城一段，城牆最低，遇水勢驟長時，幾平堞口。請添高加厚，以備不虞，等語。已於摺內批示，照所請行矣。至另摺所奏應修隉垸一事，雖係官隉少而民垸多，但此次山水驟發，漫溢江湖，民間猝被異漲，非尋常被水者可比。災民日食維艱，現在加恩賑卹，期無失所，豈能復有餘力，營修隉垸。從前二十九年，湖北監利縣江水漲溢，衝損孫家月隉，經該撫請借帑興修，曾降旨官爲修築，免其徵還。此次所有應修民垸，並著一體官爲修建，以卹民力。且災後興舉隉工，無食貧民，兼可資以工代賑之益。著該撫將積水處所，上緊設法，堵禦疏消。即速勘明應修各隉垸殘缺丈尺，刻日興工，俾災黎均霑實惠。該部即遵諭行。(高宗七六五、一八)

(一四) 廣東　廣西

(**康熙五七、四、癸巳**)工部議覆：廣東巡撫法海疏言，廣東雷州府海康、遂溪二縣，有洋田萬頃，逼近海潮，設有隉岸包圍；因年久失修，以致海潮泛溢、侵損民田。福建巡撫陳璸奏請修築，奉旨令臣查明。臣查海康、遂溪二縣，東洋塘隉岸十七處、水閘十三處，每年用土修築，今改用木石大工，以免隨時修築之勞。應如所請，令該撫修築堅固。從之。(聖祖二七八、二七)

(**雍正一一、六、戊辰**)廣西巡撫金鉷疏奏：鬱林州所屬之富民鄉藤聱坡，忽湧瑞泉二穴，味甘色清，足灌田三千餘畝，允稱上瑞，理合奏聞。得旨：朕從來不言祥瑞，今蒙上天福佑邊氓，顯賜大澤，朕心不勝感慶。著該撫選擇善地，建立祠宇，奉祀泉源之神，以答靈貺。(世宗一三二、一〇)

(**乾隆一、一〇、乙丑**)工部議覆：兩廣總督鄂彌達疏言，廣、肇二屬，沿江一帶基圍，關係民田廬舍，前經分設各屬水利人員動項歲修；然基圍皆係土築，每年不過增高培厚，險要之地，水大常致衝坍，欲除大患，莫如建築石隉。請將頂衝險要者，先築石工，以資捍禦；次衝者，陸續興建，並動支運庫子鹽羨餘銀兩。應如所請，將廣州所屬圍基，責令廣南韶連道，肇慶所屬圍基，責令肇高廉羅道，督率水利各官，即行雇募匠役，分別首險次衝辦理。從之。(高宗二八、九)

(**乾隆七、八**)[是月，署兩廣總督慶復]又奏：粵西思州邊境土司，偶值雨澤愆期，地湧水泉，灌溉千畝田禾，農田有賴。得旨：欣悅覽之。所悅者非爲嘉祥，乃爲農田之利耳。(高宗一七三、四四)

（乾隆八、一、甲申）大學士鄂爾泰等議覆：署兩廣總督慶復奏稱，廣州、肇慶二府沿江圍基，向來遇有衝決，係民修築。乾隆元年，督臣鄂彌達奏請動用鹽羨生息修理，改用條石鑲嵌。乾隆六年，撫臣王安國等奏圍基坍卸，部覆令承修各員賠修保固；其土工仍令地方官於農隙時，督民培修。至地方情形，可否仍改民修之處，並奉有查奏之旨。今查已建石工，尚屬堅固；賠修工程，亦可保護田廬。將來賠修工竣，請將已修石工與民修土工，一併交地方官，督率圍民防護。遇有衝嚙缺損，俱令圍民自行修補，永著爲例。倘有衝損過多，民力不支，即於生息項下奏請撥用。其民修需費，按田勻派。生息銀兩，酌定修補成數，餘充別用。俱應如所奏。從之。（高宗一八三、七）

（乾隆八、一二、戊午）工部議覆：左都御史管廣東巡撫王安國疏稱，海康、遂溪二縣濱海隄岸，前經加築四千九百餘丈，應請於保固三年後。如遇衝激過甚、民力難施者，准地方官勘明估報，動項興修。應如所請。從之。（高宗二〇六、一二）

（乾隆一一、七、丁未）工部議復：廣東巡撫準泰奏稱，潮州府海陽縣東南北等處隄工，業已興作。查有蔡家圍沿隄一段，係屬險要，前因有礙民居，遂不入估册內；今率同府縣工員查勘，此段委係首險，若不一律修築，猝有疎虞，全圍村田廬舍，大有關係。並據該地居民，情願將傍河水樓拆去修築，懇請動項興修。應如所請。從之。（高宗二七〇、二二）

（乾隆一九、五）[是月]廣西巡撫李錫秦奏：義寧縣屬安鑑等里田畝，屢經被水。查安鑑向有老河一道洩水。乾隆十二年，水衝沙石，將老河壅塞，衝新河一道。今又另衝支河一道，水勢橫流。請將老河挑濬；並於決口處築壩。使老河流通，則田可復業，即近河各村，亦得藉以灌溉。估計建築決口堰壩，長五十二丈，寬一丈八尺，高五尺，水深處高八九尺，連挑濬老河，需人夫六千工，應動支倉穀碾給，每工給米一升，六千工共給米六十石。報聞。（高宗四六五、二三）

（乾隆三六、一一、丙寅）廣西巡撫陳輝祖奏：興安縣陡河，源出海陽山九十里至分水潭，舊築鏵嘴，以分水勢。七分入湖南湘江，爲北陡；三分入粵西灕江，爲南陡。於進水陡口十數丈內，北建大天平，南建小天平，以資蓄洩；復於海陽廟對岸，建海陽坪，以遏旁行故道，使北陡新河東出，以入湘江。實楚粵通商要津，附近糧田，並資引灌。四月內，因連雨水漲，北陡大天平衝陷五段，近隄左右河身坍損；海陽坪石隄坍損七段，接連土埂全坍；南陡小天平坍損八段，俱應添補修復。再，陡閘內有竹頭一陡，前撫臣

宋邦綏將舊坍土岸,改用石工,今石亦多衝缺,應一併及時修理。下部知之。(高宗八九七、六五)

(嘉慶四、五、辛酉) 諭內閣:據吉慶奏粵東西北兩江,春漲並發,護田圍基間被水衝,查勘趕修一摺。南海等七縣圍基,係屬保護田廬,關係緊要,既經被水衝損,自應趕緊修葺。現在該督已將藩庫存貯項內,先行動撥應用,此項銀兩,若仍令歸還,民力不免拮据,著即加恩賞給,免其完繳。至此次被水地方,雖屬一隅偏災,但該處圍基內民田廬舍,猝遭淹浸,恐小民生計維艱。並著吉慶等查明被水地方本年春徵,或有應需蠲緩之處,即行據實奏明,再降恩旨。(仁宗四四、七)

(一五)四川

(乾隆六、七)[是月]四川巡撫碩色奏:蜀省都江、新金、江安、通濟等堰,並淘挖城河各工程,俱係按年估用公項修築,而都江以上之石牛等堰工程,係崇慶州與灌縣之民照畝捐派,每歲修淘,約共需銀六百八十餘兩,貧富不同,難免拮据,請一併估支公項。得旨:著照所請行。(高宗一四七、三一)

(乾隆二八、一一)[是月]四川總督阿爾泰奏:查川東華陽、仁壽、彭山近山處,隔河較遠者,多墾旱地。臣督該縣開鑿引渠,修築堰口。土石各工,止需開挖六千餘丈,即可引河灌田。資州、內江、永川江河兩岸,間有臨溜受衝處,即飭該州縣加工培築隄埝。……得旨:切可謂留心民計,嘉悅覽之。(高宗六九九、一六)

(乾隆二九、一二)[是月]四川總督阿爾泰奏:灌縣都江堰為內江來水總口,分灌成都十五州縣田疇。每歲水落後,將堰底淘深,並接連隄身,修築魚嘴壩,橫截江流,逼水入堰,為灌田計。惟江水來源甚遠,每逢夏雨驟漲,水勢洶湧,漫入內江,不無漲溢之患,如衝刷壩工,淤塞堰口,又有難於引灌之虞。欲期水常敷用,瀑漲不害,惟有酌開支河,以備宣洩,加工濬築,以資利導。現將魚嘴壩並堰底修築淘濬,使內江受水充足、仍敷灌漑外,擬於堰口上游半里許,隔江對岸,地勢低窪處,開支河一道,口寬二十丈,長二百八十丈,即可使上游汛漲之水,徑達外江。仍於支河頭按內江需水尺寸,設立滾壩,水小則藉壩身逼溜入堰,俾敷灌漑;水大則由壩頂洩入支河,以分水勢。再,自灌郫至成華等州縣,各有小堰,自數道至十餘道不等,亦一律修濬,以裕田水。報聞。(高宗七二五、二九)

(乾隆三〇、二)[是月]四川總督阿爾泰奏:川省岷江源遠,內江分注成都十五州縣，外江經由邛、雅、瀘、嘉等郡，下達重夔，尤爲水利所關，應設法存蓄，隨時開放。查茂州、長寧、沙壩地方，俱可壘砌石埝，鴉唔溝、小溪口亦可攔水積聚。又，汶川縣尤溪及豬腦壩山溝宜於各溪口作石壩，俟需水時，酌量引放至涪江逼近綿州城根，每虞水患，應於王家灘開支河一道。得旨：嘉獎。（高宗七二九、一五）

（乾隆三〇、六）［是月］四川總督阿爾泰奏：川省灌江，爲數郡水利關鍵，居高就下，存蓄甚難。春時江水微弱，不敷灌田，及大雨瀑漲，堰口又有衝淤之患。臣籌辦蓄洩機宜，於上年冬間令灌江上游州縣，於溪港歸江處所，壘築埝壩，使蓄水充盈。今春次第開放，下注民田，較往歲水長三、四尺不等。至伏汛雨後，江水瀑漲，挾沙滾石，勢甚洶湧。洩水之法，惟飭道府令該管廳縣，輪替查勘，將堰口時淘，使沙石毋稍停淤。其上游支河深加疏濬。自五月至今，內江堰口並無衝淤，農田亦無淹損。臣辦試有效，謹酌定章程。擬將灌江上游，應蓄水之汶川、保縣、茂州各屬，於每歲十月以後，酌量蓄水，來春次第開放。其都江大堰口，每屆伏汛以後，即令水利同知與灌縣駐工防守，皆責成該管道府，輪替查驗，務保無虞。得旨：甚好，可謂知勤民之本矣。（高宗七三九、一九）

（嘉慶二四、一、壬子）諭內閣：蔣攸銛奏請動義倉租息幫貼堰工修費一摺。川省地土沃饒，歲可三熟，水旱之災本少，但倉儲以備不虞，總應常歸實貯；並以時出陳易新，毋令紅朽腐壞，致有缺額。此項成都府屬十四州縣義倉，本係民捐，該糧戶因都江堰工分漑本境田畝，修防完善，即可無慮災荒，請將租穀變價，以補堰工不敷經費，事屬兩益。著照所請，准其自二十三年爲始，將成都等十四州縣義田租穀，歸入歲修堰工項下動用。將每年穀價及幫修堰費，由藩司及鹽茶道衙門確估造銷，如有餘剩，仍存爲備荒之用，以垂永久。（仁宗三五三、一四）

（一六）雲南

（雍正一〇、四、辛丑）工部議覆：陞任雲貴廣西總督鄂爾泰疏言，滇省水利，全在昆明海口，現經修濬，膏腴田地漸次涸出。至如盤龍江、金稜、銀稜、寶象、海源、馬料、明通、馬溺、白沙等河，俱與海口相近，宜建閘築壩，令雲南府水利同知巡查，並請於昆陽州添設水利州同一員，駐劄海口，以專責成。再，通省有水利之處，凡同知、通判、州同、州判、經歷、吏目、縣丞、典史等官，請加水利職銜，以資分辦。均應如所請。從之。（世宗一一七、七）

（雍正一〇、四、乙卯）工部議覆：陞任雲貴廣西總督鄂爾泰疏奏全滇水利事宜。一、嵩明州之陽林海，疏深河道，水勢暢流，周圍草塘均可招民開墾。一、宜良縣共開河五道，其四道俱經引水灌田，惟江頭村所開舊河，地形稍高，應自胡家營北接舊河，另開一道，以資灌溉。一、尋甸州尋川河中有整石四十餘丈，難以開鑿，應另濬沙河十五里，俾得暢流。一、東川府城北漫海一區，地本肥饒，因積水棄置，今開河建閘，水消田出，亦可招民承墾。一、浪穹縣羽河等處，築隄四十餘丈，但補苴一時，急宜委勘加修。一、臨安等屬應築工程，暨通粵河道、嵩明州河口，俱請委員查勘，及時興工，務期深通堅固，以垂永久。均應如所請。從之。（世宗一一七、一五）

（乾隆六、二、甲寅）戶部議准：雲南總督公慶復奏，滇省旱地改作水田，應聽民便。毋庸轉則升科。從之。（高宗一三七、三）

（乾隆八、閏四）[是月] 署雲南總督張允隨奏：安寧州境內，無水田地一萬三千五百餘畝，若於高處築壩，蓄水開渠，每年可多收倉斗穀二萬五千六百餘石。請於官莊變價項下，供給各業戶乘時興工。得旨：所奏俱悉。（高宗一九一、二〇）

（乾隆八、一〇、丁巳）工部等部議覆：陞任雲南巡撫張允隨疏稱，安寧州界內，有無水荒瘠田地一萬三千餘畝，若於高處築壩開渠，引水灌溉，即可盡變膏腴。今勘得西界施家莊，南界多衣者耳木村，北界古浪河、松坪、下溝、九龍潭口，共應建石壩六座。請即借項起建，於乾隆八年起分限二年催收還項。其餘各處渠壩，一併興修。至此地內有原係旱田舊定徵額者，於改成後，照向定科則徵收，其未經開墾者，俟六年後查明田畝定則起科。均應如所請。從之。（高宗二〇二、二五）

（乾隆九、八、戊辰）工部議覆：雲南總督張允隨疏稱，大理府洱海，發源鶴慶府屬之觀音山，挾劍川、浪穹諸山之水，歸鄧川之瀰沮河，至大理，合點蒼山之十八溪水，匯而成海，下會趙州、蒙化之水，由波羅甸出天生橋，入合江舖，而總匯於蘭滄江，海身長一百二十里，廣二十餘里。天生橋一帶海口，深寬不及一丈，長止七里有餘，泥沙易滯，每當大雨，海水泛溢倒流，沿海田畝淹浸。請飭瀕海州縣，調民夫挑濬。物料夫糧，於司庫收存官莊變價項內支給。此次疏濬後，如有淤塞，飭各地方官將海濱涸出田畝，令附近居民認墾。照民隄民修之例，責成墾戶修濬。應如所請。從之。（高宗二二三、一九）

（乾隆二一、二）[是月] 署雲貴總督愛必達奏：雲南東川府蔓海，開河招墾，建壩蓄洩，河尾雖通，源頭無水，雨少栽插易誤。查府西南，有以濯河，源遠且大，會各山溪水直下。擬開渠引注蔓海，可溉熟田，荒蕪亦資墾闢。邊徼民夷無力，借帑興工，來秋徵還。報聞。（高宗五〇七、一六）

（乾隆二七、三、戊午）雲南巡撫劉藻奏：浪穹縣境內寧湖、鳳羽、瀰茨諸河之水，匯於三江口，由普陀崆，以達鄧川。其西岸白潤，挾沙入河，夏秋之間，每淤塞倒漾，淹浸田廬。潤口北首舊壩，東抵河岸，沿河排列木籠、木樁闌阻沙石，但壩身、壩頂，高厚均止五尺，難資保障，應培築高一丈二尺，壩頂加厚一丈，腳加厚三丈。除舊壩土方九百零三丈五尺外，又新添五千七百六十八丈五尺。至西岸白潤水流入河之處，有沙洲一區，應請全行開挖。其取出沙石，即用以築壩。報聞。（高宗六五七、一五）

（乾隆三三、七）[是月] 明德又奏：昆陽州之平定鄉、六街子等村，有田二千餘畝，向資龍泉灌溉，近日淤塞，另於舊壩下老母標地方，湧出流泉，宜另築壩開溝，以資汲引。請借項興修，按照得水田畝，分作三年徵還。得旨：如所議行。（高宗八一五、六五）

（乾隆四七、二、己巳）署雲南巡撫劉秉恬奏：滇省大理府屬鄧川州境內之瀰苴河，上通浪穹，下注洱海，中分東西兩湖。西湖另有水尾直達於海，東湖由河入海。河高湖低，遇夏秋潦發，青不潤、九龍潤等處之水會衝入河，河水宣洩不及，迴流入湖，附近糧田俱被淹沒，現在該處紳民倡捐，將東湖尾入河之處，築壩堵塞，另開子河，引東湖之水直趨洱海；又，自青不潤至天洞山，築長隄一道，併建立石閘，使河歸隄內，水由閘出，歷年被淹糧田一萬一千二百餘畝，全行涸出。得旨：嘉獎。（高宗一一五〇、七）

（乾隆四八、二）[是月] 雲南巡撫劉秉恬奏：雲南省城之六河、昆明一帶田畝藉以灌溉，歷來歲修但培隄埂，未濬河身，日漸壅塞。臣於去冬履勘金汁、銀汁、寶象、海源、馬料等五河，委員修理。惟盤龍江爲六河巨津，宜及春時修濬。現飭挑挖深通，並培隄砌閘，築壩分段，定限報竣。得旨：嘉獎。（高宗一一七五、一九）

（乾隆四九、七、戊午）諭曰：劉秉恬奏，劍川州劍湖，興修水利，開渠築壩，瀕河沮洳田畝，俱可墾耕升科，實屬疏濬有效。請將捐貲倡辦之劍川州知州金之昂、原署州事降調麗江縣知縣任錫紱，量予議敘，等語。金之昂，著交部議叙，其因公降調、現在送部引見之知縣任錫紱，俟引見後，另降諭旨。（高宗一二一〇、一〇）

第四節　農村自給經濟

一、增產糧食

（一）華北種植水稻

1. 直隷

（**康熙三二、六、庚子**）上諭大學士等曰：……朕又曾見舟中滿載豬毛雞毛。問其故，則曰福建稻田，以山泉灌之。泉水寒涼，用此則禾苗茂盛，亦得早熟。朕記此言，將玉泉山泉水所灌稻田，亦照此法。果早熟豐收。江浙稻田，俱池中蓄水灌之。池水不寒，所以不用此也。（聖祖一五九、一五）

（**康熙四三、一二、乙酉**）户部議覆：天津總兵官藍理疏言，直隸沿海曠地，豐潤、寶坻、天津等處窪地，可倣南方開爲水田栽稻，一、二年後漸成肥沃。臣願召募閩中農民二百餘人，開墾一萬餘畝。倘可施行，召募江南等處無業之民，安插天津，給與牛種，將沿海棄地，盡行開墾，限年起科。又，臣標兵皆依前朝屯衛之制，入籍力田，亦可以節省兵餉。應如所請。從之。（聖祖二一八、一六）

（**康熙四五、三、壬戌**）大學士等會同户部議覆：據直隸巡撫趙宏燮、天津總兵官藍理奏稱，若將直隸所屬荒田及下窪地開墾爲水田，實萬世無窮之利。請以江南等省軍徒人犯安插天津，照丁給田，令其開墾。應交與該撫等將直隸可以墾作水田之地一概查明，令其開墾。江南等省軍徒人犯無多，應不分旗民南北之人，有情願開墾者亦令照丁給與。如有用官員捐助牛種耕種者，三年後升科，如自備牛種耕種者，六年後升科。其田給與開墾之人爲業。該撫等將每年所墾田數查覈奏聞。上曰：此事著暫存貯，可令藍理於天津試開水田，俟冬後再以此事奏聞。上又曰：此處水田不比江南，與寧夏、澤州等處相似，大都恃開溝以引河水。今直隸河道，處處俱通，若開通三河縣河，亦可直抵薊州，今朕欲挑濬清河，此河一開，於右翼人衆亦大有利益也。（聖祖二二四、一八）

（**康熙四五、一〇、甲寅**）奉命踏勘天津稻田、安設莊屯、内務府總管黑碩子、户部侍郎穆丹奏：臣等查天津總兵官藍理所墾稻田，共一百五十頃，見被水浸，不便遽行安設莊屯。應將積水設口宣洩，所墾田地試種一、二年，該撫鎮勘明奏報到日，再將安設莊屯之處議奏。從之。（聖祖二二七、

一四)

　　(康熙四九、一〇、乙酉) 户部議覆：直隸巡撫趙弘燮等疏言，臣等遵旨查勘原任天津總兵官藍理開墾水田一百五十頃，令天津參將藍珠料理接種。但水田一百五十頃內，有窪地五十頃，時被水浸，不便耕種；又有高地五十頃，不宜種稻，止種收雜糧，供給農工。其可作水田種稻者，止五十頃。康熙四十八年內，藍珠所種稻穀，據報收二千五百餘石。至高窪不等之田地，旱潦難於蓄洩。所有五十頃水田，不便安設官屯。查此項開墾水田，前經差內務府總管黑碩子、侍郎穆丹等往勘。據奏，藍理開墾之田。其洩水處淺而且狹，見在田地俱被水浸，應將洩水之處挑濬設閘，使一百五十頃俱可耕種，試種一、二年，果否有益，令該撫查明具題。今一百五十頃內止種有五十頃稻田，一年之內見經收穫二千五百餘石，其餘田地，並未曾全種，遽稱不便安設官屯，難以定議。應行文該巡撫，照原勘黑碩子等所奏，將洩水之處挑濬設閘，使一百五十頃水田盡令種稻，驗明收穫多寡，具題到日再議。得旨：此開墾田地，著交與趙弘燮，有情願耕種人民，撥與耕種。(聖祖二四四、八)

　　(雍正四、一二、己巳) 户部遵旨議覆：大學士朱軾條奏營田事例四款。一、自營己田者，照田畝多寡，給與九品以上、五品以下頂帶，以示優旌。一、罣力營田者，應酌量工程難易、頃畝多寡，分別錄用。一、罣誤降調革職之員，効力營田者，准開復。一、流徒以上人犯効力營田者，准減等。俱應如所請。從之。(世宗五一、二〇)

　　(雍正五、八、己酉) 總理水利營田事怡親王等疏報：現值秋成，所營京東灤州、豐潤、薊州、平谷、寶坻、玉田等六州縣稻田三百三十五頃，京西慶都、唐縣、新安、淶水、房山、涿州、安州、安肅等八州縣稻田七百六十頃七十二畝，天津、靜海、武清等三州縣稻田六百二十三頃八十七畝；京南正定、平山、定州、邢臺、沙河、南和、平鄉、任縣、永年、磁州等十州縣稻田一千五百六十七頃七十八畝，其民間自營己田，如文安一縣三千餘頃，安州、新安、任邱等三州縣二千餘頃；據各處呈報新營水田，俱禾稻茂密，高可四、五尺，每畝可收穀五、六、七石不等。至正定府之平山縣及直隸天津州呈送新開水田所產瑞稻，或一莖三穗、或一莖雙穗，謹呈御覽。下部知之。(世宗六〇、二五)

　　(雍正六、七、辛亥) 總理營田水利事務怡親王允祥參奏：効力主簿梁文中在薊州營治水田，將水泉微細之地，捏報堪營，因民間觀望，差拘責比，復逼迫民人，將已中［種］豇豆高糧等項拔去。請將梁文中革職，交直隸總督審擬。得旨：凡興修河渠田畝等事，朕意本欲惠養斯民，為地方永賴之利；乃差往人員等奉行不善，轉為閭閻之擾。前聞直隸工員內，有因營治稻田，拔去民間已種豇豆之事，因諭令怡親王確查。今據怡親王等查實參奏，梁文中不行曉諭於事先，乃將已成之禾稼，逼令拋棄，違理妄行，顯欲阻撓政事，非無心錯誤可比，該巡察御史苗壽、陶正中何以不行查參。梁文中所犯既實，不必交與該督再審，著革去職銜，即於工所枷號示衆；其所毀壞豇豆，著於梁文中名下照數追賠。（世宗七一、四）

（雍正八、九、壬辰）諭內閣：直隸水利營田，吾弟怡賢親王殫數年之心力，區畫經營，為小民興萬世之利；甫定規模，而賢王薨逝，遂至防護多疏，隄岸漫溢，朕心憂慮。深恐將來日漸廢弛，前功隳棄，特命九卿等籌畫善後之策。今覽九卿所議，多屬浮辭；至云凡怡賢親王所欲行而未竟者，皆分別緩急、次第興工，此語更屬支離。夫已行而未竟者，則王之事也；若云欲行而未竟者，此乃游移影響之談，巧卸其責於王矣。王既未曾見諸施行，則以後辦理之事，皆諸臣之事，若辦理妥協，王不居功；若辦理不妥，而以欲行二字歸過於王，朕豈忍聞此語乎。當怡賢親王經理之時，朱軾多病就衰，艱於跋涉，此衆人所共知者；至於莽鵠立性情偏僻，何國宗器量卑庸，祇因今歲工程緊要，姑且用之，非謂可以長膺此任也。且朱軾等居住京師，安能遙辦河工之事，自應特設管理大臣以專職任；將其中事務可以分派地方官者，則分派辦理，以收羣策之效。九卿所議，俱未及此。著另行詳議具奏。（世宗九八、一六）

（雍正一二、一、戊戌）工部議覆：直隸總督李衛，遵旨議奏豐潤營田觀察使陳儀條奏整理營田及薊運等河加修隄岸各款。一、瀕河沮洳之場，如玉田、豐潤等處圍田，悉為澍雨淹冒。請查明殘缺之處，動帑修補。一、薊運河左瞰玉田、右俯薊州，隄工最為緊要。請加高培厚。一、小河為鴻橋、藍泉二河之會流，馬營一帶，滙受藍泉之水，舊有民埝一道，請加修築，并疏濬鴻橋，無使淤墊。一、泃河源出塞外，東流與薊運會合，南北兩岸，並居險要，請設歲修銀兩，預備椿埽以為搶堵之用。一、潮河東岸，乃玉田民埝，闔邑倚為保障，請加培防護。一、還鄉河憑高下注，性駛流曲，豐、玉二邑隄埝，多被漫決。請設歲修銀兩，每年加葺保固。一、陡河即館水，由灤州入豐潤其流始盛，至拾家沽以下，河窄流紆，兩埝卑薄。請悉行展挖，即以所挖之土，增築兩隄。以上各項，即於通永道庫存貯銀兩內酌量撥給；至豐潤等縣民埝，向係民自加修，今年秋被偏災，民力不支，除所用物料、動帑備辦外，請令地方官各酌給米糧，以工代賑，後不為例。均應如所請

從之。(世宗一三九、六)

（**雍正一三、一一、壬戌**）諭總理事務王大臣：直隸營田，乃皇考教稼養民之至意，但事關地方，必須本地方有司實力奉行，始得裨益。朕意將營田觀察使撤回，專交地方官管理。其如何派道府大員督率稽查之處，著總督李衛詳悉妥議具奏。(高宗七、三〇)

（**乾隆一、二、癸未**）工部左侍郎王鈞奏：前於豐潤、霸州營成稻田一百頃有奇，請交直隸總督李衛招佃納糧，或爲書院士子膏火之資，或充普濟堂、育嬰堂等用。得旨，著照王鈞所請，交與直隸總督李衛酌量辦理。王鈞著交部議敘具奏。(高宗一三、一一)

（**乾隆一、六、辛卯**）直隸總督李衛遵旨詳議：一切新舊營田，交各該州縣管理，如本任事務匆忙，即委所屬佐雜協辦；並飭各該道、府、廳、州稽察督理。其續報營田，借給工本以及水田改旱應行事宜，俱由本屬府、廳、州申詳該道核轉，再令該道等勸導查察。如州縣實力督課，三年之内，著有成效出色者，各該道、府、廳、州詳司核保，照卓異例，不論俸滿即陞。倘因循作弊，即行揭報；濫舉徇庇，亦即查參。又，營田州縣内，如豐潤、霸州、天津、永年、新安、玉田、文安、大城、磁州等九州縣，或營田數少，或治大事繁，嗣後缺出，於現任州縣内，揀選才具優長、熟悉水利之員題調。下部議行。(高宗二一、二四)

（**乾隆二、閏九、乙亥**）諭總理事務王大臣：直屬營田水利，昔年皇考世宗憲皇帝，特命怡賢親王、大學士朱軾查勘地方情形，不惜數百萬金錢興修經理，已有成效；固當垂之萬年，爲直屬民人永久之利。然溝渠澮洫、隄塍圍埂之屬，必須隨時修葺、歲加補治，方於田功有益。今歲春夏間雨澤愆期，各州縣水田，多未種植，已據直隸總督李衛停止採買米石。朕思本年水田既未耕種，則溝渠各項，勢不能無廢壞之處，倘地方有司稍或玩忽，不隨時整理，必誤明歲春耕。夫州縣地方，原有高下之不同，其不能營治水田，而從前或出於委員之勉強造報者，自應聽民之便改作旱田，以種雜糧；若附近水次可以營治之田，而從前已經開成者，倘因本年未經種稻，遂致廢棄，殊爲可惜。著總督李衛飭行各州縣分別查明，將實在可垂永久之水田，勸諭民人照舊營治，無得任其荒蕪；其溝渠各項，有應行修葺者，即於農隙之時，酌給口糧，督率修治。(高宗五三、三)

（**乾隆九、一二、丙午**）大學士鄂爾泰等會議：協辦大學士吏部尚書劉於義等奏稱，奉旨查辦直隸水利事宜。……一、正定府屬之井陘、平山二縣民人，於各村莊河灘，營治稻田，均應修理。請借給井陘縣民人工本銀三千七百七十二兩零、平山縣民人工本銀五千五十九兩零,按照十年完繳,俟成後照例升科。又,正定府屬幷定州八州縣,通計營成稻田共六百六十餘頃,接連地面,尚可開拓。應將已經營成之田,查丈清楚,造報戶部。以上應辦各工,約估需銀四十七萬三千四百餘兩。請將直賑項內撥銀五十萬兩,豫爲料理,春融次第興工。均應如所請。得旨:依議速行。(高宗二三〇、四)

(乾隆一三、五、乙未)諭:據直隷總督那蘇圖奏稱,正定府屬平山令郭殿正,於河旁度地施工,勸諭居民自備工本,營治稻田共九十二頃餘。又,阜平縣境內有沙河濁流,該令羅仰鑣沿河查勘,督令居民實力墾治,營田五十二頃餘,委員勘丈,於河道亦無妨礙。郭殿正、羅仰鑣殫心民事,朕甚嘉焉;視以催科爲能者,奚啻逕庭。允宜交部議敘。朕自即位以來,首以民計爲務,於凡開墾水利以及樹藝孳畜,凡繫農桑撫字之事,無不諄諄告諭,令各省督撫督率有司,勤於養民之本務。而至今未有牧令董勸有方如今那蘇圖所奏者,則是各督撫及群有司,尚未明曉朕意也。且平山、阜平二邑之民,處山區土瘠,而能不惜辛勤,墾荒成熟,至萬有餘畝。是民亦知謀生,加以勸導,無不風行。著再明諭各督撫,務遵此旨,實力勸諭有司,懋勤本圖,無俾怠緩,其有成效,優敘例此。苟或滋弊,以熟作荒,僞報希敘;及將河湖灘地,本留以瀦水者,妄行開墾,致盛漲無所容納,反受漫溢之患,則國法具在,不可假借。(高宗三一四、二八)

(乾隆二七、一〇、己酉)諭軍機大臣等:范時紀摺奏京南霸州、文安等處,地勢低窪,易致淹浸,請設法疏通,添築隄埝,改爲水田一事。此不過偶以近來一、二年間,雨水稍多,竟似此等地畝,素成積潦之區。殊不知現在情形,乃北省所偶遇;設過冬春之交,晴霽日久,便成陸壤。蓋物土宜者,南北燥濕,不能不從其性。即如附近昆明湖一帶地方,試種稻田,水泉最爲便利,而蓄洩旺減,不時灌漑,已難遍及;倘將窪地盡令改作秧田,當雨水過多,即可藉以瀦用,而雨澤一歉,又將何以救旱。從前近京議修水利營田,未嘗不再三經畫,始終未收實濟,可見地利不能強同,亦其明驗。但范時紀既有此奏,著將原摺一條鈔寄方觀承閱看,或有可以隨宜酌採、於目下疏消之法裨補一、二者。該督細心籌議具奏。將此傳諭方觀承知之。尋奏。直屬試種水田,瀦涸不常,非地利所宜。惟京南之文安、霸州、保定所屬之安州、新安等處,其低窪各村莊,遇水瀦時,令暫種稻田;涸後仍聽隨宜播種。得旨:覽奏俱悉。(高宗六七三、九)

2. 河南　山東

（乾隆五、九、己巳）諭：據河南巡撫雅爾圖奏稱，豫省地土，原有水田、旱田二項，而現在旱田之中，可改水田者尚多，祇以旱田賦輕，水田賦重，一經改種，必須題請加賦，小民既費工本，又增糧額，是以因循觀望，等語。朕思水田收穫，倍於旱田，若可改種，則易瘠土而為沃壤，於民間自有裨益。至加增科則，為數無幾，且此係現在輸糧之田畝，非新墾隱匿者可比。嗣後有情願將旱田改作水田者，悉從其便，錢糧仍照原定科則徵收，免其呈報有司、改則加賦。但各州縣地形不同，土性迥別，其不便改種者，地方官不得勉強抑勒，以致功難成而事滋擾。可傳諭雅爾圖，令其妥協辦理，以副朕體恤閭閻之至意。（高宗一二六、一）

（乾隆七、七、庚辰）又諭軍機大臣等：據河南巡撫雅爾圖奏稱，六月初十等日，雨水較大，鄰河州縣內，如開封府屬之鄭州、中牟、鄢陵，歸德府屬之永城、鹿邑、夏邑，陳州府屬之淮寧、商水、西華、沈邱、項城等州縣，間有被水村莊，現在尅期查辦，等語。近又有人奏稱，河南地方多有積水未消，而考城一縣，甚至經冬不涸，於田疇尚無妨礙。朕思中州地勢平衍，向來溝洫未通，以致雨水稍多，低窪處所便至積潦難消。雖據稱無礙於田疇，但水道關係民生，務宜急早修舉，俾旱潦有資。可寄信雅爾圖，令其留心相度、通盤籌劃、次第辦理。尋奏：豫省地勢平衍，土性虛鬆，一切河道溝渠，旱乾則沙隨風起，每多壅塞之虞；霪雨則土隨水塌，又滋淤填之患。臣於乾隆四年蒞任，正值水災後，到處俱有積水。當即飭屬相度，勸導士民，分別疏濬。如安陽縣修復萬金渠，灌田十六萬畝；濬縣修復西十里鋪環隄衛田三萬六千餘畝；河內縣修復利仁、豐稔等河，灌田七萬餘畝。又，開封府之中牟縣，南陽府之南陽等十三州縣，河南府之鞏縣、孟津、新安三縣，汝寧府之汝陽縣，導水灌田，共改種水田一萬八千餘畝。此三年來辦理水道之情事也。第以開、歸、陳等屬，地當下游，其積水未消之處，多係鄰近黃河。緣大隄內外，修做工程，挖土成坑，雨水積聚。此種地土，豁免錢糧，於民生并無妨礙。再，考城縣地勢低窪，每年黃水漫流，無路宣洩。現已開溝一道，由商邱縣楊家堂歸入黃河，無經冬不涸之患。又，夏邑縣環城，亦有積水，緣地勢極低，四面高阜，不通河道，原未占礙民田，而土性苦鹹，就令消涸，亦難種植。至此外水道，可以備旱潦而資蓄洩者，臣承聖訓周詳，自當詳慎辦理。得旨：覽奏，似覺所言頗是。若實難宣洩，亦止得聽之。但汝應留心詳察，酌量可為則為之。朕不怪汝不留心地方，若避此而

爲飾詞，則不可耳。（高宗一七一、一〇）

　　（乾隆二六、六）[是月] 山東巡撫阿爾泰奏：查新城縣烏龍河之西，有積窪荒地，現飭築塍開漏、引水歸田，先後開墾稻田共一百四十餘頃。青州屬之高苑縣，地勢亦窪，業將極窪處酌改稻田。西南有麻大湖及小清河，引麻大湖之水，以廣來源，洩入支脈溝，以爲尾閭。現在涸出稻田十餘頃。至博興縣亦濱臨小清河，地勢更窪，陸續改墾三百餘頃。現於小清河築草壩，收蓄河水。水少則引水以灌田，水多即坼壩洩水入河。再，萊州屬之濰縣，其南北臺地，濱臨堯丹等河，亦極窪下。今開溝築塍，引大小于湖之水，開墾稻田一十三頃。得旨：可嘉之至。勉力以實爲之。（高宗六三九、二一）

　　（乾隆二八、四、癸巳）山東巡撫阿爾泰奏：查勘章邱、新城所引明水泉及烏龍河水，僅資已墾之田，而荒地應併籌辦。查有珠龍河一道，挑鄭潢溝引水，計墾稻田百頃餘；引高苑縣大湖之水，入小清乾河，計墾稻田二頃餘；博興稻田，除引小清河水開墾外，蒲姑城西，築塍開壩，引祁家漏水，計墾稻田五十餘頃；壽光縣、濰縣窪地尚多，挑溝建閘，計墾稻田十四頃餘。堯丹河入白狼河水口處，添閘開放，足資壽、濰兩邑灌漑；濰縣南北臺底，引大小于河水，計墾稻田二十八頃。又，青州府屬之淄河、萊州府屬之膠萊等河，爲兩郡河渠關鍵。河流湍曲處，開引河以分水勢；福民、落樂、五龍、白狼等河，支脈等溝，及登州府境內穎門、南樂、沁水、沙河等河，俱挑淺培隄，無虞漫溢。得旨：覽奏諸凡留心，殊可嘉也。（高宗六八四、九）

（二）推廣糧食、油料作物

　　（乾隆一二、二）[是月] 安徽巡撫潘思榘奏：皖省地方，自交二月，甘澍頻施，二麥蕃盛，蠶豆菜蔬等類，鬱葱徧野。鳳、潁、泗災重之區，復蒙展賑，益勤東作。臣飭勸農人，於路傍地隙，廣植榆柳果樹。再，蘆粟一種，宜於山地，不擇肥瘠，六安州民種植甚廣；春煮爲糧，無異米穀，土人稱爲六穀。又豫省紅蘋，易蒔多收；東省稗子，土名穇子，較高粱更耐水潦。臣俱諭令試種，并趁此農務未殷，疏通溝洫，以備水旱。得旨：此可謂留心本計，嘉悅覽之。（高宗二八五、二〇）

　　（乾隆二五、一二）[是月] 陝甘總督楊應琚奏：口外各城需用物件，悉由西、蘭一帶辦運；惟清油程途遙遠，腳力維艱。查各該屯田處所，種植靡不有收。現在各城官兵食用，均無煩内地轉運。請飭蘭州藩司，採買菜子胡麻，運送肅州，按照各屯需用油觔，分別給種。仍行文各該處辦事大臣，於

明春相度種樹，以省運費。得旨：甚好。（高宗六二七、二六）

（乾隆二六、二）［是月，陝甘總督楊應琚］又奏：安西以西各站塘遞馬，歲需豆六千餘石。由肅州採運，需費不貲；即安西以東支領折價各站，亦因向不產豆，購運頗費周章。查該處氣候漸暖，可以試種豌豆。現於倉貯豆內，擇堪爲籽種者一千三百餘石，借給淵泉、敦煌、玉門等縣農民，廣爲試種。俟有成效，即可將額徵之糧，酌改豌豆，而塘運馬料，亦可就近撥支，無須由肅輓運。得旨：甚好。（高宗六三一、二八）

（乾隆二六、七、癸亥）陝甘總督楊應琚奏：安西氣寒，豆非地產，向由內地購運，路遠費繁。今春令民試種，悉皆成熟，各處收成八分以上。既可省內地採買輓運之煩，並可將額徵之糧改徵豌豆。得旨：甚妥、甚美之事。（高宗六四一、一六）

（乾隆五〇、六、庚寅）諭軍機大臣等：閩省地方，向產番薯一種，可充糧食，民間種者甚多。因思豫省近年屢經被旱，雖現在已普得甘霖，自可趕種晚秋，但恐該處土脈久燥，雨澤一少，即與播種無益。番薯既可充食，又能耐旱，若以之播種豫省，接濟民食，亦屬備荒之一法。此時雅德想已起程，著傳諭富勒渾，即將番薯藤種多行採取，並開明如何栽種澆灌之法，一併由驛迅速寄交畢沅，轉飭被旱各屬，曉諭民人，依法栽種，於民食自屬有裨。……將此由六百里傳諭富勒渾、雅德並諭畢沅知之。（高宗一二三二、三七）

（乾隆五〇、七、辛酉）又諭：據畢沅奏，薯蕷向以懷慶所出爲佳，性與山蕷番薯同類。番薯藏種在霜降以前，下種在清明之後，計閩省乘時採擇，郵寄此間，尚不爲晚。但聞其種易爛易乾，須用木桶裝藤，擁土其中，方易攜帶；兼聞藤本須帶根者，力厚易活，等語。前雅德來熱河召見，曾諭以將番薯藤種採寄河南。據奏，路過山東沂州府，亦見該處種有番薯，而豫省懷慶所出薯蕷，性與同類。此物既可充食，又能耐旱。河南、山東二省，頻歲不登，小民艱食，畢沅、明興當即轉飭各屬，勸諭民人，仿照懷慶、沂州廣爲栽植，接濟民食，亦屬備荒之一法。至豫省既產薯蕷，則番薯一種，閩省亦毋庸多寄；但必須覓帶根藤本，用木桶裝盛，擁土其中，如法送豫，方能栽種易活。著傳諭雅德即行照式妥辦，由驛速寄。將此各傳諭知之。（高宗一二三四、一七）

（乾隆五〇、七、甲子）諭軍機大臣等：據富勒渾奏，採備小薯藤薯，先後送往豫省播種一摺。內稱，有閩縣監生陳世元，從前遊歷河南，曾經運種試栽有效，該生情願挈同孫僕，前往教種，已令委員伴送起程赴豫，等語。所辦甚好。番薯既可充食，兼能耐旱，今經富勒渾多爲採備，並開明種法寄豫，又有陳世元前往面爲講求，試種自必有驗。著傳諭畢沅即飭各屬廣爲如法栽種，以期接濟民食。至陳世元年逾八十，自願攜帶薯子、挈同孫僕，前往教種，甚屬急公。並著該撫俟陳世元抵豫後，如果教種有效，即據實奏聞，酌量賞給舉人職銜，用示獎勵。（高宗一二三五、一）

（乾隆五〇、八、庚辰）諭軍機大臣等：據明興奏，陸燿於山東臬司任內，曾刻有甘薯錄一編，頗爲明切易曉。現飭多爲刊刻，頒行各府州縣，分發傳鈔，使皆知種薯之利，多爲栽種，等語。所辦甚好。河南頻歲不登，小民艱食，前已諭令畢沅轉飭各府州縣，仿照懷慶府屬廣種薯蕷；即直省迤南各府，今年亦因雨澤愆期，收成歉薄，番薯既可充食，兼能耐旱，且東省各府，既間有種植，自不難於就近購採。朕閱陸燿所著甘薯錄，頗爲詳晰，著即鈔錄寄交劉峩、畢沅，令其照明興所辦，多爲刊布傳鈔，使民間共知其利，廣爲栽種，接濟民食，亦屬備荒之一法。將此傳諭知之。（高宗一二三六、八）

（乾隆五〇、一〇、壬午）又諭曰：畢沅奏，閩省監生陳世元，赴豫教種番薯，因感受風寒，抵省後，旋即病故，等語。前因閩省番薯，既可充食、又可耐旱，特令富勒渾等採寄河南栽種，陳世元因熟悉樹藝之法，情願赴豫教種，年老遠涉，頗屬急公，今患病身故，殊堪憫惜。陳世元，著加恩賞給國子監學正職銜，俾該生得邀身後之榮。並著畢沅妥爲照料，交伊子護送回籍。其子服滿，願來引見，亦聽。（高宗一二四〇、八）

（乾隆五六、一〇、甲子）察哈爾都統烏爾圖納遜奏：蘇尼特兩旗，連歲旱荒，自蒙恩賑濟後，雨澤如期，年穀順成，野外滋生楚拉啟勒，甚屬豐稔。比户俱收藏禦冬，各處就食者，俱回家樂業。臣所管戈壁內十餘臺站，亦廣產楚拉啟勒，該處人等所收，足支來歲青草發生以前之用。謹囊封進呈。御製沙蓬米詩序曰：蒙古東西蘇尼特，連年被旱，已即優加賑卹。茲據察哈爾都統烏爾圖納遜奏，前歲蘇尼特野外所生楚拉啟勒，居人借此餬口，并囊貯呈覽。是米內地所無，詢之亦無知者。恭閱皇祖御製"幾暇格物編"有曰沙蓬米者，枝葉叢生如蓬，米似胡麻而小，可爲餅餌茶湯之需，凡沙地皆有之，鄂爾多斯所產尤多云云。今詢之蒙古人，與"幾暇格物"所言，形狀悉合，且西蘇尼特地連鄂爾多斯，則楚拉啟勒即爲沙蓬米無疑。是米嘗之鮮有滋味，而荒年賴以全活者甚衆，覽奏爲之心惻且慰，因成是什。詩曰：東西蘇尼特，前歲遭洊饑，由冬及夏秋，雨雪總未滋。所賴沙蓬米，沙地自生斯。然亦竟因旱，資食遞往時。聞之心惻然，遣賑銀米施。天恩幸轉旋,膏霽需如期。嗟嗟蒙古衆,乃得免流離。蓬米亦稔熟,户户饘粥炊。呈來一試嘗,例草根樹皮。北望心雖慰,調爕愧自知。(高宗一三八九、二四)

(三) 禁種烟草

(**雍正五、七、甲子**) 諭大學士九卿等:……自古有治人、無治法,朕所降諭旨,丁寧往復,無非念切民生,然必奉行盡善,方收實效。即如社倉一事,朕數年以來,屢屢降旨,但可勸民自爲,不可繩以官法。前楊宗仁在湖廣,鋭於舉行,而州縣迎合其意,勉强行之,近日竟有官吏將此項米穀侵那者。此即奉行社倉之弊,非朕之意也。又如民間向來多將膏腴之壤,栽種烟菓[葉],以圖重利。朕慮其抛荒農務,諭令有司善爲勸導,使知務本。諭旨甚明,並非迫令一時改業也。今聞有將民間已種之烟葉,竟行拔去者。此時既不能樹藝五穀,而已種之物又復棄置,豈不農末兩失,大負朕愛養百姓之初心耶。朕所降諭旨,明白周詳;而奉行者如此舛錯,皆係愚劣官員不能領會,且遠鄉僻壤之地,未曾曉諭周知。此皆地方大吏疏忽之咎。著將此諭旨,徧傳直省,務使遠鄉僻壤咸共知之。(世宗五九、一一)

(**乾隆八、六、癸丑**) 大學士等議覆:江西巡撫陳宏謀奏稱,今日之耗農功而妨地利者,莫如種烟一事。乾隆元年,學士方苞曾條奏請禁,部議不准。臣詳繹部駁,一則以已經種烟之地,再種蔬穀,苦惡難食,徒成棄壤;一則以種少烟貴,偷種者多,犯法者衆;一則以烟地入官,罰及隣右,牽連滋擾。今謹籌禁止之法。城内仍許種烟,城外及各鄉概不許種;如有種者,責成鄉保報官,將烟草入官。若云禦瘴氣風寒,自明代以來,未見盡爲瘴癘風寒所侵;即今不喫烟者,未嘗不入瘴鄉,其非必不可少之物明甚。但已種之烟,全令拔除,未免失業。請豫行曉諭,以甲子年爲始,令地方官通行禁止,等語。查民間種烟一事,廢可耕之地,營無益以妨農功,向來原有例禁,無如積習相沿,日以滋甚。如直隸、山東、江西、湖廣、福建等省,種植尤多,隴畝相望,穀土日耗。且種烟之地,多係肥饒,誠令改種蔬穀,則自八月收烟後,至來歲春,相隔半載,土氣已復,並無不宜蔬穀之處。如或以不種則失業,改種則利輕;又當知烟無關於饑飽,原不必論其貴賤,自應禁止。惟城堡内閒隙之地,聽其種植,城外則近城畸零菜圃,亦不必示禁。其野外土田阡陌相連之處,概不許種。得旨:即照大學士所議行。該部知道。(高宗一九四、六)

(**乾隆八、一二**) [是月]福建巡撫周學健奏:接到大學士等議准江西巡撫陳宏謀奏請禁止種煙一摺。查閩省種煙最廣，民情又悍，猝加查禁，抗法必多。請設法從容勸諭。得旨：大學士等所議陳宏謀摺，原非盡令各省一概禁止種煙也。亦云因時制宜，勸諭而已。況閩省尤不能行此令，想汝錯會意矣。（高宗二〇七、二八）

（乾隆一六、八、壬戌） ［户部］又覆：西安布政使張若震奏稱，陝省商販鮮通，米糧從無外至，乃小民不知務本貴粟，將膏腴地畝，廣種煙草，以圖微利，耗廢農業。請嗣後除城堡内閒曠之地、及城外奇零菜圃仍聽種煙外，其四鄉平原沃壤、宜五穀者，如有種煙一畝至三畝以上，分別輕重治罪；有司失於稽察，每案罰俸一年。查雍正五年，世宗憲皇帝諭旨，惟飭有司勤加勸諭，而不繩之以法者，誠以愚民僅顧目前，不知久遠；欲驟挽圖利之習，必滋紛擾。況地方遼闊，查勘難周，不肖鄉保，借端需索。所奏立法治罪議處，實於公事無益，無庸議。從之。（高宗三九七、二六）

（嘉慶二二、一一、戊辰） 諭内閣：朕恭閱皇祖世宗憲皇帝實録，内載雍正九年八月諭大學士等，肅州金塔寺原種進貢之哈密瓜，朕思與其種瓜，何如種穀以貧民食。著行文該督撫等，嗣後不必進獻，並著曉諭彼處人民知之。欽此。仰見皇祖重農貴粟，不使地有遺力，惠愛黎民之至意。從來食爲民天，樹藝五穀，是爲本務。瓜猶蓏蔬之屬，尚恐栽植者多，致分地力；近日煙草之植，無處蔑有，更復有水煙一種，産自甘肅，近聞栽種益廣，此皆無益民生、有妨稼穡。甘肅地土狹瘠，尤當使民知種穀，庶免艱食之虞。著該督飭知地方官，徧行曉諭，凡種水煙地畝，概令改種黍禾；並隨時查禁，無許仍前趨利逐末，致妨地利。再，聞近日都城中，並有以水煙入市售賣者，甚至每歲隨往熱河，逐隊營趁，不可不嚴行禁止。著步軍統領衙門、順天府五城出示曉諭，各令改業營生，如有不遵，查拏懲辦。其熱河地方，並著該管文武官一體查禁，隨時驅逐，以儆游惰。（仁宗三三六、二六）

二、農村家庭副業

（一）蠶絲

（雍正七、七、庚午） 署浙江總督性桂疏報：湖州府歸安縣民王文隆家，育蠶二十七筐，内有九筐萬蠶同織瑞繭一幅，長五尺八寸、寬二尺三寸，實爲上瑞。得旨：朕聞養蠶之家，或聚衆蠶於磁甕之中，面上糊鋪一紙，衆蠶於紙上盤旋，往來如織，紛綸凝結，久而成片，器圓者成圓，器方者成方。既成之後，去其原紙，宛似人力織成。以此推之，器小者可成小幅，則器之大者亦可以成大幅矣。今浙江所進，大抵多由人工造作。如果係萬蠶同織而成，必有確實憑據可驗。著明白查奏。倘由人工造作，亦將實情具奏。朕每事必期覈實，況素性不言祥瑞，豈可稍涉虛罔。至於進繭之人，不過微末鄉民，希冀恩賞，非作奸犯科者比，亦不必嚴訊，以致苦累。（世宗八三、三三）

（乾隆二、九）[是月，兩江總督慶復] 又奏：江浙接壤，風土大略相同。浙省蠶桑之利甲天下，而三吳組織所需，皆資市販。應令各州縣官查勘該處地方可以植桑者，即官買桑秧，分給居民種植，示以育蠶之法；如有成效，即加獎賞。俾小民各知蠶桑之利。得旨：農桑乃爲政之本，所當時刻留心。此奏欣悅覽之。（高宗五一、二七）

（乾隆二、閏九、乙丑）戶部議覆：福建巡撫盧焯疏稱，閩省不知蠶織，近加勸導，並移咨浙江湖州府撥蠶民十戶到閩，教以育蠶繅絲之法，著有成效。所有來閩之各蠶戶，請量給田畝養贍。應如所請辦理。從之。（高宗五二、一三）

（乾隆四、一二、丁丑）戶部議覆：署福建巡撫布政使王士任疏稱，閩省經前任撫臣咨取浙省蠶民，分給閩縣、侯官、永福三縣，教蠶樹桑，所出絲綿，以一分賞蠶民，二分歸公，各蠶民計口授糧，俾資養贍。前巡撫盧焯有給田佃種之議，其應支口糧，遂於乾隆三年夏季停止。今蠶民等以耕桑不能兼顧，不願受產，仍求領給口糧。應俯順民情，照舊支給，俟五年後，閩人熟諳蠶事，其願回籍者，酌給路費回籍，願留閩者，酌給田地營生，等語。應如所請，蠶民免其給田，仍給口糧銀兩；其動支糧銀、屋資、工料、桑價款項，統俟五年後，冊報查核。從之。（高宗一〇六、一〇）

（乾隆七、一二）[是月] 貴州總督兼管巡撫張廣泗奏：黔省生齒日繁，臣等廣勸耕織。……並於省城設立機局，紡織紬匹。惟是蠶桑之利，難期近功，臣當董率各屬，毋令始勤終怠。得旨：勸課農桑，臨民者第一要務，實力行之。（高宗一八一、三七）

（乾隆八、一一、丁亥）又諭軍機大臣等：據四川按察使姜順龍奏稱，東省有蠶二種，食椿葉者名椿蠶，食柞葉者名山蠶，此蠶不須食桑葉，兼可散置樹枝，自然成繭。臣在蜀見有青杠樹一種，其葉類柞，堪以餧養山蠶；大邑縣知縣王巂，曾取東省繭數萬，散給民間，教以飼養，兩年以來，已有成效。仰請勅下東省撫臣，將前項椿蠶、山蠶二種，作何餧養之法，詳細移咨各省，如各省現有椿樹、青杠樹，即可如法餧養，以收蠶利，等語。可寄信喀爾吉善，令其酌量素產椿青等樹省分，將餧養椿蠶、山蠶之法，移咨該省督撫，聽其依法餧養，以收蠶利。再，直隸與山東甚近，餧養椿蠶山蠶，不知可行與否，並著寄信詢問高斌。(高宗二〇四、一三)

（乾隆九、五）［是月］湖南巡撫蔣溥奏：楚南山澤樹木中，有青岡櫟木等樹，均可放飼野蠶；且桑蠶每歲止獲利於春，而山蠶可兼收於秋。據道州知州、辰州府同知等報稱，已於四月間成繭絡絲，州民無不懽忻鼓舞；併將養蠶、收種、繰絲始終，載爲規條一册，臣即刊刷頒發各屬，令其照依領種放養。奏入，報聞。(高宗二一七、三四)

（乾隆九、九）［是月］河南巡撫碩色奏：前據四川按察使姜順龍奏稱，東省有蠶二種，食椿葉者名椿蠶，食柞葉者名山蠶，請飭撫臣將餧養之法，移咨各省，以收蠶利。查豫省開封、彰德、懷慶、河南、南陽、汝寧及汝州、陝州、光州等府州屬，產有柞槲等樹，可餧山蠶。近有東省人民，攜繭來豫，夥同放養，俱已得種得法；其餘祥符等七十九州縣，不產青柞等樹者，或植桑以養家蠶，或紡棉以織布疋。應就土俗民情所便，時爲勸導，不使游惰成風。得旨：所奏俱悉。行之以實，不懈不擾，可也。(高宗二二五、二七)

（乾隆一一、四）［是月］陝西巡撫陳宏謀奏：陝省爲豳岐舊地，蠶桑之事，自昔爲盛，日久漸替。查西、同、鳳、漢、邠、乾等府州，皆可養蠶，近令地方官身先倡率，廣植桑株，雇人養蠶；並於省城製機，覓匠織縑。此次呈進之縑，即係省城所織。民間知種桑養蠶均可獲利，今年務蠶桑者，更多於上年。計通省增種桑樹，已及數十萬株。從此漸加推廣，陝省蠶桑之利，可以復興。其山東放養山蠶之法，現已令各屬導民試養。得旨：興農桑乃爲政之要務，毋始勤而終怠，毋空言而行違。勉之。(高宗二六五、三二)

（乾隆一一、一一）［是月，浙江巡撫常安］又奏：據杭州、嘉興、湖州三府稟稱，本年七、八月間，各村桑樹，生有小蠶，食葉成繭；用以織綢，較他綢更爲堅緻。詢之土人，僉云此名天蠶，又名桑蠶，往年不過數枚，惟今年所產最繁。各鄉村遍野皆有，民間獲此餘利，靡不歡欣鼓舞。臣隨取繭絲查驗無異。得旨：覽奏俱悉。此范成大詩所謂野繭可繅者也，汝特未之知耳。(高宗二七九、一七)

（乾隆二六、一〇）［是月］貴州巡撫周人驥奏：黔省近年多種棉苧，仁懷廳等處兼放山蠶，結繭數萬，試織繭紬，各屬倣行，漸知機杼。得旨：嘉獎。(高宗六四七、二五)

（乾隆二八、九）是月，直隸按察使裴宗錫奏：熱河三廳各山場，徧長紅葉，係菠蘿樹，土人祇砍伐作薪，不諳養蠶，殊爲可惜；又八溝廳屬之難兒河與塔子溝屬之三座塔、木城等處，亦多長此樹，應請令熱河三廳與八溝二廳地方，凡有曠閒山場，俱勸諭百姓廣爲栽種養蠶，官給印票，填明花戶姓名及頃畝數目，三年後，果有成效，酌定租息，給還地主。若係官地，照例升科，於地利民生不無裨益。得旨：交方觀承實力妥辦。（高宗六九五、二五）

（乾隆四五、四、壬申）盛京將軍調任雲貴總督福康安會同盛京戶部侍郎全魁奏：牛莊、蓋州、熊岳、復州、金州、岫巖六城所屬界內官山，前准旗民人等放蠶，輸納稅課，試收二年，再爲定額。茲查四十三年分共徵山稅、繭稅銀七千八百八十五兩有奇，四十四年分徵銀八千六十二兩有奇，係屬有增無減。現雖已屆二年期滿，若即照此定額，恐地方官見額稅已定，不再廣募放蠶之人，或將續增蠶戶隱匿不報，請再試收二年，查明增減數目，覈實辦理。下部知之。（高宗一一〇五、一四）

（乾隆五九、二、癸未）又諭曰：吉慶奏報通省晴雨春花情形一摺。據稱各屬於正月間各得雨雪五、六寸不等，二麥油菜蠶豆等項，一律長發暢茂，等語。覽奏欣慰。但聞浙省上年因春間雨水較多，蠶桑不免有損，以致絲觔缺少，價值昂貴，該省蠶桑，爲小民生計攸關，與稼穡並重，地方大吏自當隨時留心查察。設遇雨水過多，或應酌量祈禱，以期晴雨得宜，於蠶事不致損傷，雖不必如糧價之按月奏報，而每年蠶收情形，亦宜查明具奏一次，以重民事。著傳諭吉慶將現在該省雨水是否調勻，於蠶桑有無妨礙之處，遇便據實具奏，以慰厪注。（高宗一四四七、一三）

（嘉慶一三、六、甲辰）諭內閣：朕惟農桑爲致治之原。一夫不耕，或受之饑，一婦不織，或受之寒。惟人君震動恪恭於上，斯小民趨事赴功於下。七月之什，無逸之圖，重民事、所以固邦本也。我朝列聖相承，惠愛黎元，勤思本業，聖祖仁皇帝詔刊耕織圖四十六幅，作爲詩章分冠其上，其於農事自浸種以至祭神，於蠶事自浴蠶以至成衣，形模藻繢，纖細畢陳，恭繹睿謨。蓋以人主生長深宮，恐於小民作苦之事未能洞悉，用是被諸詠歌，垂型奕禩。皇祖世宗憲皇帝依題成什，皇考高宗純皇帝繼復恭和元韻，均以聖祖之心爲心，敬念民依，後先同揆。乾隆二年，曾命詞臣纂輯授時通考一書，內列耕織圖二卷，三朝御製詩，依次恭載，煌煌聖訓，萬古維昭。朕紹承前烈，日以民生爲念，惟思爲閭閻廣衣食之源，俾之含哺挾纊，永慶盈寧。近於幾暇，續題耕織圖，成五言律詩四十六章。檢閱授時通考，係刊於乾隆七年，其耕織圖卷內，恭載聖祖御製於前，次列世宗御製，又次列皇考御製。則書皇帝御製恭和聖祖仁皇帝原韻，當時體例應然。今朕續有題詠，應補行編載。原書篇頁內餘幅甚寬，著交文穎館總裁等，恭查耕織圖各幅前皇考御製詩，俱敬謹改書高宗純皇帝御製恭和聖祖仁皇帝原韻，再將朕詩次列於後。標目書皇帝御製，繕冊進呈，交武英殿補刊，以示朕祇遹成謨，重民務本至意。並將此旨載入，以紀補編年月。（仁宗一九七、一六）

（二）棉紡織

（乾隆九、三）［是月，甘肅巡撫黃廷桂］又奏：甘省苦寒，土不宜桑；種棉紡織，概置不講；布帛之價，貴於別省。飭行各道府督率有司，購買棉子，擇地試種；並量給花絮，製造紡車，請女師教習婦女。其實在不能種棉地方，或雇覓工匠，教民織氀。得旨：勸課農桑，爲政之本，然須以久遠之心行之，所謂農事無近功，而有久長之效也。（高宗二一三、二三）

（乾隆九、一二）［是月］甘肅巡撫黃廷桂奏：寧夏、寧朔等處，試種木棉有收。得旨：好。知道了。（高宗二三一、二一）

（乾隆一〇、六、甲子）工部等部議覆：巡察御史和其衷條奏盛京事宜。……一、興紡織以濟民用。奉天各處，地多宜棉，而布價反倍於內地。旗民不知紡織之利，率皆售於商賈，既不獲種棉之用，而又歲有買布之費。請勸喻多置紡織之具，等語。應行該將軍、府尹等，妥議具奏辦理。從之。（高宗二四三、一〇）

（乾隆一一、四）［是月，山東巡撫喀爾吉善］又奏：臨清、德州一帶，四月初七、八等日得雨二、三寸不等；十九日，德州、齊河、長山等處，復經得雨。雖未能一律深透，當望雨正殷之際，二麥實屬有濟。其德州以南各州縣沿河地畝，多種棉花，出土較遲，目下正在吐茁，尚未憂旱。又，直、東游惰貧民，拾麥覓食，習俗相沿。現飭各屬，妥酌安插料理。得旨：覽奏德州一帶情形，頗有諱飾之意。以朕所聞，此處望雨頗殷；若五月內得透雨尚可，若復遲時日，恐成旱象。一切政務，綢繆之計，汝其留心。（高宗二六五、三一）

（乾隆一八、四）［是月］江蘇巡撫莊有恭奏：據淮安府知府趙酉稟稱，淮民習於游惰，不知紡織爲何事。因募織工，並備織具，設局教民學習。淮關監督高恒聞即捐款，於板閘添設一局，各道廳於清河添設一局；紳衿耆庶亦皆鼓舞，有自募紡人，在家學習者。再，查淮屬可種木棉，而民不知點種之法；該府購買棉子，募匠率山陽農民，分頭試種。將來結實，亦可資衣食。大約淮泗以南，病在不儉；淮泗以北，病在不勤。今將該府所定紡織規條，鈔發徐海各府州，飭令遵照辦理。得旨：甚好。（高宗四三七、一六）

（乾隆二三、一〇）[是月]署貴州巡撫周人驥奏：黔省民耕而不織，絲布昂貴。現通飭各屬於川楚鄰省，購種木棉、苧麻，教民紡織，俟有成效，再酌立賞罰。報聞。（高宗五七三、二八）

（乾隆二四、一〇、戊寅）陝甘總督楊應琚奏：庫車等處回人，素習耕織，從前服屬準噶爾，歲納布疋，後因荒亂相仍，將棉子食盡。查陝省西安、同州兩府，俱產棉，每畝種子十觔，可收净花二十餘觔，棉子一百二十餘觔。請先以二十畝計算，將棉子二百觔，解至庫車散給，俾及時佈種，來年即以所得分散各城，二、三年後，可望種植日廣。報聞。（高宗五九八、四）

（乾隆三〇、一〇）[是月]四川總督阿爾泰奏：川民不諳紡織，地間產棉，種植失宜，或商販賤售，至江楚成布，運川重售。現飭各屬勸諭鄉民，依法芟鋤，廣招織工，教習土人，並令婦女學織。再，查川西南地少山多，民頗瘠苦，惟種茶獲利。連年飭屬勸諭居民，於該處荒山密箐，悉行開闢，廣種茶樹。現灌縣、汶川及邛州一帶，漸次繁衍，商民獲利，引課漸增。得旨：嘉獎。（高宗七四七、二二）

（嘉慶一二、八、戊寅）諭內閣：廣厚奏查明喀喇沙爾地方應行更正事宜一摺。喀喇沙爾所轄布古爾、庫爾勒兩城回地，租與內地漢民種植棉花，由來已久，若禁止不准租種，勒令退地繳錢，未免徒涉紛擾，自應仍聽其便。嗣後著准其照舊租種。（仁宗一八四、九）

（嘉隆一三、九、丁亥）命館臣編輯授衣廣訓。諭內閣：朕勤求民事，念切授衣，編氓禦寒所需，惟棉之用最廣，其種植紝紡，務兼耕織。從前聖祖仁皇帝曾製木棉賦。迨乾隆年間，直隸總督方觀承，恭繪棉花圖，撰説進呈。皇考高宗純皇帝嘉覽之餘，按其圖説十六事，親製詩章，體物抒吟，功用悉備。朕紹衣先烈，軫念民依，近於幾暇，敬依皇考聖製元韻，作詩十六首。誠以衣被之原，講求宜切，生民日用所繫，實與稼穡蠶桑並崇本業。著交文穎館敬謹輯為一書，命名授衣廣訓。首載聖祖仁皇帝聖製賦，次載皇考高宗純皇帝聖製詩，再將朕御製和韻詩載入。其方觀承所進圖幅，並發交如意館倣照鈎摹，同原冊所進圖説等件，一併存載。俟書成呈覽，刊刻頒行，以垂永久。（仁宗二〇一、二七）

（三）養魚

（康熙四、三、乙未） 諭兵部：山東青、登、萊等處沿海居民，向賴捕魚爲生，因禁海多有失業。前山東巡撫周有德，亦曾將民人無以資生具奏。今應照該撫所請，令其捕魚，以資民生；如有藉端在海生事者，於定例外加等治罪。（聖祖一四、二三）

（雍正九、四、戊午） 諭内閣：聞天津一帶民間漁船，專以販魚爲業，每年穀雨以後、芒種以前，是其捕取之時，亦猶三農之望秋成也。若此時稍有耽誤，則有妨一年之生計矣。目今天津運往山東積貯米糧，皆僱覓漁船裝載，然亦當聽小民之情願；勿以濟山東百姓之儲，而妨直隸民生之計。著直隸總督、天津總兵官，速飭辦理糧務人員，就近酌量，此時不可强僱漁舟，致令失業。此係積貯備用之米石，俟過芒種以後運送，亦未爲遲。其速特朕諭，遍行傳知。（世宗一〇五、一八）

（乾隆一二、一） [是月] 兩江總督協辦河務尹繼善奏：太湖六桅船，由來已久，現在查點吳縣、陽湖、無錫、宜興共船一百八隻，每船舵工水手及眷屬等，並無來路不明之人，向在蘇、常、湖州一帶捕魚，各船均在本縣編號印烙給票，兼設漁船總甲小甲，共相稽察，最稱安分。查太湖跨越兩省，最易藏奸，時宜防範。湖中産魚甚溥，扁舟不能廣捕，六桅船隨風捕魚，資生即同恒産；若將伊等子孫世守之業，勒令拆卸，驅之平陸，使一旦失所，不但有拂輿情，並妨民利。應請以現在一百八隻爲限，此後不許再增；將各船另行挨次編號，烙印給照，開造姓名，令漁總保甲互相稽察，地方文武不時查點；如私增船隻及人數不符，或容留外來面生可疑之人，將船户、總甲一併治罪。得旨：覽奏俱悉。有治人，無治法，惟在汝等實力行之耳。（高宗二八三、一六）

（乾隆二六、七、辛亥） 喀喇沁貝子瑚圖靈阿等奏：松花江一帶旗民、蒙古人等，因捕魚爭界，屢致相控。查松花江下游，内岸屬伯都訥、拉林，外岸屬蒙古，應令各於本岸捕魚，不得互越。其按網徵税事宜，除拉林十網曾給閒散滿洲，蒙古十二網亦經分給該處，均不徵税外，伯都納十八網，每網按年繳税銀二十兩。從之。（高宗六四〇、一八）

（四）種樹

（乾隆三、一二、庚子） 訓督撫董率州縣盡心民事。諭：據河南巡撫尹會一奏稱，種樹爲天地自然之利，臣於上年欽奉諭旨，隨飭地方官責成鄉地老農，多方勸諭，自桑柘榆柳以至棗梨桃杏之屬，遇有間隙之地、不可種穀者，各就土性所宜，隨處栽植，加意培養。今各府查報，一年之內，實在成活之樹木，共計一百九十一萬有餘。茲當冬末春初，再加申勸，期於遞年加增，等語。夫農田爲生民之本，而樹畜尤王政所先。……今覽尹會一所奏，是豫省一年之內已種樹一百餘萬之多，朕思中州接壤畿輔，爲南北往來之衝，並未聞有教民種植、滋事繁擾之處，安見豫省之法，不可倣行於他省耶。……可將此傳諭各省督撫，善體朕心，勉力爲之，以副朕望。（高宗八三、一七）

（**乾隆七、六、甲寅**）訓督撫董率州縣經畫地利。諭：周禮太宰以九職任萬民，一曰三農生九穀。二曰園圃毓草木。三曰虞衡作山澤之材。四曰藪牧養蕃鳥獸。其爲天下萬世籌贍足之計者，不獨以農事爲先務，而兼修園圃虞衡藪牧之政。故因地之利，任圃以樹事，任牧以畜事，任衡以山事，任虞以澤事，使山林川澤邱陵之民得享山林川澤邱陵之利。夫制田里，教樹畜岐周之善政。管敬仲亦云，積於不涸之倉者，務五穀也。藏於不竭之府者，養桑麻，育六畜也。如果園圃虞衡藪牧之職，以次修舉，於民生日用，不無裨益。國家承平日久，生齒日繁，凡資生養贍之源，不可不爲亟講。夫小民趨利爲鶩，亦豈甘爲惰窳。舉山林川澤、天地自然之利，委爲棄壤哉，良以疏闢之初，豪強既群起而爭，管業之後，奸民又多方戕賊。地方有司，每視爲貲產細故，不爲申理，此所以寧荒其業耳。督撫大吏，身任地方，所當因地制宜，及時經理。其已經開墾成產者，加意保護，或荒墟榛壤，以及積水所匯，有可疏闢者，多方相度籌畫，俾地無遺利，民無餘力，以成經久優裕之良法。至於竭澤焚林，並山澤樹畜一切侵盜等事，應行禁飭申理之處，轉飭地方官實力奉行。該督撫不時稽察。務令從容辦理，以期實效。毋致絲毫滋擾，尤毋得日久因循，以仰副朕惠養斯民之至意。（高宗一六九、一八）

（**乾隆九、四**）［是月］河南巡撫碩色奏：豫省鹼淺沙地，雖不可種五穀，未始不宜樹木。因令鄉耆士民，有能勸種一千株者，給以花紅示獎，州縣官有能勸種二三萬株者，分別記名。仍不得以欲速強民，始勤終怠。得旨：甚是之舉，知道了。（高宗二一五、二七）

（**乾隆一一、一**）［是月］江西巡撫塞楞額奏：江省各州縣一切應興應禁事宜，除遵照原定條例，令道府州縣實力奉行外，尚有因時制宜，酌擬數條者。一、江省地窄民稠，而荒僻山場尚多，宜廣爲開墾。一、江右山多田少。查南、贛二府，種植桐梓，出產油勖，其利甚溥。請飭別府屬勸民栽植。……以上五條，請勅部議覆施行。得旨：所以令汝等摺奏者，欲其務實

而去文；今觀此奏，正所謂務文而去實。交部何爲，留覽而已。（高宗二五七、一五）

（乾隆一三、閏七）［是月］江西巡撫開泰奏報各屬勸民種樹情形。得旨：好。實力妥行。毋爲空言也。（高宗三二一、四二）

（乾隆一三、閏七）［是月］河南巡撫碩色奏報勸民種樹育蠶情形。得旨：覽奏欣悦。諸事應如此留心，尤應以實也。（高宗三二一、四二）

（乾隆二八、七、辛巳）又諭：據閔鶚元奏，北地風土高燥，惟栽種臥柳，不數月間，即見茂密。期年之後，樵採取資不竭，等語。邇來生齒日繁，需用柴薪等項，倍於往日，自應廣爲種植，以供炊爨之需。臥柳一項，於溝旁隴畔，隨地可栽。且一、二年間，即足以資採取。在東省既著有成效，北方地土，大約相同。著傳諭各督撫察看地利所宜，遇有應行栽種臥柳之處，即勸導令其廣爲樹藝，庶於民生日用，較有裨益。（高宗六九一、二一）

第五節　生產情況

一、自然災害

（一）各省自然災害

1. 水、旱、風、蟲等災

（1）全國及兼省

（順治一四、四、丁亥）諭刑部：今歲自春徂夏，連月不雨，三農失望。……（世祖一〇九、八）

（順治一八、八、己未）諭户部：前因江南、浙江、福建、廣東瀕海地方逼近賊巢，海逆不時侵犯，以致生民不獲寧宇，故盡令遷移内地，實爲保全民生；今若不速給田地居屋，小民何以資生？著該督撫詳察酌給，務須親身料理，安插得所，使小民盡霑實惠。不得但委屬員，草率了事。爾部即遵諭速行。（聖祖四、一〇）

（康熙一〇、四、戊子）諭禮部：今已入夏，亢暘不雨，農事堪憂。朕念切生民，躬自刻責，特頒諭旨，戒飭各官，修省過愆，祈求雨澤；乃精誠未達，霖雨尚稽，朕心晝夜焦勞，不遑啓處。兹虔誠齋戒，躬詣天壇祭告，

懇祈甘霖速降，以濟生民。爾部即擇吉日，速備儀物，俟朕親詣行禮。（聖祖三五、二〇）

（**康熙一二、三、辛巳**）諭禮部：民資粒食以生，今當播種之時，亢暘不雨，農事堪憂。皆由朕躬涼德，政治有所未協，未能仰格天心，用是夙夜靡寧，實圖修省，以感召休和，為民請命。爾部即虔誠祈禱雨澤，以副朕勤恤民隱至意。（聖祖四一、一六）

（**康熙一四、五、乙亥**）諭刑部：邇者天氣炎亢，農事堪憂，雖虔誠祈禱，尚稽雨澤。（聖祖五五、一一）

（**康熙一八、三、辛酉**）諭禮部：時已入夏，天氣亢旱，農務方興，雨澤未降，恐麥禾不及時長養，朕心深為惓切，爾部可同順天府官員竭誠祈禱。（聖祖八〇、一二）

（**康熙一九、四、庚午**）諭禮部：農務為國家之本，粒食乃兆姓所資，必雨暘時若，而後秋成可期。自去冬以來，雨雪未降，今時已入夏，甘霖尚稽，久旱傷麥，秋種未布，農事深為可虞。且失業之民，饑饉流移，尤堪憫惻。（聖祖八九、一九）

（**康熙二一、六、己丑**）諭大學士等：日來天時亢暘，猶望雨澤之降，今觀亢旱已甚，天行之愆，人事之失也。如有應行應革事宜，令九卿詹事科道官員會議。（聖祖一〇三、五）

（**康熙二八、四、己卯**）諭大學士等：頃者時已初夏，雨澤雖降而猶未霑足，其命禮部，照前祈禱之禮，三日禁止殺牲，不理刑名事務，虔恭齋祓，以祈甘雨。（聖祖一四〇、二三）

（**康熙三四、六、庚子**）諭大學士伊桑阿、阿蘭泰：數日間雨水過多，若連綿不止，民田恐致被損。朕聽理政事，無日不念切民生，今雨水如此，或人事有所未盡，命傳集九卿、詹事、掌印不掌印科道，將應興應革事務，宜各抒所見以聞。（聖祖一六七、八）

（**康熙三八、一、辛卯**）諭吏部、戶部、兵部、工部：朕撫馭寰區，乂安中外，孜孜圖治，宵旰勤民，期於天下咸遂生成，物無不得其所。今邊烽永靖、四方無事，獨是黃淮為患，衝決時聞，下河地方，田廬漂沒，朕軫念民艱；曩曾屢遣大臣督修，不惜數百萬帑金，務期早綏黎庶。乃歷年已久，迄無成功。今水勢仍復橫溢，浸漫城閭、沉沒隴畝，以致民多失業。董其役者未有上策可以宜民，時廑朕懷，未嘗少釋；在內諸臣咸請朕親臨指示，為一勞永逸之圖。方今春時雨水減少，正宜講求疏濬，以遂安瀾；爰諏吉南巡，親加勘閱。更以吳地襟帶江湖，乃東南奧壤，勵俗省耕，兼行臨視。凡一切往返供億，已皆俾辦於京師，即途次日用所需，亦令各衙門照本地時值採買，總於民間一無所累。仍恐沿途官吏藉名科派，致累閭閻，故特頒諭嚴行申飭，如有悖旨假託派索者，察實，即以軍法從事。該地方大小文武官員，不許與扈從官員藉稱親舊、擅相餽遺，違者與受人員并以軍法從事；其扈從大小官員隨行傔從人等如有橫行生事者，一并從重治罪。凡經過地方，百姓各安生業，皆如常時，務令廛無廢市、隴不輟耕，毋得惶遽引避。其軍民人等懷挾私怨、受人指使、擅於駐蹕處所輒行告訐者，一概嚴禁不准，仍照衝突儀仗例，嚴加治罪。爾部即傳諭扈從大小官員人等并行各該督撫於各府州縣城市鄉村，遍張告示，備行曉諭，務令億兆通知，以副朕體恤惠愛至意。特諭。（聖祖一九二、三）

（康熙四三、三、辛酉）諭大學士等：朕因山東及直隸河間府等處饑民流至京城者甚多，特命八旗諸王、貝勒、大臣、總管內務府各官及漢大臣官員於數十處立粥廠，日煮粥賑濟，務使流移之人得所，酌量賑給數月。但此等饑民棄其家業聚集京城以餬其口，實非長策，應作何料理始復舊籍，得安生計，爾等會同九卿、詹事、科道等確議具奏。尋，大學士、九卿等議奏：山東饑民在京師者，應選各部賢能司官分送回籍；其直隸河間等處饑民，應令巡撫李光地設法領回。從之。（聖祖二一五、二〇）

（康熙五六、四、乙未）諭大學士、九卿、倉場總督等曰：……陰晴雨雪，地方時候各有不同，如雲南、貴州、四川、廣西等處，從未以旱潦報荒。朕御極以來，每年北地之雪不過三、四寸許，從未見有盈尺者，昔年南巡在浙江曾見有尺許之雪，此外從未之有也。朕每讀書至風不鳴條、雨不破塊二語，不能無疑。所謂雨暘時若，是矣。若雨竟不能破塊，可乎。點綴文章，無所不可，如講到實際，不能無議也。即如東南西北之風，朕細加體驗，俱帶偏旁；下雨亦有時候，每月十八、二十、二十二、二十四等日，朕留心占驗，往往有雨，惟京師雨澤每年至四月或略愆期耳。（聖祖二七二、四）

（康熙五六、四、庚子）上諭九卿、詹事、科道等曰：見在倉廒陳米甚多，此時尚屬可用，若再日久，必致渴爛。著於八旗放米之時，除應領正數外，將此陳米酌量每石加給，或一斗、或五升，兩年間可以全完。如此，不但陳米可清，而官兵亦有裨益矣。又諭曰：目下雨澤愆期，今早雖得小雨，未能霑足，但從來月望時雨極難得，昨十二、十三等日朕固知未必有雨，嗣後十八、二十、二十二等日或可望其大霈也。今歲少雨處甚多，聞江南大麥收有十分，小麥猶望雨；山東巡撫未曾奏報得雨，想亦未霑足。昨河南巡撫有摺云,今歲雨澤頗調,窪地有十分收成,朕心差慰。又諭曰:天時地氣亦有轉移,朕記康熙十年以前,四月初八日已有新麥,前幸江南時,三月十八日亦有新麥麵食,今四月中旬麥尚未收;又黑龍江地方,從前冰凍有厚至八尺者,今却和暖不似從前;又聞福建地方向來無雪,自本朝大兵到彼,然後有雪,雲南、貴州、廣東、廣西舊有瘴氣,從前將軍賴塔進征雲南,留八百人在廣西俱為瘴氣所傷,今聞雲南惟元江微有瘴氣,餘俱清和,與內地無異矣。(聖祖二七二、九)

（**雍正一、三、丁酉**）戶部議覆:巡視中城監察御史莫爾洪等疏言,伏讀恩詔,內開直隸、山東、河南流民,有就食京師、不能回籍者,著五城清查口數,資送回籍,毋致失所。遵查五城有直隸、山東、河南流民共一千二百九十六名口,計伊等回籍之遠近,每口每程給銀六分,老病者加給三分,委員管送;沿途患病者,令地方官留養醫治,俟病痊再行轉送。仍令各原籍地方官,將收到流民作何安插之處,彙疏題報。至所給流民盤費,應撥何項錢糧,候部議撥,等語。查五城現有奉旨發銀一萬兩以備賑濟之項,應於此內動用。從之。(世宗五、一七)

（**雍正二、八、壬午**）諭刑部:朕君臨天下,常願無一夫不獲其所。今年直隸河西務堤水略有漫溢,江西一、二縣水發,江南海嘯與浙江起蛟之處俱不成災;其餘直省各州縣以及口外用兵地方,俱田禾茂盛,五穀豐收。億兆樂生遂性,咸受和平之福。而秋審朝審情實重犯罹於典刑,雖其罪本無可赦,然朕心深為軫惻;爰體上帝好生之心,著將今年情實人犯停其處決,以副朕欽恤至意。(世宗二三、六)

（**乾隆三、八、丙戌**）又諭:朕聞本年七月十四、十六、十七等日,有飛蝗從江南海州禮堰集飛入山東郯城縣界,約長四、五里,寬二、三里不等;山東官員督率民夫,竭力撲捕,旋即飛去,未曾傷及田禾。朕思飛蝗成陣,至數里之廣,既從江南飛來,而總督那蘇圖并未具摺奏聞,則地方官之怠於撲捕可知。可即寄信詢問那蘇圖、令其明白回奏。凡督撫膺封疆之重寄,原以惠養百姓、為地方第一要務,若舍此而言辦事,則其所留心者、不過末節耳。今年江南久旱不雨,計地亦廣,朕心憂灼,無一刻去諸懷抱,屢降諭旨,多方籌畫;而總督那蘇圖并未先期經理,亦未將實情詳悉奏聞,今具摺為朕躬祝壽,又無一語及地方情形,其玩視民瘼,顯然可見。朕以乂安萬姓為心,豈有因壽誕之月而暫忘閭閻休戚之理?如果經理得宜,民人得所,則仰慰朕懷,所以為朕祝釐者,莫大於此;若或以萬壽屆期,不肯奏及旱潦等事,以為寬慰朕懷,則尤不知朕心、不識大體之甚者矣。似此識見,

朕深爲兩江地方憂慮。可將此一併曉諭那蘇圖知之。(高宗七四、一三)

(乾隆七、九、甲申) 諭：前據晏斯盛、白鍾山奏稱，黃河由江南石林、黃村二口浸溢，貫注微山、南陽等湖，所有滕縣、魚臺、嶧縣、金鄉、濟寧、臨清衛等六州縣衛，村莊田畝廬舍多有淹浸，朕即降旨，令白鍾山前往堵築。又據高斌、完顏偉奏稱，八月二十七日黃河汛水陡長，石林口減水過多，沛縣城池被淹，現在竭力運料集夫，無分晝夜緊趕進埽僉築，臣等坐守該工，約計十月可以完竣，等語。但查上年六月，巡漕御史都隆額即奏稱，石林、黃村一帶黃河大勢北趨，二口洩水之處俱被衝刷深闊，竟與黃河平接，沛縣城郭，形如釜底，甚爲可危，倘旁流漸熟，正流漸阻，始則爲患民田，久必有妨漕運。經工部議令於本年汛水未至之先，將原築土壩修補堅實平整，如遇盛漲、有汕刷溝漕，即行填補。本年三月，又經侍郎周學健奏稱，二口雖築有土壩，然河水洶湧，土壩單薄，倘桃汛再由此進水，則銅沛又被淹沒，民將何堪。是石林、黃村二口之急宜堵禦，自都隆額陳奏以來，已經一載有餘，該總河等即應嚴飭廳汛各員、星夜相機修守，以爲先事豫防之計；乃並不竭力董築，以致滕沛等縣田畝廬墓被衝，小民流移遷徙。雖今年河水異漲，不比尋常，但果能先事綢繆，當不至如此之甚。完顏偉已具摺引咎，現交部察議。此時正值三冬水涸，務必上緊料理，倘不能如期堵築，將來或至奪溜阻運，定將完顏偉等從重治罪。該部即遵諭行。(高宗一七五、一六)

(乾隆一一、七、丁酉) 又諭：據署河道總督顧琮奏稱，今年運河水漲，較雍正八年爲大，河工在在危險，臣飛飭道廳等官晝夜搶護，竭力防範，今水勢消退，保固無恙，等語。今年運河汛水較往年盛漲，目今伏汛雖過，而秋汛踵至，湖黃攸關緊要，著協辦大學士高斌即乘驛前往，將運河一帶情形察看。(高宗二七〇、三)

(乾隆一一、七) [是月，欽差協辦大學士吏部尚書高斌] 又奏：今年黃運湖河，於六月中旬後，秋汛日增，清江浦黃河南岸與山安、海防一帶，較乾隆七年之水更長一丈五尺及數尺不等；其宿虹廳屬黃河北岸之朱家閘，七月十五、六等日汛水陡長，下壩埽工蟄陷一百八十餘丈，河臣顧琮率員晝夜搶修，並挖開下壩之孫家塘，放入下塘，裏餵與河水既平，溜勢隨經順軌。再，海防廳屬之戴家馬頭老隄，年久滲水，加以十八、九日風雨連綿，撈土幫築，不能堅實，危險非常；幸河臣先期委員駐劄該工，督率兵夫隨坍隨築，今亦幸保無虞。再，今年中河，自東省汶、泗、沂諸水，異漲奔騰至駱馬湖口，是以全湖之水，灌入中河。臣與河臣商酌，將六塘河入海之五丈、車軸、六里、義澤等河口,各拆開十數丈,分減駱馬湖水,中河亦無添漲之患。至洪澤湖於伏秋二汛,水長至一丈四尺餘,雖將蔣家閘、天然壩俱行開放,而南滾壩過水,尚至五尺五寸;幸下游屢經修濬,河道深通,尚無泛濫。并將通河之芒稻等閘、通海之天妃等閘,星速全行開放,務俾洪湖減下之水,即日消退,毋致阻抑爲患。得旨:覽此奏,始稍慰近來南顧之憂耳。近年異漲實屬異常,而未致有衝決之患,實上天眷佑、河神默助也。曷勝額感。然朕命卿前往,亦不無小補,今既經此一番,則情形自復不同,與顧琮詳議善後之策可也。(高宗二七一、三三)

(乾隆一七、八、壬寅) 又諭:據蔣炳奏稱,山西河東諸郡旱象已成;又關中苦旱,秋種大半已槁,且聞愈西愈甚,其勢廣遠,兩省儲貯皆虛,等語。觀此,則秦晉兩省被暵歉收,已有明驗;且黃廷桂、張若震奏到情形,西省缺雨州縣頗多。而今日鐘音僅稱西、同、乾三府州爲甚,鳳翔、興、商次之,恐將來西成不無失望。其言怠緩,無迫切之情,豈所以體朕保赤誠求之至意耶。鐘音,著傳旨申飭。其蔣炳所奏籌撥穀石之處,俱合機宜,著照所請。如山、陝兩省實有資借之處,著先期知會,彼此照應,一面辦理,一面奏聞。尋奏:陝屬西、同、鳳、乾、興、商六府州屬,被旱成災者,通計原有三十餘州縣。查各屬常社倉貯穀尚多,加以延、鄜、秦等屬餘糧通融撥濟,復用銀米兼賑,約算可敷賑糶,無庸豫省接濟。報聞。(高宗四二〇、一七)

(乾隆三一、一一、丁丑) 諭軍機大臣等:今年江南、湖南、山東、浙江等省被災州縣,業經降旨各督撫照例賑卹,并飭令加意撫綏,無力貧民,自可不致失所。惟是被水之餘,秋收分數不無稍減,明春青黃不接之時,窮黎生計未免拮据,其或有尚需加賑之處。著各該督撫查明實在情形,詳悉覆奏,候朕酌量加恩降旨。可將此傳諭知之。(高宗七七二、一六)

(乾隆三二、一〇、戊寅) 諭軍機大臣等:今年江蘇、安徽、江西、湖北、湖南、山東等省被災州縣,業經降旨各督撫照例賑卹,並飭令加意撫綏,無力貧民,自可不致失所。惟是被水之餘,秋收分數不無稍減,明春青黃不接之時,窮黎生計未免拮据,其或有尚需加賑之處。著各該督撫查明實在情形,詳悉覆奏,候朕酌量加恩降旨。可將此傳諭知之。尋山東巡撫李清時奏:東省止高苑、博興、樂安三縣偏災,現俱照例撫卹,秋後糧價亦不甚昂,災民不致拮据。湖南巡撫方世儁奏:本年華容、沅江、安鄉、岳州四縣衛本屬偏災,其未經被水地畝,早中稻實有七、八分收成,除照例撫卹外,無需加賑。均報聞。兩江總督高晉等奏:上下江沿江各州縣被水頗重,兼連歲歉收，請於明春按照被災分數，分別加賑。得旨：屆時有旨。江西巡撫吳紹詩奏：江西被災州縣，民情實屬拮据，應請加賑。得旨：有旨諭部。湖廣總督署湖北巡撫定長奏：湖北被水成災之黃梅等二十州縣衛，冬底停賑，災民難免拮据，請暫緩催徵，俟來年秋收後按限徵還。得旨：新正有旨諭部。（高宗七九七、三）

（**乾隆三五、一〇、戊子**）諭軍機大臣等：本年直隸、山東、江蘇等省，雖通計秋收俱稔，而各有被水州縣，西成未免歉薄。節據各該督撫等奏報，俱經隨時撫卹辦理，並叠經降旨，分別加賑、緩徵及酌借資本，毋令災民稍致失所，各該督撫自己仰體朕心，實力妥協經理。但恐被災略重處所，明歲二、三月間青黃不接之時，民食或有拮据，著傳諭各督撫，將所屬被災各州縣明春是否尚需加賑或酌借籽種、牛具之處，詳悉查勘、據實迅速奏聞。其浙江省秋間海潮漫溢各屬，田廬多有損傷；甘肅所屬皐蘭等州縣，夏禾亦間被旱災，雖勘不成災者居多，恐秋成亦不免稍歉，或有應須分別辦理之處，並著各督撫即行切實查明覆奏，候朕的量加恩。（高宗八七一、一）

（**乾隆三八、一〇、丙申**）諭軍機大臣等：本年各直省秋收俱屬豐稔，惟江蘇之安東等八州縣衛，安徽之鳳陽等十二州縣衛，陝西之朝邑、商南二縣，河南之淅川、內鄉二縣，夏秋偶被水災，經各督撫等先後奏報，俱降旨賑卹，並酌借口糧籽種，分別蠲緩，毋致稍有失所。但恐明歲二、三月間，青黃不接之時，民食或有拮据。著傳諭各督撫，將所屬偶被偏災各州縣衛明春是否尚須加賑，或止須酌借籽種牛具之處，詳悉查勘，據實迅速覆奏，候朕新正酌量加恩。（高宗九四四、三二）

（**乾隆三九、一〇、庚寅**）諭軍機大臣等：本年各直省秋收均尚屬豐稔，惟江蘇之淮安一帶，八月間因黃水驟長，漫溢外河老壩口，以致山陽、清河二縣及漫水下注之鹽城、阜寧二縣，猝被水災；業經降旨賑卹，並將乾隆四十年應徵錢糧，全行蠲免，及乙未年漕糧漕項同節年舊欠錢糧漕米俱緩至明年秋成徵辦，災黎自可不致失所。但恐明春正賑已畢，尚屆青黃不接之時，民食或有拮据。並先經被旱之東臺、泰州、興化三屬，亦有偏災；此外如直隸之天津、靜海等十六州縣，河南之信陽、光州等五州縣，安徽之定遠、壽州等十三州縣，甘肅之皐蘭、武威等七州縣，湖北之漢陽、孝感等十五州縣衛，或因缺雨被旱、或因水沙衝壓，均間被偏災；又，山東之壽光縣沿海村莊，偶被風潮；山西之永寧州、臨縣山水被淹：均經各該督撫陸續奏明題報，照例分別賑卹。其明春是否尚須量予加恩之處，並傳諭各該督撫詳悉確勘，據實迅速覆奏，候朕新正酌量加恩降旨。（高宗九六八、四〇）

（乾隆四〇、一〇、丁酉）又諭：本年各省收成，豐稔者多，惟畿南一帶，六、七月間，偶因雨水稍多，致永定河水漲，漫溢瀨河近淀之保定、文安等五十二州縣廳，均被潦成災，而霸州等六州縣較重。又，甘省五月中旬後，雨水未能霑足，皋蘭、安定三十一廳州縣，夏禾偏被旱雹等災；又，江蘇省夏秋雨澤愆期，句容等四十六州縣衛被旱，及蕭縣境內間有被水偏災；又，安徽省定遠等三十九州縣衛秋禾被旱，及宿州、靈璧二處臨河地畝被淹，均經各督撫陸續奏明題報，照例分別賑卹，窮黎自可不致失所。第念明春正賑已畢，尚屆青黃不接之時，民食恐不免拮据，著傳諭各該督撫確切查明，據實覆奏，候朕新正酌量加恩，用敷春澤。至豫省沁河兩次水漲，漫刷武陟縣民埝，將附近之張村等三十七村莊河灘地畝被掩，雖僅屬一隅偏災，但情形亦覺稍重，應否一體酌辦之處，並著該撫查明奏聞。將此由五百里傳諭，仍令由五百里馳奏。（高宗九九三、二〇）

（乾隆四一、一〇、庚申）諭軍機大臣等，本年夏秋，雨暘時若，京畿及各直省收成俱屬豐稔，唯甘肅皋蘭等二十九廳州縣，夏禾被旱成災，情形較重；屢經降旨，令該督統率各屬，切實查勘，妥協賑卹，災黎自可不致失所。但恐明春正賑已畢，尚屆青黃不接之時，民食不無拮据，是否尚須加賑，以資接濟。此外如江蘇安東等七州縣、安徽泗州等七州縣，秋禾間被水災，均經各該督撫陸續奏明題報，照例分別賑卹，其明春是否尚須量予加恩、或酌借糧種牛具之處，著傳諭各該督撫詳悉查勘，據實迅速覆奏，候朕新正酌量加恩。此旨甘肅著由五百里發往，江蘇、安徽由三百里發往。該督撫仍照原發里數奏覆。（高宗一〇一九、八）

（乾隆四二、一〇、辛亥）諭軍機大臣等：本年夏秋，雨暘時若，京畿及各直省收成俱屬豐稔，惟甘肅皋蘭等三十二廳州縣，夏秋被旱成災。屢經降旨，令該督統率各屬，切實查勘，妥協賑卹，災黎自可不致失所。但恐明春正賑已畢，尚屆青黃不接之時，民食不無拮据，是否尚須加賑，以資接濟，著該督即行妥酌覆奏，候朕於新正降旨。再，江蘇安東等三縣衛，窪地被水，雖係一隅偏災，業據該撫題報，分別給賑；明春是否尚應量予加恩、或酌借口糧牛具之處，亦著該撫查明覆奏，候朕酌量降旨。此旨甘肅由五百里發往，江蘇由三百里發往，仍各按原發里數由驛覆奏。尋勒爾謹奏：皋蘭等三十二廳州縣遵辦賑卹，民已不致失所；茲又加酌覈，惟皋蘭、渭源、安定、會寧、平番、涇州、平涼七州縣，被旱情形略重，明春正賑畢時，民食尚艱接濟。得旨：屆時有旨。楊魁奏：安東、阜寧、大河三縣衛，窪地微災，已蒙蠲賑，隨奉恩旨再查，明春酌借口糧牛具，足資耕作。得旨：覽。

又批：如此則不必特頒諭旨，爾等酌辦可也。（高宗一〇四三、六）

（**乾隆四三、一〇、癸亥**）諭軍機大臣等：本年豫省黃河漫口奪溜，儀封、考城等屬被災較重，業經降旨截留漕糧二十萬石，並留豫省新漕十萬石，又先後撥運兩淮鹽課銀一百萬兩，並命尚書袁守侗前往查辦，董飭有司，實心賑卹。而安徽之亳州等處，因黃水漲溢，田廬淹浸，被災亦重，且有先被旱而後被水者；又甘肅本屬積歉之區，今年皋蘭等三十六廳州縣，夏間亦有因旱成災者，及湖北之漢陽、安陸、荊州各府屬，夏禾被旱，入秋漢江盛漲，又被淹浸，災分亦重。雖屢經降旨該督撫等統率各屬，切實查勘，妥協賑卹，災黎均可不致失所。但恐明春正賑已畢，尚屆青黃不接之時，民食不無拮据。是否尚需加賑，以資接濟，著傳諭該督撫等即行妥酌覆奏，候朕於新正降旨。至江蘇上元等三十六州縣及湖南湘陰等十四州縣高阜地畝，被旱成災者，不過一隅，業據該撫題報，分別給賑；明春是否尚須量予加恩、或酌借口糧牛具之處，亦著該撫查明覆奏，候朕酌量降旨。此旨甘肅、湖南，由五百里發往；湖北、江蘇、安徽、河南，由三百里發往。仍各按原發里數，由驛覆奏。（高宗一〇六八、二四）

（**乾隆四四、一〇、丙寅**）諭軍機大臣等：本年各直省雨暘時若，秋成俱屬豐稔。惟豫省儀封、考城等各州縣，因堵築漫口尚未蕆工，瀕水田禾不能耕穫；安徽之亳州、蒙城等處，爲黃水下注之區，地畝亦未涸出，貧民口食維艱。屢經降旨，加恩賑卹。又甘肅本屬積歉之區，本年皋蘭等四十一廳州縣所種夏禾，亦間有被雹被水及黃疸蟲傷者，雖經降旨該督統率各屬，切實查勘，妥協賑卹，災黎不至失所。但恐明春正賑已畢，尚屆青黃不接之時，民食不無拮据，是否尚需加賑，以資接濟，著傳諭該督撫等即行妥酌覆奏，候朕於新正降旨。至湖北省於六月中旬，荊江水漲，沿江之鍾祥、京山等九州縣，隄垸漫潰，田禾被淹；及直隸大城、武清等九縣，江蘇之阜寧、清河等九州縣衛低窪地畝，亦間有被水者。雖成災不過一隅，業據該督撫題報，分別賑卹，明春是否尚需量予加恩，或酌借口糧牛具之處，亦著該督撫查明覆奏，候朕酌量降旨。此旨，甘肅由五百里發往，湖北、江蘇、安徽、河南、直隸由三百里發往，仍各按原發里數，由驛覆奏。（高宗一〇九三、二）

（**乾隆四五、五、己卯**）諭軍機大臣等：朕自江南旋蹕以來，沿途經過山東、直隸地方，田土俱覺乾燥，已令各該地方官虔誠禱雨矣。今日據薩載奏稱，本月十九日，高郵、丹徒等處得雨一、二寸，此外各屬有無得雨，尚未報到，若於麥收後再得時雨，於田禾更爲有益，等語。看來江省亦似略望雨澤，已於摺內批示。又，同日陳輝祖奏到水勢情形一摺，內稱，現在撥夫撈淺；而於曾否得雨，未經奏及，是江南一帶近日未必得有透雨可知。江浙水鄉，而田地畏旱轉甚於畏潦；北省乾燥，而田土畏潦又甚於畏旱。此朕臨御四十餘年來，所閱歷而得者。目下時屆五月，正當蒔插秧苗之時，若稍缺雨澤，於卑田尚可無慮，而高阜之區，盼望彌切。著傳諭薩載即查明近日各屬曾否得有透雨，速行據實具奏；如尚有缺雨之處，即率屬虔誠設壇祈禱，務得時澤普霑，足資灌溉，各屬田疇，俱慶有秋，以慰朕念。將此並諭陳輝祖、吳壇知之。（高宗一一〇六、三）

（乾隆四五、一〇、庚戌） 諭軍機大臣等：本年各直省被有偏災地方，如直隸夏秋雨水較多，武清、房山等州縣及各鹽場低窪地畝，田禾被淹，江蘇之睢寧等處，因郭家渡漫口，各村莊猝遇水災，殊堪憫惻；豫省因張家油房漫口，考城、商邱等處成災較重，下游一帶，均有被淹處所；安徽之亳州、蒙城等處，現因黃水匯注，田廬禾稼，致受損傷，又，甘肅皋蘭、隴西、靖遠等廳州縣，夏禾受旱，兼有被雹暨黃萎不及改種者。皆不可不加意綏輯。雖直隸地方，業經降旨截漕三十萬石，以備賑濟倉儲之用；並因豫省考城各該處民人，連歲被災，尤堪軫念，諭令該撫查明災口，實力撫綏；江安甘肅等省，亦經屢諭該督撫等統率各屬，切實查勘，妥協賑卹，俾災黎毋致失所。但明春正賑已畢，尚屆青黃不接之時，民食不無拮据；是否尚需加賑，以資接濟，著傳諭該督撫等即行查明覆奏，候朕於新正降旨。至山東省因黃河北岸衝溢，曹縣、定陶、城武三處被淹，已賞給麥本銀兩；續據該撫奏稱，涸出地畝，尚能補種。湖南武岡、邵陽、黔陽三州縣，因溪水泛漲，損及民居，亦據該撫題報，均經照例撫卹。此二省雖成災不過一隅，第漫淹之後，民力恐不能驟紓，應否量予加恩、或酌借口糧籽種牛具之處，並著該撫等據實具奏。（高宗一一一六、九）

（乾隆四六、一〇、丁丑） 諭軍機大臣等：本年各直省被有偏災地方，如直隸夏秋雨水稍多，天津、靜海等州縣，地勢低窪，田畝被淹。江蘇之邳州、睢寧等州縣，因魏家莊河水漫溢，田禾被災；蘇、松、太倉屬之崇明等縣及鎮江通州等屬，猝遇風潮，田廬禾稼致受損傷；徐州、豐、沛等縣，湖水漲發、風暴衝激，城隄亦俱被水。安徽之鳳陽、泗州等屬，亦被淹浸。豫省因焦橋、曲家樓南北兩岸漫口，儀封、考城等處及漫水經由之祥符等縣，均有被災之處；其下游之山東曹縣、金鄉等州縣，黃水漫注，亦被水災。又，湖北之潛江等縣，田垸被水浸潰，陝西之朝邑縣，河水夜漲，村莊多被淹浸；甘肅之隴西、寧夏等縣，黃水漲溢，並金縣、靖遠等縣，旱雹黃疸，收成亦皆歉薄。俱屢經降旨，令該督撫等統率所屬，切實查勘，分別賑卹。及酌借口糧籽種。並因崇明縣被災較重，特降諭旨，截留漕糧十萬石，以資接濟。復加恩蠲免崇明闔縣應徵本年地丁錢糧。又將甘肅金縣等縣本年額徵銀糧蠲免一半；又因山東金鄉縣漫水浸至城隄，加恩酌給口糧，又因江蘇徐州府屬之沛縣等縣被淹，撥藩庫銀五萬兩賑卹，如有不敷，諭令該督就近於鹽課酌量截留，以昭優卹，俾災黎毋致失所。但明春正賑已畢，尚屆青黃不接之時，民食不無拮据，是否尚需加賑，著傳諭該督撫等即行查明覆奏，候朕於新正降旨。至直隸霸州等州縣，據該督奏報被災在五分以下；河南被水之淮寧、西華、商水、項城、沈邱、太康、扶溝等縣，據該撫奏報地畝被雨淋刷，不及趕種雜糧；湖北江夏、武昌等八縣及京山縣，亦據該督撫奏報秋收歉薄。此數處雖成災較輕，第恐民力不能驟紓，應否量予加恩分別辦理之處，亦著該督撫據實具奏。將此由三百里各傳諭知之。（高宗一一四二、一四）

（**乾隆四九、一〇、壬辰**）諭軍機大臣等：本年河南省被旱之衛輝府屬汲縣、新鄉、封邱、獲嘉四縣，開封府屬陳留一縣，俱收成稍薄，並睢州南岸之商邱、寧陵、鹿邑各縣，處漫口下游，田禾未免被淹；又，江西省萍鄉、永寧、安福三縣，福建省建安、甌寧、南平三縣，湖南省茶陵、攸縣二州縣，因五月間雨水驟注，溪河盛漲，附近地畝，均被淹浸，致成偏災；又，安徽省之亳州、蒙城等處，雖據該撫奏該處田畝被淹、尚不甚重，但究經黃水下注，即豫工指日合龍，低窪地畝，恐難立就消涸。俱經降旨，令該督撫實力撫卹，毋致失所。第念各該處被災地方，於明春青黃不接之時，民食恐不無拮据，是否應需展賑、蠲緩，並此外勘不成災地畝，應否量予加恩，分別酌借口糧籽種之處，著傳諭各該督撫體察情形，查明據實覆奏，候朕於新正酌量，再降諭旨。（高宗一二一六、二四）

（**乾隆五〇、一〇、壬午**）諭軍機大臣等：本年直隸大名、廣平、順德三府屬各州縣雨澤愆期，農民佈種較遲；又，江蘇淮、徐、海等府州屬州縣並淮安等各衛，因雨澤愆期，秋成歉薄，現雖得有透雨，究屬稍遲，恐明年春麥不能一律趕種；又，安徽亳州等州縣，春夏雨少，二麥歉收；又，浙西杭、嘉、湖三府屬高阜遠水之區，得雨稍遲，禾苗未能暢發；又山東兗、曹、濟寧等府州屬，旱久成災，麥收歉薄；又，山西忻、代、陝西朝邑等州縣，因河水漲發，田畝村莊被淹；又，河南祥符等縣及衛輝等府屬，麥苗被旱；又，湖北江夏等州縣並武昌等衛所，因今夏晴日較多，夏收無望；湖南巴陵等縣衛，得雨較遲，中晚二稻不能一律成熟；雖經節次降旨分別蠲賑，令該督撫實力撫卹毋致失所，第念各該處被災地方，於明春青黃不接之時，民食恐不無拮据，是否應需展賑蠲緩，並此外勘不成災地畝應否量予加恩，分別酌借口糧籽種之處，著傳諭各該督撫體察情形，查明據實覆奏，候朕於新正酌量，再降諭旨。將此由四百里各諭令知之。（高宗一二四〇、九）

（乾隆五一、一〇、壬子）諭軍機大臣等：本年江蘇淮揚等處，因河水漫溢，下游安東、山陽、清河、桃源等縣，田禾被淹；又，安徽省安慶、鳳、廬、滁、泗等府州屬，夏間雨澤過多，山水長發，低窪地畝，亦被淹浸。雖經節次降旨，分別蠲賑，令該督撫等實力撫卹，毋致一夫失所，第念各該處被災地方秋成歉薄，於明春青黃不接之時，民食恐不無拮据。是否應需展賑蠲緩，並此外勘不成災地畝，應否量予加恩、分別酌借口糧籽種之處，著傳諭李世傑、閔鶚元、書麟即行體察情形，查明據實覆奏，候朕於新正酌量加恩降旨。（高宗一二六六、三二）

（乾隆五二、一〇、辛亥）又諭：本年直隸宣化府屬州縣，因雨澤愆期，田禾被旱，致成偏災；山西省大同府屬各廳州縣，秋禾亦被旱成災；又，河南省歸德府屬及安徽省亳州、蒙城等各州縣，俱因黃水漫溢，田畝被淹；又，江蘇甘泉、清河二縣，秋禾被災較重；又，陝西華州、華陰、潼關三屬及甘肅皋蘭、金縣等州縣；俱被水旱成災，雖經節次降旨，分別賑濟，令該督撫等實力撫卹，毋使一夫失所，第念各該處被災地方秋收失望，於明春青黃不接之時，民食恐不無拮据，是否應需展賑蠲緩，並此外勘不成災地畝，應否量予加恩分別酌借口糧籽種之處，著傳諭劉峩、明興、畢沅、閔鶚元、書麟、巴延三、勒保即行體察情形，查明據實覆奏，候朕於新正酌量加恩降旨。（高宗一二九一、六）

（乾隆五三、一〇、丙申）諭軍機大臣等：本年安徽徽州、安慶、太平等府屬各州縣，田禾被水，致成偏災；江西省南昌、饒州、九江等府屬，秋禾被淹成災；浙江省遂安、淳安、開化、西安等四縣，因江水陡長，猝被水災。又，湖北省荊州隄塍潰決，並武昌、江夏、潛江等三十六州縣，江河泛漲，田地房屋，多被淹浸；湖南省溆浦、華容等州縣，被水成災。節經降旨分別賑濟，令該督撫等實力撫卹，毋使一夫失所。第念各該處被災地方，秋成失望，於明春青黃不接之時，民力恐不無拮据。是否應需展賑蠲緩，並此外勘不成災地畝，應否量予加恩、分別酌借口糧籽種之處，著傳諭陳用敷、何裕城、琅玕、畢沅、惠齡、浦霖即行體察情形，據實覆奏，候朕於新正酌量加恩降旨。（高宗一三一四、二一）

（乾隆五四、一〇、壬戌）又諭：本年直隸保定、河間、天津、順天等府屬各州縣，因夏秋雨水較多。河流漲發，田禾被淹，致成偏災；江蘇徐州、淮安等府屬各州縣，安徽鳳陽府屬宿州、靈璧二州縣並泗州，均因黃流漫水下注，被淹成災；又，河南歸德等府屬永城、夏邑、安陽、臨漳等四縣，秋禾被水成災，湖北荊門、潛江、江陵、鹽利四州縣，漢水陡發，低窪處所，均被水災，節經降旨分別賑借，令該督撫等實力撫卹，毋使一夫失所，第念各該處被災地方秋成失望，於明春青黃不接之時，民力恐不無拮据，是否應需展賑，並此外勘不成災地畝，應否酌借口糧籽種之處，著傳諭劉峩、閔鶚元、陳用敷、畢沅、惠齡、梁肯堂即行體察情形，據實覆奏，候朕於新正酌量加恩降旨。（高宗一三四〇、二〇）

（乾隆五七、一〇、丁丑）諭軍機大臣等：本年直隸順德、廣平、大名三府，並保定、河間、天津等府屬州縣，因夏秋雨澤缺少，被旱成災；山東德州、濟南一帶，間有被旱之處，晚禾未能趕種；河南彰德、衛輝、懷慶等府屬州縣，本年得雨稍遲，成災五、六、七分不等；安徽安慶、鳳陽府屬州縣，夏間雨水稍多，低窪地畝，間被淹浸；又，陝西咸寧、長安等州縣，夏秋被旱較重，收成均未免歉薄。業經降旨，將直隸畿南一帶及豫省被旱地方，截留漕糧，動撥銀米，分別賑卹；其山東、安徽等省，亦將本年應徵銀米並節年帶徵等項，分別緩徵停展，令該督撫實力查辦，以示體恤。第念各該處被旱被水地方，秋收既未豐稔，於明春青黃不接之時，民力究恐不無拮据，是否應需賑濟及展賑幾月之處，著傳諭梁肯堂、吉慶、穆和藺、朱珪、秦承恩即行體察情形，悉心履勘，據實覆奏，候朕於新正酌量加恩降旨。（高宗一四一四、二四）

（嘉慶一九、九、己酉）諭軍機大臣等：本年江蘇、安徽及浙西各府屬，均因夏秋缺雨，田禾受傷，米價騰貴，已節次有旨令該督撫等籌辦，俾小民無致失所。因念該數省爲南漕所出，每年天庚正供、在京俸餉俱仰給於此，民食倉儲，皆當豫爲籌及，庶不致臨事周章。著交百齡、張師誠、胡克家、顏檢各將該省實在情形，詳加體察。轉瞬冬月開徵之期，其應如何妥爲籌畫辦理之處，著先期詳悉具奏。將此各諭令知之。（仁宗二九七、一九）

(2) 奉天

（康熙三三、七、壬午）諭户部：盛京等處去歲禾稼不登，粒食艱窘，聞今年收穫亦未豐稔，米穀仍貴。倘價值日漸騰湧，則兵民生計恐致匱乏。盛京等處地方關係緊要，朕心時切軫念，宜預加籌畫，作何恩給、俾各資

生。著遣部院堂官一員前往，自甲兵以至匠役當差人等，有不能餬口者，將人口數目查明賑濟。（聖祖一六四、一〇）

（乾隆七、七）［是月］奉天府府尹霍備奏報各屬被澇撫卹情形。得旨：覽。賑卹之事，妥協爲之。（高宗一七一、二三）

（乾隆一一、七）是月，奉天府府尹蘇昌奏：承德、海城、蓋平、廣寧四縣被水，先經奏聞在案，續據遼陽、復州、寧海、錦縣、寧遠、義州等六州縣報稱，六月間陰雨連綿，河水漲發，田禾被淹，廬舍坍塌。查奉屬被水十州縣，惟廣寧地低災重，臣委員查勘，先給一月口糧，餘照例次第辦理。得旨：覽奏俱悉。如是，則成災與不成災分數，究屬輕重若何，何不明悉奏聞耶。尋奏：據承德、海城、遼陽、復州、蓋平、寧海、義州、寧遠等州縣陸續勘報，係不成災；惟廣寧地勢最低，成災約七、八、九分不等；而義州、錦縣於查報後旋被雹災，成災僅止一隅，分數與廣寧相仿。現經查明戶口，分別賑恤。得旨：知道了。督率屬員，善爲妥辦。奉省吏治，頗屬廢弛，汝宜加意也。（高宗二七一、三一）

（乾隆六〇、九、己巳）諭曰：琳寧等奏，盛京所屬金州、熊岳、錦州等三城界內，寶石山等四百餘屯地畝，六月以後，未得透雨，高阜處所，田禾未能秀穗結實，等語。金州、熊岳、錦州等處界內屯地，因夏間缺雨，所種禾稼收成歉薄；雖屬一隅偏災，該旗民等生計未免拮据。業經琳寧等先行動支倉米，借給一月口糧，尚未足以資接濟；此外如有應賑應免及緩徵各事宜，著琳寧等酌量情形，據實奏聞，妥協辦理，毋致一夫失所，以副朕軫恤旗民至意。（高宗一四八七、一二）

（嘉慶一六、一二、癸丑）諭內閣：賽沖阿奏沿途目擊奉天災民遷徙情形一摺。奉天岫巖、復州、寧海等處被災歉收，前和寧於經過該處時據實奏聞，朕當經降旨，將該處應徵各項銀米加恩緩徵，並飭令觀明等將有心諱匿之州縣查參。該將軍等至今尚未奏到，殊覺延玩。昨於奏請停止採買倉穀摺內，僅聲敘該省糧價增昂，而於地方之荒歉、百姓之流離，全不聲敘，始終匿未陳奏，漠不關心，實屬溺職無能已極。今賽沖阿途次親見各災民挈眷出邊，絡繹在道，可見該處被災情形較重。將軍、府尹等統轄郡邑，察吏綏民，乃諱災不報，玩視民瘼，其咎甚重。觀明、博慶額、繼善，俱著交部嚴加議處，即來京聽候部議。（仁宗二五一、七）

（嘉慶一六、一二、丙辰）諭軍機大臣等：本日據博慶額等奏，盛京所屬各城民倉缺額米石，前經奏請於秋後買補十二萬石，今查明該處本年秋成歉薄，加以直隸、山東商販來奉販運，以致糧價日昂，又請再減去二萬石，酌買米十萬石以備支用，等語。博慶額等摺內前云，秋收大半豐稔，後又云本年收成歉薄，已屬自相矛盾；且該處既已歉收，焉得復有外來商販絡繹不絕？豈奉省之人，多儲糧石足供販運，而本境之人，乃口食無資輾轉流徙乎。博慶額等於地方年歲情形，至今猶未明悉，實屬矢口混說、昏憒糊塗。著和寧、富俊即遵照前旨，將被災地方情形，確實查明，有應行蠲免撫恤之處，迅速由四百里覆奏。其各城採買缺額民倉米石，該將軍等分別確查，或通省各廳州縣收成分數尚有堪以採買者，或糧價增昂，即應奏請停買者，詳查妥酌，一併據實覆奏。(仁宗二五一、一一)

(3) 黑龍江

(乾隆八、一一、壬寅) 戶部議覆：前署黑龍江將軍布爾沙等奏稱，黑龍江地方，夏初被旱，禾苗已不能暢茂，七月內又遇霜災，兵丁水手拜唐阿等地畝，惟初犁所種，尚有一半成熟，隨令上緊刈穫；末犁所種，則皆未熟被霜。所得糧石，以各戶口節省計算，除足敷食用一千二百一十三戶外，其次年不敷口糧，請借倉糧散給。從之。(高宗二〇五、七)

(乾隆一九、八、己未) 諭：據清保等奏稱，齊齊哈爾、黑龍江、墨爾根等處，本年雨水過甚，濕窪之地，不能耕種，已種田禾被水淹沒，等語。著交與將軍達勒當阿速委賢能官員，分路詳細查明乏食戶口，即行動用倉糧接濟，勿致失所。(高宗四七〇、一六)

(乾隆四八、一一、壬辰) 諭軍機大臣等：據恒秀等奏，本年黑龍江田禾被旱，請將應交糧石豁免；水師兵丁亦需接濟口糧，等語。黑龍江地方既被旱免糧，兵丁又需接濟，若每年如此辦理，所入者少，所出者多，將來必形匱乏，恒秀等豈計不及此耶。著傳諭恒秀徹底清查有無浮冒情弊。奏到時，再降諭旨。(高宗一一九二、八)

(4) 直隸

(順治一〇、四、壬子) 諭內外法司各衙門：朕念上年京師畿輔水潦為災，夏秋俱歉，米價日貴，今三春不雨，入夏猶旱，朕心甚切憂惶。(世祖七四、一二)

(順治一〇、閏六、庚辰) 諭內三院：考之洪範，作肅為時雨之徵，天人感應，理本不爽，朕朝夕乾惕，冀迓時和。乃茲者霪雨匝月，歲事堪憂，都城內外，積水成渠，房舍頹壞，薪桂米珠，小民艱於居食，婦子嗷嗷，甚者傾壓致死，深可軫念。揆厥由來，皆朕不德所致。朕當一意修省，祗懼天戒。爾大小臣工，俱宜各盡職業，共圖消弭。京城內外，該部確察被菑戶口，據實登聞。在外督撫，凡有水菑地方，皆察明被菑分數，具奏請卹，以昭朝廷殄恤窮黎實意。爾內院即傳與該部遵行。（世祖七六、二四）

（順治一二、四、壬申）直隸真定、靈壽、藁城、欒城、行唐、隆平、新樂等七縣及真定衛雨雹傷麥，擊死人畜甚衆。（世祖九一、八）

（順治一三、六、丁亥）直隸霸州、保定、真定各屬蝗。（世祖一〇二、五）

（順治一四、八、丙戌）直隸巡撫董天機疏報：安、霸、涿、晉、寶坻、武清、新安、蠡、新城、東安、永清、保定、文安、固安、玉田、樂亭、行唐、寧晉、新樂各州縣，五、六兩月霪雨大水，漂溺男婦三十四口，衝壞民舍甚衆。下所司知之。（世祖一一一、八）

（康熙一、三、丙子）浙江道御史范平疏言：國之大計在農，農之所望惟雨。自去年三冬絕雪，今一春無雨，請敕禮部、順天府等衙門，虔誠祈禱。嚴飭大小臣工，實心供職，共圖修省。得旨：天氣亢暘不雨，與群工無涉，皆由朕才德凉薄，政理未當天心所致，祈雨事宜，著速議具奏。（聖祖六、一二）

（康熙三、一〇、辛未）巡視兩淮鹽政御史趙玉堂疏報：通州所屬，八月初一起至初三日，風潮衝倒隄岸，水深丈餘，引鹽、廬舍、地土、人民，淹沒無算。章下所司。（聖祖一三、一〇）

（康熙八、七、己亥）以京師亢旱，命禮部順天府虔誠祈雨。（聖祖三〇、一六）

（康熙九、三、己卯）諭禮部：自閏二月以來，天氣亢暘，雨澤稀少，農務方殷，殊切朕懷。著遣爾部堂官同順天府各官竭誠祈禱。其應禁屠宰，俱照例行。（聖祖三二、二二）

（康熙二六、四、乙卯）又諭大學士等曰：朕出城踏看田苗，甚為亢旱，著傳諭禮部誠敬祈雨。（聖祖一三〇、二）

（康熙二八、七、丙辰）諭戶部：今歲天氣亢暘，雨澤鮮少，畿輔地方雖間已得雨，然或甘澍未敷，或播種已後，收穫失望。窮民閱歷冬春，難保必無艱食，用是朕衷預念，軫恤加殷。著差爾部賢能司官，會同該撫於州縣等處，徧行親歷，詳加察勘，其有果係被災，作何賑救使不罹患害，確議以聞。（聖祖一四一、一八）

（康熙二八、一二、己卯）諭大學士、九卿、詹事、科道等：今歲京畿遇旱，小民餬口維艱，數經蠲免錢糧，散給賑濟，而雨雪尚未及時，朕心未安。茲雖值新正上元令節，朕軫念小民生計，彌切憂勤；汝等亦宜體朕軫恤民生至意，共加惕勵，時廑乃心。今當封印之時，慎勿各圖逸樂，每日皆齊集午門前，以救災恤民之道，詳悉計議。(聖祖一四三、一八)

(康熙二八、一二、戊子) 諭大學士等：今歲直屬地方亢旱，穀未收獲，民生困極。被災九分十分之民，錢糧俱經蠲免，又行賑濟；惟七分八分被災者，錢糧雖經蠲免，恐有不能度日，至於窮困者，亦應賑恤。可交與直隸巡撫于成龍，速行察明以聞。(聖祖一四三、二〇)

(康熙三七、二、庚午) 又諭大學士等：霸州、新安等處，此數年來，水發時，渾河之水與保定府南之河水常有汛漲，旗下及民人莊田皆被淹沒。詳詢其故，蓋因保定府南之河水與渾河之水滙流一處，勢不能容，以致泛濫。渾河，著原任河道總督于成龍往察；保定府南河，著原任河道總督王新命往察。作何修治令其水自分流，詳勘繪圖議奏。今值農事方興，不可用百姓之力；遣旗下丁壯，備器械，給以銀米，令其修築。伊等往時，部院衙門司官、筆帖式酌量奏請帶往，於十日之內即令啓行。(聖祖一八七、一二)

(康熙三七、三、辛卯) 直隸巡撫于成龍以渾河圖形呈覽。奏曰：臣同西洋宏多等自霸州至郞城，履舊河形，細加丈量。由永清、固安至張協，有舊隄一道，約有七十里，尚可幫修，水溜亦在此處可以挑濬。上曰：朕經行水災地方，見百姓以水藻爲食，朕曾嘗之，百姓艱苦，朕時在念。是以命爾於雨水之前，速行濬河築隄，使田畝得耕，百姓生計得遂。不知六月內可告成否。于成龍奏曰：臣董率分修各官，作速辦理，六月內可以完工。(聖祖一八七、一九)

(康熙四五、二、丁巳) 諭大學士等：今歲山東、河南、山西等省雨水調勻，已經奏報，惟近京一帶去歲三冬少雪，今春復無雨澤，頃二十七日地又微震，一切政事或有當更改處，爾等與九卿會同酌議具奏。爾諸臣行事若有缺失，亦當各自反己，力加省改。(聖祖二二四、一六)

(康熙五〇、五、庚戌) 諭大學士等曰：比來天時又覺稍旱，可傳諭在京大臣，自二十四日起禁止宰牲，照前虔誠祈雨，此處著一體行。(聖祖二四六、一八)

(康熙五七、四、庚辰) 諭大學士等：京畿一帶，歷年以來，二月內或大雪大雨，故麥苗滋長，田禾尚可耕種。今歲二、三月間，天時亢旱，麥苗漸黃，且有妨耕種。(聖祖二七八、一八)

(康熙六一、六、丙寅) 諭大學士等：秦家廠堤工，楊宗義、牛鈕不能堵築，馬營口所出之水，想又如去年流至直隸長垣縣等處。著行文直隸總督趙弘燮，查看民間房屋地畝有被水淹者，加意撫綏，毋致失所。此水泛溢必由張秋流入運河，於漕船亦有關係。著山東巡撫李樹德親身前往，監看料理修治；若水勢甚大，可引入鹽河流洩，使漕船可過，毋致有誤。(聖祖二九八、五)

（**雍正四、二、庚午**）諭大學士等：去年近京地方雨水稍多，收成歉薄，窮民乏食，朕心軫念。即令蠲免錢糧，發通倉米四、五十萬石，徧行賑濟。又念失業之民覓食來京者多，故於五城飯廠兩次加添米石，又於五門增設飯廠五處，俾窮民得以養給。但目前雖逐日散賑，究非長策；春氣漸暖，正宜播種，此等窮民，不得早還故土，必致有誤春耕。應如何設法資送，或由陸路、或由水路，俾得各回原籍復其本業。(世宗四一、五)

（**雍正四、二、甲戌**）諭大學士等：直隸近京地方，去歲被水歉收，朕已疊沛恩膏，毋使失所。其覓食來京者，又復增給米石，添設飯廠，俾窮民得以養給。近因東作方興，令大臣等酌議資送回籍，乃覓食之民來京者日衆，是必傳聞京師加恩賑濟，無知愚民希冀非分之望，舍其耕種之本業，跋涉遠來，則大負朕綏輯窮黎之本意矣。可即傳諭順天府大興、宛平二縣，及近京地方文武官員，將續來之民曉諭回籍。目今春氣和暖，其有田可耕者，則當乘時播種；如無田可耕，則各處皆有工程，或修隄岸、或開水利，正需人力以修土功，伊等回籍，就近傭工度日，不致離棄鄉井、轉徙外方，實爲謀生善策。可嚴切諭令伊等知之。並將此行文直隸總督。(世宗四一、九)

（**雍正七、九、丙戌**）諭內閣：上年直隸通省收成豐稔，惟宣化府屬之宣化、懷來、保安三處交界之地，廣約四十里，長約百里，獨愆雨澤，頗覺亢旱。今據直隸巡農御史舒喜奏稱，京畿一百四十州縣，築場納稼，百穀咸登，各府州縣之收成，册報八分九分十分不等，老幼得所，共慶有秋。惟宣化府屬宣化、西寧、蔚縣三處，今年六、七月間，有冰雹之傷，禾稼稍損。朕思天人感應之理，纖毫不爽，連年以來，直隸通省雨澤應時，西成豐稔，而宣化府屬之數州縣地方，兩年之內，有亢旱冰雹之災。(世宗八六、二〇)

（**雍正八、七、丙戌**）總理營田水利事務大學士朱軾等疏奏：交河縣所屬堤工，水勢漫溢，請將在工人員交部議處。得旨：今年雨澤頗調，而北河堤工水勢漫溢，蓋自吾弟怡賢親王薨逝，遂至籌畫多疏、防護鮮術。河工關係國計民生，最爲緊要，朕心深切廑念；其作何善後之計，著詢問九卿具奏。莽鵠立自差委以來，因病尚未任事，何國宗另有辦理工程，著免其議處；朱軾不能彈壓屬員，使之殫力盡心，著交部察議；其專管分轄統轄各員，著交部嚴加議處。至漫溢一帶地方，禾稼室廬必遭水患；著該督遴選賢

員，星速查勘，動用公帑，加意賑恤，勿使稍有失所。其被水應免錢糧之處，著確查奏報，候旨蠲免。（世宗九六、二一）

（雍正九、四、乙未）諭內閣：朕因直隸州縣之被水。不過近河村莊，其他高阜之處，收成豐稔，彼此可以相資，不致艱於謀食，是以未頒加賑之旨。今聞畿南州縣之中，有被水輕重之不同，其被水輕者，民間可以支持，而被水稍重者，即有日食不敷之慮。即如大名府屬之長垣、東明、開州等處，皆地勢窪下之區，失業之民，甚覺艱窘，恐其他州縣亦有與之相類者。今去麥熟之時尚有月餘，應籌接濟之道以資其耕作。若從京師遣官分查，必致稽遲時日，副都統趙弘濟係上年散賑之員，著馳驛前往保定，會同該督唐執玉、布政使王謩等查閱上年散賑檔案，將其中被水稍重應行加賑之州縣，一一確查明白，遴選賢員，星速分途前往，會同該地方官，或動倉穀、或動帑銀，核實散賑，至麥熟之時停止。倘奉行不力，或有遺漏浮冒等弊，經朕訪聞，定將大小官員從重議處。（世宗一〇五、二）

（雍正一一、七、甲申）營田觀察使陳儀奏報：六月二十三、四等日大雨如注，山漲驟發，豐潤、薊州一帶新舊圍田皷淹，秋禾水澇，民間房舍亦多倒塌。得旨：京東地方自開濬河渠以來，水勢應有宣洩之路，今年六月雖遇大雨，并非久陰積澇之時可比，何以遂至田禾被淹、廬舍傾圮？王朝恩身任總河，不能先事預防，難以辭咎。其各縣被水民人，著總督李衛轉飭有司，查勘確實，加意憮恤，毋令失所。（世宗一三三、三）

（乾隆一、二、己巳）直隸總河劉勳、副總河定柱奏：永定河東沽港上年堵築之處漫溢二十四丈。上以劉勳到任未久可原，定柱下部察議。尋議：鑴［鐫］職留任。從之。（高宗一二、九）

（乾隆一、六）是月，直隸總督李衛奏報雨雹損傷莊村，並督捕蝗蝻情形。得旨：今年直隸三春雨澤，可謂浩蕩天恩。入夏以來，雖已得雨，而尚欠霑足，初二之雨，今復隔七、八天矣。朕日夜望雨，殊覺憂鬱；若十日內不雨，則年成減幾分矣。且有蝗蝻之災，豈吾君臣措施，有所刺謬乎。（高宗二一、二七）

（乾隆二、七、甲午）諭總理事務王大臣：朕因畿輔地方山水驟發，被水居民，蕩析可憫，立遣侍衛官員，齎帶帑金，分六路前往，會同該地方官撫卹安頓。其離京稍遠州縣，已據總督李衛奏稱飛飭地方官，加意撫綏，不令一人失所。今據河道總督劉勳奏報，永定河水漫過石隄，衝刷背後土隄二百五十餘丈，南岸漫溢十八處，北岸漫溢二十二處，附近田禾廬舍，悉被衝塌淹潦等語。朕思目今伏汛雖已將過，而節氣尚在大雨時行之候，秋汛又復屆期，沿河隄岸，所當竭力保護，漫口更當星夜搶修。著即動用河庫銀兩，趲備物料，該督李衛速行會同劉勷，督率在工員弁，迅速堵築完固，務保萬全，毋得稍有疎忽。朕因劉勷人甚平庸，不勝南河之任，是以用爲直隸總河，以事簡工平，諒伊自能竭蹷辦理，且屢加訓誨，又命總督李衛協助之。今年春夏之間亢旱，想李衛辦理一切賑卹事宜，無暇顧及河工。查二十九日之雨，尚非浸淫霖潦者比，而一經山水驟發，劉勷遂束手無策，且備料又復不全，不足搶救。是伊平時漫不經心，甚屬溺職。著該部嚴察議奏。河工各官，著李衛分別查參。該部速遵諭行。（高宗四六、九）

（乾隆二、一二）[是月，直隸總督李衛]又奏：遵旨查明涿州北魯坡等三村被水實在情形，請補賑無力窮民四十七戶。得旨：知道了。照卿所奏料理。（高宗五九、二二）

（乾隆三、七、丁巳）諭：一月以來，畿輔近地雨水過多，前因總河朱藻、顧琮奏稱，六工七工等處水勢泛漲。朕心慮及民間廬舍田禾，不無傷損，已經降旨，令該督等立速查勘明確，一面辦理、一面奏聞。今聞天津地方，高阜之處，禾稼尚屬無虞，而平原低地，所種高梁穀豆，多被淹沒，縱將來晴霽水消，收成亦未免歉薄。著總督李衛於一切被水之地，速行確查，務期辦理得宜，以副朕不使一夫失所之意。（高宗七二、七）

（乾隆三、七、辛未）諭大學士等：夏秋以來，直隸地方有蝗蝻發生，朕心深爲厪念。雖前次李衛奏報年景情形之時，亦曾奏及，但朕近日聞得所有蝗蝻之地，尚未撲滅淨盡。目下將屆禾稼成熟之時，最關緊要。小民無知，習於怠惰，又恐踐踏田禾，不肯用力；必須嚴飭官弁，實力捕撲，始可除患。可即寄信與李衛，速爲料理。又，從前工部議覆顧琮等奏，請於淀河設立船隻，以去淤泥一本，朕曾降旨，令會同李衛等再行斟酌定議。若實屬有益，可一面辦理、一面具題。此旨頒行已久，何以歷久未見題奏，可一併寄信詢問之。（高宗七三、五）

（乾隆三、七）是月，直隸總督李衛奏：唐縣、固安、雄縣、霸州、博野、肅寧、滿城、新城、完縣、滄州、青縣、薊州、唐山、任縣、南和、平鄉、河間、蠡縣、永平、保定、雞澤、高陽等二十二州縣，因近日綿雨連旬，窪地被澇，其續生蝻子之固安等州縣，現在設法消除，亦能減少分數。得旨：朕正爲雨水過多，倍切憂慮，覽奏情形俱悉。其被水處所，當加意賑恤。至蝗蝻何尚有如許之多，此皆地方有司奉行不力、與察查不周之所致耳。卿其加意料理。至近日天氣漸次晴霽，朕心稍慰，但須多晴數日方佳也。（高宗七三、一六）

（乾隆五、一一）［是月，直隸總督孫嘉淦］又遵旨議覆：御史周祖榮奏，永定河改由故道，所有近河村落，不無漫溢。請勅查水道所經，必應遷徙者若干村，先擇不受水患之地，酌給遷費等語。查自放河以來，嚴飭各官履勘，據報涿州、良鄉、永清、新城、雄縣、固安、霸州等州縣，其中近河村落，有無庸築埝防護者、有宜築一面者、有宜築兩面三面者，俱已勸諭居民，自行修築，並無必應遷移之處。緣此地歷年過水，民皆聚居高處，間有散居低處者，令止在本村那移，地方官量加資助，亦無庸給與遷費別行安插也。又稱，豫防淹沒地畝，查明存案，將來撥補或給價之處，尤屬難行。蓋渾水經由，若止漫流平過，則地皆淤肥，即可種穫，如改流頂衝之處，必須隨時防護，即有衝坍，亦必待事後查勘。所奏均無庸議。總之民情難靜而易動，現在河流順軌，民情安靜，一切善後之圖，惟當周詳慎重，以安百姓之身家，不可張大其事，驟驚愚民之耳目。得旨：所謂民情難靜而易動，實爲政之要。然思患豫防，不動聲色，而措泰山之安者，亦必先有以得其要，而後可無爲而治也。況數十年未經行之故道，壯與幼未目覩之事，而可保其無少虞乎？故朕謂必明年伏秋無事，方可謂之成功者，此也。卿其加之意焉。（高宗一三一、一四）

（乾隆九、二）是月，尚書公訥親奏報：查勘災重之天津府屬靜海、青縣、滄州、南皮、鹽山、慶雲，河間府屬東光、吳橋、交河、景州，並景州以北之阜城、獻縣、河間、任邱，又冀、深二州屬之武邑、武强等十六州縣領賑貧民，咸無饑色，白叟黃童，無不感戴深仁。得旨：覽奏俱悉。卿去後又復兩旬矣。尚未得雨，朕憂想已知之。（高宗二一一、二三）

（乾隆九、四、壬申）諭軍機大臣等：直隸數府，一春亢旱，二麥歉收，萬一雨澤再愆，大田難以佈種，則貧民謀食於外，勢所不免；或投奔親故；或覓食於糧賤之地，傭工力作，以餬其口。本地方有司，不必禁止；其所到之地方官，善爲安插，毋使失所。此等窮民，既失耕種之期，不必急於資送回籍，徒使僕僕於道路。向來州縣官，每見外來貧民，驅之出境，以卸己責，最爲惡習。可密寄信與高斌，令其密飭所屬共知此意。民可使由之，不可使知之。亦不必宣播，使群相效尤，輕去家鄉也。同日又諭：寄信山東巡撫喀爾吉善，密飭所屬，共知此意。不必宣播，使百姓輕去其家鄉，則美政反爲粃政矣。（高宗二一五、一五）

（乾隆九、七、乙酉）直隸總督高斌疏報：據布政使沈起元詳稱，霸州、保定、固定、宛平、大興、文安、大城、涿州、房山、良鄉、永清、東安、香河、昌平、順義、懷柔、密雲、平谷、延慶衛、薊州、通州、三河、武清、寶坻、寧河、灤州、盧龍、遷安、撫寧、昌黎、樂亭、臨榆、雄縣、高陽、新安、清苑、滿城、安肅、新城、容城、定興、唐縣、博野、蠡縣、慶都、完縣、祁州、安州、束鹿、河間、獻縣、阜城、肅寧、任邱、交河、景州、故城、吳橋、東光、寧津、天津、津軍廳、青縣、靜海、滄州、南皮、鹽山、慶雲、靈壽、新樂、廣宗、鉅鹿、平鄉、南和、廣平、雞澤、曲周、磁州、成安、威縣、清河、廣平、開州、赤城、延慶、萬全、冀州並所屬之新河、南宮、武邑，深州並所屬之武強、饒陽、安平，定州並所屬之曲陽、深澤，易州並所屬之淶水，遵化州並所屬之豐潤、玉田、熱河、八溝、喀喇河屯等一百五州縣衛廳，今春雨澤愆期，間被冰雹，二麥歉收；再，東安、遷安、撫寧、唐縣、定興、河間、靈壽、延慶、懷安、西寧、蔚州、懷來等州縣，四、五、六等月被雹傷禾。業經借給籽種，俟秋收後確勘分數，另行題明。得旨：該部速議具奏。尋議：應如該督所請辦理，秋穫後，將收成分數另題，並將借給籽種數目咨部。得旨：依議速行。（高宗二二〇、一三）

（乾隆一〇、八）是月，直隸總督那蘇圖奏：直屬被旱各州縣，業經節次得雨者，秋禾可望有收。惟宣化、萬全、龍門、懷來、西寧、懷安、延慶、保安等八州縣及延慶衛，已成偏災。現飭該管道府，查辦賑恤。得旨：所奏俱悉。宣化一帶，朕令開泰前往糶。卿應辦事件，俟有頭緒，亦可前往就近查辦更妥。（高宗二四七、九）

（乾隆一〇、八）［是月，直隸總督那蘇圖］又奏：直隸被旱成災各屬，除宣化等八州縣、延慶衛外，又有慶雲、贊皇、威縣、故城、臨城、高邑等六縣。臣現將賑借事宜，豫為籌酌。擬於本月二十日，前赴張家口接駕，沿途查勘情形，並與開泰面商賑恤諸務。得旨：所奏俱悉。開泰奏摺中，曾批諭查辦之法，卿其詢彼，一同妥辦。（高宗二四七、九）

（乾隆一〇、八）［是月，直隸總督那蘇圖］又奏：本年被災各屬，除宣化等十四州縣及延慶衛外，其昌平、密雲、三河、獻縣、鹽山、滄州、鉅鹿、蔚州、蔚縣、赤城，亦續報有成災村莊。一切賑恤糶借及蠲緩各事宜，俱遵照原議，分別輕重辦理。得旨：所奏俱悉。（高宗二四七、一〇）

（乾隆一〇、九、乙亥）諭軍機大臣等：據內務府奏被災官莊坐落地方。永清、新城、固安、壩州、淶水、易州、青縣、交河、東安、武清、天津、定興、懷柔、宛平、大興等州縣，俱有被旱被雹之處。以上各州縣，從前那蘇圖兩次奏報被災摺內，未經奏及。或係地方官尚未詳報，或係另有籌辦之處，抑或出於莊頭等之捏報乎？可寄信詢問。向來內務府派員查勘，祇屬具文。朕思查辦災荒，全在地方有司。其莊頭等所報實與不實，該州縣官，果能確查與否，著那蘇圖留心稽查，據實奏聞。尋奏：直隸官莊地畝，皆與民地毗連，如果官莊被災，例應報明地方官，確查分數詳報。由臣衙門移咨户部，轉咨內務府，委員會同地方官查辦。倘官莊所報不實，地方官必不敢爲轉詳。今內務府奏報各州縣官莊被旱被雹之處，內除東安、懷柔二縣未經報旱外，其永清等十三州縣，夏麥被旱歉收，經前督臣題報在案。又，永清、天津二縣，七月內有被雹村莊，亦據布政使詳明酌借籽種在案。至各處秋禾，並未被旱，是以臣兩次報災摺內，亦未奏及。官莊所報，想係二麥，而非秋禾。但東安、懷柔本年麥收，約計六、七分不等，並無民地官莊題報旱災之案。查官莊既由地方官勘報，自應詳加查核，不可稍有草率。臣嗣後益當留心稽察，以杜捏飾。得旨：此事內務府尚未派員往察，卿可於內務府司員察辦時，令有司體察有無情弊，據實奏聞可也。（高宗二四八、七）

（乾隆一一、五）[是月，直隸總督那蘇圖]又奏：薊州、玉田河水漫溢，設法疏洩堵築，並查明被水村莊，捐銀撫恤。得旨：覽奏俱悉。加意撫恤，毋致失所可也。（高宗二六七、二三）

（乾隆一一、一一、壬辰）直隸總督那蘇圖奏：直省宣化府屬，本年被雹成災，及薊州、寶坻等州縣，田禾被淹。現委員將被災貧民分別極次，照例賑恤。得旨：仍不時查察，令其妥辦，使災黎均霑實惠可也。（高宗二七八、一）

（乾隆一二、一、壬寅）諭：上年直隸秋成豐稔，惟薊州、寶坻、寧河、豐潤、玉田五處低田，間有被水淹漫者，已經加恩撫卹、分別給賑。惟是去年積水未涸之區，不能及時佈種，今東作方興，正可補種春麥。著該督那蘇圖，確查無力人户，按畝酌借倉穀，俾貧民得以易換麥種，早事耕作，秋成免息還倉。該部遵諭速行。（高宗二八二、一〇）

（乾隆一二、七、癸卯）諭軍機大臣等：今歲畿輔地方、近京之處，立夏以來，雨澤調勻，田疇禾稼，大約與去年相同。但從前春夏之交，那蘇圖曾報大名一屬，得雨稍遲；近據稱滹沱、子牙河等處，河水陡漲，其沿河低窪之處，不無被淹。朕已批諭，令其查明妥辦。現今秋成在邇，著傳諭那蘇圖將直隸通省情形，詳悉確查、通盤計算，較之去年收成分數若何，據實具奏。尋奏：直隸通省，高阜之地居多，惟天津、靜海、南皮、河間、任邱、獻縣、束鹿、冀州等處，因滹沱、子牙河水陡漲，低窪地土被淹，現已委員查辦。至薊州、玉田、豐潤、寶坻、正定、霸州、東光等處，多係一水一麥之地，今春二麥豐收，晚禾浸損，亦屬常有，例不成災。將來或應停緩舊欠、酌借籽種，或於冬季酌給口糧，俟查明分別辦理。餘俱豐收。計通省高

地收成，比上年較勝。得旨：欣慰覽之。（高宗二九四、二四）

（乾隆一二、七）［是月］直隸總督那蘇圖奏：本年陰雨連綿，滹沱漫溢，冀州屬東興等十五村，民埝被衝數丈；束鹿縣屬曹家莊迤東，正河淤淺，大溜改由莊西經二十餘里，旁注冀州境，另由焦岡西南之野莊頭歸入滏陽河。現今漫口三十餘丈，水過之地，禾苗被淹。現在委員會勘量加撫恤。得旨：覽奏俱悉。雖屬偏災，總以悉心撫恤爲要。（高宗二九五、二二）

（乾隆一二、七）［是月］欽差宗人府府丞張師載奏：永定河伏汛安瀾，工程平穩。得旨：覽奏稍慰。但數日以來，雨勢頗大，朕甚廑念，汝宜加意防範。又，那蘇圖奏內，云有漫溢之處，汝何未奏及，有礙田廬否？速奏以慰朕懷。尋覆奏：永定河自六月以來，雖連遇霖雨，發水較大，但順軌暢流，兩岸隄工，並無漫溢。惟京東一帶，山水驟發，通永道屬之還鄉河漫溢二處，薊運河漫溢五處，今已堵築完竣，廬舍並無衝壞，窪地秋禾，間有被淹。現在地方官查勘辦理。報聞。（高宗二九五、二三）

（乾隆一三、五、己酉）諭軍機大臣等：直隸地方，夏間雨澤霑足之處頗多，今據那蘇圖奏稱，天津府屬低窪處所，已經得雨播種，惟膠泥鹻土，缺雨未插，並已經收麥之地，統計將及四分尚未佈種秋禾，望雨甚亟。又，河間府屬以及深、冀二州，雖屢經得雨，尚覺未甚霑足等語。朕思天津等處，與山東地方毗連，山東去歲被災，今年收成未足，倘天津等處，亦復如是，則兩地民力，必皆拮据，後此接濟，未免又費經理。況天津等處，上年亦經被災，今時已夏至，若雨澤再愆，收成復歉，將來不止購備籽種，必尚有應行籌辦之事。如米糧一項，或可於附近豐裕之地協濟、或可於各處通融撥用。著傳諭那蘇圖，令其豫爲留心經畫，並將目前曾否得有透雨、及二麥情形若何之處，詳悉具摺奏聞。尋奏：天津等處雨澤愆期，自應豫爲經理。查附近州縣倉糧，因上年動撥賑濟，今歲又協濟東省，所存不能有餘，惟保定、廣平、大名三府，麥收甚廣，現價平減，擬發司庫銀，每府買麥二、三萬石；但天時難定，萬一不敷，臨期未免周章。可否照乾隆九年截漕之案，酌留漕米十數萬石，存貯北倉。得旨：所奏俱悉。截漕之說，此際可緩。（高宗三一五、二九）

（乾隆一四、六）［是月］直隸布政使朱一蜚奏：洗馬林口外，東录計河一帶，山水陡發，地畝間有被淹；又，懷來縣礬石堡水泛，衝損城堡；並永清縣地方，低鄉積潦，稍有淹浸。查今歲雨水較多，然不過沿河近山及一、二低窪處所，間遭衝刷，當飭各屬設法疏消。至通省各屬秋禾暢發，可期豐稔。得旨：覽奏欣慰。至被水各處，雖屬一隅，亦當督率屬員，加意撫恤，

勿以通省豐收，而置之度外也。（高宗三四三、二八）

（**乾隆一五、六、丙子**）諭軍機大臣等：據方觀承摺奏，石景山於五月三十日水勢陡長，直抵兩岸隄根，一應工程俱平穩。其各壩減出之水，合之隄外瀝水，民田間有淹浸；然水有去路，易於消涸，高田並無妨礙，低田仍可補種等語。覽奏殊未明晰。朕於春間巡幸河工，所有應行經理事宜，面諭該督，令其相度議奏。今所奏漫灘各處，是否經朕閱視之六工以下，抑係五工以上，並未詳悉指陳。又稱減水各壩同時宣洩，亦未將各工各段，一一聲明。其現在分飭各屬辦理情形，是否遵朕指示酌量籌度，或仍係歷年照常修防。至民田被淹，摺內但概稱高田低田，而不將果否成災及地畝廣狹，並附近某隄某工，坐落何處，分別具奏。其詞多屬籠統，其意不無粉飾。且目下水勢驟長，較之向來伏汛，或旺或減，俱無從懸揣。著傳諭該督，令其逐一詳查，據實入告，以慰朕懷。尋奏：永定河容納正溜之河槽，不過深四、五尺，又中高旁下，水一出槽，即已漫灘，直抵隄根。春間皇上閱視之北岸三工至六工以下，水並漫灘，工皆平穩。其六工尾至七、八工，南界坦坡坨，北界北坨，本係水鄉，一帶隄岸，無庸照常加修。惟飭員於入汛時一律防護，至此次各壩過水本多，雨後瀝水又大。各南岸之金門閘、長安城二壩，北岸之求賢、胡林、雀營三壩，其下引河不能容納，是以低田被淹較多。惟查金門閘在涿州境內，洩水散漫，今已漸消，不致成災。其求賢等壩，在固安、永清境內者，減水比涿為大；兼有淤溝奪溜，被水各村，多半成災。現飭員查勘辦理。又查本年汛水九尺九寸，比上年尚大九寸。得旨：覽奏俱悉。（高宗三六六、三）

（**乾隆一五、六、己卯**）諭軍機大臣等：據蔣炳等奏稱，據固安縣知縣稟報，五月二十九日，永定河水驟長，南岸三工月隄，漫開五、六丈；六月初七日，又報全河之水俱由三工淤溝而出，已寬至十六、七丈，月隄刷開四十餘丈，直流南下，固安以南窪地，俱被水淹等語。前據該督方觀承摺奏永定河水勢情形，朕以其未甚明晰、不無粉飾之意，傳諭令其速行查奏。今據蔣炳等所奏，已有奪溜南趨之勢，急應趕築漫口，俾循故道。其被水居民，所有倒塌房間、損傷禾稼，應加意撫卹。已著尚書汪由敦馳驛前往，會同相度。該督方觀承即速前至漫口地方，公同面商籌辦。（高宗三六六、八）

（**乾隆一五、六、辛巳**）諭：永定河南岸三工，於五月二十九日河水驟長，漫開月隄，已命尚書汪由敦馳驛前往，會同總督方觀承悉心相度，有應搶築疏濬之處，現令熟籌妥辦。惟是附近固安縣一帶窪地，猝被漲溜，其間禾稼不免損傷、民房不免倒塌，深軫朕懷，亟應加意撫綏，俾無失所。所有

酌惜籽種、量給房價及一切應行賑卹事宜，即著公同籌畫，一面奏聞、一面辦理，務令被水居民，得霑實惠。(高宗三六六、九)

(乾隆一五、六、丁亥)諭：據直隸總督方觀承奏稱，新城縣屬之東雙鋪頭、高橋等十九村，雄縣之四柳莊等十一村，俱因清河水漲，淹及民田。目今水已涸出，正可補種蕎麥，應查明無力貧戶，酌借籽種，以資力作。其永清之王居等村，霸州之堂二鋪等村，武清之王慶坨等村，皆附近永定河，因各壩減水過多，引河不能容納，致有淹浸，其貧民無力補種者，懇准與一例查明，酌借籽種，照例於來年免息還倉等語。今歲河水盛漲，居民田畝被淹，朕心深爲軫念。此時即經補種，亦係雜糧，僅資餬口。所有借給籽種，著加恩賞給，不必還倉。該督方觀承速行查辦。務令被水災黎，均霑實惠，無致失所。(高宗三六七、一)

(乾隆一五、六、丙申)諭：據方觀承奏稱，樂亭縣屬楊家莊等三十六村，於五月二十九日，海潮乘汛漫進，田禾被淹，潮水所過地畝，均成鹵堿，或沙壓成灘，不但目前不能補種晚禾，將來恐即多成廢地等語。樂亭濱海村落，既被海潮淹浸，即水隨潮退，田畝已成斥鹵，實屬成災較重，朕心深爲軫念。著該督查明被災戶口，先行加賑一月，以資安頓；仍按成災分數，分別給與口糧，即於該縣存倉穀內動撥。民房被水衝塌者，查明瓦房土房，按照定例，分別給銀，以爲苫蓋之費。仍飭地方官加意撫綏，留心體察，使災黎得霑實惠。其被淹民田，除從前潮災案內已經豁免錢糧者，無庸查辦外，如係現應徵糧地畝，潮退之後，實在城鹵不堪種植者，並著該督速行查明奏聞，請旨豁免。(高宗三六七、一二)

(乾隆一五、六、戊戌)諭：永定河月隄漫刷，現在搶築，尚未合龍。田禾既已被淹，即使急爲宣洩，而秋期已近。蕎麥雜糧可蒔者，業令賞給籽種，其不能補種者，當急籌播種秋麥，以爲明春之計。著該督方觀承酌量分別按照麥地，給與麥種銀兩，俾得於涸出之後，乘時播種。至固邑被水各村莊，秋收失望，窮黎待哺，朕心深爲軫惻。著於漫口堵築後，查明地畝成災分數，並極次貧民戶口，於十一月起，分別賑給口糧，庶災民日食有資，不致失所。其永清、霸州、新城、保定等州縣，與固邑毗連之處，被災情形有相類者，亦著一體查辦，以示撫恤。該部遵諭速行。(高宗三六七、一四)

(乾隆一五、七)是月，直隸總督方觀承奏津、涿被水查辦情形。得旨：覽奏俱悉。又奏六月二十八至七月初一日大雨，保定府河水盛漲。查勘被淹村莊，堵築隄埝及城垣、營房、橋梁、閘座，分案估修各情形。得旨：覽奏俱悉。今先謁東陵一路，則保定一帶諸務，又多餘數日之暇矣。所有工程，

不致拮据否。(高宗三六九、一九)

(乾隆一五、七)[是月, 直隸總督方觀承] 又奏: 臣路經定州之唐河、新樂之沙河、正定之磁河, 均於七月初一日發水。沙、磁二河旋即消退, 田禾無損。惟上游阜平縣之平陽等三社山溝居民, 被衝瓦草房一百六十餘間, 衝去男婦十二名口。當經量加撫卹。其唐河暴漲, 據報唐縣之軍城莊等九村莊, 曲陽縣之南店樹等七村莊, 被衝房屋共一千餘間, 男婦一百九十二名口。已委員前往, 會同地方官查勘撫卹, 並飭該二縣撥運倉穀, 照例分別給米。至山田被衝者尚少, 現在確勘分別辦理。定州原報被水之一百餘村, 今查明成災稍重者, 約有三分之一。其餘或水過本輕, 或已補種蕎麥, 現俱分別查辦。又聞正定以南, 雨水適均, 並少積潦, 惟月來糧價稍昂, 已通飭酌量開倉減糶。得旨: 覽奏俱悉。督率屬員, 一切妥為之。(高宗三六九、二一)

(乾隆一六、七、壬申) 諭軍機大臣等: 朕今日經過清河地方, 見道旁秋禾, 有前經被雹損傷, 至今殘莖零落田間, 並未另行補種者。被雹尚在夏月, 正可乘時補種蕎麥雜糧, 即云貧民無力, 亦可照例借給籽種, 何至遂成棄地。此必係地方官辦理不善。著傳諭蔣炳等, 令其將被雹田禾不行補種緣由、及此等被雹人戶, 有無賑卹、現在曾否辦理之處, 查明據實奏聞; 並將此傳諭方觀承, 令其查奏。尋, 方觀承奏: 本年六月, 大、宛、昌平三州縣被雹, 當即飭地方官酌動倉穀, 借給籽種, 俾民補種蕎麥秋蔬。嗣據該州縣覆稱, 有力之家, 無藉補種雜糧, 待白露後種麥, 至實係貧戶, 分別輕重, 按畝借穀, 無不踴躍補種。其高粱被損, 未經犁種者, 詢之農民, 皆云, 內有抽發新苗, 可望秀實; 又或佃種旗地, 希圖蠲免, 遂爾補種不力。但地方官於出借後聽民自便, 勸諭不力、查察不周, 致未盡行補種, 辦理不善, 咎實難辭。再, 應行賑卹之處, 查本年夏麥豐收, 並設廠平糶, 糧價未昂。俟秋收後, 確勘成災與否, 分別辦理。得旨: 究係汝等辦理不妥, 另有旨諭。(高宗三九四、一五)

(乾隆一九、六、丙寅) 諭軍機大臣等: 方觀承所奏永定河下口南埝以內, 武清縣屬之王慶坨、東沽港二村, 其窪處被淹, 現有九百四十餘戶。此等居民, 例無賑卹, 但此次被水較甚, 可否恩准借給口糧等語。隄內居民, 屢經傳諭該督, 令其移徙。王慶坨、東沽港二村, 人民稠密, 且有苫蓋瓦房, 歷有年所, 雖不能遷徙, 然亦應有界限, 不可再令附村居民, 占居河地。其猝經被水之戶, 情堪憫惻, 著加恩令該督按戶查明, 借給米糧, 以資接濟。至隄內零星各戶, 不過草土房間, 原非必不可徙。該督務遵前旨, 逐一查明，於此次被水後，給與搬移之資，令其遷徙隄外，不可姑息。至所奏永平府屬之樂亭縣等處，禾苗淹損，如勘有成災之處，即速照例賑卹。一面辦理、一面奏聞，毋致災黎稍有失所。（高宗四六七、三）

（乾隆一九、六、丁丑）是月，直隸總督方觀承奏：五月以來，陰雨連綿，山水驟發，薊運河水高出隄頂數尺，東西兩岸田廬被淹；濟寧、臨清漂沒糧船三隻，淹斃男女四名；又，還鄉河被水各村莊，毋禾多有淹沒；又，滹沱河連值大雨，藁城縣、趙州等所屬，秋禾被淹。現在委員查勘。得旨：覽奏俱悉。看來薊州恐不無被災之處，應極力詳查妥辦，若尚可補種，則應速行借與籽種。（高宗四六七、一六）

（乾隆一九、七、辛巳）諭軍機大臣等：據程巖奏，薊運、還鄉等河，大雨傾注，河水漲發，間有漫漬民埝之處。薊州、東安、永清、寧河、寶坻、固安等州縣，地勢濱河低窪，恐地方各官，不即加緊疏濬，或致有妨禾稼等語。薊州一帶，地本低窪，又值大雨水漲，以致濱河民埝漫漬，於秋成甚有關係。著傳諭方觀承將附近永定、薊運等河窪地，現在水長處所，有無被淹成災應行撫卹之處，詳行查勘。一面辦理、一面據實速奏。尋奏：今年雨水過多，薊州之薊運河、玉田之還鄉河，間有漫溢，豐潤、寧河二縣村莊，亦被淹浸；樂亭之灤河，晉州、藁城、束鹿之滹沱河，亦多漲發出岸，淹及田畝。惟薊州被水最重，現查勘照例撫卹。其餘州縣，是否成災，查明辦理。薊運、還鄉二河漫口，現已趕緊堵築，至永定河附近窪地，惟武清縣東南鄉，報有積水，俟查勘再辦。得旨：覽奏俱悉。以直隸通省計及，究有幾分災，速行奏來。（高宗四六八、二）

（乾隆一九、七、乙酉）諭：據方觀承奏，六月二十九、七月初一、二日晝夜大雨，永定上游發水，驟長一丈有餘，漫開東老隄一百餘丈，西老隄六十餘丈。臣職司河務，不能先事豫防，乞交部嚴加議處等語。此次永定河驟漲，衝漫至一百餘丈，既屬河身正隄，非民埝可比。所有疎防道、廳、汛各員，著交部查明，嚴加議處，以爲不能慎重河防之戒。方觀承，著交部察議具奏。（高宗四六八、七）

（乾隆一九、七、丙戌）又諭曰：方觀承奏，永定河七月初一、二等日雨大水發，漫開東、西老隄，共一百六十餘丈。應將口內舊河身開挑七、八里，使全河之水，挈入新河，再將下口堵築，接還原隄，俟開挖成河之後，酌量水勢開放等語。永定河流，原屬無定，但既經築有隄防，一遇盛漲，自應極力搶護，以禦淹田淤淀之患。今漫口汕刷已深，口外淤灘又難開挖，只可如該督所議，上緊辦理。務令開挖之處，比河底較深，速挈漫流，以便施工堵築。其被水户口有成災者，即速查明，加意撫卹。至河防關係緊要，該督自應將該道廳等據實嚴參，或可邀恩寬免。乃爲迴護之詞，何以爲有乖職守者戒？朕轉不爲寬宥矣。將此傳諭知之。（高宗四六八、九）

（乾隆二二、六、甲申）諭曰：方觀承奏稱，元城、大名兩縣因衞河陡漲，城鄉田舍多被淹浸，現飭司道等查勘撫卹等語。昨據報，魏縣被水，已降旨令該督將賑恤事宜照乾隆八年之例，速爲經理。今元城等邑復被水災，窮黎深堪軫念。著該督迅速前往，一併查勘，所有應行賑卹事宜，悉照魏縣一體妥協辦理，務俾均霑實惠，不致失所。該部即遵諭行。（高宗五四一、二〇）

（乾隆二四、七、辛未）又諭：據方觀承奏，七月初七等日，節次大雨，漳、衞河水長發，大名、順德所屬之邯鄲、鷄澤等州縣內，間有被淹村莊。又，南運河之南皮縣東岸，及吳橋縣正對德州衞第六屯二處隄岸，均有漫溢。現在督率查勘辦理。直屬今年夏初亢旱，旋得透雨，晚田禾稼及時播種，正可望有秋；今忽有此窪下之區，積水自多，殊爲可惜。所有隄埝民田，尤宜加意防護。南皮、吳橋運河漫口，關係緊要，現據該督親赴勘辦，著迅速設汛堵閉，俾近河居民，不致漫水傷稼。其漳、衞諸河，附近被水各處，據奏委按察使喬光烈等星赴勘辦。有應疏濬堵築者務令悉心相度，加緊籌辦。被水民田內，有應分別撫綏借賑者，俱著一面辦理，一面奏聞，以副朕軫念之意。（高宗五九三、一七）

（乾隆二四、八）是月，直隸總督方觀承奏：漳、衞、滹、滏等河漲溢，以致大名、順德、廣平、冀、深等府州屬被水，均已查明散賑、資給房價。各州縣未稍積水，有正河可歸者，暫留漫口、並酌開堤埝宣洩。有支河可導者，如衞河漫水，由清河導入青陽江，由故城、景州導入沙河、洚洚河以達漫河，由吳橋、東光導入宣惠河，由南皮、滄州導入石碑河，滹、滏漫水，由冀州、衡水、武邑導入老漳河，以達南運，由獻縣、河間導入黑龍港，以達子牙新河。九月中旬可以疏消全竣，不誤種麥。得旨：覽奏俱悉。（高宗五九五、二〇）

（乾隆二六、七、己未）直隸總督方觀承覆奏：永定河漫口於七月十七日合龍，被淹地畝，早禾仍屬有秋，晚苗不無傷損。俟水勢稍退，委員勘辦。得旨：所奏固當，但外省習氣，總屬虛飾。恐有司不盡心，又復圖逸，不身親查察，安得不欺汝。（高宗六四一、一〇）

（乾隆二六、七、丙寅）又諭：……方觀承奏：直隸大名、廣平二府，毗連豫省，七月中旬後，漳河疊漲，大名府屬之大名縣、廣平府屬之廣平縣、磁州、成安縣境內，均有被淹之處，現在確查辦理。得旨：此番霪潦，實非尋常水災可比，一切竭力妥爲，毋負朕望。（高宗六四一、二三）

（**乾隆二八、一、乙亥**）諭軍機大臣等：上年直隸各屬，秋雨過多，所有被災地方，疊經降旨加恩賑濟，並籌議以工代賑，復將災重之霸州等十七州縣、曁稍輕之大興等二十八州縣極次貧户口，均予展賑一月，俾資接濟。第此等皆附近畿輔以北州縣，至京南之廣平、大名等所屬。雖據該督將廣平、大名等數邑奏明，係因河水漫及、偏災本輕，已經照例賑卹，無庸再行加賑。近聞京南地方，去秋歲事亦歉，正定迤南大不如保定以北光景。是該處距京師較遠，該督或因其被災稍輕，查察未能周悉，地方官勘辦亦有未盡之處。且開州、長垣，大名等處，前歲因豫省河漲，亦經被澇，當此連歲歉收之後，閭閻口食不無拮据，深堪軫念。著傳諭方觀承，令將京南各屬，上年如何分別辦理、並現今實在情形若何，逐一查明，即行據實覆奏。尋奏：正定以南登麥較早，未經潦傷，伏秋雨少，收成約八、九分；惟漳水溢及之處，村莊間有被淹，成安等縣已報偏災，分別給賑，不便復與霸、固等處，再邀無已之澤。得旨：覽奏稍慰。（高宗六七九、一）

（**乾隆三二、閏七、乙巳**）諭軍機大臣等：方觀承奏永定河水勢情形一摺，殊未明晰。該處被水田畝，如在隄埝之外，本係民間恒業，即應查明被水輕重，加意撫卹，分別成災與否，按例辦理；而疏防之河工文武各官，亦應查參議處。若所淹止在埝內，則其地當屬官地，應留讓與水，原非近埝居民所得藝植，何竟據爲故有，於一水一麥之外，漸種秋禾，且粱粢不已，復爾廣植穀豆，平時既與水爭利、侵占河灘，今又因其低窪偶浸，並與緩徵，於情理未爲允協。且埝內之地，又何得有租而緩徵，於朕向旨讓地與水之處，顯已違背。此等情形摺內並未分晰申敘，著傳諭方觀承即行據實詳悉覆奏。尋奏：查下口兩埝內地畝，准除糧額，早經奉有恩旨。而民情則以除糧即恐失業爲慮，且近河居民習知水勢，水過淤停，即得化瘠爲腴，故皆不以水爲害、而轉與水爭利。遇有水大年分及水道遷改之區，臣惟有察其被淹情形，分別額賦灘租，酌量辦理。凡上游六工灘地，熟則徵租、荒則免租，原無緩徵名色。至下口埝內，雖係有糧之地，然例無賑卹，惟酌請緩徵。臣此次查勘水道，村民援照舊例，懇請將埝內村莊被淹地畝照上屆酌予緩徵，但未將上游灘地無緩徵、下口糧地有緩徵之處，分晰聲明。報聞。（高宗七九〇、一五）

（**乾隆三五、閏五、乙丑**）諭軍機大臣等：據楊廷璋奏永定河北岸六號隄工，衝決奪溜，致堤外各村莊均有淹浸，請將該管官分別嚴加議處著賠，並自請交部一摺，已批交該部嚴察議奏矣，河工衝決，疏防各官自有應得處分，其應賠之項，俟將來工竣時，亦當按例著落分賠。至該督另摺聲稱，已經赴工督辦，不能親往根查起蝗之處等語。昨已降旨，該督毋庸冒暑親往捕查，現在又有緊要河工，自應在工督辦。今已派侍郎德成馳驛前往，會同該督上緊堵築，剋期竣工。該督務多派集民夫，以期迅速集事，毋稍延緩。至前此飛蝗起於何處，據稱已密諭周元理確查。仍著速飭查明，據實參處，不得稍有姑息。本日又據索諾木策凌等摺奏，白家灘地方蝗蟲，業已生翅，查係昌平州、宛平縣所屬，該州縣並不派人前往撲打等語，已諭令楊廷璋明白回奏。今年春夏少雨，恐沮洳之地，久晴蒸曬，蝻孽易萌，曾諭令該督，嚴飭各屬，及早搜查，毋任滋長。今白家灘蝗蟲，竟致長翅飛颺，該地方官於查辦蝻子時，何以漫不經心，並不早為捕治，致生翅滋蔓，又不申報上司，及今蝗已長發，尚不親赴撲捕，實屬玩視民瘼。著楊廷璋即速查明參處。（高宗八六一、一〇）

　　（**乾隆三五、閏五、戊辰**）諭軍機大臣等：據三全奏，熱河地方大雨，山水陡發，已令熱河道明山保詳查有無衝壞房屋、傷損人口之處，報明直隸總督。獅子溝等處滿洲、厄魯特營房，院牆間有倒壞，亦令該旗佐領修補等語。三全原係熱河佐領，熟悉該處事務，山水漲發，僅諉之地方官，並不會同查辦。甚屬拘泥。至獅子溝營房院牆倒壞，著照所奏辦理，倘更有損壞房屋，亦著三全查照向例，酌量給銀修理。（高宗八六一、一九）

　　（**乾隆三五、六、戊子**）諭曰：三全等奏稱，六月初七日，熱河地方大雨，廣仁嶺以內各山溝及獅子溝等處，山水漲發，官兵民房被衝數百間，傷損人口頗多等語。據三全所奏，此次水災較二十四年較重。著派英廉、索諾木策凌馳赴熱河，會同三全、永和，查明被水房間人口，俱照二十四年加倍賞給，妥為撫卹。所需銀，即於該處道庫存項內動支。（高宗八六二、二二）

　　（**乾隆三五、六、丁酉**）諭：據楊廷璋奏，北運河張家王甫隄漫工，甫經合龍，因十四、五、六等日大雨，河水盛漲，以致復有漫溢汕刷等語。近日直隸地方，雨水稍覺過稠，熱河、古北口等處，俱有被山水衝刷民居鋪面之事，現已派令英廉、伍訥璽馳驛分往查勘，動用內庫銀兩，加意撫卹。今北運河漫口，復有汕刷之處，所有水過地方，田廬間有損傷，自應照例查辦。至大城、文安一帶，本屬窪下之區，旁近地畝，恐不無被淹之處，朕心深為軫念。著傳諭楊廷璋即速另委大員，悉心體勘，如有被災戶民，即行妥協撫綏。其涸出之地，可以補種蕎麥者，亦應酌借資本，諭令及時趕種，以資民食。該督不得以身駐永定河，惟以在工言工，此外稍有疎漏。仍將各屬有無被水情形，據實速奏。尋奏：大城、文安二縣外，順天、保定、天津三府屬，計被水十五州縣，貧民酌借口糧，坍房給予修費，仍設法疏消，旱涸高地，借籽補種蕎麥等雜糧，秋成時，再將應否賑卹題報。得旨：知道了。看來水災頗重，總不可諱飾，妥協撫卹可也。高田竟可望有收，以通省論之，可得幾分年成，查明速奏。（高宗八六三、二一）

（乾隆三五、六）是月，直隸總督楊廷璋奏：永定河向有遥埝，但在北六工以下之下口，自二工至六工以上，隄外無埝，幸河水漫口外係馬廠麟地，並不種植。過此千餘里，武清、永清、固安、東安、宛平各縣，沿河村莊，間有被淹，現委員查勘撫卹。臣於河工本未熟諳，惟誠敬辦理，以期集事。得旨：如此方是。可冀即日合龍矣。（高宗八六三、三一）

（乾隆三五、七）是月，直隸總督楊廷璋奏：查周家莊等處各段漫口，因六月十五、六、七等日大雨連宵，大清、子牙、南北二運河，四水並漲，匯歸三岔河口。由隄頂漫過，竟橫決於周家莊等八處，以致漫溢隄工十二段，計長三百一十餘丈，但現在尚有露出隄頂者。細察情形，係屬平漫過水，因水大激蕩汕刷，隄岸間段衝損殘缺，工程似易辦理。惟張家王甫漫口，因甫經堵築，即值大雨水漲，致復漫之口，較原漫加寬，現在口門水深一丈五、六尺不等。緣下游海河頂阻，水退不能迅速，一俟水勢稍落，可以動工，即速軟鑲隄岸，盡力堵築。其天津府城外之侯家園等漫溢之處，現所餘漫口，止有六、七丈，再三、四日，即可合龍斷流。臨壕之水，亦消退尺餘。惟南窪一帶積水，尚須汛後海河收水，再行啟開五閘，以利宣洩。查天津縣因子牙及各淀河水勢盛漲，以致被淹村莊甚多。飭查被災輕重，動支義倉穀石，即行散給；坍塌房屋之戶，照例分別給予修費。至津屬七州縣，惟靜海與天津錯壤，亦有被淹村莊、坍塌房屋之處。現飭令一體撫卹安頓。得旨：覽奏俱悉。一切賑卹事務，妥協實力辦理。（高宗八六五、二五）

（乾隆三六、六、辛未）諭軍機大臣等：據福隆安奏，五月二十八日，夜間大雨，花兒閘運糧河南岸，衝開河口一段，長四丈有餘，又一段約一丈有餘等語。運糧河轉輸漕粟，關係最爲緊要，既有漫溢之處，自應及早堵築。但修防工程，非瓦爾達等所諳習，現派內務府總管劉浩前往，協同辦理，並諭楊廷璋派委明幹大員，往彼催督工料人夫，以便剋期竣事。著傳諭瓦爾達等即速董率坐糧廳，會同劉浩上緊趕辦，毋致稽誤運務。（高宗八八六、二）

（乾隆三六、七、乙巳）直隸總督楊廷璋奏：省城初一、二日時雨時晴，初三日臣赴定興，詢知北河水發，初四日臣渡河時水已漸退，沿途禾苗並無被淹。惟據良鄉、涿州稟報，道上積水，遂飛飭確勘，是初一、二日大雨，惟在定興以北。至永定河工，雖未據該道廳等具報，而隄岸是否平穩，臣即遵旨往勘。其南北運河，已飛札通永、天津等道勘覆。得旨：所奏遲，已有旨諭。諭軍機大臣等：本月初二日因京城雨勢頗大，曾節次降旨詢問楊廷璋，河務農田有無妨礙，今日始據該督奏到，所奏既遲，及閱摺內所奏之語，竟若澹然無事者然，殊不可解。該督所見定興以南田禾情形，雖屬無恙，而定興以北，既經河水漲發，則低窪之田，豈能全不被淹？且涿州、良鄉既據稟報道路積水，其田禾大概可知，且初二所發廷寄，因盧溝橋水阻羈遲，該督亦可想見向北大水光景，何尚不稍爲動心乎？至於上游漲勢既盛，永定河隄岸難保其必無漫溢，該處河防，最關緊要，不可視爲緩圖。該督既經前往，即應在彼留心相度，加意防護，縱使各堤岸鞏固無虞，亦俟汛漲稍平，仍回省城辦事，不必前來迎駕，即於萬壽前再赴熱河行在，亦不爲遲。至於連日雲氣多自東南而來，其方向正當天津一帶，該處地本低窪，略遇大雨，即易致積潦，而南北兩運河，亦宜防有潰溢亟須搶護之事。並著查明迅速妥辦，仍行據實奏聞。……其永定及南北兩運河隄岸及天津等處，有無被水及水大之州縣田畝是否成災各情形，仍著即確查，據實覆奏。尋奏：盧溝橋一帶，道傍間被淹浸，現已漸涸；南運河之侯家園、姜家井漫溢，已據稟搶護穩固，北運河惟張家王甫隄工漫溢二十餘丈，但遠於正河，無礙糧運。被災州縣，先據涿州、良鄉稟報，茲又據大興、宛平、通州、固安稟報，容臣查奏。報聞。（高宗八八八、一三）

（乾隆三六、七、丙午）直隸總督楊廷璋奏：據永定河道滿保稟稱，七月初二日，盧溝橋水發，南岸二工漫口七十餘丈，北岸二工漫口一百餘丈外，尚有水漫斷隄一十五處，臣即飛往確勘。至北運河水勢，據楊村通判具報，河水止長三寸，各隄鞏固。得旨：已有旨了。又批：不然。今亦有衝漫之處，汝特未知耳。諭軍機大臣等：楊廷璋覆奏永定、北運等河水勢情形一摺，所奏甚不滿意，已於摺內批示。永定河正當伏秋大汛之時，關係最爲緊要，水勢消長信息，理應時刻相通。今各工漫口係七月初二日之事，縱因道廳稟報遲延，該督值此雨水較大之時，即應早爲查探，上緊護防，乃經屢次傳諭切詢，尚不星速差員查勘，據實覆奏，仍待河道滿保呈報，始據以入告，何竟不以爲事、漠不關心若此。現派侍郎德成前往漫口，會同該督堵築，該督可即督趲工料人夫，剋期修築完固。其該處漫口情形，較去歲大小若何，隄外漫溢之地，田廬有無受傷、成災與否，並著迅速切實查明。有應撫卹者，照例妥協經理。該督仍遵前旨，即赴該處，不必來此接駕。俟河工妥辦藏事，再行奏聞，前赴行在。又，北運河每遇夏秋盛漲，易於泛溢，昨因雨勢過大，曾傳旨詢問西寧達翎阿。今據奏稱，初三日夜，王家莊西岸水長漫溢，刷開隄工一段，約寬數十丈；河西務甘露寺，亦刷開隄工一段，寬數十丈；馬頭以北至張家灣兩岸，河水漫散，低地俱有積水等語。而該督尚據通判所稟，謂北運阿隄壩各工俱極鞏固，全非實在情形。該督前此既未能周知，及經接奉詢問之旨，亦應迅速委員勘實奏覆，何率憑通判一稟，遂信以爲實乎？所有衝漫隄工，應即專派大員，上緊分段堵築，速令完固。至兩岸沮洳之區，連年被潦，武清等縣積歉之餘，尤深厪念。應即速查明是否成災，照例分別妥辦，務使貧民均霑實惠。又，今歲巡幸時，指示興濟、捷地兩處工程，改閘爲壩。聞近來減水甚暢，南運河隄岸皆得無恙，其效驗已屬顯見。因思北運河向來漲發最盛，而宣洩之路較少，其筐兒港減水，前歲雖曾修葺，而出水之口尚未甚寬，似尚可量爲展放。至王家務減水，久未修治，未審現在形勢若何。及此外或有可酌添壩座、分消漲水之處，俾得宣通無阻，實屬釜底抽薪善策。著傳諭楊廷璋留心體訪，俟秋冬潦退時，朕差裘曰修前往，會同楊廷璋親往相度，詳細繪圖貼説呈覽，候朕另降諭旨。仍先將各河漫口現在作何搶修事宜，及民田被淹是否成災各情形，迅速覆奏，毋得稍有含糊粉飾，自干咎戾。尋奏：永定河漫口漸次消涸，中溜不過二、三十丈，止淹及玉皇廟村與附近之四小村，水勢直趨淀河。其沿途有無旁溢，容查奏。張家王甫隄工，已稟漫溢；河西務甘露寺被水，尚未報到；馬頭、張灣，間有積水；涿州、良鄉、大興、宛平、固安以及續報之昌平、密雲、懷柔、三河、永清、蠡縣、安州、新城、南樂、文安、高陽等各州縣，俱稱雨後積水；暨武清等沮洳之區，俱已委員確勘，是否成災，據實具奏。報聞。（高宗八八八、一六）

（**乾隆三六、七、辛亥**）諭軍機大臣等：楊廷璋因辦理不善一事，奏請議處一摺，已於摺內批示矣。今據瑪興阿奏，七月初一至初四等日，疊經大雨，初六日，天津城西運河及子牙淀河水勢漲溢。侯家園地方，去年開口新築隄岸，陡然被水漲溢，經道府等連夜搶築無虞。惟侯家園迤南三里小園地方運河隄岸，亦同日被水漫衝水口一道，約長二十餘丈，大約數日內，即可堵禦完工等語。達翎阿奏亦約略相同，惟稱近河房間不無坍塌，低窪田畝，亦被淹沒等語。天津地勢本低，一遇大水，即易致淹浸，深爲厪念。是以屢經傳諭該督，詢問運河一帶情形。兹天津於初六日被水，距今已七八日，該督豈竟一無見聞，何以總未奏及？又達翎阿覆奏，北運河漫口之處，據稱小馬頭莊、姚家莊、狼兒莊、甘露寺、張家莊、周家莊、桃花口等處漫溢，有已經斷溜者，有水尚平流者。兩岸高梁，水深二、三尺不等，豆穀率多淹沒，等語。此係該鎮遵旨親往查閲，其言當自不妄。該督前奏北運河情形，未能如此詳悉。至各處漫口，自應上緊堵築，兩岸被淹地畝，亦應派員確查。其已成災者，速應照例撫卹。或係偏災不成分數，亦當酌量分别借賑，毋使一夫不得其所。其天津城西被淹地方，實在情形若何，亦應速爲確勘妥辦。查辦災務，乃該督專責，若其間稍存諱飾，及經理不能盡心，或致被水貧黎，稍有流離乏食，則該督咎無可逭矣。仍將該處作何勘辦撫輯及被水村民景象究與去歲若何，迅速據實覆奏。（高宗八八八、二九）

（乾隆三六、七、辛亥）直隸總督楊廷璋奏：據務關同知稟稱，北運河西岸甘露寺漫口二十餘丈，東岸狼兒莊亦有漫溢。又據楊村通判稟稱，張家王甫迤北之小蒙村，亦經泛溢。查甘露寺等處，俱距正河尚遠，且漫水即瀉入鳳河，不致淹及民田，已飭令急行堵築。又，文安縣協修隄内，有鹿疃村一處，坍損二十餘丈。大城縣協修隄内，亦有坍損。俱例係民修之埝。但民力拮据，即照以工代賑之例，飭各員督辦。又，南運河小園莊亦漫口二十丈，秋禾間有被淹，已令借給義穀，加意撫卹。得旨．覽奏俱悉。（高宗八八八、三二）

（乾隆三六、七、辛亥）[直隸總督楊廷璋]又奏：北運河小馬頭莊、姚家莊、張家莊、周家莊、桃花口五處被水，未據廳汛具報，現已委員赴勘。得旨：覽。（高宗八八八、三三）

（乾隆三六、七、癸丑）欽差侍郎桂林、直隸提督王進泰奏：古北口被水，近河房間，間有倒塌，每間賞卹銀五兩，其泡倒牆垣者，酌減賞修。同知倉内現存穀石，按照時價酌減平糶，以裕兵民口食。得旨：知道了。餘有旨諭。諭軍機大臣等：據桂林、王進泰奏報查辦撫卹事宜一摺，而於古北口、南天門等處水勢情形全未提及，殊不可解。桂林雖派往會同王進泰查辦該處賑務撫卹之事，但古北口外及口内之南天門，現在潮河漲勢消退若何，搭蓋橋座工程何似，均關緊要。王進泰係該處提督，乃其分所當爲，而桂林以軍機大臣奉命前往，何事不應查辦？乃摺内竟不置一詞，何不曉事體若此。桂林、王進泰，著傳旨申飭。仍將古北口、南天門現在水勢、橋座各情形，詳細速奏。尋奏：水勢至十四日略退，南天門官辦之橋業經衝去，現在派兵搭蓋，一經告成，即行馳報。報聞。（高宗八八八、三九）

（乾隆三六、七、己未）直隸總督楊廷璋奏：北運河漫口之張家王甫、甘露寺、狼兒莊、小蒙村即張家莊外，又有小馬頭莊、姚家莊、周家莊、桃花口亦經漫溢。並續報坍損之枳棘城、丁家莊、霍家嘴、旱溝汛、天齊廟村等處。惟張家王甫、甘露寺兩處漫口，皆二、三十丈，餘俱不甚寬，現在分別督飭賠修完固。得旨：知道了。又批：究竟各口皆堵築完固否，何不奏明？（高宗八八九、一〇）

（乾隆三六、七）是月，直隸總督楊廷璋奏：被災州縣除已奏大興等四十一處外，又續據稟，順義等二十四州縣內，順義、容城、晉州、南皮、廣平、邯鄲、雞澤、曲周、永年、成安、大名、開州、清豐、龍門、廷慶、南和、任縣、趙州、隆平等十九州縣較輕，鹽山、青縣、滄州、慶雲四處次重，寧晉一縣較重。共被水六十五州縣。現在確勘，分別辦理。報聞。（高宗八八九、三一）

（乾隆三六、八、乙亥）諭軍機大臣等：前因近畿被水州縣較多，屢經傳諭該督，令將今歲成災地方，較上年孰重、孰輕之處，明確查奏，至今未見奏到。災地頃畝分數，固須逐一履勘，其應賑戶口，亦須分別詳查，自不能即時覈定，若僅將被災情形與上年比較輕重，無難約計而知。且今距被水之時，已閱月餘，大局已可概見，何至曠日持久，尚不能據實覆奏耶？著傳諭楊廷璋即速確覈奏聞，毋再延緩。至永定河堵築漫口，恐該督於工程非所素諳，特派德成往彼幫辦。前據伊等合詞奏稱，七月底即不能完工、八月初間定可報竣。今距前奏已及兩旬，而八月又將旬日，兼之天氣晴和，便於役作，況白露已過，水冷沙澄，施工更易，自當剋日蕆工，何至今未見奏報？現在工程究竟辦有幾成，計何日可以合龍，並著楊廷璋即速切實奏聞。再，北運河漫口，甘露寺、張家王甫等處，前據奏因取土稍遠，尚未竣事，計此時潦水日漸減退，運取土方不及前此之難，自可併力修築，何亦未聞堵合有期。該處承辦之員，是否實力趕辦，約何時可以竣工，亦著該督一併據實覆奏。尋奏：被災州縣數目前後相仿，而今歲九十分災者頗少，較去年為輕。北運河漫口共十五處，俱於本月初五日堵築完竣，永定河工程，晝夜趕辦，尚未報竣。報聞。（高宗八九〇、九）

（乾隆三六、八、壬辰）欽差侍郎德成、直隸總督楊廷璋奏：永定河漫口於八月十六日合龍，並將新壩加高培厚，統於十七日竣工。得旨：覽。（高宗八九一、二〇）

（乾隆三六、九、庚申）諭：直隸今秋被水各屬，屢經降旨據實查勘，分別賑卹。其低窪地畝被淹者，自應早令涸出，俾得趕種秋麥，以資口食。茲詢楊廷璋，據稱已報涸出者，計四十五州縣，業經借給麥種，現在麥苗俱已出土青葱。惟宛平、文安、大城、保定、永清、東安、武清、霸州、通州、香河、寶坻、寧河、天津、任邱、豐潤十五州縣，地更低窪者，尚未全涸，已委員協同疏洩。其東安、香河、寶坻、豐潤四縣，亦續報漸次涸出，仍飭令上緊疏消等語。此等低窪地畝，去歲曾經過水，今年又復被淹，若積潦不能速消，民業徒成曠棄。而瀕河之地，多係一水一麥，如能及時涸出，種麥可望倍豐，於貧民生計甚爲有益。但恐該地方官不能實心經理，必致玩日妨農，朕心深爲厪念。著派袁守侗、德成分往各處，督率該州縣即速設法疏消，務令及早涸出，無誤布種春麥。尚書裘曰修於近京水利情形，較爲諳悉，且此被水之處，順天所屬者居多，著派其往來調度董查，總司其事。伊等於奉到諭旨後，不必赴行在請訓，即速起程前往，俟各處辦有就緒，再行回京覆奏。（高宗八九三、一一）

（乾隆三九、五、庚申）諭：自四月下旬以來，尚未得有透雨，朕心深爲厪念。著總督周元理即速確查所屬州縣，有因雨澤稀少以致麥收分數歉薄者，即奏明將應徵新舊錢糧，緩至秋成後再行開徵，以紓民力。該部即遵諭行。（高宗九五八、一二）

（乾隆四〇、七、己未）諭軍機大臣曰：周元理奏永定河南北隄岸，俱有漫口，現在加緊堵築情形一摺。深爲厪念。前據該督奏，本月初七、八日雨勢及永定河水陡漲、搶護平穩情形，彼時即慮及初九之雨甚大，兩岸隄工，是否不致疎虞，迅諭該督即速查奏。今據周元理奏，初八日密雨竟夜，初九夜雨更大，北岸三工，於初九丑時，漫口二十餘丈，南岸頭工，於初十卯時，漫口六十餘丈，業已飛調滿保董率員弁，多集兵夫，運料趕築，仍親赴該工嚴催督辦，務令剋期妥竣等語。看來此次漫工光景，較之乾隆三十五、六年情形稍輕。周元理在直年久，修防事宜，尚所諳習，且親身在工督辦，自可易於集事。著傳諭詢問周元理，現在堵築漫口，如無庸派人幫辦，即著該督上緊趕築，剋期竣工；若或需人商辦，亦即據實奏聞，朕當特派大員前往，會同妥辦。又閱進到圖說，北岸漫水，洩入隄外減河，仍達鳳河歸淀，自可無虞旁溢。南岸漫水，雖由舊河溝一帶趨琉璃河，至白溝河入淀，亦可不虞泛濫。但自漫口至歸琉璃河處，計二十餘里，所過村莊，未免稍被淹浸。田廬有無傷損，是否或有偏災，該督即應飭委妥幹大員，迅往據實履勘。如有應行撫卹者，一面奏聞，一面辦理，務使均霑實惠。其積水處，並著加緊疏消，俾得無誤秋麥。至南北運河，雨後情形若何，並切軫念。雖南運河自興濟、捷地改閘爲壩，得以暢洩，夏秋盛漲，不致漫溢爲虞，而北運河自修葺王家務、筐兒港減壩以來，漲水易消，隄岸連年鞏固。但今年七月初七以後，雨勤而大，各處瀝水必多，且潮白諸河俱漲，亦歸於運，恐諸水併集，勢較浩瀚，能否循軌順下，不致衝突隄工，所關甚爲緊要。而天津一帶，尤係水鄉，是否不致成澇，倍切縈懷。並著周元理即速查明，一併據實覆奏。尋奏：永定河北岸三工漫口，隄基已築，祗須加高培厚，一、二日內即可竣事。南岸頭工，先將漫口兩頭頓鑲，逐段加樁，仍於鑲外加土培厚，一路接連築墊，留出龍口走溜，俟將次合龍之前，於中泓開引河一道，分溜歸槽，使龍口水勢平緩，即可下埽堵截。臣等熟籌已定，夫料亦已齊集，似無需派人幫辦。其南隄漫水，淹及沿邊窪地，幸水退甚速，禾稼無礙，村莊廬舍亦無損傷。惟琉璃河下游之白溝河，被水較重，已委員往勘。南運河各工平穩，天津一帶地畝，亦無淹浸。北運河張家王甫土隄，現經漫口二十餘丈，據稟，水入鳳河並未奪溜，已派員督率兵夫尅期堵築。至本月之雨，直屬各河，俱報漲發，下游州縣有漫淹之處，俟勘明後奏聞。得旨：究屬成災幾分，尚易辦否，查明大約速奏來。（高宗九八六、一八）

（**乾隆四〇、七、乙亥**）［周元理］奏：永定河南頭工漫口，因二十五、六日雨大水漲，直至二十九日巳刻合龍，不期是日午後復雨，至三十日更大，復衝開原築口三丈，趕緊接築，幸值天晴水落，一、二日內即可築竣。至各屬被水地方，成災輕重不等，現委員分路確勘；其田禾高阜地畝及上游未被水淹者，俱極豐茂。得旨：覽奏俱悉。（高宗九八七、二八）

（**乾隆四〇、八、己卯**）又諭：昨因周元理奏，霸州等三十餘州縣，被潦之處較多，已諭令確查與上年河間等處旱災輕重若何，據實具奏。茲據奏稱，霸州等七處，被災較重，約有八、九分不等；其大興等十九州縣、及續報之趙州等九州縣，又大名、玉田、元城三縣，已報成災者，大約六、七分居多，稍重者不過八分等語。看來此次被潦情形，似覺稍重，但未識與乾隆三十五、六兩年被災輕重若何。前此三十五、六兩年放賑，因直隸留備銀數不敷，曾撥部庫銀兩協濟。今歲應需賑卹銀兩，比前此兩年約計多寡若何，藩庫現銀是否足用，著傳諭周元理一併查明，迅速據實覆奏。尋奏：本年被災州縣，不及三十五、六兩年之重，將來賑濟所需，亦不比前此之多，藩庫現銀五十餘萬，可先撥用。得旨：覽。（高宗九八八、八）

（**乾隆四五、七、戊戌**）諭：據袁守侗奏，永定河因本月十七、八、九等日，上游各處大雨，河水長發，幾與隄平，隨同道廳等分頭搶護，詎水勢益漲，盧溝橋西岸漫溢出槽，北頭工水過隄頂，洶湧異常，人力難施，衝寬七十餘丈，由良鄉縣屬前官營散溢求賢村減河，仍歸黃花店鳳河等語。永定河因上游連日大雨，河水盛漲，人力難施，漫溢隄工，亦屬無可如何。著該督即董率文武員弁，上緊堵築，以期迅速合龍。至漫口下游各處，猝被水漫，恐民田廬舍，不無傷損。著即派委妥員，分頭確勘，如有被淹傷損之

處，即查明實力撫卹，毋致一夫失所，以副朕軫念災黎至意。（高宗一一一一、四）

（乾隆四五、七、己亥）諭軍機大臣曰：袁守侗奏，永定河因上游各處大雨，河水長發。盧溝橋西岸，漫溢出槽，北頭工水過隄頂，衝寬七十餘丈，由良鄉縣屬前官營散溢求賢村減河，仍歸黃花店鳳河等語。覽奏深爲厪念，然此亦無可如何。惟是趕緊堵築，以期安流順軌，無礙田廬。……著傳諭袁守侗督率員弁，竭力趕辦。其有成災者，妥加撫卹，毋致一夫失所。（高宗一一一一、五）

（乾隆四五、七、辛丑）諭軍機大臣等：熱河一帶，自夏秋來，雨水霑足，秋收田禾可望豐稔。而南望雲氣，頗覺濃厚廣遠，恐口內各地方得雨較大，低窪地畝或有成災處所，朕心深爲軫念。著傳諭袁守侗即行委派妥員，於雨水較多各州縣，確行履勘。其低窪處所，是否成災，合計通省内約有十分之幾，即行具奏，照例撫卹。該督務董率各屬詳晰確勘，據實奏報，毋致稍有諱飾。至永定河目下情形若何，現在是否已經堵築完竣，並著迅速覆奏。尋奏：直隸一百五十一州縣廳，今稟報被水者三十一處，計有十分之二。已委員分勘已、未成災地畝，酌籌賑卹蠲緩事宜，不敢諱飾。至永定河隄工，東壩水勢湍激，尚不能下大埽。西壩仍用軟鑲，臣親督員弁趕辦，一面挑挖引河，導溜歸槽，俾得及早堵築完竣。得旨：知道了。究於何時可合龍？（高宗一一一一、一一）

（乾隆四五、八、丁巳）又諭：據袁守侗奏，永定河漫口，督率道廳等趕緊堵築，加工下埽。該道蘭第錫等駐工趕辦，不遺餘力，於初九日酉刻合龍等語。今夏，永定河因上游漲盛，致隄工漫溢，文武各員本有應得疏防處分，今該督袁守侗於一月内，督率道廳趕緊堵築，尅期合龍，其辦理迅速，亦應甄敍。所有在工員弁功過各不相掩，著加恩仍行交部議敍，以示分別勸懲並行不悖之至意。（高宗一一一二、一五）

（乾隆四六、四）是月，直隸總督袁守侗奏：上年直省被水各屬内，武清、天津二縣，雖尚有未涸村莊，但或係地處上游，或係附近海河，消退尚易。文安、霸州、大城、寶坻四州縣，半月以來，天氣晴霽，漸次可涸者，又有十之六、七。寧河、靜海、保定、新安、安州五州縣，未消積水，自十餘村至三、四十村不等。現飭上緊設法疏消，隨宜佈種。得旨：是。實力勉爲之。（高宗一一二九、三三）

（乾隆五一、七、辛未）是月，直隸總督劉峩奏：直屬滹沱、滋河、沙河、唐河、瀦龍、九龍等河，均發源山西，七月中，上游山水陡發，宣洩不及，民埝間有漫溢。據趙州、寧晉、隆平、曲周、望都、蠡縣、安州、高陽、肅寧、清苑等十州縣報，近河田畝被淹。又，宣化府屬萬全縣四角屯等十一村雨雹，秋禾被傷，現飭員查勘，設法疏消，分別辦理。其餘各屬，雨澤調勻，可冀豐稔。得旨：覽奏稍慰。有成偏災者，亦加意撫卹。（高宗一二五九、二八）

（乾隆五四、六、戊辰）諭軍機大臣曰：劉峩奏，保定府屬之蠡縣地方瀦龍河，於初二、三日，陡長水九尺餘寸；孟嘗等處村河，於初四、五日，先後湧溢；其下游肅寧村莊，間被淹浸；又，滹沱河盛漲，並湧靈壽縣城，以致城外關廂及近城之胡莊等處居民房屋，坍塌一千餘間，壓斃男婦四名口等語。蠡縣水勢漲發，漫口下注，而下游之肅寧地方亦被浸淹，亟應堵築疏消，上緊勘辦。其靈壽縣水勢雖已消涸，但坍塌房屋千有餘間，壓斃人口四名，情形較重，尤須加意撫恤，俾災民不致失所。著傳諭劉峩即飭該道府分投前赴被災地方，督率工員多集人夫，將衝決隄埝趕緊堵築完固，設法疏消積水。其坍塌房屋，損斃人口，照例撫恤，並給予修費，以資苫蓋。所有各邑被水田禾，現在果否全行涸出，收成是否失望，並著逐一查勘。如有應須接濟之處，一面辦理，一面速行奏聞，毋任胥吏從中侵冒，務使小民均霑實惠。（高宗一三三二、二三）

（乾隆五四、六） [是月] 直隸總督劉峩奏覆：靈壽被災等戶，其房屋木料，未經衝失，高阜田禾，亦無妨礙，低窪處間有受傷。其坍損房屋之千餘戶，現給修費銀；乏食貧民，現在撫卹；淹斃男婦四名口，給棺殮埋。至蠡縣之孟嘗、劉佃二處衝決之所，現已搶築合龍，田禾被傷者，酌借籽種，俾得補種，并動義倉米穀，借給口糧。再現因雨水稍多，以致近河之清苑、望都、安州、雄縣、高陽、任邱、河間、景州、獻縣、廣平、靜海、滄州、灤州、定州、趙州、隆平、寧晉、保定、東安、武清等二十州縣，低窪地畝，間被浸淹，現在上緊疏消，並查勘災戶，分別辦理。得旨：不可諱災，詳悉查辦。（高宗一三三三、四四）

（乾隆五四、七、癸巳）諭軍機大臣曰：劉峩奏，直隸今夏雨水稍多，七月初二、三等日，又復密雨竟日，除前奏清苑等二十州縣低窪田畝間被淹浸外，又據永清、祁州等九州縣稟報，河水漲發，漫及低窪道路，田禾亦間被淹浸，現飭該管道府履勘辦理，並安設濟渡等語。本年夏秋雨水稍多，直省清苑、永清等二十九州縣，均因河水漫溢，低窪地畝，先後被淹。現在天氣開霽，復經該督分飭各道府確切勘辦，設法疏消，但究恐窪地田禾不免損傷，著傳諭劉峩，務宜督率所屬詳悉妥辦，如有成災處所，即據實奏聞，加意撫卹，俾小民均受實惠。不可稍存諱飾。仍將通省秋收除被淹各州縣外，即速查明，先行統計究有幾分，迅速具奏，以慰厪念。（高宗一三三四、二四）

（**乾隆五七、六、丁酉**）諭軍機大臣等：京城粥廠，現在遠來領賑者，竟有二萬餘人，熱河地方，貧民出口覓食者，亦復不少。此等就食之人，俱係京南一帶貧民。該省早經截漕辦賑，而乏業貧民，轉紛紛或赴京、或出口分投覓食，則該督所辦何事。況京城粥廠，每日放賑，截至明歲春間，需米不過一萬餘石，而直省截漕至五十萬石之多，豈復虞其不給。當此貧民待哺嗷嗷，自應即時賑濟，豈得拘泥成例，待至九月始行散賑。此數月內，枵腹災黎，將何所得食耶。……著傳旨申飭。並著該督速赴河間、景州一帶，實力嚴查妥辦，毋使一夫失所。此事該督既經貽誤於前，若再不親身督察，實力稽查，一任道府州縣等草率從事，致有冒剋，一經查出，則該督獲咎，非止於革職留任已也。慎之慎之。再，馮光熊奏，經過新城、定興一帶，詢問該道府等，據稱，雨澤不缺，補種蕎麥等項，可冀薄收等語。保定府屬，雖節經得雨，但為時已遲，即補種蕎麥等項，亦恐未必有收。並著梁肯堂將該處所種蕎麥，是否尚可收成之處，查明據實，由五百里覆奏，毋得諱飾干咎。將此由五百里傳諭知之。（高宗一四〇七、二一）

（**乾隆五九、七、辛丑**）諭軍機大臣曰：徵瑞奏，查明天津被水情形，督同運使、天津道令其查明戶口，散給米石，并將銀穀兼放，以便民用等語。天津係衆水匯流入海之地，今因雨水較多，各河漲發，又值秋潮正旺，潮水逆頂。內河之水，不能入海，以致高下田畝村莊多有被淹。雖幸未衝損民房，淹斃人口，但田禾被水漫浸，實爲可惜。現已立秋，即晚田恐亦不能補種，所有被水災民，自應實力撫卹。（高宗一四五七、一）

（**乾隆五九、八、乙丑**）諭軍機大臣曰：……本年直省雖被水地方較多，但較之五十七年被旱成災，尚覺稍輕。朕於地方災祲，豈肯稍存諱飾之見，惟以兩次水旱情形比較，前歲被災，無業貧民四出就食，如京城及熱河設廠分賑，每日赴廠領賑不下數萬人，前赴盛京、吉林及蒙古地方就食，亦不下數十萬人，而本年尚無分往各處覓食謀生者。可見前歲被旱處所竟係普律無收，小民無從得食，此次雖被水淹浸，情實可憫，但高阜地畝，田禾仍可有收，而積水涸出後，亦尚可播種秋麥，且除被水各州縣外，其餘各屬收成，俱尚豐稔。朕加惠災黎，比前歲更爲優厚，而民間鄉里賙卹有無相通，取有餘以補不足，餬口有資，是以尚不至遷移失所。此等情形，梁肯堂身任地方，皆所目擊，更當親切，何以并未奏及一言。若較前年被災更重，亦當明白直陳，待朕加恩。前已令梁肯堂截漕十四萬石，並撥給帑銀四十萬兩，俾資賑䘏之用。現在災分輕重，撫䘏户口，業據次第詳查，已可得其大概，著將前歲被災情形，比此次輕重若何，前年所用賑䘏銀米，共有若干，及此次辦災所用，約略實在需用若干之處，詳悉覈明，分別開單具奏，以慰廑注。將此由五百里再行傳諭知之。(高宗一四五八、三一)

（乾隆五九、八、戊辰）諭軍機大臣曰：梁肯堂奏查明獻縣交河等處被水情形、分別撫䘏及秋禾約收分數各摺。據稱勘明獻縣等五州縣，交河較重，獻縣、阜城、故城稍輕。景州西南一帶，因山東臨清州姜家莊漫口，水勢下注，由故城匯入州境，江河并漲，浸及城根，被淹最重等語。看來本年直隸、山東、河南被水各處，直隸爲重，山東次之，河南又次之。現在直省河間、景州各屬，已據梁肯堂次第查勘，分別撫䘏。所有正定、保定、河間各屬災民請借籽種，現已降旨，俱著加恩賞給。其賑䘏事宜，惟當實力督率，隨查隨放，俾小民早霑實惠，以資接濟。該處積水，本日已交白露，海可收水，自已漸次消退。梁肯堂又當飭屬設法宣洩，俾得及早一律涸復，無誤播種秋麥之期，方爲妥善。至景州、故城一帶，因山東漫水匯注被淹，其姜家莊漫口，雖已據福寧奏堵築完竣，尚有夏津縣漫口一處，未據奏報堵合，并著福寧督率趕緊辦理，毋致稽遲，以期漫水速就消涸。(高宗一四五八、三七)

（嘉慶二、七、甲戌）諭軍機大臣等：梁肯堂奏，永定河北岸二工三工，共塌三百餘丈，南岸二工頭工，又塌三百餘丈，並將金門閘龍骨衝去二十餘丈。此次水勢高於隄頂二尺有餘，加以風狂浪湧，隄工漫塌，實由人力難施。梁肯堂惟當董率在工文武員弁上緊堵築，迅速合龍。若該處河身，經此一番衝刷，或更加深通，轉爲極好機會，並著查明繪圖速奏。至固安、永清、東安等縣，猝經漫水下注，田禾不免稍被淹浸，該督派委道府大員詳細履勘，實力撫綏。如有應行蠲緩之處，著據實奏聞，不可稍存諱飾。(仁宗二〇、五)

（嘉慶二、七、乙亥）諭內閣：前據留京王大臣等奏，七月初一日濃雲密布，自辰刻微雨霑灑，時斷時續，至初二日辰刻方止，午後又有密雨一陣，旋即開霽等語。而順天府尹及總管內務府大臣所奏亦屬相同。熱河自上月二十九日即有陣雨，至初一初二勢更滂沛，直至初三日午刻方止。朕閱留京王大臣之奏，方以爲京師雨勢小於熱河，於田功尚無妨礙，及昨據梁肯堂奏，永定河工次，閏六月二十九日亥刻起，大雨如注，初一、二日雨勢更急，平地水深二尺，以致永定河埽工衝刷。永定河頭二工段，即在盧溝橋附近，距京不過二、三十里，斷無與京城雨勢大小如此懸殊之理；況本報屢次爲泥水耽阻，即詢之齎送果報，及由京前來熱河之人，皆云是日京城之雨甚大，平地水深二、三尺不等，何以留京王大臣摺內，尚稱斷續相聞，初二日旋即開霽。即或因此時莊稼俱已長成，高阜之處，晴霽後水勢全消，尚無妨礙，其低窪地方，被淹甚少，不致成災，亦應將此種情形詳晰奏聞，何得意存粉飾？……所有前奏不實之留京王大臣、順天府尹、總管內務府大臣等，俱著交部議處。仍著即將京畿一帶田禾有無妨礙及低窪處所是否淹浸之處，據實速奏，勿再諱飾干咎。至在京科道，均有稽察之責，京師雨勢過大，而留京王大臣等並不據實具奏，該科道何以亦無一字奏聞，均屬非是，普著飭行。將此通諭知之。（仁宗二〇、六）

（嘉慶六、六、甲寅）諭內閣：……京城自六月朔日起，大雨五日四夜，水勢驟長，節經朕派令乾清門侍衛等馳赴城外，查勘被水情形。旋據覆奏永定河兩岸決口四處，盧溝橋一帶幾成澤國。（仁宗八四、六）

（嘉慶六、一〇、丙午）諭內閣：本日那彥寶、巴寧阿、陳大文等奏北上頭工合龍，全河水勢復歸故道一摺。覽奏欣慰。本年六月初間，大雨連朝，御園左近水勢驟漲，朕彼時即慮及永定河工必有衝塌之處，當特派乾清門侍衛前往查勘，果係盧溝橋一帶決口四處。向年永定河雖間有泛溢，從未有如此之甚者，實屬異常盛漲，朕心深爲悚惕，當即派令那彥寶、巴寧阿等上緊堵築，並將下游淤塞設法疏濬。雇集人夫五萬有餘，其中災民居多，即可以工代賑，幸興工以後，天氣放晴，水勢漸退，辦理兩月餘，漫口全行合龍，河復故道。（仁宗八八、四）

（嘉慶六、一一、甲申）以永定河漫口合龍，在工出力人員下部議敘。（仁宗九〇、二五）

（嘉慶一九、五、己亥）諭內閣：那彥成奏報二麥約收分數一摺，單內首開大興、宛平二縣約收八分，一派虛詞，全不足據。即此可見悠忽居心，怠玩從事，大約無福受恩矣。本年畿輔一帶雨澤稀少，麥苗黃萎，都城附近田畝，朕出入經過留心察看，其收成不過在二、三分之間，今那彥成奏報八分，其不實孰甚。以此類推，其餘各屬稟報，真僞亦豈盡足憑。食爲民天，最爲地方重務，該督於民生本計漫不經心若此，恐汝用心於無用之地，俾晝作夜，欲傚福康安之行爲乎。著傳旨申飭。所有收成分數單，著發還。俟各屬地方二麥刈穫登場後，確查實在收成分數，再行具奏。若再有虛飾，經朕查出，必將該督嚴懲不貸。（仁宗二九〇、一五）

（嘉慶二二、七、辛未）諭軍機大臣等：劉鐶之等奏，據方受疇咨會，查明謀食饑民，遣令回籍等語。本年直隸所屬州縣，多有雨澤稀少之處，無業貧民，有攜家北來覓食者，劉鐶之等即分飭四路廳員，或設局留養，或資送回籍，務須妥爲安置，毋令失所。再，在逃各逆犯，恐有假裝饑民溷跡其中者，著劉鐶之等派員多帶眼目，留心查察，或可冀有弋獲。該府尹等仍一面咨行方受疇，令其查明直隸被旱較重州縣，先行分設粥廠，善爲撫卹，並先期出示曉諭，俾貧民等安心待賑，自不致遠涉北來也。將此諭令知之。(仁宗三三二、二七)

(5) 山東

(**順治八、九、戊寅**) 山東濟南、兗州、東昌、青州府屬州縣及左衛齊河屯水。(世祖六〇、三)

(**順治九、五、壬申**) 山東嶧縣、嘉祥縣雨雹，大如斗，大風拔木壞屋，吹墮人口。(世祖六五、二)

(**康熙二、五、甲申**) 兵部議覆：山東總督祖澤溥疏言，寧海州之黃島等二十島及蓬萊縣之海洋島皆遠居海中，遊氛未靖，奸宄可虞，請暫移其民於內地酌量安插，免其輸糧。從之。(聖祖九、八)

(**康熙四二、九、丁巳**) 諭大學士、九卿等：朕因山左災荒，勞心殫思，屢行諮訪。山左歲歉，非止今歲爲然，地方官歷年隱匿不報，今春朕因閱視河工，親見災黎情形，始行籌畫賑濟。今歲田禾雖云失望，尚有薄收之處，巡撫、布政使，爲伊等素有欠缺，欲巧圖完補，故甚其詞以奏報；又夤緣科道紛紛急奏，言盜賊蜂起，人民相食，私冀或開事例、或撥銀兩，因於其中侵蝕，託言賑濟，而實欲完補虧空，以施鬼蜮之謀也。今京師遣往三路賑濟人員，俱掣簽派撥州縣，並不分成災與否、一概散賑。遣去人員，未奉有稽察諭旨，惟視巡撫、布政使所指地方賑濟。應將此事，交與三路大臣加意稽察。至於御史李發甲條奏盜賊蜂起、人民相食，亦當明白詢問。如盜賊蜂起，必有殺人放火、搶奪財物糧米之處與失事之人；如人民相食，亦必有被傷之人，與食人之人；如有不實，即爲巡撫、布政使急請設法銀兩而言也。大學士、九卿諸臣會同議奏。言官並不實心爲民，專爲巡撫、布政使起見，不誠可愧乎。(聖祖二一三、七)

(**乾隆三、四**) [是月] 山東巡撫法敏疏報：三月下旬，連得透雨，惟長山、鄒平、新城、章邱、齊東、寧陽、鄒縣、濟寧、泗水、泰安、萊蕪、高苑、沂水等州、縣、衛，被雹成災。得旨：以手加額覽之。至被雹處所，雖係偏災，即一戶一人，亦不應令其失所也。(高宗六七、三二)

（乾隆四、六）［是月］署山東巡撫黃叔琳奏：沂州、濟南、武定、泰安、青州、兗州、東昌七府，飛蝗入境；曹縣、單縣、荷澤、金鄉、濟寧、臨清六州縣，黃水漫溢；請分別撫卹。得旨：知道了。捕蝗一事，實可以人力勝之。竭力督催撲捕，務使净盡。作速奏聞。（高宗九五、二〇）

（乾隆四、八、丙申）護理山東巡撫布政使黃叔琳疏報：單縣、荷澤、曹縣、金鄉、濟寧、臨清衛等六州縣衛，黃水漫溢，淹没秋禾。其勘明成災地一萬四百三十頃九十七畝七釐七毫，並衝坍房屋，無力修葺。照例分別賑給。極貧者先賑一月，加賑四月，次貧者加賑三月。查明缺乏籽種，照例按户借給，下部速議。尋議：應如所請。從之。（高宗九九、一七）

（乾隆五、六、癸酉）諭：朕前於五月間，聞得山東地方，自郯城至蒙陰，俱成赤地。蓋由上年被災之處，該地方官不實心辦理，民人逃往隣省者多，以致拋荒故土，未曾耕種，是以不能有收。且兩月以來，碩色未將雨水情形奏聞，巡撫身任封疆，所應辦理之事，孰有大於此者，碩色豈竟不見及此乎？特降諭旨詢問之。隨據碩色奏稱，郯城、蘭山、蒙陰三縣，連歲歉收，是以郯城、蘭山之民，去歲流移獨多，經臣奏明招徠，據報回籍者二千二百餘名口。而郯城一縣，共收到貧民一百七十户，共大小五百八十二名口，俱已安插接濟，並未拋荒故土。至上諭所及之郯城、蒙陰二縣收成分數，業經報到。郯城冊開高阜地畝，收成確有七分，低窪地畝收成確有八分九分；蒙陰縣冊開，高阜地畝收成確有七分；低窪地畝收成確有九分。現今時雨疊降，秋禾遍野，益徵赤地之説毫無確據等語。朕覽碩色所奏，稍慰廑念之切。今據左都御史陳世倌奏稱，山東沂州府一帶數百里，上年先旱後水，冬間二麥並未播種，流民散至湖廣、江西者，將及萬人。湖廣送回饑民，經過江寧、揚州，竟有搶奪之事，及回到山東，巡撫碩色並不聞加以賑恤，且因上年開報收成六分，本年尚在徵比錢糧等語。陳世倌此奏，與碩色前奏迥然不同。地方水旱災荒，撫綏安輯，乃封疆大吏之責，碩色稍有人心，何至粉飾蒙蔽至此。今陳世倌所奏如此，若降旨詢問碩色，恐伊不免回護，難以取信，惟有特差大臣等前往查勘，庶能得其實情。著兵部侍郎阿里袞、僉都御史朱必堦，馳驛前往沂州一帶地方，詳細查勘，務期秉公據實，不必回護碩色，亦不必回護陳世倌。即與朕旨有不符之處，亦不必絲毫瞻顧，方不負朕之任使。至彼地情形如何，若果有災荒，應行速辦事宜，即一面辦理、一面奏聞。（高宗一一八、四）

（乾隆六、八）［是月，山東布政使魏定國］又奏報歷城、齊河等十三縣被旱賑恤情形。得旨：所奏俱悉。督率屬員，加意撫恤，毋使災黎失所也。

(高宗一四九、一九)

（**乾隆七、七**）〔是月，山東巡撫晏斯盛〕又奏：東省雨澤頻仍，嶧縣、郯城、蘭山、霑化、武城、諸城、濰縣、昌邑、高密等及德州衛地，均有被水之鄉，分別先行撫卹，并給銀葺屋。得旨：其有成災之處，應賑卹者，妥協爲之。(高宗一七一、三三)

（**乾隆七、九**）〔是月〕山東巡撫晏斯盛奏：黃河水長，由江南之銅山、沛縣溢入東省湖河，以致嶧縣、魚臺均被水淹。得旨：今年實屬異漲，一切善後事宜，與河臣妥協和衷爲之。(高宗一七五、三三)

（**乾隆八、六、丙子**）飭督撫開導愚民。諭：據山東巡撫喀爾吉善奏，東省雨澤愆期之州縣，秋成漸致失望，民人多外出謀生，而隣省貧民，亦有轉入東省覓食者。(高宗一九五、一七)

（**乾隆九、五**）〔是月，山東巡撫喀爾吉善〕又奏：德州、平原、德平、陵縣、德州衛并海、樂、陽、濱、商、霑、利、惠等十三州縣衛，既被秋災、又繼夏旱，待賑情急，現已詳查增入賑册。但四、五月均可無虞，倘再不雨，則災屬倉糧未裕，截漕動用無餘，惟有視得雨之遲早有無，隨時調劑而已。得旨：隨時酌量調劑，甚爲得賑恤之宜，然亦不可不存成竹於心。不然，事至而爲之，有緩不及期者矣。(高宗二一七、三六)

（**乾隆一〇、七**）〔是月〕山東巡撫喀爾吉善奏：東省陵縣、平原、德州、惠民、陽信、海豐、樂陵、蒲臺、利津、濱州、霑化、冠縣、臨清、邱縣、館陶、恩縣、夏津、武城十八州縣及德州衛，雨澤愆期，收成難望豐稔。如有應行籌畫之處，即酌量辦理。得旨：昨已有旨問汝矣。倘此數州縣被災，不可因其偏災而忽視之。加意撫綏可也。(高宗二四五、二七)

（**乾隆一〇、八、乙巳**）諭軍機大臣等：朕聞山東武城縣今年春夏亢旱，七月內雖經得雨，將來秋成未免歉薄、農人望歲情迫。再，滕縣地方，夏間雨水過多，近日泗水漲發，而該縣被災尤甚。前據巡撫喀爾吉善將濟寧發水緣由奏明，而被災各州縣，未經詳悉奏報。可寄信詢問，令其將該處情形並現在如何辦理之處，即速據實奏聞。尋奏：武城縣夏間雨澤缺少，續經節次得雨，雖收成不能豐稔，然亦在六分以上，民情甚屬安帖。至滕縣境內之坤三、坤四、離二十二等堡，前因雨大水漲，旋即消退。但水勢經過之處，豆禾不無損傷，臣現已委員查勘，酌量撫卹，民人並無失所。得旨：覽奏稍慰朕懷。其督率有司，妥協辦理。(高宗二四六、七)

（**乾隆一一、五、己酉**）又諭：前據喀爾吉善奏稱，武城、清平二邑，收成尚有六分，不致成災；惟是該二邑，於閏三月內，得雨稀少，收成究屬歉薄，量予接濟等語。朕聞武城沿途一帶地方，有貧民乞食者，麥收亦不及半，地方甚覺旱象，爾等可傳諭詢問喀爾吉善，毋被屬員欺隱，致蹈諱災之咎。併此時雨水曾否霑足，地方官作何安插料理之處，令其將該處實在情形速行奏聞。尋奏：四月中旬，武城一帶，原有直東貧民拾麥，嗣聞直東已得透雨，均陸續回籍。現在實無流移乞食者。五月初旬，武邑連得透雨霑足，早禾暢茂，晚禾悉已種齊；其麥收歉薄貧民，已蒙借穀接濟。時雨普霑，輿情歡戴。至前報收成六分，係經多員查勘出結，不致成災，似難欺隱。得旨：此語恐不實，汝再留心訪察奏聞；若屬員有諱災之意，即當妥辦。所奏目今情形，足慰朕懷。（高宗二六六、二二）

（乾隆一一、五）[是月] 山東巡撫喀爾吉善奏：濟南武定等府所屬之德州等十州縣被旱歉收；又，青州府屬壽光縣被水村莊，田禾間有衝坍淹損之處。當即委員查勘，尚俱不致成災，應分別酌借口糧，量爲撫卹。得旨：覽奏俱悉。雖云不致成災，其一切接濟撫恤之方，當加意料理，庶小民稍得霑實惠耳。（高宗二六七、二七）

（乾隆一一、六、乙亥）戶部議覆：山東巡撫喀爾吉善疏稱，壽光縣瀰河水決；附近村莊遭水，房屋多坍。應令該撫確查，無力修葺者，照例給費；缺乏籽種口糧者，酌量借貸，令其趕種秋禾。得旨：依議速行。（高宗二六八、二一）

（乾隆一一、六）[是月] 山東巡撫喀爾吉善奏：泰安、兗州等屬九州縣，因六月中旬大雨連綿，汶、泗、沂、淄各河水發，衝漫隄埝，瀕河地畝不無淹損，民房亦多浸坍。除委員確勘，加意撫恤，並將積水田畝，設法疏濬，俟涸出，仍可趕種蕎麥，以冀晚收。得旨：覽奏俱悉。一切悉心料理，務期災黎均受實惠可耳。（高宗二六九、四二）

（乾隆一一、八、辛巳）又諭：朕聞山東曹州府屬之鉅野、菏澤、單縣，兗州府屬之嘉祥、滕縣、嶧縣俱經節次被水，秋禾亦多淹損；鉅野、滕、單等縣，被災較重。喀爾吉善從前奏報被水摺內，止有嘉祥、菏澤、鉅野稱爲收成歉薄，勘不成災；而單、滕、嶧三縣，未經奏及，即鉅野亦稱並未成災，與朕所聞鉅野災重之處不符。爾等可傳諭詢問，令其將實在情形若何、並如何辦理之處，據實作速具奏。尋喀爾吉善奏覆：東省各州縣被水情形，先經題報在案，其單、滕二縣，又於八月十六日續行具題，現在照例查辦。至鉅野、菏澤、嘉祥，雖據各該縣具稟勘不成災，恐尚未實，是以前奏復請容臣詳核，分別辦理。至續報未經入奏之嶧縣，亦已委勘，一體查辦。報聞。（高宗二七三、五）

（乾隆一一、九）［是月］山東巡撫陞任閩浙總督喀爾吉善奏：遵旨查明，鉅野、嶧縣、曹縣、沂水四縣，窪地被淹情形，雖輕重各有不同，但晚禾既有損傷，自應一併題報。至節次題報三十六州縣衞，業經據實妥辦，此外委無遺漏之處。得旨：此奏殊屬掩飾。鉅、嶧、曹、沂，非遺報而何？若存此見，豈朕委任之意耶。浙閩之寄，尤非內地可比，勉力改過，不可再也。（高宗二七五、二一）

（乾隆一二、二）［是月］山東巡撫阿里袞奏：臣自京入東省境，沿途麥苗發青，土脈微燥。自平原至歷城一帶，俱得細雨，麥苗長發，現在糧價尚不昂貴。得旨：覽奏俱悉。東府被災流民，由直隸出口謀食者甚衆，已至此，則資送遮迴，亦非所願矣。但彼處地方官何爲者？且去年所賑，國家所費不貲，此必百姓未被實惠耳。近來州縣官貪黷者屢見，而東省屢易巡撫，恐不無乘此作弊者，朕甚疑之。汝應細查明白，並將現在情形，詳悉奏聞。（高宗二八五、二四）

（乾隆一二、八、甲子）又諭：朕閱阿里袞糧價一摺，甚覺昂貴，但今日又據顧琮奏稱，山東沿河一帶，低窪地畝，現在被水淹浸，阿里袞現在查辦，高處仍屬有收等語。其先經被水，雖據阿里袞奏聞，而高處光景如何，此次並未奏及。著傳諭阿里袞，令其將現在情形、通省有收與被災者孰多，及被災者如何撫卹，俾災民不致失所處，作速奏聞。尋奏：東省地方，高下不一，低地不無淹浸，高阜俱屬有收，合計通省有收者究多；其被水貧民，先給一月口糧，俟勘明分數，再請加賑。衝塌房屋，酌給修費，涸出地畝，借給籽種，其涸遲者，每畝借麥本銀五分。災地應徵新舊錢糧，遵旨暫緩徵收，現在通飭實力查辦。得旨：覽奏俱悉。但朕明年東巡，於經過之處，不無災後蕭疎形狀，且汝等辦理一切，不費周章耶。（高宗二九六、七）

（乾隆一五、七、丁未）諭：據河道總督高斌等奏稱，六月初旬後，東省山水陡發，運河汛水異漲，漫溢宿遷縣南北兩岸、桃源、清河北岸等處隄工。其邳州、睢寧、安東、阜寧、海州、沭陽等州縣，因伏雨較多，低窪田畝，多有淹浸等語。隄工關係緊要，所有漫溢處所，該督等督率該地方印河各官，上緊搶護，毋得玩延。其宿遷等州縣被掩地畝，著該督撫即查明加意撫綏。一應賑卹事宜，照例辦理。務令被水窮黎均霑實惠，勿致失所。該部遵諭速行。（高宗三六八、一一）

（乾隆一六、閏五、丁丑）又諭：今年東省麥收豐稔，惟沂州一帶，朕經臨時，留心體察，覺彼處情形，南既不及江南一路，北亦不如泰安以上一路。昨據該撫奏報通省麥收，沂州亦較他府爲歉，已批諭：民貧農廢，宜加之意。今據高斌奏到，淮北桃、宿等縣麥收六、七分不等，沂州與之接壤，郯、蘭等縣，連年被災頗重，麥收既在八分以下，則不足以蘇積困，朕心深爲軫念。可傳諭該撫，令其詳悉查明，有應行借給口糧、酌量撫綏之處，並著一面奏聞、一面即行辦理。（高宗三九〇、二二）

（乾隆一六、六）[是月]山東巡撫準泰奏報秋禾雨水情形。得旨：覽奏被水之處頗多，而汝又視若無事，恐汝有諱飾之事也。（高宗三九三、二三）

（乾隆一六、七、癸未）又諭曰：準泰奏，運河道稟報，東平州頭道隄工，於六月二十八日有奸民決隄放水，以致南來汶河諸水，於南頭灌進，迤北諸水，亦倒漾進口。現在委員星赴該工堵築，并親身前往查勘情形，是否奸民偸決、抑係河員疎防等語。準泰此奏，未免先存成見，有卸責河員，爲地方有司諉過之意。運河隄岸，關係漕運民生，最爲緊要。如果奸民偸決，目無法紀，自應嚴拏重處，以儆頑橫，其地方有司，亦有失察之咎。至河員疎防，總有應得處分。準泰務須秉公確勘，不可稍存回護之見。其附近村莊，田禾有無淹浸，亦著查明，應撫卹者，即一面辦理、一面奏聞。並將實在情形，據實速行具奏。尋奏：奸民盜挖官隄，現嚴行查治。其印河各官，本屬一體，何敢稍存成見，卸責河員，爲有司諉過，俟定案後，將應參官員具奏。至田禾被淹，共計三十六村莊，其早禾業經收穫，惟晚禾及豆，皆被淹損，已照例先行撫卹。得旨：另有旨諭。（高宗三九五、一〇）

（乾隆一六、八、辛丑）又諭：據準泰奏稱，山東濟南等府二十九州縣屬，自七月以來，淋雨頻仍，豫省黃河漫溢之水，分流東趨，所有禹城等州縣，前此未經淹及者，多有被淹等語。該州縣屬，猝被水災，大田失望，民居淹浸，朕心深爲軫惻。著該撫即速查明被災人口，加意撫綏，所有賑卹事宜，即著一面辦理、一面奏聞，務須董率屬員，實力妥辦，毋令災民或致失所。該部遵諭速行。（高宗三九六、一二）

（乾隆一六、九、己卯）[山東巡撫鄂容安]又奏：東省被水州縣，前任撫臣準泰先後奏報，成災者四十八處，不成災者二十五處，統計成災額地八萬餘頃，於通省額地九十九萬餘頃中，止十分之一。其被災之民，若目下日食無缺，則賑項可待冬間，但應先給賑票，以安衆心；至貧乏者，自當隨查隨給，庶餬口有資，不至流移四出。再，水涸處，種麥爲急，借助籽種，尤不可緩。現親行查勘。其勘不成災處，亦當量加撫卹。所有應須銀穀兼賑及專賑穀、銀代穀處，俟詳查定議。報聞。（高宗三九九、二）

（乾隆一八、一〇）[是月]署山東巡撫楊應琚奏：濟寧、魚臺、滕、嶧等州縣，窪地積水。與河湖相接，宣洩無由。冬春二麥，恐難播種。定例雖無不能種麥作何拯濟之條，但災民粒食所關，應及早設法補救。現飭地方官勉力疏消。倘今冬不能涸出，臨時再行奏辦。得旨：所見甚是。（高宗四四九、二九）

（乾隆二〇、八、甲寅）又諭：據白鍾山奏，七月十五、六日風雨連朝，兗、沂、曹等府屬，晚禾豆苗俱屬無害，而高粱早穀收成不無減少。如果歉收，當即酌量撫恤等語。此奏殊不明晰。既云不無減少，又云如果歉收，摺內隱約其詞，而該處是否成災，竟未據實陳奏。督撫爲地方大吏，果使閭閻被水成災，即需實力妥辦，加意撫綏，不可稍存諱飾之見。著傳諭白鍾山，令將此次風潮是否實係成災之處，速即查明具奏，并按例即加撫恤。督率屬員妥辦，務使災黎均霑實惠。尋奏：濟寧、郯城、蘭山三州縣被水較重，金鄉、魚臺、鄒縣、滕縣、嶧縣、嘉祥、濟寧衛、日照、費縣、莒州、蒙陰、沂水、鉅野、城武、臨清衛、利津、樂安、壽光、臨朐、安邱、濰縣、蓬萊等二十二州縣衛，被水較輕，照例分別撫恤，實力妥辦。得旨：覽。既經疎忽於前，若辦理復不詳慎，使災黎不得受惠者，則不汝寬矣。（高宗四九四、一四）

（乾隆二一、九）［是月］山東巡撫愛必達奏：東省本年入秋後雨水過多，運河泛溢，兗州府屬之魚臺、金鄉、濟寧、嶧縣、滕縣五州縣各村莊，民房被淹，多有倒塌，現飭查勘撫綏。得旨：覽奏俱悉。被水處所，加意撫綏，督率屬員妥爲之。（高宗五二一、一四）

（乾隆二一、一二、辛巳）諭：據楊錫紱奏稱，東省之魚臺縣土城，今秋被水淹浸，地勢低窪，現在城內尚有停水。該縣逼近微山湖，將來夏秋稍有漫漲，即難保其不再被淹，請於高阜處所，另建土城，以資保障等語。魚臺屢被水患，遷城高阜係因時權宜之計，且興建城工，亦可以工代賑，於災黎自屬有益。但楊錫紱暫署撫篆，不能始終其事，鶴年現已起程來京，應俟鶴年到任後，令其相度情形，妥協籌辦。其另摺所奏，荊山橋河身淤淺，出水甚少，以致滕、嶧等縣積水難以宣洩之處。今歲孫家集黃流漫溢，淤墊河身，致荊山橋下過水不能通暢，自宜設法疏濬，俾附近田廬永免淹浸。著總河白鍾山親往悉心查勘，奏聞辦理。（高宗五二九、三）

（乾隆二二、五、辛丑）諭：……近據山東巡撫鶴年奏報，山東之金鄉、魚臺等州縣，未涸地畝，尚有一千餘莊。因思此方積潦，再經伏雨秋霖，將益苦汎溢；而上江之宿虹、靈璧等處，河南之永城、夏邑等處，在在皆有積水，計漫淹地界不下數百里。此其受病，非一朝一夕，驟致蔓延。蓋其始皆由於地方官漫不經心，偶遇水災，不亟爲籌度，日復一日，因循釀害，積水日益增，淹地日益廣，以致高下田廬，盡成巨浸。及至受害既深，自非大動帑項，厚資工力，不能奏效。而大小各官，又莫能深悉受害之由，確得袪患之術。惟恐議疏議築，虧帑貽累，遂爾噤口束手，坐視其民爲魚，而莫展一籌。現今水患已不可勝言，若不及時徹底籌辦，將來其何所底止耶！此亦朕南巡未了之事。著侍郎裘曰修馳驛前往山東、河南、上江現在積水各州縣，往來周視。寬以時日，熟察情形；諮詢輿論，勿憚再三。（高宗五三八、一六）

（乾隆二二、七、辛卯）又諭：據鶴年奏，漳河暴漲，驟注衛河，所有館陶、冠縣等縣衛，猝被水災，諸水滙集，無從宣洩，以致濟寧、魚臺、金鄉等處已涸復淹等語。濟寧、魚臺等縣久被積潦，今館陶等縣衛復經河流驟浸，當此秋禾盛長之時，不速行設法疏消，窮黎其何以濟。該撫既經親往查勘，著董率屬員，加意撫卹。照例即予急賑一月，不必拘秋災成例，務令均霑實惠，毋致失所。並令一面堵禦，一面疏消，一有涸出地畝，急令補種荍麥，以冀秋成。凡目前救濟之事及日後永逸之方，該撫其悉心詳求妥辦，以副朕軫念黎元至意。（高宗五四二、二）

（乾隆二二、七）〔是月〕山東巡撫鶴年奏：臣查勘各州縣被水村莊，實力撫卹，災黎幸不致失所。查疏導莫先於堵築，如臨清之尖塚、白廟、姜家莊、太平觀，武城之三官廟、甲馬營、姜家圈、蘇家廠，夏津之油坊、渡口驛，德州之中所月隄，其決口或寬數丈至數十丈不等，臣督飭地方官上緊堵築，約於本月二十五、六日均可完竣。得旨：覽奏俱悉。（高宗五四三、三九）

（乾隆二三、二）〔是月〕河東河道總督張師載等奏：伊河放水後，濟寧等州縣已涸村莊四百九十二，未涸八百六十八，已涸地四千六百八十四頃有奇，未涸九千九百八十五頃有奇。現修南旺霸口，導汶北流，孫家集一帶溝槽，堆築亂石，黃水若不漫溢，則微湖來水少，去水多，自漸次消落。得旨：如此論，則所涸尚未及半，何能慰朕懷耶。爾等尚應設法速辦。（高宗五五七、四〇）

（乾隆二三、三、丁未）諭軍機大臣等：據張師載等奏，東省未完工程，現在酌定分地督催等語。此係因接裘曰修所奏諭旨，故爲此奏。但東省不似江南、河南工程浩大繁多之比，即不分查亦可。至濟寧等州縣，二月下旬，續經涸出地畝。僅一百六十餘頃，其未涸者，尚有九千六百餘頃之多。但自去年辦理以來，通計前後所涸地畝，共有若干，仍著逐一查奏。所有現在未涸地畝，此時務須設法疏消，俾得乘時補種。農民多種一畝，即可多得一畝之益，若再遷延時日，轉瞬已屆夏令，大雨時行，衆水所注，更難爲力。此與該處民生，大有關係，該督等身任其事，務宜仰體朕懷，極力籌辦。並將實在情形，隨時奏聞，以慰廑念。可一併傳諭知之。（高宗五五九、四）

（乾隆二三、一二、丙子）軍機大臣等議覆：山東巡撫阿爾泰奏稱，濟寧、魚臺二州縣，水淹地一千八百餘頃，計冬底至明春，可消七、八百頃，其未能涸出者，淺水種植蘆葦、深處聽民捕魚駕船，另謀生計等語。查該處久被淹浸，民多艱苦，其可以種葦地畝，請加恩借給工本，每畝銀二錢，於乾隆庚辰年秋後起徵，分三年繳還。從之。（高宗五七七、二四）

（乾隆二六、八、甲申）諭軍機大臣等：據阿爾泰查奏，濟東曹兗等府被水各屬，內惟曹縣、城武成災較重，其次則濟寧、金鄉、魚臺等縣，勘明就通省覈計，不過十分之二等語。今據崔應階摺奏，內有臨清舘陶等屬，因漳、衞二河水漲，民埝各有漫溢之處，朕甫閱時，似崔應階所奏，該處別有漫口情事。及覈之該撫奏摺，即係在濟東等屬被水之內，早經阿爾泰奏報，並非兩事。然崔應階之言，似災重；而該撫則稱通省尚有七分收成，又似大端無礙。總之撫卹事宜，阿爾泰宜悉心妥辦，斷不得稍存粉飾之見。著將此傳諭阿爾泰知之。（高宗六四三、三）

（乾隆二七、六）［是月］山東巡撫阿爾泰奏：六月二十四日，衞河水陡長，又兼風浪震撼，搶衞不及，德州衞民埝衝汕二十餘丈。臣隨星赴漫溢之處查勘，高粱尚無妨礙，穀豆已被淹浸。現督同運河道，將漫口竭力搶修。得旨：其有成災者，善爲撫卹，不可諱飾。（高宗六六五、一六）

（乾隆二九、七）［是月］山東巡撫崔應階奏：濟寧、魚臺二州縣，自荊山橋河道淤塞以來，南陽湖水淹浸地畝三千餘頃，農民失業。本年經臣奏准開通荊山河、復加濬伊家河，水勢掣消較速。查上年七月，湖口閘水深一丈四尺餘，今年只深一丈八寸。濟、魚地畝已涸出十之七、八，臣現親往查勘，將牛頭河、舊運河各處隄岸、溝渠有需經理者，酌議修濬，其可種涸地，飭地方官借給貧民牛力、籽種，明歲徵還。得旨：覽奏俱悉。（高宗七一五、一九）

（乾隆三一、八、乙巳）諭軍機大臣等：據崔應階奏，聊城、博平運河漫溢，已於二十七日一律堵築完固。而另摺所奏，又有茌平、高唐一帶大路，水深三、四尺一、二尺不等之語。該省今年雨水稍多，坡水漫溢，今隄口雖已堵築，而道路積潦未消，恐田禾不免減損。該撫現在親往各處查勘，其被水州縣約有幾處，是否成災，並著崔應階速即查明，妥協辦理。並將目下晴雨情形若何，一併覆奏。尋奏：東省被淹地方，共計六十州縣衞所，大

率已屬成災。至現在天氣，晴明之日居多，河水漸落，窪地積水，漸次疏消。得旨：覽奏俱悉。（高宗七六六、一〇）

（乾隆三六、七）〔是月〕山東巡撫周元理奏：七月初間，各屬被水，臣與藩司海成親勘得東平、汶上、濟寧、高苑、博興、樂安、壽光、利津、霑化、濱州、惠民、青城、商河、樂陵、陽信、蒲臺、海豐、鄒平、長山、新城、章邱、濟陽、齊河、禹城、平原、齊東、臨邑、歷城、陵縣、德平共三十州縣，皆係一隅，各成災六、七分暨八、九分不等。又據報，范縣、朝城、聊城、高唐、茌平、莘縣、邱縣、堂邑被水，現飭道府確勘外，先將被災乏食貧民，撫卹一月口糧，坍塌房舍，酌給修費。得旨：覽奏俱悉。雖屬一隅，亦應實力撫卹，俾災民毋致失所也。（高宗八八九、三三）

（乾隆四六、七、庚戌）山東巡撫國泰奏：六月二十三、四等日，連降大雨，兼東北暴風，各河歸海之水，為潮水頂阻，以致泛溢，荷澤、汶上、鄒縣、嶧縣、濟寧衛、章邱、鄒平、長山、齊東、濟陽、德平、臨邑、新城、臨清衛、惠民、濱州、樂陵、商河、利津、陽信、青城、海豐、霑化、壽光、樂安、高苑、博興、昌邑、濰縣、平度等州縣衛，俱報被淹。臣與于易簡分頭前往查辦，如有成災者，即行撫卹。得旨：覽奏俱悉。若有成災者，善為撫卹，毋致失所。諱災之事，斷不可為，慎之。恐汝不能不存諱飾之意也。（高宗一一三六、二一）

（乾隆四七、八、壬午）又諭：據明興奏，山東滕、嶧二縣，因八月初三、初六等日，風雨大作，沿河濱湖地畝，猝被漫淹；又，魚臺縣，亦於八月初三日夜，溢水入城；貧民避水不及者，致有漂流淹斃，現在清查，酌量撫卹等語。滕、嶧、魚臺等縣，因風雨漫溢，淹斃人口，被水災黎，殊堪憫惻。著該撫速委妥員，詳查確勘，實力撫卹，毋使一夫失所，以副朕軫念災黎至意。（高宗一一六三、五）

（嘉慶二、八、辛丑）諭軍機大臣等：現在山東曹縣黃河北岸又有漫溢之事，運道所關，不可不先事籌畫。因思伊家河為宣洩運河漲水之路，江南荊家橋亦係微山湖去路，自應將二處廣籌疏洩。著並傳諭蘇凌阿、蘭第錫、康基田、伊江阿等熟商籌辦。（仁宗二一、三）

（嘉慶三、二、乙卯）又諭：李奉翰等奏，曹汛壩工，因正月二十七日東南風甚大，水勢直注金門，二十八日風勢愈狂，西壩後段，陡蟄入水，現在趕緊堵築等語。曹汛漫工，甫於上年臘月合龍，今壩身復有蟄失，雖據稱實因風狂溜激，人力難施，究係未能先事搶護，或年內堵閉不堅所致。李奉翰、康基田、司馬駒、伊江阿，俱著交部嚴加議處，以示懲儆。（仁宗二七、

一五）

（**嘉慶一八、一二、辛亥**）又諭：現在軍務甫蕆，人心尚未能十分安定，東省此時留兵三千名，分駐曹州、東昌等處彈壓，自應如此辦理。其善後最要機宜，全在撫卹饑民。東省連年荒歉，兵燹之餘，十室九空，饑寒交迫，聚而掠食，恐所不免；若成群結隊，劫奪村莊地方，安能不拏。此等饑民，與叛民迥異，叛民如林清、李文成等謀為不軌，即概予誅夷，無可矜憫；至饑民因救死覓食，若不加收卹，使之激而生變，哀哀赤子，困於歲，復困於兵，朕體天地好生之心，思之實為不忍。同興不可專顧軍需，遂忘盡心民瘼。伊等本有分設粥廠之議，但小民流離轉徙，道路遙遠；或酌帶銀米，沿途散給，更為有益。多盡一分心力，即多活無數生靈。將此傳諭知之。（仁宗二八一、八）

（**嘉慶二二、一、丙寅**）諭軍機大臣等：陳預奏，藩司和舜武稟稱，嶧縣陰平集有無業貧民一、二十人，攔輿求食，馬蘭屯地方有十數人遞呈求借倉穀。又，郯城縣民管聖修等，赴邳州具呈，請一律撫卹，經松筠將原呈十餘紙，先後函寄，現飭藩司先赴郯城查辦等語。東省上年章邱等州縣衛被水歉收，降旨分別蠲緩，其時郯城縣長城保等二百八十七村莊，俱在緩徵之例，本年新正加恩，豫飭該撫查明各災區，將應否接濟情形具奏。嗣據該撫覆奏，將嶧縣等七縣，本年上忙新賦再請緩徵，俱照所請施恩。此內郯城一縣，未經再行列入，必係遺漏。茲該縣因與江南邳州接壤，本處窮民見邳州現辦賑卹，紛紛具呈祈請，該撫不可稍存諱飾。著即飭知和舜武到彼確實察看，如果窮民口食維艱，即據實詳明，奏請撫卹，並將各窮民妥為安頓，勿令聚集滋事。即日南漕將入東境，沿河無業貧民有可營趁謀食之處，並廣為籌畫，毋令失所。將此諭令知之。（仁宗三二六、一七）

(6) 河南

（**順治四、八、丙子**）河南磁、陝、汝三州，武安、涉、新安、靈寶、伊陽、修武、武陟、鎮平、太康、項城等縣，飛蝗為災，兼冰雹風雨，平地水深丈許，廬舍漂没。（世祖三三、一七）

（**順治一四、九、丁未**）河南祥符縣槐疙疸地方及陳留縣孟家埠決口工成。（世祖一一一、一五）

（**雍正三、七、丁巳**）諭河道總督齊蘇勒等：今歲立夏以來雨水過多，朕念黃淮伏秋兩汛必然水勢浩瀚，甚以為憂，所以從前批發嵇曾筠奏摺有無日不神馳淮黃兩岸之語。今據田文鏡奏稱，儀封縣南岸大寨、蘭陽縣北岸板廠後兩處衝開決口，各十餘丈，朕返躬惕厲，夙夜不安。其衝決隄工，可星速會同副總河嵇曾筠督率各屬河員併力搶築，務期永久堅固，其一帶危險工程，亦當增卑培薄，預爲之防。至被災人民，著速委能員實心確查，應賑恤者，即動正項錢糧賑恤；衝没田地，詳加估勘，應豁免者，題請豁免。朕從前曾命將河屬官員分別議敘，今儀封、蘭陽既被衝決，其疎防官吏例應參處，今止停其議敘，不必參處，并從寬免其賠修。(世宗三四、一八)

（雍正九、二、己未）諭内閣：上年秋月，山東地方山水爲患，即聞河南亦有數縣被水，朕以總督田文鏡身在地方，自能經理妥帖。冬間見總督邁柱奏摺，知豫省被水之民，有覓食餬口於湖廣者，該省已陸續資送回籍。朕又切諭田文鏡督率有司，加意撫恤。且念豫省連歲豐稔，今不過數處歉收，自可支持度日，不致困窮失所，是以未遣專官前往查賑。今聞祥符、封邱等州縣乏食窮民，沿途求乞，而村鎮中更有賣鬻男女，爲山陝客商買去者，田文鏡欲將説合之中保媒人拘拏懲治；至於鄉村有糧之家，多被附近窮民呼群覬覦，於昏夜之中，逼勒借貸，有司不能究問，朕聞之深爲駭異。朕以愛養百姓爲心，惟恐一夫失所，即如上年直隸、山東、江南被水之州縣，朕皆疊沛恩施，豈獨於豫省之民靳兹膏澤。田文鏡近來年老多病，精神不及，故爲屬員所欺誑耳。夫賣男鬻女之事，在平時亦有之，此乃出於本人之情願，非官長所可禁止者。至於荒歉之歲，自以撫綏安插、使民不至離散爲第一義。若不能撫綏安插，而但禁其賣鬻子女，以避離散之名，是絕其生路也。豈爲民父母者所忍言乎？刑部侍郎王國棟向曾在豫省居官，著給與欽差大臣關防，馳驛前往，將被水之州縣一一查明，飛飭該地方官，動用本地倉穀錢糧，覈實賑濟，務使窮民咸登袵席，不得稍有遺漏，俟麥熟之後，奏聞停止。倘地方官奉行不善、怠忽從事，著王國棟嚴參重治。其應行緩徵之州縣，著傳朕諭旨，即行緩徵，以免追呼之擾。(世宗一〇三、二八)

（乾隆一、五、丁未）諭總理事務王大臣：朕聞河南永城縣地方，於本年四月内，黄水忽發，從江南碭邑之毛城舖閘口，洶湧南下，將申公隄、祝家水口衝坍，并東首古隄亦坍二缺。潘家道口等集一帶，平地水深三、五尺不等。雖未損傷人口，而二麥被淹、房屋亦有傾圮者。朕已切諭豫省巡撫等，將被水民人，加意賑恤，毋令失所外，查潘家道口一帶地方，年來屢遭水患，自應亟爲疏通，爲乂安百姓之計。但此水下流，多在江南蕭、宿、靈、虹、睢寧、五河等州縣，今若止議挑濬上源，而無疏通下流之策，則水無歸宿之區，仍於河渠無所裨益。著河南巡撫富德會同江南總督總河，各委賢員，會勘明確，公同妥議，速行辦理。務令水害永除，閭閻安堵，以副朕

爲民防患之至意。（高宗一八、二八）

（**乾隆一、六**）［是月，河南按察使隋人鵬］又奏淮寧、商水等縣河水泛溢情形。得旨：是。地方水旱之事，即不成災，亦必如此直陳無隱方是。（高宗二一、三一）

（**乾隆一、八、己卯**）諭：本年四月間，河南永城縣潘家道口地方，黃河水發，隄岸潰決，民間田禾廬舍被水淹浸，朕心軫念，切諭巡撫、布政使加意賑恤，務令貧民得所，並會同江南總督、總河悉心妥議，俾疏通下流，以永除永城之水患。其永邑被水應免之錢糧，著巡撫、布政使確查具奏。今據徐士林摺奏，永城縣被淹田地共一千一百一十三頃六十六畝，春麥秋禾俱未耕穫。朕思一歲之中，春麥既未收成，秋禾又未補種，小民生計艱難，國賦何從輸納。目今正值開徵之時，著將應徵之地丁漕糧悉行蠲免。該撫等即出示通行曉諭，并督率有司實力奉行，毋使奸胥土棍借端舞弊。（高宗二五、四）

（**乾隆四、六、己亥**）諭：據河南巡撫尹會一奏稱，豫省於五月內連得透雨，茲於六月十二、十三等日，開封省城大雨如注，晝夜不息，十六日復雨，水勢加增。官民房屋，多有傾圮。田畝低窪之處，俱被水淹，所屬陳留、中弁二縣，受水亦重，當即派委官員查勘。貧民棲身無所者，設法安頓。其艱於餬口者，散給倉糧賑濟一個月。其餘各屬，現在飭查再奏等語。今年豫省麥收，未見豐稔，五月間雨澤霑濡；方幸秋成可望，不料六月雨水太多，開封及所屬縣邑，又有水溢之災，居民困苦，朕心深爲軫念。著巡撫尹會一督率屬員，詳確查明，多方賑恤，毋使一夫失所。若有應免錢糧及應行緩徵之處，查明請旨，或有續報被潦之州縣，亦一體辦理。（高宗九五、一一）

（**乾隆四、六**）［是月，河南巡撫尹會一］又奏：豫省甚雨，沁、黃交漲，沿河武陟等十縣地畝淹浸，查明撫卹停徵。得旨：辦理甚妥。知道了。（高宗九五、一九）

（**乾隆四、七、辛酉**）諭曰：河南巡撫尹會一奏稱，豫省自六月以後，天雨過驟，又因上游之水漫及下游，以致被淹處所共計四十餘州縣，其間田禾房屋，多遭水患，現在分別查賑辦理等語。朕思豫省今歲麥收，未稱豐稔，今又罹此水災，閭閻困苦，深軫朕懷。該撫等可督率屬員迅速查勘，多方撫綏。其田畝被淹、無餬口之資者，即加意賑濟，毋使乏食。其室廬傾圮、無棲身之所者，即設法安插，毋使失所。至於錢糧應免應緩之處，即分別查明具題請旨。朕又思豫省今既被災傷，將來施賑之際，恐米穀不能敷用，楚省素稱產米之鄉，聞今歲雨澤尚覺調勻，秋收在望，可以接濟鄰省。著河南巡撫會同湖廣督撫，就近商酌，如何轉運楚米、以濟中州之用，即速妥議，一面辦理，一面奏聞。（高宗九七、一）

（乾隆一一、四）〔是月〕河南巡撫碩色奏：查明南陽府屬之裕州、葉縣、汝州、直隸州并所屬之魯山縣，二麥被雹，分畝借給籽種。並確查無力農民戶口，借給倉穀，以資接濟。得旨：雹災不為大害，酌量撫恤可也。（高宗二六五、三〇）

（乾隆一一、七）〔是月〕河南巡撫碩色奏：豫省入夏以來，甘霖疊沛，可望有收。嗣據開封府屬之鄢陵，歸德府屬之商邱、寧陵、永城、虞城、睢州、考城、柘城，汝寧府屬之新蔡，陳州府屬之淮寧、扶溝、商水、沈邱，許州屬之郾城等州縣，先後報稱，自六月初一至十三、四等日大雨，低窪積水，比時節氣尚早，猶可補種晚禾菽麥。詎料六月二十至七月初九等日，復經大雨，河流泛溢，難免成災。俟各屬勘明分數及應賑戶口，奏請蠲緩加賑外，現動社倉穀石，先給一月口糧。得旨：至此時而始行奏聞，非玩視而何。既已失之於前，若查辦復不妥協，以致或濫、或遺，汝罪其可辭乎？且汝安居省城，不太逸乎？旨到，即日親往被災處所，詳查妥辦奏聞。（高宗二七一、三八）

（乾隆一二、六）〔是月〕河南巡撫碩色奏報：各屬被水，並有倒塌房屋、淹斃人口之處。現飭確查。得旨：覽奏俱悉。被水處雖係偏災，應善為撫恤。（高宗二九三、二三）

（乾隆一四、七）〔是月〕署河南巡撫鄂容安奏報：衛輝府屬之延津，南陽府屬之新野，陳州府屬之淮寧、西華、商水、項城、沈邱等七縣；開封府屬之鄭州、鄢陵，歸德府屬之商邱、永城、鹿邑、夏邑、柘城等七州縣；低窪被水，已成偏災，委官確勘分數，照例題報。現在借給麥種，俾得及時佈種；其被災貧民，照例先賑一月口糧。得旨：覽奏俱悉。實力稽察，俾小民均霑實惠。（高宗三四五、二二）

（乾隆一六、閏五）〔是月〕河南河北鎮總兵楊凱奏報河南武、陽二縣被水情形。得旨：覽奏俱悉。鄂容安辦理合宜否，民情若何，實奏莫飾。（高宗三九一、二七）

（乾隆一六、七、己卯）又諭：據鄂容安奏，開、歸、陳等屬被水，親往查勘，及辦理情形一摺。豫省今年被水之處較多，該撫環歷郡邑、周查戶口，勤加撫恤，防杜弊端，朕閱其先後奏報，俱甚明晰。但此摺內又稱高梁穎實、秋禾茂盛，可望豐收等語。該處既經被水，則收成不無減少，若云開、歸等屬，雖經被水，而其餘各處，仍可望豐收，其實被水之處、與豐稔之處孰多，合該省各屬而統計之，大概今歲秋成光景比往年究竟若何，可傳諭鄂容安，令其詳悉確查，據實速行奏聞，不得稍有迴護粉飾之意。又，朕聞丹沁二水異漲，於本年六月二十七日，武陟縣大虹橋地方衝漫民隄百餘丈。該撫摺內所奏沁河復漲，委員勘辦，是否即係此處？該撫於查明覆奏時，亦著一並具奏。尋奏：開、歸各屬有被水成災者，有被水未成災者，現俱分別辦理。合全省計之，豐稔者十之八、九，被水者十之一、二，雖收成較遜往年，然被水之地，高粱亦屬有收，早禾早豆，並未全損。再，臣前奏沁河水漲，係六月十六、二十等日河內、武陟、濟源三縣，雨後水溢而言，嗣是二十七日，丹沁異漲，河內、武陟又復被水頗重，業將勘明成災情形具奏。得旨：覽奏欣慰。然其成災者，則已苦矣。善爲撫卹之。(高宗三九四、二七)

(乾隆一七、七、癸酉) 諭軍機大臣等：蔣炳奏，本年六月間，黃水長發，武陟縣班家溝等二十四村莊，高粱俱被水泡，晚秋俱已損壞等語。已諭令妥協撫綏，俾霑實惠。但所奏此項地畝，上年列入八、九分災及七、八分災一語，殊未明晰。上年既至八、九分災，何以不早爲設法捍禦，致令年年被水成災，既係臨河水到之區，何以向無隄岸；著詢問顧琮，令其會同詳悉繪圖呈覽。尋河東河道總督顧琮、河南巡撫蔣炳奏：武陟縣班家溝等處，貼近沁、黃，自上年被水成災，本年該處人民，因築小堰禦水，而伏汛過大，下流宣洩不及，仍致被淹。查武陟縣，黃河繞其南，沁河環其東北，沇河繞其西，向來並無隄工者，因四面皆河，且在沁黃交會之處，若建立隄岸，則外灘日漸淤高，一遇沁黃並漲，爲害滋大。且此處修築大隄，所保護者，不過數十村莊，及遇水漲隄根，必須添設埽工，糜帑甚鉅，仍不能必其久遠保護，似可毋庸添築。報聞。(高宗四一八、二四)

(乾隆二二、五、戊午) 諭軍機大臣等：據方觀承奏，十六日至二十日行次彰德、衛輝一帶，聞歸德各屬連值大雨，新種低田又復被淹，現籌於水退後補種晚禾等語。此項原係積水涸出補種之地，今又被雨淹損，甚爲軫念。倘可趕種晚禾雜糧，即宜上緊勸諭督率，其無力貧民，或即酌借籽種，令速爲蒔植，以濟口食。但此等地畝，甫經水涸補種，而一雨又復被淹，窮黎何以爲生。治病者當治其受病之源，既係熟地，必非歷來如此，其被淹始自何年，何以近年遂有此患，或因上游受水太多、或因去路淤壅淺滯，作何分疏堵築、以資潴洩。爲思患豫防之計者，亟當通盤籌畫，方克有濟。著傳諭裘曰修會同圖勒炳阿前往歸德各屬，詳加查勘，據實奏聞。所有應行辦理之處，即行悉心妥協籌辦。如有應會同江南督撫辦理者，亦即一面咨商。務俾數邑田禾不致常罹水厄，以副念切民生之至意。（高宗五三九、二四）

（**乾隆二二、六、甲子**）諭：據圖勒炳阿奏報，開封府屬之鄢陵、杞縣、陳留、通許、尉氏，陳州府屬之扶溝、沈邱，歸德府屬之睢州、寧陵、商邱、虞城、永城、夏邑，許州屬之臨潁等州縣，山水驟發，河流漫溢，一時宣洩不及，窪地積水二、三尺及四、五尺不等。又，汝、歸、陳等府屬補種秋禾，又有被淹之處，等語。前聞歸德各屬新種低田，連值大雨被淹。業經傳諭該撫等，令將積水設法疏消，並令查明撫卹，酌借籽種。現復加恩，將夏邑等四縣二十三年地丁錢糧概行蠲免。所有開封等府屬之鄢陵等州縣，雖被水之輕重不同，而秋禾未免失望，自應一併亟為設法辦理。著該護撫劉愷等速即委員前赴被水各該處，分路確查，將積水上緊疏消，俾得早為涸退，趕種晚禾；此內應撫卹者，即行撫卹，其無力貧民缺乏籽種者，照例酌借，令其及時補種蕎豆雜糧，務使窮民無致失所。（高宗五四〇、一〇）

（**乾隆二二、六、庚辰**）諭軍機大臣等：河南歸德、陳、許等府，夏雨連綿，秋禾淹浸。現據夢麟查奏，各縣水占地畝，重者十之三、四，輕者亦十之一、二。看來該處水患：固自地勢低窪，亦由水無歸宿，故一經陰雨，即成潦浸。（高宗五四一、一〇）

（**乾隆二二、六、庚寅**）又諭：據劉愷奏，衛輝府屬之汲縣、淇縣，六月中大雨連綿，山水陡發，城垣民屋俱有倒塌，並淹斃人口，現飭彰衛懷道永泰督率查辦撫卹等語。豫省今歲被水之處頗多，該二縣向非窪下，猝被淹浸，情形殊為可憫。所有一切撫卹事宜，著該督撫率地方官速行照例妥協辦理，水退，可種之地，勸令趕種蕎豆雜糧，以資民食。其應給賑糧及修理坍塌房費，俱著即行動款發給。至續報被災之封邱、中牟、陽武、新鄭、武陟、原武、輝縣、濬縣、滑縣、新鄉、延津、獲嘉、許州、長葛等州縣，亦著即速詳查，照例撫卹。務俾閭閻均霑實惠，毋致稍有失所，以副朕軫念災黎之至意。（高宗五四一、四一）

（**乾隆二六、七、丙寅**）諭：據常鈞奏，河南祥符等州縣河水漲發，水與隄平，民舍田廬，間有淹損，現在設法堵禦等語。看來此番被水較重，著派侍郎裘曰修馳驛前往，會同該撫常鈞查勘一切撫卹並疏淪諸務，俾災黎均霑實惠，毋致失所。戶部漢侍郎在京辦事乏人，即著錢汝誠暫行兼署。（高宗六四一、一八）

（**乾隆二六、九、己酉**）調任河南巡撫常鈞奏：豫省各州縣積水，設法疏消。衛輝、彰德、懷慶、河南、四府屬及開封府屬之氾水、滎澤大概涸出，惟祥符等處及陳州府屬，因楊橋奪溜，漫水尚未消退。現當種麥之期，地畝先涸出者已播種發生，惟甫涸出之地，不能驟乾，難用牛力翻犁。訪有犁鏟及撒裂種二法。犁鏟之法，兩人代牛牽鏟，一人扶鏟輕搖，種從底出，即已入地；撒裂種之法，水退地涸，裂縫必多。握種播颺，撒入縫隙。二者，專種濕地，不用牛犁而生苗甚速。現諭各屬倣照辦理。得旨：甚好。（高宗六四四、二二）

（**乾隆三二、七**）［是月］河南巡撫阿思哈奏：靈寶縣知縣稟報，南鄉地方，七月初七日，雨勢狂驟，澗水暴漲漫溢，澗東、澗西及簍下三村近澗居民，倉猝不及趨避，以致被水者四十八戶，淹斃男婦大小二十四名口，倒塌草房一百一十九間，其沿灘地畝間亦衝壞。臣親赴該縣督同印官確勘，水已消落，照例給葬埋修費銀兩，極貧者酌予口糧。其被淹地九十八畝，尚可補種蕎麥菜蔬，亦酌給籽種銀。報聞。（高宗七八九、一二）

（**乾隆三二、閏七**）［是月］河南巡撫阿思哈奏：署洛陽縣知縣稟報，七月二十六日大雨，近城之北邙山水發，瀍河之水亦一時俱漲，宣洩不及，以致北關東南一帶白衣堂、煤土溝等處，間被水災。該縣即飛赴確查，居民房屋共衝塌二百六十七間，淹斃大小男婦四十一名口。照例給予修費、葬埋銀兩，分別撫卹。報聞。（高宗七九一、二三）

（**乾隆三五、三、丁酉**）河南巡撫富尼漢奏：彰德、衛輝、懷慶三府，冬雪春雨均少，湯陰、臨漳、林縣、汲縣、淇縣、濬縣、滑縣、輝縣、延津、孟縣僅得微雨，土脈高燥；獲嘉、新鄉、修武、濟源、武陟、河內地高，盼雨更甚，現在設壇祈禱，飭藩司星赴河北一帶，確勘續奏。至糧價因糶借兼行，尚不騰貴。得旨：似此何不早奏。昨日已有旨問汝矣。餘有旨諭。諭軍機大臣等：昨以富尼漢奏報，南陽府地方得雨。因思河北一帶，尚未均霑，此時應作何籌辦，已傳諭該撫，令即速查明奏聞。今日據富尼漢摺奏稱，河北之彰德、衛輝、懷慶等府屬冬雪未能深透，今春雨澤復稀，現在設壇祈禱等語。是該處望雨久殷，何以不早行入告。已於摺內批諭矣。豫省以麥秋爲重，觀此情形，二麥自未能普種，難望有收。此時各屬若即霑渥甘霖，大田自可及時耕種，否則，民食恐不免拮据。著傳諭該撫悉心體察，如閭閻稍有艱食情形，即應酌量借給口糧，俾資接濟。富尼漢可即率屬妥協辦理，並將各該處曾否得雨情形、及實在光景若何，速行具摺覆奏，以慰廑念。尋奏：彰德、衛輝、懷慶三府屬，雨澤尚未霑遍，乾隆三十三、四兩年秋收本歉，民鮮蓋藏，現與藩司籌畫，安陽等二十二縣，被旱乏食窮民，酌借一月口糧，每畝借給籽種銀六分。報聞。（高宗八五五、一三）

（乾隆三五、閏五、丁未）諭軍機大臣等：據永德奏，豫省除歸德、南陽、汝寧、陳州所屬地方陸續得雨外，其餘各屬，自五月以來，均未得雨，現在設壇祈禱等語。看來豫省迤北一帶，望雨甚殷。前據楊廷璋奏，惟保定、正定未得透雨，其順德、廣平、大名三府屬，四月間雨澤霑足，大田普徧耕種。今正定以北，既未獲優霖，河南又急於盼澤，三府適當其中，豈能獨爲優渥？前此所言，似未足深信。或該道府稟報，稍存粉飾；或彼時該處得雨分寸，原屬較優。此後是否繼霑膏霈，已茁之苗，能否如期長發，未據續奏，其秋成可望與否，尚難懸定。至現未得雨各屬，情景自更爲迫切，今節令已過夏至，若得即滋甘霖，原可趕種大田，設再愆期十日半月，秋禾即難藝植，高田即不免成災。自當分別籌辦撫卹賑濟諸事，俾民食得資接濟。但現在未屆其時，惟宜處以鎭靜，若稍涉張皇，恐愚民無知，或致藉端高擡糧價，轉非所以愛之。此時惟上緊查捕蝗蝻，最爲切要。至於循例祈禱、爲民請命，自不可不盡心，即現在京師盼雨甚殷，朕實日夜焦勞，亦惟盼優渥速霑，以蘇農畝耳。著傳諭楊廷璋將直隸各屬雨水農田情形，據實迅速具奏，以慰軫念。（高宗八六〇、六）

（乾隆三五、閏五、丁未）又諭曰：永德奏，歸德、南陽、汝寧、陳州四府，及陝、光二州所屬地方，陸續得雨，其餘各屬，自五月以來均未得有雨澤，省城亦經半月餘不雨，現在設壇祈禱等語，已於摺内批示矣。河北三府，春雨既已短少，雖於四月間稍得霑膏，究未深透，此時又復望澤，即已種之地，亦恐難於長發。而開封、河南兩府，現在亦俱望雨，猶爲軫念。此時節過夏至，農田待澤尤殷，若得早渥優霖，秋禾尚可趕種；設再愆期十日半月，高田即恐不免成災。至期亦惟實力查勘，分別酌籌撫卹賑借，俾民食不至拮据。但尚未屆其時，自宜處以鎭靜，倘稍涉張皇，恐愚民無知，或致藉端高擡糧價，轉非所以愛之。設旱象已成，亦不可稍存粉飾。至於天氣久晴，積水之區炎蒸易滋蝻孽，現在直隸天津、寶坻低窪處所，俱有蝻子萌生；豫省亦多沮洳之地，向易潛滋。著永德及早留心確查，若稍有萌動，即速上緊撲捕，毋使蔓延滋患。其所稱延津等四縣，秋苗被風傷損，自應酌借籽種，俾得乘時趕種晚禾，以資接濟。至現在各處曾否得有透雨、農田光景若何，仍即行查明，據實迅速覆奏。尋奏：開封、河南兩府得雨深透，通省大半霑足；早禾勃發，晚地已耕。現在尚無蝗蝻，倘有萌生，即當撲捕。得旨：欣慰覽之。（高宗八六〇、七）

（乾隆四三、四、辛卯）諭：河南省開封、彰德、衛輝、懷慶、河南五府屬，今春雨澤愆期，節經降旨，酌借口糧籽種，並將本年地丁錢糧及上年出借未完倉穀，概予停緩。又令查明該五府極貧下户，加恩酌給月糧，俾窮黎不致失所。現在該省設壇祈禱，尚未據報得有透雨，朕心深爲廑念。因思清理庶獄，亦感召天和之一端。著該撫將開封等五府屬所有軍流以下人犯，查明分別減等發落；其因事牽連拘繫者，亦即審明省釋。至尋常案件，並著速爲完結，毋得稍有稽延，以冀甘膏早沛。該部遵諭速行。（高宗一〇五四、一）

（乾隆四三、七、壬子）諭軍機大臣等：據袁守侗奏，豫省自十二日至二十日，陰雨不絕，秋禾尚未收竣，工次亟須運料，望晴甚切等語。其摺於二十一日拜發，自十二日計之，業已陰雨經旬，雖另摺有二十日天氣稍覺開霽之語，亦尚非晴定之詞，甚爲縈注。秋禾正屆成熟之時，雨水過多，不致有礙否；或止係收割稍遲、或並致略減分數否。著鄭大進即行查明，據實覆奏。至所稱久雨泥濘，運料車輛行走甚遲，銅瓦廂等處，現有備貯舊料，將來興工時，如新料一時不能接濟，即將所存舊料借用，俟新料運到，再行歸還等語。自應如此通融辦理。又據奏，儀、考各州縣被水及地方官分路帶銀加意撫卹情形。鄭大進等所辦，尚屬認真。此次被水地面較寬，現已節次撥帑一百萬兩、截漕三十餘萬，賑卹不患，不敷，該撫等務須實力經理，即偏僻村莊、畸單户口，亦當詳悉查勘，勿稍遺漏。俾窮黎均霑實惠，不使一夫失所，以副朕軫念災民之意。至漫水經過之處、有淹浸過甚者，如考城縣城內水深丈餘，雖云居民俱已遷避上隄，然其中豈竟一無傷損者；即他處突遭水患，人口被漂，亦恐不免。水退後，並須逐一確查，如有淹斃者，即照例辦理，勿使暴露。此事非人力所能豫爲救護，斷不可稍存粉飾之見也。至儀封十六堡漫口，計一百五十餘丈，今據奏稱，水勢趨下，已將口門刷深，溜勢較平。但舊河近已淤淺斷流，全河之水，盡由漫口而出等語。所關甚爲緊要，不可不亟行堵築。據稱，高晉一、二日內，即可到工。高晉到彼，自即籌畫調度、擇日興工，鄭大進等務即速催運料物，以濟工作。前者姚立德等奏，此次漫口，止及楊橋之半。從前楊橋漫工，於十一月內合龍，通計不過四閱月，今較彼既僅及半，施工自更可期迅捷。著高晉將該處漫口形勢，酌量籌度，計每日可下幾埽、每埽有若干丈尺，約計何日可以合龍，即速查勘覆奏，以慰廑懷。朕惟遙祈神佑，從此天霽波平，俾工成妥速，以冀鞏金隄而安億兆耳。將此傳諭知之。仍將應奏事宜，即行覆奏。（高宗一〇六三、一七）

（乾隆四四、四、庚午）諭軍機大臣等：據陳輝祖奏，大麥漸次成熟，小麥揚花結實，豐收之象已成等語。覽之稍爲欣慰。及閱糧價單，開封、歸德二府，粟米小麥，較上月稍增，汝寧府粟麥較上月增減不一，殊不可解。豫省二麥既可望豐收，今距麥熟不遠，何以麥價轉增，或因青黃不接之時，市價不能不昂，抑或別有他故。著陳輝祖查明，據實具奏。又，前據阿桂等奏，時和驛所衝一帶漫地，現在已經涸出，其經由之惠濟河，水已歸槽。至儀封十六堡決口漫下之處，現俱汪洋一片，其有另衝新河者，舊河淤墊處所，俱成沃壤等語。是涸出之地，小民即可乘時耕種，其舊河淤墊、已成沃壤者既另衝有新河，無庸復還故道，亦可聽民墾種。惟儀封以下汪洋一片之地，貧民耕作難資，必多拮据。但被災之區，屢經賑卹加賑，茲賑務已畢，恩膏無可復施。因思豫省上年，正屆輪免錢糧之年，其因災蠲免者，即併於輪免之內；今儀封堵築，尚未蕆工，漫下之水，不能即時涸出，災地經年淹浸，無由補種，不免艱食之虞，情殊可憫，非尋常被災可比。著阿桂、袁守侗會同陳輝祖，即速派妥幹大員，確切查明，現今漫水未消、不能耕作之州縣共若干處，據實奏明，以便降旨加恩蠲免，用施格外優卹。將此由六百里加緊傳諭知之。至現在開挑引溜溝及壩工進埽情形若何，仍著迅速覆奏。（高宗一〇八一、一）

（乾隆四四、七）〔是月〕河南巡撫陳輝祖奏：豫省衛輝府屬之汲縣、淇縣、新鄉、濬縣，因衛河漲漫，秋禾被淹，已成偏災，其鄢陵、孟津、南陽、淅川、新野、長葛，並陳州府屬之西華、扶溝、沈邱等縣，或河水陡漲、或急雨驟來，晚禾間被淹浸。統俟詳勘後，與歸德府漫隄被水、懷慶府沁隄決口被淹村莊，分別具奏。至無力貧戶，已隨時撫卹，不致失所。得旨：一切妥協爲之，俾貧民皆受實惠可也。（高宗一〇八七、二八）

（乾隆四五、七、辛巳）諭：前據陳輝祖奏，邳睢廳屬黃河，因上游水發，於六月十五、六等日，水勢加長，邳睢南岸，溜往南趨，更兼東北大風，河浪撞擊，水高隄頂，隨搶隨塌，人力難施，於十七日丑時，睢寧縣郭家渡隄工漫溢二十餘丈。自陳輝祖奏聞後，至今十餘日，朕日夜望信。茲薩載等奏稱，該處漫口，現已塌定，約計口門寬九十餘丈，並掣動大溜十之七、八等語。黃河自前年豫省漫決，堵築年餘，未能集事。今春朕親莅陶莊，默禱河神，仰荷天佑神助，遂得合龍，以此朕心稍慰，而南河諸臣，亦未免稍存大意，以爲數年之內，黃河可冀安瀾，一切巡防不無稍懈，以致此次復有漫溢之事。薩載、陳輝祖，均難辭咎。即李奉翰雖經新調河東，但伊前在南河，究未能先事豫防，亦難諉卸。薩載、陳輝祖、李奉翰，均著交部議處；其該管文武員弁，並著查明參奏。其漫決口門，薩載等即督率道將廳營上緊堵築，剋期合龍，以慰廑念。至被水各屬村莊，雖據稱先期豫備、並

未受累，但田廬猝被淹浸，殊可憫惻。著該督撫逐細查明，照例撫卹，毋致一夫失所，副朕軫念災黎至意。(高宗一一一〇、一〇)

（乾隆四五、八、庚戌）諭軍機大臣曰：楊魁奏查勘考城漫水被淹地方情形一摺，據稱，漫口下注之水，由沙河、渦河下達亳州，經過寧陵、商邱、鹿邑、永城各縣境。被淹村莊，淹損秋禾之處，考城較重，商邱次之，寧陵、儀封較輕，鹿邑、永城係平鋪之水，一漫而過，旋即消退等語。上年儀、考漫工甫經合龍，而考城五堡，近復有漫溢之事。各該處民人連歲被災，甚為可憫，尤當加意撫卹。著傳諭楊魁，務宜董率屬員，查明被災戶口，分別輕重，實力撫綏，務俾災黎均霑實惠，毋致一夫失所。(高宗一一一二、七)

（乾隆四六、七、己未）［袁守侗］奏，本月十六日，據長垣縣稟，豫省儀封隄溢，淹及該縣長太集、崔莊等二十餘村。又據東明縣稟，車家寨等八十餘村亦被淹浸，並衝溢太行隄十餘丈，除人口無傷外，房屋禾苗，俱有損壞。臣兼程赴勘，水已浙次消落，即酌量撫卹，並備料物人夫相機堵築。得旨：此事未奏，殊屬遲慢。又批：若有成災者，加意撫卹，不可諱飾。(高宗一一三七、九)

（乾隆四六、七、庚午）河南巡撫富勒渾奏：儀封縣漫口，小宋集等二百餘莊並鄰境陳留縣小寺堡等八村，均被淹浸，幸居民即時遷避，人口無傷，房屋禾苗俱已損壞，即派幹員齎銀撫卹。現俱搭棚棲止，並令壯丁在工當夫，俱極安帖。得旨：成災者加意撫卹，不可諱飾。(高宗一一三七、五一)

（乾隆四七、一、己亥）又諭：上年豫省因焦橋曲家樓南北兩岸漫口，儀封、考城等處及漫水經由之祥符等縣，均有被災之處，屢經降旨令該撫切實查勘，分則照例給賑，第念今春正賑已畢，尚屆青黃不接之時，民食不無拮据，著再加恩將陳留、儀封、考城三縣十分之極貧，加賑兩個月；十分災之次貧並九分災之極次貧民，加賑一個月。至祥符，杞縣、滎澤三縣及陳州府屬之淮寧、西華等縣，並著該撫察看情形，酌量借糶，俾窮黎毋致失所，以副朕加惠無已之至意。(高宗一一四八、二)

（乾隆四七、一、甲子）諭軍機大臣等：昨據阿桂等奏，堵築青龍岡漫口，復有塌失之事。實屬意外之變。然勢無中止，仍須鎮靜妥辦，不可稍涉張皇，轉致中無把握。業經詳悉傳諭阿桂等，令其盡力勉為矣。但目下距春汛之期不過旬餘，而東壩現在塌寬三十餘丈，連前未經堵合之口門七丈餘，統計實有四十餘丈。雖天氣融和，施工較易，而此旬餘內，未知能將壩工堵築、一律完竣否？朕心殊爲廑注。此事惟聽阿桂等悉心妥酌，相機趕辦，總期工程穩固堅實，朕亦無別有訓諭也。至開放引河，雖據奏稱蓄高水勢，甚爲通暢，但水頭究至何處，未據確實具奏。若引河得力，吸動大溜，則壩工不致著重，其合龍較易，何至復有此變。再，此番蟄陷後，溜勢走入口門，其所開之引河，是否尚能暢達，不致淤墊，並著阿桂等詳悉覆奏。又，從前儀封十堡壩工，作挑水壩，挑溜歸入引河，得以成功，此次之西壩頭，是否應須照前做法再行添築幾丈，俾溜勢挑開，一切下埽進占，較易爲力。再，前此儀封十堡工程，朕於陶莊河神前，虔心默禱，即於是日合龍，著有靈應。此次阿桂仍應虔誠祈禱，默邀神助，不可因兩次塌失，稍存絲毫怨尤之意。著將此由六百里加緊傳諭阿桂等知之。仍將現在辦理情形及傳詢各情節，即據實速行覆奏。（高宗一一四九、一二）

（乾隆四九、四、丁酉）又諭：據何裕城奏，河南懷慶、衛輝府屬武陟、修武、新鄉等縣，雨澤未能普遍霑足，現設壇祈禱。至被旱稍深州縣，借給籽種口糧，委司道大員監放，並捐運米石，分廠煮賑等語。昨召見劉峩，據稱河南衛輝各屬，較直隸大名，更覺缺雨，朕心甚爲廑念，已降旨傳諭何裕城，令將該省麥田有無妨礙、應否借種加恩之處，據實速奏。今該撫將該處現在情形、並應行籌辦事宜，分晰奏明。自應如此辦理。該撫務須董飭所屬，實力奉行，務使貧民均霑實惠，毋使失所，以副朕勤恤民隱之意。至山東及直隸現在待澤情形，與河南衛輝各屬大約相同，連日甚切盼望，除就近諭知明興，令將應行撫恤事宜迅速籌畫，並傳諭劉峩一體查辦外，將此諭令知之。（高宗一二〇四、二七）

（乾隆四九、八、乙酉）諭軍機大臣等：據何裕城奏，開封、衛輝等府，七月初旬，得雨二、三、四寸至深透不等，後種之蕎麥菉豆及各項雜糧，當秋陽曝曬之後，得茲渥潤，更可結實等語。近聞衛輝府屬，入秋雖得雨澤，未免稍遲，雜糧等項，尚有不能補種齊全之處，其陳留一縣，情形諒亦相倣。著傳諭何裕城務即查明得雨較遲之衛輝一帶、及陳留各州縣，如果實有成災，即當加意撫卹，不得以前此業經查辦，稍存諱飾。將此由四百里傳諭知之。仍著將該處實在情形，迅速具奏。尋奏：查河北衛輝一帶，雨澤愆期，汲縣、新鄉、獲嘉三處，得雨尤遲，補種晚禾，難以一律成熟。現在委員履勘，分別辦理。至陳留一縣，收成稍歉，前於被旱各縣，借給籽種口糧、緩徵錢糧倉穀、豁免四十八年舊欠，陳留亦在其內，民力已可稍紓。且鄰境豐稔、商販流通，鄉民便於買糶，應毋庸再加撫卹，以杜冒濫。得旨：覽奏俱悉。（高宗一二一二、二）

（乾隆五〇、六、壬午）諭軍機大臣等：據畢沅奏，五月二十四、五等日，河南懷慶、陝州各府州屬得雨三、四寸，其餘河南北被旱各屬，雖同日均霑，仍不過二、三寸等語。豫省河、陝、懷等府州屬，得有三、四寸渥澤，農民及時翻犁播種，大田即可冀其有秋，而衛輝、開封等屬被旱尤劇災區，仍未得有透雨，覽奏益切憂廑。（高宗一二三二、一三）

（乾隆五四、八、乙丑）諭軍機大臣曰：梁肯堂奏，七月二十四日，黃水陡長，溝河不能容納，歸德府屬之永城、夏邑二縣村莊窪地被淹；又，彰德府屬之臨漳、安陽二縣，濱臨漳河，因漳水長發，以致臨河村莊亦被淹浸，房舍均有倒塌，現委司道親往查勘籌辦等語。永城、夏邑、臨漳、安陽四縣，因河水陡長，其濱臨村莊地畝猝被淹浸，雖係一隅偏災，亦應妥爲撫卹，著傳諭梁肯堂即督率所屬先行借給口糧，妥爲安頓，其有應行賑借蠲緩各事，並著詳悉查明，妥協辦理，勿使一夫失所，以副朕軫念民依至意。（高宗一三三六、一八）

（乾隆五五、四）〔是月〕河南巡撫穆和藺奏：豫省中牟、尉氏、洧川、陽武、臨潁、信陽等六州縣，三月下旬，雨中帶雹，麥苗間有傷損，當飭道員確勘，據稟早禾被雹，未損根荄，其稍重者亦因節候尚早儘可補種。現查明無力農民，酌借籽種，俾得補種晚禾。得旨：覽奏稍慰。（高宗一三五三、四三）

（乾隆五八、七、乙巳）諭軍機大臣曰：李奉翰等奏，六月內大雨連綿，沁、丹二水並漲，水勢高於民堰，以致河內縣南岸馮莊地方，民堰漫溢五十八丈。李奉翰等即馳赴該處，會同勘辦，已經堵築等語。沁、丹二水，同時長發，以致河內縣民堰漫溢五十餘丈。幸而水勢由方陵地方仍歸沁河，不致泛溢。且據穆和藺查明，人口並無損傷，但該處民田猝被水淹，雖堰工現已堵閉完固，而低窪處所秋禾究恐不無淹浸。著傳諭該撫，即查被水之處，是否不致成災，據實具奏，不可稍存隱飾。如有應行撫卹者，即董率所屬，實心妥辦，勿使一夫失所。至河內縣堰工，雖例應民修，第該處村莊田畝，現已被淹，如竟成災，復將補築堰工銀兩，照舊攤徵歸款，民力恐致拮据，並著該撫據實奏聞，候朕加恩豁免，准其開銷官項。（高宗一四三二、二〇）

（嘉慶三、九、丙寅）諭軍機大臣等：倭什布奏，睢州上汛，因連日疾風猛雨，黃河盛漲，水勢高於隄頂，平漫過水一百五、六十丈，大溜分注漫工者已有八分，入正河者僅止二分，則下游自必即日斷流。曹汛漫口可以堵築，而睢州五堡漫水有洪澤湖爲之歸宿，較之曹汛工程，轉易辦理。向來北岸漫溢，漫水下注，勢如建瓴，施工較爲費手；南岸地勢較高，且多平衍，分洩湖河去路較寬，易於堵築。是以從前辦理北岸漫工，曾有旨令於南岸或酌行開放缺口、分洩水勢，此時司馬駒自已得信，馳抵睢工。即會同倭什布督率工員，先將漫口趕緊盤頭，勿令塌寬；其睢州一帶及下游蒙、亳等處被水村莊，著倭什布、朱珪督飭所屬妥爲撫卹。至江境下游，現據李奉翰等奏，已分段挑挖；仍當實力督辦，普律深通，以便漫水歸入正河，暢行無阻。將此各傳諭知之。(仁宗三四、三)

(7) 山西

(順治一五、五、甲寅) 山西五臺縣大雨雹。(世祖一一七、一八)

(雍正一、四、癸亥) 諭總理事務王大臣等：朕臨御以來，時以天下蒼生爲念，凡自外省來京之員各處雨暘豐歉，必面加詳詢，蓋欲周知民隱也。今差往致祭華嶽侍讀學士田文鏡回京，朕詢彼經過地方情形與百姓生理。據奏，山西平定州、壽陽縣、徐溝縣、祁縣等處，雨澤歉少，民間生計維艱；汾州府屬地方，得雨亦未霑足；地方官現在徵比錢糧。夫巡撫以撫綏地方、愛養百姓爲職，今平定、壽陽等處黎民饑饉，並未奏請賑濟緩徵，反行催科，小民何以存濟。此皆因伊等去年曾奏報得雨，今欲掩飾前言，甚屬不合。巡撫德音、布政使森圖，著交該部察議。仍即命侍讀學士田文鏡會同巡撫德音，率領地方官員，將平定等四州縣饑民速行賑濟，務使恩澤實霑，撫養得所，毋羈時日，以致群黎失業。爾等即傳諭遵行。(世宗六、九)

(雍正六、七、庚申) 山西巡撫覺羅石麟奏報：榮河縣沿河地方，黃河水漲，被淹村莊共十有八處，現在設法撫卹。得旨：地方年穀之豐歉，水旱之有無，全係乎督撫政事之得失。天人相感之理，確乎不爽。石麟自任巡撫以來，精神不能周到，才力甚覺勉強，朕已屢次訓飭，兼爲地方廑念，今榮河縣果有河水泛溢、淹及村莊之事。夫黃河之在山西，尚非險要之處，而今歲入夏以來，又非多雨之年，乃忽聞水漲爲患，豈非封疆大吏，政事有闕，故上天垂象以示儆乎？凡督撫之責，全在於察吏除盜，以安輯百姓，倘不能盡斯二者，必致上干天和，黎庶並受其困。凡屬封疆大臣，當如何之黽勉盡心，以稱職任；而大臣等之保薦督撫者，當如何之公忠詳慎，務令得人以副君上之諮詢，造生民之福澤乎？其榮河縣被水之民，加意撫卹之處，著該部速議。尋議：按名散賑，務使均霑實惠。從之。(世宗七一、一四)

(乾隆二、四) [是月] 山西巡撫覺羅石麟，疏報雨水稀少情形。得旨：知道了。(高宗四一、三五)

(乾隆八、九) [是月] 山西巡撫劉於義奏：省北之大同、朔平、寧武三府,及忻、代等州,收成豐稔,米價尚平。惟省南之平、蒲、解、絳、隰等府州,收成歉薄,米價不能平減。其被有偏災之聞喜等一十二州縣,現委員查勘另題。查平、蒲、解、絳、隰五屬,共存倉穀五十五萬三千餘石,今被偏災之州縣,或應賑恤,或應借糧,並來春借貸接濟,俱屬寬裕。得旨:所奏俱悉。(高宗二〇一、三九)

(乾隆一三、八、甲申)諭軍機大臣等:據調任山西巡撫準泰奏稱,該省州縣內,如陽曲縣所屬之陽家堡、高家巷口,蒲州所屬之永濟、臨晉、虞鄉、猗氏四縣,大同府屬之陽高縣,及口外善岱一處,均因雨澤未透,被有偏災。又,鳳臺、五寨、馬邑三縣,各有雨中帶雹,傷損秋穀處所,現在委員查勘辦理等語。地方偶被偏災,雖輕重不等,不可不加意撫卹,免致貧民失所。準泰現在調任,起程前赴山東。可傳諭護撫李敏第,將前項被災處所,留心體察,督率屬員,按照分數,詳慎查辦。務期無濫無遺,俾災黎均霑實惠。(高宗三二二、九)

(乾隆一三、八、庚戌)諭軍機大臣等:據護理山西巡撫布政使李敏第奏報晉省各屬秋成情形。內稱,蒲州府屬之永濟、臨晉、虞鄉、猗氏四縣及解州,均於閏七月內,得有大雨,田禾籽粒充實。惟永濟一邑,沿河灘地被淹,秋禾有傷。大同、懷仁、應州、崞縣,雨中帶雹,傷損秋禾,輕重不等。又一摺內稱,太原陽曲、鳳臺、五寨、馬邑、陽高被有水旱,災地無多,解州被旱稍輕,永、臨、虞、猗四縣,上年秋禾與今夏麥秋,俱屬歉薄,現今秋禾,又復被旱等語。合觀兩摺所奏,既稱永、臨、虞、猗四邑,得雨之後,田禾籽粒充實,又稱現今秋禾被旱,其餘各屬水旱暨籌辦之處,類皆參差,總未明晰。可傳諭阿里袞將晉省今歲被有水旱,實係幾處,是否成災、有無尚須賑卹,秋收分數通省合計實有幾分,查明分晰,具摺奏聞。至李敏第又稱,陽高縣於七月間少缺雨澤,即有刁民張選擅寫傳帖,糾眾赴縣具呈告災,經該縣拏獲訊究等語。此案情節雖輕,若不認真辦理,漸至相習成風,必有仍如萬泉安邑之事者。從前阿里袞奏稱,晉省民風,尚屬淳樸;伊於前任內,曾有奸民逞刁數事,皆從寬完結,是以當時無所顧忌,而至今剛悍滋事之習,究未盡除。地方官於此等案件發覺之時,即應速為查辦,固不可株連擾累,亦不可稍存姑息,以致釀成大案。此防微杜漸之道,不可不豫為加意者。張選一案,應行嚴究定擬,以遏刁風,毋得稍為寬縱。尋奏:本年六、七、閏七等月,晉省各屬被雹者,有榆次、樂平、浮山、潞城、鳳臺、陽城、高平、五寨、馬邑、大同、懷仁、應州、崞縣;被水者,有太原、岳陽、萬泉、五臺;被旱者,有臨晉、虞鄉、猗氏、陽高,解州;

其被水兼被雹,則有陽曲;被旱兼被水被雹,則有永濟。內除被雹之榆次、樂平、浮山、潞城、陽城、高平、岳陽、五臺、萬泉,並陽曲、永濟被雹處所勘不成災外,其馬邑、大同、懷仁、應州、崞縣亦被傷甚輕,毋庸賑卹,應將本年額徵暫緩,並來春酌借籽種口糧。至鳳臺、五寨、陽曲、太原、永濟、臨晉、虞鄉、猗氏、陽高、解州等十州縣被災,俟勘明分別賑卹。再,永、臨、虞、猗四邑先皆被旱,嗣於閏七月得有大雨,在得雨偏多及原有井水澆灌之地,尚有收穫,其餘被旱甚者,均屬成災。統計被災各屬,鳳臺、五寨、陽曲、太原、永濟被雹被水之處,均係一隅,惟永濟被旱處所,及臨晉、虞鄉、猗氏、陽高、解州被旱地畝較廣,內以臨晉為最重,猗氏次之,永濟、虞鄉、解州又次之,陽高為輕。至通省秋禾收成,除災地外,潞安、朔平、澤州三府,沁、忻二州,約計八分以上;太原、汾州二府,遼、平、代、保、隰五州並蒲州府屬未被旱之萬泉、榮河二縣,約計七分以上;大同一府,絳、吉二州並解州所屬,約計六、七分以上;其平陽、寧武二府,尚未報齊,就報到屬邑而計,亦約有七分以上。得旨:如此,則通省情形究屬如何,李敏第固未分晰,此奏亦欠明通。(高宗三二三、三四)

（乾隆一三、九）[是月]山西巡撫阿里袞奏報晉省夏災及通屬雨水麥苗糧價情形。得旨:覽奏俱悉。原以晉省事簡調汝,不料又值災傷米貴,汝應諸事留心。勉之。(高宗三二五、四一)

（乾隆一四、五、癸酉）又諭:據慶恩奏稱,蒲州府屬之臨晉縣,四月三十日,坡水暴漲丈餘,衝入城內,平地水高六、七尺;縣署兩廂耳房倒壞,並浸塌民房百餘家,淹斃民人十餘口。自水發之處,縈繞至城,約四十餘里,所過村莊,被衝四十餘處,淹斃民人十餘口。北門被水尤重。各村所收之麥,漂去大半;即有存剩水浸發芽。災民或依附親族,或搭棚暫棲等語。從前阿里袞所奏該處情形,止陳其梗概,轉不若慶恩之詳悉。可傳諭該撫,令其悉心查勘,一切撫卹事宜,作速妥洽籌辦,務俾災黎不致失所。一面辦理,一面詳悉奏聞。今歲該省各屬豐收,即以臨晉通縣而論,亦係一隅偏災。於全省收成大局有無妨礙,並即馳奏,慰朕廑念民生之意。尋奏:隨委員查勘臨晉被淹田廬人口,並籌辦撫卹事宜。至臣原奏被水之臨晉、猗氏及續報太原等縣,中以臨晉、太原為重,猗氏稍次。即以臨、太通縣而論,亦係一隅偏災,其高阜處禾麥可望豐稔。統計通省麥收,約在八分以上。得旨:覽奏稍慰。(高宗三四一、二)

（乾隆一六、閏五）[是月]山西巡撫阿思哈,奏報各屬被雹被水情形。得旨:知道了。一切撫恤,實力督察,令災民均受實惠。(高宗三九一、二

七)

（乾隆一六、七、壬辰）户部議覆：山西巡撫阿思哈疏稱，晉省本年夏麥秋禾，被水被雹，其祁縣、平遙、陽城、沁水、絳州、保德、臨汾等州縣，被水較輕，無庸議賑外，至鳳臺、高平、文水、靈邱、馬邑、永濟、臨晉、榮河、稷山等縣，田禾淹浸，人口傷損，現查明成災分數，請將本年錢糧及春借倉穀，暫緩催徵。其借給籽種口糧，均請秋後免息還倉。應如所請。其被災較輕處，仍令該撫俟秋穫後，查勘分數，量行撫卹。得旨：依議速行。（高宗三九五、二六）

（乾隆一七、八）[是月] 河東鹽政薩哈岱奏：解州、安邑、夏縣、芮城等四州縣夏秋被旱，高田難望有收，幸八月初旬，連次得雨，尚可及時種麥。得旨：知道了。阿思哈所辦妥當否。尋奏：解、安、夏、芮等屬饑民，現在撫臣阿思哈加意撫卹；其永濟、臨晉、猗氏、虞鄉、榮河、萬泉等縣被旱之處，臣細加訪察，一併妥協查辦。報聞。（高宗四二一、二三）

（乾隆一七、一〇）[是月] 山西布政使多綸奏：晉省各屬內被旱成災處所，查惟永濟、臨晉、猗氏、安邑較重；解州、夏縣、虞鄉、芮城次之；榮河、聞喜較輕。所有撫恤借糶，在在需米，必須於鄰近州縣倉內，酌撥協濟。現與撫臣酌商辦理。得旨：覽。阿思哈所見甚鄙，汝為布政使，何無一言救正，足見汝之為人矣。（高宗四二五、一八）

（乾隆一七、一一）[是月] 署山西巡撫胡寶瑔奏：晉省蒲、解各屬被災情形，一路查訪，尚不十分過重，散賑事宜，現在遵照規條，悉心料理，並飭該管道府，就近覈查。至被災州縣，惟猗氏、永濟、臨晉三屬，七、八分不等，虞鄉、萬泉、解州、安邑、夏縣、芮城六處，五、六、八分不等；榮河、聞喜僅止五分。現在米販流通，民情安帖。得旨：好。一切據實為之。（高宗四二七、一八）

（乾隆四六、七、丙辰）山西巡撫雅德奏：本月初三日子時，永濟縣黃水漫衍，淹及城身，辰刻方退。城北沿河五十餘村，房屋倒塌，人口淹損。飛調幹員，分路散給口糧，並發修貲殮費，酌借籽種。得旨，知道了。目今民情安妥否，究成災否。（高宗一一三七、三）

(8) 陝西

（順治四、七、己未）陝西藍田等十九州縣蝗食苗殆盡，人有擁死者。巡撫黃爾性以聞。（世祖三三、八）

（順治六、一二、癸巳）陝西三水縣蟲霜傷稼。（世祖四六、二八）

（順治一二、三、戊子）陝西西安府屬隕霜殺麥。（世祖九〇、三）

（順治一二、四、戊午）陝西麟遊縣大雨雪，連夜隕霜，殺菽麥殆盡。（世祖九一、二）

（順治一二、四、辛酉）陝西三水、麟遊二縣大風，霜雪傷禾。（世祖九一、三）

（順治一三、五、丁酉）陝西靖遠衛雨雹傷麥。（世祖一〇一、七）

（順治一四、四、戊子）陝西岐山縣雨雹傷禾。（世祖一〇九、一〇）

（康熙三一、二、癸未）差往陝西賑濟戶部侍郎阿山、內閣學士德珠，自西安回入奏。上曰：聞被災之民，有流於襄陽者，今情狀何如？阿山奏曰：民未曾流至襄陽，聞有流於河南者；自賑濟以後，人民安輯，且因正月兩次下雪，不致流散失所。上曰：正月雖雪，二、三月雨水不調，麥田亦未可望，人民流於襄陽者甚多，爾未知之耳。尋諭大學士等曰：阿山爲人庸劣，奉差之事，不能盡心，凡事啟奏多涉兩可，前同郭世隆遣往福建審事，以病推諉，疏內竟未列名，著解任，以郎中品級隨旗行走。（聖祖一五四、一〇）

（康熙三一、二、甲申）諭戶部：朕勤求治理，念切民依，凡有往來人等，必以年歲之豐歉、雨澤之有無、一切閭閻情形備悉諮訪。前聞陝西西安、鳳翔各屬饑荒，已經特頒諭旨，蠲免錢糧，並發帑金，專遣大臣賑濟，仍撥給別省錢糧，刻期運送，務使均霑實惠，人獲更生。近又聞頒賑之前，尚有貧民散入四方，流離失業，勢不能復還鄉井。倘不曲加撫綏，必致轉於溝壑，深爲可憫。凡流民所至地方，應令該省督撫董率有司，區畫賑濟，令各得所。其賑濟過人口數目，著具冊題報；有能酌量資給、俾回原籍者，一併造冊具奏。至於湖廣襄陽等處，距潼關相近，且道路平坦，易於轉輸。襄陽等處所有積貯倉穀，應令該督撫運至潼關，陝西督撫接受轉運，庶於散給兵餉、賑濟饑民均有裨益。應作何輓運，爾部作速詳議以聞。（聖祖一五四、一一）

（康熙三二、七、癸丑）四川陝西總督佛倫等疏報：秦省西、鳳二屬，雨雪霑足，麥豆豐收，秋禾茂盛，流民回籍者已二十餘萬。得旨：秦省地方自連歲旱荒以來，朕心時切軫念。據該督奏今歲甘霖屢降，麥豆豐收，糧價漸減，目今秋禾茂盛，西成可望，流民回籍者甚多。所奏已知之。（聖祖一五九、一七）

（乾隆一、六）[是月]陝西巡撫碩色奏報武功縣被水情形。得旨：覽。被災之民，雖甚小之災，而撫卹亦不可疏忽。（高宗二一、三二）

(乾隆一、七)〔是月，陝西巡撫碩色〕又奏府谷、神木等縣雹災情形。得旨：知道了。被災窮黎，加意撫恤。(高宗二三、二八)

(乾隆二、四)〔是月〕陝西巡撫碩色奏：陝省雨雪屢降，禾苗暢茂。惟漢中府屬，於三月間，忽生似蠶似蛾之青黑蟲，嚙蝕麥苗，遂致黃萎，幸得雨後率多化蛾飛去，受傷之麥，略減分數。得旨：知道了。但此等害苗之蟲，豈可不似蝗蟲之竭力捕滅而聽其飛去耶？將此諭令查郎阿知之。(高宗四一、三四)

(乾隆二、八、丁巳) 户部議覆：署陝西巡撫崔紀疏言，朝邑地濱黃河，伏汛陡發，衝塌民房四百餘家。已相度高阜處所，設廠安歇，漸次築蓋房屋，其中有實在貧民無力者，請酌動存公銀兩，給令建蓋。應如所請。從之。(高宗四八、一)

(乾隆一〇、八)〔是月，川陝總督公慶復〕又奏：臣前月自陝赴川，行至寶雞，大雨竟夜，渭河漲溢，淹損秋田。臣恐附近各州縣，窪地被澇，當即委員分路查勘。旋據臨河之扶風、岐山、郿縣、武功、長武、興平、富平、鰲屋、三原、渭南、長安，並甘省之隴西、永昌、碾伯、漳縣、寧遠、禮縣、山丹、伏羌等州縣，陸續詳報被水情形。俱經札致陝甘撫臣等，酌辦賑卹事宜。至臣入川，察看風土，實爲樂郊。但五方雜處，奸宄所在多有。臣飭地方官嚴密查拏。得旨：所奏俱悉。卿乃一路福星，其所設施，自必井井有條也。(高宗二四七、二〇)

(乾隆一〇、八)〔是月〕陝西巡撫陳宏謀奏：陝省渭南、麟遊、郃陽、延長、延川、宜川、甘泉、中部、洛川、宜君等十縣，秋禾被雹損傷，現飭先行借給口糧，成災者另爲辦理。但被雹尚屬一隅，通縣田禾暢茂。得旨：欣慰覽之。又批：慶復摺奏扶風等州縣有被水者，何未奏耶。(高宗二四七、二一)

(乾隆一六、六)〔是月〕陝西巡撫陳宏謀奏報各屬被水被雹情形。得旨：覽。詳查妥辦，使霑實惠。(高宗三九三、二三)

(乾隆一六、七、丙戌) 諭：據黃廷桂等奏稱，朝邑縣於六月十四、五等日，因河水驟漲，淹及民居，輕重不等，現在查勘，分別賑卹等語。朝邑逼近黃河，地本窪下，此次河水漲溢，被災貧民雖經該督撫等照例撫卹，其中有房屋、家具、糧食盡被淹沒者，家室漂搖，更可憫惻。著該督撫查明此等被災較重之戶，於常例之外，加恩賞給一月口糧，俾得餬口有資，不致失所。該部遵諭速行。(高宗三九五、一四)

(乾隆一七、八、乙卯) 又諭曰：鐘音奏到，八月初九、初十日，西安省城已得雨霑足，其雨勢似屬廣普等語。於耕犂春麥，甚屬有益，稍慰懸注之念。前經降旨令黃廷桂回陝辦理災賑，今覽鐘音所奏，俱已豫爲籌辦，其收糶囤糧、以備平糶一事，甚合肯綮。至西安等屬二十二縣廳成災之處，一切賑卹事宜，務當妥協辦理，不可專任州縣開報，任意濫冒，亦不得令實在災黎，流移失所。其本省撥動糧石，足敷賑卹。前因蔣炳奏到，豫備撥協隣省糧石，傳諭山、陝、河南三省督撫會商。今陝省既可無需接濟，而晉省蒲、絳等屬成災，去河南較近，或即爲晉省協賑之用，仍著該督撫通融詳悉會商具奏。尋奏：晉省蒲州等處，與豫省陝州並所屬靈寶、閿鄉二縣相隔一河，應即於陝、靈、閿備撥糧內，飭晉省需米各州縣陸續領運，以十月爲止。得旨：好。（高宗四二一、一八）

（乾隆二三、五）［是月］署陝西巡撫吳士功奏：延、綏二府州屬，得雨未透，應照夏災例，酌借口糧籽種，加意撫卹。又，鄜州所屬之宜君縣二十八村莊，於五月初一日被雹，中部縣四十九村莊，亦於是日被雹，應照夏災例，酌惜籽種，並飛飭將各缺雨被雹分數，取結具詳，分別酌借籽種。得旨：覽奏俱悉。若有再不得雨致成災之處，一應撫卹，加意妥爲之。（高宗五六三、二二）

（乾隆二八、六、甲寅）諭軍機大臣等：據方世儁奏，西安省城以北至沿邊一帶，春夏之間，未得透雨，內定邊、榆林、懷遠、米脂四縣，與近省之咸寧等十一州縣，夏禾俱成偏災。又，另摺所奏，延安府屬之靖邊縣，秋苗間被雹傷等語。延、榆所屬被災州縣，二麥既已歉收，自宜及早補種秋糧，其被雹處所，亦當趕種雜糧菽豆，以冀有秋。著傳諭阿里袞，將咸寧及定邊等州縣查明實在貧乏戶口，於秋糧未收以前，有應借給常社倉糧接濟者，即行照例借給；其被雹地畝無力農民，並著酌借倉糧，以資工本。阿里袞務須悉心經理，不可使屬員視汝爲五日京兆，遂草率了事，以致吏胥中飽，使貧民不得均霑實惠。可將此傳諭知之。尋方世儁奏：五月二十二、三、四等日，近省西、同各府州暨省北郡縣，均獲甘霖，六月初八至初十日復得透雨，秋禾長發，未種地畝補種齊全。得旨：欣慰覽之。（高宗六八九、一九）

（乾隆三八、八、甲辰）又諭：據畢沅奏商南縣被水情形一摺，已降旨交該部照例撫卹矣。又，另摺奏，陝西省自七月以後，雨水連綿，道路泥濘等語。其時正當秋禾刈獲之際，曾否先已登塲，或收成分數不免稍減，其低窪處民房有無妨礙，是否不致成一隅偏災，深爲厪念。著傳諭畢沅即行查明，據實覆奏。尋奏：陝省入秋以後，大雨浹旬，其時正當秋禾結實之時，並無妨礙。惟漢鳳一帶沿棧村民，俱係極貧煙戶，土垣茅舍，多有傾頹。且軍興絡繹，凡途中負任之役，即係此等居民，又素無恒產，無從邀躧緩之恩。應請酌量一體查辦。得旨：自應查卹，亦不必另降旨矣。(高宗九四一、一〇)

（乾隆四二、八、丙申）諭軍機大臣等：據畢沅奏，陝西自七月初一、二得雨之後，惟漢中、鳳翔、興安、商州四府州屬並附近南山之各州縣，續報有節次得雨之處。其西安、同州、邠州、乾州等處，立秋以後，兩旬有餘，竟未得雨。日來地土漸覺乾燥，秋陽甚烈，田禾待澤孔殷。現在虔誠祈禱，惟冀甘霖速沛等語。看來陝省西安等處，雨澤短少，似有旱象。現在節氣已遲，即得透雨，亦恐無濟，收成不無歉薄。雖關右民食以麥為重，今春麥收在八分以上，但秋禾被旱，閭閻口食難免拮据。著傳諭畢沅即速詳悉確查，如有成災處所，務須董率屬員實力妥辦，應撫卹者即行撫卹，使窮黎均霑實惠，不致失所，毋得稍存諱飾。將此由五百里諭令知之。仍將現在曾否續得透雨、於晚稼菽菜有無裨益之處，迅速具奏。尋奏：西安省城於八月初八至十二日，雨勢漸密，通省普霑，西安等府屬二十九廳州縣，情形相同，正可及時廣種二麥。現在確查乏食貧民，先行酌借口糧。得旨：覽奏稍慰。其有成災者，妥加撫卹，毋致失所。(高宗一〇三八、四)

（乾隆五七、八）[是月] 陝西巡撫秦承恩奏：親赴西路查勘咸寧、長安、咸陽、乾州四州縣，惟晚秋受旱，興平、醴泉二縣及武功之東北二鄉，被旱較重，收成恐致歉薄。得旨：覽奏俱悉，其有成災者，不可諱飾，妥為賑恤。(高宗一四一一、二八)

（嘉慶一〇、八、甲辰）諭軍機大臣等：方維甸奏陝省西安等屬地方普得透雨情形一摺。覽奏欣慰。陝省地方夏間雨澤較稀，秋成歉薄，朕心刻深縈念；茲雖普得透雨，而被澤稍遲，地方業已成災。現據該撫酌籌查災事宜，惟在覈實妥速經理，固不可草率從事，亦不可過於迂緩。(仁宗一四九、一四)

(9) 甘肅

（康熙一二、四、壬戌）甘肅巡撫花善疏言：鞏昌所屬西和、禮縣，去歲疫癘盛行，牛驢倒斃甚眾，若待請旨始行散賑，恐播種愆期，已於康熙十一年徵解銀內發買耕牛，積貯屯糧內散給籽種。部議以民間倒斃牛驢，無動正項錢糧買補之例，至動支錢糧賑濟，必先行題請，今該撫任意違例，不合。應將撫藩道府交吏部議處，其擅動銀穀應令賠補。得旨：銀穀既經給發

小民，該撫司道府等官免其賠補議處。(聖祖四二、六)

（康熙四〇、七、辛丑）諭大學士等：頃賀蘭山後公雲木春奏，西北亢旱，寸草不生。此被災蘭州等處，著總督席爾達親往，會同巡撫，將被災百姓錢糧停徵，其作何賑救之法，確議具奏。(聖祖二〇五、六)

（康熙四〇、一〇、戊辰）署四川陝西總督事吏部尚書席爾達疏言：甘肅巡撫喀拜報，被災地方，自西和至隴西等州縣，臣等已遵旨賑濟，請緩徵明年額賦。上諭大學士等曰：地方被災，應即題報，預籌救賑之策。甘肅被災，百姓流散，喀拜竟不題報。朕巡幸邊外賀蘭山後，公雲木春來朝，逐一詳詢，雲木春陳奏，朕方得悉。倘朕不詢雲木春，即遣人採訪，彼亦隱匿不奏矣。喀拜，著交九卿嚴察議處具奏。甘肅所屬，康熙四十一年地丁錢糧盡行豁免，已有旨了。尋九卿議覆：喀拜，應降三級調用。得旨：喀拜，著革職。(聖祖二〇六、七)

（乾隆一、六）[是月]吏部尚書、署川陝總督兼甘肅巡撫劉於義奏田禾被雹情形。得旨：被災窮民，所當加意賑卹，勿致失所。(高宗二一、三〇)

（乾隆四、六）[是月]川陝總督鄂彌達等奏：泰[秦]安、武威、永昌、古浪被水，皋蘭、渭源、河州、隴西、會寧、寧遠、伏羌、階州、秦州、西寧、平番被雹，請分別撫卹。得旨：所奏俱悉。甘省災傷之餘，復有此被雹被水之時，朕實切惶悚，不知汝等督撫作何慮也。(高宗九五、二〇)

（乾隆五、六、癸巳）戶部議准：甘肅巡撫元展成疏報，秦州屬之羅峪河及北關菜園並河灘上下地方，於本月二十七日，山水陡發，衝斃男婦四十九名口，倒塌房屋六十九間、橋梁五道，淹泡未倒房屋一百二十五間，並有損傷田禾處。應請照例撫卹。得旨：依議速行。(高宗一一九、一六)

（乾隆六、一一、壬申）吏部等部議准：川陝總督尹繼善奏，遵旨會同御史李愿查勘甘省去年饑饉情形，特參玩視民瘼、撫字無方之道府州縣，及不實心查察之布政使徐杞、原任巡撫元展成，並自請交部嚴加議處外，酌擬應行料理事宜。一、伏羌、隴西等處百姓，因災乏食死者，其鰥寡孤獨絕無養贍者，應動項撫卹；因貧典賣子女者，即動項代贖；所用銀，俱著落元展成追賠。從前出外覓食之民，在外未歸者，應照例賚助招復，酌給口糧安插。一、歉收之處，或因人力不足荒地未種者，即借給籽種。一、伏羌、隴西去年秋冬及今春借過籽種口糧，請全予豁免；秦州、通渭，並懇豁免一半；至甘肅通省歷年借欠之糧，已積至一百數十萬石，應分別寬緩，俟詳悉妥議另題。從之。(高宗一五四、二一)

（乾隆七、七）[是月]甘肅巡撫黃廷桂奏：甘省狄道州、寧遠縣、西固廳、中衛縣被水衝漫、田禾被淹、房屋坍倒，已飭各屬分別賑卹。得旨：知道了。被水處所，雖係偏災，亦應加意撫卹，蓋甘省非他省可比也。(高宗一七一、三四)

(乾隆七、七)〔是月〕甘肅布政使徐杞奏報河東河西被雹輕重情形。得旨：所奏俱悉。其被災之處，與撫臣商酌，加意賑卹之。(高宗一七一、三四)

(乾隆七、八)〔是月〕甘肅巡撫黃廷桂奏：皋蘭、金縣、隴西、安定、通渭、平涼、固原州、鹽茶廳、秦州、徽縣秋禾被雹，現飭勘查，分別賑免彙題；惟秦州、通渭縣二處衝倒房屋、壓斃人口，殊堪憫惻，亦經檄令賑給銀兩。得旨：所奏俱悉。(高宗一七三、四三)

(乾隆七、九)〔是月，甘肅巡撫黃廷桂〕又奏：甘省地處邊陲，降霜略早，皋蘭、靈臺、平涼等縣秋禾被霜，均有損傷；雖輕重不等，但地極苦寒，小民別無生計，偶遇偏災，艱於度日。臣已飭將錢糧，暫行緩徵，並委員確勘，先行賑恤一月口糧。其應免錢糧及加賑月分，俟查實題請。得旨：是。妥協為之。(高宗一七五、三六)

(乾隆九、六)〔是月，甘肅巡撫黃廷桂〕又奏報各屬被雹情形。得旨：所奏俱悉。雖云偏災，其被災之處，則無論偏全之分也。惟應加意撫恤之。(高宗二一九、一九)

(乾隆一○、六)〔是月〕甘肅巡撫黃廷桂奏：鞏昌府屬岷州之林家族，於四月二十三日山水陡發，衝壞民房三間，淹斃小孩一口。隴西、寧遠、西寧等縣，俱於五月十七日被雹傷禾。秦州之豐盛川等處，亦於是日被水被雹。現在飭屬確勘分數，酌借銀兩，令買籽翻耕，並查明被災戶口，動支倉糧接濟。應徵錢糧，暫行停緩。得旨：所奏被災州縣，加意撫綏之。(高宗二四三、二七)

(乾隆一○、一○)〔是月〕甘肅布政使阿思哈奏報各屬收成分數，並陳明被災之靖遠、安定、會寧、隴西、華亭、秦州、伏羌、靜寧、秦安、莊浪、金縣、皋蘭、涇州、平涼、西寧、碾伯、寧朔、肅州等州縣分別賑貸蠲緩情形。得旨：撫恤災黎，地方第一要務，不可忽視也。慎之，勉之。(高宗二五一、二三)

(乾隆一一、六)〔是月〕甘肅巡撫黃廷桂奏：平番、河州、安定等屬被旱被雹各村莊，可補種者，借給籽種，如有成災處，飭司委勘詳報。又，寧夏縣屬王洪堡，淹地六頃，或應借籽種、或應貸口糧，亦令查明妥辦。得旨：覽奏俱悉。其有被偏災者，題報雖有定例，而甘省遠在天末，一應辦

理,全在汝妥協周詳,使毋濫毋遺,災黎早受一分之賜,即早免一分之苦。慎之。不可忘也。(高宗二六九、四四)

(乾隆一一、七)[是月]甘肅巡撫黃廷桂奏報:合水縣之邢家坪,安定縣之秤鈎堡、磨石溝,漳縣之魚卜池,河州之柴東嶺,永昌縣之河西塢、平番縣之曹家堡、打柴溝,莊浪廳之一眼井,寧夏縣之通貴堡等處,夏間先後被雹傷禾;又,中衛縣之白馬灘,暴雨衝決,高臺縣之柔遠堡、四號屯,禾苗生蟲。臣即委員查勘,賑卹借貸,照例分别辦理。得旨:是。妥協爲之。(高宗二七一、三九)

(乾隆一四、七)[是月]甘肅巡撫鄂昌奏報:涼州府屬之武威、永昌,甘州府屬之張掖、山丹,肅州屬之高臺縣並金塔寺各堡,間有被旱之處;柳林湖及鎮番縣屯田,平番縣花阿裴地方,禾苗爲田鼠所傷;毛目城雙樹墩屯田亦經被旱。俱已委員會勘,所有應行賑撫事宜,現在隨時辦理。得旨:是。豫爲綢繆,毋致後時也。(高宗三四五、二二)

(乾隆一五、一、壬子)又諭軍機大臣等:肅州、山丹等州縣貧民,多有乏食,該撫鄂昌并不早行奏報。雖據稱該州縣等匿災不報,查勘不實,該撫何以不豫爲飭查?……著一併傳諭申飭。(高宗三五六、八)

(乾隆一五、五、甲寅)諭軍機大臣等:鄂昌奏報三、四兩月地方得雨情形摺内,如階州及甘、涼、寧、肅所屬,自三月下旬至四月中旬,得雨俱未深透。甘省邊陲重地,本應加意撫綏。況甘、涼、寧、肅等屬州縣,上年秋收,即有僅及五分、加恩緩徵者。現今如已得透雨,自不待言;若尚未霑足,則以上年被旱之餘,仍復遇旱,民何以堪?更應先事綢繆,熟籌豫備之策。在甘省地處邊荒,土瘠歉收,商販不到,迥非内地可比。著傳諭該撫鄂昌,令其悉心籌畫,無得洩視。鄂昌前撫廣西,尚能奮勉,自調任甘省以來,辦理諸事頗不如前,何以克副委任?一併傳諭,令知改絃。(高宗三六四、二一)

(乾隆一九、六、戊午)又諭:據鄂樂舜奏,皋蘭、金縣、會寧、靖遠四縣,得雨未能普遍,業有受旱情形;靜寧、通渭、鎮番各州縣,山地亦現在望雨等語。時當盛夏,農田望澤甚殷,所有甘省缺雨州縣,如旱象已成,該撫等即當豫爲籌辦接濟;況該省現有應備軍需,正資民力,尤當加意培養,毋令拮据,斯辦理一切不致張皇。著傳諭鄂昌實力查明,令將缺雨處所曾否得有雨澤、是否成災,並作何料理撫卹之處,一面妥協辦理,一面速行奏聞。尋奏:查會寧、靜寧、通渭、鎮番四州縣,自五月二十四、五日得有透雨,二麥雖稍減分數,不致成災,惟皋蘭、金縣、靖遠三縣,暨狄道、渭源二州縣，二麥大半枯槁，現借給籽種，翻種晚秋，其被災較重處，分別賑卹。至於備辦軍需，雖地方偶被偏災，毫不累民。查軍需案內運糧腳價，河東每京石、每百里，給銀一錢六分，河西每百里給銀二錢。災民領運腳價，儘可營生，不但不致拮据，且甚有益。得旨：覽奏稍慰。（高宗四六六、一一）

（乾隆二一、九）[是月] 甘肅巡撫吳達善奏：甘省收成豐稔，惟武威縣屬被旱五分，平番縣觀音渠被水成災，莊浪滿城被雨衝倒衙署、兵房百餘間，已分別撫恤修理。得旨：覽奏欣慰。其被災者，加意撫卹之。（高宗五二一、一六）

（乾隆二二、六、庚寅）諭：據甘肅巡撫吳達善奏，甘省之碾伯、會寧等三十八州縣廳各村莊，今夏或因崖土坍塌、或因雨水帶雹并山水漲發，間有損傷田禾及衝壓房屋、淹斃人口之處，現在飭查撫卹等語。甘省地處邊陲，雨雹偏災、旱潦不齊，雖所時有，然今歲被災情形，視往年較廣，朕心深爲軫念。著該撫董率屬員，將災地逐一詳勘，其有可以補種雜糧者，即速酌量借給籽本，趕種晚秋，以望西成，其衝倒房屋以及淹斃人口、牲畜，著即行確查，照例按數賑給。務俾邊徼災黎均霑實惠，毋致稍有失所。大學士黃廷桂回任時，並令順道查察。該部即遵諭速行。（高宗五四一、四〇）

（乾隆二三、四）[是月，甘肅巡撫吳達善] 又奏：甘省各屬，春夏以來，民間耕牛染疫，率多例[倒]斃。查從前舊例，如遇農民牛隻例[倒]斃，原有借給牛本銀三兩或糧三石，飭令買補之例。除批飭寧夏府屬靈州及中衛等縣，照依前例借給牛本，分作二年還項。別屬或有續報之處，均請一例辦理。得旨：甘省常有牛疫之災，何不講求醫治禳解之方耶。（高宗五六一、三四）

（乾隆三八、九、壬申）陝甘總督勒爾謹奏：甘省皋蘭、肅州、王子莊州同、張掖、山丹、東樂縣丞、撫彝廳、武威、合水等州縣，本年八月上、中兩旬，附近山坡處所，秋禾疊被嚴霜，成災六、七、八分不等。已飛飭各該道府，親行確勘，將地畝分數切實查明，如果成災，照例查辦。得旨：覽。應撫卹者，實力妥爲之。（高宗九四三、四）

（乾隆三八、一一、乙丑）諭軍機大臣等：前據勒爾謹奏皋蘭、肅州等州縣秋禾疊被霜雹，現在飭屬確勘一摺，隨經批諭該督，應撫卹者實力妥辦。今據勒爾謹題報，皋蘭等十州縣州同各地方所屬村莊，夏秋二禾，間被雹霜，已成偏災等語，現交該部速行議覆，令將應行賑卹蠲緩各事宜，照例妥辦矣。甘省素稱瘠薄之區，今皋蘭等處，秋禾又屬歉收，恐當青黃不接之時，民力未免拮据。著傳諭勒爾謹，將各被災地方，明春應否再行加賑及酌借籽種之處，速即查明覆奏。再，該督題本内所稱，撫彝等五處，秋禾亦經被霜，現在會勘等語。並著勒爾謹迅速確查，是否成災、應否酌量加恩之處，一併具奏。(高宗九四六、一二)

(乾隆三九、六)[是月]陝甘總督勒爾謹奏：五月二十三日夜，雨勢甚大，黃河暴漲，據附近省城各鄉農民稟稱，夏秋二禾多被冲損，並有淹没人口房屋牲畜之處。臣飛飭甘肅驛傳道福川，親往各鄉村履勘，應撫恤者一面照例撫恤，一面據實詳報。得旨：覽奏俱悉。有成災者，善爲撫恤。(高宗九六一、三七)

(乾隆四〇、七、己未)王亶望奏：六月二十六、七等日，省城及附近地方得雨，而爲時較遲，皐蘭等處俱成偏災。七月中旬後，各屬得雨一二寸至深透不等。圖桑阿奏：六月下旬，蘭州等處始經得雨，各屬不免旱災。七月望後，陸續俱已得雨。報聞。(高宗九八六、二二)

(乾隆四二、七、己巳)諭軍機大臣等：據勒爾謹奏，甘省入夏以來，未得透雨，致皐蘭縣等十七處及續報之靖遠縣等十處，夏禾被旱，已成偏災，現在遵旨督率各道府實力查辦等語。甘省被旱，業已成災，且係積歉之區，閭閻生計，不無拮据。著傳諭勒爾謹將應行撫卹各事宜，督飭各屬，妥協經理，務使貧民均霑實惠，毋致少有失所。至該省今歲成災輕重多寡，較去歲若何，並著查明據實奏覆。又據稱，現仍率屬虔禱，如數日内大霈甘霖，收成尚有可望等語。該督具摺後，曾否續得透雨，並著迅速具奏。(高宗一〇三六、八)

(乾隆四二、七、丙子)又諭：據王亶望奏，蘭州於五月二十八日，得有微雨，秦州所屬，於二十八、九等日得雨二、三寸，其餘各處，或間被細雨，不成分寸。現據皐蘭、金縣二十七處具報，秋禾被旱，俱成偏災等語。甘省被旱成災；前經該督奏報，並稱現仍率屬虔禱，如數日内大沛甘霖，收成尚可有望；業已降旨詢問，並令該督將應行撫卹各事宜，確查妥辦矣。王亶望此次奏摺，在該督發摺以前，現在該省曾否續得透雨、其成災處所情形較昨歲輕重如何，著傳諭勒爾謹董率各屬，妥協經理，務使貧民均霑實惠，毋致稍有失所；並將該省現在有無得雨之處，迅速具奏。(高宗一〇三六、二〇)

(乾隆四二、七)[是月]甘肅布政使王廷贊奏：甘省現報偏災者二十餘處，臣由寧夏至省，繞道確查，並經督臣分委道府履勘，臣仍詳細查察，使災黎不致失所。得旨：好。勉爲之。知汝能勝此任，故起用汝。宜盡心救濟

災黎，俾均霑實惠。（高宗一〇三七、三一）

（**乾隆四三、七、己亥**）諭軍機大臣曰：勒爾謹奏甘省雨水情形一摺，覽奏已悉。甘省皋蘭等州縣，被旱成有偏災，業據該督勘辦題報。今寧夏所屬三縣，又因河水泛漲被淹，而秦州秦安縣亦因山水暴發，田禾間有衝淤之處，自應飭屬實力勘查，照例分別妥辦，使被災邊氓不致失所，毋稍粉飾。至黃河未入龍門以前，向無泛溢，何以前歲陝西之朝邑縣及今歲甘肅之寧夏等縣，俱有黃河泛漲爲災之事，其故安在？並著該督查明具奏。尋奏：本年蘭州等府秋雨過多，山水匯入黃流，宣洩不及，致寧夏等縣瀕河地畝間被淹浸。其前歲朝邑縣因黃河由龍門徑行朝邑，直注潼關，兼因彼時渭、洛二河同時並漲，匯入黃河，淹及民田，非盡由黃河泛溢。報聞。（高宗一〇六二、三一）

（**乾隆四四、七**）〔是月〕署陝甘總督陝西巡撫畢沅奏：甘省蘭州、西寧、涼州、寧夏等府屬，六、七月間多雨，低窪被淹，高阜西成可望；惟皋蘭、狄道等州縣，夏禾受黃疸蟲傷，兼被冰雹，不能翻種，民情未免拮据，現委員確勘結報後，奏明辦理。得旨：妥爲之，俾受實惠。（高宗一〇八七、二八）

（**乾隆四五、七、癸巳**）諭軍機大臣曰：勒爾謹奏到甘省得雨情形一摺，殊未明晰。摺內稱五月二十四至六月初一、二得雨，於各處之農田均爲有益。又稱，除被有偏災之皋蘭等十三廳州縣，現在履畝查勘等語。及閱得雨分寸單內所開，皋蘭等十五州縣，得雨三、四、五寸，而會寧等十八處，得雨二、三寸；皋蘭等處，既得雨四、五寸，則雨澤尚不爲過小，何以摺內稱爲被有偏災；而會寧等處，僅得雨二、三寸，實未深透，轉稱可冀其有收，更屬難解。且其所稱十三州縣，亦未分晰開明某州某縣，以甘肅通省各州縣計之，究屬十分之幾。著傳諭勒爾謹即行查明，分晰開單呈覽，並將何處實在被有偏災分數及現在作何撫卹緣由，迅速據實奏覆。尋奏：臣前奏被有偏災之皋蘭等十三廳州縣內，皋蘭、金縣、狄道、河州、平番、涇州六處，自四月初旬至五月中旬，雨澤稀少，雖於五月二十後得雨三、四寸，而夏禾黃萎者，不能復望結實，是以仍須履畝查勘。至會寧等十八處，除伏羌、寧遠、鎮番、秦安、徽縣、禮縣、兩當、成縣、高臺、安西、玉門、敦煌十二處，陸續得雨，可冀有收外，其會寧、安定、洮州廳、華亭、武威、肅州六處，續據道府勘明成災。查甘屬共七十三廳州縣，本年奏報成災者，皋蘭、金縣、狄道、河州、平番、涇州、會寧、安定、洮州廳、華亭、武威、肅州、隴西、靖遠、山丹、西寧、文縣、漳縣共十八廳州縣，以通省州縣計之，不過十分之二；其各州縣境中，又止一隅。以通省戶口地畝計之，尚不及十分之一。應行撫卹事宜，已飭地方官妥協辦理。報聞。（高宗一一一一、一）

　　（乾隆四六、七、癸丑）又諭：昨李侍堯奏，據各屬稟報夏秋被旱被雹及黃疸諸處，仍係相沿該省捏報積習，此等劣員，將來歸於冒賑案內參奏辦理一摺。所奏甚是。即此見其能辦事之一端，已於摺內批示。甘省辦理冒賑一案，原因剔除弊竇，使窮黎得霑實惠起見，昨恐各省督撫誤會朕意，或致有災不辦，已屢降明旨，嚴切宣諭矣。李侍堯所奏，報災各屬，雖云未可盡信，然既經稟報，斷無不辦之理。著傳諭李侍堯即速派委明幹公正大員，再行詳悉查勘，即使勘不成災，而其中一鄉一村有受累之處，亦應量加撫卹，或予蠲緩、或借給口糧籽種，以資接濟。朕臨御四十六年，凡遇各省偏災，無不加恩賑濟，屢經降旨，寧濫無遺。甘省監糧冒賑一案，所以嚴行窮究者，正爲官吏多一分侵漁、即災民少受一分實惠，若因此稍涉靳固，則是因噎廢食。外間無識之人，妄生議論，必且以李侍堯爲仰承意旨，靳惜災賑。而甘省被災村民，或因此致抱向隅，其所關於政治甚大。夫去積弊，可也；不惜災民，甚不可也。愛民所以事天，朕如傷在抱，惟恐一夫失所，實出於中心至誠，此上天所鑒，亦天下臣民所共知共見者。朕前旨所謂寧受萬人欺，不可使視民如傷之心少懈，正謂此也。昨已明降諭旨，申誡再三，恐李侍堯尚未能明喻朕意，是以再行傳諭，令其實心詳查勘辦。倘有不肖之員，以爲災賑已無可分肥，竟視民瘼於膜外，諱匿不報者，必當加倍重治其罪。其間輕重，李侍堯當自知之。其如何委勘辦理緣由，並著迅速馳奏。並傳諭阿桂知之。（高宗一一三六、三四）

　　（乾隆四八、一〇、丁亥）諭曰：李侍堯奏，本年甘省收成，通計約有八分；惟寧夏府屬之寧夏、寧朔、靈州暨花馬池四處，八、九月間，秋霖過多，收成未免減薄，於明春酌量出借平糶，以資接濟等語。甘省地瘠民貧，遇有災荒，一經奏聞，朕無不即諭令加意撫卹。自勒爾謹、王亶望等，上下通同捏災冒賑，甘省幾於無歲不旱。朕彼時亦非不風聞其弊，第以念切民依，恐降旨查詢，轉啟諱災之漸，是以無不俯允所請。迨四十六年查辦之後，朕尚恐該省有冒賑一案，嗣後匿災不報，屢經傳諭李侍堯，如有歉收之處，仍當據實入告，不可因噎廢食。乃兩年以來，俱據該督奏報雨暘時若，收成豐稔。本年秋收，通計復有八分，寧夏等四處，轉因陰雨過多，以致減收，更可見從前該省每歲報旱，悉屬虛捏。所有本日李侍堯奏到之摺，並著發交大學士、九卿閱看。（高宗一一九一、三〇）

（10）蒙古

（康熙二八、九、戊戌）理藩院題：喀爾喀信順額爾克戴青等六台吉奏稱，所屬牲畜盡斃，饑荒不能度日，祈賜恤養，應遣官清察。得旨：此六台吉饑荒，不速行拯救，則死亡愈多，著速行差官確查。（聖祖一四二、一）

（康熙二八、一二、丙子）厄魯特噶爾亶多爾濟奏言：蒙聖明軫念鄂齊爾圖汗、賜羅卜臧滾卜遊牧之地，正將遷移，聞喀爾喀、厄魯特交亂興戎，因率兵前往，未能全徙。地方遠隔，且去年遭遇旱災，牲畜倒斃，人民困苦，難以遷移。伏乞鑒恤。得旨：噶爾亶多爾濟，著授爲諾顏，遣達虎前往傳旨，並查貧民。（聖祖一四三、一四）

（康熙五一、一二、庚申）諭理藩院：聞鄂爾多斯地方，連年大雪，饑饉洊臻，將人口賣與四十九旗並喀爾喀者甚多。可速差官查問，送還本籍，務使各遂生業，以副朕體恤外藩至意。尋理藩院遵諭議覆：應選遣司官至蒙古各旗王、貝勒、貝子、公、台吉等處，查明鄂爾多斯人口數目，送還本處。從之。（聖祖二五二、一七）

（雍正二、三、戊戌）遣官往勘鄂爾多斯六旗被災人民牲畜。（世宗一七、二六）

（雍正一三、六、丙戌）諭理藩院：據扎魯特貝勒阿諦沙報稱，今歲春時亢旱，將伊旗分人等移於近河潮濕之地居住。五月初七日，大雨竟日。夜間水發，淹沒人畜甚多，等語。扎魯特等旗分，年來連值旱澇，收成歉薄。今又遭此水患，深可憫惻。（世宗一五七、一一）

（乾隆四九、七、乙亥）理藩院議覆：陞任察哈爾都統烏爾圖納遜奏稱，察哈爾正白旗佐領德里克畢里克圖呈稱，台吉佐領下護軍領催，向例每年攢助銀各四兩、馬甲銀各三兩，今本佐領下人牲畜被災，情願將此項銀兩於本年秋季減半收受等語。又稱，察哈爾正白旗布玉古爾佐領下人，向來亦有攢助銀兩之例，是以本佐領下馬甲，懸缺至十餘名，請嗣後台吉佐領下兵丁缺出，如不得人，准於本旗各佐領下，擇其漢仗好，騎射可觀者挑取，無庸攢助台吉銀兩，其餘旗分均應照此辦理。又稱，察哈爾八旗各佐領下人數多寡不一，其閒散較少旗分缺出，請各按本翼挑取。均應如所奏。得旨：依議。台吉佐領德里克畢里克圖因屬下人等牲畜被災，呈將兵丁餉銀內攢助伊等銀數減半坐扣，殊屬可嘉。加恩各賞緞二匹，以示獎勵。著積福即於該處存貯緞匹內發給。（高宗一二一一、一〇）

(11) 新疆

(**康熙五九、九、壬申**) 靖逆將軍富寧安疏言：臣於七月十八日至烏魯木齊，賊人並未設哨，隨遣滿漢官兵遍行搜尋，亦無蹤跡。有烏魯木齊及哈西哈等處地方逃出回子，陸續投降。臣詢以策妄阿喇布坦之信，據稱伊等係哈密屬下人，爲賊兵擄掠而來，本月十一日，賊目徹格爾得，自伊爾布爾和韶奔回，通知信息云，皇上大兵已至伊爾布爾和韶，將台吉吹音拍爾所領之兵盡行剿殺，故烏魯木齊有吹音拍爾所屬之人，及附近地方厄魯特之人，俱各震驚奔竄，伊等得乘間逃出，即來投順。又稱，烏魯木齊地方，今年甚旱，牲畜倒斃甚多，臣遣人細加偵探，與回子之言無異。……(聖祖二八九、二)

(12) 江蘇

(**順治四、六、甲申**) 江南宿州蝗蝻。(世祖三二、二〇)

(**順治一一、六、庚辰**) 江南蘇州、常州、松江、鎮江等府颶風海溢，房屋樹木半被漂没傾拔，男婦溺死無算。(世祖八四、二四)

(**順治一八、九、癸卯**) 户部議覆：江南總督郎廷佐疏報，江南旱災，應委官履畝踏勘分別分數。得旨：時已入冬，苗禾俱無，爾部猶云履畝踏勘，殊屬無益。著該撫詳加分晰，取具官民甘結，明白造册報部。(聖祖四、二〇)

(**康熙二三、一〇、甲寅**) 御舟過高郵湖，見民間田廬多在水中，惻然念之。因登岸巡行隄畔十餘里，召耆老詳問致災之故。復諭王新命曰：朕此行，原欲訪問民間疾苦，凡有地方利弊，必設法興除，使之各得其所。昔堯憂一夫之不獲，況目睹此方被水情形，豈可不爲拯濟耶？(聖祖一一七、九)

(**康熙二四、一〇、甲寅**) 户部左侍郎蘇赫疏言：臣踏勘江南被災邳州、宿遷、高郵、邵伯、鹽城、興化等六州縣衛所，黎庶罹災，有房屋漂蕩、見今貧乏不能餬口者，有僅可度一、二月者，應蠲免賑濟。查鳳陽、徐州、淮安等倉，所有積年支給運丁餘剩米麥應行動用，再於各府產米豐收地方採買、及勸輸賑濟。務使饑民得所，仰副皇上視民如傷至意。下部議。(聖祖一二二、二七)

(**康熙二五、六、甲子**) 奉差江南賑濟學士麻爾圖回京啟奏，上問鳳陽、徐州等處饑民情形，麻爾圖奏曰：春間饑饉殊甚，臣於閏四月到彼，正遇下雨，百姓既蒙恩賑，又值甘霖，可以冀望秋成。上又問曰：彼處及江南一路

田苗若何？近京一帶飛蝗爲虐果甚否？麻爾圖奏曰：沿途一帶禾苗俱佳，據百姓云，蝗生不久飛去，尚不爲災。（聖祖一二六、二五）

（**康熙四四、九、乙亥**）戶部議覆：江南江西總督阿山疏言，淮揚地方，今歲天雨連緜、黃淮並漲，因古溝等處衝決，田禾淹沒、房屋傾倒等語。應行文該督撫轉飭地方官，將被災人民加意撫綏，無致失所。得旨：這隄岸衝決、民舍田地淹沒之處，著張鵬翮親往逐一閱看，作速具奏。餘依議。（聖祖二二二、一〇）

（**康熙四四、一一、戊寅**）河道總督張鵬翮疏報：臣遵旨閱看隄岸衝決、民舍田地淹沒之處。因五、六月內雨水連緜，故致淹沒，入七月後，天晴水消、漫口堵完，高地涸出，二麥已種，房舍修理安堵。又，丁溪迤下洩水入海甚速，低田皆涸，春耕有望。下所司知之。（聖祖二二三、七）

（**康熙四八、五、戊子**）江南江西總督邵穆布等疏言：江南四月內霖雨連綿，上江之泗州、臨淮，下江之邳州、沭陽、泰州等處，雨水停積，麥苗淹沒。臣即檄司道宣洩水勢，實濟斯民，並查明被災分數申報。得旨：江浙兩省連年被災，施恩重疊，爾等身爲督撫，於被災人民理應實心拯救，各令得所。今疏內止稱檄令宣洩水勢、實濟斯民，並無籌畫於此，而民果有實濟，朕不之信也。著速查明另奏。（聖祖二三八、四）

（**雍正二、八、甲午**）諭戶部：前因江浙督撫等摺奏七月十八、十九等日驟雨大風，海潮泛溢，衝決堤岸，沿海州縣、近海村莊，居民田廬，多被漂沒，朕即密諭速行具本奏聞賑卹。但思被災小民，望賑孔迫，若待奏請方行賑卹，致時日躭延，災民不能即霑實惠，朕心深爲憫惻。著該督撫委遣大員，踏勘被災小民，即動倉庫錢糧速行賑濟，務使災黎不致失所。其應免錢糧田畝，即詳細察明請蠲。凡海潮未至之村莊，不得混行濫冒。至於緊要堤岸衝決之處，務須速行修築，無使鹹水流入田畝。朕念切痌瘝，務令早霑實惠。該地方官各宜實心奉行，加意撫綏，俾凋瘵得蘇、生全速遂，以副朕勤恤民隱至意。（世宗二三、二三）

（**雍正一三、九**）［是月，蘇州巡撫高其倬］又奏：收成分數並查勘京口水府廟風潮沖坍江岸隄工民房情形。得旨：被旱州縣，雖係偏災，必須加意料理，以濟吾民之食，不可又蹈從前陋習。江岸沖坍之處，可與趙宏恩悉心商辦，不可怠忽。（高宗三、四三）

（**乾隆一、六、戊辰**）諭總理事務王大臣：朕聞本年四月間，江南徐州府蕭縣地方，因上游祝家水口潰決，黃水漫溢，以致蕭邑民田被淹，南北約長四十餘里，東西二十餘里，二麥未收，秋禾亦被淹浸，窮民失業，朕心深爲軫念。著該督撫委員確查，速行賑濟，毋令災民失所。其積水作何宣洩之處，會同河道總督速議辦理，毋得稽遲。（高宗二〇、一〇）

（乾隆一、六）[是月] 江南總督趙宏恩奏江南徐州、江西贛州等處被水情形。得旨：被水州縣如此之多，淹斃人口亦復不少，此皆我君臣政治失宜、上干天和之所致也。若視以爲泛常，而於賑卹之間，再復不盡心辦理，則所謂不具人心者矣。（高宗二一、二八）

（乾隆一、七）[是月] 江南總督趙宏恩奏報查勘各府州縣間被水災、應照例賑恤情形。得旨：今年江南雨水過多，災異數見，朕心深爲憂慮。被災貧民必當加意賑恤，不可致一人失所。（高宗二三、二三）

（乾隆三、八、甲申）諭：江南下江地方，五、六月間，雨澤短少，及至得雨，已在立秋之後。且淮安所屬，蝗蝻爲害，田禾亦不免被傷。朕心憂慮，已屢降諭旨，令該督撫悉心區畫、豫籌民食，並將額徵漕糧，暫停徵收，查明是否成災，或應蠲免、或改折色，分別辦理。今思江南戶口繁庶。需米甚多，此番被旱，歉收之處似廣，閭閻必至艱難。著該督撫查明成災地畝，將應徵漕糧，照條銀之例，按其分數，悉予蠲免；其被災分數之外，仍有應徵漕米，著緩至次年麥熟後，改徵折色。如此則各屬多留米穀，而民力無事輸將，於地方自有裨益。至於查賑之方，在於無遺無濫，所有極貧之戶口，應於冬初先行賑濟，其次則俟寒冬，又次則待明春青黃不接之候。總在該督撫以實心實政，督率有司，視百姓之饑寒如己身之疾苦，多方計議，殫力圖維，俾乏食之衆，盡得安全，不至流離失所。此則封疆大吏之責，無容旁貸者。倘經理不善，將來責有攸歸。聞上江亦有缺雨歉收之處，可酌量照此辦理。該部遵諭速行。（高宗七四、七）

（乾隆四、五、壬子）欽差總辦江南水利事務大理寺卿汪漋奏：淮北雨澤愆期，鹽城、阜寧二麥歉收。查鹽城新興場河，阜寧廟灣場河，久經淤塞，請確估興工，以濟民食。得旨：如所請行。（高宗九二、九）

（乾隆四、五）[是月] 兩江總督那蘇圖奏：安慶各屬望雨及揚徐等處被雹，借給籽種。得旨：覽奏俱係實情，惟應盡人事以應天，不可因過於望雨之切，而有過中之念，與夫信左道以祈雨也。朕屢試而驗，故以告卿。（高宗九三、二五）

（乾隆四、七）[是月] 兩江總督那蘇圖續報：下江之海州、邳州、沭陽、安東等州縣黃水漫溢，上江之虹縣、靈璧雨水過多。一面往賑，一面照例辦理。至淮安、海州、鳳陽、泗州、滁州等府州縣飛蝗過境，現已撲除淨盡，惟葦蕩營地，遺蝻可慮。現咨河臣飭河營將弁作速搜捕。得旨：所奏俱

悉。至於蝗蝻，實可以人力勝之，加意督催撲捕可也。（高宗九七、二三）

（乾隆四、七）[是月]江蘇巡撫張渠奏報：安東、銅山、豐縣、沛縣、蕭縣、碭山、邳州、徐州、海州、沭陽十州縣衛，阜寧、寶應、宿遷、淮安、大河五縣衛，於五、六月間雨水過多，河湖水漲，田禾被淹；又，江北沿海地方及淮、海、之山、鹽、安、阜、贛、沭等邑，偏產蝗蝻；加意分別經理。得旨：所奏俱悉。淮徐之民，屢經水旱之災，尤宜加意撫恤者也。（高宗九七、二四）

（乾隆五、四）[是月，吏部尚書署江南總督郝玉麟]又奏報：江蘇、安徽、江西三省麥收情形及蘇省上年被水之海州等五州縣貧民乏食，或勸紳衿捐輸，或動庫項開廠煮賑，以資接濟。並安省之滁州等四州縣、蘇省之海州，間生蝻子，均經即時撲滅。安省之亳州等處、蘇省之溧陽等處、江西南昌等處，間被雨雹，亦經飛飭確勘。得旨：覽奏俱悉。向來捕蝗每多推諉，卿其力行之。（高宗一一五、三三）

（乾隆六、六、乙卯）又諭：江南淮安府之山陽、清河、桃源、安東、海州及沭陽等處，連年遭值水災，聞今歲又復被潦，朕心深爲軫念。著該督加意賑恤。鳳陽府之宿州、虹縣等處，聞亦被水歉收，亦著留心賑恤，無使貧民失所。（高宗一四五、九）

（乾隆六、八）[是月]署江蘇巡撫陳大受奏報溧水、山陽等一十六州縣水災撫卹情形。得旨：知道了。賑恤之事，妥協籌辦，方不負任使也。勉之。（高宗一四九、一七）

（乾隆六、八）[是月]鎮海將軍王鈸奏報鎮江風雨情形。得旨：所奏俱悉。旗民若有應行賑恤之處，移咨督撫酌量辦理。（高宗一四九、一七）

（乾隆六、一〇）[是月，署江蘇巡撫陳大受]又奏：蘇、松、常、鎮所屬，今年夏秋之間，雨多晴少，民田被水，迄今漲漫不消。蓋因支河曲港，出口淤塞，近田河圩，外高中下所致，宜急爲疏濬。新任海防道鍾昭，諳悉工程，請委通行相度、講求疏通之法。得旨：此亦因雨多晴少、偶然如是耳。若云外高中下，疏導無方，則常年又當如何哉？且今年又何以特甚哉？大抵疏修水利，爲民情之所樂，亦官吏之所喜；曾聞許容在蘇時，欲博民譽，乃大言於衆曰，雖費帑金二百萬，亦何必惜。此何言耶？及至朕差汪漋等前往，所費亦不貲，而今又有此奏，足見此舉爲無益矣。汝初到任，當於政務實際留心，不可錯聽人言也。將此奏與督臣共觀之。（高宗一五三、二三）

（乾隆六、一〇）[是月，署江蘇巡撫陳大受]又奏：下江本年被災，常熟、昭文、武進、江陰、荆溪、靖江、儀徵、太倉、鎮洋、寶山、崇明、泰興十二州縣，原報勘不成災；嗣於八月中旬以後，陰雨連綿，田畝積潦，多有不能收割之處。若委員查勘，照成災辦理，未便以零星村圩破例具題，恐啟刁民希澤妄冒之習。擬於十一月中，再行酌量。如積水漸涸，閭閻不致凍餒，則僅諭令業戶酌減租息，來歲或平糶借種；若果情勢孔亟，則籲請加賑。得旨：所見甚是，屆期奏聞可也。(高宗一五三、二四)

(乾隆七、三、戊子) 諭軍機大臣等：江南淮徐鳳潁等處，連年被災，民人困苦，目今流離載道，至有茹草傷生者。朕屢次降旨，加恩賑濟，而所賑之戶口人數，遺漏甚多，百姓無以自存。此等情形，出之南北往來人之口，俱無異詞，並非一、二人之言也。頃覽周學健所奏徐州光景，亦大概相符。而從前那蘇圖等，俱有諱匿之意，並未據實陳奏，預爲籌畫。其意不過以地方有一、二奸民，恃衆逞刁，希冀冒濫，借口漸不可長。豈知所屬州縣官員，則以爲上司諱言災荒，遂承奉意旨，以重爲輕，以多爲少。上下相蒙，而民隱不能上達矣。獨不思小民之指稱饑荒，望希恩澤者，不過數人，豈可以數人之詐僞冒濫，而使千百良善之民饑餒窮陌，至不能完其家室，保其軀命乎。況多費錢糧之害尚小，而諱災病民之害甚大。朕已屢降諭旨，伊等尚不知仰體乎。昨特遣大臣前往，期登斯民於袵席。然總督節制通省，大小官員皆聽其指揮，若復掣欽差大臣之肘，則彼力不能施，而朝廷之德澤，究不能普被，是誰之咎耶？那蘇圖等，從前辦理甚屬錯誤，因念平日居官，尚無過失，姑且從寬。若嗣後迴護前愆，仍不盡心辦理，朕必照匿災之例，加以嚴譴。爾等可即傳諭知之。(高宗一六三、一四)

(乾隆七、七、己巳) 諭：江南淮徐等處，連年遭值災傷，朕時深厪念。所以籌畫而安全之者，亦既殫竭心力矣。今據巡撫陳大受前後奏報，阜寧、安東、山陽、桃源、海州、沭陽、清河、邳州、銅山、蕭縣、沛縣、睢寧、興化等州縣，於本年五、六月間，大雨連綿，凡低窪之處，未刈之麥，俱被水傷；已種秋禾，亦多淹浸。現在委員確勘，酌量撫恤。並借給籽種，令其補種，以冀無誤秋收等語。朕覽奏深爲惻然。(高宗一七〇、二一)

(乾隆七、七、癸酉) 諭……至淮、徐、鳳、潁等處，連年既苦災荒，今夏又遭水患，該督撫加意撫綏，毋令失所，自不待言。然或有無賴窮民，藉口饑饉，煽惑匪類，別生事端，亦未可定。著該督撫密爲留意，查察預防之。(高宗一七一、一)

(乾隆七、七) [是月，兩江總督宗室德沛] 又奏：古溝湖水衝決，高郵、邵伯、興化、鹽城俱被水患，現在設法宣洩，加意撫卹。得旨：所奏俱

悉。與完顏偉和衷妥辦，河工之事是其所悉也。至江南通省水利，已有旨命高斌前往查辦矣。（高宗一七一、二四）

（乾隆七、七）[是月]江蘇巡撫陳大受奏：淮安府屬之鹽城縣被水，勘明撫卹。得旨：務使災黎不致失所，庶少慰朕南顧之憂耳。（高宗一七一、二四）

（乾隆七、七）[是月，江蘇巡撫陳大受]又奏：古溝東壩漫決，水勢奔騰，高郵、邵伯上下塘俱漫溢，田廬被淹，下河之興化、泰州、鹽城悉罹水患，銅山縣、邳州續又被水。臣已詢商河臣完顏偉、督臣德沛逐一查辦。得旨：今年水勢，誠異漲也。非河臣之咎，亦非汝督撫之咎，皆朕不德，不能感召天和，以致地方百姓，連年被災。但一切賑卹料理事宜，若不妥協，則汝等莫可辭其責矣。諭到，可令河臣督臣與欽差大臣共觀之，亦將朕意宣示百姓可也。（高宗一七一、二五）

（乾隆七、八、戊子）諭：今歲六、七月間，江南淮、徐、揚州一帶，淮黃交漲，水勢漫溢，甚於往時，朕已屢降諭旨，令該督撫加意撫綏，現又命高斌、周學健前往會同辦理。茲據陳大受奏稱，揚州目下河水日逐增長，民間自中人之家以及極貧下戶，皆流離四散，雖有平糶之官糧、撫恤之公項，亦不能奔走領糶。似此情形，實非尋常被災可比，朕心深爲軫惻。該督撫等不得拘於常例，務須多方設法，竭力拯救，使災黎稍可資生，以俟水退，倍加撫綏，俾得安其故業，毋致失所。該部即遵諭速行。（高宗一七二、四）

（乾隆七、八）[是月，河南巡撫雅爾圖]又奏：上下兩江，今年水災，多有窮民就食豫省。臣動支存公銀兩，買米分設粥廠，每日計口散給，俟彼省水涸可耕，即分起資送回藉。得旨：所奏俱悉。（高宗一七三、四二）

（乾隆七、九）[是月]直隸總督高斌覆奏：臣接到江蘇布政使安寧寄字，奉上諭，淮揚一帶，今歲水患，完顏偉開壩宣洩，未曾先行曉諭，以致居民不及防避，俱被淹浸，百姓俱怨。爾至江南，可查明情由，據實奏來；再傳諭高斌，亦令其查明據實回奏。欽此。臣查河工，凡遇開壩，俱係臨時酌量，相機辦理。況高郵三壩，與邵伯、昭關等壩，一經開放，則下河州縣，全被水患，更不可不慎重。苟未至萬不得已，必不敢輕易議開；至古溝一漫，則勢不可緩，若不放壩，則高郵一帶城社人民關係更大。而臨時急迫，勢有緩不及待，必不能有豫先徧行曉諭之情形。但民遭水患，田廬淹浸，艱苦萬狀，嗟怨之聲，歸咎河臣，此情理所必有。得旨：公論也。知道了。（高宗一七五、二四）

（乾隆七、一二、甲寅）又諭：江南水災之後，幸冬間地畝涸出者多，明春耕種，刻不容緩，然非耕牛則農功不能興舉。小民於荒歉之時，餧飼艱難，往往賤價鬻賣，甚至私宰者有之。從前巡撫陳大受早見及此，曾將籌畫辦理之處奏聞，今正當春融播種之際，著該督撫轉飭有司，勸諭災民愛護牛隻；或照陳大受所奏，借給草值，以資餧養。倘有圖一時之利，輕鬻耕牛者，即行懲治。毋得以爲民間細事，淡漠置之。（高宗一八一、二二）

（乾隆一〇、七）[是月，署兩江總督協辦河務尹繼善]又奏：上下江地方，自六月望後，至七月初間，大雨時行。有從前被淹涸出之地，補種秋禾，復被水淹者，有前未被水，而今秋禾淹損者。查上江之宿州、靈壁、虹縣、鳳陽、懷遠、泗州，下江邳州、睢寧、海州、沭陽、贛榆等處，被災最重。其餘州縣，大勢較輕。現將乏食貧民，先行撫卹。俟勘明成災分數，酌定賑濟月分，另題辦理。得旨：覽奏俱悉。被災之處，加意撫恤。毋致小民失所也。（高宗二四五、二二）

（乾隆一〇、八）[是月]署兩江總督協辦河務尹繼善奏：黃河南岸陳家浦隄工，因秋汛漫溢，坐蟄隄身，淹損民居、兵舍、糧田、灘地、蘆蕩、鹽場約數十處，現已查明賑恤，仍俟水退後，助給蓋屋銀兩。再，上江之鳳、潁、泗，下江之淮、徐、海，夏秋兩被水災，均經先後具奏。旋於七月半後，黃水盛長，下江之山陽、清河、安東、桃源、海州、沭陽、銅山、蕭縣、碭山、沛縣、邳州、宿遷、睢寧等州縣沿河低窪地畝，續被水淹；其上江鳳、潁等屬，亦因七月內淮河泛漲，前經被災之鳳陽、懷遠、鳳臺、虹縣、宿州、靈壁、臨淮、阜陽、潁上、泗州等州縣，秋田又被淹浸；更有前未被災之合肥、亳州、霍邱、太和、廣德、建平、滁州、全椒、和州、含山等處，亦被災輕重不等。臣與兩撫臣委員確勘，分別賑撫。得旨：所奏俱悉。一切賑恤之務，應竭力綢繆，督率屬員，加意妥協爲之。（高宗二四七、一一）

（乾隆一〇、八）[是月]江南河道總督白鍾山奏：今歲淮安各屬，被水成災，業經督撫二臣，查明賑恤。至陳家浦，乃係阜邑近海之一隅，蕩地荒僻，居民亦屬有限；臣前於隄工坐蟄時，即將被水人戶，安頓撫恤。得旨：淮、揚經七年異漲之後，朕意數年之內，可保無虞，乃今年又復遭此。則下河之工，汝與尹繼善所辦者何事！觀汝二人，惟以取和爲務，且有意諱飾，甚非朕倚任之意也。此諭亦令尹繼善知之。（高宗二四七、一五）

（乾隆一一、一）[是月，江蘇巡撫陳大受]又奏：銅山、邳州、蕭縣等三州縣，上年被災地畝，續被黃河凌水淹浸，現飭各屬設法宣洩，貧民酌量

撫卹借給。得旨：覽奏俱悉。督率屬員加意妥爲之。(高宗二五七、一四)

（乾隆一一、七、丁酉）諭：據總督尹繼善奏稱，六月初旬，大雨時行，又兼東省上游之水，同時滙注，以致運河宣洩不及。邳州、宿遷、桃源、清河、安東各州縣，水漫村莊，現在委員確勘，先行撫卹。海州所屬贛、沭二縣近河村莊，亦多漫水。飛飭確勘，動項撫卹等語。現在水漫之各州縣，俱係上年被災之地，今秋禾又復被淹，朕心深爲軫念。著該督撫等加意賑卹，遴委妥員，善爲料理，俾災黎早登衽席。又奏稱：上江鳳臺縣。淮河水長，濱河最低之田，間被水淹；雖爲數無多，受災亦輕，亦著一體撫卹。該部即遵諭速行。(高宗二七〇、三)

（乾隆一一、七、乙巳）諭：朕思淮、徐、海所屬州縣連年被災之由，蓋緣該處地形，有本屬低窪者，而海州爲眾流入海之區，較他處尤甚。歷年經理河務，凡疏通宣洩之方，俱隨其形勢挑挖，前經陳大受奏稱，六塘南北湖河之水，盡由沭陽海州入海，宣洩不及，以致爲災，經大學士等定議辦理，是應行籌畫之處，俱已加意料理。而仍不免於水患者，蓋因從前被災稍輕處所，俱不奏報，遂覺被災之時少。今則無論災之大小，悉令奏聞，是以災傷屢告，其實非今多於昔也。海州爲水之所瀦蓄，若該處免於澇，則是本年雨少，而高阜之地被旱必多矣。惟是小民屢困沈災，朕心深爲憫惻，所當多方籌度，以圖善策。即地勢低窪，不能全去其患，然去其太甚，則受災之民少，而數年積困，亦可漸甦。前高斌去時，已令將此後如何辦理之處，悉心計議。大學士等可再行傳諭，令其會同尹繼善、顧琮、陳大受等，務須商榷妥協，俾將來水患可望漸除。再，前據陳大受奏稱，倉儲多缺，現存糶價積至十四萬兩之多，未曾買補。朕思三屬乃係常被水患之處，積貯尤關緊要，何以存貯銀兩，不豫於豐收之地買補；及至被災，仍欲於本地採買，徒增時價，於民何益。已降旨訓諭，令伊於所屬豐收地方，或麥或穀，委員採買。尹繼善共有地方之責，將此一併傳諭知之。(高宗二七〇、一五)

（乾隆一一、七、乙卯）諭：江南山安、海防兩廳屬所轄黃河南北兩岸隄外灘地，如遇水漲之年，田禾不免被淹。聞今年秋汛之水，較往年更大，灘上居住之民房，俱被淹浸。幸未淹之前，居民見水勢漸長，陸續搬移隄上，搭蓋蓆棚，以蔽風雨，但田禾無收，將來難以餬口。著該督撫即速委員，將被水窮民確查明白，加意妥協賑卹，毋令失所。該部遵諭速行。(高宗二七一、七)

（乾隆一一、七）[是月]欽差協辦大學士吏部尚書高斌奏報：江南淮、海、徐、邳一帶，自五月中，陰雨連綿，低窪處積水。嗣因六月中旬，山東山水陡發，汶河盛漲直下，是以淮屬之桃源、安東、清河，徐屬之邳州、宿遷與海州、沭陽等州縣，被災最重；山陽、睢寧、贛榆、沛縣次之；阜寧、銅山、蕭縣、豐縣、碭山與揚屬之高郵、寶應又次之。所幸黃運湖河，順軌安瀾，受患不致倉卒，較乾隆七年水災稍輕。督臣尹繼善、撫臣陳大受已撥司庫銀十萬兩，貯淮安府庫，以備撫卹之用。臣先令海州知州查明被淹戶口，動用庫銀，俾災民得早安插；俟尹繼善、陳大受到淮日，再將作何辦理處，會商具奏。得旨：覽奏稍慰。七年大災，賑濟不遺餘力。朕恐今年全免正項錢糧，若復似七年，即恐國用亦有所不足矣。今知災重不比七年，用是稍慰。然究有幾成災，賑項至幾許而足耶。(高宗二七一、三二)

（乾隆一一、八、壬辰）諭軍機大臣等：今年江南徐海所屬邳、宿、贛、沭等州縣，因上游山東地方運河水勢甚大，以致該州縣多被水災。聞運河每年水落之時，挑濬一次，或係挑濬不能如法，僅以濟運而止，河身稍高之處，不能容蓄，一遇水發，建瓴而下，沿河低窪之地，瀰漫旁溢，遂致被淹。今高斌將次回京，道由東省，著速行傳諭，令其會同總河完顏偉、巡撫喀爾吉善將今歲挑濬運河事宜，悉心商酌定議，具奏以聞。(高宗二七三、二八)

（乾隆一二、六）[是月]署江蘇巡撫安寧奏報各屬連朝大雨，河水暴長，衝塌隄堰田禾，民屋俱有損傷；應作何賑濟，俟勘明成災，再行籌辦。得旨：覽奏俱悉。救災無善策，但盡一分人力，則百姓受一分之福，此處不可不知也。(高宗二九三、二二)

（乾隆一二、八、甲子）又諭：據安寧奏稱，蘇松等屬之崇明、寶山、上海、鎮洋、常熟、昭文、南滙、江陰各縣沿海沿江等處，於七月十四日夜，颶風陡作，大雨傾注、海潮泛溢，田禾被淹，人民房屋亦有漂沒衝坍。而崇明、寶山為最重，上海、鎮洋似覺亦重，現在分別查辦。其沿海未經報到之處，查明續奏等語。該處民人，卒被風潮，非尋常水災可比，朕心深為憫惻。著該督撫等加意撫綏，實力查辦。至綠旗兵丁，因有糧餉，例不撫卹，但是日風潮，昏夜驟至，兵丁廬舍人口，同被災傷，殊可軫念。著加恩一體查恤，俾被災兵民，均霑實惠。(高宗二九六、五)

（乾隆一二、九、戊子）又諭：今歲蘇松等屬，沿海地方，猝被風潮，朕已屢降諭旨，緩徵加賑、並截留漕米，豫籌接濟，復命高斌查辦。今覽安寧所奏，坍塌房屋十萬餘間，淹斃人民一萬二千餘口，實非尋常災祲可比，大抵較雍正十年潮災相倣，朕心深覺怵惕，更為憫惻。可傳諭大學士張廷玉、訥親，將雍正十年江南風潮所頒諭旨內，如何特加恩恤，並有引過之旨否，查明倣照寫旨，一面先行頒發，一面奏聞。如彼時未經奉有特旨，可著大學士等詳悉斟酌。此次小民罹此大災，雖經屢頒諭旨，或更宜特沛殊恩，以甦民困，並應否用引咎責躬之辭，商酌妥協，繕寫諭旨，隨本速行奏來。尋奏：江蘇潮災最重，已屢奉諭旨，多方接濟，籌畫周詳。茲更欲特沛殊恩。所有應行事宜，臣等俱於擬寫諭旨內敘入，恭候欽定。再，查雍正十年江蘇被災，所奉諭旨，未載引咎之辭，此次似可毋庸添敘。報聞。（高宗二九八、二）

（乾隆一四、六）[是月]兩江總督黃廷桂奏：據上江所屬滁州、合肥、鳳臺、宣城、和州、壽州、青陽、含山、全椒、巢縣、南陵、太湖、貴池、舒城、懷遠、鳳陽、霍邱、潁上、五河、廬州衛等二十州縣衛，下江所屬上元、江寧、句容、六合、江浦等五縣，各報於五月十七、八等日大雨，山水陡發，近溪低田被浸，廬舍亦有坍損；惟江浦、合肥、太湖、貴池四縣，兼係起蛟，漲漫較甚，人口間有淹斃等語。隨飭兩江藩司委員會勘果否成災，照例賑給埋葬，修整房屋。仍一面率屬趕消積水，補種晚禾雜糧，並酌借籽種。得旨：覽奏俱悉。其有成災較重者，加意撫卹，並將通省大概情形速奏，以慰懸念。（高宗三四三、二八）

（乾隆一四、九）是月，署江蘇巡撫雅爾哈善奏：寶山、華亭二縣，猝被風潮，土塘石壩，多有坍損，田禾略減分數，尚無大礙。得旨：覽奏俱悉。其有成災者，善爲撫恤之。（高宗三四九、三一）

（乾隆一六、五）[是月]江蘇巡撫王師奏報：長洲、靖江、儀徵三縣，本年四月初九日，雨中降雹。據勘，長洲、儀徵二縣，雹輕無礙，惟靖江之東鄉、斜橋鎮等處，二麥受傷，房屋亦多坍倒。當即酌借口糧，並借給籽種，查明房間給恤。其新舊錢糧，正在停忙，且係一隅偏災，仍可接種秋禾，無庸請蠲。得旨：覽。被雹而至房屋坍倒，此必甚大之雹，成重災矣。若此之事，何不奏明，詳查明確奏來。（高宗三八九、二八）

（乾隆一六、六、丁未）[王師]奏：現在江、蘇、松、常各府州屬內，溧水、宜興等縣具報雨少。上元、江寧、高淳等縣，亦續報雨少。其餘各屬，自閏五月下旬以來，俱得透雨，禾苗秀發。至淮、徐、海三府州縣，自閏五月下旬以來或暴雨時降，伏水漫灘。清河、邳州、銅山、沛縣等處，低田積水，秋禾間浸。所有被水及缺雨之各州縣，臣現在飛飭查明無力農民，酌借籽本。並確勘如果成災，照例妥辦。得旨：覽奏俱悉。（高宗三九二、一七）

（乾隆一六、八）[是月]兩江總督尹繼善奏報：江南下江之銅山、邳州、宿遷、睢寧、豐縣、沛縣、蕭縣、碭山八州縣，徐州一衛，或因雨水過多，或因湖河盛漲，田禾被淹。其上元、江寧、六合、江浦、高淳、溧水、金壇、溧陽、宜興、荊溪等十縣，及上江之績溪、歙縣、宣城、南陵、涇縣、寧國、旌德、太平、貴池、青陽、銅陵、壽州、廣德、建平、當塗、合肥、和州十七州縣，並宣州、新安、建陽、鳳陽四衛，俱被旱災。宿州、靈璧、虹縣，並宿州一衛，又被水災。第傷於潦者，惟極窪積水之區，而高阜並無妨礙。傷於旱者，惟依山傍麓、無水可戽之田。而平原禾稼，均係暢茂。其餘各屬，雨暘適均，一律豐稔。現賑卹事宜，按被災輕重，飭屬實力辦理。得旨：是。其有成災者，善爲撫卹，毋致失所。（高宗三九七、三一）

（乾隆一七、一一、丁卯） 又諭：據莊有恭奏稱，九月二十八日，西北風暴，將山盱廳停修之高澗、龍門、清水潭三處外越埧工尾土汕掣，被淹貨船二十餘隻；又，十月十二日，暴風撞擊東壩迤南秦家高崗等處新舊磚工，及高堰七堡至十三堡間段石工，現在相機搶護等語。此摺著鈔寄高斌閱看。南河陋習，以歲修爲浮冒地，朕閱河時，深知其無益，特令停修。如該處工程果有必不應停修之勢，往來商船藉以保護，則生靈軀命攸關。朕之降旨，不過出於偶爾閱視之時，高斌係久於河務者，彼時即當據實奏明不可停修之故。且船隻之被淹、與埧工之被汕，不相關涉，莊有恭此奏，雖據廳員稟報之詞，而牽入停修。若謂因停修所致者，則停修未及逾年，外越埧工，不應遽至汕掣無存，露出石岸，以致不能捍禦；若謂石岸必須越埧，以爲捍禦，則百里石工，又何曾一律皆有外護。著傳諭高斌即由豫省回江，親往勘明，速行奏聞。其工員以停修之後無可開銷，放誘諸汕掣、以爲將來復行歲修之計者，著該督等據實查參，不可稍有迴護。至高澗等處失風船隻，撈救及淹斃人口，並民間倒塌廬舍牆垣，一併傳諭莊有恭、張師載加意撫卹，毋致失所。（高宗四二六、一二）

（乾隆一八、七、己巳） 又諭：據高斌等奏稱，六月間清黃水勢過盛，五壩同時啟放，減水下注，淮揚運河西隄以西，自寶應以下，臨近湖邊下地，俱淹浸成災等語。當清黃異漲之時，自不能不啟壩以資宣洩；但水勢直趨下流，濱湖地畝，必多被其淹浸。雖據稱高阜處所尚無妨礙，其已經被浸田畝共有若干、及實在成災分數，俱應一一確勘，如有應行撫卹者，即宜豫爲辦理，此皆督撫大吏專責。乃據鄂容安止稱銅山等邑被淹頗寬，下游高寶等州縣，被水輕重不等之語。所奏尚未查報明晰，莊有恭則竟未奏聞。著傳諭該督撫，令其據實查明，一面速奏、一面即行撫卹，以慰軫念。尋莊有恭奏覆：臣會同河臣高斌查勘邵伯湖之減水二閘，金門衝開共八十一丈，水大溜急。高郵之車邏壩，其土壩被風浪漫開六十餘丈，至兩邊石裹頭而止；查石脊至土隄上止七尺餘寸，今逐日漸減，現止過水三尺餘寸。此兩處衝漫之情形也。至民田則湖西一望汪洋，隄東一帶亦多被淹。臣查勘各村舍，高處無礙，低處邇附近地。惟邵伯二閘以北、高郵城外以南，沿隄搭棚，棲止災民。此現在田畝廬舍之情形也。臣細訪輿論，災雖較重於七年，而高寶一帶，數年來收成較稔，元氣尚未大傷。臣一面令該府縣親查搭棚戶口，給以印票，先行動項撫卹。臣擬查勘淮徐事竣，即回邵伯，協同河臣督辦堵禦事務，仍駐揚州辦理一切賑卹。得旨：覽奏俱悉。看來此災匪輕，應竭力妥辦撫卹。餘有旨諭。諭曰：據高斌等奏稱，七月初二日夜，桃源南岸顏家莊溜勢下移緊急，下埽不及，隨就近開放水餞頂溜一洩，氣勢漸緩，化險爲平等語。開溝引放，溜勢自可藉以漸緩，但所畫圖內，朕尚有未甚明了處。如畫圈處係開放水口，然所進之水仍由此出，則格隄內亦必逐日加增，無從宣洩，則衝溜險急之際，何以遂得無恙？又如硃點處，原挑放淤之倒溝，因何未用？可傳諭高斌等，令將現在水勢情形及所問未明悉之二處，詳悉繪圖貼說奏來。又覆奏開放智、信二壩一摺，看來今年黃河異漲，實有必需啟壩暢洩不得已情形。但據奏稱，自寶應以下，臨近湖邊之下地，田禾淹浸成災等語。其某州縣被災田畝若干，及高阜田畝是否實係全無妨礙，所奏尚未明晰，亦著速行查明據實奏聞。尋奏覆：查顏家莊隄工被衝，勢甚危險，幸塘內積水較低，就近通放，溜勢得以平緩，塘內黃水，亦可停淤澄清；所有硃圈處隄口，暫就寬塌，東西兩頭，先經裹護平穩。再，查黃河放淤，若形勢不甚危迫，原應倒溝細流放水，今因急溜衝隄，迫不及待，所有硃點處原挑放淤之倒溝，是以未用。至自寶應以下臨湖窪地，田禾被淹，係就當日情形具奏，其中分別成災與否、及被災田畝若干，一時尚未得確數。得旨：覽奏俱悉。（高宗四四三、二）

（乾隆一八、七、壬申）又諭：江南歙縣、太湖、太平等處地方，於五月二十五、六等日，山水漲發，田畝淹浸，房屋民人，間有損傷。前據鄂容安等奏到，朕已批示。被水村莊雖屬一隅，亟宜撫卹，毋致失所。著傳諭該督等，督飭所屬，實力查辦。所有被傷處所，務宜照例賑卹。倘有成災，即行加意撫綏。一面奏聞，一面辦理，俾災黎得霑實惠。該部遵諭速行。（高宗四四三、七）

（乾隆一八、七、丁丑）諭：據河道總督高斌等奏稱，本月十二日西風大暴，湖水奔注，高郵城南車邏壩過水四尺八寸，沿河小船多被衝損，西岸人家房屋，打壞二百餘家等語。前因江南被水州縣，已降旨令該督撫等加意撫卹。今遇湖水盛漲，車邏壩過水至四尺有餘，下游田禾必多被淹之處。現在民房已有損壞，一切俱宜極加撫綏，毋俾失所。著莊有恭速赴高郵一帶，親行查勘，督率所屬，實心籌畫，一面奏聞，一面辦理。仍將臨湖田畝被淹若干及如何辦理情形，據實速奏，以慰軫念。該部即速傳諭知之。（高宗四四三、一七）

（乾隆一八、八、乙酉）諭軍機大臣等：前因高寶等屬，湖河異漲，民田多有被淹。降旨令策楞、劉統勳就近前往確查具奏。後聞該處於七月十二日猝被風雨，隄壩漫溢。即有人言，該處現在被水，尚不及七年之甚。今莊有恭摺報情形，稱較乾隆七年被災更重。閭閻既經被水，自應亟加賑卹；但乾隆七年災地廣濶，朕不惜多用帑項，加意撫綏。今年高寶一帶，雨驟水漲，漫缺隄壩，以致民田淹浸，人口損傷。如果較之七年更重屬實，即當照前辦理。雖多費帑金，而災黎可以不致失所。若係小民因災藉口，冀邀格外之恩；或地方有司及奸胥蠹吏，借以張大其事，希圖乘機中飽，則此風亦不可長。莊有恭所奏，安知非即屬員稟報之詞？著再傳諭策楞、劉統勳，將該處被水實在情形，詳悉確行查勘，是否較之乾隆七年被災輕重若何，實應如何辦理。伊二人親加履勘，目擊情形，如有所見，即告知莊有恭，令其速爲酌量妥辦，並一面速奏。尋奏：查乾隆七年，古溝衝缺後，運河東隄閘壩全開，是以淮揚被災甚重。今歲止車邏壩過水，二閘衝開口門，凡當衝之高郵、甘泉、興化等處，被災較重。餘若寶應、江都等縣實輕。臣親勘情形，徧訪輿論，實未有七年之重。現委員分別妥辦。得旨：覽奏稍慰。然亦不可豫存成見，謂必不似七年災重也。如此則必有諱災之意，百姓不免失所矣。將此告知莊有恭。（高宗四四四、四）

（乾隆一八、九、庚午）又諭：據鄂容安奏，九月十一日，銅山縣張家馬路隄工，衝決內隄七、八十丈，外隄四、五十丈。現駐工督辦，並請交部嚴加議處等語。目今秋汛已過，何致衝決河隄，其中顯有情弊。該管同知李焞著革職拏問，交該署督策楞等嚴查，據實具奏。鄂容安雖署督篆，河工非其專責，免其交部。高斌、張師載身任南河日久，不能留心查察，致該處隄身卑薄疏鬆，一時潰決，漫延數邑，其罪實無可逭。伊二人現在留工効力。如邵伯二閘決口已塞，即著同往銅山工次，上緊堵閉。若尚未完，即令高斌速赴銅山，勒限堵塞。如不能刻期告竣，即行嚴奏治罪。其疎防賠修之處，著策楞照例辦理。所有被災戶口，該署督查明撫卹，無致失所。（高宗四四七、四）

（乾隆一八、一一）［是月］江蘇按察使許松佶奏：勘定淮、揚、徐、海

各屬成災分數，嚴飭地方官挨戶給賑，並親身督率，派員查察。得旨：汝辦賑向稱盡心，茲更宜勉力。(高宗四五一、三〇)

（乾隆一九、六、甲子）諭軍機大臣等：尹繼善等奏，五月十七、八、九等日大雨，運河水勢陡漲，二閘柴工間段平墊，揚糧、江防兩屬工程，多有汕刷，淮揚所屬及下河低窪地畝，亦被雨水浸淹等語。下河河道，上年經嵇璜會同該督等相度疏濬，以備水患；該督昨奏報水利工程摺內稱，現今水勢暢流，大局似有效驗，何以今次奏到，復有間段平墊汕刷，以致田禾被淹。著鄂容安、尹繼善等查明，詳晰覆奏。至淮揚一帶，上年已經被水，此次被淹窪地，如仍係上年淹浸之處，則民力艱難，更非初次浸淹可比。著該督等即速查明是否成災，如有應行賑恤，務須速行豫備，實力查辦，毋致稍有失所。尋奏：淮揚一帶，前經侍郎嵇璜會勘挑濬，因下河工段繁多，分別緩急先後辦理。除將緩修之河道，於本年秋後挑濬外，惟將急修之山、寶、高、泰等四州縣所屬下河河道，先令挑濬，挑濬後水勢消退，窪地涸出，得以佈種，彼時頗有效驗。但下河形如釜底，如遇雨水過大，一時宣洩不及，未免受淹。五月內連日大雨，低地間有被水，而高阜仍屬無妨。至揚糧、江防二廳所屬運河閘工，係去冬所築，尚未蟄實，前因雨大，間段平墊，當經培厚加高。是以運河水勢雖長，工程俱極完固，並無旁溢淹及民田之處。得旨：覽奏稍慰。(高宗四六七、一)

（乾隆一九、七、丁未）諭：據江南總督鄂容安、巡撫莊有恭奏稱：淮揚所屬之興化、泰州、高郵、寶應、阜寧、鹽城、清河、桃源、安東等處，因雨水過多，積水一時不能消涸，其最窪之地，秋成已致失望等語。該處上年被災甚重，今夏疊被水災，閭閻餬口無資，朕心深爲軫惻。著該督撫等加意撫綏，查明應賑戶口，著動倉穀，分別賑卹；並飭屬員實力辦理，務使災民均霑實惠。其餘各屬，如有積水不能補種之處，著一併查明照例妥辦，毋致失所。該部即遵諭行。(高宗四六九、二四)

（乾隆二〇、五、壬辰）又諭：據尹繼善、莊有恭奏，淮、徐、海三府州屬，四月初七等日連日大雨，上游水發，淮屬之清河、桃源、安東，徐屬之銅山、豐、沛、蕭縣、碭山、邳州、宿遷、睢寧、海州、沭陽、贛榆並江寧府屬之江浦一縣，附近湖河窪地被淹等語。江南淮、徐等屬連年被水，原係積歉之區，今窪地又復被淹，民力必至拮据，朕心深切軫念。著該督撫等速行查明，被水州縣貧民應賑卹者，分別賑卹；所有涸出地畝，尚可補種秋禾者，即行借給籽種，速令補種。務俾口食有資，災黎不致失所。該部遵諭速行。(高宗四八九、一四)

（乾隆二〇、五）[是月] 江蘇布政使彭家屏奏：四月雨水稍多，山東上游諸湖下注，濱河之邳州、宿遷、及海州、沭陽，麥田被淹。再，沛縣、睢寧、碭山、贛榆積窪處，間亦淹浸。現飭屬逐細查報。可補種秋禾者，借給籽種；不能者計口撫卹，詳題成災。幸上年積麥甚廣，除被淹外，餘仍熟稔，人不乏食。得旨：雖云如此，其已被災者，自必艱窘，可實力撫綏，勿使一夫失所也。（高宗四八九、三四）

（乾隆二〇、七、丁亥）諭：據富勒赫奏，本年六月，運河水長至一丈九尺餘寸，較十八年盛漲尚大六寸。將車邏、南關、五里三壩次第開放，現在各工竭力搶護平穩等語。河湖盛漲，自不得不啟放壩閘，以保護淮揚。但壩閘既開，則下游窪地村莊，難免浸溢；被水窮黎，殊堪軫惻。著該督撫等迅速前往，詳悉察勘被災處所，分委妥員，一面動帑照例賑卹。務俾均霑實惠，毋致稍有失所。至此次在工員弁，竭力搶護，工程穩固，殊屬可嘉；著俟秋汛過後，該督等查明具奏，交該部議敘。（高宗四九二、一七）

（乾隆二一、二、戊午）兩淮鹽政普福奏：巡視春運，兼查山陽、清河、桃源賑務。去山東近，趨就蹕路聆訓。得旨：速行回任。汝處食粥貧民至二十萬之多，汝不往彼彈壓調劑，而以僕僕遠來接駕爲務，可謂不知輕重矣。（高宗五〇七、七）

（乾隆二一、一一、丙申）諭：孫家集漫口，水勢泛溢，於運道及徐、沛等州縣田畝，均有關係，因特差劉統勳會同白鍾山辦理。今據奏，已於十月二十九日堵閉合龍，河流順軌，下游田地消涸，不誤春耕。辦理迅速，甚屬可嘉。劉統勳、白鍾山，俱交部議敘；其在工員弁，著該署督等查明奏聞，交部議敘。（高宗五二六、二）

（乾隆二二、五、庚戌）諭軍機大臣等：……被水地方，全賴趕種秋糧，以資接濟。現在涸出地畝若干、從前曾否借給籽種，該督等俱未詳悉奏明。……著再傳諭尹繼善、愛必達等，令將淮、徐各屬員嚴行秉公甄別調補，其現今涸出地畝逐一查明，應行借給籽種者，早爲借給，庶早爲趕種晚田，即補種雜糧，亦可充民食。救荒如拯溺捄焚，豈可顧頇坐視。著將查辦情形，速行具摺奏聞。尋奏：淮、徐等屬被淹涸出者十之七、八，惟沛縣積水，僅涸十之三、四，俱借給籽種，陸續補種，間有難以補種者，酌借口糧。……得旨：如所請。下部知之。（高宗五三九、一〇）

（乾隆二二、六、丙戌）諭：據愛必達奏稱，徐屬之沛縣，於五月中旬水勢驟長，城內積水漫淹，現在親赴該縣查勘防護等語。該縣積年被水，茲復驟遭淹浸，自應亟爲設法宣洩，其無力貧民，亦宜速加撫卹。現在愛必達即赴雲南，而陳宏謀尚未到任，江蘇巡撫印務，自屬尹繼善兼攝。愛必達所有親行查勘、應行急賑續賑之處，著交該督，速行妥協籌辦，務俾災地貧黎不至失所，以副軫念。該部即遵諭行。（高宗五四一、二四）

（乾隆二五、七、乙卯） 諭軍機大臣等：據白鍾山奏，伏汛水勢盛長，該處興、泰二州縣，高地尚無妨礙，附近過水窪地，已被淹浸等語。此次大雨時行，河水長發，下河如興、泰等處，勢最低窪，民田廬舍間被水淹浸，在所不免。白鍾山雖稱現在查勘，但尹繼善、陳宏謀身任督撫，尤應詳悉體察及早奏聞，何以至今尚未具奏。著傳諭該督等，即將興、泰二州縣窪地被水輕重實在情形若何、於大田晚禾有無妨礙及現在作何辦理之處，逐一據實奏聞。（高宗六一六、二一）

（乾隆二五、七、丙辰） 諭軍機大臣等：昨據白鍾山奏，伏汛盛漲，興、泰二州縣窪地多被淹浸等語。已降旨詢問尹繼善、陳宏謀，令其確查具奏矣。今閱陳宏謀所奏江北水勢情形一摺，則被淹之地，不止此二處；兼有高、寶、甘泉等州縣，亦復被災。且稱秋禾已淹，廬舍已在水中等語。看來興、泰等處被水之地已多。此言若出於尹繼善，自當竭力妥辦賑卹；尹繼善何以未行陳奏？陳宏謀為人向有沽名習氣，且伊所親勘之處，亦未必能悉周。著傳諭尹繼善，令其將該處被水情形實在若何，較乾隆十九年被水時孰為輕重，並現在被災處所作何籌辦之處，作速據實具奏，斷不可存諱飾之意。（高宗六一六、二三）

（乾隆三一、八、庚申） 諭軍機大臣等：據李宏奏，韓家堂地方於八月十八日黃水盛漲，漫口六十餘丈等語。已降旨令該督等速行堵築矣。高晉久任南河，工程素所熟悉，且現任總督，於地方官應行集夫購料諸事，亦無呼應不靈之處，無須特派大臣前往督辦。高晉此時諒已馳赴徐州，著即會同李宏，董率各員，上緊堵築，務期剋日合龍，以慰廑念。至現在漫口，或係南岸、或係北岸，及是否奪溜，河水趨歸何處；其漫口地方居民人口有無傷損、田禾是否成災；李宏摺內並未聲明。著傳諭高晉逐細查明，妥協經理。仍將各情形即行繪圖具摺覆奏，並將此傳諭李宏知之。尋奏：韓家堂漫口，在銅沛廳屬黃河南岸，水漫後，大溜並未全奪，其趨入漫口之水，由陵子孟山等湖滙注洪澤湖，水勢平漫，附近居民人口尚未傷損。其漫水經由之處，未免被淹，屋舍間有倒塌。現經江蘇撫臣明德親往徐屬各縣查勘撫卹。其宿州、靈璧、虹縣，知會安徽撫臣馮鈐查辦。得旨：儜俟合龍之信，妥速為之。（高宗七六七、七）

（乾隆三一、八、辛酉） 江蘇巡撫明德奏：銅山縣黃河漫溢，居民田廬

被淹，臣親身督率，分頭查勘、搭蓋棚廠、散給口糧，照例賑卹。得旨：好。妥速辦理，以救災民。（高宗七六七、九）

（乾隆三二、閏七、癸丑）諭：前因安徽懷寧、桐城等州縣雨後江漲，間被漫淹，業經降旨即行撫卹，並令設法疏消，酌借籽種，俾得補種晚秋，以資接濟。今復據高晉奏，安徽之當塗、無爲、含山，江蘇之上元、江寧、江浦，江西之德化、德安、湖口、彭澤、建昌、新建等州縣，俱有續經被水之處，內有被淹地段稍寬，情形較重。計時已屆處暑，即有涸出地畝，難望補種，已成偏災等語。朕心深爲軫念。著各該督撫等飭屬上緊疏消，酌撥撫卹，並確勘現在成災分數，分別蠲緩，妥協辦理。務俾被水窮黎，不致稍有失所，以副朕軫卹至意。該部遵諭速行。（高宗七九一、九）

（乾隆三三、七、乙巳）諭曰：高晉奏，上下兩江地方，本年五、六月間雖間得雨澤，未能一律普徧，近水低田，尚可車引，高阜之區，難於戽灌。時已立秋，不能趕種雜糧等語。所奏爲時太遲，已於摺內批飭矣。朕於農田晴雨，常厪宵旰，每諭各督撫隨時入告，冀得周知薄海民生休戚，早施補助。今兩江夏雨愆期，地方政務孰有要於此者？該督等所司何事，豈竟漠不動念，不及早據實上聞乎？至該處水鄉窪地、可引溉蒔秧者，收成自不致歉薄；其高田山阜，趕種既逾節候，恐不免有偏災，朕心深爲軫念。著該督撫迅速查明，通省各屬有被旱成災、應行賑卹之處，即行董率屬員，實力妥協查辦，毋使閭閻稍有失所，以副朕惠愛黎元至意。仍一面將辦理實在情形，速爲覆奏。其應緩徵者，即行緩徵，以紓民望。該部即遵諭行。尋奏：被旱州縣祇十分中之一、二，現查勘辦理。報聞。（高宗八一五、一三）

（乾隆三六、七）［是月］大學士管兩江總督高晉等奏：黃河水勢七月內有長無退，宿遷縣支河口隄根蟄塌十餘丈，上下河道多有平漫，隄工間有出水數寸者。臣等將劉老澗開放，以洩運中河之水；僅落尺餘，尚未暢消。報聞。（高宗八八九、三二）

（乾隆三六、七）［是月，大學士管兩江總督高晉等］又奏：前此水長，沿河不無漫溢，清河、安東二縣臨河田廬，間被淹浸。至開放王營減壩之前，雖豫飭居民搬移高處，而連日風雨甚大，居民不無驚惶。臣飭員發給蓆片，趕搭草棚，以資棲止；並先給一月撫卹銀兩，其被淹田廬，俟水落後，查明辦理。此外海州、沭陽二處，因東省山水漲發，低窪田廬不無被災，均經確勘撫卹。得旨：覽奏稍慰。（高宗八八九、三二）

（乾隆三六、九、壬子）大學士管兩江總督高晉等奏：八月十六日後，黃河陡長，桃源南岸陳家道口，於二十二日縷隄坐蟄二段，各二十餘丈。幸過水之處，即係七月內湖漲被災之地，居民早經移住無虞。臣等疏於防範，請交部議處。得旨：爾等無罪。知道了。(高宗八九二、五四)

(乾隆三八、八) [是月] 江寧布政使閔鶚元奏：查勘安東、清河、桃源、山陽、海州、沭陽等處被水低區，自六、七分至八、九分不等，分別趕造清冊，詳請撫卹。其鹽城地方，被災甚輕，無庸賑濟。得旨：加意妥爲之。(高宗九四一、四五)

(乾隆三九、八、己酉) 諭：據高晉等奏，八月十六、七等日，黃河水勢陡長，又連日雨大風狂，所有南岸老壩口迤下隄工，于十九日子時漫溢過水，約七十餘丈。大溜全注缺口，由山子湖下達馬家蕩、射陽湖歸海。附近之板閘、淮安一帶，俱被水淹，居民房屋人口，間有坍損等語。今年黃水屢經陡長，均經搶護有方，此次因上游驟漲，兼之連日風雨，以致隄工漫溢，淮安一帶間有被淹之處，朕心深爲軫念。幸高晉現在該處防汛，著即會同吳嗣爵迅速調集工料，上緊堵築，以資捍衞。其被水之村莊戶口，並著該督撫即速確查，加意撫卹，分別蠲賑，毋致瀕水窮黎，稍有失所。其疏防之文武工員，俱著照例查參，交部議處。高晉、吳嗣爵，著從寬免其察議。(高宗九六五、一五)

(乾隆四〇、八、辛丑) 尋高晉奏：兩江地方，八月後已成旱[旱]象，惟低田仍屬有收。現委員確勘督辦。得旨：知道了。其成災處賑卹事宜，妥爲之。(高宗九八九、一九)

(乾隆四〇、八、辛丑) 薩載奏：江蘇自交七月後，蘇州、松江、太倉、徐州等屬，俱先後得雨，其餘各屬未能普霑，至八月初旬雖經得雨，而氣候已遲，不免旱象，現飭藩司親往確勘。至通、泰、海三屬鹽場被旱竈地，與州屬民田情形大概相同。得旨：知道了。其有成災者，實力妥行撫卹。(高宗九八九、一九)

(乾隆四二、八) [是月] 又，高晉奏：海州、沭陽二州縣，低田已經涸出補種；惟安東、阜寧二縣被淹之區，驟難消涸，勘實成災七分，現在照例辦理。其餘各屬晴雨調勻，早稻雜糧，俱已刈穫，晚禾茂盛，亦可豐收。得旨：覽奏稍慰。其成災處所，加意妥恤。(高宗一〇三九、一七)

(乾隆四三、六、丁巳) 諭軍機大臣曰：楊魁奏，江寧、蘇州一帶，自六月上旬得雨後，半月以來，連日晴霽，高阜田地，待雨栽插，農民望澤甚殷。並據常州、鎮江、揚州、淮安各屬亦稟報缺雨，現在設壇祈禱等語。深爲厪念。江南六月正當秧田栽插之時，尤須雨水滋灌，若得雨過遲，於田禾不免有礙。(高宗一〇五九、一九)

（乾隆四三、閏六、辛酉）又諭曰：楊魁奏，江寧、揚州、通州三屬，並淮屬之山陽、鹽城種秧地畝，久晴缺雨，高阜之區未能插蒔，旱象已成；又，蘇州、常州、鎮江、太倉各屬近水之處，均已種植；山鄉高地未得趕種，其已種之田，亦望澤甚殷；俱各設壇祈禱。目下節屆大暑，即續經得雨，未種之田，止可補種雜糧。現在飛飭行查，如有已成偏災之處，惟當實力籌辦等語。深爲廑念。未知此時曾否得雨，未種地畝，趕種雜糧，其中或有已成偏災者，務須率屬確查妥辦，勿稍諱飾。（高宗一〇六〇、四）

（乾隆四三、閏六、甲子）諭軍機大臣曰：高晉等奏，上下兩江盼雨各州縣，六月內均未得有透雨，若閏六月得雨，尚可補種雜糧，但已種秋禾，仍需雨澤霑漑，倘再愆期，亦恐有礙等語。覽奏更切憂望，已於摺內批示矣。高晉等務須率屬竭誠祈禱，以期大霈甘霖。其或已成偏災之處，尤當飭屬實力查覈，照例辦理，勿稍諱飾。（高宗一〇六〇、一一）

（乾隆四三、七、庚寅）諭軍機大臣曰：楊魁奏，江寧、蘇州、松江、常州、鎮江、淮安、揚州、太倉等府州屬，於閏六月二十及二十一等日，得雨三、四、五、六寸至八寸不等，遠近均霑。其徐州、海州所屬之豐、沛、沭、贛等縣，亦於閏六月十三、四、五、六等日，得雨三、四、五寸至七寸不等。蘇州省城復於二十五日自申至亥，雷雨滂沱，入土九寸。勢甚廣遠，低田已種之禾，無不長發暢茂，其山鄉高阜業已補種雜糧者，均足以資培養等語。前聞江蘇缺雨，月餘以來，深切廑念，今覽奏始爲慰懷。至所稱原報被旱之處，蘇州藩司所屬共十一縣，江寧藩司所屬共二十五州縣，節次得雨，雖先後不同，業已一律霑濡。且一州一縣之中，低田得雨，秋禾仍極芃茂，即未種之高地，亦多寡不等，尚屬一隅偏災等語。江蘇前歲、昨歲俱極豐稔，今夏二麥亦復有收，民間蓋藏自裕，且今年又值輪免正供，並無催科之擾，民食自不致拮据。但其中已成偏災者，不可因其僅係一隅，意存輕忽。著傳諭高晉、楊魁，即董飭所屬，確切勘查，照例實力妥辦，俾各得所，毋得稍有粉飾。（高宗一〇六二、三）

（乾隆四六、六）[是月] 署兩江總督薩載奏：魏家莊隄工漫溢，星即馳往，會河臣確勘籌辦。得旨：陶莊移河之後，連年衝決，實屬不解。目今所急者，速期合龍，使歸故道而已。勉之。（高宗一一三五、二五）

（乾隆四六、六）[是月] 江蘇巡撫閔鶚元奏：臣在睢宿一帶，查察撫卹事宜，途次接崇明縣報稱，本月十八日颶風狂烈，海潮洶湧，關廂進水三、四、五尺不等，官民房屋間有坍塌，郊外潮深丈餘，田園廬墓亦多漂没。當即飭司先往，加意撫卹，并察看情形，酌量動撥倉穀平糶煮賑。臣即星赴該

縣，查勘妥辦。得旨：實心詳查災戶，實力賑卹。勉之。（高宗一一三五、二五）

（**乾隆四六、七、壬寅**）又諭：據閔鶚元奏，接據崇明縣縣丞馬禮稟報，十八日夜，颶風狂烈，海潮洶湧，在城關廂進水三、四、五尺不等，郊外潮深丈餘，官民房屋及田園廬舍間有坍塌漂没，現在飛飭藩司巡道就近先行馳往，督同該縣加意撫卹等語。該撫現在睢寧、宿遷一帶查辦該處被水災黎，崇明一縣今又猝遇海潮，被災較重，自應實力詳查災戶，妥爲賑卹。閔鶚元務須督同司道等實心妥協辦理，毋致災黎稍有失所。將此傳諭閔鶚元並諭薩載知之。（高宗一一三六、三）

（**乾隆四六、七、甲辰**）諭：前日據閔鶚元奏，六月十八、十九日，崇明縣猝被風潮，民田廬舍間有漂塌。已諭令詳悉查勘，加意撫卹。今據薩載奏，太倉州、寶山、鎮洋、華亭、上海、金山、昭文、丹徒等縣暨海門廳，同日俱被風潮，塘工多被衝損，近海濱江之沙洲灘地及房屋戶口，亦有塌損淹斃者，現飭逐一確勘，照例辦理等語。此次崇明等州縣被災情形較重，著該督撫等迅速飭屬詳悉履勘，妥協賑卹。至所稱黃淮漲溢，窪地被淹之淮安、鳳陽等各府州屬，並著一體查勘辦理，毋俾災黎稍有失所。其巡江遇風淹斃之遊擊俊成及兵丁等，並著照例議卹。該部遵諭速行。（高宗一一三六、七）

（**乾隆四六、八、戊寅**）江寧布政使劉墫奏：六月十八、九日潮災，淹及海門、通州二屬，臣親往確勘，禾稻傷損，房屋坍塌，雖水涸甚速，業已成災，應先撫卹一月口糧，正在商撥倉穀。當據海門廳稟報，該廳距通州百里，並無水路駄腳，向例皆係招商運米，即飭照速辦。得旨：仍當詳察妥辦，俾窮民均霑實惠。（高宗一一三八、一七）

（**乾隆四八、三、壬辰**）江蘇巡撫閔鶚元奏：桃源、宿遷等屬，被水淹漫之區，現在涸出，業經種麥十之四、五，餘俟趕種秋禾。至銅、沛、豐、邳四州縣，受水最重，間有涸出，將來開放新河，即日就乾涸。臣與督臣籌酌，飭將各邑災圖，現在已涸、已種若干，未涸、未種若干，詳查開造。並隨時體察，將陸續涸出地半月一報，酌給籽種，以資耕作。得旨：覽奏俱悉。（高宗一一七六、二）

（**嘉慶一、七、己酉**）諭軍機大臣等：蘭第錫奏，豐汛六堡隄工漫溢一摺。該工段上兩道過水溝槽，業經防堵斷流，惟六堡及高家莊口門，經該河督等盤頭築壩進占，當率屬趕緊堵閉。至下游被淹處所，費淳現已到工，著勘明被災情形，妥爲撫卹。蘇凌阿駐劄潁州，並無應辦之事，著即回工，督

辦一切。(仁宗七、二)

（嘉慶二、八、丁酉）河東河道總督李奉翰奏報：碭山境內楊家壩河水漫溢，命兩江總督蘇凌阿等馳往堵築。(仁宗二一、一)

（嘉慶一三、六、癸卯）諭軍機大臣等：鐵保奏河湖漲水，連日復又加長，現在竭力搶護並開放智壩情形。覽奏深爲廑注。本年洪澤湖非常異漲，高堰處處危險，本月初二日值風雨大作，運口頭壩一帶，竟有滲水過水之處，幸獲搶救平寧。刻下高堰誌椿，計高一丈九尺，較十一年非常之漲尚大六寸。看來安省日來雨水必多，是以湖水長發過旺，鐵保等已另開智字壩分洩。在此時權宜辦法，勢亦不得不然。高堰爲淮揚數郡保障，關繫最要。隄工年久滲缺，又多卑矮，全在伊等平日留心察看，加意培築，使之處處完善，方足以資防守。伊等前年經歷盛漲之後，不於上年無事之日慎重修防，綢繆未雨，一遇非常盛漲，遂不免束手無策。此時雖日夜在工，衝冒風雨、勞苦焦急，又豈能遂有裨益耶？爲今之計，除竭人力保護之外，亦無別法。伊等惟有慎益加慎、勉之又勉，督率防護，以祈仰邀神佑，獲慶平寧。(仁宗一九七、一五)

(13) 安徽

（順治一四、六、壬辰）江南宣城、涇、旌德、南陵、蕪湖五縣大雨傷禾。(世祖一一〇、六)

（順治一五、一〇、己卯）漕運總督亢得時疏報：鳳陽府屬泗州、臨淮、五河、懷遠等州縣匝月霪霖，傾壞城垣，漂沒田舍。事下所司。(世祖一二一、八)

（雍正一三、一〇、己卯）[戶部]又議覆：安慶巡撫趙國麟疏報，泗州、潛山二州縣，七月初旬陡發山水，田禾被淹。應令委員會勘果否成災，如有應行賑濟之處，即行賑濟，不致失所。得旨：依議速行。(高宗四、五五)

（乾隆二、六）[是月，安徽巡撫趙國麟] 又報：五月二十六、七、八日大雨時行，江以南山內數次發蛟，山水驟漲，石埭、太平、歙縣、黟縣、銅陵、繁昌六縣，衝損田禾數百畝，並民房三、四百間，淹斃男婦七十餘口。當經借動公項，分委員弁，星赴各縣先行賑撫，一面委員確勘，如果成災，據實題請賑卹。得旨：知道了。撫卹被災之民，所當竭力拯救，己饑己溺之心，不可稍釋於懷。(高宗四五、一三)

（乾隆二、八、丙寅）諭總理事務王大臣：朕聞江南碭山縣段家莊大壩以外一帶河灘，因黃河水勢漫溢，約長四十餘里、寬五六里、十里不等，居民廬舍被淹、田禾受傷，不能收穫。祇因該縣秋成豐稔，不過一隅被災，又係隄外河灘，是以地方官未經申報。朕愛養黎元，惟恐一夫不獲其所，今此被水人民，棲身無所、餬口無資，深可軫念。著該督撫即飭地方有司，迅速查明，撫綏賑卹，務使登之衽席，毋得以漫灘被水，乃事勢之常，稍有忽視。（高宗四八、一五）

（乾隆三、八、戊申） 諭：據安徽巡撫孫國璽奏稱，安省地方，今歲夏秋亢旱，得雨後期，補種秋糧，不能暢達。除望江等十八州縣衛已報災傷外，續據報到鳳陽、壽州、舒城、無為、青陽、當塗、繁昌、貴池、南陵、霍邱、虹縣、涇縣、銅陵、桐城、太平、臨淮、巢縣、廬江、霍山、含山、合肥、懷遠、東流、太湖、英山等二十五州縣，鳳陽、鳳中、泗州、廬州、建陽等五衛，計共四十八處，咸皆被旱，輕重不等等語。孫國璽現在監臨入闈，向例凡有題奏事件，俱行停止；今安省各處被旱，災黎急需賑救，豈容稍緩時日。該部可即行文該撫，令其速委幹員，分路確勘，並飛飭各州縣衛分別賑卹，及開倉平糶、採運米穀接濟之處，務需亟為妥協辦理，俾災民早霑實惠，不致流離失所。其被災稍重之地，有應蠲及應行停徵者，著遵前諭與下江一體辦理，以副朕軫念民瘼之至意。（高宗七五、一三）

（乾隆四、七、己巳） 安徽巡撫孫國璽題報宿州夏麥被雹情形。得旨：下部速議具奏。尋議：應如所題，急為撫恤。從之。（高宗九七、一一）

（乾隆六、四）［是月，安徽巡撫陳大受］又奏鳳、潁、泗三府州被水，查勘災戶情形。得旨：所奏俱悉。被災貧民，加意賑恤之。（高宗一四一、一六）

（乾隆六、八）［是月］署安徽巡撫張楷奏報宿州、虹縣、靈璧等州縣被水撫恤情形。得旨：如此急為辦理，方副朕視民如傷之念。此後更當督率屬員詳加查賑，毋使一夫失所，庶可慰朕南顧之憂耳。（高宗一四九、一七）

（乾隆七、六）［是月］安徽巡撫張楷奏：涇縣、蒙城、太和、阜陽、潁上、滁州、全椒、來安、和州、含山、天長、宿州、靈璧、虹縣、懷遠、臨淮、鳳陽、盱眙、合肥、宿州衛等二十處被水，現經設法宣洩，可望秋成；惟宿、靈、虹三處低窪，積潦難消，秋禾尚多未種。得旨：安省災傷之餘，正宜竭力撫綏，以培元氣，朕甚為此廑念。必使小民毋致失所，然後差慰朕懷耳。（高宗一六九、二六）

（乾隆七、七）［是月，兩江總督宗室德沛、安徽巡撫張楷］又奏：長淮衛、鳳陽衛、霍邱、五河等縣衛，續報被水，豫籌撫卹。得旨：知道了。亟

力撫綏之。較之去年災傷，究爲如何，據實奏來。（高宗一七一、二四）

（乾隆九、七）〔是月〕署安徽巡撫準泰奏報：安省廬、鳳、潁三府，滁、泗二州所屬州縣衞，現在飛蝗雖盡，而蝻子萌生。抵任後，即飭各處剋期捕盡，不敢稍延。現田禾暢茂，可獲豐收。惟徽州、寧國、池州、太平、廣德四府一州屬，或因蛟漲、或因山水迅發，俱有衝塌廬舍、淹沒田禾之處，當即飛飭藩司，委員確勘，并將安屬就近倉穀，量撥運往，接濟民食，俟確勘情形，分別輕重賑恤。得旨：所奏俱悉，亦甚明晰，惟在實力爲之。安省雖屬事簡，然被范璨廢弛已極，須善爲整理可也。（高宗二二一、三二）

（乾隆一〇、三）是月，署安徽巡撫準泰奏：安省各屬，陸續得雨霑足。惟廬州府之無爲、合肥、巢縣，池州府之銅陵、石埭、六安州，并屬縣霍山，鳳陽府之壽、宿、臨淮、定遠、靈璧、鳳臺等州縣，望澤尚殷。得旨：所奏俱悉。其廬、池、鳳三屬，若有受旱情形，可悉心妥辦。毋致農民失所也。（高宗二三七、一六）

（乾隆一二、六）〔是月〕兩江總督尹繼善奏報：各屬節次得雨，麥收豐稔。惟徽州府屬之績溪、婺源、休寧、歙縣等縣，寧國府屬之太平、宣城二縣雨水過多，隄壩衝損，壓傷禾苗，並有倒塌房屋、淹斃人口之處。現飭確查，一面照例分別撫卹。得旨：覽奏俱悉。凡被水之處，即係偏災，亦應督率屬員，加意撫卹。（高宗二九三、二一）

（乾隆一三、八、庚寅）又諭：據納敏奏報安省續獲雨澤一摺，內稱鳳陽府屬各州縣，俱於閏七月十二、三等日得雨，惟鳳陽縣尚未普遍等語。鳳陽地土瘠薄，易致荒歉，最關緊要。納敏奏報之時，已屆閏秋，去收穫之期不遠，而雨澤尚未普徧。將來不惟收成歉薄，勢必成災；其應如何經理之處，摺內俱未經奏及。可傳諭納敏，令其悉心預籌，加意辦理；並將現在情形速行奏聞。尋奏：各屬秋成俱豐，即前缺雨之處，續經得雨，亦獲有收。惟鳳陽、懷遠、泗州、盱眙、來安五州縣，並泗州衞，得雨較遲，高田稍旱。及阜陽、潁上、霍邱三縣，雨多水發，窪地被淹，業飭勘辦。得旨：一切督率屬員，妥貼爲之。（高宗三二二、一八）

（乾隆一四、六、戊戌）諭軍機大臣等：據納敏奏稱，廬州府於五月二十一、二等日，大雨如注，河水驟長，城垣民舍，多有坍塌，人口亦有淹斃。其近日窪地尚未涸出，恐圩埂衝破之處，水難遽退。又，太湖、宣城、南陵、貴池、青陽、巢縣、臨淮、壽州、鳳臺等州縣，亦俱各報被水，均經飭司委勘等語。今歲雨澤調勻，各省秋成，可望豐穰。安省被水各屬，雖不過一隅，但窮黎是否不致拮据，田禾是否尚可補種，於通省收成大局，有無妨礙？著傳諭巡撫衞哲治，即速詳悉查勘。有應辦者，一面上緊辦理，一面具摺奏聞。務期小民得所，副朕厪念閭閻之意。尋奏：各屬初報被水處雖多，續因水退，補種晚禾，勘不成災者大半，於通省收成大局，實可無礙。仍飛飭確查，酌借籽種，並給殮埋修葺之資，上緊妥辦。得旨：欣慰覽之。（高宗三四三、九）

（乾隆一四、六）[是月] 安徽巡撫衞哲治奏：節據布政使李渭稟，開安、寧、池、廬、鳳、潁、六、泗、滁、和等府州所屬州縣衞三十二處，五、六月間被水。內稱廬、池、潁等屬水勢漸退，補種雜糧，將來成災無多。惟虹縣、靈璧、鳳臺、壽州、臨淮等處被水較重等語。現飭藩司委員確勘妥辦，仍親往訪勘水勢。得旨：此數處被水，於通省收成無礙否？即屬偏災，亦當加意撫恤，毋致失所。又，此數處上年秋成，並今歲麥收如何，速奏以慰朕懷。（高宗三四三、二九）

（乾隆一四、七、己酉）諭軍機大臣等：據納敏奏稱，安徽省合肥等二十二州縣，俱報被水等語。摺內並未將如何被水、現在田禾有無淹浸、人民有無傷損、於收成大局有無妨礙之處，詳悉具奏，甚屬糊塗。著將原摺抄發衞哲治，令其逐一查明。如有實被水災處所貧民，應行撫恤者，一面遴委幹員妥協速辦，一面具摺奏聞。尋奏：各屬初報被水情形，一係蛟水陡發，間傷人口；一係淮水漫溢，間坍房屋；一係雨水過大，旋即晴明，水漸消涸。所報被水之處雖多，續因水退，補種晚禾，勘不成災者大半；其泗州、盱眙二州縣，淮水漲發，窪地間有被淹，以通邑額田計之，不過十分之一、二，稍重者亦止三、四，其餘田地，早晚二禾雜糧等項，有已穫者，其尚未收穫處，亦可望豐稔。被水貧民，應行撫恤者，現飭妥辦。得旨：欣慰覽之。（高宗三四四、三）

（乾隆一四、七）[是月] 兩江總督黃廷桂奏：據宿州、亳州、太和、定遠、宿州衞、鳳中衞、泗州衞具報，七月初旬大雨不止，田畝被淹。再，阜陽、潁上、霍邱、廬州、滁州五處，淮水泛漲，晚禾被淹。現在委員確勘，俟彙題辦理。得旨：覽奏俱悉。至成災之處，善為撫卹，毋致失所。（高宗三四五、二一）

（乾隆一五、七）[是月，兩江總督黃廷桂] 又奏：安徽歙縣、績溪等縣續報被水情形。得旨：今年雨水頗大，朕甚為兩江縈念。其為災較之七、八年究為何如？（高宗三六九、二四）

（乾隆一八、一〇）[是月] 安徽巡撫衞哲治奏：鳳潁等屬，九月內陰雨連綿，濉淮并漲；兼以全河之水，匯入洪澤湖，濱河州縣衞，被淹愈甚。現

親身查勘，并飭司道府州縣，分路撫綏。得旨：是。督率屬員，極力妥協撫卹，毋致災黎失所。(高宗四四九、二八)

(乾隆二二、六、己丑) 諭：據高晉奏，宿州、靈璧、虹縣、懷遠、霍邱、潁上、泗州、盱眙、五河、壽州、鳳陽、阜陽、太和、蒙城、亳州并鳳陽、長淮、泗州三衛，濱臨河湖窪地，秋禾被淹，現在查勘撫卹等語。宿州等處，夏麥已被水災，今秋又復淹浸，深堪軫念。著該撫等督率屬員，速赴被災處所，上緊設法疏洩，俾得補種蕎菽雜糧，以資民食。其應行撫卹事宜，著該撫等照例妥協辦理。務令被水窮黎均霑實惠，毋致失所。該部即遵諭行。(高宗五四一、三六)

(乾隆三二、七) [是月] 安徽巡撫馮鈐奏：續據太平府屬之當塗縣、廬州府屬之無為州、和州屬之含山縣先後稟報，七月十六、七等日，烈風驟雨，江水加長尺餘，濱江臨河圩圍田禾，俱被漫淹，房屋間有坍塌，被水人民遷移高阜，搭棚居處，並无淹斃人口。當經飭員照例撫卹。得旨：所有成災處所，善為妥辦賑卹，不可令屬員蠹役侵食，百姓不得實惠也。(高宗七八九、八)

(乾隆三二、閏七、癸巳) 諭：據馮鈐奏，安徽宿松等州縣，臨江濱湖，七月以來大雨時行，江水陡長，以致圩洲田地、房屋，間有淹浸倒塌。現在飭屬查勘，照例撫卹等語。該處沿江州縣，地勢低窪，此次江水盛漲，被災稍重，朕心深為軫念。所有安慶府屬之懷寧、桐城、宿松、望江、太湖、池州府屬之貴池、銅陵、東流，太平府屬之繁昌、蕪湖并和州等處，著該撫速行酌撥撫卹，妥協經理。仍飭各州縣設法疏消，酌量借給籽種，俾得乘時補種晚秋，以資接濟。並確勘現在被水情形及將來收成分數，詳覈是否成災，分別辦理。該撫務督率所屬，實力籌辦，使被水窮黎，不致失所，以副朕軫卹至意。該部遵諭速行。(高宗七九〇、一)

(乾隆三四、六、庚辰) 又諭：據富尼漢奏，安徽省因六月初一日至初六連日大雨，諸水漲溢，沿江濱湖之懷寧、桐城各州縣稟報，低窪田地被淹，飭屬確查，分別酌量等語。前據揆義奏，湖北武昌、漢陽、黃梅等處江水漲溢，安徽境地本屬毗連，且勢當下游，所有窪地自必間被淹浸。雖據該撫富尼漢奏稱，本月初七日以後天氣大晴，水勢逐漸消退。但其中田畝有被淹較重，一時疏消不及者，自應照例量加撫卹，毋致稍有失所。即現在水甫消涸，其地尚可補種晚禾雜糧，而民力不能措辦者，並著該撫即速查明，酌量借給籽種，俾得及時栽插，毋誤耕作之期，方於民食有濟。一面仍將疏宣積水及查勘已、未成災各分數情形，迅速據實具摺奏聞。(高宗八三七、三

一）

（**乾隆四四、四、癸酉**）諭軍機大臣等：據閣正祥奏，經過各地方，二麥甚屬茂盛，所有亳州、蒙城等處，有司加賑，均已放竣，災民疊邀撫卹，麥熟足資接濟等語。亳州、蒙城等處，爲黃水下游，上年豫省儀封漫口，黃水下注，經由該州縣，漫溢田廬，被災較重，業經降旨撫卹、蠲賑兼施，並於今春加恩展賑，災氓自可不致失所。但儀封堵築現在尚未蕆工，若不能及早合龍，黃水仍不免於漫下，恐昨歲舊淹之處，勢復難支。安省上年正屆輪免錢糧之年，其因災蠲免者，即併於輪免之內，恩膏無可復施，倘災地復經漫水，經年淹浸，補種無由，難免無艱食之患，情殊可憫。著傳諭閔鶚元即速派委誠幹大員，確切查明亳州、蒙城等處，河水曾否歸槽；河旁之水，曾否涸出，可資耕種；黃水設復下注，是否不致再有淹浸之虞；現在貧氓有無拮据情形；詳悉據實具奏。如實有應行優卹者，候朕酌量加恩降旨。將此由五百里諭令知之。仍將查辦情形，迅速覆奏。（高宗一〇八一、五）

（**乾隆四六、六**）［是月］安徽巡撫農起奏：據鳳陽、壽州、鳳臺、懷遠、靈璧五州縣先後報稱，近因雨水稍多，兼之邳睢廳魏家莊隄工漫溢，上游諸河分注境內，以致沿河低窪田畝、村莊驛路，俱有被淹，一時不能迅速疏消。被淹貧民，亟須查明安頓。臣即起程馳赴勘辦。得旨：有成災者，實力賑卹，俾受實惠。勉之。（高宗一一三五、二六）

（**乾隆五〇、五、乙卯**）又諭：據書麟奏亳州、鳳陽、定遠、懷遠、靈璧、泗州、天長、五河、盱眙［盱眙］、宿州，蒙城等州縣雨澤愆期，二麥已經失望，農民趕種秋禾，尚須透雨滋培，方能出土長發，現在確查實在情形，如有必須接濟之處，即當會同督臣據實奏明辦理等語。亳州、鳳陽等十一州縣均係上年積歉之區，前因麥收淺薄，曾降旨將各該州縣應徵新舊錢糧緩至秋後徵收，以紓民力。現在望澤惟殷，小民生計自如仍未免拮据，如有應行接濟之處，即應一面籌辦，一面奏聞，又何必會同督臣奏明請旨，始行辦理！豈未仰體朕厪念民依，無時或釋之至意耶！著傳諭該撫查明各該州縣實在情形，或應平糶，或酌借籽種，以資接濟，迅速妥辦，並將近日曾否得有透雨據實具奏。將此由六百里諭令知之。（高宗一二三〇、一二）

（**乾隆五〇、六、乙巳**）又諭：前因安徽亳州等屬雨澤愆期，農民不能趕種大田，情形拮据，屢經降旨加恩撫卹，並令截留漕米五萬石，以備賑糶之用。本日據薩載奏，當塗、巢縣、靈璧、亳州、蒙城、盱眙［盱眙］、五河、滁州、來安、和州等州縣，均於六月初一、初四等日，得雨五分至一、二寸不等，其餘寧國、旌德、廬江、霍邱、太和、天長、廣德等州縣，據報均未得雨等語。看來安省亳州、蒙城等處，業已被旱成災，將來尚須賑卹口糧，以資接濟。又據管幹珍奏，江西十三幫漕船，現俱抵清河縣境銜尾待渡，約計六月底七月初可以全數渡黃等語。江西各幫，船身較重，現在甫經渡黃，恐不能迅速抵通，著於尾後各幫內，再截留漕米十萬石交與該督撫，以備安省賑卹之用。該部即遵諭行。（高宗一二三三、四一）

（乾隆五一、七、丙辰）諭：據書麟奏安慶、鳳陽、廬州、滁州、泗州各府州屬，于六月內雨澤過多，山水長發，低窪地畝及臨湖灘地俱被水淹，房屋間有坍塌，人口尚無損傷，現在飭屬查明，妥爲辦理等語。上年安徽被旱較重，收成歉薄，今又因雨水過多，以致安慶、鳳、廬、滁、泗等府州屬，民田廬舍，俱被淹浸，朕心甚爲厪念。該撫即飭屬查明被水地方，上緊設法疏消，其被災窮黎，務須加意撫卹，不可拘於常例。倘有應行借給籽種口糧者，即酌量借給。該撫即督飭所屬實力經理，俾災民均霑實惠，以副朕軫念窮簷至意。該部即遵諭行。（高宗一二五八、三二）

（乾隆五一、閏七、壬申）又諭：前據書麟奏，安徽鳳、廬、滁、泗等屬，因六月間雨澤過多，山水長發，民田廬舍被淹。已降旨令該撫飭屬查明被水災黎，加意撫卹，不可拘於常例，或酌借籽種口糧，以資接濟。茲據陳步瀛等覆奏，安慶、廬州兩屬，雖有被水之處，現已漸次涸復；惟鳳陽、泗州、滁州三屬，積水未能驟退，補種不及，難免一隅偏災。現在馳赴各處，查看實在情形，奏聞辦理等語。鳳陽、滁、泗等屬，上年被旱成災，秋收歉薄，今歲二麥甫獲豐收，復因積水淹浸，雖據奏稱高阜處所，秋糧仍屬暢茂，可冀有收，而該處低窪之處，未能即涸，不可獨令向隅。所有鳳陽、泗州、滁州三屬，應行加恩借給籽種口糧、及坍塌民房。酌借修費之處，著傳諭書麟即行飭知藩臬，督率所屬，悉心妥爲辦理。務俾災民均霑實惠，毋致一夫失所，以副朕軫念如傷、有加無已至意。並諭陳步瀛等知之。（高宗一二六〇、六）

（乾隆五三、七、庚辰）諭軍機大臣等：據陳用敷奏雨水旱稻情形摺，內稱，懷寧、桐城、宿松、望江、貴池、東流、銅陵、當塗、蕪湖、繁昌、無爲、和州等州縣，沿江低處洲田，因江水漲發，間有漫溢。又，潛山、太湖、青陽、建德、廬江、舒城、巢縣、鳳陽、靈璧、懷遠、泗州、盱眙［盱眙］、五河、含山、全椒、建平等州縣，亦因湖淮水長，低窪田地稍有漫淹，現在逼近江湖地畝，尚有積水等語。該省休寧、祁門、黟縣等處，本年五月內，被水衝壓，田畝受淹，節經降旨，令該撫等加意妥爲撫卹。茲懷寧、桐城等州縣，雖係一隅偏災，但現屆立秋，水尚未消，已難再行補種，亦應加意撫卹。著傳諭陳用敷即將被水田畝詳悉查明,共有應行撫卹者,即妥爲分別撫卹,毋致貧民失所。斷不可因係屬偏災,稍存諱飾,以期仰副朕軫念災黎至意。(高宗一三〇九、一八)

(乾隆五四、六)[是月]安徽巡撫陳用敷奏:泗州界連江蘇省睢寧縣,因彼處周家樓一帶被水漫溢下注,泗州境之赤山、青陽等堡,田廬間被水淹,現在設法宣洩,若及時消退,尚可補種蕎麥雜糧。並飭布政使陳步瀛赴勘,查有實在情形,即行奏報。得旨:妥協爲之。應賑卹者,即賑卹,毋諱災。(高宗一三三三、四五)

(乾隆五四、七、乙酉)又諭曰:陳用敷奏,安慶府屬之懷、桐等縣,並寧國、池州等五府州屬及和州、廣德州二屬,六月以來,晴燥日久,農民望澤頗殷,現在率屬虔禱等語。時屆六月,正當遲禾長發之時,全賴澍雨頻霑,以資芃茂。今寧國等府州屬,既經望澤,該撫等自應率屬虔誠祈禱,以冀甘霖早沛。現在是否已得優澤,於田禾有無妨礙,著傳諭陳用敷即飭屬查明,據實覆奏,以慰廑注。又據該撫另摺奏稱,安省之泗州地方,界連洪湖,據該州稟報,現在黃水下注,由謝家溝等處繞入洪湖,一時不能暢洩,所有泗州之赤山、青陽等堡低窪處所,田房間被水淹,業經設法宣洩,並飭藩司陳步瀛親赴該州逐一履勘等語。黃水繞入洪湖,一時不能暢洩,以致近湖低地間被水淹,急應設法疏洩,及早涸出,尚可乘時補種,並著傳諭陳用敷,於該藩司親勘後,查明被淹地畝若干、民房有無坍塌、是否有礙秋收。如有應行賑卹之處,即一面賑卹,一面迅速奏聞,候朕酌量加恩,勿稍諱匿。該撫等務宜加意經理,毋使災黎失所,方爲妥協。尋奏:寧國、池州等府州屬,於六月下旬得雨,安慶省城,於七月初六、七及初十日連得透雨,秋收可期中稔。至泗州一帶,難免偏災,然並未傷損人口、倒塌房屋,惟秋成失望,自應給賑。得旨;是。妥爲之。(高宗一三三四、二)

(乾隆五四、七、己亥)又諭曰:陳用敷奏,泗州東北附近安河、洪澤湖之處低窪地畝,間被水淹,已飭陞任藩司陳步瀛親往勘查;其鳳穎各屬低田積水,漸次涸復。又據陳步瀛奏,查勘安河附近低地及盱眙等處漫水,不能驟涸,雜糧補種不及,難免一隅偏災。至鳳陽等州縣,距洪澤湖較遠,積水日漸消退,現在陸續補種雜糧,可冀薄收,各等語。安河等處,因黃河漫溢之水,一時匯注,附近低地,間被淹浸,現據陳步瀛查明,積水尚未消涸,補種不及,雖該處本年二麥豐收,小民餬口有資,目前不致缺乏,但既恐成災,自應量爲接濟。其鳳陽、靈璧、宿州等三州縣,現在趕緊補種雜糧,薄收有望,然既經被水,民力究恐不無拮据,陳步瀛已陞授貴州巡撫,

著傳諭陳用敷督飭所屬悉心經理。如有尚需酌量接濟之處，據實奏聞，毋使一夫失所，以副朕軫念民依至意。(高宗一三三四、四四)

（乾隆五四、八、戊辰）諭軍機大臣曰：陳用敷奏，據鳳陽府稟報，所屬宿州，因碭山縣漫溢黃水下注州境，民田被淹，水勢由靈璧縣下注洪澤湖，該縣亦有被淹之處，現飭藩司馳赴該處，率屬勘辦等語。宿州、靈璧，前因夏間雨水稍多，兼值毛城鋪等處洩黃匯注，間有被淹，甫經涸出補種，今又因上游黃水漫溢被淹，農民不無拮据，難免一隅偏災，著諭該撫即飭藩司督率所屬詳細履勘，實力查辦，務須無濫無遺，俾蔀屋貧黎均霑實惠，以副朕軫念民依至意。(高宗一三三六、二三)

（嘉慶一九、一二、甲戌）諭軍機大臣等：本日御史吳賡枚奏安徽災賑事宜並地方情形四款。其第一款稱，助賑善民宜普爲獎勸，請分別奏題，勿致遺漏等語。安省士民捐資賑糶，前已有旨令該撫於事竣分別辦理，以示嘉獎。茲據該御史奏，地方官辦理此事，胥吏等往往多方阻抑。著該撫督飭州縣詳細查明，其捐數較多者，開單具奏，捐數少者，亦一體具題，交吏、禮兩部分別旌敘，勿稍遺漏。其第二款稱，流民散布乞食，恐匪徒混跡其中，應行防範；並飭將聞賑歸來者，認真勘辦等語。本年安省災區較廣，潁、亳等處均毗連河南，饑民千百爲群，流離乞食，難保無上年滋事餘匪混跡其中；倘乘機煽誘、有聚衆搶劫等事，則辦理費手，糜帑轉多。胡克家務妥爲經理，加意撫綏，勿令別滋事端。至饑民等前因逃荒遠出，此時聞賑歸來，必當覈實妥辦。該御史摺內稱，州縣等往往憚於履勘，衹憑胥吏開銷，致多矇混；又，本日御史胡承珙亦條奏及此。據稱，安省地方官於他處趁食饑民，每以彼此同係災區，不加收卹，致令轉徙於道。該饑民等離鄉既遠，又不能聞賑遄歸，且有原籍有田可耕而力量不能歸里者，請廣爲曉諭，資遣還鄉等語。流民挈家遠出，蕩析離居，地方官極當資遣還鄉，俾安井里；迨既歸原籍之後、尤需一律補賑，庶資口食。況現在雨雪調勻，明年麥收可望，該流民不皆無業之徒，其原籍地畝有已經種麥者，回家可望春收，未經種麥者，亦可補種雜糧。該撫職任封圻，當此歲歉民貧，流離滿目，忍不實心妥辦，以副朕安民保赤之誠耶！又據奏，請除擾累以安富，儆游惰以勵俗二款。地方官藉端巧取，需索富戶，委員又四出擾累，朘削民膏，至於斂錢惑衆之事，地方官尤應查禁。其女戲清音以及鴉片煙館，俱爲風俗人心之害，著該撫嚴飭所屬，實力稽察，如有違禁干犯者，拏獲按律治罪。務使官戒貪汙，民懲游惰，吏治肅而人心正，以漸收除莠安良之效。將此諭令知之。(仁宗三〇一、六)

(14) 江西

(乾隆一、五)〔是月〕江西巡撫俞兆岳奏報贛州建昌等府山水暴漲情形。得旨：如此數處皆被水災，亦不爲不重大矣。切不可諱災掩飾，視同膜外。朕每見外省奏報，即係小災，亦必儆戒自省，不知汝等督撫如何居心耳。然地方之災祲，在所不免，而人力之補苴，不可不盡。若於被難之民，賑卹有所不力，致令災黎失所，則朕之譴責，汝等不能逃也。(高宗一九、三二)

(乾隆六、五)〔是月〕署江西巡撫包括奏：贛州府屬之興國縣太平鄉，吉安府屬之泰和縣沙村，被水衝塌房舍、淹斃人口，均動項賑卹。報聞。(高宗一四三、二六)

(乾隆六、六)〔是月〕署江西巡撫包括奏：寧州銅鼓地方，河水陡漲，淹壞田畝人口，衝坍城垣衙署。又，贛州府屬之贛縣、南安府屬之上猶縣沿河一帶，及崇義縣之豐州大夷坑地方，均被水衝沒房舍，沙淤田畝。勘係一鄉一村，原不成災，但民力拮据，自應分晰輕重，酌量撫卹。得旨：知道了。被災貧民，加意賑卹，毋致失所也。(高宗一四五、二四)

(乾隆七、七)〔是月〕江西巡撫陳宏謀奏：興國縣猝被水災，已飭動項賑卹，給銀葺屋。其聯界之贛縣、寧都、瑞金及吉安府屬之萬安、龍泉、南安府屬之大庾，俱因雨大水發，間有衝損，飛飭確勘，一體撫卹。得旨：覽。被水災黎，加意撫卹，毋得視爲偏災而忽之。(高宗一七一、二七)

(乾隆七、七)〔是月，江西巡撫陳宏謀〕又奏：興國縣被水災民，俱已賑卹安頓。至萬安、贛縣、寧都、龍泉四州縣，被災較次，亦經動項撫卹。其瑞金、大庾、泰和、雩都、廬陵、德化、湖口等縣，被災更輕，悉已酌量撫卹。交秋以來，各屬水勢漸退，晚禾茂盛，米價亦不昂貴。得旨：覽奏稍慰朕懷。(高宗一七一、二八)

(乾隆七、一一)〔是月，兩江總督宗室德沛〕又奏：江西南昌、新建二縣，秋間被水，田畝多淹。現分別成災者，照例賑卹，不成災者，亦量加撫綏。得旨：所奏俱悉。(高宗一七九、二四)

(乾隆七、一一)〔是月〕江西巡撫陳宏謀奏：南昌、新建兩縣圩隄，皆濱江湖，其安樂圩、富倉圩年年修理，均被贛水倒漾。今相度形勢，應由羅絲港改築石壩一道，使贛水順流而北，不致倒漾。圩內圩外，可保護良田三萬餘畝。以上各工，皆須今冬趕辦，方可完竣。前經題奏，現下部議，若待部覆方修，轉瞬春雨水發，勢必無及，應即於此時興工。報聞。(高宗一七

九、二六）

（**乾隆九、八、丁卯**）諭：江西巡撫塞楞額奏稱，江省所屬玉山、德興、樂平、宜黃四縣，於七月初六、七等日，山水陡發，居民被淹。已飭布政使遴委官員，分頭查勘，隨帶銀兩，撫恤賑濟。至有應行題奏之處，俟臣出闈之日，逐一分別辦理等語。江省玉山等四縣，山水陡發，居民被淹，朕心深爲軫念。雖據塞楞額奏稱已經委員查勘賑恤，其一切應奏之處，亦應即行題奏辦理，不必待至出闈之後。可即傳諭塞楞額知之。（高宗二二三、一七）

（**乾隆九、九**）[是月]江西布政使彭家屏奏：江省五、六月間，雨澤稀少，各縣所得，先後不齊。七月初旬，迭沛甘霖，早禾受旱者，亦復抽發，晚稻十分暢茂。惟永豐、玉山二縣村莊，不免偏旱，現已查勘賑卹。得旨：所奏俱悉。聞江西受旱頗重，此奏不無粉飾乎？一切料理，妥協爲之，以期實惠及民。（高宗二二五、二五）

（**乾隆一一、六**）[是月]兩江總督尹繼善奏：江西南昌、南康、袁州、臨江、南安等府各屬稟報，四月二十五至五月初一、二等日，陰雨連綿，山水陡發，溪河泛漲，沿河民房多坍，城垣、衙署、倉、監亦有倒塌，低窪田畝，豆苗淹浸損傷，間有淹斃人口。查被水各地方，雖係一隅偏災，而統計數州縣，窮民受累者，已屬不少。臣已飛飭速委確勘，分別已、未成災，酌量撫恤，借給籽種、給與修房銀兩；其城垣衙署倉監等項，飭各地方勘估修整，並咨撫臣塞楞額就近妥辦。再，瑞州、吉安、廣信、饒州等府各屬，亦有稟報被水之處，據稱水勢較小，田禾未甚受傷。臣恐所報不實，現在委員查勘，分別辦理。得旨：覽奏俱悉。（高宗二六九、三四）

（**乾隆一五、五、辛亥**）又諭：朕聞江西廬陵縣地方，於三月二十八日因上游之贛州府屬山水驟發，匯流而下，是夜水漲幾及二丈，勢甚洶湧，麥苗間有淹浸之處。此事迄今四十餘日，該督撫等何以尚未奏聞，地方官曾否詳報？著傳諭黃廷桂、阿思哈，令其作速查明，據實具奏。尋奏：廬陵、瑞金、會昌、萬安、泰和、廣昌六縣，俱經先后稟報，於三月二十八九等日水發，自一丈二三尺及五六尺不等，但俱稱二麥已收，早禾方栽，俱不成災，隨飭員分赴各縣確查，旋據稟覆，今年水勢雖大，皆於田禾無害，現在查勘，照例賑卹。得旨：雖云查奏需時，但有關民瘼之事，總宜速辦，甚莫存諱災之見。（高宗三六四、一六）

（**乾隆三六、七**）[是月]江西巡撫海明奏：袁州府屬之萍鄉、宜春二縣，吉安府屬之蓮花、安福二廳縣於六月初十、十一等日被水。臣親勘得田廬人口並有損傷，俱照例給卹。得旨：覽奏俱悉。（高宗八八九、三二）

(**乾隆五三、八、辛卯**)諭軍機大臣等：據何裕城奏，江西省南昌、饒州、南康、九江等府屬，因雨水過多，沿江傍湖低窪田地，間被淹浸，現確加察勘，分別被災輕重，動項撫卹，務俾均霑實惠。又，德興縣山水陡發，衝失房屋，並淹斃人口，若俟歸案彙辦，不免流離失所，已飛飭該府齎帶銀項馳往，照例撫卹，妥爲安頓等語。南昌等屬，因雨水過多，致低窪處所間有被淹，目下節過處暑，補種不及，自應詳細查明，分別辦理。至德興縣因山水陡發，衝失房屋，並淹斃人口，亟當速行賑給。何裕城飭令該府帶銀馳往，撫卹安頓，所辦尚是。著傳諭該撫即董率所屬加意撫綏，務使貧民均霑實惠，不可因係一隅偏災，稍有疎忽，致令失所。(高宗一三一〇、四)

(**乾隆五三、九、乙丑**)諭軍機大臣等：據海紹奏，九江郡夏秋以來，大雨時行，川楚水發，附近街衢四圍皆有積水，現在漸次消落；沿江傍湖被淹田禾，報明撫臣，飭委藩司親勘妥辦等語。前據何裕城奏，九江府屬及沿途一帶，飭委署藩司額勒春前往確勘，分別被災重輕，動項撫恤，何裕城仍抽查確覈等語。此時該撫自已抽查完竣，該處被災究有幾分，作何撫恤，著再傳諭何裕城，務宜督率妥辦，俾災黎均霑實惠，不可因係一隅偏災，稍存忽視。仍將通省收成牽算約有幾分之處，一併查明，據實復奏。尋奏：南昌等縣被災，臣已抽查完竣，折給撫恤口糧，分別加賑，並予葺費；至通省收成，牽算約八分有餘，其被災田地，止屬偏隅，實與全局無礙。報聞。(高宗一三一二、一七)

(15) 浙江

(**順治一一、八、乙丑**)浙閩總督劉清泰疏報，浙屬亢旱爲災，河竭井涸，禾稻盡枯。得旨：浙省災傷，深可憫惻，其如何賑濟之處，著所司確查速議。(世祖八五、一五)

(**順治一二、一一、戊子**)浙江台州、金華、處州三府屬亢旱傷禾。(世祖九五、九)

(**順治一四、六、庚寅**)浙江杭、嘉、湖、寧、紹等府屬州縣，山海龍蜃交發，大風霪雨，壞城郭廬舍，漂溺人畜甚衆。(世祖一一〇、六)

(**順治一六、七、戊辰**)浙江溫州、台州及屬縣衞所，颶風大作，壞城樓、礮臺、民舍甚衆。(世祖一二七、五)

(**康熙四六、七、戊寅**)浙江巡撫王然疏報仁和等州縣亢旱情形，上諭大學士等曰：浙江巡撫王然報浙省旱災，而近日江南總督邵穆布，亦奏報江南全省俱旱。以此揆之，被旱之處甚廣。朕屢幸南省，其地方山川形勢及小民生業，鮮有不知者。南方溝洫最多，水之出入固易，然亦只可備平常小旱而已，若至大旱，河蕩盡涸，惟近大河之處，猶可薄收，若田高河遠之處，水不能到，必至全荒。且小民有田者少，佃戶居多，豐年則納糧之外，與佃戶量其所入分之，一遇歲歉，則佃戶竟無策可施矣。南方卑濕，民間難以蓋藏，故比戶而居，有米者少，凡飲食諸物每日見買。此數年幸遇豐稔，可以無慮，今遇大旱，所關匪細。奏聞之後，若能得雨，不必言矣。如未有雨，不早加詳議，殊非朕保民如赤子之心矣。著九卿詹事科道會同速議具奏。又諭曰：江浙被旱災事，王然於六月二十八日具題，邵穆布於七月初十日具題，伊等具題之後，有雨無雨，著問江南、浙江大小諸臣，或有伊等家信，或問之南方來人，著即陳奏，雖有錯誤，亦不較也。至江西、湖廣兩省雨水米穀何如，亦著問明具奏。若江西、湖廣兩省雨水調和，米穀豐收，尚無妨礙，倘雨水不調，關係甚大，不可不豫籌畫也。又諭曰：前年山東饑饉，朕發帑金，遣旗員賑濟，民乃安堵如故。今巡行邊外，見各處皆有山東人，或行商，或力田，至數十萬人之多，而該撫並未嘗奏稱彼處納糧人少者，於此可以知小民生息之繁矣。（聖祖二三〇、一〇）

（雍正九、一一、庚午）浙江總督李衛疏言：嘉興府屬七縣，並杭屬之海寧一縣，於九月初旬正當禾苗秀實之時，忽生細蟲，以致禾穗黃萎，雖不至成災，但分數小減；而所獲之米青白不一，且有米粒細小者，僅可食用，難以完漕。請將嘉興等縣今歲應完漕米，改照雍正元年、四年每石折銀一兩；或照雍正五年一兩二錢之例。出自聖恩。得旨：數年以來，杭、嘉、湖三府百姓，於額徵錢糧急公輸納、並無逋欠，甚屬可嘉。今茲數處小有蟲災，米粒稍碎，不能完漕，應令減價折收，以示體卹。著照雍正元年、四年之例，每石折銀一兩，徵收解部。（世宗一一二、二〇）

（乾隆二、一二）〔是月，大學士管浙江總督嵇曾筠〕又奏報平陽、永嘉、樂清、瑞安等四縣歉收情形。得旨：平陽等四縣，雖屬歉收，然較之閩省何如？閩省尚不聞有此等事，則卿所料理，亦不無失宜之處矣。（高宗五九、二四）

（乾隆五、閏六）〔是月〕浙江巡撫盧焯奏報：各屬時雨霑足，田禾滋長；惟蘭谿縣之黃溢地方，隄岸坍塌，窪地被淹；諸暨縣之茅諸埠，暴水衝塌民房，壓斃男女七口。又查台州濱海民居，大雨後繼以颶風，坍損房屋、壓斃老幼九口；當即酌量公項，委員協同地方官，確查撫卹。至杭、嘉、湖三府，二蠶收成，九分至十分不等。現在米價平減。得旨：覽奏曷勝欣慰。至一、二被水之處，雖係偏災，亦不可令其失所也。（高宗一二一、二〇）

（乾隆五、七、癸巳）諭：今歲夏秋以來，雨暘時若，各省奏報有秋者甚多，朕心深慰。浙省收成，亦稱豐稔，惟是蘭谿、諸暨二縣，於六月間山水陡發，田禾被淹，乏食貧民，該督撫已動存司公用銀兩，按戶賑恤，諒不至於失所。其餘沿溪傍澗之各屬村莊，如有被水收成歉薄者，亦應一體撫綏。至於水衝沙壓之田畝，若有應加恩澤者，俱著該督撫委員確查，分別辦理。（高宗一二三、二〇）

（乾隆六、九）［是月］閩浙總督宗室德沛奏報：嵊縣、東陽等六縣旱災；仁和、錢塘等十五州縣，玉環、杭州等衛，仁和、錢清等場水災撫恤情形。得旨：加意撫恤，毋玩視也。（高宗一五一、二一）

（乾隆六、一〇、辛酉）諭軍機大臣等：朕聞浙江地方，於立冬前後，雨水連綿，晝夜不息，至十月中，立冬已久，近省之地，晚稻尚未收穫。似此情形，今歲收成甚屬可慮。德沛身在浙省，並未奏聞，現在如何辦理，亦未奏及。其從前所奏者，不過七、八月間被水情形耳。爾等可寄信詢問之。尋閩浙總督署浙江巡撫宗室德沛覆奏：浙省晚稻，向來至十月底方全行收穫，立冬前後，雖有雨水，今已晴霽，於田疇並無妨礙。報聞。（高宗一五三、二一）

（乾隆七、七）［是月，浙江巡撫常安］又奏：浙江麥秋既熟，早禾復稔，晚禾亦屬有望，惟淳安縣、分水縣、安吉州等處山水驟漲，不無衝淹。已飭加意撫卹。至江塘海塘工程，現俱平穩。得旨：覽奏曷勝欣慰。（高宗一七一、二八）

（乾隆九、七、癸卯）諭軍機大臣等：朕聞七月初三日起至七月初六日止，浙省連雨四日，杭州繞城江塘石條，水衝一、二層，相近居民，房屋傾倒；杭州府、嘉興府、嚴州府、紹興府屬錢塘、仁和、海寧等處十數縣，江海石塘土隄，稍有損壞，房田亦被水衝，官船民船傷損，人口亦有淹斃；再，嚴州府屬淳安縣，紹興府屬山陰縣，此二縣被災又稍重。此事常安並未奏聞，爾等可寄信詢問，令其據實具奏。尋奏：七月初三、四、五等日風潮，杭州江塘，眉土衝潑，當即填平，民屋並無傾倒。海鹽、海寧、石塘亦未損壞。惟老鹽倉、觀音堂等處柴塘，間有蹲矬，隨晝夜搶修，剋期告竣。嘉屬所轄乍浦城外，天后宮一帶，曾經進水，旋即消落；紹興一屬，被水亦輕。獨嚴州一屬，山水陡發，人民田廬，多有淹沒，業經繕摺具奏。報聞。（高宗二二一、二四）

（乾隆九、七）［是月，浙江巡撫常安］又奏：浙省於七月初三、四、五等日，雨勢連綿，東北風潮較大，海寧縣老鹽倉、觀音堂等處柴塘，間有蹲矬。現飭塘工各員，晝夜搶修，將次告竣。又，乍浦城外天后宮一帶土塘，間有衝塌，石塘幸未損傷，亦飭一律修補。又，因江南徽州府山水陡發，嚴州相距百餘里，所屬之淳安縣，溪水驟漲，居民廬舍，多被淹沒。現照乾隆七年，賑恤玉環營、瑞安、平陽之例，按名散給，加意撫綏。得旨：此等奏報，惟應據實，不可存慰朕之念，而有所粉飾，恐汝不能免此。近已有旨，向大學士處頒發矣。（高宗二二一、三四）

（乾隆九、七）［是月，浙江巡撫常安］又奏：浙省嚴州府屬之淳安縣，被水最重，業經賑恤。他如寧波等屬，雖因風雨急驟，田廬皆致淹沒，其與猝被山水衝漂者不同。但浙民積習，偶遇雨水過多，遂有紛紛藉詞，妄希蠲賑。伏念國帑至重，虛糜既非所宜，而民情易驕，陋習尤不可長。務期勘驗確實，辦理一歸至當。得旨：所言亦是。但須以公誠之心，行妥實之政耳。（高宗二二一、三四）

（乾隆一六、四、甲戌）［戶部］又議准：署浙江巡撫永貴疏稱，永嘉、象山、臨海、黃巖、太平、寧海、天台、仙居、樂清、瑞安、平陽、雲和、玉環、杜瀆、永嘉、長林、溫州等縣場衛，共勘成災田地一千七百八十一頃七十八畝零，戶口應加賑卹。從之。（高宗三八六、八）

（乾隆一六、六、丁未）又諭軍機大臣等：據永貴奏，浙西杭、嘉、湖三府，小暑後仍未得雨，且燥烈亢旱。金、衢、嚴等八府，得雨終未十分霑足。現在確查實在情形，議籌災賑事宜等語。永貴具摺在閏五月二十三日，未知此後曾否得雨，可能霑足。如果得透雨，速行據實馳奏。……將此詳悉傳諭永貴，並令喀爾吉善知之。（高宗三九二、一八）

（乾隆一六、六）［是月］浙江定海鎮總兵陳鳴夏奏報出汛並所屬被災各情形。得旨：覽。既成旱災，則安靜地方為要。一切汝宜勉之。（高宗三九三、二一）

（乾隆一七、三、戊辰）諭：浙東各府，上年被災特重，業經多方籌辦，冀無失所。近聞饑民四出覓食，流入省城者甚眾，以致杭城居民，薄暮即扃戶自保，人有戒心。未知果否有此情形，或係傳聞過甚之詞，亦未可定。（高宗四一○、八）

（乾隆一八、一一、甲子）諭軍機大臣等：雅爾哈善覆奏錢塘等處被旱成災一摺。內稱，通省一隅被旱，共計錢塘等二十八廳縣衛所，輕重不等，請分別酌借穀種，新舊錢糧，照例蠲緩等語。所奏甚不明晰。前因該撫奏報地方雨水情形，是否成災，未能詳確，是以降旨令其速奏，乃此次摺內所請酌借穀種、蠲緩錢糧等事，是否已經辦理，或係現在奏請，尚須候朕頒發諭旨遵行，抑係業已繕本具題之處，並未聲明。迨查該撫原題及部覆各本，始知已經題請覆准之事。朕日理萬幾，隨事批諭，似此糊塗奏請，豈能逐事詳查，始行辦理耶。將此傳諭該撫知之。(高宗四五〇、二〇)

(乾隆一八、一一、丙子) 諭：據溫州總兵施廷專奏稱，所屬早稻，收成均有八分，惟玉環山隩非係高坡，即屬沙鹻，被曬日久，收成僅有二分等語。玉環乃海疆斥鹵之區，災至八分，實非他邑偏災可比，亟宜確按情形，豫籌接濟。從前該督撫奏報摺內，雖稱旱災稍重，但未奏及成災分數；且喀爾吉善奏蠲緩錢糧，借給口糧籽本，係指通省大局而言；而雅爾哈善亦祇稱運米備用；均未將玉環災地現應作何辦理之處，分晰聲明。著該督撫等將該處實在成災分數及應如何籌畫撫卹，一面據實覆奏，一面督率所屬，妥協辦理，毋使失所。該部速行傳諭知之。(高宗四五一、一三)

(乾隆一八、一一、庚辰) 又諭曰：喀爾吉善奏稱，浙省被旱成災州縣，經撫臣會疏題請，分別給與籽本口糧，照例蠲緩等語。浙省被旱州縣內，玉環一廳，災至八分，受傷最重，所當格外撫恤，而該督撫從前並未分晰聲明，經朕特降諭旨，令其加意查辦，並一面辦理，一面覆奏；喀爾吉善尚未奉到此旨，是以摺內所奏，仍係通省大局，至玉環災地如何撫綏，究未分晰。可再行傳諭，令其遵照前旨，督率所屬，實力妥辦，務使災重之區，得霑厚澤，毋致一夫失所，以慰朕懷。尋喀爾吉善等奏：玉環被災雖重，現飭道府查勘，據稱，近水田畝，收成實有六分，惟高坡沙鹻，成災自五分至十分不等，並非通島全荒。查玉環係新開孤島，豐歲亦資平糶接濟，臣等現撥運附近府縣米穀糶濟，再照通省題定之例，分別被災輕重妥辦，並於明春酌借口糧。得旨：覽奏俱悉。(高宗四五一、二五)

(乾隆二〇、五) 是月，告養協辦大學士梁詩正奏：浙省二、三月間雨水較多，收成少減，然綜計麥收尚在中上之間。惟四月望前驟熱，蠶事損傷過半，新絲較貴。得旨：今年蠶竟有災，即瀛臺試養者亦然。田功早，大覺可望；雖云農蠶并重，然究之多稼，不妨絲貴耳。(高宗四八九、三四)

(乾隆三二、八、丁丑) 浙江巡撫熊學鵬奏：江山縣知縣稟報，閏七月初九等日，陰雨連綿，山水並發，沙石衝瀉，計南鄉二十八都三鄉口等處，被水衝壓田地，約有一千九百餘畝。現飭各農佃上緊挑復，趕種較茯麥，應請借給籽種。其衝成河道之田，有難挑復者，應行查明請豁。其衝塌房屋共三百六十餘間，照例給予修費；并查明實在貧佃，先行撫卹一月。至一帶道路橋梁、營房關樓等項，亦有衝塌之處，現逐細確估請修。臣於閏七月二十八日自省起程，前往各該處逐一履勘，照例分別辦理。得旨：詳查妥辦，應

行撫卹者，即行撫卹。（高宗七九三、一）

（乾隆三四、七、己酉）閩浙總督崔應階奏：浙省被水各屬，俱已消涸，不致成災。惟仁和、德清、海鹽、平湖、縉雲、麗水等縣暨玉環廳屬成災之處，照例撫卹。得旨：知道了。其應撫卹者，督屬員妥爲之。近竟有冒蠲冒賑之地方官，不可不實力稽查也。（高宗八三九、二七）

（乾隆四五、八）［是月］浙江巡撫李質穎奏：諸暨縣山水驟發，淹損民田廬舍，現飭府縣查明，先給一月口糧，並予葺屋銀兩。其應行賑濟及本年錢糧分別緩免之處，另行查辦。又，蕭山、嵊縣、新昌、東陽、浦江、義烏六縣雖被水較輕，亦逐一查明酌辦。得旨：應賑卹者，妥協料理，俾受實惠。（高宗一一一三、一八）

（乾隆四七、九、戊午）又諭：據陳輝祖奏，七月十三、四至八月初二、三等日，近山沿海地方，風雨驟至，浙省之玉環、寧海、樂清，閩省之連江、羅源、霞浦等處，微有被淹等語。閩浙兩省沿海地方，既經被水，其田禾廬舍有無損傷，著傳諭福長安、雅德即飭屬查明。如有應行撫卹之處，即一面查辦，一面據實奏聞，毋稍諱飾。（高宗一一六五、二二）

（乾隆六〇、九、辛亥）又諭曰：蘇凌阿奏約收分數摺，內稱，海州、沭陽、贛榆、山陽、清河、桃源、安東七州縣，窪地積水未消，秋禾間有受傷，已飭藩司確勘等語。所奏已遲，實屬大誤。朕厪念黎元，無時稍釋。各省地方偶遇水旱偏災，即屬一隅中之一隅，該督撫等亦應及早據實奏報，朕早一日降旨加恩，小民即可早霑一日之實惠。今海州等七州縣，窪地積水未消，秋禾間有受傷，蘇凌阿並不查明早奏，僅於奏報約收分數，附摺聲敘，於民瘼漫不經心，是即啟諱災之漸。蘇凌阿著交部議處。所有海州等七州縣被淹地方，即著該署督詳加查勘，如有秋收歉薄致成偏災之處，即一面據實奏聞，一面督飭所屬實力撫卹，勿使一夫失所，以副朕軫念窮黎痌瘝在抱至意，毋得再有諱飾，致干咎戾。（高宗一四八六、一一）

（嘉慶一九、九、壬子）又諭：顏檢奏查明浙省米價並節次辦理情形一摺。浙省杭、嘉、湖三府農田被旱，米少價昂，民力拮据，昨已降旨令該撫妥爲經理。摺內據稱現在上緊查勘，著於勘明後即將應如何查辦之處，據實具奏請旨，不可遲緩。至南漕，關繫緊要，京師每歲俸餉取給於是，不容稍有缺誤。朕厪念災區，而天庾正供，其繫於國計者甚重，該撫務當體察情形，通盤籌畫。一面將應行籌濟民食撫卹災黎之處，迅速議辦，一面將漕糧事宜，妥爲區畫，以期兩無貽誤。該撫係屢經棄瑕錄用之人，不可不盡心經理，以副委任。將此諭令知之。（仁宗二九七、二六）

第三章　農業生產

(16) 福建　臺灣

（**順治一一、三、丙申**）福建建寧府甌寧縣雨雹，大如盞。（世祖八二、一三）

（**順治一四、七、庚午**）戶科右給事中王命岳以閩中亢旱條奏備荒七事：一、請緩徵；一、請買糴，一、請勸賑；一、催協餉；一、議本折；一、嚴姦盜；一、議安插投誠。章下所司。（世祖一一〇、二〇）

（**順治一六、七、戊子**）福建省城及長樂、連江、羅源等縣，颶風霪雨，壞城垣、廬舍，兵民有壓死者。（世祖一二七、一〇）

（**乾隆二、閏九**）[是月]閩浙總督銜專管福建事務郝玉麟疏報閩省之詔安、漳浦、海澄被旱情形，請備平糴。得旨：應賑卹者，亟應賑卹，當如己飢己溺方可。（高宗五三、一八）

（**乾隆三、一**）[是月，閩浙總督銜專管福建事郝玉麟] 又奏：閩省霞浦縣與浙江溫州郡連界，近有平陽、瑞安二縣民人，及漳泉之寄居溫郡者，因彼處歉收，聞霞浦現在施賑，攜眷前來，當即委員查明人數，分別按給口糧，並計程給以路費，護送回籍，如有願在該處依親謀食者，亦給與口糧，取具收管安置。奏入。報聞。尋據大學士管浙江總督事嵇曾筠奏：平瑞二縣，去歲歉收，節經賑糴兼行在案，茲聞該縣居民，內有閩人寄籍者，親戚皆在霞浦，因潛往領賑，業委員招撫回籍。得旨：此事已據閩省督撫奏報矣。二縣既有賑卹，百姓何至就食鄰封？此必有司奉行不善，有以馴致之耳。（高宗六一、一四）

（**乾隆五、一〇、己未**）[戶部] 又議覆：署福建巡撫王恕疏報，臺灣、諸羅二縣，陡被風雨。除吹壞衙署、營房、倉廒、城柵，估計興修，並浸濕倉穀設法變價易換外，其倒塌民房、淹斃人口，現經逐一履勘，動項賑恤。均應如所請。得旨：依議速行。（高宗一二九、一二）

（**乾隆六、七**）[是月，署福州將軍策楞] 又奏報雨水糧價情形。得旨：所奏俱悉。閩省被災之處，加意撫恤。浙省被災之處，德沛在彼，伊自有處置也。（高宗一四七、二八）

（**乾隆七、三、丁卯**）又諭：閩省吏治廢弛，惟事逢迎。辦理公事，一無實際。營伍鹽法諸務，敝壞已極。固當及時整頓。策楞辦理事務，尚屬黽勉。但閩省民俗刁悍，如上年該省雨澤稍遲，設壇祈禱，百姓或摘去帽纓，或手執麻旗，男婦多人，沿街叫號。及開倉發糴，又復爭先購買，鼓噪喧譁。種種惡習，誠宜懲治。然整理之道，貴持其大綱。釐剔之方，在去其太甚。必須因地制宜，從容辦理。若過於嚴急，失之苛細，百姓或不相安，以致滋生事端，殊非整飭地方之意。本年彗星夜見，在閩省分野，而日蝕分數，亦惟閩爲多。可寄信策楞，令其諸務留心，體察民情，酌量事勢，詳慎辦理，不必太急。（高宗一六二、一二）

（乾隆七、八）[是月，閩浙總督那蘇圖、福建巡撫劉於義]又奏報：連江、羅源、福清、屏南、福安、寧德、福鼎、莆田等縣被水，委勘撫卹。得旨：所奏俱悉。被水處，可加意賑卹之。（高宗一七三、三六）

（乾隆八、閏四）[是月，福建陸路提督武進陞]又奏報：福州、延平、建寧、汀州、邵武、福寧等府，雨水過多，收成歉薄。得旨：所奏俱悉。人情安怗否？（高宗一九一、一四）

（乾隆八、九）[是月]閩浙總督那蘇圖、署福建巡撫周學健奏：漳、泉、福寧、臺灣各府屬廳縣，六、七等月被風被水，并賑恤過漳浦縣災户情形。得旨：知道了。其應賑之人，加意撫恤之。（高宗二〇一、三六）

（乾隆八、九）[是月，閩浙總督]那蘇圖又奏臺灣被旱、辦理賑恤借給各情形。得旨：所慮甚屬周到也。（高宗二〇一、三六）

（乾隆一〇、八）[是月]福建巡撫周學健奏：閩省福州、興化、泉州、福寧、延平、建寧等府先經被旱各州縣，有七月內得雨霑透者，晚田可望有收。惟霞浦、福鼎、福安、寧德、浦城、松溪等六縣，受旱較久，八月初雖經得雨，將來收成未定。如在五分以下，即酌量分別蠲賑。至近省閩縣、侯官、長樂、福清、羅源等縣境內，間有被旱數村，與霞浦等縣相似者，應一體辦理。再，漳浦縣及澎湖地方，報有被水成災之處，亦委員查勘賑恤。得旨：似此轉歉爲豐，皆汝等誠心勤民所致。覽奏曷勝欣慰。其被偏災者，亦應留心撫恤之。（高宗二四七、一六）

（乾隆一〇、一一）[是月]閩浙總督馬爾泰等奏報撫恤本年七、八兩月漳浦、雲霄、平和、澎湖等處先後被水被風情形。得旨：此等賑恤，爲惠已小矣。若再不實心查察，使災黎實受其恩，則汝等所司何事耶。慎之，勉之。（高宗二五三、二〇）

（乾隆一一、二）[是月]福建巡撫周學健奏：閩省上年七月天時亢旱，雖續經得雨，而被旱稍久之福州、福寧、泉州三府屬，間有收成歉薄處。現飭各該縣，親行巡察。其有實係貧户，即借給倉穀，趕種春花，以資接濟。若米價昂貴，再酌減價平糶。至澎湖地方，上年八月被風後，業飭道府加意撫綏，無使民食缺之。現惟諭令撥運倉穀，豫籌平糶。熟察通省情形，上游各府，米糧尚屬充裕。至福、興、漳、泉一帶，青黃不接時，必得大加平

糴，方於民食有益，自當隨時酌量，以平市價而濟民艱。得旨：觀諸籌畫之策，足慰朕懷。(高宗二五九、三七)

(乾隆一二、一〇)〔是月，閩浙總督喀爾吉善〕又奏：臺灣府屬臺灣、鳳山二縣，凡高阜無水源之村莊田園，晚稻黃萎，通計三千餘甲，實屬無收。現在照例題報，并知會巡臺御史，督率該道府等妥辦。其諸羅一縣，水源灌溉之處居多，高阜田園，零星無幾，不致成災。彰化、淡水二處，陸續得雨，並未受旱。得旨：覽奏俱悉。臺灣既受偏災，不比內地，宜加之意也。(高宗三〇一、二七)

(乾隆一三、八、癸未) 又諭：閩省沿海郡縣，於七月內被風起蛟各情形，據總督喀爾吉善、巡撫潘思榘同日奏到。地方猝被風災，民居田禾，俱有傷損，雖屬偏災，朕心深為軫念。(高宗三二二、三)

(乾隆一三、八、癸未) 又諭：臺灣府屬之彰化縣，七月初二夜半，狂風大雨，初三日水勢驟漲，城內水深數尺，倒壞民房三百數十間，附近大肚溪一帶村莊，盡行衝淹。因發蛟水勢驟湧，隄防不及，受災甚重。諸羅縣笨港等處，亦有衝壓田畝、倒壞民房之處，較之沿海各邑，被風更重。現據該督撫等具摺陳奏。乃伊靈阿、白瀛此次所奏早稻收成一摺，即係七月初三日所發，而於此等重災，並無一語奏及，可見伊等於地方事務，全不留心辦理，其所奏事件，不過虛文塞責。即於此次奏摺，既係初三日拜發，豈有不將彰化縣風災一事陳奏之理。必係將每年循例奏報之事，先期書寫，豫填月日，以應故事，殊非朝廷設立巡察之意。著傳旨申飭之。(高宗三二二、六)

(乾隆一三、八)〔是月〕閩浙總督喀爾吉善、福建巡撫潘思榘奏報漳、泉被旱情形，及籌辦平糴撥運臺穀事宜。得旨：覽。綢繆之策，尚屬周妥，但所奏稍遲。漳、泉民風，夙不淳良，若復遇災傷，亟宜撫卹窮弱；而嚴緝奸暴，一切宜加之意也。(高宗三二三、四五)

(乾隆一三、九)〔是月〕巡視臺灣陝西道監察御史伊靈阿、白瀛奏報臺灣鳳山、彰化等縣，秋旱偏災情形。得旨：一切賑恤事宜，督率地方官善為之。臺灣不比內地，更宜加之意也。(高宗三二五、四〇)

(乾隆一三、一〇)〔是月〕閩浙總督喀爾吉善、福建巡撫潘思榘奏：臺灣府屬之臺、鳳、彰三縣，被旱田禾，雖止十分之一，第鳳、臺兩縣，上年已經歉收，今歲又復被旱，彰邑本年七月被水，即繼旱災，民力俱未免拮据。請照例先行撫卹一月口糧。仍分別被災輕重分數，按月加賑。其泉屬之晉江、南安、惠安、同安四縣，漳屬之龍溪、詔安二縣，潮旱偏災，民情實無因災乏食之狀，現已借給籽種。至歲暮尚恐有貧乏災戶，應請於彼時確查，酌借給四口以上穀二石、三口以上一石五斗、二口一石，以資日食。統於明歲秋成後，免息還倉。得旨：覽奏俱悉。一切撫恤事宜，督率所屬，實心妥爲之。（高宗三二七、三〇）

（乾隆一四、五）[是月] 閩浙總督喀爾吉善奏：接據光澤、邵武二縣勘報山水暴漲，衝塌民房數十間、至數百間不等，人口亦多淹斃，現會委員查勘撫卹各等語。除現在委員暨轄道星馳動支倉庫散賑外，仍批飭司府速令酌借籽種口糧，墾復補種。得旨：覽奏俱悉。被水州縣，加意撫卹，毋致災黎失所。（高宗三四一、三五）

（乾隆一四、六、戊寅）諭軍機大臣等：據福州將軍馬爾拜奏報，閩省光澤縣被水，城內外衝塌民房共三百餘間，淹斃民人八十餘口，田地多有衝坍沙壓；邵武縣被水，城內外衝塌民房二百四十餘間，淹斃民人四十餘口，田地衝壓，視光澤稍輕。較之該督撫等前次奏報，更覺詳悉。前經傳諭喀爾吉善、潘思榘，令其留心查辦，毋致貧民稍有失所，未知伊等現在作何辦理。雖係一隅偏災，於通縣收成大局有無妨礙，被災民人作何賑卹，著再傳諭該督撫等，令其一面督率屬員實力撫循，妥協籌辦，務俾災黎各安生理，一面具摺奏聞，副朕厪念閭閻之意。尋奏：光澤、邵武二縣被水，先經委員撫卹，屢次奏聞在案。今再查被水之處，不過沿溪一隅，其未過水者，早稻已獲豐收；惟地畝衝壓及隄壩坍塌處所，亟應修築。現酌借社穀，俾資工本，次年秋後免息還倉。其不能墾復者，請題豁。得旨：覽奏俱悉。（高宗三四二、二）

（乾隆一四、八）是月，閩浙總督喀爾吉善奏報：閩省延平府屬永安縣、永春州，並所屬德化縣，泉州府屬晉江、南安二縣，俱因雨水過多，溪河泛溢，田禾隄岸，間有衝損。浙省風潮，杭、嘉、湖、紹各府，間有被傷之處，惟寧郡稍重，郡屬似定、鎮二縣較重。現在查勘撫恤。得旨：覽奏俱悉。查辦賑恤，須實力督率，勿被屬員所欺，以致黎庶失所也。（高宗三四七、一九）

（乾隆一五、一〇、甲午）諭軍機大臣等：喀爾吉善摺奏，臺灣所屬各廳縣及漳州府屬之龍溪、海澄、南靖、詔安等四縣，於六月、八月間，猝被風雨，溪水盛漲，田園房屋均有衝塌，人口亦有損傷；金、廈、臺、澎等處，連起颶風，船隻多被漂擊等語。著該撫潘思榘詳勘被災情形，就近督率該地方官實力撫綏，毋致失所。其地畝應免錢糧，房舍應給價值及酌借籽種、修理船隻各事宜，一面查明奏聞，一面照例辦理，副朕軫念災黎至意。（高宗三七五、一五）

（乾隆一六、閏五、丁亥）又諭：閩浙總督喀爾吉善等摺奏，福建汀州府屬之寧化、清流二縣地方，本年五月十二等日，大雨水發，衝激入城，深至丈餘，房舍俱多坍塌，人口亦有淹斃等語。該處積雨之後，山溪盛漲，漂及鄉城，民間樓止口糧，一時不免蕩析，非尋常偶被偏災者可比，朕心深為軫念。著該督撫等將現在一切應行撫恤事宜，即速董率有司，不必拘泥賑卹常例，一面悉心辦理，一面具摺奏聞，俾災黎均霑實惠。至所奏邵屬之建寧，汀屬之歸化，尚有應行確勘之處，著喀爾吉善等一併速查妥辦，毋得稍有稽延。該部速行。（高宗三九一、一一）

（乾隆一六、七、辛未）[户部]又議覆：福建巡撫潘思榘疏報，閩省寧化縣泉上里，蛟水陡發，衝塌學宮、衙署、城垣、道路，淹浸田廬。清流縣，為寧化下游，同時被災。又，歸化、建寧被災略同。其無力窮民，請照例撫卹。查寧化、清流，業奉諭，飭該督撫欽遵辦理。其歸化、建寧二縣災民，應如所請，賑卹口糧外，酌借籽本，補種晚禾。如不能墾復者，勘明題豁。學宮衙署等項，確查修理。得旨：依議速行。（高宗三九四、一五）

（乾隆一七、七）[是月]福建巡撫陳宏謀奏：閩省濱海各州縣七月間風雨驟發，多被淹傷，內惟南安、同安二縣，廈門、金門二島被災尤重，現在查明撫卹。得旨：覽奏俱悉。其應撫卹者。實力詳查，俾霑實惠可也。（高宗四一九、二〇）

（乾隆一七、八、壬寅）諭：據閩浙總督喀爾吉善奏稱，泉州府屬之晉江、南安、安溪、同安等縣，廈門一廳，於七月初八、初九等日，大雨颶風，水勢湧漲，官民房屋，俱有衝坍之處。廈門海口，商漁戰哨各船，亦多撞擊漂没等語。晉江等處，猝被風雨，海水汛溢。看來災勢頗重，朕心深為軫念。該督喀爾吉善，已經前往查勘，著督率屬員實心經理。所有應行撫卹事宜，一面辦理，一面奏聞。其被災稍輕之永福、羅源、永春、莆田等州縣，並著委員確查，分別撫卹。務俾災黎均無失所，以示朕痌瘝一體之意。該部遵諭速行。（高宗四二〇、一五）

（乾隆一七、八）[是月]閩浙總督喀爾吉善奏：閩屬莆田、仙遊、惠安三縣並原報被災之晉江、南安、同安、安溪四縣，秋田續被水淹，現飭各屬查明撫卹。得旨：覽奏俱悉。督率屬員妥協為之。（高宗四二一、二一）

（乾隆三四、六、辛酉）又諭曰：崔應階奏，福建省城一帶，因五月二十一日晝夜大雨，致有積水，民居田禾間被淹浸，現已天晴水退等語。該處雨後積水，雖消退甚速，但早稻涸出，半已黃萎，亟需趕種晚秋，恐民力不無拮据，著該督即行妥速查明，借給籽種，俾得及時耕作。其被水災黎及有

坍損房屋之處，並著一體確查，加意撫卹，毋致稍有失所，以副朕軫念閭閻至意。該部遵諭速行。（高宗八三六、一八）

（乾隆三四、六、庚辰）諭軍機大臣等：本月十一日，據崔應階奏，福建省城一帶，因五月內晝夜大雨，致有積水，民田間被淹浸等語。當經降旨該督即行加意撫卹，並查明積水消退處所，借給籽種，令其趕種晚秋，俾小民無致失所。今距奏到之期，已將次二十日，並未據該督續行奏報，朕心深爲廑念。著再傳諭該督，即速確查。該省五月下旬天氣晴霽之後，積水是否全行消涸，民間趕種秋禾，尚能無誤耕作之期與否，迅速查明，據實覆奏。（高宗八三七、二九）

（乾隆四七、六、戊寅）諭曰：陳輝祖等奏福建臺灣地方，於四月二十二日，猝被颶風，海潮驟漲，致衙署、倉厫、營房、民居多有倒塌，田禾人口亦有淹浸各等語。濱海居民猝遇風潮，以至官民房屋、田禾人口均被傷損成災，該督撫務須督飭所屬詳加查勘，實力撫卹，毋使一夫失所，以副朕軫卹海疆之至意。其衙署、倉穀、課鹽、戰船等項，有倒塌衝失之處，並著查明實在數目，照例詳悉妥議具奏。（高宗一一五八、一三）

（乾隆四九、六、辛丑）諭軍機大臣曰：富勒渾等奏接據建寧鎮總兵王柄稟報，建寧府於五月十九、二十等日，因雨勢較大，東西兩河一時宣洩不及，城外房屋致被衝損，人口亦有淹斃，漫溢入城，衙署倉監，亦有間被淹浸。現在水勢已退，隨即飭藩司馳赴該處，會同鎮道悉心查勘等語。建寧郡城因雨後溪河猝漲，淹及官民房屋並損傷人口。被水貧黎，殊爲可憫，著傳諭富勒渾等督率所屬詳晰查明被淹人口確數及田禾有無損傷，酌量撫卹，勿使稍有失所。至被水衝損之縣營、衙署、監、倉及倉穀有無失損，並著查明據實具奏。（高宗一二〇九、五）

（乾隆五二、七、庚午）諭軍機大臣等：……漳、泉一帶現今缺雨，田禾黃萎，小民秋收失望，恐米價更有增昂，甚關緊要。前因閩省需用米石，已早降旨令浙江等省備辦起運，著徐嗣曾再詳晰出示，俾各屬通行曉諭，市價不至踴貴，方爲妥善。（高宗一二八四、六）

（乾隆五九、九、己亥）諭軍機大臣等：據伍拉納等奏漳泉被水情形一摺，內稱，漳州郡城於八月初十日酉刻起至十三日午刻，大雨傾盆。加以溪河漲發，城內水深丈餘，衙署、倉庫、監獄及兵民房屋多有倒塌。俟查明淹斃人口，加意撫卹，並將泉州被水情形及此外有無被水地方勘明妥辦等語。本年入秋以來，京師及近畿一帶，雨水過多，其被淹地方，節經降旨，令該督撫等實力賑撫，按例加兩倍賞卹。今福建漳州，因連日大雨，各處山水匯集，溪河驟長，溢入郡城，以致衙署、倉庫、監獄並兵民房屋多有坍塌倒壞。此事略大，伍拉納自應親身前赴該處督辦，乃僅委之浦霖，恐該撫係一書生，辦理不能著要。在伍拉納之意，必以地方事務係巡撫經管，豈總督惟知題陞調補、管轄營伍、緝捕盜賊，而於此等地方要務轉置不問，有是理乎。此時該撫業經前往，計此旨到時，早已辦理完竣，但該督久任封圻，何竟見不及此。著傳旨嚴行申飭。並著浦霖督同司道等逐一查勘，務須鎮靜詳察，優加撫卹。此次漳、泉二郡被水情形較重，除衙署、倉、獄、兵房照例官修外，所有倒塌民房及淹斃人口，俱著加恩按例加兩倍賞卹，並著將此外各州縣同時被水之處確切查明妥辦。該督等務須督率所屬，加意撫卹，俾小民均霑實惠，以副朕加惠黎元恩施逾格至意。將此諭令知之。（高宗一四六〇、二六）

（乾隆五九、九、壬寅） 又諭曰：本日浦霖奏漳州水勢已退，民情安帖一摺。內稱，行抵泉州，該處積水盡消，並無傷損人口，倒塌房屋無多，亦易於修整，兵民樂業，城市貿易如常等語。覽奏深爲慰幸。其低窪處所，田禾尚未涸出者，仍著詳悉查勘，如有成災之處，即飭屬分別辦理，毋致稍有向隅。又摺內稱，於司庫內撥出錢五萬串由海運直送漳州，以資接濟，並派委文武員弁，分作四起護送等語。所辦實爲迅捷。浦霖係一書生，不料其竟能如此。至漳、泉兩郡，民情素稱刁悍，此次被水之後，俱能安堵如常，甚爲可嘉。昨已有旨加倍施恩，著該撫等督率所屬，悉心妥辦，務使小民均霑實惠，毋令一夫失所，以副朕軫念災區至意。將此諭令知之。（高宗一四六一、八）

（乾隆六〇、五、丙辰） 諭：據魁倫查奏，閩省近日洋盜增多，由於漳泉被水後，糧價昂貴，浦霖等辦理不善，以致貧民流爲匪黨。伍拉納現住泉州，饑民圍繞乞食。又伍拉納素性躁急，加以錢受椿、德泰迎合慫恿，辦理各案亦多未協等語。上年漳泉二屬偶被水災，經朕特降諭旨，加倍賞卹，寬免秋糧，並屢飭該督撫加意撫綏，務俾窮黎均霑實惠。乃浦霖等並不董率所屬，實心經理。甚至總督駐劄泉州，饑民圍繞乞食，尚不認真籌辦，又無一字奏聞。伍拉納之罪，此節尤爲重大，殊出情理之外。（高宗一四七八、一〇）

(17) 湖北

（順治一五、六、戊子） 湖廣巡撫張長庚疏報：荊門、沔陽、當陽、鍾祥、潛江、天門、監利、枝江、衡陽、遠安、襄陽等州縣，大水傷禾。下所

（順治一五、一〇、丁卯）湖廣總督李蔭祖奏報：漢、天、潛、沔一帶，水勢驟漲，田屋盡隨波逝，窮黎無告，哀號萬狀，至採取茭粃爲食。臣探取親嘗，萬難下咽，雖錢糧自可邀䘏，但目前存活莫保，後日流亡不免。除臣率屬修省外，伏冀皇上身居九重，念切四海，刑罰或有不中，思所以省之，財用或有未舒，思所以節之，前後左右，或有比暱，思所以遠之，遊逸宴樂，或有慆淫，思所以禁之，罷不急之興作，黜無益之崇奉，行將上回天心，下蘇民命，豐年立可召致矣。謹將災民採食茭粃進呈御覽。得旨：據奏漢、天、潛、沔一帶，水災異常，窮民無食無居，難以聊生，採取茭粃、艱苦不堪，深軫朕懷。著該督、撫、按督同各地方官，速圖多方拯䘏，務令得所。（世祖一二一、二）

（順治一五、一〇、壬午）湖廣總督李蔭祖疏報：荆、襄、安陸等屬霪雨連綿，江流漲溢，男婦子女隨波漂没者萬有餘人。疏入，得旨：該督、撫、按同地方官速圖多方拯䘏，務令得所。（世祖一二一、九）

（康熙二二、八、戊午）諭荆州將軍噶爾漢、副都統郝佛、阿際禮曰：朕以荆州地方極其緊要，故特戍兵鎮守，爾等至彼，務令兵民相安，方稱委任。荆州自兵燹以後，地方殘壞，民生困苦。曩時爾等親歷其地，必知其詳，自將領以至兵丁，宜嚴行禁飭，凡市肆要地，毋得侵占。至秋成之後，爾等可親率兵丁不時操練，務期隊伍整肅，紀律嚴明，毋得借端擾害百姓。凡爾等舉動，皆爲兵丁之表率，其所行若正，不獨官兵有益，即地方亦受其福矣。近見西安官兵尚有滿洲舊制，杭州駐防滿兵漸習漢俗，此等情事，皆責在爾等，可勉力圖之。至於爾等乘往船隻，皆係雲南、廣西回京官兵所坐之船，其船夫勞苦已極，爾等最宜體恤，勿加凌辱。聞船夫受兵丁凌辱不堪，皆棄船逃遁，深爲可憫，爾等所宜切戒。（聖祖一一一、二七）

（乾隆六、四）［是月］刑部尚書署理湖廣總督那蘇圖奏：湖北省自四月初七後雨水過多，安陸府鍾祥縣之三官廟月堤、天門縣之沙溝垸堤、漢陽府漢川縣之彭公垸堤，間有漫潰；其附近居民，有坍塌房屋者，照例資助，並查被淹户口，有無貧乏，借給籽種。得旨：所奏俱悉。其被災貧民，加意賑䘏，毋致失所也。（高宗一四一、一七）

（乾隆一〇、六）［是月］署湖廣總督鄂彌達等奏：據漢川、潛江、天門、監利、沔陽五州縣報稱，漢水驟長，各堤垸均有衝潰，田禾間亦被淹；枝江、當陽水勢較大，被災略重。當飭水利道員，星往查勘，將被水居民，分別賑䘏，並飭修理城垛隄塍穩固。得旨：所奏俱悉。雖屬偏災，彼受災之

民，則已拮据矣。惟應加意撫卹可耳。（高宗二四三、二五）

（乾隆一一、七、丙辰）諭軍機大臣等：據湖廣總督鄂彌達奏報，六月初八日，棗陽縣因豫省上游蛟水大發，沿及該處，以致被淹；又據安徽巡撫魏定國奏報，鳳、潁、泗所屬懷遠、阜陽等處，因六月初旬至十三、四日，連降大雨，而上游豫省地方水發，下注湖河，以致漫淹等語。是江南湖廣之水，皆發於豫省，巡撫碩色何以不行奏報。查伊六月摺內但有雨水霑足之奏。爾等可傳諭詢問，令其將現今該省實在情形、並如何料理之處，即速奏聞。尋奏：查豫省東南一帶，歸德、陳州、汝寧等府，與湖廣江南接壤，並無蛟水大發之事。惟六月中接連大雨，三屬秋禾被淹，現將被災貧户酌借口糧籽種，俟查明成災分數後，再行加賑。得旨：汝近來諸事頗不認真，戒之。至於查辦賑卹，尤當加意妥辦，不然，汝所司者何事耶。（高宗二七一、一〇）

（乾隆一三、三、癸丑）諭軍機大臣等：據塞楞額奏稱，該省流移男婦一千數百餘名，飭知江、漢二縣，分別大小口數，散給制錢，俾令各自隨便回籍等語。資送流民，原爲災輕地方偶有逃亡，恐其失業，是以酌量資給還鄉；至於被災較重，資送本非長策，前已降旨各督撫等，不必拘定成例資送。（高宗三一一、二七）

（乾隆一三、九）［是月］署湖廣總督新柱奏報漢川、潛江、沔陽、天門、江陵、監利等六縣，沔陽、荊州二衛被水情形。得旨：覽奏俱悉。一切督率屬員，極力妥爲之。（高宗三二五、四〇）

（乾隆一八、九、庚申）湖北巡撫恒文奏：續據潛江、天門、沔陽三州縣具報，於八月十二、十三、十六等日，襄河水漲，風雨交加，水勢洶湧，垸隄衝決，該處田地多被淹浸。經臣與署督臣分路委員，協同該州縣親詣查勘。被災軍民，加意撫卹。一面將潰隄搶築完固，其是否成災，統俟勘報到日，遵諭善爲料理。得旨：覽奏俱悉。（高宗四四六、七）

（乾隆一八、九）［是月］湖北巡撫恒文奏報：潛江、天門、沔陽三州縣被災田地，經臣委員分路查勘。茲據各員勘報，潛江、天門二縣，因襄河秋汛漲溢，該處居民共淹斃八口，房屋共倒塌八十餘間。臣飛飭委員前往該二縣被災處所，勤項分別撫卹。其沔陽州實未成災，無庸撫卹。得旨：覽奏俱悉。（高宗四四七、二九）

（乾隆二六、九）［是月］湖廣總督兼署湖北巡撫愛必達覆奏：湖北省六、七月間被水之處，除京山、雲夢、公安、黃岡、歸州等五州縣，勘不成災外，沔陽、天門、潛江成災稍重，江陵、監利次之，漢川、荊門又次之，

其沔陽、武左、荊州三衛屯田被水情形，亦與民田相等，均照例分別辦理。得旨：覽奏俱悉。（高宗六四五、二四）

（乾隆三一、八、壬寅）湖廣提督李國柱奏：湖南常德、岳州、沅辰地方，本年被水較重，曾經節次奏明。茲復查得湖北嘉魚、沔陽、廣濟、黃梅、石首、監利等州縣，濱臨江河，民間田廬亦有淹浸。臣已批飭各該營縣確查被水浸淹田畝，現在作何疏洩，曾否補種雜糧、晚禾，星飛具報。得旨：倉猝被水之際，汝所辦頗妥。（高宗七六六、四）

（乾隆三二、閏七、壬辰）諭：據定長奏，湖北黃梅、廣濟等州縣，六月間雨水過多，江湖陡漲，隄垸受衝，田廬間有淹浸，現在親往查勘等語。該處州縣濱臨江湖，每遇夏秋盛漲，易致浸溢。此次黃梅、廣濟等處被災稍重，朕心深爲軫念。所有黃梅、廣濟二縣，著該督即速照例撫卹，仍著詳勘被災情形，妥協經理，毋使稍有失所。其黃岡、漢陽、漢川、沔陽、江夏、武昌、嘉魚等各州縣衛，並著迅速查明成災分數，分別賑卹。該督其董率所屬，加意籌辦，實力撫綏，務俾小民均霑實惠，毋致胥吏從中滋弊，以副朕軫卹災黎至意。該部遵諭速行。（高宗七九〇、一）

（乾隆三二、閏七、己酉）諭：前因湖北省黃梅、廣濟及黃岡、漢陽等州縣衛間有被水之處，業經降旨，即速據實查勘，分別加恩賑卹，毋致失所。今據定長續奏，湖南之湘陰、益陽等處，亦於六七月間雨後水漲，以致隄垸田廬間有淹損等語，朕心深爲軫念。所有湘陰、益陽、沅江、龍陽、武陵、安鄉、華容並澧州、祁陽等州縣被災情形，著該督撫即董率所屬，詳覈確勘，加意撫綏。務俾均霑實惠，毋使稍有拮据，以副朕軫卹窮黎至意。該部遵諭速行。（高宗七九一、二）

（乾隆三三、一〇、丙辰）諭軍機大臣等：前據定長、程燾奏稱，湖北省安陸、雲夢等州縣，因得雨未足，收成不免稍歉，俟確勘情形，再爲酌量辦理。至今未據將如何分別賑卹之處奏聞。各該州縣間被旱災，秋收未能豐稔，民力自不免拮据，該督撫自應飭屬速爲勘查妥辦，無致稍有失所。著傳諭定長、程燾，即董率各屬，詳勘被旱處所是否成災，尚有需賑卹緩徵及借給籽種之處，迅速據實覆奏，候朕酌量加恩降旨。（高宗八二〇、二）

（乾隆三四、六、甲戌）諭：據揆義奏，湖北自五月以後，雨水過多，江水陡長，江夏、武昌等州縣地畝房屋多被淹浸，現在率領道府等查勘等語。湖北濱臨大江之區，每遇夏秋盛漲，易致泛溢。此次江夏、武昌、興國、漢陽、漢川、沔陽、黃岡等州縣田廬被淹，雖成災分數不同，朕心深爲軫念。著該督撫等即速詳勘被災情形，照例撫卹，妥協辦理，毋致窮黎稍有失所。其勘不成災之處，即可補種晚禾，民力未免拮据，並著酌量借給籽種，實力撫綏，俾小民均霑實惠，毋令胥吏從中滋弊，以副朕軫恤閭閻至意。該部即遵諭行。（高宗八三七、一六）

（乾隆三四、六、戊寅） 諭軍機大臣等：據伊齡阿奏，湖北黃梅之扁擔裂江隄迤上，於六月初六日夜，因大雨水長，已成潰口，約長六、七十丈等語。前據揆義奏到湖北武昌、漢陽等府屬被水情形，並稱今年水勢與乾隆三十二年相等，當經明降諭旨令該督撫等詳勘被災處所，加意撫卹。至黃梅縣屬被水之處，該撫摺內祇稱淹漫隄內水鎮鄉村十八處低窪地畝，其江隄漫口若干丈及現在作何搶修趕築之處，並未據詳晰聲明。再，揆義所奏係六月初二以前之事，今伊齡阿所稱大雨水漲係六月初六日，似黃梅江隄潰口，又係該撫前次具摺後事，何以未據續行奏報？著傳諭吳達善、揆義，一面上緊妥協查辦，仍速將漫口情形若何，據實覆奏。至黃梅縣隄工，前於三十二年據定長奏請修築，曾諭高晉前往該處會同查勘。據奏，黃梅等縣董家口以上、界連江西德化境內一帶隄塍，原係民修工程，現估需銀一萬七千九百餘兩，請借動官項，交民自修後分年徵還。經朕降旨加恩，即交地方官動用公項辦理，毋庸借帑扣還，原期工歸堅實，以爲永遠捍衛田廬之計。今此段漫缺隄垸，按當日原圖覈計，似即在前次估修之內，何繕築甫及年餘，即已潰塌若此。從前係派何員承辦稽查並動項若干、如何覈銷保固之處，著吳達善、高晉即速查明，各行具奏。再，該處江隄與江西德化縣相接，黃梅隄既漫溢，其毗連江西一帶地面，有無被水淹浸，是否不致成災，未據吳紹詩奏及。並著吳紹詩一併確查，迅速據實具奏。（高宗八三七、二七）

（乾隆四三、閏六、己巳） 又諭：……再，該督［三寶］另摺奏稱，江夏、武昌等十二州縣，六月內，間旬不雨，現皆設壇祈禱。前此湖南省兩司所奏，亦有盼澤之處，今該督亦復奏及。是該二省俱各盼望甘霖，以資優渥。刻下曾否得有透雨，其缺雨之處，田禾有無妨碍情節，著該督即行據實覆奏，將此由四百里發往，諭令知之。（高宗一〇六〇、二三）

（乾隆四三、七）［是月］湖廣總督三寶等奏：楚北被旱，江夏等四十六州縣，於閏六月內及本月初三、四、九等日，節據報得雨二、三寸及四、五寸不等，雖景象較前稍勝，但現屆白露，缺雨之區早稻刈穫不過十之一、二，中稻未能充實，晚禾得雨復甦者，均難再熟。俟委員履勘成災分數，題報妥辦。得旨：覽奏俱悉。其成災處加意撫卹。（高宗一〇六三、二九）

（乾隆四四、六、庚辰） 諭軍機大臣等：據荊州將軍興兆等奏，六月十四日，江水驟漲，漫過隄身，隨即登城查看，水勢甚大，向城東南直流，將月牙隄衝破，至護城隄，不能抵禦，水至城根，將城外居民往屋衝壞，居民並無傷損。即用土囊將城門堵禦，漫水幸未進城。十六、十七兩日水勢更大，至十九日水勢稍退等語。荆州爲楚省衝途，居民稠密，其地甚關緊要。現據興兆等所奏，江水長發情形，比往年較大，圖思德等何以尚未奏到？想因荆州距省較遠，發摺稍遲，但此時該督撫諒已接據該地方官稟報，未知該處田廬民舍有無傷損，沿隄人口有無淹斃。著傳諭圖思德速即親往，查明該處田畝，如有成災者，即行照例撫卹。農民如有失業者，即行照例給賑。務須董率各屬，盡心妥辯，俾災黎均霑實惠，毋致失所。又，該處係滿洲兵駐劄之區，如營房等或有因水衝壞者，即行勘估繕葺，毋任傾頹。（高宗一〇八五、二七）

（乾隆四四、七）[是月] 湖廣總督覺羅圖思德奏查勘荆州被水情形。前緣荆江上游川水泛漲，由沙市老隄漫過，致將月隄衝缺，逼近城根。經地方官堵築，並於隄面加筑子隄捍衛。其沿江一帶老隄，爲郡城保障，水過不無汕刷。現飭道府，俟江灘全涸，修築完固。城外涸出地畝，補種雜糧，可望收穫。居民並無傷損，間有房屋坍塌，業已查明撫卹。得旨：覽奏稍慰。（高宗一〇八七、二七）

（乾隆四六、七、壬寅）又諭：據興兆等奏，六月十九日，江水盛漲漫溢，灌入荆州府之護城，所有東、西、北三門，俱被淹浸，沙市一帶至觀音寺、泰山廟等處隄垸，均有衝塌。現在督同地方官設法防護，一面知會督撫辦理等語。前據舒常奏，鍾祥等四縣，垸田灘地，均有衝漫，已批交該督撫親往察看，有實係成災者，即善爲撫卹。今據興兆等所奏，江陵一帶又有漲溢之處，著傳諭舒常、鄭大進務即督率所屬，實力撫綏，加意賑卹，毋使貧民稍有失所。仍將如何查辦緣由，迅速覆奏，並諭興兆知之。（高宗一一三六、三）

（隆乾四六、七、壬子）[舒常] 奏：川江水溢，漫過荆州府沙市老隄，數日後漲水已涸，駐防兵丁及府城人口，並無傷損，田畝亦無被淹。三門城腳吊橋浸損暨各隄潰口，俱屬無多。已與興兆商酌修筑，並留藩司梁敦書在彼趕辦。報聞。（高宗一一三六、二七）

（乾隆四六、九、甲寅）湖北巡撫鄭大進奏：八月十六日，襄水大漲，夏間被水勘不成災之鍾祥縣草廟隄內外田地，復被淹浸。臣親赴確查，人口廬舍尚無傷損，其補種粟穀，俱已失收。即先撫卹一月口糧，並容查請蠲緩加賑。得旨：覽。其成災處所，一切賑卹妥爲之。（高宗一一四〇、三六）

（**乾隆四八、六**）是月，湖北巡撫姚成烈奏：濱臨大江之黃梅、廣濟、黃岡、興國、江夏、黃陂六州縣，因上游川江及洞庭湖水勢漲發，宣洩不及，灌入內湖，以致低窪田畝被水淹浸，現在查勘妥辦。得旨：有成災者妥恤之。（高宗一一八三、一八）

（**乾隆四八、七、丙午**）諭曰：舒常等奏湖北因上游川江水發，內湖宣洩不及，兼之江西發水，灌入內湖，以致黃梅縣屬之青江等鎮、廣濟縣屬之泰東等鄉、黃岡縣屬之還和等鄉濱江沿河地畝，多被浸淹房屋，間有倒塌，並江夏、興國、漢陽、黃陂、蘄水五州縣，亦因江水泛漲，間有淹及田禾之處，現在親往確勘等語。黃梅各州縣被水偏災，民食未免拮据，朕心深爲厪念，著傳諭該督等查明被淹輕重，設法疏消。如有應行撫卹及酌借籽種之處，務須飭屬加意妥爲查辦，毋致一夫失所，以副朕軫念災黎之至意。（高宗一一八五、二）

（**乾隆五〇、七、丁卯**）又諭：據吳垣奏，勘得江夏、武昌、廣濟、黃梅等州縣，早中二禾，俱多黃萎，惟棉花雜糧，尚屬青葱。六月三十日、七月初一日，路經武昌、大冶等縣，連次遇雨。初五日興國州途次，又遇陣雨。日內又據武、漢、荊、襄等府俱報同霑，均未能十分透足，惟德安府得雨較大。查此番雨澤，雖於已萎禾稻無濟，而田土滋潤，均可翻犁改種等語。武昌等州縣既連得雨澤，自當趕種秋蕎晚粟，以冀薄收，俾小民得資餬口。（高宗一二三五、一四）

（**乾隆五三、六、壬寅**）諭軍機大臣等：據姜晟奏，宜昌府屬之長陽縣，於五月二十一、二等日，大雨如注，山水陡發，平地水高八、九尺至丈餘不等，城牆倒塌，縣監倉穀，亦俱衝汕浸濕，並有坍塌衙署民房及淹斃人口之處，現飭藩司陳淮前往勘辦等語。湖北長陽縣，因驟雨水發，宣洩不及，以致漫溢城牆，衝汕官民房屋，並損傷人口，情殊可憫，自應亟爲撫卹。該撫業經派委藩司親往查勘，著傳諭該撫即飭令詳悉查明，有應行撫卹之處，照例分別妥辦，毋使災民失所。其城牆、衙署、監獄、倉廒實係被衝者，亦即確勘酌修，勿任牽冒。（高宗一三〇六、二六）

（**乾隆五三、七、壬戌**）湖北巡撫姜晟復奏：長陽縣被水，據藩司陳淮勘稟，水已涸退，計共被災男婦一萬五千餘名口，塌房八千二百餘間，已提荊州道府庫銀五千兩、倉穀三百餘石，散給口糧修費，民情安帖。報聞。（高宗一三〇八、八）

（**乾隆五三、七、甲子**）又諭曰：圖桑阿、陳淮奏，六月二十日，荊江夏汛泛漲，隨督同地方文武員弁，將護城各隄塍加築搶修，各城門下閘堵閉，分段照料，詎酉刻隄塍潰決，江水直逼城下，衝開西北兩門，滿漢兩城文武衙署、兵民房屋以及倉庫監獄，俱被淹沒。兵民多赴城上及屋頂樹上逃生，其奔走不及者，多被淹斃。經陳淮令隨身家丁縶筏渡赴沙市，招募船隻；圖桑阿亦動項雇船，分救滿漢兩城人口赴城上，搭棚棲止。現酌動府倉南米，散給撫卹。其駐防綠營兵丁，俱照例借給一月口糧。監犯現查獲三十八名，其餘五十名是否淹斃或私逃，上緊查究。又，隨陳淮辦事之州同婁業燿，被衝無蹤。至二十三日，水勢稍平。陳淮現在荊州親身督查，俟辦有頭緒，方可回省等語。荊州江水泛漲，潰決隄塍，致滿漢兩城俱被淹浸，兵民四散逃避，其奔走不及者，即被淹斃，情狀聞之，惕然惻然。幸而陳淮因往長陽查災回省，適至荊州。伊係藩司，呼應較靈，得招募船隻，分救兩城人口，並酌動府倉散借，兵民得資接濟。該司此時自應在彼親身督查。此次荊州被淹情形甚重，姜晟一得陳淮稟報，自己起程前往；舒常目下亦當回任，並著馳赴該處，會同詳細查辦，著加意撫卹，一面奏聞，一面動給，勿使兵民失所。但該處隄塍興修未久，荊州前曾被水，其淹浸情形，並未聞如此之重。此次滿漢兩城均被淹浸，雖係大江夏汛泛漲，究由隄塍不固，被水潰決所致。除交軍機大臣詳查具奏外，著傳諭舒常等，即將所決隄工係何年何人承修、因何工程不固、以致潰決之處查明，據實參奏。至州同婁業燿隨同陳淮辦事，派在西門督夫閉閘，致被衝無蹤，該員係因公淹斃，殊堪憫惻，著該督等即咨部照陣亡例議卹。其駐防及地方官各員內，如有淹斃者，亦屬可憫，並著該督等會同該將軍查明，一併咨部，量予優卹。至監犯現無下落者，固應上緊查明，分別覈辦，其現已查獲之三十八名，如係當時救出，另行監禁，自應仍照本案辦理。如係被水得生，自行投到者，尚爲守法，即應照其本罪量予減等。……將此由六百里加緊傳諭舒常、姜晟，並諭令圖桑阿、陳淮知之。仍著該督等將何日起程前往，及現在查辦情形，各行迅速覆奏，以慰廑念。（高宗一三〇八、一〇）

（乾隆五三、七、己巳）諭：前據圖桑阿、陳淮等奏，荊江夏汛泛漲，潰決隄塍，將府城及滿城淹浸，衝沒人口，朕覽奏，爲之惕然惻然，隨降旨令該督撫等即速馳赴該處，詳悉查明，加意妥卹。……此次荊州被災情形較重，附近村莊亦不無淹浸處所，而長陽一縣，前此亦經被水，現在蒲圻、漢川、蘄水、羅田、黃梅、鶴峰等州縣，復據姜晟奏，或因山水陡發，或因湖河漫溢，低窪田地，間有被淹等語。各處被水雖輕重不等，同係災民，自宜一體查明，設法疏消，妥爲撫卹。其有應行酌予賑緩之處，即據實奏明，分別辦理，不可因荊州府城被災較重，皆專注意辦理，而於別州縣被水處所未免心存忽視，以致災民或有失所向隅之嘆。舒常、姜晟等，務當一體詳加妥辦，以仰體朕軫念災黎一視同仁之意。（高宗一三〇八、一九）

（乾隆五三、七、己卯）又諭：據舒常奏，荊州沿江堤工，漫潰至二十餘處，各寬十餘丈至數十丈不等。……前據圖桑阿查奏，滿城淹斃者共四百餘名，昨又據舒常查奏，府城大小男婦淹斃者，一千三百餘名。外省官員，於災傷向有諱飾，茲報出者已有一千三百餘名之多，則其諱匿不報者必尚不止此數，想來不下萬餘。（高宗一三〇九、一〇）

（乾隆五三、七、壬午）又諭：據舒常奏，荊州府所屬公安縣地方，自六月二十日至二十五日，陰雨稍多，江湖並漲，城鄉隄塍潰決，田禾廬舍，多被水淹，衙署監倉，坍塌無幾，人口並無損傷，倉貯米穀，搶至高阜。現將居民搬移高處，散給錢米，照例撫卹。又據片稱：監利縣濱臨江湖，勢更低下，亦被淹浸，現在派員查勘辦理等語。著傳諭畢沅等，即將公安被水居民應行量加撫卹散給口糧之處，加意妥爲辦理。其監利地方，查明被災情形，亦著一體撫卹，並將該處積水早行設法疏消，毋得因荊州府城被災最重，專於一處辦理，以致他處被水貧民稍有失所。並諭舒常等知之。（高宗一三〇九、三〇）

（嘉慶六、二）是月，湖廣總督書麟奏堡寨情形，廣爲勸諭，使村莊盡歸堡寨。得旨：官不惜力，民知自守，不肯從賊，立可蕩平矣。總由官不清、吏不潔，只圖目前小利，以致釀成大害。五年以來，東西奔竄，皆係逃死之愚民，非真叛逆，但能官吏實心化誨，安撫流離，則事半功倍矣。勉之。（仁宗七九、三〇）

(18) 湖南

（順治一三、六、戊子）湖廣茶陵州、攸縣、寧遠衞大水。（世祖一〇二、五）

（順治一三、八、己亥）湖廣桂陽、臨武、衡山、耒陽四州縣霪雨連旬，江河暴漲，漂溺人民甚衆。偏沅巡撫袁廓宇以聞。（世祖一〇三、一六）

（順治一四、七、己酉）偏沅巡撫袁廓宇疏報：衡永等屬共二十四州縣衞及長沙府屬之茶陵州亢旱，傷禾。（世祖一一〇、一三）

（乾隆六、五）[是月]刑部尚書署湖廣總督那蘇圖奏報：湖南湘鄉縣被水，勘不成災。湖北漢陽縣失火，延燒六百餘户，查勘照例資助。得旨：所奏俱悉。楚省多有火災，雖茅茨之室易致回祿，究係未雨之綢繆有所疏略

耳。卿其加之意焉。(高宗一四三、二七)

（**乾隆七、三**）［是月］湖南巡撫許容奏：武陵、桃源兩縣，大風雨雹，查明損壞營船房屋，傾壓災民，給銀殮埋，補種打損秧田。得旨：知道了。應賑恤者，加意賑恤之，毋致失所也。(高宗一六三、二一)

（**乾隆七、七**）［是月］湖南巡撫許容奏：攸縣、醴陵、茶陵、酃縣、衡山、華容、益陽、沅江等八州縣被水。已飭會勘撫卹，給銀葺屋。得旨：所奏俱悉。被災難民，加意賑卹，毋使一夫失所也。(高宗一七一、三〇)

（**乾隆七、八、己丑**）戶部議准：湖南巡撫許容疏報，攸縣、醴陵、茶陵、酃縣、華容、益陽、沅江、衡山八州縣，乾州、鳳凰、永綏三廳被水被蟲，分別撫卹。得旨：依議速行。(高宗一七二、一一)

（**乾隆一一、五**）［是月］湖南布政使徐杞奏報長沙等屬被水情形，請酌借籽種口糧，分別動項賑卹。得旨：雖屬偏災，亦應會商撫臣，加意撫恤料理，毋致失所也。(高宗二六七、二七)

（**乾隆一一、六、丙子**）湖廣總督鄂彌達、湖南巡撫楊錫紱奏報：湖南長沙府屬益陽縣，岳州府屬平江縣等處，山水漲發，隄埦民房間有被水倒塌，沿河田禾，亦有淹浸。飛飭該司委員查辦賑恤。再，寶慶府屬之新化、永州府屬之道州、辰州府屬之沅陵、乾州廳等處，日內亦報被水。飭司飛查，是否成災，據實詳報。得旨：覽奏俱悉。但此事所奏遲而偽，已向大學士等降旨矣。(高宗二六八、二三)

（**乾隆一一、七**）［是月］湖南巡撫楊錫紱奏：臨武、藍山二縣，七月間蛟水陡發，田禾廬舍被淹，委員查勘，動項興修，分別賑卹，報聞。(高宗二七一、三八)

（**乾隆一二、五**）［是月］湖南巡撫楊錫紱奏：本年四月內，衡州府屬耒陽、衡陽、衡山、安仁暴水，衝倒民房二千四百餘間，淹斃男婦十二口，田禾亦有損傷。現飭各屬確勘，照例動項撫卹。得旨：知道了。督率屬員加意賑卹，毋遺毋濫可也。(高宗二九一、二九)

（**乾隆一六、五**）［是月，湖廣總督阿里袞］又奏報湖南各屬被水情形。得旨：知道了。妥協撫恤，令受實惠可也。(高宗三八九、三二)

（**乾隆一六、八、己亥**）戶部議覆：湖南巡撫楊錫紱疏稱，湖南長沙、善化、湘陰、益陽、湘潭、寧鄉、瀏陽等七縣，五月雨澤愆期，早禾被旱，嗣於六月中得雨，晚禾可望有收，無庸急賑。查長沙等縣，業經被旱在前，恐有貧乏農民，無力餬口，缺少籽種。仍飭該撫在各縣常平倉穀內，酌量借

給，以資耕作。其錢糧應否蠲緩，災民應否賑卹，確查分數具奏。得旨：依議速行。（高宗三九六、一一）

（**乾隆一六、八**）［是月］湖南巡撫楊錫紱奏報：本省七月中旬，連日大雨水漲，長沙府屬之茶陵州，衡州府屬之鄘縣，郴州屬之永興、興寧二縣及該州之西鳳、永豐二鄉，間有塌房損禾之處，被災尚非深重，業經動支公項，賑卹得所。得旨：覽。其應行撫卹者，妥協爲之。（高宗三九七、三二）

（**乾隆二六、七、乙巳**）諭軍機大臣等：李勳奏，常德府之新口橋、易家隄各岸，因雨水漫溢衝坍，其沿隄盧舍田園，多有被淹，現同督臣查勘撫卹等語。已諭部加意軫卹矣。該督現已到常德，目擊水勢情形，會同查勘，而現在未見奏到，想因督辦之初，匆猝尚未就緒耶。所有衝塌房屋淹斃人口幾何，即速查奏，並慎委妥員，協同地方官詳細確查，照例賑撫，毋令不肖官吏侵漁滋弊，致沿隄居民稍有失所。現在田禾被淹者，成災與否，亦即履畝確勘分數，勿使遺漏。該省係一歲兩熟之區，此時甫屆秋初，倘晚禾尚可補植，即飭該廳縣等諭令小民及時趕種，被衝隄岸，亦作速飭屬堵築，以資捍衞。該督等其悉心妥協經理，並將現在辦理情形一面速行具奏。將此傳諭愛必達知之。（高宗六四〇、八）

（**乾隆二六、七、丙寅**）又諭曰：馮鈐奏，湖南武陵、澧州等屬各村莊，因河水盛漲，俱有被淹，而於田禾收成尚無妨礙；並據周琬奏，湖北低窪處所，亦間有被淹之處。看來該省地濱洞庭，且經連雨水漲，窪地自不免被淹，但該撫等所奏未甚明晰，其意不無尚存粉飾。地方一經雨潦，雖隨長隨落，而水過之處，田禾分數稍減，生計即不無拮据。司民牧者，自當加意督勘撫綏，俾無失所。該撫等倘以今歲恭逢慶典，前此已報有秋，此時略存迴護，殊非朕軫卹民瘼之意。所有該處被水地方，雖現在成災分數不能遽定，然其地究係該屬十分之幾，應即逐一查明確數，據實具奏。有應行撫卹者，一面辦理，一面奏聞。著並諭該撫等知之。（高宗六四一、二一）

（**乾隆二九、六、癸未**）諭：據李侍堯奏，湖南武崗州高沙市地方，山水驟發，衝壞田廬，淹損人口，衡州府屬之衡山縣，溪水陡漲，沿溪民房亦有間被衝淹之處；撫臣喬光烈現往查勘等語。山水陡發，雖止一隅受災，但田廬人口既有傷損，朕心甚爲軫念。著該督撫等確勘被災情形，分別輕重，加意撫卹，俾貧黎均霑實惠，勿令胥吏侵蝕中飽，以副朕惠愛災氓至意。該部遵諭速行。（高宗七一二、二）

（乾隆二九、七、丙寅）諭曰：喬光烈奏，湖南湘陰、益陽、巴陵、華容、武陵、龍陽、沅江、澧州、安鄉、岳州衛等處，因湖水漫溢，居民廬舍地畝，各有被淹等語。該處湘陰一帶，地處濱湖，因湖水盈滿，加以長江漲發，淹及居民田舍，朕心深爲軫念。著該撫速行查勘，如有被水稍重之處，實在無力貧民，即行加意撫綏，俟勘明之後，再行分別具奏。該撫等其督率屬員，實心賑卹，毋使胥吏從中滋弊，俾貧民均霑實惠。該部遵諭速行。（高宗七一五、一）

（乾隆三一、八、癸卯）又諭：據李國柱奏稱，武陵縣低處村莊，積水未消，將來退出亦難補種。其高處田畝陸續涸出，隨即補種晚禾，不意六月初旬因積雨水漲，又被淹浸。其退出處所，仍趕種晚禾，亦有候地乾補種雜糧者。乃摺中又稱，未經被水高田，現在收穫，市米漸多等語。所奏殊未明晰。是否該處高田中原有未經被水之處，抑或另指他處而言。著傳諭常鈞，即將該處實在情形，查明覆奏。至武陵今歲被水較重，著該撫查勘確實，有應行撫卹者，即速加意辦理，毋使災黎稍有失所，以舒廑念。尋奏：武陵一縣四鄉，共轄四十一村，本年五月被水漫淹者計三十村，其十一村地處高阜，原未被淹。至所淹之三十村，因地勢高低不同，內中稍高之處，水退迅速，旋經補種晚禾，至六月初旬積雨水漲，仍復被浸，雖有陸續涸出補種晚禾雜糧之處，究屬收成歉薄。統計武邑成災田畝，不足十分之四。得旨：此奏明悉矣。（高宗七六六、五）

（乾隆四一、七、乙未）諭軍機大臣曰：陳輝祖奏，據湖南耒陽縣稟報，六月二十五日，河水湧發數丈，城外及對河民房被淹，東北城牆磚坍數處，水漫入城，民房間有倒塌，常平倉亦被水浸；又永興縣稟報，六月二十四日大雨，山水約高二丈餘，由垛口灌入城內，民房被浸，間有倒塌，田禾多沒水內；又據湖北鄖西縣稟報，西鄉石灘河山內，驟發蛟水，雙掌坪、五掌坪等處，衝壞沿河山腳草房十餘間，淹斃男婦二十餘名口等語。湖南自永興山水漲發，流注耒陽，水勢較大，其被災情形亦較重。據稱護撫敦福現在親赴督辦。著傳諭敦福迅即督率地方官，將實在被淹村莊、損傷人口名數，詳細確勘，分別撫卹；並查各處田畝，是否成災，倉穀是否不致浸損，其附近州縣有無被淹之處。一切妥爲經理，務令災黎均霑實惠，勿致稍有失所。至湖北鄖西地方，係蛟水驟發，自屬來猛去速，其衝倒房間及淹斃人數亦較少。著飭令委員，會同該地方官照例妥協撫卹。仍各將查辦情形，據實具奏。將此諭令陳輝祖、敦福知之。（高宗一〇一三、一八）

（乾隆四一、九）［是月］署湖廣總督湖北巡撫陳輝祖奏：遵查湖南耒陽、永興、宜章、郴州、興寧等州縣一隅水災，已分別撫卹。沙壓衝缺之田，勸民挑復補種，俟確勘收成分數，區別應否賑貸妥辦。湖北鄖西縣石灘河地方，五月水發，衝塌草房二十一間，淹斃男女三十一口，俱經給賚撫卹。至沿溪地多石坂，本少種植，其泥土處，禾稻雜糧，水過仍含苞吐實，現俱收穫，並無減損。其自觀音堂以下，即出大江，暢流平緩，並無淹溢。報聞。（高宗一〇一七、一九）

（**乾隆四三、閏六、壬戌**）諭軍機大臣曰：署藩司塔琦奏，湖南岳州、常德、澧州等府州，五月得雨較少，長沙省城，自五月二十一日以後，天氣屢晴，沿山田畝地處高阜，土脈易燥，現在隨同撫臣虔禱；至各屬雨少處，並飭竭誠禱祀等語。署臬司楊開鼎所奏亦同。是湖南省城及岳、常各屬盼雨甚切。李湖惟於到任時，奏報情形摺內稱，月來天氣炎蒸，地土漸覺乾燥，必需再需甘霖，庶於禾苗更為有濟，現在飛查各屬，並率屬虔誠步禱等語。至通查各屬雨水若何及曾否獲霑渥霑，並未續行專摺馳奏，殊不可解。（高宗一〇六〇、七）

（**乾隆四三、七**）[是月] 湖南巡撫李湖奏：先經臣將湘陰等十六州縣衛旱禾被旱情形具奏，嗣據勘報沅江、慈利、石門三縣，屢得透雨，並不成災；其餘十三州縣衛中，即有偏災，亦止一隅中之一隅。俟委員覆勘，分別籌辦。報聞。（高宗一〇六三、三〇）

（**乾隆四五、七、乙巳**）諭軍機大臣等：本日李國梁奏，沅州熟坪汛及武岡州汛、會龍九團等處地方，於五月十九等日大雨，山水陡發，衝塌汛房田畝，並民居共二百餘間，淹斃男婦九十名口，並淹浸淤田三百餘畝等語。前據劉墉奏報，武岡州等處雨後發水，有衝坍營房民居並漂溺人口之事，現在查明給發銀兩，修葺埋葬，其被淹地畝，酌借籽種一摺，業經批發，此時諒已接到，何未續行明白速奏。救災濟民之事，不可延緩也。著再傳諭劉墉務行詳悉查明各處被災確實戶口，照例撫卹；其被淹地畝，有可以補種，應借籽種者，即行及時借給。該撫務宜督率屬員實心妥辦，俾各均霑實惠，以副朕軫念災黎至意。仍著將如何撫卹情形，速行覆奏。尋奏：被災各處，前已查明照例撫卹，淹傷地畝，酌借籽種工本。今復委員覆勘，續查出被淹人口房屋田地，俱補行撫卹借給。本年各屬秋成大稔，此等被水民戶已淹田畝，尚可補種有收，且各有未淹之田，收成合計九分，民間不虞拮据。報聞。（高宗一一一一、二一）

（**乾隆四五、一一、丁亥**）諭軍機大臣等：據劉墉奏覆，湖南武岡、邵陽、黔陽三州縣，於本年夏間，猝被水災，業經照例撫卹，旋值秋成，仍獲稔收，堪資接濟；訪察民情，實已得所。茲接奉諭旨，詢問明春應否加恩，已飛飭該州縣，將被淹各戶，再加體察，如應酌量借給，以紓民力，俟查覆到日，另行奏聞等語。前經傳諭被有偏災各省督撫，詢問明春應否加恩者，原恐災民正賑之後，時屆青黃不接、民力不無拮据，或有應需加展賑濟之處，令該督撫酌量情形奏聞，以備新正降旨加恩。如果民情得所，無需接濟，即應以毋庸加賑奏覆。至酌借口糧籽種等事，只須該撫酌量情形，自行查辦，不值因此特降諭旨。今該撫摺內，既稱災民已霑實惠，堪資接濟，又稱來歲春耕，有無缺乏，如應酌量借給籽種，另行查奏，殊未明晰。本日勒爾謹、閔鶚元俱經奏到，著將原摺錄交劉墉閱看，似此方爲合式。劉墉係新任巡撫，或未能諳習，或存書生之見，以爲既經奉旨詢問，不肯直言毋庸加賑。不知朕軫念災黎，方降旨垂詢，有何不可據實直陳乎。此雖觀過知仁，究亦不可。將此諭令知之。（高宗一一一八、一九）

　　（乾隆五一、閏七、癸未）諭：據浦霖奏，六月二十三、四等日，風雨驟至，洞庭湖水倒漾，常德府屬之武陵、龍陽二縣、岳州府屬之華容縣、澧州屬之安鄉縣同時被水，旋即消退，並未損傷人口廬舍，現已修復安居，無庸動項撫卹；惟田禾被損及積水未消之處，亟應設法宣洩，乘時補種，以冀有秋等語。武陵、龍陽等縣先因湖水陡漲，田廬被淹，業經降旨加恩撫卹；今湖水倒漾，田禾又被淹損，民力更不無拮据。著該撫督率所屬實力確勘，查明無力之戶，酌借工本口糧，以資力作，俾得趕緊補種晚禾。至前次被水武陵、龍陽二縣民修隄障，業經降旨動項官爲修築，以示體卹。此次被水隄障，有應加高培厚向例民修者，均著加恩一體動項官修，以紓民力。該部即遵諭行。（高宗一二六〇、三三）

　　（乾隆五二、六、壬子）湖南巡撫浦霖奏：武陵縣於本年五月間，大雨時行，湖河泛溢，衝塌城外官隄二百九十丈有奇。除水府廟、白沙隄二處，潰口一百四十二丈，係上年請修之工，應令承修之員按段賠修外，其餘一百四十八丈，應請動項興修。再於地形低下處，酌加子隄一道，高寬皆以二、三尺爲度。其被淹田畝二十七村莊，共田七千一百九十五頃有奇，內有旋即消退、禾苗並無傷損者三千七十八頃。現已涸出補種者一千四百八頃；尚未涸出者二千七百八頃。該地民人，前歲被旱，去歲被水，俱有應徵舊欠及應完借給籽種口糧，請緩至明歲秋後徵收。得旨：允行。下部知之。（高宗一二八三、二）

　　（乾隆五三、六、戊戌）諭軍機大臣等：據浦霖奏，漵浦縣，因五月十七、八兩日連得大雨，縣治城垣久圮，因非衝途，列入緩修，是以水勢直注入城, 衙署、倉廠、監獄, 俱被淹浸, 現即起程馳赴該處督率勘辦等語。溆浦縣治被淹, 雖因城垣傾圮尚未興修, 不足抵禦水勢, 但該縣衙署, 地處稍高, 尚浸水丈餘, 可見此次淹浸究由地勢卑下之故。該處城垣既經久圮, 此次復被水衝, 基址亦必不能仍舊, 自須另行修建。將來修建時, 何不相度一高阜之處, 遷移建立, 俾資捍衛, 永免水患, 豈不妥善! 浦霖業經親赴該處, 著傳諭該撫即詳悉履勘, 是否有處可以遷移, 繪圖具奏, 其被淹居民田廬, 並著逐一查勘, 加意撫卹, 勿致災黎失所。尋奏: 勘得溆浦縣治, 濱臨溆江, 下達辰河, 依山面水, 形勢迫窄, 因連日大雨, 山水驟發, 田廬多被淹浸, 詢之鄉民等云, 此百餘年未有之事。該縣城垣久圮, 向藉居民捍衛, 無庸遽議興修。至被水災民, 除淹斃人口、倒塌房屋業已分別撫卹外, 請將應完錢糧緩至次年秋後徵收。得旨: 如所議行。(高宗一三〇六、二一)

(**乾隆五三、七、辛巳**) 諭軍機大臣等: 據浦霖奏, 華容縣地方, 於六月十九至二十二等日, 連日陰雨, 又值荊河、襄河二水並發, 陡長二丈二尺有餘, 各隄垸同時漫溢, 田禾皆被浸損, 其衙署倉庫監獄並未淹及, 亦無損傷人口, 現在設法疏消等語。湖北江水泛漲, 荊州被淹, 華容縣正當荊江下游, 該處因荊襄之水同時並發, 又值洞庭湖水盈滿之候, 宣洩不及, 以致隄垸被淹、田禾浸損。著傳諭浦霖, 急須設法疏消, 趕緊補種, 以冀有秋。其被水居民, 應行量加撫卹並酌借工本籽種之處, 俱應勘明, 加意妥為撫卹; 毋得因一隅偏災, 致被水貧民稍有失所。(高宗一三〇九、二六)

(**乾隆五九、七、丁亥**) 諭: 據畢沅、姜晟等奏, 湖南永州府屬之零陵、祁陽二縣, 猝被山水, 城中低處水長丈餘, 官民房屋, 多有淹浸。經姜晟馳往查勘, 水勢已經全消, 可以補種。其兩縣城鄉坍塌房屋, 當經查明, 按照瓦房一間給銀五錢, 草房一間給銀三錢等語。零陵、祁陽二縣猝被水淹, 以致坍塌房屋, 貧民無所棲止, 殊為可憫。雖據姜晟奏稱水勢全消, 可以趕種有收, 但房屋坍損, 為數不少。現已據該撫查明, 照卹賞成例, 給予五錢、三錢之數, 究恐民力未免拮据, 著加恩分別加兩倍賞給, 俾得各安棲止, 毋致一夫失所, 以示朕軫念災黎、優加體恤至意。(高宗一四五六、一)

(19) 廣東

(**順治九、八、丁卯**) 廣東雷州府颶風大作, 摧城發屋, 擊死人畜甚衆。

（世祖六七、二六）

（順治一五、五、乙丑）廣東巡撫李棲鳳疏報：南韶、肇慶、德慶、廣州、潮州所屬各州縣水災。下户部。（世祖一一七、二四）

（順治一六、四、丁酉）廣東信宜、陽春二縣水。（世祖一二五、一九）

（雍正一三、九）[是月]廣東潮州總兵官范毓錡奏報：嘉應州潮陽縣等處，於八月十六日，颶風陡作，沿海隄岸衝決，田禾被淹，城垣廬舍船隻俱有損壞。得旨：被水民人，深可憫惻，可加意撫綏，毋令失所。並傳諭該督撫知之。（高宗三、四〇）

（乾隆一、六）[是月]廣東巡撫揚[楊]永斌奏增城縣、嘉應州雨水湧漲及潮州壩岸坍卸情形。得旨：被災難民，加意撫卹，勿致一人失所。（高宗二一、三二）

（乾隆二、九）[是月，兩廣總督鄂彌達]又疏報：東省雨澤稍稀，米價未能平減。得旨：或平糶，或賑恤，務在民受實惠，切不可以已不饑，而瘝視民饑也。（高宗五一、三〇）

（乾隆五、五）[是月]署廣東巡撫王謩奏：各屬呈報山潦漲發，城垣房屋、所在塌壞，田禾亦有損傷。得旨：知道了。其實有被災者，留意賑恤可也。（高宗一一七、二六）

（乾隆六、四）[是月]廣東瓊州總兵官武進陞奏報瓊南各州縣地方雨水情形。得旨：所奏俱悉。其被旱地方，所有地方官賑卹，或不得宜。據實奏聞。（高宗一四一、二二）

（乾隆六、七）[是月]廣東提督保祝奏永安、歸善二縣被水情形。得旨：此奏甚是，知道了。地方官設有料理不妥，百姓不得實惠之處，據實奏聞。（高宗一四七、三二）

（乾隆六、九、辛卯）[是月，廣東提督保祝]又奏陳瓊屬現在乏食情形。得旨：將此摺與慶複看，令其留心。（高宗一五一、二四）

（乾隆八、一〇、乙丑）户部議覆：左都御史管廣東巡撫王安國疏稱，廣、南、肇、惠、嘉五府州屬，本年夏雨連綿，山水陡發，兩江齊漲，清遠、三水、南海、順德、四會、高明、鶴山等七縣，淹斃人口，衝決基圍，倒壞房屋，已分別賑卹。其始興縣衝坍民田三頃二十五畝，實難修復，額賦請予豁除。應如所請。從之。（高宗二〇三、三）

（乾隆八、一一）[是月]署廣東巡撫廣州將軍策楞奏惠來、茂名、電白、吳川、化州、信宜、石城等七州縣蟲災情形。恐有司官泥於題報秋災不許過九月之例，或因蟲傷之處無多，以熟蓋荒，牽算分數，以致小民失所。

現飭藩司逐一確勘，酌量請蠲錢糧，並分別撫恤，及借給籽種。得旨：此見甚是。甚慰朕懷。（高宗二二九、二一）

（**乾隆一一、七、乙未**）諭：據廣東巡撫準泰奏報，廣州府屬之南海、三水、順德，肇慶府屬之四會、鶴山、開平、恩平，南雄府屬之始興，韶州府屬之曲江、仁化、英德、乳源等縣，因大雨水發，有被衝田畝圍基房舍之處，民人間有傾壓淹斃者。定例夏災止有借貸口糧籽種，未及賑恤之條等語。朕心深爲軫念。著將實在乏食貧民，給與一月口糧；所有沙壓田畝、倒塌房屋及淹斃人口，令該撫查明，俱著加恩分別撫卹。其被災稍輕，應須借給口糧籽種者，即行借給，秋後免息還倉。俾被水民人，均霑實惠，無致失所。該部遵諭速行。（高宗二七〇、一）

（**乾隆一二、一一**）〔是月〕廣東按察使署布政使吳謙鏚奏報晚禾收成分數，並陳南海等十三縣偏災。經督臣策楞題報，委員確勘，俱加意撫卹。再，粤東海口猺疆，督臣苦心調劑，鎮靜彈壓，得體有方。得旨：知道了。此奏未免有迎合督臣之意，大不可也。（高宗三〇三、一九）

（**乾隆一五、八**）〔是月〕兩廣總督陳大受、廣東巡撫蘇昌等奏：雷州府屬風災，倒屋碎船，淹斃人口，衝激隄岸田地，分別查勘撫卹各情形。得旨：仍當留心查察，務使均受實惠可也。（高宗三七一、一八）

（20）廣西

（**乾隆一一、六、庚辰**）諭：朕聞廣西桂林等府屬，於四月二十七、八等日雨水過多，江水暴漲，沿江一帶之臨桂、靈川等縣，低窪地畝，多有被淹之處，兵房民屋，間有倒塌者，朕心軫念。著署巡撫鄂昌遴委幹員，分行查勘，加意撫卹，務令妥協辦理，毋致失所。再，此外或有被水州縣，亦著查明，一體辦理。並將實在情形，現在如何辦理之處，即具摺奏聞。該部遵諭速行。（高宗二六九、一）

（**乾隆二八、九、丙寅**）又諭：據蘇昌等奏，廣西象州猺山地方，七月初旬連日大雨，山水驟發，大樟等村莊廬舍，間有被淹。撫臣馮鈐，已前往查勘撫綏，並稱所傷禾無幾，勘不成災，毋庸再予賑卹等語。今歲粤西早稻豐收，晚禾亦俱長發，象州一隅被水，雖據該督撫查明所傷田禾無幾，實不成災，但倉猝被水之後，小民口食未免拮据，除已照例撫綏外，如有貧乏不能自存之戶，仍著查明，加恩賑卹，務俾得所。並將本年應徵糧賦，酌量情形，分別緩徵，副朕軫念邊氓至意。該部遵諭速行。（高宗六九四、一三）

（乾隆四三、一○、戊辰）諭軍機大臣曰：吳虎炳奏，桂林府屬興安、靈川、永福、全州，暨柳州府屬馬平、雒容、來賓、象州等八州縣，八月初旬以後，因雨稀少，凡不近水源之處，禾苗漸槁，現在親赴各鄉查看等語。著傳諭吳虎炳董率各屬，實心勘辦，如有被災處所，查明分數，照例妥辦，勿使吏胥滋弊，致災黎或有失所。（高宗一○六八、三四）

（乾隆四三、一○、甲申）諭軍機大臣等：前因吳虎炳奏，粵西所屬州縣，八月以後間有被旱之處，節經諭令該撫督飭屬員，實力查勘，照例妥協辦理。今據桂林奏，接准吳虎炳札稱，柳城縣知縣譚應麒，前報收成八分，嗣又稟改七分，委員密訪，據詳被旱成災者，八百餘村，前後不符等語。地方有司，理應留心勘覈、據實稟報。乃譚應麒於柳城縣收成，先報八分，復改七分，而八百餘村被旱之處，匿不呈報。非玩視民瘼，即捏飾諱災。此等劣員，豈宜姑容，貽誤民社。著傳諭吳虎炳，即將柳城縣被災確情，妥協經理，務使災黎得所。其稟報不實之知縣譚應麒，即行查明分別參處。至廣東省向來產米較少，每藉粵西米糧運濟，今粵西既有偏災，收成歉薄，自不便復任客商運米出境。恐廣東米價，不無稍昂，亦不可不豫為調劑。昨歲粵東曾向江西購米接濟，今歲江西仍屬豐收，自可就近糴運，以濟民食。若粵東現在米糧不缺，市價不昂，即可毋庸另辦。著桂林飭屬確查，悉心籌議具奏。尋奏：現在招商於江西採買米石，接濟粵東。報聞。（高宗一○六九、三七）

（乾隆四三、一一、戊申）諭軍機大臣等：據桂林等奏查勘廣西桂林等屬被災情形一摺，已屢經傳諭，其署柳城縣譚應麒，止須徹回另換，毋庸置議，亦經明降諭旨，該督等自可遵照辦理矣。至永福等五州縣被旱田畝，雖不過一隅偏災，恐貧民究不免拮据，或有應行酌借接濟之處，該督撫照例妥協辦理，仍董飭所屬，實力妥辦，務使閭閻均霑實惠。（高宗一○七一、一六）

(21) 四川

（康熙一九、二、辛酉）戶部題：四川久爲賊據，苛虐橫徵，小民相率流亡。請敕督撫急行招徠撫綏，以副皇上愛民至意。得旨：總督楊茂勳等速赴任理軍餉，並招徠流民，俾安生業，毋誤農時。（聖祖八八、一三）

（康熙二四、九、甲戌）四川巡撫姚締虞陛辭。上諭曰：四川省當明末時遭張獻忠之亂，百姓凋敝，地亦荒殘。後又屢經賊變，人民愈加疲耗，爾

宜正己率屬，愛養撫綏，俾遠方之人遂生樂業，以副朕簡用至意。(聖祖一二二、七)

(乾隆三、三) [是月] 四川巡撫碩色奏：川省牛疫，請酌借倉穀，為買牛之需。得旨：知道了。牛疫之災，川省每有，當思何以消弭方好。(高宗六五、二八)

(乾隆五、閏六) [是月] 署四川巡撫事布政使方顯奏報：各屬雨水霑足，田禾成熟，惟沿河一帶低窪地方，因大雨連綿，衝塌城垣房屋，男婦壓斃多人，菽粟亦不無淹沒之處。隨飛飭委員確查，分別輕重賑卹。得旨：知道了。成災之民，加意撫卹也。(高宗一二一、二二)

(乾隆五、八) [是月] 川陝總督尹繼善奏：陝、甘、四川各屬秋禾暢茂，可期豐收。惟葭州、神木、秦州、階州、綿州、龍安等州縣，間有冰雹及雨水過多之處，俱係零星偏災，已酌量撫卹。得旨：所奏俱悉。其一、二偏災之處，亦當撫卹得所。毋謂通省有收，而畸零偏傷，即不留意也。(高宗一二五、二一)

(乾隆七、一〇) [是月] 四川巡撫碩色奏：口外乍了所屬地方，番民共一百八十六戶，所種青稞，俱被雪霜打壞。雖不能同內地編氓一體優賑；然久經向化輸誠，亦應就近酌動軍需銀兩，分別賞卹。得旨：口外難夷，隨時酌賞，亦無不可；但郭羅克近經搶奪行旅，而汝等不能討，恩威並用之謂何？與松潘總兵等，共留心料理，以靖地方，毋姑息以釀害，毋欲速以僨事。慎之。(高宗一七七、三〇)

(乾隆九、六) [是月，四川巡撫紀山] 又奏報：成都府屬灌縣之都江堰，乃成都、華陽、崇慶等州縣藉以溉田之區。自都江堰一帶，迤邐東流，至郡城南北二大河。內有支流，從省城之西洞門入於玉河，由東洞門而出，仍歸大河。不意六月十八日，大雨連日，山水陡發，都江堰暴漲。郡城南北兩大河，不能容納，以致郡城居民，附近河干者，多有溺斃，房屋衝坍，并及貢院牆垣號舍，秋禾亦有被淹之處。現在動項撫恤，開倉平糶，併估計興修貢院。城內滿漢兵丁，亦一體酌恤。得旨：消息盈虛之理，必不可忽。朕批示之摺，想尚未到。而即有此事，然暴漲為害尚小，川省連歲有收，尚易辦理。惟應實力賑恤，毋濫毋遺，則小民得所，且可弭滿盈之咎，朕轉用稍慰矣。(高宗二一九、一九)

(乾隆九、八) [是月，川陝總督公慶復] 又奏：川省於七月十八、九等日，大雨江漲。被水州縣，業經會同撫臣查賑。至成都省會衝淹房屋，雖旗民一體賑修，而旗下萃處滿城，既無田產，又乏貿易，所有家具什物，多經水淹，都統永寧每旗借給公項銀一百兩，可否懇恩免其扣還。得旨：所奏俱悉，無庸特頒諭旨，卿即傳旨賞給；應咨部者，咨部知之。（高宗二二三、三一）

（乾隆二五、八）〔是月〕四川總督開泰奏：川省民居田地，類皆傍水依山，遇山水長發，溪河窄狹，宣洩不及。本年自夏徂秋，據營山、渠縣、岳池、廣安、廣元、蒼溪、鹽源等七州縣陸續具報，大雨連綿，山溪驟漲，沿河民居田地間被衝坍，淹斃人口。臣飛飭各地方官，照例分別撫卹。再，清溪縣一帶橋道及營山、西充、廣安等州縣城，亦間被水衝壞，俱經飭該州縣修補。報聞。（高宗六一九、一九）

（乾隆三九、八、乙未）諭軍機大臣等：前阿桂奏，番地屆麥熟之時，或伏兵截拏其割麥之賊，或派兵搶割麥穗，誘賊前來，乘勢殲勦，最為善策。今阿桂現在攻圍遜克爾宗，該處賊碉雖在山崖之上，一面可以進攻，其旁近平地種有麥田之處，自當進兵踐棄，勿使存留。所有附近寨落，並應設法焚燬，賊衆雖守堅碉，其心必然窘迫，亦足為攻勦揚威助勢。阿桂若進抵勒烏圍，其地更係平曠，麥畦及寨落必多，自應令豐昇額等分頭帶兵，將旁近番人村寨悉行焚燬。遇有麥田，可資因糧之用者則取之，否則蹂躪燒棄，於進攻更為有益。即明亮等將達爾圖山梁全行攻克，或沿山前往馬爾邦，與富德夾擊要隘，亦當酌用此法。（高宗九六四、二六）

（乾隆四一、七、庚寅）諭軍機大臣曰：文綬奏，據阜和營遊擊等稟報，打箭鑪一帶，連日大雨，六月二十六日亥時，明正司地方海子山，大水陡發，衝倒南門，城內文武衙署、監獄兵房，衝去數百間，化為石灘，淹斃兵民甚多；又據滎經縣詳稱，六月二十七日，山水暴發，沿山溝河，多被衝壓；即日自省起程。親往查辦等語。看來此次打箭鑪被水情形較重，文綬既親身前往，即著查明，實力撫卹，毋致失所。至打箭鑪城內存貯錢糧軍火器械甚多，其鑪關稅務，亦屬緊要。文綬到彼，應將錢糧軍火器械及關稅庫貯、衙署等項，作速清理。其存貯米石內，查明如有被水浸濕者，即行撈取，亦可酌量搭放賑卹。至該處係通藏衝途及赴番地要路，其城垣、倉庫、官署、營房均宜速行修葺。但鑪城舊基，適當山水頂衝，雖水發非常有之事，但既修葺城垣，自應悉心相度，擇其地勢較高、不當山水頂衝處所，將城垣另行移建，為一勞永逸之計。並著文綬妥速籌辦。將此由五百里傳諭文綬知之。仍將作何辦理情形，迅速覆奏。（高宗一〇一三、六）

（嘉慶二〇、一、癸卯）又諭：據常明奏，向來川省地方偶遇歉收，皆由地方官詳請借穀平糶，至冬春之際，貧民乏食，酌撥借糶贏餘銀兩，買米煮賑，設有不敷，官為捐補，從未辦過災賑。上年保寧一府收成僅止五分，今春青黃不接之時，必須接濟等語。朕軫念民艱，無時或釋，直省地方偶有偏災，不惜發帑賑卹，俾無一夫失所。其辦理災區分數，俱有定例可循，該督職任封圻，如地方年歲歉收，民食實形拮据，亦豈得因該省向未辦災，不恤民困。上年保寧各屬收成僅止五分，現屆青黃不接之時，或應平糶，或應煮賑，迅即查明，分別籌辦。常明務督飭該地方官認真經理，勿令貧民乏食，別滋事端。（仁宗三○二、一八）

（22）雲南　貴州

（乾隆四、七）［是月］雲南巡撫張允隨奏：各屬豐收，惟省城於七月初雨後水發，衝決寶象河堤，田畝被淹，民房坍塌；又，黑鹽井雨後水發，衝塌石臺民房。俱已飭屬速辦，不致失所。得旨：覽奏朕懷誠慰。一省之中，保無一、二災傷之處，若賑恤得宜，斯亦可以無患矣。（高宗九七、二九）

（乾隆七、六）［是月，署貴州布政使陳德榮］又奏報：貴陽、獨山、畢節等府州縣，以山水陡發，衝壞城垣民居，淹斃人口。現飭員確勘，分別撫卹，給本修整。得旨：如此據實入告，方稱朕意也。（高宗一六九、二九）

（乾隆八、一一）［是月］雲南總督張允隨奏報：昭通府永善縣瀕江一帶，於本年七月間，大雨連綿，山水泛漲，夾雜沙石，衝壓田地房屋。現已分別賑卹。查明附近官山，撥給耕種，並令搭蓋房屋，以免露處。得旨：知道了。（高宗二○五、二五）

（乾隆一二、六、戊子）［是月，雲貴總督張允隨］又奏：各屬陸續得雨，惟雲南府屬之安寧州，楚雄府屬之廣通、楚雄二縣，雨未深透。現飭確查，果否成災，分別撫卹。得旨：覽奏俱悉。被旱之處，加意撫卹，毋致災黎失所。（高宗二九三、二三）

（乾隆一二、八）［是月］雲貴總督張允隨奏：滇省安寧、廣通、楚雄等三州縣，黔省台拱、天柱、古州、下江等處，秋禾被旱。現委員查勘，酌量接濟。餘俱有收。得旨：覽奏欣慰。至台拱、古州，乃苗疆要地，彼處缺雨，恐頑苗乘此新易總督之時故智復萌，一切卿宜留心。（高宗二九七、二○）

（乾隆一三、七）［是月］雲南總督張允隨奏報滇黔兩省秋禾雨水情

形。得旨：覽奏俱悉。被水州縣，加意撫綏，毋致失所。（高宗三一九、三九）

（**乾隆一三、閏七、丁丑**）又諭：據雲貴總督張允隨奏稱，滇省六月中旬，連日大雨，河水泛溢，昆明縣淹沒田畝、兵民房舍，并雲南府屬之昆陽、嵩明、安寧、富民、宜良、呈貢、晉寧、羅次、祿豐，曲靖府屬之平彝，澂江府屬之河陽、路南，廣西府屬之彌勒等州縣暨元江府，各被淹低田房屋。又，七月初十、十一等日大雨水漲，昆明、安寧、呈貢、晉寧等州縣，有續被水淹之處；廣西、元江、曲靖、武定等府所屬之五嶒、他郎、陸涼、元謀等廳州縣及景東府屬，田廬間有被淹。可傳諭該督撫，滇南遠在邊徼，朕所繫念；著令速行飭查，賑卹接濟，加意妥辦，務使災黎得所。該部遵諭速行。（高宗三二一、二六）

（**乾隆四二、七、己卯**）諭軍機大臣等：據李侍堯奏，雲南省城自六月初四至初六日，晝夜大雨，山水匯注盤龍江，宣洩不及，城廂內外水深三、四尺，居民房屋致多倒塌，人口田禾均無傷損等語。城廂內外倉卒被水，雖不致成災，然被水各戶一時棲身無所，情形自不免拮据。著傳諭李侍堯督率各屬，妥協查勘，動項撫卹，務使窮黎安堵，毋致失所。至盤龍江應設壩閘，以資啟閉蓄洩，自應即時確勘興修，並著照該督所奏辦理。將此諭令知之。仍將查辦情形，即行復奏。（高宗一〇三七、一）

2. 地震災害

(1) 奉天

（**順治一、三、丙申**）申刻，盛京地震。（世祖三、二一）

（**順治一、三、戊戌**）丑刻，盛京地震。（世祖三、二一）

（**康熙六、一〇、己卯**）奉天府承德縣地震有聲。（聖祖二四、一〇）

(2) 直隸

（**順治四、九、辛丑**）卯刻，京師地震。（世祖三四、一）

（**順治五、六、丙辰**）夜，京師地震，有聲，起東北至西南，復震。（世祖三九、六）

（**順治六、一〇、壬辰**）申刻，京師地震二次，起東北迄西南。（世祖四六、一三）

（**順治九、一、壬午**）卯刻，地震，起東北至西南。（世祖六二、三）

（順治一〇、一二、丁亥）是夜，地震有聲。（世祖七九、二二）
（順治一一、四、壬申）辰刻，地震。（世祖八三、五）
（順治一四、九、丁卯）戌刻，地震有聲。（世祖一一一、二三）
（康熙四、三、戊子）午刻，京師地震有聲。（聖祖一四、一七）
（康熙七、五、癸丑）子時，京師地震。（聖祖二六、四）
（康熙八、九、甲午）實時，京師地震有聲。（聖祖三一、八）
（康熙一二、九、乙亥）京師地震。（聖祖四三、一二）
（康熙一八、七、庚申）京師地震。（聖祖八二、一三）
（康熙一八、八、庚辰）諭戶部：通州、三河等處地震災變，壓傷人口，無人收瘞，殊爲可憫。戶部、工部會同，將旗下及民人房屋並各寺廟內有見被壓埋者，作何察明數目，速議以聞。部議遣司官四員前往驗視，上令動支帑銀帶去，有主收瘞者即給銀兩，無主收瘞者著所遣司官同地方官設處埋瘞。（聖祖八三、一三）
（康熙二一、九、甲寅）京師地震。（聖祖一〇四、二二）
（康熙三五、九、辛巳）京師地微震。（聖祖一七六、一七）
（康熙三五、一一、戊辰）京師地微震。（聖祖一七八、五）
（康熙三六、一、癸巳）京師地微震。（聖祖一八六、四）
（康熙三七、七、己卯）京師地微震。（聖祖一八九、二）
（康熙四四、八、丁未）是日酉刻，京師地微震。（聖祖二二二、四）
（康熙四五、二、丙辰）京師地微震。（聖祖二二四、一六）
（康熙五九、六、癸卯）直隸保安、懷來及山西蔚州等處地震。是日，京師地微震。（聖祖二八八、八）
（雍正八、八、乙卯）巳刻，京師地震。（世宗九七、一一）
（乾隆一一、六、丁丑）諭：昨夜戌時，京師地覺微動。……（高宗二六八、二四）
（乾隆一一、六）［是月，直隸總督那蘇圖］又復奏：昌平、通州各屬，六月十二日，地中微震，民間並無驚恐情形。得旨：覽奏俱悉，保定究屬微覺耶，抑無耶？……尋奏：前奏昌平等處地覺微動摺內，將保定等屬未曾地動之處遺漏聲明，實屬疎忽。（高宗二六九、三三）
（乾隆三〇、五、辛卯）戌刻，京師地微震。（高宗七三七、四）

(3) 山東

（順治一一、八、壬戌）山東濮州、陽穀、朝城、范縣、觀城地震有聲。

(世祖八五、一五)

（順治一三、六、壬辰）巳刻，山東莒州地震有聲。(世祖一〇二、八)

(4) 山西

（順治一二、五、辛丑）山西靈邱縣雨雹，戌刻，地震有聲。(世祖九一、一七)

（順治一三、四、壬戌）山西太原府陽曲縣地震。(世祖一〇〇、八)

（順治一四、二、壬寅）山西雲鎮地震有聲。(世祖一〇七、二四)

（康熙四、九、甲申）山西太原府地震。(聖祖一六、一六)

（康熙二二、一〇、壬寅）山西太原府地震。(聖祖一一二、一九)

（康熙三四、四、丙辰）諭戶部：頃山西巡撫噶爾圖等奏報，四月初六日平陽府地震，房舍倒塌，人民損傷。隨經特遣司官星馳前往察勘情形。比復傳問往來經過及本籍人員，具述屋宇盡皆傾毀，人口多被傷斃，受災甚重。朕心深切軫惻。應作何恩卹，著速議奏。(聖祖一六六、一九)

（嘉慶二〇、一〇、癸亥）又諭：衡齡奏河東運城並蒲州府解州及所屬各縣同時地震，壓斃人口，飭藩司督同委員分投查勘撫卹一摺。本年九月二十一等日，山西省運城等處，同時地震，文武廟宇、衙署、倉庫、城垣、監獄並居民房間均有坍塌，壓斃人口至數千名之多，實堪憫惻，即應極力撫卹。著衡齡即飭吳邦慶督率各委員等，迅速查明，分別被災輕重，比照向例，應蠲免錢糧者，即奏請蠲免；應緩徵賑卹者，即奏請緩徵賑卹，務令實惠及民，勿致一夫失所。查明後迅即由驛速奏，毋稍諱飾。其掩埋人口，修理房間，並受傷人口酌給醫藥，因傷致斃者仍給掩埋銀兩，露處貧民煮粥接濟等情，俱著妥速辦理。應給撫卹銀兩，即於河東道庫閒款銀內，就近動撥。至城垣、廟宇、衙署、倉獄等項工程，分別緩急，另行估修。(仁宗三一一、七)

（嘉慶二〇、一〇、丁卯）諭軍機大臣等：方受疇奏陝州暨所屬靈寶閿鄉二縣地震情形，飭令查勘撫卹一摺。前據衡齡奏，山西省河東運城並蒲州解州及所屬州縣，於九月二十一日同時地震，壓斃人口至七千名之多。今豫省陝州暨所屬之靈寶、閿鄉二縣，亦於九月二十日夜間地震，城垣、廟工、考棚、倉廒、監獄及民間房屋皆有坍損，並有壓斃壓傷之人。豫省與晉省接壤，此次河東運城等處地震，被災較重，而陝州等三州縣毗連處所，亦有地震之異，自應亟為撫卹。藩司姚祖同前往查辦，著該撫即飭知該藩司查明該三州縣壓斃之人究有若干，將已斃者妥為收瘞，受傷者酌給醫藥，其乏食無依者應如何搭蓋棚廠，俾有棲止，並煮粥賑濟，俾資餬口之處，務令實心經理，毋使一夫失所爲要。將此諭令知之。(仁宗三一一、九)

(5) 陝西

(**順治一一、六、丙寅**) 陝西西安、延安、平涼、慶陽、鞏昌、漢中府屬地震，傾倒城垣樓垛堤壩廬舍，壓死兵民三萬一千餘人及牛馬牲畜無算。(世祖八四、四)

(**乾隆三、一二**)[是月]大學士仍管川陝總督查郎阿等奏，西安一帶，地微震動，並未被災。唯咸陽縣間有數人被傷殞命，俱經酌量撫恤。得旨；知道了。寧夏甚重，卿其加意撫恤之。(高宗八三、四一)

(6) 甘肅

(**康熙五七、七、甲寅**) 陝西平涼府屬靜寧州等處地震，遣刑部侍郎李華之、副都御史楊柱前往賑濟。(聖祖二八〇、三)

(**乾隆三、一二、丁亥**) 諭：據寧夏將軍阿魯等奏稱，寧夏地方，於十一月二十四日戌時地動，滿城官兵房屋，盡皆坍塌，等語。朕心深爲軫念。所有城內官兵人等，作何加恩賑恤之處，著該將軍作速查明。一面奏聞，一面辦理。其各處被災兵民人等，著該地方官即行查明，一體賑恤。邊地寒冬，務令安妥，毋致一夫失所。(高宗八二、二〇)

(**乾隆三、一二、癸卯**) 諭：寧夏地方，十一月二十四日地動後，總兵官署火起，聞印信被火銷化，著該部速行鑄就頒發。(高宗八三、二三)

(**乾隆四、三、壬子**) 吏部等部議覆：欽差兵部右侍郎班第疏稱，寧夏地震，所屬新渠、寶豐率成冰海，不能建城築堡仍復舊規，請將二縣裁汰。所有戶口，從前原係招集寧夏寧朔等鄉民人，令其仍回原籍，有願留傭工者，以工代賑，俟春融凍解，勘明可耕之地，設法安插，通渠漑種，其渠道歸寧夏水利同知管理。應如所請。從之。(高宗八八、七)

(**乾隆六、六、己亥**) 工部議覆：甘肅巡撫元展成疏言，寧夏府城垣、衙署、倉廠、監獄、廟宇等項，地震倒塌，請一併建造。查寧夏府城，計週二千七百五十四丈，照舊址分設六門；水籤箕六十二道，大城樓、甕城樓各六座；角樓四座；鋪樓二十四座；城外河橋六座，寧夏道、寧夏府理事同知、水利同知、夏朔二縣、寧夏府教授、訓導、夏朔二縣教諭、寧夏府經歷、夏朔二縣典史衙署各一所；寧夏鎮、前營遊擊、左營遊擊、右營遊擊、城守營都司、守備衙署各一所，文廟、關帝廟、城隍廟各一座；鼓樓、魁星閣、牌樓、演武廳各一座；六城門軍房六處；夏朔二縣倉廠、監獄各一所。應如所請，於部撥寧夏工程銀內動支興建。從之。(高宗一四四、七)

(乾隆一三、一〇) [是月] 甘肅巡撫黃廷桂奏報：初一、初二日，平涼府固原州地動，壓死四十餘人。報聞。(高宗三二七、三二)

(乾隆三〇、八、乙丑) 諭：據楊應琚奏，省城皋蘭縣，於七月十八日地覺微動，少頃即止，並無傷損。其鞏昌府屬之隴西、安定、會寧、通渭、漳縣、寧遠、伏羌、西和、岷州、直隸秦州并所屬之清水、禮縣等十二州縣，亦於是日地動，內有損壞舊城倉署民房并間有壓斃人口牲畜者；而寧遠、伏羌、通渭等三縣，較他處稍重。現在親往查勘，分別撫卹等語。甘省遠處西陲，地瘠民貧，茲以地動，壓損房屋人口，朕心深爲軫惻。現在該督親往查勘撫卹，著加恩照乾隆三年賑卹寧夏成例，查明被災情形，分別優卹；其災重地方，並著將本年應徵錢糧，一體蠲免。該督其董率所屬，實力奉行，毋任胥吏侵蝕中飽，俾閭閻均霑實惠，以副朕矜念災黎之至意。該部遵諭速行。(高宗七四三、六)

(乾隆五〇、四、甲申) 又諭：據福康安奏，肅州本城於三月初十日酉刻地震，情形尚輕。玉門縣所屬之惠回堡、白楊河等處，亦於初十日同時地震，均有倒塌房屋，損傷人口，情形稍重。現已飭令藩司浦霖馳赴該處查勘撫卹等語。玉門遠在關外，本屬瘠土邊氓，今猝被地震，以致倒塌房屋，損傷人口，朕心深爲軫念。該督即飭令該司作速查明，照例妥爲撫卹。仍先酌借口糧，以資接濟。務俾災黎早霑愷澤，復業安居，副朕惠愛黎元，無使一夫失所至意。該部即遵諭行。(高宗一二二八、九)

(乾隆五〇、四、丁亥) 諭軍機大臣曰：閻正祥奏，三月初十日，甘州地動二次，旋震旋止。惟肅州惠回堡地震較重，民居、兵房、倉廠、衙署多有坍塌，其白楊河、火燒溝一帶房屋倉廠，間有坍塌，煙燉、望樓、城堡，均有倒壞，現在查明，分別借給銀糧，其損壞軍械、倒塌煙墩、望樓，亦趕緊修整等語。所辦俱好。已於摺內批示。(高宗一二二八、一五)

(7) 新疆

(乾隆三〇、二、戊戌) 又諭：據伍彌泰奏稱，晶河地方，正月二十日地震，城垣、兵房、倉廠及商民房屋俱倒壞，兵丁王哲昭壓斃，城垣、兵房、倉廠陸續修補；商民房屋聽其量力自修等語。晶河地震，壓斃兵丁，著加恩照兵丁失足落水例賞卹。其商民倒壞房屋，令其量力自修，未免拮据。著伍彌泰查酌，如係徵租房間，量免數月、半年，以紓商民之力；若官地商

民自蓋，徵房身地租者，寬免一年。(高宗七二九、八)

（乾隆五一、七、癸卯）又諭：據奎林等奏稱，伊犁附近地方，接連數日地震，城垣、倉庫、兵房，多有坍塌倒壞等語。此次伊犁地方，自五月二十三日起至二十七日，接連數日地震，既城垣、倉庫、官兵住房致有坍塌倒壞，凡應行官修者，著動用公項銀兩修理；官兵住房，除在城外游牧各部落外，其城內居住者，官員各有俸銀，著交奎林等酌量伊等住房內倒壞多寡，分別借給一、二年或數年俸銀修理；兵丁俱賴錢糧生理，著交奎林據實查覈，計算多寡或賞給一、二個月或數月錢糧修理，以示朕優卹。(高宗一二五八、二)

（乾隆五一、閏七、乙亥）諭：據明亮等奏烏什、喀什噶爾等處，自五月二十四日起至二十七日，節次地震，尚不甚重，並未倒塌城垣房屋，惟恐上厪聖念，是以未奏等語。此事何得隱匿！前據奎林奏到伊犁地震，朕即慮及烏什一帶地方當亦不免，因特降旨詢問，今明亮等知難隱匿，始行具奏，豈不知朕平時辦理政務，從無倦怠，乃於邊疆災告竟思隱匿不報。明亮等，著傳旨申飭。(高宗一二六○、一四)

(8) 安徽

（順治一三、一一、丙辰）是夜，江南荻港鎮地裂，水湧溢，陷民房百餘家，溺男婦數百餘口，覆没商船十餘艘。(世祖一○四、一六)

(9) 福建　臺灣

（乾隆一、一）[是月] 閩浙總督郝玉麟、福建巡撫盧焯、水師提督王郡奏報，臺灣諸羅縣屬之木柵、仔灣、裏溪等處，於雍正十三年十二月十七日夜間地震。傾倒房屋，壓傷民人三百餘名。隨飭該道府確查優卹。臺灣孤懸海外，地土鬆浮，震動亦所常有。得旨：臺灣被災人民，深可憫惻，可加意撫綏，從優賑卹，務令得所。其傾倒房屋即動用公費，速爲整理，毋草草塞責。(高宗一一、二五)

（乾隆五七、八、戊子）又諭曰：伍拉納等奏，據臺灣鎮道報，六月二十二日申時，臺灣府城地震，倒壞民房，傷斃男婦三口；鳳山縣亦同時地震，其勢尚輕；嘉義、彰化二縣連次地震，被災稍重，民房倒塌較多，人口亦有壓斃。現於藩庫內提銀一萬兩，委員領解前往，協同該道府廳縣，查明撫恤等語。臺灣遠隔重洋，居民猝被偏災，殊堪憫惻。雖據該督等撥銀派員，前往查辦，但該處民人，猝遭地震，無力災黎，未免更形失所，不可不加意撫卹。著傳諭伍拉納、浦霖，督飭所屬，查明被災戶口，分別輕重，實力妥辦；毋任吏胥等從中侵尅，俾災黎均霑實惠，不致一夫失所，方爲妥善。至哈當阿、楊廷理駐劄臺灣，常有自行奏聞事件，今該處既遭地震，損傷民房人口，該提督等自應一面奏聞，一面具報撫卹，何以並未具奏？豈該提督等僅知查緝盜賊，而於地方災祲，竟諉之督撫，全不經心耶？哈當阿、楊廷理，著傳旨申飭，並令據實回奏。(高宗一四一一、一五)

(乾隆五七、八、己丑) 又諭：據哈當阿等奏，六月二十二日，臺灣府城及鳳山、嘉義、彰化等處同時地震，所有民間倒塌房屋、壓斃人口，現在分別給銀，按數撫卹等語。臺灣地方，遠隔重洋，居民猝遭地震，倒壞房屋，壓斃人口，殊堪憫惻。所有該提督等具奏按數給銀撫卹之處，俱著加恩，加倍給予，以示體恤。該提督等務宜督飭所屬，實力妥辦，俾被災戶口均霑實惠，以副朕軫念災區至意。(高宗一四一一、一七)

(10) 湖北　湖南

(順治一五、五、乙丑) 鄖陽撫治張尚疏報：襄陽雷雨大作，山裂蛟起，平地水深丈餘，城堤衝決，請急議修築，以重巖疆。下工部議。(世祖一一七、二四)

(康熙四、一〇、丁丑) 戌時，湖廣常德府地震有聲。(聖祖一七、四)

(11) 廣東

(康熙四、八．庚申) 廣東陽江縣地震有聲。(聖祖一六、一〇)

(12) 四川

(順治一四、四、癸未) 四川保寧、威茂等處，自三月十六日至四月初九日，地大震。(世祖一〇九、七)

(康熙五二、七、庚申) 四川茂州及平番營地震。(聖祖二五五、二四)

(乾隆三、四、乙酉) 是日，四川松潘口南坪營地方地震，嗣據巡撫碩色奏報查恤情形。得旨：知道了。竭力修省政事，撫恤之策，不可少有未盡，以副朕望。(高宗六六、六)

(乾隆一三、三、壬寅) 四川巡撫紀山奏報：附近會城之州縣，並簡州、漢州、崇慶、溫江、郫縣、什邡、彭縣、崇寧、金堂、德陽、羅江、梓潼、鹽亭、中江、樂至、蒲江、峩眉、汶川、保縣、灌縣、打箭爐等處，俱於正月二十五日卯刻、戌刻，地微震二次，並准督臣札，同日軍營亦覺微動。得旨：覽。(高宗三一一、三)

(乾隆一三、八、庚子) 又諭：據大學士公訥親等奏報，口外一帶土司番夷地方，於閏七月初六、七等日，地覺微動，各軍營並無損傷。惟打箭爐城內，於初七日至次日止，共動七次，震塌碉房四間，牆壁倒塌者六戶等語。地方有此等事，該撫等何以遲久不奏。可傳諭班第，令其將地動輕重情形，並內地州縣有無地動之處，及現在如何撫卹辦理，即速查奏。其從前該撫何以不行奏報，一併查明奏聞。尋奏：查閏七月初六、七兩日，美諾、吉地、章谷三處，或微震，或大震，並無傾損。惟打箭爐兩日共動七次，震塌碉房四間，倒牆壁六戶，人畜無損。又，明正司上八義地方，碉房搖倒七十二座，壓死喇嘛一名，男婦四名口，俱經撫卹。內地州縣，漢州、什邡、雅安、榮經、名山、天全、蘆山、長寧、屏山、德陽、眉州、彭山，兩日地微動一、二、三次不等，並無傷損。再，八月十七日，爐城地微動一次。二十日省城成、華兩縣及新都、崇寧、新繁、灌縣、雙流、簡州、崇慶、彭縣、郫縣、溫江、德陽、眉州、彭山、丹稜、邛州、綿竹、羅江等州縣，地微動，並無倒塌房屋。是日口外逼近卡撒軍營之澤爾角崇臺站地震，道路間有塌損。又，美諾是日地亦微震。九月初七日，新繁縣地震即止。十四日，省城地微動。報聞。(高宗三二三、六)

(乾隆一三、一二、己酉) 署四川巡撫班第奏：雅州府屬之清溪縣，於十一月二十日辰時地震，自西轉東，地中有聲如雷，人畜房舍，皆無傷損。報聞。(高宗三三一、六三)

(乾隆五一、二、庚寅) 諭軍機大臣等：據保寧等奏，打箭鑪口外噶達城地方，有雍正年間建造惠遠廟一所，年久未修，上年冬間，又因地震，致多坍損。(高宗一二四九、一)

(乾隆五一、五、辛未) 諭：據保寧奏打箭鑪化林坪、瀘定橋等處，於五月初六、七等日，同時地震，城垣、衙署、兵民房屋，均有倒塌，人口亦有傷斃，現在馳赴各該處親加查勘等語。此次打箭鑪一帶，地震情形較重，該處係出藏南路要口，為官員兵民聚集之地，所有城垣、衙署被震倒塌者，應即確估修理。至民間坍損房屋並傷斃人口，情殊可憫，著該督等即行詳悉查明，照例分別撫卹，即土司若同被災，亦當量為周恤。該部知道。(高宗一二五五、二二)

(乾隆五七、一二、戊寅) 又諭曰：惠齡奏，署打箭鑪同知徐麟趾稟稱，據惠遠廟喇嘛報稱，十月十七日該處地震，將牆垣震塌，並震倒碉房數百間，並未傷損人口，當即派員查明撫卹等語。前據孫士毅奏，七月二十一日，打箭鑪明正土司及附近各土司地方地震，間有坍塌牆垣，壓斃番民之事，惠遠廟牆垣亦有倒塌，業經委員確查覈辦。照例先行撫卹。今泰寧惠遠廟又復地震，牆垣房間，多有倒塌，此時惠齡尚在藏地，著交英善就近飭委妥員前往照例撫卹。其前此被震各地方撫卹事宜，是否查辦俱已周妥，並著一體察看妥辦。(高宗一四一八、三〇)

(乾隆五八、四、辛巳) 又諭：上年據四川總督奏到打箭鑪口外，於七月二十一日、十月十七日兩次地震情形，當經降旨交英善就近委員前往撫卹。今據英善奏稱，節次委員馳往確勘，照例每大口一名賁銀二兩，小口一兩，樓房每間賞銀一兩、平房每間五錢，業經挨戶撫卹，實皆按名具領，毫無遺漏等語。第念該處邊番上年兩次地震，被災未免稍重，殊可憫卹，若僅照例給予賞銀，猶恐或有拮据，此時惠齡尚未回川，著英善派委妥員，按照前次查明各戶，再行照數加賞一次，俾得益資安輯，以副朕加惠邊隅、優卹番民至意。(高宗一四二七、八)

(乾隆五八、六、己卯) 諭曰：惠齡奏泰寧一帶，於四月初六日地震，廟宇民居多有倒塌，共壓斃漢番僧俗男婦二百餘名口，受傷三十餘名口，震塌碉房七十餘處，現委幹員前往查勘，分別撫卹等語。上年打箭鑪口外地震，曾降旨加倍賞卹。今泰寧一帶，又因地震坍塌房屋壓斃人口，殊堪憫惻。著照上年打箭鑪地震撫卹之例，亦即加倍賞給，該督務宜董飭所屬詳悉查明，妥為經理，俾資安輯，以副朕軫念邊隅，優卹番民至意。該部即遵諭行。(高宗一四三一、二)

(13) 雲南　貴州

(康熙二七、九、己卯) 雲南巡撫石琳疏言：滇省鶴慶、劍川等處於本年五月十七、十九、二十等日地震。得旨：著該撫速發銀米，賑濟災民。(聖祖一三七、四)

(康熙三九、二、壬辰) 貴州省城地震。(聖祖一九七、二〇)

(乾隆一五、九) [是月] 雲貴總督碩色奏：雲南省城及澂江、臨安各府屬，於八月十五、十七等日地震，內晉寧、新興、路南、建水四州，城郭、民房俱無傷損。江川縣略有傾塌。惟澂江附郭之河陽縣地震甚重，城垣、門樓、學宮、衙署及民房傾塌甚多，壓斃男婦三十七名口。又，撫仙湖內，湖水鼓湧，淹斃二十名。現委員查勘撫卹。得旨：覽奏俱悉。撫卹之事妥為之，毋使不霑實惠也。(高宗三七三、二〇)

(乾隆一六、閏五、丁亥) 又諭：據雲貴總督碩色等奏，本年五月初一日，雲南鶴慶屬之劍川州地震，城垣房屋及人口牲畜，傾倒損傷者甚多；其同時被災者，鶴慶、浪穹次之；鄧川、麗江較輕；大理、賓川微動無礙等語。滇南地處極邊，此番被災甚重，朕心深爲憫惻，急應實力撫綏。著該督撫等，將被災各該處所有應行賑濟給價及一切撫恤事宜，毋拘常例，即行董率有司，一面加意辦理，一面奏聞。務令災黎得所，以副軫念。該部速行。（高宗三九一、一二）

（乾隆二〇、二、丁卯）又諭：據碩色等奏，滇省易門縣、石屏州兩處，上年十二月十六日地震，所有倒塌民房，傷壓人口，請照例賑給等語。該州縣地震成災，該督撫等雖經照例分別賑給；但念被災甚重，窮黎尚多拮据，所有賑卹銀兩，著加恩於常例外，加一倍賑給，以示優卹。其被災各戶，酌借常平倉穀，以資接濟之處，均如該督撫所請。該部遵諭速行。（高宗四八三、一四）

（乾隆五四、閏五、甲午）又諭：據富綱等奏，滇省通海、寧州、河陽、江川、河西等五州縣，均於五月十四日連次地震，城垣官署俱有坍壞，並多倒塌民居傷斃人口之處，該督自省起程，前往查辦等語。此次通海等五州縣同時地震，情形較重，小民倉猝被災，殊堪軫憫。富綱現在親往查勘，先行撫卹。所有震倒房屋、傷斃人口，分別借給銀穀，務須督率各屬確實妥辦，毋令一夫失所。並著照乾隆二十八年江川等處地震之例，加倍賑給。並將通海等五州縣應納五十四年條公等項，一體加恩蠲免，以示朕惠卹災黎有加無已之至意。該部即遵諭行。（高宗一三三〇、二一）

（嘉慶八、閏二、甲申）諭內閣：據初彭齡奏，雲南縣、賓川州地震情形較重等語。該二屬猝遭地震，城垣房屋多有倒塌，壓斃人口共有二百餘名之多，雖經初彭齡派員前往查勘撫卹，但該處被災較重，深爲廑念。著該督撫再行詳細確查，如有應行蠲緩之處，即速查明具奏，候朕加恩，不可稍有諱飾，用副朕軫念災區不使一夫失所至意。（仁宗一〇九、八）

3. 歷朝全國各省（區）自然災害發生次數統計表

[說明] 這項統計係據實錄有關記載按年分省（區）編制的。（一）、歷年各省（區）內發生的自然災害，不論災情輕重、範圍大小、成災與否，都加以統計；（二）、在同期同省（區）內，幾處有關自然災害的記載，屬于同一災種的，按自然災害發生一次統計；（三）、在同期同省（區）內，一項自然災害記載包括幾個災種的，按各災種發生一次加以统计。

(1) 順治朝

甲　歷年自然災害發生次數統計

年份 順治	年份 (公元)	水災	旱災	蝗、蟲、黃疸	風災	雹災	雪災	霜災	地震	疫癘	災種不詳	總計
1	1644								2			2
2	1645	1									1	2
3	1646	2	2	1		4						9
4	1647	4	1	5		3			1			15
5	1648	2		2		2			1			7
6	1649	6		3		6		1	1			17
7	1650	2		1		1					1	5
8	1651	5				1						6
9	1652	4	3		2	2			1			12
10	1653	8	6			2			1			17
11	1654	7	3	1	1	3			3			18
12	1655	6	8	3	1	4	1	3	3			29
13	1656	4		3		3			3			13
14	1657	5	4		1	2			3			15
15	1658	4				3			1			8
16	1659	11	4		2	2						19
17	1660	3	4	2								9
18	1661	4	3	1		4						12
總計		78	38	22	8	42	1	4	20		2	215

注：1. "水災"包括雨水災害，河水災害和潮災。以下九表同。
　　2. "疫癘"包括人與畜的疫癘災害。以下九表同。

乙　全國各省（區）自然災害發生次數統計

地區	水災	旱災	蝗、蟲、黃疸	風災	雹災	雪災	霜災	地震	疫癘	災種不詳	總計
1. 奉天											2
2. 吉林											
3. 黑龍江											
4. 直隸	15	2	6		11			8		1	43
5. 河南	11	2	2	1	4						20
6. 山東	8	2	2	1	1			2			16
7. 山西	2		5		5		1	3		1	17
8. 陝西	2		2	1	8	1	3	2			19
9. 甘肅			2		8						13
10. 江蘇	7	4	1	1	2						15
11. 安徽	6	5			2			1			14
12. 江西	2	6									8
13. 浙江	3	4		2							9
14. 福建	2	1		1	1						5
15. 湖北	9	5	1					1			16
16. 湖南	5	5	1								11
17. 廣東	2	1		1							4
18. 廣西											
19. 四川	1							1			2
20. 貴州		1									1
21. 雲南											
22. 西藏											
23. 青海											
24. 新疆											
25. 蒙古											
總計	78	38	22	8	42	1	4	20		2	215

(2) 康熙朝

甲　歷年自然災害發生次數統計

年份 康熙	年份 (公元)	水災	旱災	蝗、蟲、黃疸	風災	雹災	雪災	霜災	地震	疫癘	災種不詳	總計
1	1662	7	3									10
2	1663	8	6			1						15
3	1664	9	3	1								13
4	1665	8	9			2		1	4			24
5	1666	5	4	2		2		1				14
6	1667	7	7	2		5		1	1	2		25
7	1668	7	4						2			13
8	1669	5	3			2			1			11
9	1670	5	5			2						12
10	1671	5	8	3		1				1	1	18
11	1672	6	1	7		3		1		1		22
12	1673	4	4						1			9
13	1674	3	6			1						10
14	1675	4	2									6
15	1676	3	1			1						
16	1677	3	1	1								5
17	1678	5	4									9
18	1679	3	10			3			2	1		19
19	1680	2	2			3						7
20	1681	6	1		1	2					1	11
21	1682	6	5	1					1			13
22	1683	3	2			1			1			7
23	1684	3	3			1						7
24	1685	6	4								1	11
25	1686	4		2		1						7
26	1687	2	2			1				1		6
27	1688	3	5						2			10
28	1689	2	5			1		1			1	10

續表

年份 康熙	年份 (公元)	水災	旱災	蝗、蟲、黃疸	風災	雹災	雪災	霜災	地震	疫癘	災種不詳	總計
29	1690	4	2			1					1	8
30	1691	2	4	5		1						12
31	1692		1							1		2
32	1693	5	5			1					1	12
33	1694	4	1	1								6
34	1695	2	3					1	1			7
35	1696	4	1						2			7
36	1697	5	1			1			1		2	10
37	1698	4	3						1		3	11
38	1699	7				1						8
39	1700	4	2						1			7
40	1701	4	2			1						7
41	1702	4	1								2	7
42	1703	5	2			1						8
43	1704	3	1									4
44	1705	7							1			8
45	1706	6	1						1			8
46	1707	2	5									7
47	1708	4	2									6
48	1709	5	1									6
49	1710	2	1									3
50	1711		1									1
51	1712	3	1					1				5
52	1713	1	2						1		1	5
53	1714	2	5								1	8
54	1715	3					1	1			1	6
55	1716	8										8
56	1717	1	1									2
57	1718	3	4						2			9
58	1719	1	2		1						1	5
59	1720	2	3			1			2			8
60	1721	1	8		1	2						12
61	1722	3	5									8
總計		245	184	25	3	43	2	7	28	6	17	560

乙　全國各省（區）自然災害發生次數統計

地區	水災	旱災	蝗、蟲、黃疸	風災	雹災	雪災	霜災	地震	疫癘	災種不詳	總計
1. 奉天		2			1		1	1		2	7
2. 吉林					1						1
3. 黑龍江											2
4. 直隸	38	24	2		5		1	14			84
5. 河南	11	11	1		3				1	1	28
6. 山東	20	12	4		5			1		3	45
7. 山西	5	5	2	1	10		1	4	1	3	32
8. 陝西	4	6	1		6		3	1			21
9. 甘肅	7	11	1		10		1	2	2	2	36
10. 江蘇	43	14	5		1						63
11. 安徽	29	10	5								41
12. 江西	14	20									34
13. 浙江	18	22	2	1	1						44
14. 福建	6	5		1							12
15. 湖北	25	20									
16. 湖南	11	13						1			25
17. 廣東	5	2						1		1	9
18. 廣西	1	1	1								3
19. 四川								1			1
20. 貴州	2							2		1	5
21. 雲南	3	1						1			5
22. 西藏											
23. 青海											
24. 新疆		1									1
25. 蒙古	1	4				2			1	4	12
總計	245	184	25	3	43	2	7	28	6	17	560

(3) 雍正朝

甲　歷年自然災害發生次數統計

年份		水災	旱災	蝗、蟲、黃疸	風災	雹災	雪災	霜災	地震	疫癘	災種不詳	總計
雍正	(公元)											
1	1723	4	4								1	9
2	1724	7	2		2		1				1	13
3	1725	6	3			1			1			11
4	1726	10				1						11
5	1727	9	1									10
6	1728	1	4			3						8
7	1729	6	3			1						10
8	1730	6	4		1			1	1			13
9	1731	4	1	1		1		1				8
10	1732	5	2	2		1					1	11
11	1733	5	3									8
12	1734	4	1		1	1	1					8
13	1735	5	5		1				1	1	1	14
總計		72	33	3	5	9	2	2	3	1	4	134

乙　全國各省（區）自然災害發生次數統計

地區	水災	旱災	蝗、蟲、黃疸	風災	雹災	雪災	霜災	地震	疫癘	災種不詳	總計
1. 泰天											
2. 吉林											
3. 黑龍江								1			1
4. 直隸	8	2			3			1			14
5. 河南	5	2								1	8
6. 山東	6	3		1							10
7. 山西	1	1									2
8. 陝西	1	1								1	3
9. 甘肅	1	4	1		2			1			9
10. 江蘇	11	3	1	1	2						18
11. 安徽	8	3			1					1	13
12. 江西	6	2									8
13. 浙江	5	3	1	1							10
14. 福建	3	1						1			5
15. 湖北	4										4
16. 湖南	3	3									6
17. 廣東	5			1							6
18. 廣西	1										1
19. 四川		1									1
20. 貴州	1										1
21. 雲南	2				1			1			4
22. 西藏											
23. 青海											
24. 新疆											
25. 蒙古	1	4		1		2	1			1	10
總計	72	33	3	5	9	2	2	3	1	4	134

（4）乾隆朝

甲　歷年自然災害發生次數統計

年份		水災	旱災	蝗、蟲、黃疸	風災	雹災	雪災	霜災	地震	疫癘	災種不詳	總計
乾隆	（公元）											
1	1736	13	3	1	2	6						25
2	1737	16	8	2	2	4		1				33
3	1738	11	13	5	3	4			3	1		40
4	1739	9	8	3		5						25
5	1740	11	2	1	2	4		1				21
6	1741	12	6	2	2	2	1	1			1	27
7	1742	13	4	1	3	5	1	2				29
8	1743	13	10	2	4	6		2				37
9	1744	12	8	4	4	4		1				33
10	1745	15	10	1	2	5		1				34
11	1746	14	6	4		7	2	1	2	1		37
12	1747	12	9		2	5			1	1		31
13	1748	12	7	1	2	6		1	6			35
14	1749	10	3		3	5		3				24
15	1750	13	3	1	3	4		1				25
16	1751	14	8	1		7			1			33
17	1752	7	6		2	3			1			19
18	1753	7	5		1	2		1				16
19	1754	10	1		2	2			1		1	17
20	1755	10	1	1	2	2	1	6	1			24
21	1756	11	2			4						17
22	1757	8	3		2	2		1		1	1	18
23	1758	7	5		2	4		2		1		21
24	1759	7	6	1	1	2		2		1		23
25	1760	6	1			2				1		10
26	1761	9			1	1			2	1		14
27	1762	5	1	2		2		3		1		14
28	1763	6	4	1		2		1	1	1		16
29	1764	8	2			1		1				12
30	1765	5	4		1	1	1	2	3			17

續表

年份 乾隆	年份 (公元)	水災	旱災	蝗、蟲、黃疸	風災	雹災	雪災	霜災	地震	疫癘	災種不詳	總計
31	1766	10	4	2	1	2		2			1	22
32	1767	10	1	1	1	3		2				18
33	1768	4	7	1		2		2				16
34	1769	11	3		1	3		2				20
35	1770	8	2	2	1	2		1				16
36	1771	8	1									9
37	1772	1	1			1					1	4
38	1773	9			1	1		1				12
39	1774	5	6	1	2	1		1				16
40	1775	7	4			1		1				13
41	1776	5	1			1		1				8
42	1777	4	5			1		1				11
43	1778	7	8	1	1	1		3				21
44	1779	6		1		2		1				10
45	1780	10	2			1						13
46	1781	10	3	1	2	1						17
47	1782	6	3		2	1		1				13
48	1783	4	4					1				9
49	1784	8	2								1	11
50	1785	6	9			2		1	2			20
51	1786	5	1	1		1			2	1		11
52	1787	8	6			1		2				17
53	1788	9	5			2						16
54	1789	8	1						1			10
55	1790	7	1			1		1		1		11
56	1791	4	5		1	1		1				12
57	1792	3	6			2	1	3				15
58	1793	5	1					1				7
59	1794	13	3	1			1	1				19
60	1795	7	7			1			1			16
總計		514	251	49	63	144	8	60	31	10	10	1140

乙　全國各省（區）自然災害發生次數統計

地區	水災	旱災	蝗、蟲、黃疸	風災	雹災	雪災	霜災	地震	疫癘	災種不詳	總計
1. 奉天	14	4	1	1	3		1				24
2. 吉林	7				1		4				12
3. 黑龍江	11	6	1				3	1			22
4. 直隸	47	26	9		25		6	3			116
5. 河南	31	17	2	1	2						53
6. 山東	42	19	2	4	8		2				77
7. 山西	24	14			17		9			2	66
8. 陝西	23	16	2		13		6	1		2	63
9. 甘肅	44	40	8	6	44		23	4	3		172
10. 江蘇	55	20	9	12	12						108
11. 安徽	48	18	2	1	7				1		77
12. 江西	17	3	9	2	2						24
13. 浙江	29	13	5	9	2				1		60
14. 福建	19	14		16				1			50
15. 湖北	31	9			1					1	42
16. 湖南	24	6	1	1	1						33
17. 廣東	16	9	4	9							38
18. 廣西	5	3									8
19. 四川	7	1		1	2	2	2	11	2		28
20. 貴州	3				2						5
21. 雲南	15	1			1	1		9			27
22. 西藏		1									1
22. 青海						1					1
24. 新疆	1	2	3			2		2	1	1	12
25. 蒙古	1	9			1	2	3		1	4	21
总計	514	251	49	63	144	8	60	31	10	10	1140

(5) 嘉慶朝

甲　歷年自然災害發生次數統計

年份 嘉慶	年份 (公元)	水災	旱災	蝗、蟲、黃疸	風災	雹災	雪災	霜災	地震	疫癘	災種不詳	總計
1	1796	8	2			1	1					12
2	1797	7	3		1							11
3	1798	7	1		3	1						12
4	1799	7	2		1				1			11
5	1800	10	3			2		2				17
6	1801	12	2		1			1				16
7	1802	14	7	2		1						24
8	1803	9	4	1		1			1			16
9	1804	15	3	2		1					1	22
10	1805	10	6				1				1	18
11	1806	13	4						1			18
12	1807	7	7	1	1	2						18
13	1808	11	1	1		4						17
14	1809	9	3	1	1	2			1			17
15	1810	12	4			2						18
16	1811	10	10	1	1	5		3	1		1	32
17	1812	11	6	1		2	1	2	1	1	1	26
18	1813	10	7			2		5				24
19	1814	11	11	2		2		4			1	31
20	1815	8	3		1	3		1	2			18
21	1816	11	5		1	5		2				24
22	1817	9	5			5		2	1		1	23
23	1818	13	5	1	1	4	1					25
24	1819	12	3		1	4		1				21
25	1820	4										4
總計		250	107	13	13	49	4	25	7	1	6	475

乙　全國各省（區）自然災害發生次數統計

地區	水災	旱災	蝗、蟲、黃疸	風災	雹災	雪災	霜災	地震	疫癘	災種不詳	總計
1. 奉天	10	2		2							14
2. 吉林	6	1					3			1	11
3. 黑龍江	4	3			1		3			1	12
4. 直隸	21	10	2	2	8		3				46
5. 河南	24	6	1	1	4		1	1			38
6. 山東	19	8	5	1	3						36
7. 山西	8	8	1		5		5	1		1	29
8. 陝西	14	10		1	14		3				45
9. 甘肅	14	11			11	1	5				42
10. 江蘇	25	9		1	1		1				37
11. 安徽	24	16									40
12. 江西	12	5									17
13. 浙江	6	4			1		1				12
14. 福建	6	2	1	3							12
15. 湖北	14	7									21
16. 湖南	15	2									17
17. 廣東	6			2							8
18. 廣西	1	1									2
19. 四川	5							2		1	8
20. 貴州	1										1
21. 雲南	9				1			2			12
22. 西藏						1					1
23. 青海						2					2
24. 新疆	5	2						1	1		9
25. 蒙古	1									2	3
總計	250	107	13	13	49	4	25	7	1	6	475

（二）蝗災防治

1. 概述

（順治四、一○、丙申）寧夏巡撫胡全才捕蝗有法，境内田禾獲全。因以捕法上聞，並請傳示各省，永絶蝗螽。章下所司。（世祖三四、一九）

（康熙三○、九、辛未）諭大學士等：朕諮訪蝗蟲始生情狀，凡蝗蟲未經生子，而天氣寒凍，則皆凍斃，來歲可復無患；若既經生子，天氣始寒，雖蝗已凍斃，而遺種在地，來歲勢必更生。今年寒凍稍遲，蝗蟲已有遺種，朕心豫爲來歲深慮。宜及早耕耨田畝，使蝗種爲覆土所壓，則其勢不能復孳；設有萌蘖，即時驅捕，亦易爲力。可傳諭户部，移咨被蝗災各地方巡撫，責令有司曉示百姓，務於今冬明春及早盡力田畝，悉行耕耨，俾來歲更無蝗患。倘或田畝不能盡耕，來歲蝗蟲復起，亦須盡力驅捕，無致爲災。（聖祖一五三、七）

（康熙三二、一○、己卯）諭大學士等：聞山東今年田收之後，九月中蝗蝻叢生，必已遺種於田矣。而今歲雨水連綿，來春少旱，蝗則復生，未可知也。先事豫圖，可不爲之計歟。乘時竭力盡耕其田，庶幾蝗種壓於土而糜爛，不復更生矣。若遺種即有未盡，來歲復萌，地方官即各於疆理，區畫逐捕，不使滋蔓，其亦大有益也。命户部速檄直隸、山東、河南、山西、陝西巡撫等，示所領郡縣，咸令悉知，必於今歲來春，皆勉力耕耨田畝，蝗螟之災，務令消滅。若郡縣有不能盡耕其田者，蝗或更生，則必力爲捕滅，毋使蝗災爲我民患。（聖祖一六○、二○）

（康熙三三、四、庚辰）諭大學士等：朕處深宫之中，日以閭閻生計爲念。每巡歷郊甸，必循視農桑、周諮耕耨，田間事宜，知之最悉。誠能預籌稼事，廣備災祲，庶幾大有裨益。昨歲因雨水過溢，即慮入春微旱，蝗蟲遺種，必致爲害。隨命傳諭直隸、山東、河南等處地方官，令曉示百姓，即將田畝亟行耕耨，使覆土盡壓蝗種，以除後患。今時已入夏，恐蝗有遺種在地，日漸蕃生，已播之穀，難免損蝕。或有草野愚民，往往以蝗不可捕、宜聽其自去者；此等無知之言，尤宜禁止。捕蝗弭災全在人事。應差户部司官一員宣諭直隸、山東巡撫，令申飭各州縣官員，親履隴畝，如某處有蝗，即率民撲捕，無使爲災。其河南、山西、陝西等處，亦行文該撫，一體曉諭。（聖祖一六三、四）

（康熙三四、一、乙酉）諭大學士等：去歲於直隸、山東、河南、山西、陝西、江南諸省，下詔捕蝗，諸郡盡皆捕滅，蝗不爲災，農田大獲。惟鳳陽一郡，未能盡捕。去歲雨水連綿，今歲春時若或稍旱，蝗所遺種，至復發生，遂成災沴，以困吾民，未可知也。凡事必豫防而備之，斯克有濟。其下戶部，速行文直隸、山東、河南、山西、陝西、江南諸巡撫，亟宜耕耨田畝，令土塞蝗種，毋致成患；若或田畝有不能盡耕者，蝗始發生，即力爲撲滅，毋使滋蔓爲災。（聖祖一六六、四）

（**康熙四九、五、丙子**）諭內閣、兵部、內務府：數年以來已無蝗蟲矣。今復見一、二，宜急捕之。朕於去歲秋間，曾諭直隸巡撫趙弘燮、山西巡撫蘇克濟、河南巡撫鹿祐、山東巡撫蔣陳錫加意捕捉，今應傳諭邊外皇莊八旗之莊並提督馬進良，令各行捕除，若不實心奉行，斷不輕恕。（聖祖二四二、一二）

（**雍正二、七、甲辰**）大學士等奏：據松江提督高其位摺奏，飛鴉食蝗，秋禾豐茂。請將原摺發抄，並宣付史館，以彰嘉瑞。得旨：若以飛鴉食蝗爲瑞，則起蝗之初，得無有由乎。昨發下奏摺，與諸王大臣閱看者，誠恐爾等體朕憂民之意不釋於懷，故將蝗不成災之處，令衆知之，非以爲瑞也。其發抄及宣付史館，俱不必行。（世宗二二、一）

（**雍正六、八、乙未**）諭內閣：蝗蝻最爲田禾之害，迅加撲滅，猶可以人力勝之。昔我聖祖仁皇帝訓飭地方各官，諄諄以捕蝗爲急務，其不力者加以處分，無非養民防患之至意。乃州縣有司，往往玩忽從事，不肯實心奉行；而小民性耽安逸，憚於捕滅之勞，且愚昧無知，又恐捕撲多人，以致踐傷禾黍，瞻顧遲迴，不肯盡力。不知蝻子初生，就地撲滅，易於驅除，一或稍懈，聽其生翅飛揚，則人力難施，且至蔓延他境，爲害不可言矣。前兩江總督范時繹摺奏，邳州地方有蝗蝻萌生。朕即諭令竭力撲滅，無俾遺種，莫被屬員矇蔽。近聞彼處蝗蟲，該地方官並未用力撲滅，怠玩從事，而督撫付之不聞。著范時繹查明題參，並將該督撫交部嚴加議處，以儆怠玩。（世宗七二、一五）

（**雍正八、四、辛酉**）諭內閣：古稱蝗蝻生於水澤之中，乃魚子變化而成者。是以江南淮揚之州縣，地接湖灘，往往易受其害。蓋蝗之所生，多因低窪之區，秋雨停集，生長小魚，交春小魚生子，水存則仍復爲魚，若值水涸日晒，入夏之後，即化爲蝻；不待數日，便能生翅群飛，即被害之家，亦莫知所自。蓋以其地寥廓荒涼，人跡罕至，平時忽而不察，及至鼓翼飛颺，則有難於撲滅之勢。所當審視體察，防之於早者也。凡直省地方向有蝗蝻之害者，該督撫大吏應轉飭有司，通行曉諭附近居民，於大熱久晴之後，週歷湖濱窪地及深山窮谷無人之處，見有萌動之機，無分多寡，即行剪除消滅。倘民力或有不敷，即稟報該地方官，督率人工，協同助力。更令文武官弁，派出誠實兵役，會同里長耆民等，留心察視，不可疎忽怠玩。如此，則人力易施，蟲災可杜，於禾稼大有裨益。但小民愚昧無知，又復苟且慵惰，其曉諭開導、防患於未然者，有司不得辭其責。實心任事之良吏，必不肯於此等事膜外視之也。（世宗九三、二五）

（雍正九、七、甲申）諭内閣：今歲五、六月間，直隸、山東、河南等處，雨澤愆期，朕即慮及上年被水低窪之地，魚子存留，今夏烈日蒸晒，或變蝗蝻爲禾苗之患，特令大學士傳諭直省督撫，嚴飭屬員，留心訪察，預爲防遏。茲據河東河道總督沈廷正奏報，山東濟寧之南鄉、新店等處，有蝻子萌動，已飭令撲滅；又據署河南巡撫張元懷奏稱，光州所屬竹園内，生有青蟲似蝗，今已捕除。從來蝗蝻始生之時，以人力制之尚易。而小民貪逸偷安，憚於用力，又恐踐踏禾稼，瞻顧逡巡。及至飛颺之後，遠近蔓延，勢不可遏。是在實心任事之官員，督率鄉民，力爲捕治，不得姑順輿情，釀成大患。著直隸、山東、河南、江南等處督撫，通行所屬，實力奉行；倘視爲具文，苟且塞責，將來飛颺之時，朕必察其發生之處，將該地方官，從重治罪。直隸、山東、河南三省，欽差大臣科道等，著一同留心訪察毋忽。（世宗一〇八、二七）

（雍正一一、七、己亥）諭内閣：去冬今春，北地雨雪稀少，朕即恐夏月有蝗蝻之患，曾降諭旨，通行直隸、山東、江南等省督撫大吏，飭令所屬官弁，先事預防，不得苟且塞責。嗣於五月間，聞江南淮揚所屬之山陽、寶應等處，蝻子萌動，朕又降旨，責令加緊捕治，毋得稽緩。隨據漕運總督魏廷珍、兩江總督高其倬等先後奏報，俱嚴切批諭。朕之爲民先事防維者，亦殫竭心力矣。今河東總督王士俊奏稱，曹縣、魚臺、濟寧等處，蝻子生發，現經撲滅；隣近之江南豐、沛、碭山等縣，尚有未盡等語。朕覽各督撫先後所奏，是蝗蝻萌動之處，山東、江南二省州縣皆有之。祗因彼此接壤，不肖官吏遂謂可以卸過於隣封，而巧爲推諉。捕治不力，情事顯然。著傳旨速行曉諭，倘餘孽未淨，將來災及田禾，將兩省地方有司官均加嚴處，其督撫等，一併從重察議。（世宗一三三、一七）

（乾隆四、四、癸卯）又諭：聞直隸青縣、靜海、霸州、武清等縣，蝻子萌生，甚可憂慮。著地方文武官弁，加緊撲滅，毋使滋蔓。江南淮安等近水之處，去年被旱，今春雨澤不足，亦恐蝗蝻萌動，爲害地苗，其他各省雨少之處，均當思患預防，毋得疎忽。從來捕蝗之事，原可以人力勝者。倘地

方大員董率不力，及州縣文武官弁奉行懈弛，經朕訪聞，必嚴加議處，不少寬貸。該部可即通行各省知之。（高宗九一、一四）

（乾隆四、六）〔是月〕兩江總督那蘇圖奏：各屬得雨播種，並蝗蝻撲滅。得旨：覽奏，朕懷誠慰。但豫東二省，皆有飛蝗自南來者，此皆撲捕不力之所致也。卿其知之。（高宗九五、一七）

（乾隆五、七、辛未）户部議覆：給事中朱鳳英奏，現在直隸、河南、山東等省，間產蝗蝻，宜乘未生翅翼之時，先事撲滅。應如所請行。令各該督撫，查明有蝗地方，嚴飭文武官弁，盡數撲除；有董率不力者，據實題參，嚴行議處。得旨：依議速行。（高宗一二二、四）

（乾隆五、九、庚寅）户部等部議覆：候補詹事李紱條奏應行事宜。一、捕蝗諸法，惟埋蝗最善。凡蝗生之地，中掘深坑里許，兩邊用竹梢木枝驚逐；蝗性類聚，一蝗返奔，衆蝗隨之，并墮坑中，即行掩埋，不能復出等語。應如所請。令各督撫轉飭所屬，凡有蝗之地，照法辦理。……從之。（高宗一二七、八）

（乾隆八、一二、丁卯）諭軍機大臣等：昨據陳大受奏報江南挖除蝻子之法。朕已降旨，將原摺抄寄高斌，令其留心照此辦理。夫蝗蝻之生，多由卑濕之地，復經水旱所致。直隸河間，地勢低窪，天津則係濱海，今年既已被災，入冬又復少雪，恐蝗蝻潛生暗長，有妨明歲田禾，此時切須豫爲籌辦，爾等可再寄信去。（高宗二○七、六）

（乾隆一六、閏五、癸巳）諭：今歲雨暘時若，入夏以來，田禾暢茂，西成可望有秋。近據直隸總督方觀承奏報，河間縣之西里門及程各莊等處，有飛蝗自東而來。雖稱地方員弁合力搜捕，已應時撲滅，但所在州縣，不可不豫爲防範杜絕。蓋蝗蝻最爲田禾之害，當其始生，本不難於撲滅，捕蝗之令，亦再四申明，但農家恐其踐踏苗稼，往往各懷觀望，以致滋生繁衍，勢不可遏。雖愚民慮不及遠，護惜己之田禾，而不慮貽害他人，然先受向隅之苦，亦人情所必有。朕思計其所損苗稼，官爲賞給以償之；且向有以米易蝗之法，若仿而行之，凡因捕蝗踐傷田禾，所在有司查明所損之數，酌量分晰給與價值，則農民無所顧惜，盡力搜捕，較之蝗災已成始行撲滅者，難易殊矣。該部即速行知各督撫，令其通飭所屬州縣，實力奉行，永除災害，以承天庥。（高宗三九一、一九）

（乾隆一七、六、壬辰）又諭：蝗蟲害稼最烈，皇考曾特降旨，地方官不即時撲滅者，著革職拏問，督撫嚴加處分。載在令甲。誠以捕蝗必用民力，人力勝，則蝗不成災，故明示之禁，使知所從事。比者督撫養尊自逸，且畏處分,如方觀承、蔣炳者,非朕旨督責,幾令捕蝗不力之劣員幸免矣。夫怠人事而損田功,上辜天貺,奈何庇一、二不肖劣員,而貽數萬户生靈之戚。昔人所謂一家哭何如一路哭者,寧未之聞耶?牧令或委之業户未報。不思官以知爲名,則所治之一州一邑,事無大小,皆所當知;必待受害者呼號始覺,已不稱其名而鰥厥官矣。彼即不報,爾何不知察耶。即恐致蹂踐,且幸其飛食他境,匿不具報。愚民或有此情,則償其所損,又有成例,如果明切開導,家喻户曉,民即至愚,豈不計及蝗蝻初生甚微,撲捕不過蹢及溝畎隴隙,無難補種,且所失得償,亦何憚而不報耶。平日不講求禦害之方,臨時又不身先督率,徒事粉飾徇隱,民饑罪歲,咎孰大焉。特用申明禁令,各該督撫其嚴飭所屬,敢有怠於奉行、徇縱殃民者,必重治其罪。(高宗四一六、五)

　　(乾隆一七、一〇、辛卯)諭軍機大臣等:江蘇巡撫莊有恭,陳奏捕蝗諸弊。因向無責成地主舉報之例。撲捕踐踏,雖酌給工本,而農民恐得不償失。希延至飛躍,即可移禍鄰田。又百姓恃有雇夫撲捕之例,見蝻不肯自捕,及應募受值,又虚應故事,冀日領錢文,因以爲例。及設法收買,又見蝻不肯即報,待至長大捕賣,多得錢文。請嗣後民地,俱責成地佃巡查撲捕,議定成例等語。從來有一例即有一弊。向因蝗蝻貽害田禾,立法撲捕,自守令以至督撫,責成定例綦嚴,乃因嚴於參處,而農民中狡黠之徒,詐僞叢生,奸弊百出。莊有恭所奏種種情形,皆所實有。但此皆有司應行查辦之事。如該督撫實心督率,該屬員實力奉行,則有蝻孽而田主不報,夫役受值而撲捕不力,豈有不行懲責之理。若必事事著爲成例,三尺法其可盡耶?億萬户能盡曉耶?但當蝗蝻舉發之時,奸徒叵測,必有謂因捕蝗而責百姓,執成例以煽惑愚民,由此抗官滋事者。該督撫應先期化導曉諭,俾愚民共知其詭譎情狀,有司皆所洞悉,則自不敢犯。犯而責之,亦不敢抗。此自在奉行而不在定例。將此傳諭各督撫知之。(高宗四二四、五)

　　(乾隆二三、四、乙酉)諭軍機大臣等:據阿爾泰奏,曹縣黄河灘地,有魚子化爲蝻孽,隨馳赴該處搜捕,並飛知胡寶瑔一體查辦等語。瀕河州縣,經上年被水之後,魚子化蝻,勢所不免,正當先事豫防,勿使滋蔓。阿爾泰聞知即親赴查辦,甚合事機。該處毗連豫省,胡寶瑔務當查察所屬,倘有萌生,即行迅速搜捕淨盡,方無貽患。其上、下江二省,上年亦有被水處所,該督撫等各當留心。直隸天津一帶,亦曾有被水者,著方觀承豫行防範。總之水退之地,蝻孽易生,所當及早絶其根株,毋致臨時再籌撲滅。將此傳諭各該督撫知之。(高宗五六一、二八)

(乾隆二四、六、乙亥) 又諭：據阿爾泰奏，江南海州、贛榆及邳州等報稱，六月初五等日，有飛蝗一陣，自東南飛往西北。又據沂州府及蘭山、蒙陰、寧陽各屬稟報，飛蝗過境，與江省州縣所報相同等語。飛蝗為害農田，所關綦重，著侍郎裘曰修、內閣學士海明，馳驛前往山東一帶，迅速察勘，究竟起自何處。江南境內即有生蝗處所，地方官自應盡力蹝撲，務盡根株；乃至滋蔓飛颺，遠延隣省，各該州縣官，即應查明革職拏問。總督尹繼善、巡撫陳宏謀，既不能董率於前，復不即嚴參於後，所司何事，亦應交部從重議處。至直隸近畿各屬，甘霖大沛，大田可冀有秋，司民牧者，尤宜一切周防，毋稍疏懈。東省飛蝗已過寧陽，難保無北來之患，著總督方觀承，前往東省連界地方星速查看，並令鹽政官著總兵常福，一體協力防範。倘有疏虞惟伊等是問。(高宗五八九、一六)

(乾隆二四、一○、己丑) 戶部議覆：御史史茂條奏捕蝗事宜，除別種類、廣稽查、明賞罰以及米易蝗子等款，久經通奉遵行外，其按戶出夫一款，恐地保賣富役貧，轉致擾累，應無庸議。又稱蝗蝻生處，分別多寡，樹立旗號，依次撲捕之處，亦在地方官實力董率，按照情形辦理，不必拘泥。至所稱停犁之地，宜令翻犁，並豫備各項器具，又多掘深壕，土掩火焚，並令鄰封州縣協捕等語，應如御史所奏，行令各該督撫，飭地方官，如有玩視民瘼，不能早為捕滅，以致長翅飛騰，及鄰封有蝗、借端推諉者，即行指名題參。至上司督捕，如有派累民間，縱役索詐者，查出照例治罪。從之。(高宗五九八、二三)

(乾隆三五、六、辛卯) 又諭：據胡文伯參奏捕蝗懈緩之署宿州知州張夢班等一摺，已批交該部嚴察議奏。至另摺所稱，前因蝻孽尚未飛騰遠去，地方官皆督夫撲捕，未經參奏等語。是誠何言，甚屬非是。地方偶有蝻孽萌生。或由先期雨澤稀少，更值天氣炎蒸，勢難保其必無。朕亦何嘗因一經生蝻，遽科有司之罪。司民牧者，平時自當悉心體察，防於未然。及生發之初，即力為設法搜捕，原可不留遺孽，以人力勝之。果其捕除迅速，方當交部優敘，以示獎勸。若始事既已玩延，浸至飛颺滋蔓，漸益孳生。其為貽害田禾，將復何所底止。是以捕蝗定例綦嚴，朕於玩視民瘼之劣員，從不肯少為寬貸，而於捕治蝗蝻之實政，亦不容稍有稽延。即如今年夏，直隸近畿州縣多有蝻子間段長發，朕既責令大吏率屬剋期撲捕，有諉卸貽誤者，令該督指名嚴參治罪。並特派侍衛等前往竭力會辦，所至即隨時淨盡，不致傷損莊稼。可見捕蝗並非人力難施之事。任封疆者，豈可徇州縣官詭飾之詞，因循姑息，不亟亟為閭閻除大患乎。且蝗蝻自初生以至跳躍，俱有蹤跡可尋，縱使長翅飛騰，究不離旁近地面，安能遠越百餘里外，成群停集。即或疆壤毗連，偶然飛入，地方官亦當上緊集夫撲滅。保衛農田。若意存畛域，藉口鄰封，以致玩延日久，其與本境滋長者何異？況飛蝗所起之處，遺孽必不能盡絕，原難掩人耳目。是辦理捕蝗之事，祇應就現有蝗蝻處所，視地方官之用力不用力，以定功罪，不必更問起自何方。若置現在而不論，轉欲究所從來，則如裘曰修前次查捕武清、東安飛蝗，輒謂其生於河淀無人之地，爲怠玩屬員豫留開脫地步，不復切實根查，豈可爲訓。今胡文伯所稱尚未遠去，冀爲該知州寬免處分。其見與裘曰修相去無幾，於事理全未體會，徒使黠猾之吏，以蝗不出境，苟幸無事爲得計；誰復肯及時力捕，盡心民事乎。是胡文伯失察生蝗之處分尚輕，而爲劣員文過之情節較重。胡文伯，著交部嚴加議處。嗣後捕蝗不力之地方官，並就現有飛蝗之處，予以處分，毋庸查究來蹤，致生推諉。著爲令。並將此通諭各督撫知之。(高宗八六三、三)

（**嘉慶五、一二、辛酉**）諭軍機大臣等：本年十月以來，未經續得雪澤，直隸、山東瀕水地方甚多，恐蝻子潛生，不可不先事預防。著傳諭該督撫等，勸諭居民，於近水低窪處所，預爲搜掘，俾不致滋生害稼；而無業貧民，亦可將掘得蝻子，交官換易銀米，藉資餬口。此事祇須地方官曉諭民人，自行搜掘，不必差派吏胥，轉致紛擾滋事。(仁宗七七、一五)

2. 奉天

（**乾隆二九、六、辛卯**）盛京將軍舍圖肯等奏：寧遠中前所、中後所兩處地方，漸起蝗蝻，業經全行撲滅，仍不時派人搜捕。廣寧屬小黑山界內高子山等處，起有蝗蝻，現派員帶領兵夫，上緊撲捕。又，南路各城一帶，所有蝗蝻，與田畝尚遠，皆在牧場曠野等處，撲捕尚易。現添兵夫二百餘名，趕緊撲滅。得旨：好。勉力捕盡，不可稍留餘孽。(高宗七一二、一〇)

（**乾隆三九、五、戊寅**）諭軍機大臣等：據弘晌奏，現在廣寧城屬坡台子、大黑山等處，所有蝗蝻，俱由口外飛入。恐口外尚有蝻孽，一面咨行直隸總督及喀喇沁貝子一體搜捕等語。所辦甚是。但俟其咨文到時始行遣人撲捕，道路窵遠，未免遲滯。口外附近地方，俱隸熱河道管轄，著派明善保前往塔子溝等處，悉心搜撲，務令淨盡。並著諭令貝子扎拉豐阿，即派副台吉理事等官，帶領官兵，於附近地方，即速撲滅净盡。將此傳諭弘晌知之。(高宗九五九、一八)

（**乾隆三九、六、庚寅**）諭軍機大臣等：據軍機處轉奏，熱河道明善保至東土默特，據扎薩克貝勒索諾木巴勒珠爾報稱，烏塔圖、蘇巴爾罕、巴巴蓋等處，俱有蝗蝻，多自盛京遼河等處飛來，已咨行盛京將軍，現在率領民人、蒙古撲拏等語。前據弘晌奏，廣寧城屬坡台子等處蝗蝻，俱由口外飛來，特派熱河道明善保前往搜撲；尋據弘晌奏，坡台子等處蝗蝻，俱已撲净。今遼河等處何以復起蝗蝻，或係從前撲除未净，或係他處萌發，著傳諭弘晌，即速帶弁兵前往搜撲，務期净盡，不可稍存推諉之意。將此一併傳諭明善保知之。（高宗九六〇、一一）

（嘉慶八、六、辛卯）諭軍機大臣等：前因盛京地方間有蝻子發生，曾派德文、成林馳赴該處查辦。嗣據德文等覆奏，已將蝗蝻撲滅净盡。近復聞錦州至山海關一帶，沿途皆有飛蝗，該副都統富疆阿業已帶同知府佛喜保等分投撲捕。地方文武各員非不趕緊查辦，但既有飛蝗，因何並不迅速馳奏？著傳諭晉昌，如此旨到時尚未捕净，即仍派德文、成林往彼，會同富疆阿等協力妥辦。並當嚴飭地方官勸諭居民及早撲滅，或酌量換給錢米，總期孽種早除，可以不至成災，斷不必分派胥役人等紛紛撲打，致多擾累。該將軍一面傳知德文、成林，亦迅即前往，轉飭承辦各員上緊撲除，並一面將如何辦理情形有無妨害禾稼之處，據實具奏，不可稍有隱飾。（仁宗一一五、一九）

3. 直隸　順天府

（康熙三八、閏七、乙卯）諭大學士等：朕巡幸至此，見田禾甚好，可謂豐年。但各處皆有蝗蝻，恐地方官民、旗下莊屯，因田禾已收，遂至怠忽。今年若不將蝻子捕絕，貽害來年，悔之無及。須於未能翼飛之時，預先滅净。即傳諭之。（聖祖一九四、一四）

（康熙四八、六、戊辰）直隸巡撫趙弘燮疏言：皇上軫念直隸百姓，每歲敕諭有司，留心捕蝗。又，臣面奉諭旨，凡有蝗蝻之處，著地方武弁，亦率領兵丁，會同撲滅。臣查捕蝗不力，文職例有處分；請嗣後武職內有捕蝗不力者，亦照文官一體議處。又，蝗蝻生長時，臣恐該地方官不能盡力撲滅，每委員協捕；但恐事非切己，怠忽從事，亦未可定。請敕部將協捕不力之員，一併定例處分。得旨：該部議奏。尋議：捕蝗不力武職，應照文職處分例降三級留任；其協捕不力官弁，應罰俸一年。著為令。從之。（聖祖二三八、九）

（乾隆四、五）[是月] 直隸總督孫嘉淦奏：順天、永平、承德所屬州縣，連日得雨，二麥成熟，雖各處蝻子生發甚多，已飭兵民等以蝻易米，百姓無不踴躍。惟是麥收之後，急需透雨，則蝻孽不生，而秋禾皆得佈種。得旨：所奏俱係實在情形，知道了。朕盼望膏澤，日夜焦勞，因而自省，並以

及卿。實不知我君臣如何修省，而後可得及時雨澤也。若旬日不雨，則大田亦難保矣。奈何，奈何。（高宗九三、二四）

（乾隆四、七、乙巳）命實力捕蝗。諭軍機大臣等：今年五、六月間，雨澤調勻，禾稼暢茂，可冀有秋。惟是直隸、山東有數州縣飛蝗尚未全滅，深厪朕懷。往來之人，皆以爲蝗由河間蔓延他處。該縣不能撲滅净盡，則其怠忽可知。前孫嘉淦奏稱，屬員内若有捕蝗不力者，即行參奏。今朕所聞如此，伊豈無聞見，可寄信詢問之。（高宗九六、一）

（乾隆四、一一）是月，直隸總督孫嘉淦奏：直屬捕蝗貧民，枵腹可憫，酌以米易蝻。凡捕蝻子一斗者，給米一斗。後因蝻小蝗大，概用米易難行，量給每夫每日錢十文、八文不等。共用過折銀九千五百三十兩零。查捕蝗給過錢米，例銷正項。但撲捕事急，用夫衆多，一經定價，動支正項，恐愚民視爲應得，漸至争較，轉生延誤。請於司庫存公銀撥給，併曉諭百姓以此次錢米，係奉特恩，並非成例，庶有司得操鼓舞，小民不致觀望。且所費亦不致過多，蝗蝻易於净盡。得旨：辦理甚屬妥協。知道了。（高宗一〇五、一六）

（乾隆九、七）是月，直隸總督高斌奏報：直屬久旱之後，喜得甘霖，秋禾十分長發，不嫌雨水過多；惟順天、保定、河間、天津各府屬，因得雨未甚深透，潮濕之氣所蒸，致生蝻子。現飭文武員弁，極力撲捕，務期盡絕。得旨：好。上緊督催捕滅，毋令傷稼也。又批：近日頗覺雨多，晚禾與隄工，皆無恙否？速奏以慰朕心。（高宗二二一、二九）

（乾隆一四、六、庚寅）諭軍機大臣等：那蘇圖具奏，清苑、龍門等縣，各有被雹村莊，業經委員分頭查勘，應聽其酌量撫卹，照例辦理。至所奏文安縣黄甫村，有蝗一陣自東北飛來，現在撲捕之處，蝗蝻關係禾稼，最爲緊要，務須督率屬員，速行殄滅，毋任遺子入地，致滋後患。直隸接壤山東，飛蝗來自東北，或由山東州縣撲捕不力，已降旨令該撫準泰，查明回奏。著即傳諭知之。（高宗三四二、二〇）

（乾隆一四、六）是月，直隸總督那蘇圖奏：接據遵化州、文安縣具報，撲捕蝻孼净盡，並未損傷禾稼；又據遵化聯界之豐潤、灤州，俱報有飛蝗入境等語。現飭標員分頭前往督捕，并委員查勘。得旨：覽奏俱悉。各屬捕蝗，似不實力，應嚴督飭之。今歲秋成光景，實可望大有，若傷之於蝗，豈不可惜。上緊督催，毋令遺孼爲害也。（高宗三四三、二七）

（乾隆一七、五、辛未）諭軍機大臣等：據總督方觀承奏到各屬蝻子萌生一摺，已批令竭力督緝，毋留餘孼。今據侍郎兼府尹胡寶瑔奏稱，親赴武清所屬村鎮，見新蝗翅牙已茁，其地甚廣，有寬至數十百畝者，草叢中攢簇跳躍，在在皆然。順屬已報有四、五州縣，惟武邑最多最盛。今撲滅已七、八分，所餘零星，可以漸盡等語。觀此則蝗蝻萌動，其勢頗熾，若於初萌之時，即上緊撲打，何至長翅生牙。可見初報生發，已屬長成，雖稱打撲，仍未淨盡。從來外官以文移稟報爲辦事，上司則稱立定章程，懸示賞格；下屬則稱實力奉行，加緊撲滅。按之實際，殊不其然。蝗蝻貽害田畝最烈，所爭祇在旦夕之間，尤非可以虛文從事。此等奉行不力之員，必當重加處分，以示懲儆。胡寶瑔原摺，著鈔寄方觀承閱看，所有奉行不力各州縣，著即速查參議處。方觀承、胡寶瑔，俱著傳旨申飭。（高宗四一四、一六）

（**乾隆一七、五、戊寅**）直隸總督方觀承覆奏：直屬先後詳報生蝻者，四十三州縣。今已報撲净者，通州、武清、香河、寶坻、固安、東安、安肅、新城、博野、望都、蠡縣、阜城、交河、寧津、景州、東光、靜海、南皮、慶雲、成安、衡水等二十一州縣。現將捕竣者，永清、祁州、獻縣、深州、清苑等五州縣。撲盡續生者，霸州、寧河、吳橋、天津鹽場、滄州、青縣、鹽山、定州、元城、大名、南樂、魏縣、清豐、東明、開州、長垣等十六州縣。甫經生發、現正撲捕者，雄縣一縣。至大名一府八州縣，俱報生蝻，撲後復萌。實因上年黃水漫及之故。該處地方遼闊，誠如諭旨，離京離省遙遠，查察難周。所委道府丞倅，恐有顧此失彼之慮。已於臣標並正定鎮標，多派員弁，分頭協辦。報聞。（高宗四一五、一二）

（**乾隆一七、五、庚辰**）諭軍機大臣等：前據胡寶瑔奏稱，二十前後可以回京，今尚未見來京。想捕蝻事尚未竣。如果尚須加緊捕撲，不妨多留數日。俟完竣妥協，永無後患更佳。其現在情景若何，是否漸次稍減，或較前稍減，及別有萌生之處，速行據實馳奏。尋奏：蝗蝻生發，惟當極力驅除。鄉民無知，雖懸賞不肯即報。推求其故，恐派夫蹂躪，徒事煩擾；惟信劉猛將軍之神，祈禳可免。愚說實不足憑。前奏由武清回京，及抵永清而蝗頗熾，霸州、文安又復踵報。隨委員督辦永清，親赴霸州、文安查看。已將祛净，再回永清。而霸昌道魯成龍極力圍撲，并以錢買之。鄉民趨利，每買一次，即得三四斛。現已去其八、九。其竄入高粱豆根者，照方觀承曉示，踐傷田穀，每畝給米一石。現順屬十一州縣，净盡者六處，其寧河、霸州、文安、永清、固安亦將竣事。擬於一、二日回京。得旨：所見甚正。然民情亦當順之。彼祀神固不害我之捕蝗也。若不盡力捕蝗，而惟恃祀神，則不可耳。（高宗四一五、一五）

（**乾隆一七、五、己丑**）直隸總督方觀承奏：前往大名、東明一路查勘蝗蝻，即日兼程前進。並順道親查順德府屬之唐山、南和、任縣、鉅鹿、平鄉等縣，大約一、二日內，俱可撲盡。再，聞廣平現在捕蝗隨紆道馳赴察看。該處螞蚱與蝗蝻間雜，飛跳不越數丈，其爲本地生發，日久長翅可知。乃該縣莊純慕，報自隣境飛來，明係駕詞諉卸。再，大名、魏縣濱臨彰、衞，蝻孽易萌，每多潛伏麥內。該縣只就可見處撲捕，及刈麥而蝻已生翅能飛。今限三日，務令捕淨。而二縣奉行不力，其罪難辭。現俱另行參奏。其餘元城、開州、東明、長垣、南樂、清豐等處，詢之道府，據稱多已撲盡。報聞。又批，此係通病，若非朕旨令汝前去，並此亦不查參，屬員何以知警耶？（高宗四一五、二三）

（**乾隆一七、六、庚寅**）長蘆鹽政天津總兵吉慶奏：津、河二屬，蝻孽滋生。侍郎胡寶瑔，由靜海、滄州一帶督捕。始赴河間，津屬續有飛蝗，四起甚熾。胡寶瑔難於兼顧。臣請親赴津屬州縣，督令有司撲捕。得旨：正應如此，所奏尚屬遲矣。竭力督捕，以贖前愆。此奏未必非見安泰前往，然後拜發也。（高宗四一六、二）

（**乾隆一七、六、乙未**）長蘆鹽政天津總兵吉慶奏：六月初二日，天津縣西南楊五莊，飛蝗叢集，隨募民捕蝗，一斗給錢百文，一日捕滅淨盡。巡視蝗集處，下子者已十分之三，凡地中有小孔者即是。據土人云，此種遺孽，伏暑時十八日而生，又十八日而長翅；再下之子，天涼或不復出，便成來年之害。伏思按孔挖掘固易，第恐傷田禾；因通飭文武，計日寸捕，毋使滋長。現在靜海週歷巡視，一有蟲孽，立即撲除。得旨：是。極力督捕，此正宜盡心者；若少不竭力，致遺孽復生，則惟汝是問。（高宗四一六、一一）

（**乾隆一七、六、癸卯**）直隸總督方觀承奏：據近日所報唐山、趙州、寧晉、隆平、新河、武邑、棗強等處，蝗蝻撲除將盡。查趙、冀二屬，南連順德，北入正定，境壤交錯，互有飛越，恐致滋延。臣現駐趙州，分員四出搜捕。其正定屬之平山、獲鹿、井陘、靈壽、正定、元氏、行唐、新樂等處，或撲除已盡，或既撲復萌，并飭加緊巡查，速就殄滅。再，保定屬之清苑、安肅、安州、容城、新安、高陽、完縣、蠡縣、唐縣等處，亦據報將次告竣。細察近日情形，大率皆係草上螞蚱，雖有翅能飛，然亦不過於數里中，乍起乍落，非若飛蝗之漫空遠颺。是以一經趕撲，就地立盡，田禾幸皆無損。得旨：今年蝗蝻，雖幸不爲害，若非朕督責，將不知何底止矣。此時雖云撲除，然向前正宜謹防，慎之。（高宗四一六、二三）

（**乾隆一七、六、乙巳**）長蘆鹽政天津總兵吉慶奏：靜海、青縣、滄州等處，飛蝗落過之地，早禾間有被傷。雖合計通邑，不及百分之一，然此

一、二處，秋成無望，即有一夫失所之虞。詢之農民，云立秋前尚可補種，且蕎麥一項，所需籽種工本，每畝不過一錢五分。因商之該府，即將買捕蝗蝻銀，按户散給。得旨：甚好。即用鹽庫項下，隨正報銷。（高宗四一七、三）

（乾隆一七、六、戊申）直隸總督方觀承奏，通計直屬正、順、廣、大四府，趙、冀二州先後生發蝗蝻螞蚱，共三十七州縣。遵旨督同鎮、道、府、州分路緊辦，俱以次清理。今籌善後事宜，首在搜剷遺子，惟是遺子有先後，生發即有遲早，其早者此時又將萌動，須乘其初生如蠅蟻時，殄除甚易，若稍延數日，又至長大爲患。現通飭文武屬員，多派兵役，分管村莊，嚴立賞罰，往復搜尋，即有一、二續生之處，皆係草上螞蚱，撲捕易盡，並不爲患。得旨：今歲蝗蝻實多，若非如此竭力捕除，爲患可勝言哉。此後仍宜留心。（高宗四一七、八）

（乾隆一八、四、乙巳）諭軍機大臣等：據吉慶奏稱，天津縣之李七莊等處，已有蝻孽生發，滄州亦報有四、五處，現在率同鹽屬及地方文武員弁，撲打焚燒，務期净盡等語。天津一帶，地氣卑濕，向多蝗蝻生發，乘其蠕動之初，即行掃除，爲力尚易，若待其跳躍飛翔，縱使設法撲捕，已不能無損矣。吉慶所奏，頗能留心地方，但伊係武員，其於郡邑各官，恐未必能臂指相應。可傳諭總督方觀承，令其飛飭所屬，一體上緊撲滅，毋致滋生爲患。再，此外濱水州縣及上年大名等屬曾有蝗蝻之處，恐不無遺孽萌動，此時亦宜豫爲消弭之計。可令其一併留心，以除民害。並將近日望雨情形，田禾如何之處，作速據實奏聞。尋奏：津、滄等處蝻孽萌生，臣與鹽臣吉慶分頭查辦。滄州現已撲除十之七、八，津屬雖疊有萌生，俱甫經蠕動之時，經地方官早爲掩掘，加以鹽臣督率，不致滋延。惟是大名一帶濱水州縣，蝻子易於生發，查詢該道府，據稱並無萌動形蹟，現仍委員前往察看。得旨：是。邇日密雲不雨，益增惕息耳。（高宗四三七、四）

（乾隆一八、四）[是月] 直隸總督方觀承奏：天津、静海、滄州、鹽山等縣，近日俱有蝻孽生發。臣親至津屬捕蝗處所查看，并嚴飭各縣上緊焚撲，自可不留餘孽。再，生蝻之地，掘土察驗，二寸以下即屬潮潤，麥苗不致受傷。日來得有陣雨，田禾頗受涼潤之益。得旨：目下乃最要之時，朕日夜焦思，此奏不無粉飾。至蝻蝗事，更應上緊督率。其一切綱繆，亦應豫爲留心也。（高宗四三七、一六）

（乾隆一八、五、戊午）直隸總督方觀承奏：據各屬報雨情形，惟順天府屬並宣化、易州多已霑足，其餘均止一、二寸不等。天、河、正、順四府，乾暵較甚。再，查蝻孽，天津、滄州報有四十餘處，靜海二十一處。現用以米易蝻之法，分路設立廠局，凡捕得蝻子一斗，給米五升。村民現俱踴躍搜捕。此外如鹽山、南皮、慶雲，順天府屬之寧河、霸州，遵化州屬之豐潤等處，雖間有生發，已隨時撲打。至易蝻米項，臣飭於本處倉貯暫行動撥，並天津貯有採買奉天米項，亦可撥放，俟事竣奏請撥還。得旨：覽奏俱悉。京師雖已霑足，保陽尚亦望澤，不應因此處不祈，而外郡亦不祈也。仍竭誠祈雨，必霑足優渥，方釋懸望耳。有應行籌濟之事，亦即速辦。（高宗四三八、六）

（乾隆一八、七、乙丑）諭軍機大臣等：方觀承覆奏，……直屬蝗蝻，宛平等三十二州、縣、衛，俱於七月初六日以前，先後結報撲凈。其續報蝻孽生發、現在撲捕未盡者，灤州已除十之六、七；玉田、豐潤已除十之七、八。現飭員撲捕，以期凈盡。報聞。（高宗四四二、一五）

（乾隆一八、八）是月，欽差署侍郎李因培奏報：灤州蝗蝻，原報二百二十二村，於七月二十五後全行撲竣。又據參革通永道及各州縣陸續查報，零星段落共計二百七十七村，俱於七月二十八、九等日，全數撲捕告竣。現節近白露，已屬蟲孽垂盡之時，即間有一、二竄伏，亦可無慮。報聞。（高宗四四五、二三）

（乾隆二三、六）是月，直隸總督方觀承奏：大名、廣平二府上年被水處所，恐經暑濕，蒸生蝻孽，嚴飭加意防範。茲據大名府稟報，元城縣屬苑家灣、李家莊等處，各生蝻子數塊，當經該道府率屬撲打凈盡。又，廣平府屬清河縣具報，蓮花池、洪河等處生有蝻子，今已將次撲凈。又，河間府屬故城縣，界連東省，亦係上年被水。據報，隣近德州衛之高莊，生有青頭螞蚱數十枚中，間有一、二黃肚者，亦概撲滅。邇日雨水甚勤，天氣涼潤，計交秋祇十餘日，自可無虞滋蔓，然防範未敢稍疎，現仍嚴行搜查。得旨：是。勉力督催撲滅，毋俾滋蔓。（高宗五六五、一七）

（乾隆二四、五、庚寅）諭軍機大臣等：現在畿甸地方尚未得有透雨，蝗孽易於萌生，業據該府尹等督同地方有司，分路撲捕。但州縣印官，或因政務殷繁，未能周行鄉曲，難免遺漏。若佐雜等官，原係閑曹，及此蝗蝻初萌尚未蔓延之時，令其分行村落，於附近水草處，董率農民之熟諳田務者，協同悉心搜捕，見有蠕動，即為根尋窟穴，盡數撲滅。日逐巡行，絡繹周遍，務期凈盡。至雨澤滂沛之後，再行停止。仍令監司大員，親巡各邑，察其勤惰，以別勸懲，庶得弭患未然之道。但州縣官各專司地方，不得因分委佐雜，遂自弛其力也。將此傳諭劉綸、熊學鵬、方觀承知之。（高宗五八六、

一九)

　　(乾隆二四、五、甲辰) 諭軍機大臣等：據劉綸、熊學鵬奏稱，昌平馬口池地方，生有蝻孽，當即馳赴查勘，督率搜捕等語。恐一時尚未能竣事。劉統勳現在出差，劉綸，著即回京。已派御前侍衛安泰前往，會同熊學鵬悉力撲捕。(高宗五八七、二二)

　　(乾隆二五、五、辛未) 又諭：昨因通州地方蝻子生發，且有飛蝗來自別處者。已派御前侍衛等前往，會同該督，令其搜訪撲滅，毋任稍有留遺。今雖據該督奏，蝻子現在力捕，並分遣官弁追緝飛蝗所由，但方觀承此番辦理，多聽地方官飾詞，以搜捕所到，不免蹂躪傷禾，遂意存姑息，朕甚不取。試思蝗未蔓延，其所集之地，多不過數里，少或數十畝，就此一方而論，似覺地畝甚多，而以通省計之，僅萬分之一，及時撲滅，即稍有傷損而根株可以盡絕，其所全者甚多。且即此搜捕之地，早稼不無踐踏，而補蒔晚種蕎麥之類，為時儘屬從容，此不待審度而後知者。若恐蹂躪禾稼，遂聽其日繁以夥，羽翼長成，東西充斥，此豈地方大吏為民捍災禦患之道乎？若謂人力不務，轉聽村夫鄉嫗之言，謂跪拜祠神，可以却禳，此在牧令有司，以之自圖諉卸，尚屬不可；況身任總督者而可出此乎？今歲仰荷上天仁愛，雨暘時若，秋成可望。若因捕蝗不淨，以婦寺之仁，害及歲事民生，責將誰歸？上年朕幸熱河，近京地方即有飛蝗，該督曾以螞蚱不食田禾為解。今年之萌動，即係上年因循所致也。惟念該督平日辦理諸事，尚能妥協，姑不加深罪；若再執前見，貽累地方，斷不能為該督寬矣。試思直隸豈少一方觀承作總督耶。朕亦惟視其自取何如耳。方觀承著傳旨嚴行申飭，若再徇庇屬員不嚴行參處，或姑參一、二與己不合者了事，則更自貽伊戚矣。(高宗六一三、一九)

　　(乾隆二五、六、癸酉) 諭軍機大臣等：通州捕蝗一事，已降旨方觀承，令其速行追緝飛蝗所由，一面力捕淨盡，一面即行摺奏。何以遲至數日，尚未奏到。方觀承身任總督，地方乃其專轄，何得諉為不知？況今年蝻子萌生，即上年順義、懷柔、密雲等處留遺餘種，其地在通屬中尤為至近，又安得僅付之員弁詢訪，坐待遷延。自古蝝螣為災，急畏炎火，如果實力搜捕，早淨一處，則一處受福，而鄰屬不致蔓延；縱使稍有躪踐，而於晚禾栽種，並無貽誤。豈該督久任封疆，猶未見及此乎？此時如不嚴速查辦，使根株永杜，不特目前雨水均調豐收可望之年，必致減損分數，而遺孽在地，亦難保後此不再生發。該督以地方民生為職，自問能任其咎乎？著再傳諭方觀承，即將督捕追緝情形，據實速奏；倘再意存觀望，以致滋害他處，則惟該督是

問。(高宗六一四、一)

（**乾隆二五、六、庚辰**）諭：據方觀承奏，通州一帶飛蝗，起於延慶衛之關溝等處，四月間曾有蝻子生發，該守備褚廷章焚燒未盡，兼有未經查及者，以致五月間飛散。請將褚廷章革職拏問，北路同知朱山暨霸昌道額勒登布，交部嚴加議處等語。此番蝗蝻隨起隨捕，雖未至爲害田禾，然非朕先期體察、特派侍衛大臣前往，督同搜捕，且降旨追緝飛蝗所由，則現在體質已成，自後萌生滋蔓，其爲民生之蠹，豈可勝言。是在地方大吏及有司官先時悉心訪查，臨期盡力捕滅，自不致生者聽其長成，成者聽其飛散。乃該守備既不詳察於前，又不撲除於後，自應革職拏問；而朱山於該衛有專管之責，乃亦聾聵自安、漫無覺察，與該弁情罪，所爭只一間耳；該督僅請與道員一體議處，豈足示儆。著將朱山一併革職，送部照例治罪，以爲玩誤害民者戒。其霸昌道額勒登布並該督方觀承，俱著交部嚴加議處。(高宗六一四、一五)

（**乾隆二五、六、戊子**）諭軍機大臣等：據常復奏，飛蝗雖已捕净，亟宜掘挖蝻子。請飭令前次落蝗州縣，速行搜挖並酌給錢米，廣行易買等語。前此飛蝗所經，恐有遺蝻爲害，跟蹤搜挖，乃先事豫防之急務。已屢降旨，令方觀承嚴飭所屬，實心辦理矣。今常復所奏，酌給錢米易買，亦屬廣爲杜患之一法。著傳諭方觀承，因地制宜，實力詳籌妥辦；並將現在搜挖蝻子，得有若干、是否根株净盡，速即據實奏聞。(高宗六一五、一)

（**乾隆二五、六、丁酉**）直隸總督方觀承奏：據通永道報稱，通州生有蝻子之田陽、杜市、胡家堡、定興莊各村落，業已撲除净盡。今蔡各莊、白廟、富河等處，又有生發。雖零星不成片段，而散漫牽連，約寬一、二里四、五里不等，現在多撥夫役，溝埋火焚，約數日可以捕竣。臣仍前往督辦。得旨：知道了。亟宜留心者。今年年成光景，可謂從來未見之佳象，正宜愛惜保護，若傷之於蝗，豈不孤負天恩，汝罪不可當也。勉之勉之。(高宗六一五、一三)

（**乾隆二五、七、甲辰**）諭軍機大臣等：據鄂弼奏，土默特蒙古葦塘，有蝗蝻飛至善岱所屬村莊，殘食禾苗，即向東南飛去等語。已傳諭鄂弼，一面速行搜捕，毋令蔓延。但既向東南飛去，則直隸宣化一帶適當其地，恐不免有停落處所。著傳諭方觀承，令其嚴飭該處地方官，星即豫行查察，毋使闌入。一有飛集，速行搜捕净盡。(高宗六一六、二)

（**乾隆二五、七**）[是月]山西巡撫鄂弼奏：據助馬路參將實爾們等稟報，六月二十四、五等日，有螞蚱從西北飛入寧遠廳屬，隨即帶領兵夫奮力撲捕，禾苗雖有損傷，尚未殘毀。臣前往助馬口外察看，因取閱所捕飛蝗，頭翅雖近蝗蟲，然身不甚大，農人皆呼爲螞蚱。但業已高舉遠颺，即係飛蝗，撲捕尚易，不至飛騰蔓延。得旨：慎莫爲此言所誤。方觀承去歲即坐此病。總之蝗蝻如草賊，惟有極力翦滅之而已，無別法也。切莫姑息諱飾。（高宗六一七、二一）

（乾隆二八、六、庚寅）又諭：直屬安州、任邱等處，俱有蝻孽蠕長，鄭州一帶亦間有萌生之處。昨已降旨，令該督將曾否撲除净盡，詳細查奏。兹據達色奏，山東歷城、長清等縣境内，間有飛蝗，現經該督撫率司道等親赴各該處，上緊撲滅；其經過直隸之吳橋、東光、南皮、滄州、青縣、靜海境内村莊，亦均有飛蝗數處等語。看來直隸、山東毗連一帶，間段俱有蝗蝻，若不及早搜捕，誠恐漸滋貽害。東省業經阿爾泰等親率督捕，而直屬有蝗各處，該督方觀承、布政使觀音保亦曾親赴督率搜查否？抑係止據各該屬稟報，僅委之州縣等官辦理。向來外吏習氣，每於壤地相接交錯之區，即不無意存畛域，彼此推諉。著傳諭方觀承，速即督同觀音保分道搜捕，不使稍留遺孽，並將飛蝗現在是否撲除净盡，據實詳查奏聞。（高宗六八八、四）

（乾隆二八、六、丁酉）直隸總督方觀承奏：安州、靜海、青縣、獻縣、滄州、南皮、故城、東光、寧津蝗蝻現已撲除。惟任邱縣屬七里莊，與鄭州相連，生有蝻子畝餘。景州、慶雲與東省接壤地方，亦間有生發。布政使觀音保即赴各處督捕。雄縣報有蝗蝻，臣即親往查辦。得旨：汝直隸之事，往往不如山東、河南，慎之。（高宗六八八、一四）

（乾隆二八、六、乙巳）直隸布政使觀音保奏：臣赴天津、河間二府查勘蝗蝻，俱經該道府督同州縣撲滅；阜城、景州等處，亦經捕除。惟故城與東省接壤之處，蝻孽生發，二、三畝至十餘畝不等。即時督令該縣多集人夫，分路撲盡，田禾均無損傷。十三日復得甘雨，禾稼倍加暢茂。除嚴飭該縣等加意防範，臣即於十四日前赴東光、南皮一帶，詳細查勘。一有萌動，立即撲除，不使漸滋貽害。報聞。（高宗六八九、八）

（乾隆二八、六、庚戌）諭：據觀音保奏，交河縣境内，於四、五月間蝗蝻生發，該縣並不據實具報，又不上緊捕除，以致蔓延數十里，春麥早禾俱被傷損等語。地方官遇有蝻孽萌生，即應及時撲捕，殄滅無遺，庶不致蔓延滋害。況該縣上年積水之後，秋麥未能徧種，全賴春麥早禾，速爲接濟。乃該縣知縣甘怡先既不能豫爲防範，嗣又不能上緊撲除，並且匿不詳報，實屬玩視民瘼，貽害地方。著革職拏問，交部治罪。（高宗六八九、一六）

（乾隆二八、七、己巳）諭軍機大臣等：據觀音保奏，滄州飛蝗甚盛，禾稼多有損傷，查係大城飛來，現在撲捕等語。頃聞安肅縣地方亦生蝗孽，間有食及穀穗者。看來今歲直屬蝗蝻生發頗多，時屆秋令，田禾正當秀實之際，恐不無被傷。現在滄州、靜海飛蝗俱稱自大城而來，其從前係何人赴該處查辦、究竟起自何處？著傳諭方觀承、阿桂、裘曰修及府尹等速即據實查明具奏，一面上緊撲捕。凡係水濱葦蕩、易於藏匿長發處所，務期搜滅凈盡，毋得稍留遺孽，貽害田禾。（高宗六九〇、二七）

（乾隆二八、七、己卯）又諭：今日錢汝誠覆奏，靜海一帶飛蝗，並非起於大城，多來自淀中及濱河葦草之地等語。與阿桂等所奏相同，昨經降旨令其將飛蝗停落之葦蕩，籌酌辦理。看來淀泊叢葦，實為蝗蝻滋長之藪，但遽將葦草燒棄，又恐近淀貧民，藉刈割為生計者，未免有礙。蝗蝻遺子，大概附土而生，天氣愈寒，入土愈深。莫若俟刈割後，將根株用火燒焚，既可以凈遺種，而明年之葦荻益加長發，仍於民利有裨。阿桂等可會同該督，酌量實在情形，熟商妥辦。再將此傳諭知之。（高宗六九一、一九）

（乾隆二八、一〇、甲午）諭軍機大臣等：前經傳諭方觀承，於直屬今年曾有蝗蝻停落地方，豫為翻耩除治。現在時入初冬，天氣尚暖，不知此時曾否尚有陸續萌生之處。如果乘此冬暄，蠕動出土，在此時，既無可蝕齧，而霜雪踵至，旋即凍斃，將來不復遺種，可以凈絕根株，於農田豈不甚善。至未經生發處所，則應早事掀犁，豫杜閭閻之害。該督連次奏事，並未奏及。著再傳諭方觀承將現在情形及曾否實力辦理之處，速即據實奏聞。尋奏：九月後並無蝻子萌生，惟查有遺孽形跡，督率村民翻犁，蝻子透風即敗，茲又再飭各屬，實力遵行。報聞。（高宗六九六、八）

（乾隆二九、一二、戊子）又諭：上年順義等處，蝻子入秋已經生發，復令地方官乘時督率，翻犁除治，是以今歲農功倍稔。現在近京得雪，自四、五寸至七寸不等。而保定迤西左近，未能深透，將來蝻子萌動，不可不豫事防維。適據陳宏謀面奏，江南治蝗之法，俱責成田戶，令其一有潛滋，即行據實具報。其言未始不近於理，但其中督飭調度，仍在有司實力查察。無論滋萌之處，田戶應報不報，一至飛散之後，其事難以糾摘。且如數家地畝毗連，即一處首有煽動，保無委及衆人之弊！是其隨時善為經理，實非徒法可以徑行也。從前直隸地方作何設法辦理，並可否倣照其意為之，及此時該督如何悉心豫籌之處，可即詳細奏聞，副朕軫念農民至意。尋奏：直隸各屬設立護田夫役彼此互相鈐制，不能私行隱匿。猝有調用，一呼畢至。年來辦理頗得其益，明春即飭該州縣，簡覈夫冊，申明條約，並責成該管道府及各鎮營分派員弁巡查。報聞。（高宗七二四、一八）

（乾隆三五、四、丙寅）諭軍機大臣等：楊廷璋奏，保定、河間等府州，於初七、八日，得雨一、二、三、四寸不等，十六日保定郡城，又得雨一寸，土膏更覺滋潤等語。恐尚未盡確實。京師自初二日得雨以後，復得微雨二次，霑土不過寸許，高阜尚未能一律耕種，日來盼望優霖，宵旰縈念。看來保定等處情形，大略相同，雖雨澤屢霑，究不能十分透足。此時已交夏令，氣候漸次炎蒸，恐沮洳瀕水之地，蝻孽易致潛生，而天津一帶為尤甚，不可不先事豫防。現在傳諭達翎阿，就近留心察捕。著傳諭楊廷璋，悉心體察，即速通飭所屬，一體實力勘辦，多方收挖蝻子，以絕根株。倘遇間有萌動之處，即行迅速撲滅淨盡，毋任少有蔓延，或致遺蝗滋害。仍將日來農田光景及有無續經得雨情形，具摺覆奏，以慰厪懷。尋奏：隨時刨挖蝻子，現未萌生。各府雨透，麥已滋長；惟保定、順天二府及熱河道屬，雨澤頗稀，麥未徧種。報聞。（高宗八五七、六）

（乾隆三五、五、辛丑）諭軍機大臣等：前因近畿一帶，雨澤稀少，低窪處所恐有蝗蝻萌動，不可不豫為防制，曾降旨楊廷璋等留心體察。今據達翎阿奏稱，中塘窪地方，微有蝻子蠢動，現在上緊撲捕等語。上年直屬天津附近地方，冬雪既少，今年入夏以來，雖節次得有雨澤，入土未能深透。日來時令炎蒸，天津沮洳之地，其勢尤易滋長。已傳諭達翎阿，令其實力撲捕，無任稍有蔓延。其餘直隸所屬窪下之區，不可不悉心防範。著傳諭楊廷璋，即督飭所屬，上緊查辦，遇有萌生之處，及時撲滅，務期根株淨盡，不得少留遺孽；亦不得徒為奉行故事，但令焚燒葦蕩，遽爾塞責，轉致生翅遠颺，貽害地方也。將此傳諭知之。（高宗八五九、二八）

（乾隆三五、閏五、辛亥）又諭：此次天津、薊州、寶坻等處蝻孽萌生，經該地方文武各官董率屬員，剋期撲滅淨盡，辦理甚為妥速。所有天津鎮達翎阿、藩司周元理、天津道宋宗元、通永道色明阿，副將都明阿、薊州知州謝洪恩、同知朱瀾、寶坻縣知縣梁肯堂等，均著交部議敘。其餘在事文武員弁，仍著該督查明具奏，一併交部議敘。（高宗八六〇、一二）

（乾隆三五、六、乙亥）又諭：據德和布、德爾森保奏，本月二十七日在三河縣夏店之東，見有飛蝗一陣，尾隨五、六里，落在齊家屯地方。現在率同同知劉峩及參將閻正祥等撲打等語。三河地方，既有飛蝗落處，自應迅速搜捕，毋任蔓延，楊廷璋何以竟無見聞，不早為奏及？周元理亦不知現在何處。著傳諭楊廷璋即速轉飭周元理，星往該處，督率地方官，上緊撲除淨盡，毋稍廷緩干咎。（高宗八六二、五）

（乾隆三五、六、丁丑）諭：密雲縣現有飛蝗生發，著派索諾木策凌馳

驛前往撲捕。（高宗八六二、六）

（乾隆三五、六、庚辰）諭軍機大臣等：本日據奎林等奏，大興縣之黃莊、定福莊、太平莊、高井四處，現有蝗蝻，該縣知縣並不上緊辦理，所帶民夫亦少等語。著交楊廷璋查明參奏。其通州、密雲、懷柔、靜海等處，飛蝗翔集無定，若必根究其所起，既恐查訪未確，而該州縣轉得互相推諉，於現在督捕之事，致有懈弛。該督祇應就飛蝗停落處所，無論其是否他處飛來，督飭所在地方官，盡力勤捕，無得稍有餘孽。其有怠緩從事者，即予查參；庶各知所儆畏，蝗蝻可盡得掃除。將此傳諭楊廷璋知之。（高宗八六二、一〇）

（乾隆三五、六、癸未）又諭：據竇光鼐奏請嗣後撥打蝗蟲，凡民人佃種旗地之戶，令理事同知飭諭各莊頭一體撥夫應用一摺。閱其所奏近理，已批交該部照所請速行矣。但思地方遇有捕蝗之事，凡屬旗地，皆當與民田通力合作，共相佽助。即内務府所屬大糧莊頭，亦應一體派撥。若自以旗莊邊欲免差，則如江浙紳衿田畝，亦將倚恃宦戶規避一切役使，可乎？且按地派夫捕蝗，仍以護其田地，豈有聽其置身事外，獨仕民夫代為撲捕之理！此事向來直隷地方官均係作何辦理，恐竇光鼐所奏情節，未能深悉原委，著交總督楊廷璋即速詳查據實覆奏。（高宗八六二、一六）

（乾隆三五、六、己丑）諭軍機大臣等：前據竇光鼐奏，各處旗佃應一體出夫捕蝗，已批如所請行。復思撲捕蝗孽，原以保衛田禾，非特旗佃當協力赴公，即大糧莊頭亦不應稍存歧視。未知直隷向來作何辦理。恐竇光鼐未能深悉原委。因令楊廷璋查明具奏。今索諾木策凌回京，問及此事，則稱蝗蝻長發處所，不但旗佃人等盡力爭撲，即王公屬下旗人，無不協同撲打，並曾面諭周元理，亦稱他處俱係如此辦理等語。看來竇光鼐前奏，竟屬荒唐。乃伊言之鑿鑿，果何所見而云然，亦當有所指實。著竇光鼐明白回奏。並著傳諭楊廷璋，將現在確情徹底查明，據實覆奏。毋得稍有隱飾瞻徇。（高宗八六二、二二）

（隆乾三五、六、辛卯）諭軍機大臣等：楊廷璋所奏撲捕蝗蝻，民人旗佃向俱一體出夫一摺，已批交竇光鼐明白回奏矣。今日復據竇光鼐覆奏摺内稱，旗莊不能撥夫應用，係詢之三河、順義兩縣及東路同知，即周元理亦有旗莊不肯借用口袋之語，與該督所奏不符。所有竇光鼐原摺，著寄楊廷璋閱看，並著查明具奏。朕辦理庶務，必須窮究底裏，以定其是非真偽，從不肯顢頇了事。將此併諭楊廷璋知之。（高宗八六三、五）

（乾隆三五、六、丁酉）又諭：前據竇光鼐奏民人佃種旗地之戶，請一體撥夫撲捕蝗蝻一摺。因其所奏近理，即批：交部，照所請行。並諭：地方偶遇捕蝗，不獨旗佃與民田通力合作，即大糧莊頭，亦應一體派撥。其直隸向來作何辦理，著楊廷璋查明具奏。及派往捕蝗之侍衛索諾木策凌等回京，詢其實在情形，據稱所到之處，不獨旗佃出夫辦公，即王公所屬旗人，亦悉力協捕等語。旋據該督奏覆，自方觀承任內，設立護田夫一項，不拘旗民，均令出夫，現仍照舊辦理。因節次令竇光鼐明白回奏，而竇光鼐堅執臆見，謂詢之三河、順義兩縣及東路同知，皆云旗莊並不出夫，即周元理亦有旗莊不肯借用口袋之語。曉曉置辯。因復降旨楊廷璋，令將所奏情節再行覆查。今竇光鼐到京回奏，則以前次所設護田夫，未經奏明，不能一體遵照為詞。其說支離更甚。試問總督舊定章程，通行闔省，順屬官民豈能獨不遵條教，府尹亦豈得諉為不知。況竇光鼐所指三河、順義二縣，即係府尹所轄，如有司陽奉陰違，自當隨時參劾，即無此例，而府尹奉差捕蝗，亦理應派夫護田。其有佃戶人等，倚恃旗業聲勢，不受約束，竇光鼐既目擊其情，無難詢明何人莊業，列名指參。即內如大學士傅恆，尹繼善，外如總督楊廷璋，推而上之，以至親王等，皆無可畏忌。竇光鼐若早據實舉出，朕必且深為嘉予，並將袒庇莊佃之王大臣嚴加議處。乃並不能指實一人，而徒硜硜膠執不已，於事何當。其意不過欲借題發揮，逞弄筆墨，妄以強項自命，冀見許於無識之徒。且以總督楊廷璋既不無瞻顧旗莊，即承旨之軍機大臣有旗莊者，亦未免意存祖護，以此曲為解嘲，自文其過。此等伎倆，豈能於朕前嘗試乎。因令竇光鼐隨軍機大臣進見，面為詢問，伊亦自稱在三河、順義不行指明具奏，實屬無能，難以再為支飾。近京旗民交涉事件，在國家初定鼎時，或有旗人強占民田，及將各項差派專委居民承辦者，今閱百數十餘年，屢經整飭，政紀肅清，無論旗莊各戶，不敢不安分守法，即王公大臣，亦不敢怙勢庇佃，欺壓平民，自圖詭避差役，而國家法在必行，又豈肯聽其縱越禮法，稍為曲徇乎。朕辦庶務，一秉大公至正，中外臣民，宜無不共見共知。即此事之是非曲直，適就前後事理為衡斷，並未嘗豫設成心。而竇光鼐偏謬邀名之隱微，亦不能逃朕洞鑒，特為明白宣示。至竇光鼐回奏摺內情由，俟楊廷璋查奏到日，再降諭旨。將此通諭知之。（高宗八六三、二二）

（**乾隆三五、七、乙卯**）諭：據竇光鼐回奏，派撥旗莊人夫一事，請將順義縣知縣王述曾、三河縣知縣周世漘解任，並傳東路同知劉羲、北路同知張在赴軍機處質問等語。所奏膠執支離，尤屬不曉事理。此次直屬撥夫捕蝗，無論地方官原係循照舊規，旗莊民田均勻派用，即如竇光鼐所云，旗莊之夫，或出或否，到場難而較遲，據此已足為均派之明驗，更何事曉曉置喙。雖該督楊廷璋查詢時，該同知、知縣等或稍爲遷就其詞，亦屬情理所有，於事本無關緊要。若因言語傳述參差小節，遽令兩縣兩廳同時解任，徒致曠廢公務，殊覺無謂。設因此數人赴質之故，並將竇光鼐褫職對簿，又復成何政體。且亦不值如此張大其事。至竇光鼐另摺所奏護田夫一項，以若輩盡力巡查，且至荒廢本業，復爲鰓鰓過計，以衣食無由取給爲虞，所見更爲迂鄙可笑。護田夫之設，不過令於螠子萌生時，各隨本處田地搜查，或遇蝗孽長發，會力撲捕，並非使之長年株守田畔，於三時農業，概行拋棄也。即如設兵防守汛地，亦第於汛內輪番偵邏稽查，又豈責其終日登高瞭望，方爲斥堠。若竇光鼐之論，直是跬步難行，有不聞而失笑者乎。竇光鼐前此奏覆，惟知因事借題造作塵腐空文，自爲解嘲地步。今又將派夫一節連篇累牘，鋪張條奏，而於事體之可行不可行全無理會，其拘墟膠轕之處，正復不勝指摘。猶且始終堅持臆説，牢不可破。向固知其僅一硜硜之小人，毫無能爲，乃不意執迷紕繆若此。且以空言折辯，互相指斥，漸成門户，乃前明陋習，此風斷不可長。竇光鼐，著交部嚴加議處。尋議：竇光鼐前後條奏派撥旗莊撲蝗等事，執迷紕繆，請照例革職。得旨：竇光鼐，著革職。（高宗八六四、二三）

（乾隆四八、一一、辛丑）諭軍機大臣等：前於盛京回鑾途次，召見劉峩。據奏，夏秋之間，玉田一帶，略見有螠蝗光景，並未損傷禾稼；且蝗生較早，將來一遇冬寒雪壓，則遺孽盡行凍斃等語。昨恭閱實錄，內載皇祖聖諭，稱蝗蟲未經生子，而天氣寒凍，則皆凍斃，來歲可復無患；若既經生子，雖蝗已凍斃，而遺種在地，來歲勢必更生。煌煌聖訓，實爲明切。本年節氣將屆冬至，而現在天氣尚煖，則蝗螠遺孽，必不能净盡，恐明歲春生之始，仍復蠕動，不可不豫爲之慮。著傳諭劉峩速飭玉田附近州縣，設法刨挖，務期盡絶根株，毋令稍留餘孽，致貽禾稼之患。（高宗一一九二、二〇）

（乾隆五七、七、戊申）又諭曰：梁肯堂奏，齎摺差弁回稱，經過密雲城外，見有蝗螠。已飛劄霸昌道同興，迅速力捕，務期净盡。適豐紳殷德由京回至熱河，詢之亦稱自清河、藺溝、石槽蝗多，至密雲漸少，近古北口則並無；迤南蝕傷禾稼，約有十之二、三，該道率同地方官掩撲等語。蝗螠滋生，最爲苗稼之害。本年懷柔、密雲一帶，雨水尚屬調勻，何以有此蟲孽。該地方官等，於其初起時，即應一面稟報上司，據實奏聞；一面率領夫役實力捕撲，早期净盡。今蝕傷禾稼，已有十之二、三，則蟲孽之起，必非一日。此事梁肯堂現在河間，相距較遠，且一經差弁告知，即行具奏；而蔣賜棨、莫瞻菉身爲府尹，清河、密雲皆其所屬，密邇京城，豈竟毫無聞見，乃並未奏及，殊屬非是。蔣賜棨、莫瞻菉，俱著交部嚴加議處。霸昌道同興係專派駐劄密雲一帶照料臺站之員，該處既有蝗蝻，即應及早撲打，不使蔓延；伊雖無奏事之責，亦當呈報軍機大臣轉奏。乃既不迅速撲捕，以致傷及禾稼；又不呈明轉奏，其咎亦無可逭。同興，並著交部嚴加議處。其各該管地方官，並著梁肯堂查明，咨部一併嚴加議處。仍著該府尹就近督同實力撲捕淨盡，並將是否不至延及他境，暨禾稼不至過受損傷之處，速行查奏，勿再諱飾干咎。（高宗一四〇八、一九）

（乾隆五七、七、辛亥）諭軍機大臣等：據蔣賜棨等覆奏近京一帶生有蝗蝻一摺，內稱，前已派員查看，即親率地方官一面掩撲，一面具奏等語。清河、懷柔、密雲等處蝗蝻傷稼，俱係該府尹所屬地方，蔣賜棨等並未奏聞，直至降旨飭諭，交部嚴議，始據伊等覆奏。乃輒稱一面掩撲，一面具奏，試問蔣賜棨等於未奉諭旨之前，何曾先行奏到，乃靦顏為此支飾之語耶？蔣賜棨、莫瞻菉，著再傳旨嚴行申飭，該府尹等現赴清河、藺溝及懷柔、密雲一帶，沿途撲捕，著即將現在曾否捕淨之處，據實覆奏，毋再延緩諱飾，致干咎戾。（高宗一四〇八、二六）

（乾隆五七、八、甲申）諭：蝗蝻蝕傷禾稼，最為民害，地方大小各官，俱應及早實力搜捕，方不致蔓延貽患；其有諱匿不報及撲捕不力者，定例處分綦重。從前乾隆二、三十年間，節經嚴示懲創，近因並無蝗蝻，二十餘年未復降旨飭訓，地方各官遂日久生懈，以致三河等處復有飛蝗傷稼之事。本應將該縣及同知等即照部議，分別拏問革職；姑念此次蝗蝻，究因朕久未飭訓，地方各官亦遂玩懈所致，且傷穀不過一、二分，未致大害禾稼。所有議以革職拏問之署三河縣事州判陳馨洲、昌平州知州李棠、順義縣知縣陸顯曾，及雖經立時撲滅、不即稟報之宛平縣知縣馬光暉、房山縣知縣任銜蕙、署良鄉縣知縣汪應桂，俱著革職，免其拏問。議以革職之同知吳于宣、蔣如燕、知縣王作霖、沈振鵬，俱著從寬改為革職留任，八年無過，方准開復。此係朕格外施恩，地方大小各員，嗣後務宜遵照前旨，於二、三、四月間實力查察，豫為搜挖，以期保衛田禾。倘再有玩延貽誤，不特不能照此次之從寬辦理，並當於定例之外，加倍治罪，以示嚴懲。（高宗一四一一、一）

（乾隆五八、二、己卯）諭軍機大臣等：上年秋間順天府所屬薊州、三河等處，間有被蝗之處。經朕嚴降諭旨，分派大臣實力搜查，即時捕滅。並經嚴切示諭，令該督等嚴飭所屬，每年於二、三月內，實力察看，據實稟報，該督等具奏一次。蝗蝻殘蝕禾稼，最為民害，惟在及早認真搜捕，方不致蔓延貽患。現當春氣融和，膏澤應候，麥苗正資長發之時。昨秋既有間被飛蝗之事，不能保其不稍留餘孽。凡遇沮洳卑濕之區，尤應加倍留意，斷不可因上年冬雪深透，以爲遺蝗入地必深，稍存大意也。著傳諭該督，務遵前旨，督飭所屬實力搜查，不得心存玩忽。總當勸百姓深耕爲是，其乏籽種者即借給。除就近諭知蔣賜棨等外，將此傳諭梁肯堂知之。（高宗一四二三、一）

（乾隆五八、三、庚戌）諭軍機大臣曰：吉慶奏，遵旨飭屬曉諭鄉民搜挖蝻子。據各屬稟報，並無搜獲，惟據膠州鄉民陸續呈繳蝻子共二十觔等語。所奏不免自露罅隙。上年東省各屬，並未據該撫奏報蝗患，何以今年挖有蝻子？若非地方官上年匿不稟報，則此項蝻子從何而來。茲既據膠州鄉民搜挖呈繳，該撫仍宜飭令實力搜挖净盡，毋許虛詞塞責。至順天所屬薊州、三河等處，昨秋有間被飛蝗之事，不能保其不留餘孽，曾諭令該督等加倍留意。嗣據梁肯堂覆奏，董飭所屬徧處搜剔，一有蟲孽，立即刨除等語。其究竟有無搜獲之處，並未奏及。即詢之該府尹等，亦稱並無搜獲。現擬分投前往督查。今東省上年並無蝗患，尚搜有蝻子數十觔；豈薊州、三河各處曾經被蝗，能保其不復稍留餘孽！自當及早認真搜捕。除就近傳知蔣賜棨等外，著再傳諭梁肯堂，務宜嚴飭所屬，凡遇沮洳卑濕之區，尤應隨時查察，搜净根株，不可因上年冬雪深透，稍存大意。如查辦不力，今歲夏秋復有蟲孽，則惟該督及府尹等是問，決不寬貸。（高宗一四二五、二）

（嘉慶四、八）是月，直隸總督胡季堂奏報：薊州一路，蝻孽復生，並不傷稼。委員沈錦往遵化州屬南營村收捕，有民婦張章氏跪地，聲稱蟲不食禾，是以中止。詢問屬實。得旨：民婦不令撲捕者，恐胥役滋事，甚於蝗蝻，蝗蝻僅食禾稼，胥役累及身家矣。總宜查明撫恤爲正辦。（仁宗五〇、四六）

（嘉慶六、七、己亥）諭內閣：前因薊州一帶滋生蝗蝻，未據熊枚奏及，自係地方官未經稟報，當即令熊枚查明參奏。茲據奏稱，該州城東十五里之三家店起至桃花寺一帶，有初生蝗蝻間段聚落，知州趙宜霖會同署都司劉天相等分段圈捕，現已日就減滅。並據該州稟稱，原期剋日捕盡，再行通稟等語。地方一有蝗蟲發生，即應一面申報各上司，一面親往撲捕，勿使蔓延害稼，方爲留心民瘼，若業已捕盡，又何事通稟爲耶。趙宜霖玩誤遲延之咎實無可辭，著革職。該管通永道阿永、署東路同知方其畇，於所屬匿蝗不報，未能查出，著交部分別議處。藩司同興，失於查察，並著交部察議。熊枚甫經署任，且駐劄工次，其失察尚屬可原，所有自請交部察議之處，著加恩寬免。（仁宗八五、二四）

（嘉慶七、六、壬寅）諭軍機大臣等：朕聞新城縣地方現有蝗蟲，尚未據熊枚具奏，是否係該縣諱匿不報，抑係稟知該署督，而熊枚尚未奏及？此時正值禾苗長發之際，直隸通省，春夏雨澤究未十分透足，蝗蟲最易萌動，為害地方。大吏應隨時留心，一面奏聞，一面撲捕，不得稍存諱飾。著熊枚即查明新城縣地方，蝗蝻起自何時，該縣是否稟報，現在多寡若何，並此外州縣是否尚有滋生之處，據實具奏。至捕蝗之法，若專委地方官撲捕，恐帶領多人踐踏禾稼，致滋擾累，不如曉諭百姓，令其自捕，或易以官米，小民自更樂於從事。將此諭令知之。尋奏上。得旨：朕前聞直隸新城一帶，間有蝗蟲，降旨詢問熊枚，曾據覆奏，該處並無蝗蝻萌動。茲又據熊枚續奏，與新城相近之張家莊、河北村等處，偶有飛蝗停集，而容城、安肅、定興等縣，亦先後稟報，俱有飛蝗，並據稱景州、任邱等處間亦有之。可見朕前此所聞，不為無因，而外省地方積習，只顧圖免目前處分，隱匿不報，殊不知諱匿更干嚴議，避輕罪而轉獲重譴矣。現在顏檢不日到任，著熊枚於交代後，即前赴景州、任邱一帶，親行詳細查勘，不可任聽委員等扶同捏飾。如查有蝗蝻，仍遵前旨，令該處百姓自行撲捕，或易以官米，或買以錢文，務期迅速搜除淨盡，勿致損傷禾稼。（仁宗九九、三）

（嘉慶八、六、辛卯）又諭：近聞直隸地方自三河至山海關一帶，均有蝗蝻滋生，地方官現在分路撲捕，何以旬日以來，總未據該督奏到。本年夏秋之交，雨澤霑足，農田可望有收，若被蝗蝻殘食，豈不可惜，若不速行撲打，恐為害甚烈。今自三河至山海關，俱有蝗蝻萌蘖，亟應捕除淨盡。該督務嚴飭各地方官，勸諭居民，上緊撲捕，或用錢米換給，以期速就掃除。並嚴禁胥役藉端滋擾。仍將現在如何辦理情形，並禾稼有無傷損之處，迅速奏聞，以慰厪注。將此諭令知之。（仁宗一一五、二〇）

（嘉慶八、七、甲午）諭軍機大臣等：據顏檢覆奏，查明三河、昌黎、樂亭三縣並無蝗蝻，其餘如遵化、豐潤、玉田、灤州、盧龍、遷安、撫寧、臨榆等各州縣境內，間有飛蝗過境，俱在空際飛揚，並未傷及禾稼等語。飛蝗經過之處，道里綿長，豈有久飛不停之理；既經停歇，斷不能忍饑待斃，又焉有不傷禾稼之理？總由地方官規避處分，非以有報無，即以不傷禾稼之語諱匿具詳，視為故套。在顏檢自不肯飾詞陳奏，而地方官誑報積習，實不可信。本年直隸省雨暘時若，田禾豐茂，此實仰賴上蒼恩賜。現屆收成已近，偶有蝗孽，尤當認真撲除，勉盡人事，以迓天庥，豈可隱匿不辦。朕聞三河一帶蝗蝻，不但飛集田疇，即大路旁亦紛紛停落，而豐潤竟有填積車轍者，此皆係過往官員目擊之語，顏檢不可聽屬員稟報，遽以爲實。仍當詳細訪查，或選派妥實之員，或親信家人密往確查。如州縣等果有諱匿情事，即一面據實嚴參，一面上緊設法撲除净盡，期於秋收無礙。倘該督不認真查辦，經朕查出，恐不能當此重咎也。將此傳諭知之。（仁宗一一六、六）

（嘉慶八、七、癸卯）又諭：據策拔克奏，沿途察看薊州、玉田、豐潤、遷安、灤州、盧龍、撫寧、臨榆八州縣，間有蝻孽，均不甚重，業經地方官分投撲打，並出示以錢米易換。現在田禾微受傷損，而晚穀一種被傷稍重，且各處舊蝗甫滅，新孽復生等語。山海關一帶州縣，前聞有蝗蝻滋長，業經申諭該督飭屬趕緊撲除。今據策拔克奏，薊州等處大路兩旁均有蝻孽，雖經地方官分投撲打，尚未能即時净盡。且舊蝗甫滅，新孽復生，尤當及早撲滅。本年雨暘時若，畿輔實屬有秋，但經蝗蝻殘食之後，恐各處田禾收成不無稍減，著顏檢即飭所屬地方官，或派委妥實之員，分赴各該州縣督同履勘，勸諭居民，速將蝻孽捕盡。其被蝻州縣收成分數如有減少之處，亦著確切查明，據實具奏，不可稍有諱飾，以副朕廑念民依至意。（仁宗一一六、二四）

（嘉慶九、六、丙戌）諭軍機大臣等：朕於本日清晨，在宮內披覽奏章，適一飛蝗落於案上，當令捕捉，以示軍機大臣，僉稱實係蝗蟲，續經太監捕獲十數箇。試思宮禁之中，尚能飛入，則郊外田畝間，不知更有幾何。若非飛蝗竟至御案，朕何由目覩，此乃上蒼垂儆，俾朕早爲飭辦，用以保護田功至意。前因廣渠門外及通州等處，間有飛蝗，一面派范建豐查勘，一面降旨令顏檢查明覆奏。昨據奏，現已撲捕净盡，並稱飛蝗不傷禾稼，惟食青草，殊不成話。范建豐赴廣渠門外時，見田禾被蝗食者已有十分之四，尚得云不傷禾稼乎？顏檢不應出此。當於摺內批示，該督平日辦事尚爲認真，惟於摺內每敷陳吉語，未免近於虛浮，朕勤求治理，惟日孳孳，總以實不以文；即景星慶雲，前史所稱，朕皆不以爲瑞。必果係時和歲稔，家給人足，方爲有象太平，豈可稍有粉飾。如顏檢之好語吉祥，則屬員等意存迎合，偶有地方災歉，亦必不肯據實直陳；閭閻疾苦，壅於上聞，吏治民瘼，大有關係。頃召見莫瞻菉、章煦，據稱順天府屬，每有飛蝗，章煦連日在外撲捕。但順天府所屬印委各員無多，且近畿一帶，既有飛蝗，則直隸各州縣，自難保其必無，現已派卿員分赴各路督捕，仍著顏檢迅派妥員，分投查勘，務期撲捕净盡，如有傷殘禾稼、收成稍減之處，即據實查奏，候朕加恩，毋得仍前諱飾，致干咎戾。本日御製見蝗歎一首，並錄交顏檢閱看，其宮內捕獲之蝗蟲，一併發往。將此諭令知之。（仁宗一三〇、三七）

4. 山東

（乾隆八、一二、甲戌）諭軍機大臣等：山東相近直隸諸府，今年歉收，冬間又復少雪，倘蝗蝻潛生，明歲必爲禾苗之患。前陳大受奏報挖埋蝻種之法，朕已令直省倣照行之。爾等可寄信與喀爾吉善，令其留心，及此農隙之時，飭諭有司董率民人，早爲料理。若東作方興，則農民有事南畝，即恐不及矣。（高宗二〇七、一八）

（乾隆一三、七）［是月］山東巡撫阿里衮奏報：鄒平、新城等二十九州縣續報蝗蝻，現在撲捕。得旨：上緊督捕，毋使稍留餘孽。淨盡時，速行奏聞。（高宗三一九、三七）

（乾隆一四、三、乙卯）又諭：準泰奏稱，東省上年蝗蝻生發之處，不無遺子入地，現在勸民挖掘，每蝗子一斗，給錢三百文。所有登、萊兩屬，應動價值，請於本年耗羨項下動支等語。蝗蝻遺子，自應蒐除，但地方官當於萌蘖將動之時，善爲勸導，令農民自顧田疇，豫行防範，非概可經官辦理者。至於動項收買，雖屬向曾舉行，亦祇可因時掛酌，偶一行之。若定爲歲額，非特於經費之中又添出買蝗一項，且水邊江滸，食葦之蟲亦有遺子，小民趨利如鶩，一見官爲收買，必將以僞爲真，是以愚民防患之舉，轉爲滋長奸利之圖，成何政體。今歲雨暘應候，二麥敷榮，爲大吏者。不以五風十雨、百穀順成爲望，而沾沾於收買蝗子，抑何所見而謂將來之必有蝗災耶？準泰所見非是，著傳旨申飭。（高宗三三六、一七）

（乾隆一七、五）［是月，山東巡撫鄂容安］又奏：東省蝗蝻生發，遵旨親往督辦，並飭道員緊捕。間有續生，並加覆勘。務期遺孽淨盡，幸未傷及田穀。現麥已全登，秋穀亦俱暢茂。得旨：覽奏稍慰。竭力勉爲，蝗蝻實可以人力勝。聽其蔓延爲害，遂不可救矣。（高宗四一五、二九）

（乾隆二四、閏六、辛巳）諭軍機大臣等：前據阿爾泰奏，東省蘭山等處，現有蝗蟲，自江南邳州一帶飛至。已命裘曰修等馳赴該處查勘飛蝗所自，嚴行辦理矣。該侍郎未到之前，阿爾泰自當督率屬員，竭力效法撲捕，務絕根株。目下雨澤霑沛，正賴田稼無害，以冀秋成。著傳諭該撫，將現在作何撲捕情形，及曾否搜滅淨盡、不致蔓延滋害之處，一併詳細速行奏聞。（高宗五九〇、二）

（乾隆二五、四、戊子）諭軍機大臣等：據阿爾泰奏，時屆小滿，天氣漸炎，委員搜掘蝻子。據蘭山、蒙陰及新泰、沂水等處，間有生發。現飭上緊殱除，並親往察看，嚴加督搜，以杜貽患等語。直隸及山東一帶地方，上年冬雪霑足，今春雨澤調勻，似可不致蝗蝻爲患。但時值夏炎，上年撲捕後，水草低窪之地，不無遺孽。今東省既有蹤跡，則直隸地屬連界，不可不先事豫防，以杜將來潛伏蔓延之漸。著傳諭方觀承及官著、長福等，速飭所屬文武員弁實力查勘，加意搜掘。毋使稍有疏虞，致貽民害，不得奉行故事，循例文移催飭，一任屬員虛詞稟覆，遂爾了事也。（高宗六一○、一四）

（乾隆二八、六、庚寅）又諭：據達色奏，山東之歷城、齊河、禹城、平原、德州等處村莊，俱間有飛蝗。現經阿爾泰率屬親身督捕，等語。目下積潦初涸，日氣炎蒸，正蝻孽易生之際，若不及早撲除，必致蔓延滋長，貽害地方。著傳諭阿爾泰務在董率屬員，上緊撲捕，不留餘孽。并將邇來所屬境內蝗蝻，有無生發，並如何搜捕俾令凈盡之處，詳悉奏聞。尋奏：臣赴歷城、長清、齊河、禹城、平原、德州、恩縣各州縣，凡有螞蚱之處，董率文武員弁，圈圍焚壓，極力捕除無遺，田禾亦無傷損。司道等分路搜查，俱報凈盡。第恐遺孽復萌，已飭地方官搜刨遺子，給錢收買。齻場荒地，並令翻犁，務除種類，不使續生。報聞。（高宗六八八、五）

（嘉慶七、八、戊辰）諭內閣：前因直隸景州、河間一帶蝗孽滋生，該處與山東境壤毗連，朕即慮及東省不免亦有飛蝗，當經降旨詢問和寧，諭令詳查具奏；並於和寧摺內再三批示，且令熊枚於查勘直隸蝗蟲至河間地方時，寄知和寧一體查辦。而和寧覆奏摺內，祇稱濟寧、金鄉等州縣，間有飛蝗，不傷禾稼；復經降旨嚴飭確查，和寧仍不行據實奏聞；迨和寧解任後，即令新任巡撫祖之望覆加查勘。茲據祖之望奏到，濟南、泰安、沂州、東昌、濟寧等府州屬五十餘州縣，均被蝗災。是山東全省，被蝗處所竟有十之六、七，如此重災，殊深惻憫。和寧身任巡撫，即因地方官不行申報，漫無覺察，已屬形同木偶；及經朕嚴詢批諭，和寧竟毫不知畏懼，始終迴護，則是有心諱匿。封疆大吏，於此等民瘼攸關之事，竟敢視同膜外，實屬辜恩溺職。和寧前於金鄉縣阜孫冒考一案，並不遵旨提訊，其咎止於袒庇；至匿蝗不報，其罪更重，僅予罷斥，不足蔽辜。和寧，前已降旨革職，著發往烏嚕木齊，自備資斧効力贖罪。（仁宗一○二、三六）

（嘉慶八、六、戊寅）諭軍機大臣等：鐵保奏沂屬地方飛蝗過境一摺。據稱所屬之郯城、蘭山兩縣，於本月初旬，有蝗自東南飛過縣境，並未停落等語。蝗蝻自東南飛來，經過該二縣地方，豈無零星停落之處？既有停落，即難保無傷及禾稼之事。所奏恐未確實。據云，經過該二縣時，並未停落。現在究竟飛往何處，必須派委妥員迅速查捕，毋留遺孽。並將有無傷及禾稼之處，據實具奏，不可稍存諱飾。將此諭令知之。（仁宗一一四、一八）

5. 河南

（雍正一、六、癸酉） 河南巡撫石文焯摺奏：河南永城等處，蝗蟲飛集。奉上諭：蝗蝻生發，盡力捕捉，乃不成災。考古捕蝗，惟有撲滅之法甚善；若怠忽從事，捕不盡力，而委之天災者，皆誤也。（世宗八、一四）

（乾隆五、三） ［是月，河南巡撫雅爾圖］又奏：蝗蝻之患，惟於淹延卵育之際，搜掘遺種，庶幾消弭未然，方爲事半功倍。然非衆力不能集事。查州縣賑務告竣之時，有報出餘穀一項，通計不下四、五千石。請即將此項餘穀，爲豫搜蝻子之費。每蝻子一升，給穀一升，人心自能踴躍。得旨：此見亦屬可行，試好爲之。（高宗一一三、一九）

（乾隆五、閏六） ［是月］河南南陽總兵官韓應魁奏：二麥豐收，秋禾暢茂。現在歸、襄、陳三營，報有土蝻生發，兼有飛蝗入境，已飛飭上緊撲滅。得旨：頗有人稱蝗蟲皆自河南飛起者，汝等宜竭力督捕，務使净盡，不遺餘孽。將此旨並令雅爾圖知之。（高宗一二一、二二）

（乾隆九、七） ［是月］河南巡撫碩色奏報：歸德府屬一帶，飛蝗入境，隨委員協同各該縣撲捕，業經净盡。其餘如陳州府屬之沈邱、太康，光州屬之商城等縣，現率該縣緊捕；但飛蝗停處，即有遺下蝻子。亦徧行搜撲，無致貽害民間。得旨：是。嚴飭督捕，毋涉粉飾也。（高宗二二一、三七）

（乾隆一〇、五） ［是月，河南巡撫碩色］又奏光州羅山等六州縣蝻子萌動，業經撲滅情形。得旨：知道了。更宜留心查察。（高宗二四一、二六）

（乾隆三五、六、丙戌） 諭軍機大臣等：據永德奏，豫省永城、夏邑等處，俱有飛蝗停落，現在撲捕根尋蹤跡，實由江南蕭縣飛來，等語。前經永德摺奏，豫省搜捕蝗孽，係與安徽宿州毗近之地。今宿州已報撲除净盡，而永德前赴永城一帶親查，則係與下江蕭縣連界蔓延所致。該督撫何以前此並未奏及？即本日薩載奏到，但稱查勘蕭縣、碭山一帶，所有前報蝻孽生發之處，現已撲盡。此摺係在永德具奏之前，如果已經撲净，則永德所遣歸德府知府趙瑗，何以親赴蕭縣查勘時，尚見蝗蝻出土，飛騰跳躍且有布囊帶回送驗之事。是蕭縣地方官，並未加緊實力辦理可知。似此玩視民瘼之劣員，不可不查參嚴處，以示懲儆。著傳諭高晉、薩載，即速確實詳查，具摺參奏，並將現在江蘇生蝻處所，曾否設法撲捕，果否净盡情形迅速復奏，毋得稍存諱飾之見，自取咎戾。永德原摺，並著鈔寄閱看。（高宗八六二、二〇）

（乾隆五一、閏七、乙酉） 諭軍機大臣等：據畢沅、江蘭奏，此番蝻子發生之所，共二十餘屬，而一屬之中，所種晚穀糜子，不過十分之二、三，於通省秋成並無妨礙，現仍嚴督各屬實力搜尋，設法刨挖地下所遺蝻子，務期净盡等語。蝗孽傷損禾稼，最於民食攸關，地方官果能時刻留心，思患豫防於未生之前、將蝻子搜剔净盡，何至遺孽遽能飛躍，蔓延爲害！此皆開封等所屬各州縣，不能留心民瘼，玩愒因循所致。著傳諭畢沅、江蘭將有蝗各州縣通行申飭。此次姑免其治罪，仍嚴飭各屬乘此尚未播種冬麥之先，實力搜尋，設法刨挖，將所遺蝻子剔除净盡，毋得稍留餘孽。倘搜挖不盡，致來歲復有萌生，即應嚴參治罪，不能再爲寬貸也。(高宗一二六○、三八)

（**嘉慶八、六、壬辰**）諭軍機大臣等：馬慧裕奏，考城東北有飛蝗入境，向虞城、商邱、寧陵、睢州、蘭陽、陳留、祥符等處地方迴翔停歇，現在趕緊撲捕，……等語。蝗蝻最爲地方之害，……馬慧裕務當督飭屬員盡力撲捕，無論係本境所出及鄰境飛入，皆當一律捕除，不可稍留餘孽，該撫摺内稱，考城等八州縣具報飛蝗向東南、西南飛去。恐所過地方，未必止考城等數處。該撫仍當詳細確查東南、西南一帶係何州縣，究竟飛蝗停落何處，曾否害稼，現在曾否捕净，有無遺留蝻子之處，迅速具奏，以慰廑注。將此諭令知之。(仁宗一一五、二三)

（**嘉慶八、九、己亥**）諭軍機大臣等：本日據賽音等奏經過沿途雨水秋禾情形。摺内稱，入河南彰德府，漸覺乾旱，衛輝府屬之汲、淇、新鄉等縣乾旱較甚，間有零星蝻子，現在地方官設厰收買等語。前因考城等各州縣延入飛蝗，曾經降旨令馬慧裕飭屬捕撲，並將遺蝻乞除，免致來年傷及禾稼。此時是否搜乞净盡，該撫務須督飭所屬認真辦理，不可稍留餘孽。其彰德衛輝等處，近日曾否得有甘霖，一律均霑，能否趕種秋麥之處，著馬慧裕即速查明具奏，以慰廑注。(仁宗一二○、一○)

6. 江蘇　安徽

（**雍正一○、閏五、丁酉**）諭内閣：上年冬間，北方雨雪稀少，朕恐今歲夏間蝗蝻萌勤，已密諭該督撫留心防範。頃聞江南淮安府屬之山陽、阜寧二縣，海州所屬之沭陽縣，揚州府屬之寶應縣，各有一、二鄉村生發蝻子，雖目前萌動之處，不過數里，然恐捕治不力，漸致蔓延，爲禾田之害。著該督撫有司督率人役鄉民，速行撲滅，無俾遺種，倘有怠忽從事者，即行糾參，從重議處。(世宗一一九、七)

（**乾隆四、七**）[是月] 江蘇巡撫張渠奏報：……江北沿海地方及淮、海之山、鹽、安、阜、贛、沭等邑徧產蝗蝻，加意分別經理。得旨：所奏俱悉，淮徐之民屢經水旱之災，尤宜加意撫恤者也。(高宗九七、二四)

（乾隆五、四）［是月，吏部尚書署江南總督郝玉麟］又奏報：……安省之滁州等四州縣、蘇省之海州，間生蝻子，均經即時撲滅。……得旨：覽奏俱悉，向來捕蝗每多推諉，卿其力行之。（高宗一一五、三三）

（乾隆五、四）［是月］安徽巡撫陳大受奏報：滁州等州縣蝻子生發，飭屬實力搜捕，並查勘六安等州縣被雹情形。得旨：所奏俱悉。捕蝗一事，實力爲之，庶不致蔓延滋害也。（高宗一一五、三四）

（乾隆五、七）［是月］兵部尚書署兩江總督楊超曾奏：閏六月間，下江淮、徐、海三府州及上江廬、鳳、潁、泗四府州，俱有蝻子生發。已飭委妥員，督同地方官上緊撲除，現俱淨盡，並未損傷禾稼。至江西信豐、上猶、崇義、安仁等縣，因山水漲發被淹，現分別賑恤，不致失所。得旨：所奏俱悉。（高宗一二三、二八）

（乾隆五、七）［是月，安徽巡撫陳大受］又奏：安省江北各屬，蝗蝻萌動，經委員協同地方官晝夜搜捕，已陸續淨盡，並未損傷禾稼。得旨：所奏俱悉。晚稼在場，此正喫緊時也。（高宗一二三、二九）

（乾隆六、一一）［是月，江蘇巡撫陳大受］又奏：請令民於冬月豫挖蝻子，每斗給銀二錢。得旨：此亦未雨綢繆之一道也。（高宗一五五、二三）

（乾隆七、三、辛未）吏部議覆：江南總督那蘇圖查覆，御史王興吾奏，請將乾隆四、五年有蝗州縣，嚴行考察。江省上年蝗蝻甫生，即撲滅淨盡，間有外省飛來，闗查未得確實；本任陞故，後人以日久無從指實，且有隨風旋入，難定方向者。不力職名，實難開報。應如所請，免其咨送。仍飭督屬先事挖子，一有飛蝗，嚴行查參，不得藉口日久支飾。從之。（高宗一六二、一九）

（乾隆八、七）［是月］江蘇巡撫陳大受奏報各屬蝻子生發，捕撲情形。得旨：蝗蝻原可以人力勝，上緊撲滅可也。（高宗一九七、二一）

（乾隆八、七）［是月，江蘇巡撫陳大受］又奏各屬蝻子已未撲淨情形。得旨：捕蝗之法，惟應盡人力而不可姑息耳。（高宗一九七、二一）

（乾隆八、一二）［是月，江蘇巡撫陳大受］又奏：蝻子入土，設法剪除。查蝗蝻生子，必堅土高亢處所，用尾栽入土中，深不及寸，仍留孔竅。形如蜂窩。一蝗所生十餘粒，中止白汁，漸次充實，因而分顆，一粒中即有子百餘。交冬遇雪，即深入寸許；若積雪尺餘，蝻子便難出土。今歲入冬以來，各屬俱未得雪，海州等處窮民，挖取草根，類多掘得蝻子，纍纍成團，愚民罔知剪除，仍棄土內，交春遺孽萌動，甚爲可慮。臣已飛飭地方官出示鄉民，凡掘得蝻子一斗交官者，立即給銀二錢；或只數升者，亦照此例減

給。並飭報過生蝻各屬,一併遵行。得旨:甚善舉也。(高宗二〇七、二七)

(乾隆九、六、己酉)諭軍機大臣等:朕聞江南昭陽湖去冬水涸,魚子化爲蝻孽。湖内淤泥,深皆尺許,難於捕滅,遂爾成蝗,飛至附近各縣及山東地方,將爲禾稼之害。朕思蝗蝻之患,原可以人力驅除,即淤泥之處,亦當乘其初起,盡力設法捕治,稍有遲緩,便難捕滅矣。可寄信與江南總督,遴委文武員弁,多派人夫,竭力捕治。務净根株,毋致蔓延滋患。(高宗二一八、三)

(乾隆九、六、乙丑)諭:朕前聞江南昭陽湖去冬水涸,魚子化爲蝻孽,遂爾成蝗,飛至山東地方,將爲禾稼之害。近又聞河南永城縣,有飛蝗從江南蕭縣飛入境内,夏邑縣有飛蝗自江南宿州,由該縣之韓家道口集地方飛過。夫蝗蝻之患,原可以人力驅除,總當乘其初起,盡心設法捕治。若稍遲緩,便難捕滅。今江南之蝗,至將貽害鄰省,則江南督撫,辦理此事,不能盡心可知。著飭行。仍令速行查明飛蝗起自何處,將從前捕蝗不力之各該地方官,逐一指參示儆。(高宗二一九、三)

(乾隆一〇、五)[是月]安徽巡撫魏定國奏:本年生發蝻孽處所,惟青陽、當塗、無爲、和州等處尚未報到捕净。其貴池等十數州縣,現在陸續據報撲滅無遺。得旨:恐尚有未盡之蝻種,宜亟力督捕。此等處,慮汝過於柔懦,行小惠而致大害也。慎之。(高宗二四一、二三)

(乾隆一七、七)[是月,安徽巡撫張師載]又奏:泗、虹、靈、宿等州縣,蝗蝻萌生。臣親往督捕净盡。得旨:此猶恐有未盡之處,即如七月半尚有蝗蝻,此非撲捕不力而何。今歲姑寬汝,明年若仍不先事豫防,將罪及汝。汝亦何必爲一、二劣員,取名市惠哉。(高宗四一九、一九)

(乾隆一七、九)[是月]江蘇巡撫莊有恭奏:淮、徐、海三府州屬入夏以後,蝗蝻發生。臣檄飭各州縣實力撲捕。秋成尚屬豐稔。得旨:豈有近冬而始奏捕蝗事竣之理,非所以重民瘼也。戒之。(高宗四二三、二四)

(乾隆二四、三、乙巳)江蘇巡撫陳宏謀奏:江南蝗患,淮、徐、海最甚,江寧、揚州次之。奉諭以米易蝗,現將入夏,宜廣行搜捕。查飛蝗經過,即便下子,飛蝗雖滅,遺孽猶存。凡有蝻子之土,小穴可識,去冬已委員跟踪搜挖,給錢收買。據各屬報收,自七、八十石至二百餘石不等。或有未盡餘孽,再於出土跳躍時,分頭撲捕,俾附近窮民,各圖得錢,爭捕務盡。買價每蝻子一升、給錢十文,照例於耗羨項下開銷。此時多挖蝻子數石,將來即少飛蝗無算,是亦除患未然之一策也。得旨:嘉獎。又諭軍機大臣等:陳宏謀奏搜蝻子情形一摺,所辦頗爲詳細。因念近京所屬,如天津一帶，地多窪下，數年以來雖無蝗蝻萌動，但去年雪未霑透，今春雨澤亦稀，凡濱水地方，恐有魚蝦遺子潛滋爲累者。現在節屆夏令，地氣上蒸，理宜先期體察、防患未萌。著傳諭方觀承，令其嚴飭地方官留心查勘，遇有遺種，即行設法搜捕收買，務使根株淨盡，以利農功。所有陳宏謀摺，著一併鈔寄閱看。（高宗五八三、二一）

（乾隆三五、八、壬寅）諭：據范宜賓奏：泗州衛軍屯地內祥家山地方，現有飛蝗，該衛守備焦廷遜諱匿不報。又，來安縣甘家港等處，亦有飛蝗，並無人夫撲捕，實係該縣知縣韓夢周玩誤所致。其署縣事縣丞尚之璜亦不上緊撲捕，該管知府王二南並不實力督捕，轉出具淨盡甘結，請交部嚴加議處等語。焦廷遜、韓夢周、尚之璜〔潢〕、王二南均著交部嚴加議處。胡文伯前爲該省巡撫，范宜賓身爲藩司，彼時尚未卸事，所屬州縣既有飛蝗，並不選派誠實妥幹大員，分投盡力嚴查，致各該員得以匿飾數月之久，均難辭咎。胡文伯、范宜賓著一併交部議處。（高宗八六七、八）

（嘉慶八、六、戊寅）又諭：據鐵保奏，沂州府屬之郯城、蘭山等縣地方，於本月初間，先後有蝗自東南飛過縣境，並未停落等語。該府地界，與江南徐州、海州等屬毗連。此次飛蝗來自東南，自必起於江省境內，何以總未見費淳奏及。著傳諭該督，將東省飛蝗係江省何處所出、該地方官作何辦理、現在有無存留傷損禾稼之處迅速查明，據實具奏，不得以前此未經奏聞，稍有迴護。將此諭令知之。（仁宗一一四、一九）

（嘉慶八、七、甲午）又諭：費淳奏徐州府屬，間有飛蝗停落，旋即撲滅一摺。飛蝗停落，豈有成群來往，盡皆枵腹而過之理。摺內所稱並未損傷禾稼之語，殊難憑信。且江省海灘一帶沮洳之區，有魚蝦遺子易滋蝻孽，該督等早應督飭地方官刨挖淨盡。今已報有飛蝗，無論係本境所生及從鄰境飛來，總當遴委實心任事之員，嚴密查勘，迅速撲淨。費淳即確實查明，如有未淨之處，勸諭居民人等上緊自行撲打，或易以錢米。並嚴禁胥役藉端滋擾，致有踐踏禾稼之事。其有諱匿及辦理不善者，即行參奏，勿得諱飾。將此傳諭知之。（仁宗一一六、七）

（嘉慶八、七、丁未）又諭：費淳覆奏，徐州之邳州、宿遷等處飛蝗，近日旋飛旋落，現經分投撲捕惟菉豆等項雜糧稍有受傷，其豐、沛、碭三縣亦有飛蝗，不致停留。又據揚、鎮、常三府稟報，所屬間有飛蝗過境，並據分委撲捕各員稟報，莊稼偶有嚼食，亦不致成片段等語。江省沿海一帶，既經長有蝗蝻，飛落他處，該地方官即應具稟督撫，該督撫等亦當即時陳奏。乃從前並無一字入告，直待朕訪聞後降旨詢問，始據費淳奏稱，徐州府屬間有飛蝗停落，旋即撲滅，未傷禾稼。復經降旨，以該處既有飛蝗停落，豈有成群來往，忍饑待斃，竟於禾稼一無傷損之理，諭令查明據實具奏。今果據奏稱，菉豆等項雜糧稍有受傷，又稱莊稼偶有嚼食，並揚、鎮、常三府亦有飛蝗停落等語，可見前次所奏，並未確實，若非朕根切詢問，則竟以虛詞搪塞，外省粉飾朦混，實爲惡習。朕視民如子，民間耕種收成，與朕息息相關，倘稍有災傷，必當隨時撫卹，所費者官帑，並非地方大吏各出已貲，不知何所瞻顧而必壅於上聞乎。今徐州等屬地方，莊稼既被蝗孽，恐費淳所稱雜糧受傷及嚼食不成片段之語，僅據屬員稟報之詞，尚未詳盡。陳大文此時諒已接任，著即派委誠實妥員，前赴被蝗處所，查明各該處田禾如果受傷無多，大局實係豐稔，自不應率報成災，致啟捏冒。倘實有傷禾稼，或於收成分數稍減，或竟至成災，有應需賑濟緩徵之處，即著據實詳晰具奏，毋得稍有隱飾。（仁宗一一六、四一）

（嘉慶一三、六、庚戌）諭軍機大臣等：據汪日章奏，海州車軸河等處間有蝗孽，已撲滅净盡；又，沭陽、宿遷二縣，有飛蝗過境，並未停落，現飭查明從何處飛來，令地方官實力搜捕等語。山東蘭山、郯城二縣間有蝻孽，據吉綸屢次奏到，江境州縣與之毗連，飛蝗自所不免。但汪日章所稱止於過境並未停落之語，殊不可信。蝗蝻豈能千里飛空，晝夜不止，竟無暫時停落覓食之理。此時秋禾正在長發，一經停落，即恐傷稼，亟應隨地撲滅。但撲捕之法，若官爲督辦，又恐胥吏等從中滋擾，踐踏田禾，轉致無益有損。惟當勸諭百姓，令其自行撲打，官用錢米收買，庶可早期净盡。該撫即妥爲飭屬辦理，設或田禾間有傷損之處，即行據實奏聞，毋稍諱飾。將此諭令知之。（仁宗一九七、二六）

7. 新疆地區

（乾隆五四、閏五、甲辰）又諭曰：尚安等奏，迪化州所屬地方，蝻子萌生，率屬捕滅一摺。所辦甚好。蝻孽孳生，最爲田禾之害，今尚安等一聞稟報，即督率兵夫分途前往，併力趕捕，乘其甫能跳躍之時，迅速撲滅，俾不致傷損禾苗，自應如此辦理。但仍須嚴飭文武員弁加意查察，一有蝻孽萌動之處，立即上緊撲捕，不使稍有存留，方爲妥善。再，迪化州所屬既有蝻子萌生，則鎮西府屬及吐魯番、庫爾喀喇烏蘇等處，境地毗連，亦恐或有延及，尚安等務宜一體留心，豫爲防察，毋使潛萌。將此諭令知之。（高宗一三三一、五）

二、年成產量

（一）報告制度

（乾隆六〇、九、甲子）諭軍機大臣等：本年秋收分數，各省陸續將次報齊，惟甘肅、雲南兩省，至今尚未具奏。雖滇省距京較遠，甘肅氣候稍遲，該督撫等若俟各州縣報齊實數，再行入奏，未免稍需時日。但現在節氣已過霜降，秋糧早經收割，其約得幾分，無難牽算而知。著傳諭秦承恩、江蘭即速查明，據實速奏，毋再遲緩。（高宗一四八七、一）

（嘉慶五、七、甲午）諭內閣：朕廑念民依，於各省雨暘及年歲收成，刻縈懷抱。向來各省田禾夏收秋收分數，多有先奏約收，復於一、二月後題報實收者。在各督撫臚章入告自應覈實報聞，即先報約收分數後，適遇旱潦偏災，收成稍減，原可隨時具奏，何得因先已奏過約收，稍存迴護。乃外省習氣，因州縣離省遠近不一，每虞府司覈轉遲延，於正在揚花吐穗間，即率行約略開報。其所報分數已不足為憑，此後遇有晴雨不時，所收實數未必能如約收之數，該州縣率以具報在前，心存粉飾，即間有災荒，亦以諱匿為曉事。而府司等又輒迴護前詳，即州縣偶有具報者，亦多方駁飭，惟期與原報相符。以致成災之處不加勘辦，且照常催徵，置災黎於不問，實堪憫惻。朕於各省奏報災祲，立時加恩賑濟，惟恐一夫失所，從不許地方官有諱災之事。節經諄諄訓誡，但恐各督撫仍有未能深喻朕意者。著再通行飭諭，各省於奏報約收分數時，即須據實開報；如具報後續因旱潦蟲傷，以致收成不能悉照原數者，該督撫即當據實續行入告，斷不可因奏報約收在先，稍存諱飾。至地方官捏災冒賑之弊，原所不免，但該管上司果訪查確實，又何難嚴參治罪。但不得因豫防冒捏情弊，遂於報災之案，有心批駁，以致民隱不能上通，關係尤重。各督撫尚其體察閭閻，留心民瘼，於陳奏雨暘年歲之摺，語必從實，以副朕惠愛黎元至意。（仁宗七一、一三）

（二）各省情況

1. 直隸　熱河

（康熙三〇、一二、丁亥）理藩院題覆達爾河等種地積穀。上諭大學士等曰：邊外積穀甚屬緊要。達爾河地方，著交與內務府，派各莊壯丁耕種。呼兒河地方，令五旗王等莊屯人前往耕種。其籽粒、耒耜、耕牛，皆令豫備，著派諳練農事官員前往監管，布種完時，酌留耘田之人收穫。其農夫所食米穀，著於古北口所貯米穀，計口帶去。席喇穆倫地方，仍照前議，令盛京人役前往耕種。秋收之時，有收穫多者，該部將監管官員議敘具奏。朕觀各處地畝，肥瘠不同。朕巡視南方，見彼處稻田，歲稔時一畝可收穀三四石。近京玉泉山稻田，一畝不過一石。又見古北口穀田，豐收之年，一穗約三千粒。口外近邊地方，豐收之年，穗幾萬粒。此皆土脈不同，故收穫亦異。以此觀之，達爾河等三處，墾種所費無幾，而所穫必多矣。（聖祖一五三、二五）

（康熙三九、七、庚申）直隸巡撫李光地疏報：直隸今歲大有年，並進清苑縣、安州等處所產兩穗、三穗、五穗嘉禾四十一本，下所司知之。（聖祖二〇〇、一二）

（康熙四六、一〇、己亥）又諭曰：邊外地廣人稀，自古以來，從未開墾。朕數年避暑塞外，令開墾種植，見禾苗有高七尺、穗長一尺五寸者。今年南巡，曾以此語張鵬翮，伊未敢深信。近值邊外收穫之時，命特刈數本，驛送總漕桑額轉示張鵬翮矣。且內地之田，雖在豐年，每畝所收止一、二石；若邊外之田，所穫更倍之。可見地方不同，然人力亦不可不盡也。（聖祖二三一、八）

（乾隆一六、七）是月，直隸總督方觀承奏：直屬自入夏後，雨水雖覺稍多，而隨雨隨晴，田禾易長。各種雜糧，亦皆暢茂結實，雖間有被水被雹數處，亦不過一州縣中之一隅，撫卹易辦。合通省計之，較上年秋成，可望豐稔有加。得旨，覽奏稍慰。所云有加，能加幾倍乎？尋奏：查上年秋收，合計高阜窪地，約有八分。惟久雨之中，田禾雖盛而穀粟多秕，未若今年秋禾暢茂，兼得堅實。詢之農民，俱云，可加上年十之三、四。得旨：覽奏俱悉。關外更覺秋成豐稔。日益欣慰也。（高宗三九五、三〇）

（乾隆二八、七、丙寅）又諭：據楊錫紱奏，天津一帶，田禾種植者，約計不過十分之六、七，交秋得雨後，止可補種蕎麥，秋成未免歉薄等語。天津地勢低窪，又因放水稍遲，已誤春耕。今田禾復不能遍插，秋成恐致歉收；若不及早趕種蕎麥雜糧，貧民其何以資接濟？未審該督現在作何查辦。看來直屬地方，夏間得雨稍遲，螟孽間發，雖經飭令分路上緊撲捕，禾稼恐不無損傷。未知各處田禾光景，究竟若何，將來不致有礙秋收否？並著方觀承作速查明，據實奏聞，以慰厪念，毋稍粉飾。將此傳諭知之。尋奏：天津一帶窪地，水涸後，無不趕種晚禾，最後始種蕎麥菉豆。其已涸不種者，緣濱海地多荒鹻。惟產鹻草，狀如檉柳。紅者名黃鬚草，綠者名鹽蓬。紅者結子榨油和麵，可作餅食，綠者以幹為薪，以枝葉燒灰入水，瀝為鹻塊，亦偶出鹽。百姓藉爲自然之業，尺寸必爭。楊錫紱所見，當是此種鹻地，頗類拋荒，故稱所種不過十之六、七也。臣細詢府縣，此種荒地，青草生則鹻氣退，乃可試種。至蝗蝻生發處所，田禾間有損傷，補種蕎麥，仍望有收。近日各屬得雨，早晚禾稼，無不茂碩。天津各屬皆有八、九十分收成。得旨：覽奏俱悉。（高宗六九〇、二一）

2. 山東

（**雍正一〇、八、己巳**）山東巡撫岳濬疏言：東省自閏五月內，甘雨溥降，從前被旱之處，次第均霑，穀豆雜糧，皆得及時布種，六、七兩月，雨澤均調，秋禾暢茂，現今收穫登場，爲歷年未有之豐稔。（世宗一二二、一一）

（**乾隆一、九**）［是月］山東巡撫岳濬奏報各屬秋收分數。得旨：通省收成，七、八分者居多，而至少者亦係六分，且不過十數州縣，則東省今年可謂豐歲矣。曷勝忻悅之至。（高宗二七、二〇）

（**乾隆一三、五、己酉**）又諭：山東被災地方，朕心刻爲廑念。兗、沂、曹、泰等府，自前月初間普得透雨之後，二麥收成分數若何，秋稼種植情形若何，此後曾否續沛甘霖，其濟南等迤北地方，前此既未霑足，四月杪所得之雨，亦僅二、三寸；此後曾否得雨，秋田曾否播種，二麥是否可救。通省賑務，既經分委查辦，及今幾及兩月，所辦一切散賑事宜若何，委員是否實力奉行，災黎是否均霑實惠。如近來雨澤短少，應作何豫爲籌畫；並未得透雨之處，曾否先事綢繆。高斌、劉統勳及阿里袞等，日久未見奏報，可傳旨詢問，令其逐一詳悉具奏，以慰朕懷。尋奏：查兗、沂、曹、泰等府，於四月內得雨，將及普遍；濟南等迤北州縣，五月初一、二得雨，四、五寸者較多，秋稼在在普種。其麥收分數，前奏六分以上，蓋以豐歉通計而論。若苗穊齊全，顆粒堅實地方，不但可以餬口，且多入市糶賣，價亦漸減。其被旱處所，臣阿里袞已查明賑借。至臣等及科道等分路查賑，不致遺漏。惟青、萊一帶，僻處海隅，去運河較遠，難於輓運，故前請暫通奉天海運，將來商販絡繹，米穀充溢，臣阿里袞當飭各屬照時價買補倉儲，豫籌民食，亦屬兩便。得旨：覽奏稍慰。（高宗三一五、三一）

（**乾隆一五、一〇、壬辰**）諭軍機大臣等：據吳應枚奏，奉命前往山東，祭告曲阜，沿途見新城、雄縣等處，被淹涸出地畝，種麥尚少；至德州、東平、兗州等處，隴麥亦未全種等語。此摺著鈔寄準泰閱看，令其查明德州等處麥未全種緣由，並吳應枚摺有應照依辦理之處，即行查辦，仍具摺覆奏。再，朕巡幸河南，所過地方，有已種秋麥者，有未經播種者。或係惰農不勤耕作，或因土宜未便全種麥苗，俱未可定。此摺著一併鈔寄詢問鄂容安，令其詳悉據實奏聞。尋準泰奏：東省秋麥，業種十分之七，餘留種棉花、春麥、高粱。緣瘠區佈種秋麥，經寒則麥苗拳縮，沙瘠高阜，止可植種早穀，此實隨地制宜之理。報聞。鄂容安奏：豫省田地，除本係留種秋禾、尚未耕耨外，早麥已見青葱，晚麥現因缺雨，出土稀少。得旨：豫省今冬頗旱，一切應留意，據實奏報辦理，不可稍存粉飾之見也。（高宗三七五、一一）

（乾隆一七、二）〔是月〕山東巡撫鄂容安奏：東省連歲歉收，民情憚於力作，如兗屬向不以五穀爲重，膏腴之地，槪種煙草。登、萊、青、武一帶，濱海民田，或因土性瘠薄、或値沙壓水衝，不加修培，率皆廢棄。濟、東、曹、泰等屬，多別謀生計，不肯盡力田畝；所屬民俗，輕去其鄉，不論豐歉，攜拏就食他方，村隣輪年外出，視同貿易。大抵通省風氣，力田者少、游惰者多。今合計額地九十九萬餘頃，如果比戶力田，每畝多收一、二斗，歲可增穀一、二千萬石。臣與司道等熟計，務俾閭閻敦本重農。而農功尤賴水利，如溝洫不浚，積水難消；河渠不道，貫注無路；下游不治，上游壅淤。已令該道府履勘經理，並勸栽雜樹以收地利，嚴緝捕以弭盜風。得旨：好。所見甚是，勉力爲之。東省實覺廢弛，應整頓也。（高宗四〇九、一四）

3. 甘肅

（康熙三二、九、丙辰）護軍統領蘇丹等疏言：臣等查甘州、涼州在西北陲，所植之苗，惟麥黍豌豆而已。甘州所屬，雖略種稻，而不甚多。（聖祖一六〇、一一）

（雍正七、一一、乙未）署川陝總督查郎阿疏言：招往安西沙州等處屯墾民戶，統計共有二千四百零五戶；所種小麥、青稞、粟穀、糜子等項，計下種一斗，收至一石三、四斗不等，其餘各色種植，亦皆豐厚，家給人足，莫不歡忻樂業。（世宗八八、二一）

（乾隆六、七、庚午）〔戶部〕又議准：甘肅巡撫元展成奏稱，甘省邊徼氣寒，地土磽薄，民間種植，止就地土所宜，分種夏秋兩禾。一地之內，既種夏禾，則不能復種秋禾；播種秋禾，則不能先種夏禾。若夏禾既經被災，則已終歲失望。必俟秋穫時始行查辦，不特被災地畝，並無可勘之秋禾，亦且有收之秋禾，並非被災地畝。請嗣後甘省各屬，倘遇夏災，仍照舊例按時分辦。從之。（高宗一四六、二一）

（乾隆九、三）〔是月〕甘肅巡撫黃廷桂奏：甘省農事草率，收穫有限。督率有司，教民易耨深耕，布種鋤草。分別勤惰，量加勸懲。得旨：專以農

桑課有司,此爲政之體也。(高宗二一三、二三)

　　(**乾隆三六、六、辛巳**)諭:……今據署總督文綬奏稱,甘省州縣,有於四月中得雨已足,業經補種秋禾者,尚可望有收成;其得雨較遲之處,晚禾不能復種,現需籌辦等語。甘肅土瘠而寒早,歲止一收,其曾經及時趕種者,尚可冀秋成有穫,若夏秋俱未及種,小民終年待哺,口食維艱。(高宗八八六、一七)

　　(**乾隆三七、九、戊申**)諭軍機大臣等:本日勒爾謹題報甘肅省本年夏禾收成分數,統計六分有餘。該省今歲雖間有被雹被水偏災州縣,不及三分之一,而通省豐稔之處甚多,不應僅得中收之數。向來統計收成分數,俱係多少相乘,折中定數。今該督疏內所開收成分數,八、九分者約居十之六,七分以下至五分者約居十之四,覈計自應七分有餘,該督何以僅云六分有餘,是否總覈舛誤。著傳諭勒爾謹查明具奏。尋奏:本年夏收分數,按州縣撒數,自八九分至五分有餘不等,若將各屬尾零之數計入,原係七分有餘。因乾隆二十八年,前撫臣明山奏准,題報收成分數,悉令除去尾零,統以分數爲止。節年遵照辦理。今統九府三州共八十三處,將尾零悉行刪除,是以不足七分。得旨:太拘泥矣。(高宗九一七、一)

　　(**乾隆四二、八、己亥**)諭軍機大臣等:據勒爾謹奏,甘省歲止一收,種夏禾者不能復種秋禾,今歲夏禾雖被災傷,而兼種秋禾之家,收成有望等語。所奏殊未明晰。既云甘省歲止一收,種夏禾者不能復種秋禾,因何又有兼種秋禾之事;若秋禾既可與夏禾兼種,即與別省情形無異。甘省歷年被旱,俱係四、五月間居多,何不勸令百姓將秋禾多爲兼種,以防夏旱,若因夏禾業已被旱,將枯苗拔去,復種秋禾,則又不得謂之兼種。摺內所敘情節,頗覺前後矛盾,此乃奏摺措詞未能清晰所致。著傳諭勒爾謹即將甘省農務實在情形,詳晰覆奏。至被災較重各處貧民,仍當飭屬妥辦,俾窮黎均霑實惠。將此一併傳諭知之。尋奏:甘省地氣寒冷,民間種冬麥者,不及十分之一。夏禾七月成熟,秋禾九月成熟,歲止一收。其地畝多者,種夏禾十之六、七,餘則續種秋禾;地畝少者及氣候早寒,或地處背陰,止種夏禾。此秋禾有兼種不兼種也。再如四月缺雨、五月得雨,尚可拔去枯苗,翻種荍麥。今歲至秋初方得雨,是以止種夏禾者不能翻種秋禾。幸今春雨雪優霈,廣種麥豆,凡背陰下濕之地,總有薄收,故夏災較去歲爲輕。至現在偏災,臣惟率屬認真查辦,務使小民不致一夫失所。報聞。(高宗一〇三八、一〇)

　　(**乾隆四六、九、己巳**)諭曰:李侍堯奏甘省雨水禾苗情形一摺。據稱夏秋以來,連得雨澤,各府州縣,屢次稟報入土深透,田禾成熟,秋收可期豐稔等語。甘省歷年以來，地方官以冒賑之故，每以旱歉入告，朕未知其弊，實爲憂之。今據李侍堯奏報，夏秋以來，霽澤頻霑，並無被旱之區。可見該省雖稱地瘠民貧，並非雨露所不到，從前屢以旱災爲言者，總以監糧可以冒賑，該地方官竟視報災爲常例，藉詞虛捏，以便侵漁。即有實在被災年分，亦因劣員等從中取利，朘民肥橐，百姓鮮受實惠，以致積成戾氣，雨澤愆期。今經徹底查辦之後，夙弊風清，民情豫順，其感召天和，雨暘時若，未必不由於此。然此不可視爲恒例，以後若果有遇旱歲歉，該督即當據實奏報，朕仍加恩賑恤。並令督率屬員，毋蹈前轍，俾窮民均受實惠，毋忽。所有李侍堯奏到摺，著發鈔，並諭中外知之。（高宗一一四一、三〇）

4. 新疆

（乾隆四、一二、辛巳）駐防哈密赤靖等處陝西固原提督李繩武奏報：甘、涼、西、肅、西安五鎮營官兵，在蔡巴什湖等屯種夏秋田一萬畝，本年收穫小麥三千八百六十石零、糜子一千八百八十三石零、穀三千五百十一石零。報聞。（高宗一〇六、二〇）

（乾隆二一、一〇、乙亥）大學士管陝甘總督黃廷桂奏：巴里坤現派滿兵駐防，應酌設屯田，以省兵糧運費。查該地頗宜青稞，兼有南山雪消之水可資灌漑，計布種一千石可收成九千石；應豫開溝渠、置犁鏵農具二百五十副、牛馬五、六百頭，並派甘、涼、肅三處熟悉耕作兵五百名前往。俟春融播種，秋收後悉令入城居住，又可添壯軍容。統照駐防例三年一換。得旨：具見留心，如所議行。（高宗五二四、一九）

（乾隆二二、四、乙丑）大學士管陝甘總督黃廷桂奏：前經臣奏，派兵二百名，赴塔勒納沁開墾屯種；本年春，經署鎮臣祖雲龍派都司王麟，帶兵墾種。今臣往回哈密，復行飭查。據該鎮稟稱，塔勒納沁地方，從前約地三千餘畝，自乾隆七年停種後，渠道淤塞，開挖修築，在在費工；現在止地一千五六百畝，可種青稞一百五、六十石，餘至明歲辦理。臣查邊屯有裨兵食，創始未免稍艱，今塔勒納沁荒地既已開墾一千餘畝，一、二年內自可次第修復。報聞。（高宗五三六、一〇）

（乾隆二三、三、癸丑）又諭：昨因軍需羊隻道遠多致倒斃，諭永貴等，於屯田處所，廣爲墾種，以裕軍食。今據永貴、定長等奏稱，本年在烏嚕木齊、闢展、托克三、哈喇沙爾等處，共派屯田兵三千六百名，墾地二萬九千二百畝，計布種一千四百餘石，可收穀三萬六百石，較去年吐魯番、闢展之數，加增三倍等語。多種地畝，於軍食有益。現派兵數，尚覺其少，或伊等計抽調留候成熟，僅得此數耶？抑或難於多得耶。但添派綠旗兵丁，其後隊尚未起程者，多係閒住，不妨暫令乘時布種，再陸續前往。至永貴等辦理屯田，當親往察看，董勸兵丁。其勤於力作、多種地畝者，即量加賞賚，以示鼓勵。（高宗五五九、一九）

（**乾隆二三、九、乙酉**）又諭：據永貴奏稱，將兆惠所議屯田收成分數，每人墾田二十五畝，所收穀石，可給八、九人之食，詢問官兵等，俱稱必係成熟之地，一家有四、五人助力，方如前數，若一人墾田，即盡力不過十四、五畝，可食三、四人等語。此特據綠旗官兵等飾説，遂以爲實，不但與兆惠所奏不符，即以內地情形而論，四民之中，農居其一，尚能積貯有餘，流通出糶，永貴等豈未聞知。或因初墾之地，收成歉薄，若將來由近及遠，以漸增加，仍執此定數，安足以給軍食。可傳諭永貴等加意勸課兵丁，務如農民治田，不留餘力，視其所收分數，再行定議具奏。（高宗五七〇、三）

（**乾隆二三、一〇、辛巳**）辦理屯田侍郎永貴等奏：本年闢展等五處屯兵，共三千六百名，屯田三萬三千五百四十五畝，每畝收穫一石九斗至一石四斗不等，共收穀三萬七千三百四十餘石，較去年多收六千七十餘石。明年自闢展至哈喇沙爾、烏嚕木齊新舊兵丁，又烏嚕木齊附近額林哈畢爾噶、羅克倫、昌吉至西托摩楚克等處新兵，共需籽種一千五百二十石，餘穀三萬五千八百二十六石，碾米一萬七千九百十三石，共敷官兵跟役九千一百九十人七月口糧。不足之數，次年所種小麥、青稞，六月內即可收穫接濟。諭軍機大臣等：永貴等所奏，闢展等處屯田收穫分數，看來祗敷屯兵口糧，其伊犁駐防官兵，仍需籌畫。可傳諭兆惠，遵照節次諭旨辦理。至從前屢諭永貴等確查收成分數，除新舊屯田兵丁外，尚足敷幾千人之食；伊等遲久方奏，微覺難於籌辦，不思內地農民，何以畝有餘糧。蓋由家長善於勸課，且食用撙節，毫無欺隱耳。兵民雖異，其理則同，永貴其悉心經畫，於軍需自有裨益。（高宗五七三、二三）

（**乾隆二四、一〇、丁亥**）護軍統領努三等奏：……查烏嚕木齊新舊屯田兵一千名，舊兵除差遣外，實屯田兵六百七十四名，種地一萬五千一百餘畝，收麥、黍一萬二千二百四十餘石；新兵二百名，種地一千五百餘畝，收麥、黍二千二百四十餘石。舊兵所種，較上年加倍，其收穫亦如之。報聞。（高宗五九八、二三）

（**乾隆二四、一一、甲子**）又諭曰：定長等將本年闢展、托克三、烏嚕木齊、哈喇沙爾、喀喇和卓等處屯田收穫分數具奏。又稱，除烏嚕木齊外，其他地畝，較之初種時，漸覺歉薄等語。此等田畝，雖不能如內地人工糞治可以常年耕種，但地頗寬敞，彼此遞年互調耕作，自有餘力。著傳諭楊應琚

會同舒赫德、定長悉心講求，酌議具奏。（高宗六〇一、八）

（乾隆二四、一一、丙子）大學士等議覆：陝甘總督楊應琚等奏稱，塔勒納沁共墾地五千餘畝，氣候漸暖，除青稞、小麥外，試種豌豆，收成已有七分，明歲即可全植麥豆，就近支給兵食馬料，可省內地輓運。惟口內田地，全資糞壅，口外並無糞土，若連年翻種，則土脈微薄。必須分半休歇。輪番樹藝，俾地力緩息，發生益茂。再，塔勒納沁屯兵墾種，現既試有成效，請照臣等原議，將黃墩營都司一員、兵二百名，俱挈眷搬移哈密安置。其黃墩營都司，改爲哈密屯田都司，常住塔勒納沁，聽哈密副將管轄。令該副將每年撥兵二百名，輪流更替屯種。黃墩營仍留千總一員、兵一百名駐劄，聽靖逆營遊擊管轄等語。均應如所請行。至塔勒納沁屯田官兵，量蓋房屋之處，應准其酌建。仍令該督估報工部。從之。（高宗六〇一、三二）

（乾隆二五、九、癸丑）又諭：據阿桂奏稱，本年伊犁屯田，以播種計之，上地所穫二十倍，中地所穫十倍，足敷千餘人來年麥熟前之食。將來增墾益多，則需人益衆。並請於闢展廢員內，遣原任副督統圖克善、劉揚前來効力等語。今年數百回人，甫經耕墾，即收穫豐裕，覽奏殊爲欣悅。伊犁地廣，屯田以多爲善。其圖克善等，俱照所請發往；若仍需人承辦，則烏嚕木齊効力官員頗多，著一面具奏，一面調遣。亦傳諭烏嚕木齊大臣等知之。（高宗六二〇、一三）

（乾隆二六、一〇、丁卯）阿克蘇辦事都統侍郎海明等奏：據阿克蘇阿奇木伯克色提巴勒氏等稱，本年收穫豐裕，請將現收穀，公派五百石，建倉貯備。俟積至五千石即停等語。應如所請。報聞。（高宗六四六、五）

（乾隆二六、一二、戊寅）諭軍機大臣等：阿桂等奏稱，伊犁屯田八千畝，收穫大小麥、穈、粟、青稞等穀共二萬七千一百石有奇，約二十分以上等語。伊犁屯田豐收，皆官兵勤於力作所致。所有屯田各官員，俱交部議敘；兵丁等，著阿桂酌量賞給，以示鼓勵。（高宗六五〇、二〇）

（乾隆二六、一二、戊寅）又諭：伊犁屯田回人八百戶，收穫大小麥約二十分以上，穈、粟、青稞約四十分以上，合算每人收穀四十石。應令其各交米二十石，定爲成額，則回人益知勤動。嗣後人給籽種一石五斗，以交糧十六石爲率，所種四項穀石，有豐歉不齊，亦可通融抵補等語。回人等，著與兵丁一體酌量賞給，管理屯田回人之前鋒、參領等，俱著交部議敘，其定額交糧之處，俱如阿桂等所請行。（高宗六五〇、二〇）

（乾隆二八、一一、癸酉）諭軍機大臣等：據伍彌泰奏稱，三屯種地兵丁，每兵種地二十畝，現在收穫米麪十四石至十五石不等，可否將辦理屯田

官員及兵丁等加恩之處請旨等語。著照所請，官員等交部議敘，兵丁各賞一月鹽菜銀兩，以示獎勸。（高宗六九九、六）

（乾隆二九、一二、甲午）又諭曰：綽克托等奏，烏嚕木齊等處屯田兵二千九百名，共收糧五萬七千餘石。可否將辦理屯田之總兵德昌及管屯官員，交部議敘，兵丁賞給鹽菜銀兩等語。著照所請，將總兵德昌及管屯官員交部議敘。兵丁各賞給一月鹽菜銀兩。（高宗七二五、二）

（乾隆三〇、一二、己未）又諭：據伍彌泰等奏，本年庫爾喀喇烏蘇等三屯，烏嚕木齊三營及呼圖畢一屯，兵丁收穫米麪，每名俱至十三石有零。可否將管理屯種事務頭等侍衛額爾德蒙額並管理烏嚕木齊三營、呼圖畢一屯之官員交部議敘；兵丁賞給一月鹽菜銀兩之處，請旨，等語。著加恩照伍彌泰等所奏，將額爾德蒙額並承辦官員，俱著交部議敘，兵丁各賞給一月鹽菜銀兩。（高宗七五一、三）

（乾隆三八、九、甲戌）又諭：據巴格奏，濟布庫、古城二處屯田兵丁，每人收穫細糧二十五石四斗，與議敘之例相符，請將官員等議敘，兵丁等賞賚等語。著照所奏，屯田官員，交部議敘，兵丁等獎賞。（高宗九四三、八）

（乾隆三八、一二、己亥）諭：據綽克托等奏稱，烏什種地兵丁，每人收穫細糧十九石有奇。請將官員議敘，兵丁給賞等語。著照所請，將副將陳聖謨等交部議敘，兵丁等賞給一月鹽菜銀雨。（高宗九四八、三〇）

（乾隆三九、八、壬辰）又諭：據巴格奏稱，巴里坤所屬濟布庫、古城二處種地綠旗兵丁，每人收穫細糧二十五石四斗有餘，將官員等議敘、兵丁等賞賚等語。著照巴格所奏，官員等交部議敘，兵丁照例賞賚。（高宗九六四、二三）

（乾隆三九、一二、壬寅）諭：據索諾木策凌等奏各營屯兵丁收成分數，摺內稱，吉木薩營三十九年種地兵丁，每名收穫細糧二十三石有奇，與議敘給賞之例相符等語。管理吉木薩營種地官員，著交部照例議敘，兵丁著賞給一月鹽菜銀兩。該部知道。（高宗九七三、一四）

（乾隆四一、一一、癸未）又諭曰：永慶等奏，烏嚕木齊所屬中、左、濟木薩三營並瑪納斯屯，四十一年分，種地兵丁每名收穫細糧均在十五石以上；又，中、左二營並瑪納斯屯，四十一年分，種地遣犯每名收穫細糧均在六石六斗以上，並與議敘給賞之例相符等語。所有該管官員，並著交部議敘；兵丁，賞給一月鹽菜銀兩，遣犯，日給白麪半勺，以示獎勵。該部知道。（高宗一〇二〇、一七）

（乾隆四一、一一、癸未）又諭曰：永慶奏，庫爾喀喇烏蘇、精河二屯，四十一年分，種地兵丁，每名收穫細糧均在二十石以上；又，庫爾喀喇烏蘇種地遣犯，每名收穫細糧七石六升零。均與議敘給賞之例相符等語。所有該管官員，並著交部議敘；兵丁，賞給一月鹽菜銀兩；遣犯，日給白麪半觔，以示獎勵。該部知道。（高宗一○二○、一七）

（乾隆四一、一一、壬辰）又諭：據永慶奏，本年分，巴里坤營種地兵丁，每名收穫細糧在十五石以上；古城等營種地兵丁，每名收穫細糧在二十四石以上；並巴里坤種地遣犯，每名收穫細糧在十五石以上；均與敘賞之例相符等語。所有巴里坤、古城等處管屯官員及管遣犯官員，俱著交部議敘；兵丁，著賞給一月鹽菜銀兩；遣犯，著賞給一月口糧。該部知道。（高宗一○二一、一○）

（乾隆四二、一二、甲午）又諭：據索諾木策凌奏，巴里坤種地兵丁，每名收穫細糧在十五石以上；古城木壘種地兵丁，每名收穫細糧在十八石以上；並巴里坤種地遣犯，每名收穫細糧在十五石以上；均與敘賞之例相符等語。所有巴里坤、古城等處管屯官員及管遣犯官員，俱著交部議敘；兵丁，著賞給一月鹽菜銀兩；遣犯，著分別賞給麪觔。（高宗一○四六、二）

（乾隆四三、一一、辛亥）諭：據索諾木策凌等奏，哈密蔡把什湖種地兵丁、遣犯，收糧在十八石以上，與敘賞之例相符等語。所有蔡把什湖之管屯管遣犯各員弁，著交部議敘；兵丁、遣犯，賞給一月口糧。（高宗一○七一、二一）

（乾隆四三、一一、辛亥）又諭：據索講木策凌奏，瑪納斯左右二營、庫爾喀喇烏蘇、晶河並提標中右二營、濟木薩營、巴里坤營種地兵丁，每名收穫細糧均在十五石以上；古城穆壘營種地兵丁，每名收穫細糧在十八石以上。又，瑪納斯左右二營、提標中左營、庫爾喀喇烏蘇、晶河種地遣犯，每名收穫細糧均在六石六斗以上；巴里坤種地遣犯，每名收穫細糧在十五石以上。均與議敘給賞之例相符等語。所有瑪納斯等處管屯官弁及管遣犯官弁，俱著交部議敘；兵丁，賞給一月鹽菜銀兩；遣犯，分別賞給麪觔。（高宗一○七一、二二）

（乾隆四四、一一、丙戌）又諭：據申保等奏，烏什屯田兵丁，每名收穫細糧在十九石以上，請將管理屯田事務官員護敘，兵丁賞給鹽菜銀兩等語。著照所奏，管理屯田事務官員，著交部議敘，兵丁，賞給一月鹽菜銀兩。（高宗一○九四、七）

（乾隆四九、一一、癸亥）諭：據福康安奏，哈密所屬塔勒納沁一屯，氣候較寒，土瘠泉少，本年收成，覈計每名在十三石以上，功過足以相抵；若照海祿奏定加增三、四分以上，另議賞罰，則該屯收成分數，勢難及額，轉無以嚴考覈而程實效。仍請照從前賞罰舊例辦理等語。塔勒納沁一屯既係限於地利，非人力所能爭，如徒增分數，勢必逐年虧短，仍屬有名無實；且兵丁等耕作三時，不免頻年受罰，亦不足以勵其力穡之心。所有該屯收成分數議罰之處，著照福康安所請，悉依舊例辦理。(高宗一二一八、二三)

（**乾隆五〇、二、丙戌**）軍機大臣議覆：據烏什參贊大臣海祿奏稱，烏什現有屯兵四百名，按定例每名種地二十畝，交十五石者，功過相抵；十八石以上者，官則議敍，兵則獎賞。烏什地廣水足，歷年豐收，俱交至十八九石不等，並無賠累情事；所有屯田兵丁交納分數，請仍照舊例辦理。應如所請。從之。(高宗一二二四、九)

（**嘉慶二、一一、己丑**）諭內閣：塔爾巴哈台參贊大臣貢楚克扎布奏本年屯田收成十八石以上，請將官員咨部議敍，兵丁各賞一月鹽菜口糧一摺；又，另片奏，察哈爾額魯特田畝豐收，牲畜茁壯等語。察哈爾田畝豐收情形，即可於摺內一併聲敍，何必另用夾片，致滋煩瀆。……將此通諭知之。(仁宗二四、一九)

5. 安徽

（**乾隆五、八**）［是月］安徽巡撫陳大受奏：……江北之鳳、潁、泗等府州，向來播種粟穀爲多。(高宗一二五、一七)

（**乾隆五、九、丙子**）調任兵部尚書署兩江總督楊超曾議覆：給事中朱鳳英奏，安省廬、鳳地方，於秋麥小米之外，別無所種，原野蕭條，百無一有。(高宗一二六、一二)

（**乾隆五、九**）［是月］安徽巡撫陳大受奏：安省阡陌相連，原無遺利，惟高阜斜陂處所，茂草平蕪，竟成荒廢。春間令民試種旱稻，現在每畝收成，竟有至兩石者。明歲當令各州縣，廣爲樹藝，以收地利。得旨：如此諸凡留心，甚慰朕懷也。(高宗一二七、三〇)

（**乾隆九、一二**）［是月］署安徽巡撫準泰奏：教養之法，實有體用相生之義。鳳、潁、淮、泗之間，地既瘠薄，其力穡者，於深耕易耨之法，昧然不識，惟仰聽天時，懶惰成習；其蠶桑樹植，亦多坐失地利；至陂塘積貯，更非小民所能自爲。一遇水旱，流移轉徙，甚至鋌爲盜賊，總由安省吏治因循，大都以簿書期會，竭蹶無誤，即爲奉職，其留心教化者，未能多見。臣愚以爲化民之本，察吏爲先；而察吏之道，又必激揚懲勸，悉歸切實。惟有悉心察覈屬員賢否，次第甄別。得旨：所奏俱悉。不可欲速，亦不可終怠，實力妥協爲之。(高宗二三一、一七)

（**乾隆四四、二、丙辰**）又諭曰：閔鶚元奏地方情形摺內，稱桐城、懷寧向來稻田兩熟，種麥較少。現在雨水透足，池塘充滿，即可蓄水養秧等語。自屬實情。（高宗一〇七六、二）

（**乾隆五二、八、庚戌**）諭軍機大臣等：昨據書麟奏到安徽省收成分數。其約收十分者，係蕪湖一縣；九分者係歙縣、休寧等八縣；八分者係婺源、祁門等八州縣。而於通省收成共有幾分並未提及。且被水之亳州、蒙城等州縣，是否尚有幾分收穫之處，亦未詳確查明。著傳諭書麟即將安徽通省秋成合算，實有幾分，並被災州縣收穫情形若何，詳查分晰具奏，以慰厪念。（高宗一二八六、二六）

6. 四川

（**乾隆七、九**）［是月］四川巡撫碩色奏報：通省收成約有九分以上。得旨：以手加額覽之。年歲既屬有收，積貯不可不留心。若得多糴官穀，既可以備別省之需，復免本省穀賤之患。汝酌量情形，速行奏來。（高宗一七五、三六）

（**乾隆二八、一二**）是月，四川總督阿爾泰奏：成都等府，於每年稻收後，接種豆麥菜子，俗名小春，收後仍可種稻。惟重慶夔州止知種稻，臣飭各州縣諭農，亦於收稻後，接種麥豆，成都、潼川、順慶多係土山，尚可開墾，飭州縣招民認墾，酌借貧民社穀，為墾耕資。南充縣有旱地數千畝，小山坡外，有山泉順坡下注，飭縣督民於山坡開鑿溝槽，引泉注地，以資種稻。成都煤炭，遠由嘉定運售，腳重價昂，飭近省州縣查尋煤線，酌無礙處開井。崇慶、灌縣，現在試探，產煤甚旺。（高宗七〇一、一五）

（**乾隆二九、四**）［是月］四川總督阿爾泰奏：邛州屬蒲江縣境內，向有旱田一千餘頃，與雅州府屬名山縣之龍爪灘交界，從該灘開堰挑渠，即可引水分注，計可改水田十萬餘畝。又，潼川府屬三臺之涪城壩，延長六十餘里，舊有乾河溝一道，上通涪河口，若去沙石引水入溝，多開支渠，可灌田十萬餘畝；敘州府屬屏山縣，保寧府屬南江縣，各有荒田地百餘里可以開墾。現均督員經理。得旨：嘉獎。（高宗七〇九、一九）

（**乾隆三一、一二**）［是月］四川總督阿爾泰奏：都江堰歲修工程，為數十州縣水利所關，本年江水疊漲，其淤停汕刷處，均應乘時濬築。前飭該管廳縣趕辦，臣覆親往驗看，各工俱屬穩固，淤積處一律深通，並飭將堰底較往年加深一、二尺不等。現在業經收工，即日開壩放水，俾下游各州縣引渠支河各堰塘，俱及早得水，豫為浸潤稻地。其都江堰上游汶、保、茂一帶，沿江山溪河港，凡可蓄水處，亦豫飭修築埂壩，各為蓄水，俟來春插秧需水時，次第開放。臣又順赴附近各州縣查看新種茶樹，較前益多。年來餘茶倍增，茶戶茶商，均資其利。又，旱地新改水田，蒲江地方計自二十九年至今，已共有千餘頃；華陽、仁壽、彭山等處，亦改墾數百頃。至馬鞭等處，新墾荒地千餘頃，各墾戶攜眷安居，請領照票，以爲恆產。臣恐小民以歲豐登，罔知節儉蓋藏，現飭所屬嚴禁燒鍋賭博，並勸諭士民酌輸義社穀石。得旨：諸凡皆務民本圖，欣慰覽之。（高宗七七五、二七）

（**乾隆三二、一一**）［是月］四川總督阿爾泰奏：赴滇兵馬，經由寧遠府屬，地勢崎嶇，前飭各處修造橋道，查驗俱極穩固。該地山多田少，臣將近水旱地，令其設法改種稻田；其山角隙地，墾種雜糧；不能佈種處所，令種茶椒桑麻。……得旨：覽奏俱悉。（高宗七九九、二四）

（**乾隆三九、六、癸卯**）［定西將軍尚書阿桂、定邊右副將軍尚書公豐昇額、參贊大臣領侍衛內大臣色布騰巴勒珠爾］又奏：小金川地方，山坡平坦之處，去歲番人種有秋麥，茲已揚花吐秀，雖爲數無多，亦不可令其偷割。查沃克什、別斯滿等處番人，素皆貧窘，得此足裨生計。現令沃克什土司及管理別斯滿之侍衛等，帶領老弱婦稚收穫，並酌派土兵防護，如有賊番來搶，即痛加殲戮。得旨：嘉獎。（高宗九六一、一三）

7. 其他直省

（**雍正七、一一、甲戌**）貴州巡撫張廣泗進呈黔省瑞穀。得旨：朕從來不言祥瑞，是以從前降旨，自雍正五年以後，各省所產嘉禾，俱停進獻。今據貴州巡撫張廣泗奏稱，新闢苗疆，風雨應時，歲登大有。所產稻穀粟米之屬，自一莖兩穗、至十五、六穗不等；稻穀每穗四、五百粒、至七百粒之多；粟米每穗長至二尺有奇。特將瑞穀呈覽，並繪圖附進。朕覽各種瑞穀，碩大堅好，迥異尋常。又據廣西巡撫金鉷摺奏，粵西通省豐收，十分者十之九，九分者十之一。穀價每石自二錢以至三錢二、三分，乃粵西未有之事。朕思古州等處苗蠻，界在黔粵之間，自古未通聲教，其種類互相讎殺，草菅人命，又常越境擾害鄰近之居民，劫奪往來之商客，以致數省通衢，行旅阻滯，迂道然後得達。而內地犯法之匪類，又往往逃竄藏匿其中，此實地方之患，不得不爲經理者。今總督鄂爾泰，籌畫周至，調度有方；巡撫張廣泗敬謹奉行，殫心奮力。地方寧謐，和氣致祥，感召天和。黔粵二省，歲登大稔，而黔省磽瘠之區，苗夷新闢之地，又蒙天賜瑞穀，顯示嘉徵，以表封疆大臣之善績，朕心實爲慶幸。若歸美於朕，朕不居也。著將張廣泗所進瑞穀圖，交與武英殿繪畫刊刻，頒賜各省督撫，俾觀覽之，共知勉勵。（世宗八八、五）

（雍正一二、一〇、戊辰）諭內閣：朕從來不言祥瑞，屢頒諭旨，曉示天下臣民，是以數年來，凡以嘉祥入告者，朕皆屏拒弗納，而各省之瑞穀嘉禾，誕降者甚多，悉令停其進獻，蓋欲天下臣民，共敦實行，不尚虛文，以爲敬天勤民之本也。今據湖廣鎮筸總兵官楊凱奏報，鎮筸紅苗，甫經向化，今年苗民所種之山田水地，黍稷稻粱，盈疇遍野，及至秋成，則皆雙穗、三穗、四、五、六穗不等，萬畝皆然，苗民額手歡呼，以爲從來未有之奇瑞等語。又據侍郎蔣洞奏報，高臺縣屬雙樹墩地方，在鎮夷堡口外，自開墾以來，人煙日盛，今歲秋成，粟穀挺秀，有一本之內，枝抽十餘穗者，有一穗之上，叢生五、六穗者，屯農共慶爲奇觀，司墾咸稱爲盛事等語。朕思苗疆播種，乃夷民務本之先資，遠徼屯田，關邊塞軍儲之重計，今值經營伊始，欣逢瑞穀呈祥，且地廣穗多，超越於見聞記載之外，仰見天心眷佑，錫福方來，苗民之樂利可期，軍旅之糗糧有賴，此非空言祥瑞而無濟於實用者可比，朕心不勝感慶，在廷臣工，莫不有撫綏苗衆，籌邊足食之同心，聞之定爲色喜，是以將楊凱、蔣洞奏摺，及穀本圖樣，發出共觀之。（世宗一四八、一七）

（乾隆二、一一）[是月] 湖南巡撫高其倬奏報收成分數。得旨：語云，湖南熟，天下足，朕惟有額手稱慶耳。（高宗五七、二〇）

（乾隆八、七）[是月] 吏部左侍郎署湖南巡撫蔣溥奏：湖南產米之鄉，考之圖經，僉云其土廣沃，一歲再穫。今再穫之說，已不復覩。臣擬於明春，凡植早禾之地，於近處飭令一、二家早種，六月中旬便可收割，即捐資令其繼種晚禾。如果有成，小民目擊再穫之效，便可勸諭，令下年照式踵行。得旨：勸民勤農，爲政之本；然亦不可欲速，以病民也。（高宗一九七、二六）

（乾隆二三、九）[是月] 雲南巡撫劉藻奏：滇省夷多漢少，地廣山高，夷性喜食雜糧，高原宜種菸麥。（高宗五七一、三八）

（乾隆五一、一一）[是月] 署廣東提督潮州鎮總兵彭承堯奏：遵例巡閱營伍，各府州縣歲收七、八分不等，新獲雨澤，雜糧蔬菜長發。得旨：聞廣東米貴，此奏或不實乎。（高宗一二六九、二六）

第六節　清政府對各族畜牧業的維護

（康熙二〇、九、辛未）諭大學士明珠等，曰：烏朱穆秦等各旗蒙古，住牧於喀爾喀、巴爾虎之間，先竊彼兩地馬畜，以致喀爾喀、巴爾虎等亦竊其馬畜以報之。曩無盜賊時，驅馬北至涼地牧養，肥壯收回，儘可度冬。自盜賊繁興，夜間不敢放馬，拘於欄柵中，牢籠防護，馬不得肥，以致不能度冬，斃者甚多。……且貧窮蒙古，馬畜被竊，急報該王、貝勒及總統扎薩克等，間有不肖者，或貪飲沉醉，不即遣人緝挐，詳細察究，縱有首告，置若罔聞，躭延時日。有報一馬被竊者，守候食費竟至數馬。今有馬被竊，不敢舉首，多行隱匿，誠以此也。朕聞之，深爲惻然軫念，作何籌畫得以屛息盜賊，貧窮者各遂其生，其令議政王、貝勒、大臣、蒙古內大臣、散秩大臣及來朝貢之外藩蒙古王以下一等台吉以上，公同詳議具奏。尋議政王大臣等議覆：據外藩王、貝勒、公、台吉等言，各汛地應多增人數，嚴密防守，向來守汛不用內地十旗之兵，今此十旗亦應照各旗一體守汛，遇有馬畜被竊等事告之，該扎薩克立即准行，一切事件俱限日歸結，違則嚴加治罪。又，圖納黑公議云：蒙古遊牧地方之外，邊汛之內，各形勝處應屯兵百許。掘濠障守，查緝外賊之入、內賊之出，盜賊似可屛息。又，蒙古內大臣議云：凡汛哨俱按該管旗分地方安置，嗣後管扎薩克之諸王、貝勒、貝子、公、台吉等，果能撫養旗人，屛息盜賊，俾屬下蒙古各得其生，則進級議敍。如該旗盜賊繁多，屬下流離貧困，則酌議罪。奏入，諭曰：喀爾喀各旗蒙古，向來敬慎職貢本朝，無故添汛置戍，於理未協。其一切事件，限日歸結，所議誠是。朕思喀爾喀等，歷世恭順，往來進貢，殊堪憐憫，應遣賢能大臣前往喀爾喀、厄魯特處大恩賚以示柔遠至意。即令遣往之大臣諭以前此內地蒙古、盜竊馬畜，以致喀爾喀、巴爾虎亦行報復，彼此互相盜竊不已，其內地蒙古已經嚴察禁飭外，爾等所屬亦應嚴加約束，爾地亦宜設汛置哨，遇有盜竊，著兩汛互相覺察。(聖祖九七、一七)

（康熙二八、九、癸亥）兵部尚書紀爾他布等疏言：臣等奉命往查汛界內蘇尼特等地方，所駐喀爾喀汗、濟農、台吉等遊牧之處，水草俱佳。其內地蒙古，水草亦不至匱乏。惟偸竊小盜，或時有之。得旨：竊盜時有，皆本管人員怠玩所致，著爾部嚴行禁約。(聖祖一四二、一〇)

（康熙三五、六、己丑）奏皇太后書曰：臣違聖母定省日久，倦切之忱，靡間時刻，遠塞徂征，荷天篤祐，誕奏成功凱旋，已於初五日進邊口。於沿途見蒙古生計，阿霸垓、蘇尼特等旗，駱駝皆健，馬匹較少，牛羊饒裕。察哈爾八旗御牧地方，較前頗覺殷富，我上都馬群，因途次經過，臣咸視之，甚覺充盛孳息。今年塞草蕃庶，牲畜肥碩，湩酒乳酪，家家充牣。途中所進獻駝馬牛羊，不可勝用，從軍之馬皆壯，故大半遣留於口外馬群。每日來迎於道旁者，男婦幼穉，約略一、二千人。臣旋鑣甚速，其追隨不及者，且將隨至京師，途間趨迎拜舞者無算。口內禾苗暢茂。爲此謹具奏聞。(聖祖一七四、二)

（康熙三八、六、辛酉）理藩院題：盜馬賊犯圖薩，應擬正法。上曰：

往者塞外多盜，近朕遣人教養蒙古，申嚴法禁，盜賊屏跡。四十八旗，各獲生理，風俗稍醇。而圖薩獨先犯禁，決不可恕，且此法非朕創之也。太宗文皇帝時，因蒙古等無房舍牆垣，法令若輕，則馬匹難養，故爾定法，以警匪類。嗣後有犯此者，殺無赦。（聖祖一九三、二二）

（康熙三八、一一、戊午）署理理藩院事戶部尚書馬齊等奏稱：阿壩垓多羅郡王烏爾占噶喇布報，伊屬下人等牛隻被賊劫奪，臣部與刑部各差司官一員，帶領古北口、喜峰口官兵查拏具奏。得旨：蒙古生養之計，惟馬匹牛羊是賴。今賊眾行劫，則蒙古生計必致困乏，著侍讀學士喇錫將古北口、喜峰口官兵酌量帶往緝拏。（聖祖一九六、一〇）

（康熙四一、一、丙午）理藩院題：青海貝勒納木扎爾厄爾德尼，請於大草灘等處遊牧，議不准行。上曰：貝勒所請亦是。彼處誠難居住。該部應議賀蘭山等處水草茂盛，准其遊牧。竟不准行，亦屬不合。但其疏請大草灘地方遊牧，此係內地人民雜處，豈可令伊等居住。雖四十九旗蒙古從未有令內地遊牧者，該部若如此議，伊等亦難於再請矣。（聖祖二〇七、七）

（康熙五三、三、癸丑）差往甘肅工部右侍郎常泰、大理寺少卿陳汝咸，請訓旨。上諭曰：朕曾至寧夏，其地方有似蒙古，所種惟青稞，遇歲不收，民即流散。爾等到彼，應與總督鄂海、巡撫樂拜計議，教百姓牧養牛羊。蓋甘肅地方不比直隸、山東，與蒙古同，宜畜牛羊，雖遇荒歲，食乳亦可度日。又地產肉蓯蓉、天門冬，煮食之，味似山藥。又一種沙米，亦可食。被災諸處，爾等親身往勘，會同督撫酌議以聞。（聖祖二五八、一三）

（雍正八、九、乙未）諭八旗蒙古都統：察哈爾地方原係蒙古遊牧處所，若招民開種，則遊牧地方必至狹隘，且民人蒙古雜居一處，亦屬無益。著行文察哈爾總管等，查有此等擅行招民開種之處，作速據實呈報，將前罪悉行寬免，倘仍復隱匿，一經發覺，加倍治罪。（世宗九八、一七）

（雍正九、一一、乙酉）諭大學士等：朕去歲屢降諭旨，令喀爾喀等將妻子牲畜向內遷移於嚴密處居住。乃並不預行遷移，以致貝勒策登扎布等旗分被賊劫掠，牲畜傷損，皆不能遵旨之故耳。昨傅爾丹奏請將策登扎布之屬下，分給眾喀爾喀等養贍，據此辦理，甚不妥協，應查明戶口，給與產業。今扎薩克圖汗王策旺扎布奏請將伊等被掠之官馬官駝，令伊部落內照數賠補。策登扎布屬下之人，被賊擄掠，朕深為惻然，正欲施恩，豈有著落伊等賠補牲畜之理。著俱寬免，交與王丹津多爾濟報銷。（世宗一一二、三〇）

（乾隆一四、六、戊子）理藩院奏請改定民人、蒙古等偷竊牲畜例。得旨：理藩院奏請更定民人行竊蒙古律文甚是。向來蒙古與民人互相偷竊治罪之案，定例原未周詳。蒙古行竊，從重治罪者，蓋因蒙古居住，並無牆垣防衛，易於被竊，是以從重定擬。若民人在蒙古地方，偷竊蒙古牲畜，其易於行竊，與蒙古何異，現今蒙古偷竊民人牲畜，治以重罪，而民人偷竊蒙古牲畜，止從輕杖責發落，殊未平允。況竊匪巧詐，蒙古因見民人治罪甚輕，或賄令民人承認者有之；民人或教令蒙古行竊，而代爲承認者有之。凡在蒙古地方行竊之民人，理應照蒙古律治罪。如謂新定例不無過重，則蒙古之竊蒙古，照蒙古例，蒙古之竊漢人，照漢人例，始爲允當。但蒙古地方遼闊，部落蕃摯，俱賴牲畜度日，不嚴加治罪，何所底止？今將漢人之竊漢人，仍照漢人例；漢人之竊蒙古，照蒙古律；則竊盜自必漸少，而立法亦屬平允。著照理藩院所奏，將律文更定；即行文沿邊駐劄界連蒙古地方之督、撫、將軍等，令其通行曉諭。嗣後民人有在蒙古地方行竊者，即照現定律文，從重治罪。(高宗三四二、一七)

（**乾隆二〇、二、癸酉**）定北將軍班第密奏：……哈薩克游牧，舊在伊犁西北，後多移至東北。現在額爾齊斯之北，亦有與阿睦爾撒納游牧接壤處。報聞。(高宗四八三、二四)

（**乾隆二一、五、己巳**）又諭曰：杜爾伯特人等與扎哈沁等彼此盜竊牲隻，案犯纍纍。皆由準噶爾連年擾亂，以致劫奪成風，恬不知怪。抑知伊等生計全賴牲隻，似此盜竊相尋，牲隻不獲蕃摯，生計焉能充裕？亟須嚴行禁止。著傳諭納木扎勒、舒明、阿蘭泰、巴蘭泰等，通行曉諭杜爾伯特、輝特、扎哈沁、沙畢納爾人等，務各嚴禁所屬毋得盜竊滋事，務期守分，各圖生業，副朕休養群生至意。(高宗五一二、三)

（**乾隆二一、一〇、癸酉**）諭軍機大臣等：兆惠等奏稱，厄魯特人等生計甚艱，所有前赴巴里坤人等，請酌給口糧養贍，俟明春給與籽種，令赴廙集、額布齊布拉克等處及巴里坤、諾爾附近地方種地，秋收後，仍令各回游牧等語。此事甚與目前情事相協，前曾降旨，令將此項人等諭令各回本游牧，因伊犁地方平定，如概留養贍於巴里坤，則伊等原游牧轉成棄地，殊爲可惜。今看伊等情形，經阿逆蹂躪之後，謀生無策，若量給口糧，令其回至游牧，則所給之項不過暫延數日，依然窮困，甚至流爲盜竊，俱未可定。著傳諭雅爾哈善等，即將近日前赴巴里坤之三都克所屬人等及向後仍有似此前來者，俱照兆惠所奏，暫留巴里坤，酌給口糧，仍令伊等照達什達瓦人衆各自謀生，俟明春賞給籽種種地，秋收後，再令回至原游牧，不必拘泥前旨辦理。(高宗五二四、一一)

（**乾隆二一、一二、丙戌**）定邊左副將軍成袞扎布奏：臣奉諭旨，因阿逆未經拏獲，所有來投厄魯特等，未便遣回原處，致滋騷擾。但此等人，既不便盡遣至察哈爾安插，若留在烏里雅蘇臺當差，則又未識道路，不知法紀，亦屬無益。請於察罕廋勒巴顏布拉克地方，令其耕種，派員管轄，毋許滋事，並賞給籽種二百石。諭軍機大臣等：成衮扎布辦理安插厄魯特事宜，甚屬妥協。第念此等人窮蹙來投，是以加恩安插。果安静無事，則應給與籽種，令其耕種自給。倘稍有可疑，著成衮扎布即行勦滅。或賞給喀爾喀等為奴，毋得姑息滋事。（高宗五二九、一六）

（乾隆二二、六、丁丑）又諭曰：喀爾喀各部落遊牧，原係指定地方，令伊等互相聯絡，以資守望。今據索諾木喇布坦等奏稱，上年因逆賊青滾雜卜煽惑滋擾，各部落竟有棄其遊牧遠徙他處者。現在舊遊牧地方棄地既多，奸匪易集，以致往來商旅間被搶掠。已陸續查挐，按律治罪，地方復得寧靜。應令伊等仍歸原地方遊牧，約束屬人共圖生聚，庶於伊等生計有益。再，各部落數年來，間遇災禖，又因軍務未竣，黽勉急公，現有負欠商人銀十餘萬兩。著車布登扎布詳悉查明，動支公項，代為清償。又，上年聞青滾雜卜背叛之信，有將卡座臺站內馬匹牲隻，攜回各遊牧者，本應即令繳還；念伊等生計艱難，並著格外施恩，分年展限，陸續繳還，以紓其力。著車布登扎布詳悉曉諭各部落王公扎薩克等，務期仰體朕加恩曲宥之意，各謀本業，永靖邊隅，以長享太平之福。（高宗五四一、五）

（乾隆二二、八、乙丑）諭喀爾喀四部落汗、王、公、台吉等曰：前因爾扎薩克台吉等不善經理遊牧，以致畢齊罕扣等盜竊肆行。理應嚴加懲治，特派大臣查挐，分別首從辦理。又以盜賊起於饑寒，即發帑辦給貧人產業牲隻，並代還逋欠。爾等遊牧，已覺寧静。恐爾扎薩克台吉等習於玩愒，以為盜賊既除，不復為貧人籌畫生計。又或目前尚知約束，日久漸至懈弛。至爾四部落盟長、副將軍等統率所屬，尤當察其貧困之由，俾謀生有策。其或頑悍不悛者，嚴加約束，有犯必懲。務俾上下安全，共享昇平之福。是用再申訓諭，倘仍不加奮勉，致蹈覆轍。朕惟爾盟長、副將軍及各扎薩克台吉是問。（高宗五四四、二○）

（乾隆二七、二、壬午）軍機大臣議覆：陝甘總督楊應琚奏稱，前青海辦事大臣多爾濟，請將青海入官曠地，撥給該扎薩克等遊牧。查羅布藏丹津入官之地，係與西寧甘肅等提鎮地界毗連，原奏所指察罕鄂博、伯勒齊爾廟、洮賚郭勒等處，現係西寧甘肅等提鎮牧放官馬廠地，其巴爾敦郭勒、特爾懇達坂等處，現有黃黑番族住牧，安插日久，且每歲貢馬納糧，均未便議撥。惟素拉郭勒、西爾噶勒金二處，東西五百餘里，南北三十餘里，現閒曠，且與該扎薩克等遊牧相近，堪以賞給。至西爾噶勒金，過河即係產磺山場，曾經開採，嗣封禁。應指明定界，飭交該扎薩克就近看守。應如所請，並畫定北以山梁爲界，西以河爲界。河東聽其駐牧，河西礦山，即照青海察察寧楚爾鉛礦之例，飭交看守，毋許越界盜採。從之。（高宗六五五、四）

（乾隆二七、七、丁卯）軍機大臣等議覆：察哈爾八旗都統巴爾品等奏稱，鑲黄正黄二旗各牧廠虧缺牛羊額數，應著落該管各員賠補，其無力之一百四人，將伊等所食之餉，酌借買補，俟扣完日議罪。至護軍校兼牧長噶勒桑、吹喇什所管十廠，虧缺尤多，請將伊二人並妻子，發往伊犁，給厄魯特爲奴。此十廠所剩羊隻，歸別廠看守，俟補足後，再設牧廠。均應如所奏。從之。（高宗六六六、八）

（乾隆五四、一〇、癸酉）諭軍機大臣等：據保寧奏稱，土爾扈特車凌德勒克遊牧，較前充裕，請不必督其耕作，聽自謀生理等語。土爾扈特等，歸附之初，因無牲畜，不得已而督其耕作。年來馬畜繁滋，各臻充裕，蒙古習俗，利於牧養，著照所奏，不必督其耕作，聽自謀生。其餘土爾扈特等有請示者，亦照此辦理。（高宗一三四一、六）

（乾隆五六、三、丙戌）諭軍機大臣等：據勒保奏，拏獲劫奪蒙古牲畜賊番，審明正法等語。貴德番民，膽敢糾衆傷人，劫奪牲畜，其情甚爲可惡，今將拏獲之葉噶、丹津、垂布藏等犯正法，所辦甚是。但此案內垂布藏、阿都均係青海郡王所屬蒙古，而反哄誘番民，劫擄牛隻，更屬可惡。青海蒙古，平素不能自顧牲畜，又不謹防卡座，一經被擄，即憑報官辦理，實屬惡習。前已屢經曉示，今反哄誘番民，劫擄本處牲畜，其情尤可痛恨，若不嚴行禁止，成何事體？著傳諭奎舒，將未獲之蒙古阿都等，嚴行查拏，審明從重治罪。（高宗一三七四、二九）

（乾隆五八、八、戊寅）又諭：據保寧奏錫伯、索倫察哈爾、厄魯特等生計情形，內察哈爾部落較爲艱窘，其餘部落皆已安堵，漸可充裕等語。察哈爾等遷移時，途次損傷牲畜已多，兼之數遭疫癘，抵補官畜，是以生計拮据，自應調劑。若將察哈爾所牧官畜，移交厄魯特牧養，伊等不致賠補，或牲畜別可設法籌辦，或將伊部落滋生之項，酌爲生息接濟，以期饒裕之處，著傳諭保寧熟籌具奏請旨，以示朕軫念察哈爾臣僕之意。（高宗一四三五、八）

（嘉慶五、六、丙寅）諭軍機大臣等：台費蔭參奏青海扎薩克貝勒濟克默特伊什等各款。從前青海蒙古屢被生番搶掠，朕俯加矜全，特派大員多帶官兵前往查辦，番衆畏懼，始將所掠牲畜交出，經台費蔭均勻分給，伊等自應感戴朕恩，歡欣祗領；乃反稱被搶牲畜一百餘萬，今僅給還一萬，爲數短少，其言甚屬謬妄。統計青海蒙古牲畜，未必百萬有餘，上年所報被搶之

數，亦不過任意虛捏。(仁宗六九、一九)

（嘉慶一一、二、己卯）諭軍機大臣等：貢楚克扎布奏：番族生齒日繁，現據再四哀求，以地窄人稠不敷牧放，懇將蒙古空閒地方租賃一段，每年湊羊一千隻作爲地租，不敢再爲越界滋事等語。蒙古遊牧處所，原係天朝賞給，但該蒙古生聚有年，此時伊等因被人侵占，情急赴訴，自應將占居番衆代爲驅逐，並令該蒙古等各回原處，設卡寧居，豈能徇番衆之請，將蒙古地界任令伊等插帳遷居，遽行完案。此時一經降旨，將來蒙古等謂朕不能代伊驅逐番帳，轉將其地予人，而番族等亦以此地係大皇帝指明賞給，彼此皆有藉口，成何事體。貢楚克扎布惟當遵照前旨，驅逐番帳，無許侵占。一面傳諭蒙古等努力自強，不可豫存令蒙古讓地之見。設或蒙古實在自揣積弱，不能固守其地，情願將閒地賃給番族，彼時方可允爲代奏，請旨辦理。至番衆所交羊隻，既係蒙古地租，自應給予蒙古，斷無將蒙古地方給與番族，而官收其羊隻之理。即或蒙古不願收取番族羊隻，亦聽其便，不必令其交官，致乖政體。至蒙古賃地之後，番族插帳居住時，仍當官爲勘劃地界，並嚴定罪條。設番族再敢侵越，即當查拏罰懲。設再滋事，更當從重定擬，庶蒙古等不致再受侵占。將此諭令知之。(仁宗一五七、一)

（嘉慶一四、九、丙子）又諭：據那彥成奏，覆行查出照數呈繳搶奪瓦罕人口牲畜之布嚕特畢依伊曼等，請旨獎賞等語。前因布嚕特等搶奪瓦罕人口牲畜，不待索取，即照數呈出，尚屬恭順，除布嚕特畢依等業經加恩毋庸置議外，所有現在查出之柰曼部落布嚕特畢依伊曼、阿哈拉克齊瑪木伯特等，著加恩各賞小卷紬一疋，其隨同呈出搶奪物件之布嚕特等，亦著酌量賞給羊麪，以示鼓勵。(仁宗二一八、二三)

（嘉慶二二、四、己卯）諭內閣：慶祥等奏，熱河行宮左近山陽地畝禁止墾種，並山場餘地可否賞給額魯特遊牧一摺。熱河居住額魯特，生齒日繁，畜養馬匹增多，著加恩將普寧寺東西山場建廟餘剩地面，一併賞給額魯特遊牧，不准私招民人開墾。餘俱照所議辦理。(仁宗三二九、三)

（嘉慶二二、一二、己卯）諭軍機大臣等：慶溥等奏酌定牧廠地界，並繪圖貼說一摺。額魯特官兵，從前共有六百七十餘員名，現衹餘一百八員名，牲畜無多，本無須多用牧廠。即廣占地畝，亦不過私招民人開墾，藉收租息。其獅子園一帶牧廠，環近園庭，自應徹回，不許額魯特等在彼侵擾。慶溥等所定甚爲公允，該總督呢瑪，何得任意爭執。著熙昌即傳諭呢瑪等，令其遵照慶溥等所議，應徹回者，即行交出，應立界者即行安樁，不得貪利無厭稍有抗違。如再妄求，治罪不貸。將此諭令知之。(仁宗三三七、一四)